王阶光◎编著

北京联合出版公司
Beijing United Publishing Co.,Ltd.

图书在版编目（CIP）数据

明史其实超好看 / 王阶光编著 . — 北京 : 北京联合出版公司 , 2015.8（2021.8 重印）
ISBN 978-7-5502-5697-2

Ⅰ . ①明… Ⅱ . ①王… Ⅲ . ①中国历史—明代—通俗读物 Ⅳ . ① K248.09

中国版本图书馆 CIP 数据核字（2015）第 165277 号

明史其实超好看

编　　著：王阶光
责任编辑：王　巍
封面设计：中英智业
责任校对：王　梓
美术编辑：宇　枫

出　　版：北京联合出版公司
地　　址：北京市西城区德外大街 83 号楼 9 层　100088
经　　销：新华书店
印　　刷：唐山楠萍印务有限公司
开　　本：720 毫米 ×1040 毫米　1/16　印张：26　字数：620 千字
版　　次：2015 年 12 月第 1 版　2021 年 8 月第 4 次印刷
书　　号：ISBN 978-7-5502-5697-2
定　　价：59.00 元

明史其实超好看

书写一部历史，不是为了向世人展现往昔的人情世故，叫人为王者感叹踌躇，而是为了与历史的人物身影交错，携手同游，共经盛世兴衰的波澜，体味人生的豪迈与遗憾，捕捉人性中的善与恶。

前 言

人性是推动历史发展的动因，以人为本，历史才有意义。每个历史人物身上都有很多可以评说的生动的故事，这些故事组成了丰富多彩的历史。有位西方历史学家说过："所有的历史都是思想史。"他觉得，只有透过历史事件，进入事件背后所隐含的思想，才能了解历史。我们选取中国历史上最有影响的几个朝代，如汉朝、宋朝、明朝、清朝等进行解读，深入到历史事件内部，用现代的视野，以故事说人物，以人物说历史，以历史说人性，用全新的观点、现代的语言、诙谐的文字，将这些朝代中的人和事真实地展现在读者的面前，以期帮助读者真正地了解历史，并以史为鉴，指导未来。

1368年正月初四，朱元璋在应天，也就是今天的南京登基，年号洪武，国号明。至此，元朝灭亡，大明帝国开始。

太祖崩，而后有"仁宣之治"、"弘治中兴"、"隆庆新政"，中间自有奸臣乱国，阉党横行之污流，亦有戚继光、左光斗、徐阶、张居正等人的振作。大明朝将近300年的国祚，因为有这些多彩画面，才给后人留下诸般思考。

1638年，皇太极进攻明朝，将近300年的大明帝国大厦轰然倾倒，留给我们的是滚滚烟尘和无尽思索。

明朝是汉族地主阶级建立的最后一个王朝，也是中国历史发展进程的一个重要转折时期。大明帝国将封建帝制文化传统推到了极致，是中国两千年帝王政治的集大成者。其对于中国政治传统、文化传统的影响既深且巨。

明朝诞生于轰轰烈烈的农民起义，但又被农民起义所灭亡。它的由盛到衰富于戏剧性，期间出现的人物和发生的事件独特离奇：有中国古代唯一一位曾经当过和尚的皇帝，恐怖的特务统治，祸乱沿海的"倭寇"，痴迷于木工的木匠皇帝，自封为"威武大将军"的玩乐皇帝，迷离的梃击、红丸、移宫等三大奇案，剧烈的党争，自缢的亡国之君，等等。

读明史，我们看到了明朝帝王频繁更替下的各种较量——大臣之间，文丞武尉，明争暗斗；主仆之间，利用、胁迫与真情、慈悲交织；手足之间，面临欲望与义理的抉择；敌我之间，充斥着实力与心智的博弈。

读明史，我们看到了一个帝国由兴而衰、由盛而亡的背后故事——骨肉相残之痛，权宦迭起之恨，奸贼横行之怒，宫闱恃宠之躁，流寇殃民之殇，加之朝堂上纷纷扰扰的派系之争、虎视眈眈的强敌，曾经的锦绣河山终弄得一败涂地，拱手让人，可悲可叹。

书写一部历史，不是为了向世人展现往昔的人情世故，叫人为王者感叹踌躇，而是为了与历史的人物身影交错，携手同游，共经盛世兴衰的波澜，体味人生的豪迈与遗憾，捕捉人性中的善与恶。《明史其实超好看》正是这样一部书。

本书以人性解史，以趣味说史，将整个大明王朝将近300年的历史，分为“收拾山河——几个给力男的个人‘奋斗史’”、“纵欲时代——子孙们的败家接力赛”、“日落黄昏——由一哥变成老弟的岁月”三个阶段，从元朝末期的群雄并起夺天下写起，全新解读这个中国历史上最后一个由汉族人建立的封建王朝。

本书尽量避免枯燥乏味的叙述方式，在尊重史实的基础上，以幽默风趣却不乏智慧的语言，调侃轻松却不失庄重的语调，讲述中国400多年前的历史，并试图进入到历史事件背后，深度挖掘历史人物内在的真实情感，使读者与其产生共鸣。本书运用三维结构，用历史事件来展现人性的复杂和诡秘，透过历史的迷雾，解构历史中的人物，以人性洞察历史，还原历史的真相。

目 录

上卷　收拾山河——几个给力男的个人“奋斗史”

中卷　纵欲时代——子孙们的败家接力赛

下卷　日落黄昏——由一哥变成老弟的岁月

上卷

收拾山河——几个给力男的个人“奋斗史”

第一章　渴望温饱的年轻人

像肥皂剧一样乏味的童年

南宋祥兴二年（1279年）二月初六日，看着最后一艘战船缓缓沉入海底，一个失败的男人无奈地抱着自己的小主人蹈海殉国了。自此，多灾多难的百姓们开始过起了暗无天日的悲惨生活。

面对统治者无情的压榨，百姓只能默默地忍受。但是他们心中都有一个坚定的信念：终有一天会有一个人从他们之中脱颖而出，带领他那可怜的同胞们脱离苦海，恢复往昔的荣耀。

元朝末年，官吏贪污剥削现象愈发严重，接二连三的无情天灾更是把不堪重负的国家经济推向了崩溃边缘。史载，元统元年（1333年），京畿大雨，饥民达四十余万。二年（1334年），江浙受灾，饥民多至五十九万，至元三年（1337年），江浙又灾，饥民四十余万。至正四年（1344年）黄河连决三次，饥民遍野。

就是从这样一个黑暗的时代里，走出了一个叫朱元璋的人。他逐渐走上了历史舞台，开始书写自己以及同胞的命运史诗。

和大多数封建皇帝一样，为彰显其是“人中之龙”，朱元璋的降生也被蒙上了一层神秘的面纱。据《明史》记载：“母陈氏，梦神授药一丸，置掌中有光，吞之，寤，口余香气。及产，红光满室。自是夜数有光起，邻里望见，惊以为火，辄奔救，至则无有。比长姿貌雄杰，奇骨贯顶。志意廓然，人莫能测。”

这个天命所归式的渲染显然并不是真实的历史。实际上，和历史上无数的“同行”比起来，朱元璋的童年不免黯然失色：他非但没有显赫的家世，家庭出身也实在不怎么好。

朱元璋出生在安徽濠州县（今安徽凤阳县）一个赤贫的农家，祖上交不起官府的赋税，万般无奈地过着在淮河流域居无定所、四处躲债的日子。后来，朱元璋的父亲想尽办法，终于在一个叫钟离村的地方做了佃户，朱家就从此在这片干旱又时疫肆虐的土地上扎根谋生。

由于营养不良，朱元璋小时候体弱多病，瘦得皮包骨头。朱元璋的父母十分迷信，认为只有观音菩萨才能救他一命，保佑他平平安安地活下去。于是，他们把幼小的朱元璋送到了附近的皇觉寺，让朱元璋拜寺里的老僧人高彬为师。而父母的安排也为他后来的人生轨迹埋下了伏笔。

出身不好也罢，可就连朱家沿袭的家族名号都粗俗不堪，难登大雅之堂。史料记载，朱元璋的祖父名叫朱初一，父亲朱五四，母亲陈二娘，大哥朱重四，二哥朱重六。至于朱元璋本人，因为他排行老三，所以原名朱重八。这样的名字实在是叫人哭笑不得，以至于后来就连朱元璋自己也觉得名字太过粗俗，不仅自己改名为朱元璋，还给父亲追赠了个名字叫“朱世珍”。

然而，和他那些从小就有远大志向的“同行”颇为不同的是，在朱元璋的少年时代，他似乎并没有什么雄心壮志。在项籍见始皇车马仪仗威风凛凛而低呼“彼可取而代也”的年纪，朱元璋却安逸地坐在水牛背上，做着他人生的第一份工作——放牛。

不过，对这份工作而言，朱元璋并不是一个尽职的员工。为了填饱肚皮，他和几个年龄相仿的穷小子在野外把地主刘德的小牛犊宰了分食。饱餐之后，朱元璋才意识到问题的严重性。为了逃脱责罚，他自作聪明地将小牛的皮骨埋了，把牛尾巴插进一条石缝中，骗刘德说是小牛自己钻了山洞。很快，朱元璋就为自己这种监守自盗的行为付出了相当沉重的代价：地主刘德一眼识破了朱元璋的拙劣骗术，把朱元璋吊在院落中一顿毒打。

刘德还因此事把朱元璋关进柴房不给他饭吃，想以此狠狠地惩戒一下。饥渴难耐的朱元璋翻箱倒柜，竟无意中在一个老鼠洞里发现了些五谷杂粮，就赶紧把这些东西一股脑儿地倒进锅里煮粥来吃。后来，已经是皇帝的朱元璋回忆起这段凄惨的经历，不由得百感交集，便命宫人重做这昔日的救命粥。

没有显赫的家世，也没有激昂的少年壮志，有的只是平淡无奇、索然无味的单调生活。这个名不见经传的少年，在凤阳那个破败的乡间，整日围绕着温饱这个实际而迫切的问题四下奔波，就这样度过了人生最初的十六个年头。也许，能吃一顿饱饭，就是朱元璋在童年时代的最大梦想。

他的少年时代凄苦伶仃，整日在饥饿、斥骂、毒打与压榨中煎熬——这些身处社会最底层的经历，绝对是他的大部分“同行”从未有过的遭遇；而正是这种“与众不同”，决定了朱元璋将是一个与众不同的君王，而他一手建立的帝国也注定将是非比寻常的。

当然，苦难中往往孕育着奇迹。正所谓“宝剑锋从磨砺出”，无尽的灾难，刻骨的伤痛，残酷的社会现实，以及在死亡线上艰难求生的蹉跎岁月，无一不是磨砺他，铸造他，以及最终成就他的“功臣”。更重要的是，朱元璋的少年时代也并非只是无尽的苦难生活，在这段称不上“美好”的童年时光中，朱元璋还是得到了一份上天赐予的礼物：他结识了自己一生中最重要的伙伴，如徐达、汤和、周德兴等。正是这帮昔日在凤阳乡间浪迹的穷小子们帮助后来的朱元璋东征西讨、南征北战，最终建立起大明江山的基业。

被迫表演的一场场哭戏

“天劫”一词，语出道家，说的是道家修真之人的修为道行达到一定程度，上天就会降下考验，多为天雷轰击，故曰“天劫”。度天劫者，成则一步登天，功成名就；败则魂飞魄散，万劫不复。对于受劫者来说，天劫是机遇和挑战并存；而那些敢于直面挑战、把握机遇的人，往往都能成功一跃，实现人生的腾飞。

朱元璋一晃已经十七岁了。在“同行”们的事业起步之年，他依然待在凤阳那个破败的乡下，依然优哉游哉地过着那并不幸福的“肥皂剧”生活，对未来的一切浑然不觉，就更别提作为一个开国者的职业觉悟了。然而，上天断不会允许一个命中注定要雄起的人继续消沉。为了“修正”朱元璋的人生轨迹，上天毫不吝啬地降下天劫——只是，这天劫不但来势汹汹，其艰难程度更是挑战人类极限。

元至正四年（1344年）的春天，天劫突如其来，各种天灾人祸接踵而至，纷纷降临到凤阳这片土地上。《明史》记载：“旱蝗，大饥疫。”在这个灾难深重的春天，朱元璋那原本就脆弱不堪的生活轰然坍塌：不到半个月，其父、其母、其长兄先后感染疫病，不停地上吐下泻，命悬一线。此时的朱家境况如何呢？

朱元璋的大姐、二姐早已嫁人，三哥入赘别家，做了“倒插门”女婿，当家的就只剩下他和二哥两人。家里穷得叮当响，兄弟俩苟活于世尚且不易，哪里还有钱找郎中医治亲人的病痛呢。束手无策的朱家两兄弟眼睁睁地看着亲人痛苦地相继病逝，不禁抱头痛哭。

“俄而天灾流行，眷属罹殃，皇考终于六十有四，皇妣五十有九而亡，孟兄先死，合家守丧。”（《御制皇陵碑》）后来，朱元璋贵为九五之尊，在修筑皇陵时，他回忆起这段心酸往事，不由感慨道，“魂悠悠而觅父母无有，志落魄而徜徉”，可见当时朱家境遇之惨。

在中国历史上，朱元璋算是一位极为独特的皇帝——生于社会最底层，一路摸爬滚打，崛起于草莽之间；相比于朱元璋，其父朱五四，大明王朝的第一任太上皇，“独特”之处更是有过之而无不及：这位可怜的太上皇不但生前没有沾过半点皇家祥瑞，没享过一天荣华富贵，死后甚至连个下葬的地方都没有。对于太上皇的身后事，《明史》言简意赅地用了四个字，“穷不克葬”，也就是说穷得都没法下葬了。

朱元璋的父亲作为一个标准的佃户出生，一辈子面朝黄土背朝天，辛勤地在地里劳作，到死时却依然一无所有——连下葬的地方都没有，这是何等悲哀。即使后来在邻里的慷慨帮助下，朱父的遗体勉强下葬，却仍是“殡无棺椁，被体恶裳，浮掩三尺，奠何肴浆”。

痛失考妣的朱元璋，其心仍沉痛不已，然为了给父母讨一块下葬的地方，迫于无奈，他不得不放弃男儿尊严，整日奔波于亲朋好友、街坊邻里之间，表演一场场的哭戏，希望能用一声声苦苦哀求与一次次声泪俱下的申诉，换得一块不大的土地来安葬逝去的亲人。

走投无路，朱元璋甚至敲开了昔日老板地主刘德的宅门，求他发发善心，施舍自己已逝的亲人一块小小的安葬之地。刘德不愧是铁石心肠，任凭朱元璋如何声泪俱下，刘德丝毫不为所动，他不但断然拒绝了朱元璋的哀求，甚至以趾高气扬的架势对朱元璋百般讥讽，在恶毒的诅咒声中，朱元璋被轰出门去。

放弃尊严，不过求一块微薄的安葬之地。但这个世界从不在乎眼泪，眼泪唤不回逝去的亲人，眼泪抚不平内心的伤痛，眼泪得不到别人的同情、帮助，眼泪求不来哪怕些许的坟地安葬双亲……此时，朱元璋才第一次深深地体会到何谓人情冷暖。

幸而朱家邻居，有一个叫刘继祖的老实人，谦和仁慈的他觉得这朱家两兄弟实在可怜，就善心大发，主动提出可以让朱家二老葬在自家地里。于是兄弟俩赶忙找出几件破衣烂衫裹了亲人尸体，抬到坟地草草地埋了。几经周折，朱五四这位可怜的太上皇，终于算是在九泉之下瞑目了。

亲人离世在朱元璋心中刻下了无法愈合的伤痕，此生难释怀，以至于后来他亲题《皇陵碑》时，还念念不忘地提及此事：“田主德不我顾，呼叱昂昂，既不与地，邻里惆怅。忽伊兄之慷慨，惠此黄壤。”世态炎凉，灾难的惨痛、富人的冷酷、穷人的慈善，让朱元璋饱尝了生活滋味。家中变故无情地终结了他的童年，却引他走向了一个更加广阔的新世界。在某种程度上，这件事情甚至重塑了朱元璋的部分观念，而这些观念深刻影响了后来的大明帝国。

朱元璋是可爱的：龙兴之后的朱元璋没有忘记刘继祖的恩情，不仅追封刘继祖为义惠侯、其妻娄氏为义惠侯夫人，还对在世的刘氏后人关怀备至。朱元璋先后三次召刘氏后人赴京，广赐田宅、器具，御赐棺衾，甚至在修皇陵时也不忘嘱咐：“坟墓皆吾家旧邻里，不必外徙。春秋祭扫，听其出入不禁。”对于寻常百姓来说，皇陵的待遇也算是亘古未有的荣耀了。

朱元璋是无情的：面对命运的无情与富人的冷酷，历尽坎坷的他意志愈发坚强，慢慢练就了一副铁石心肠。朱元璋后来对富人坚决打击、对穷人政策倾斜的治国思想，想必也与这次刻骨铭心的经历有关。

我是社会大学高材生

朱元璋虽然饱尝了人情冷暖、世态炎凉，但他并未大彻大悟地决定奋发图强，干一番大事业；当然，就算他有这个觉悟也无从实现：所有的障碍当中，头一个就是没有资本。一个初出江湖的毛头小子，一没经验二没钱，号召力和影响力也不足，显然不具备逐鹿天下的资本。

元至正四年（1344年）的秋天，凤阳城西门外的皇觉寺迎来了一个衣衫破烂的小行童。这个相貌丑陋、衣衫褴褛的少年自然不会引起当时僧人们多少关注，然而这些僧人无论如何也想象不到，这个貌不惊人的少年将给皇觉寺带来何等的荣耀和辉煌。

据明朝的王文禄在《龙兴慈记》中所述：“佛前烛鼠伤，责伽蓝不管，书其背曰：‘发去三千里。’其晚，僧梦伽蓝行，曰：‘何也？’曰：‘当世主遣发三千里矣。’明早，僧见伽蓝背有字，追问之，圣祖曰：‘戏耳。今释之。’晚，又梦伽蓝来谢。”

这篇文章显然颇有溜须拍马的意味，毕竟古人总是爱在那些帝王待过的地方浓墨重彩地加上神秘色彩，让我们难以采信。但通过这段记载，至少有两点可以肯定：

首先，朱元璋在寺里的地位不高，需要干清扫烛台之类的杂活。寺庙里僧人等级森严。无依无靠、出身低微的朱元璋就算是做和尚，地位也是很低的。

其次，我们可以发现，尽管皇觉寺的生活并不如意，但朱元璋显然是乐于接受的，至少是可以忍受的。这也很好理解，毕竟对于无家可归的朱元璋来说，可以遮风避雨、能够饱餐一顿的皇觉寺，已经是不错的选择了。

但超凡的忍耐力并不能结束朱元璋的苦难。孟子说过：“故天将降大任于是人也，必先苦其心志，劳其筋骨，饿其体肤，空乏其身，行拂乱其所为，所以动心忍性，增益其所不能。”单纯肉体上的机械劳动并不能使朱元璋脱胎换骨，要担起天下兴亡的重任，他需要接受更加艰苦地锻造。

皇觉寺原是靠收田租过活的，然大灾之年，任凭和尚们使出浑身解数，佃户也交不出粮食。面对僧多饭少的窘境，寺中的长老无奈地派一些僧人外出乞食。于是，在寺里待了仅仅两个月、还没学会几句经文的朱元璋，就被迫煞有其事地“出门云游”了。

僧人到外乞讨，好听的说法叫做“化缘”，例如西游记中唐僧师徒就是一路化缘去西天取经的。但还有一种更现实的说法，叫做“叫花子”，就是披着僧袍的叫花子到处乞食——一个乞丐而已。此时的朱元璋正是如此境遇，甚至还不如唐僧师徒——毕竟唐僧师徒还怀着崇高的理想，有着忠诚的伙伴。而朱元璋孤身一人浪迹天涯，全为苟活于乱世。

“我何作为？百无所长。依亲自辱，仰天茫茫。既非可倚，形影相将。突朝烟而急进，暮投古寺以趋跄。仰穹崖崔嵬而倚碧，听猿啼夜月而凄凉。魂悠悠而觅父母无有，志落魄而徜徉。西风鹤唳，俄淅沥以飞霜。身如蓬逐风而不止，心滚滚乎若沸汤。”（《御制皇陵碑》）身如蓬草一般随风漂泊，无依无靠，没有止境，看不到前途和命运——是何等的落魄而凄凉。在淮西那片贫瘠的土地上，一个孤苦无依、食不果腹的少年，穿城过巷，山栖露宿，放弃自尊，无奈地叩开一户户的人家，默默忍受着路人的讥讽和嘲弄……这便是朱元璋的流浪生涯，这样的生活一过就是三年。

对于并不漫长的人生来说，三年并不短暂，更何况这是人一生最精彩的青春年华中的三年；但是这三年的磨难对于朱元璋来说，却是至关重要的。在命运的神奇安排下，赤贫出身的朱元璋最终登上皇位。于是，扎根在朱元璋性格中的社会底层文化因子将无法避免地广泛蔓延到整个国家甚至整个民族的精神当中。可想而知，在这样的情况下，明朝将以何等与众不同的姿态展现在世人眼前。

第二章 为活命，积极投身起义

成佛还是举枪，这是个问题

白莲教兴起于南宋初年，到元朝时已是声势浩大的一个很重要的民间宗教组织，在元朝中前期，白莲教甚至一度受到元统治者的褒奖。然而，颇有讽刺意味的是，正是这个屡受皇恩的白莲教拉开了元末农民起义的序幕。

元至正十一年（1351年）春，朝廷强征河工17万修河堤。几个河工无意间在河道下挖出了一个独眼石人，背部还刻着“石人一只眼，挑动黄河天下反”。于是，在不到一个月的时间里，一个叫韩山童的白莲教法师走上了历史的舞台。五月初，韩山童、刘福通等人杀白马黑牛以祭天地，宣称韩山童为宋徽宗八世孙，还聚众3000余人起义反元，豪气冲天地立誓：“龙飞九五，重开大宋之天。”

抛开种种情感因素，这件事情显然是一个阴谋。所谓的“石人”，显然是韩、刘二人事先准备的。据史料记载，至正十年（1350年）时，关于石人事件的童谣就早已传得沸沸扬扬；而炮制这么个事件，无非是农民起义的老把戏——正名。

不管怎么说，元末农民起义算是风起云涌地展开了。“当是时，元政不纲，盗贼四起。刘福通奉韩山童假宋后起于颍，徐寿辉起于蕲，李二、彭大、赵均田起于徐，众各数万，并置将帅，杀吏，侵略郡县，而方国珍已先起海上。他盗拥兵据地，寇掠甚重。天下大乱。”（《明史·太祖本纪》）在很短的时间内，各地群雄并起。

此时的朱元璋在干什么呢?

经过三年的流浪，朱元璋重新回到了皇觉寺，做起了吃斋念佛的和尚。种种迹象表明，这时候的朱元璋并没有参加起义军的意图。当然原因很简单：起义是要承担风险的。对于一个随时可能掉脑袋的事情，谁都会仔细斟酌。倒不是朱元璋贪生怕死——因为不计后果率性而起的从来不是英雄，而是莽夫；只有那些善于忍耐、懂得把握时机的人才是真正的英雄。朱元璋的持重就是出于这样的原因。

中国有句俗话：“枪打出头鸟，刀砍地头蛇。”在元末群雄并起的时代，朱元璋继续蛰伏的选择极为聪明。翻开历史，我们不难看出，在历朝历代的农民起义中，那些行动最早、呼声最高、实力最强的往往都是死得最惨的。秦末的陈胜、吴广高呼“王侯将相宁有种乎”，何等意气风发！结果不到半年的时间，两人先后被杀。又如唐末的黄巢，一句“冲天香气透长安，满城尽带黄金甲”同样豪情万丈，但也逃不出兵败身亡的结局。

拿元末来说，起义最早、人气和呼声极高的韩、刘二人显然无法成功，其原因有二。

其一，虽然元朝已是大厦将倾，但瘦死的骆驼毕竟比马大。一个王朝的积淀不容小觑，面对这些义军，元帝国总是要做一番拼死挣扎，矛头自然指向人气最高的韩刘义军。韩刘必将承受旧势力的疯狂反扑，自身尚且难保，何谈积蓄力量、发展壮大?

其二，元朝之亡虽属必然，但并起的群雄所盼望的是“逐鹿天下”的局面；韩、刘声势太盛，必然被各地群雄视为最大竞争者，难免遭到各地诸侯的群起而攻。

鉴此两点，我们不得不承认朱元璋是明智的。

成佛还是举枪，这对于朱元璋来说从来不是问题：成佛是暂时的，举枪则属必然。朱元璋虽身在佛寺，但心却无一日不想着那尘世间的种种，因为此时的朱元璋已经具备了逐鹿天下的资本。

他有见识。数年的流浪生涯，朱元璋的足迹遍布光、固、汝、颍诸州，对淮西一代的山川地貌、风土人情有了深刻的了解。

他有本领。从《御制皇陵碑》一文我们就可以看出，朱元璋还是有些文采、有一定文化的。在皇觉寺蛰伏期间，朱元璋发奋读书，广泛涉猎各类书籍。而年少时的苦难经历，更是铸就了他坚毅、果敢的性格。这一切的一切都在后来朱元璋称雄天下的过程中起到了举足轻重的作用。

他没有后顾之忧。此时的朱元璋，父母已逝，孑然一身，了无牵挂。没有家庭与亲人的束缚，他已敢于放手一搏；在乱世之中，朱元璋大可以更加灵活地选择适合自己发展的道路。

此时的朱元璋已经做好了举枪的准备，但他依然蛰伏着，不参加，但不代表不想参加，朱元璋时刻关注着时机的变化，等待着一个供他横空出世的绝佳机会。

傍上了一个江湖大佬

元至正十二年（1352年）闰三月初一的早上，朱元璋收拾好行李——其实就一只小布袋里的几件衣物而已，跨出皇觉寺大门，踏上了去往近邻的濠州的路途。朱元璋是要去“参军”的。

濠州城内驻扎着的数千红巾军已被元军盯上，元政府的彻里不花率大批精兵前来围攻，逼迫红巾军退到城南三十里处休整。城里城外均被一股紧张和肃杀的气氛笼罩着，稍有风吹草动，懦弱者就要害怕一阵。

此刻负责守城池的郭子兴在他的元帅府内紧锁眉头，在脑海里思索着一条完美的守城大计。这时走进一小头目，禀报说在城门口活捉到一个自称要来投军的探子，呼喊着要见大帅。苦恼于元军围困的郭子兴正在气头上，听到有“探子”来访，自然来了兴趣：官军都要杀进城来了这人还来投军，自己不妨亲自去探个究竟。

来到城门口，郭子兴下马端详来人：此人相貌甚是奇特，“地包天，下巴突出，额头也向前凸出”，头部呈上下凸出，中间凹陷形状，侧看如月牙。气质也不凡，正是“志意廓然，人莫能测”（《明史·太祖本纪》）。

朱元璋可能没有料到，眼前这个带有几分威严的人竟是他一生中的大贵人，一个懂得赏识、愿意重用他的人。尽管后来的郭子兴对朱元璋也有些压制和猜忌，但仍多以信用、提拔为主。朱元璋在郭子兴的提携和栽培下，事业蒸蒸日上。

郭子兴质问他是否是探子，来此地何事，又恐吓他若敢狡辩，就立即叫人拉出去砍头。朱元璋起初还有点紧张，但对此次来投军的风险他早有准备，就索性平静下来：“都来了，还怕什么！”所以他镇定地回答了大帅的提问。

出乎郭子兴意料的是，他从眼前这个人的眼神里看到的是镇定，而非惊慌。平时看惯了手下唯唯诺诺的郭子兴，突然见了一个不惧威严的人，不禁眼前一亮，心里对来人颇为欣赏。于是，郭子兴叫人放开朱元璋，细细问了详情。原来，这人确实是来投军的，部下汤和便是“中间人”。

就在这天，二十五岁的朱元璋如愿加入了红巾军，开始了他长达十五年的战斗生涯。他被编入郭子兴的亲兵队伍，郭大帅成了他的直属上司。

朱元璋在军营中渐渐崭露头角。他看得出郭子兴对自己有意栽培，如同找到了组织一般认真肯干，甚是卖力。路遥知马力，认识朱元璋越久，他身上异于同龄农民士兵的特点就越发被郭子兴看好：这个年轻人思路清晰，说话做事有条不紊，交给他的事无不办得妥帖至极；他不浮躁，不莽撞，没有一个同龄人有他的那份稳重干练。

朱元璋在沙场上也是勇敢无比，“从旁翼卫，跳荡无前，斩首捕生过当”，在亲兵里可谓出类拔萃。两个月后，朱元璋顺理成章地被提拔为九夫长，开始领导九人的队伍。他总是身先士卒，所获的战利品却从不中饱私囊，队伍里的人都乐意听其指挥，连职位高他一截的汤和都经常围着他转，小事大事都前来咨询一番。

郭子兴其实是个草头王，地主出身的他全凭自己一手壮大起来的队伍守卫着濠州城池。他想广聚天下英才，培养一帮自己的亲信，以发展壮大自己的事业。眼前这个朱元璋确实不凡，郭子兴有意将他培养成自己的心腹——除了父子、兄弟关系最亲外，再有，就是姻亲关系了。

郭大帅一拍脑袋，自己不正有个适龄的义女吗？

这个义女年方二十，姓马，名字不详，民间习惯称呼她“马秀英”。马秀英早年母亲亡故，父亲生前与郭子兴交好，父亲去世后郭子兴便收她为义女。据说这马姑娘有一双天足，人称“马大脚”。生于贫困人家的马姑娘经历过艰难困苦，个性坚韧，做事谨慎。她“有智鉴，好书史”（《明通鉴》）；肚子里有货，看人自然也准，自然对朱元璋另眼相看。

马秀英嫁给朱元璋以后，夫妻二人恩爱有加。有一回，在岳父大人猜忌及被他人怂恿之下，朱元璋被关了禁闭。郭子兴的几个儿子欲趁机置他于死地，想活活饿死他。两天后，妻子马秀英得知这一消息，随即烙了一块饼，准备趁看丈夫时悄悄带给他。快到关押的地方门口时，马秀英看到郭子兴的几个儿子远远走来，她以迅雷不及掩耳之势将刚烙好的饼揣入怀中，等把饼送到丈夫手里时，怀里的那块皮肉已经被烫伤了。

成功男人的背后总是站着一个了不起的女人，这话用在马姑娘身上可一点儿也不假。马姑娘旺夫，随丈夫南征北战的她最终助夫君成就了帝王之业。中国历史上的“四大贤后”中就有她（其余三位是东汉光武帝阴皇后、唐太宗长孙皇后、元世祖察必皇后）。

成为义军元帅的女婿后，朱元璋第一次有了地位，前途也越发远大。军人生涯虽然风险最大，但收益也高。这是朱元璋生平第一次这样喜欢军人生活；他甚至发现了自己与生俱来的军事才能，无需军校培养。

不久，朱元璋从小队长一路高升，先是镇抚，很快又升为总兵官。年纪轻轻，资历又浅，晋升太快的朱元璋难免引来郭子兴手下其他总兵官的不服、不忿，甚至嫉妒。风头过健，往往都会成为众矢之的；不过，能成为众矢之的，往往因为人家的能力就摆在那儿。

终于，朱元璋的声名威望均位列总兵官之首——按理说，头把交椅自然由他来坐，然老资格军官却为此大为不解。流言飞语越传越离谱，说什么朱元璋是靠“娇客”的身份上位的，说什么“出生入死不如娶个好老婆”，等等。

为了树立自己的威信，朱元璋首先放下身段，以退为进。古代既是“以右为尊”，他就吩咐在兵官例会前把会议室的椅子换成长凳，开会时各人可以自由挑选座位。不出朱元璋所料，他有意迟到的这天，各位将领毫不客气地占据了右边的位。他二话不说，顺势坐在了左边的位置上。

会议正式开始。讨论军事问题的时候，从右边第一人开始发言；然而这些大老粗们吭哧半天，也说不出几句有水平的话。最后轮到朱元璋发言，他侃侃而谈，分析得入情入理，听得大家频频点头，最后意见获得采纳。几次会议过后，各个兵官自觉把右首的位置留给朱元璋。朱元璋的威信就这样树立起来了。

朱元璋手上的砝码多了起来，岳父的事业也如日中天。岳父的恩情朱元璋从未忘怀，从此对岳父更加尽心尽力——冲锋陷阵，固守城池，化解矛盾，还曾极力救回岳父大人的一条性命。然而，在称王这件事上，朱元璋一直不支持郭子兴。因为他从来不是一个理想主义者，而历史从来都是识时务者的天下。

太聪明，也是一种罪过

孙德崖府上一间阴暗的地窖里，郭子兴手脚上戴着镣铐，浑身是伤。他昏躺在地，头歪向一侧，难以辨认此刻是否还留有一口气。

这般凄惨的景象与他昔日的桀骜之气大相径庭。

濠州城红巾军的统帅除了郭子兴，还有孙德崖等，共计五人。出于各种考虑，他们无不想着争权夺利，期盼着当老大。然而，在五个头目中，除了郭子兴是地主出身，其余四个都是农民。他们只会种地，不识字，没见识，每次打完仗只知道抢掠财物、吃喝玩乐，对于安抚民心、军队宣传建设等一窍不通，这让郭子兴很是看不惯。每次开会，四个“土匪头子”统一战线，矛头齐指郭子兴；郭子兴与他们四个难有意见一致的时候，也就越来越不想参会。如此一来，四个人就更有理由指责郭子兴，经常语言粗鲁，到最后，干脆都不听他的意见；郭子兴也瞧不上这四个人，说着说着，通常到最后就开骂。双方猜疑不断，红巾军领导集团貌合神离。

元至正十二年（1352年）九月，濠州城里涌入了一批败走的士兵，为首的将领是彭大和赵均田。他俩在徐州和元军火拼，却吃了败仗，无奈之下逃逸到濠州城。这正合了孙德崖等人的胃口：他们想借助彭、赵二人压制郭子兴。出乎孙德崖意料，彭大狡诈独断，赵均田又对其唯命是从，二人竟反客为主，爬到濠州这几个头目的头上去了。

郭子兴正想拉拢人强化自身地位，一时倒也不介意，因而礼敬彭大；但他对赵均田则非常不屑，且从来不掩饰自己的鄙夷态度，这就不免使赵均田心生愤恨了，赵便顺势加入了反郭的行列。如果说彭、赵二人到来之前，郭子兴和孙德崖等人尚处于“冷战”阶段，那么此时的战局已然升级，双方以五比二的力量，开始了公开的对决。

不会收敛自己，做人不够低调，倒霉事自然就来敲门了。郭子兴怎么也没料到，在大街上走走危险系数竟也这么高——他让人给绑了。郭子兴后悔不已，怪自己低估了孙德崖、赵均田那帮小兔崽子。更叫人失望的是，自己的手下竟无一人挺身而出，连天叙、天爵两个亲儿子都吓得躲了起来。任凭郭子兴心里呼救百遍，他最终还是被押到孙德崖的住所。直到被打得只剩一口气，郭子兴方才知道这些人原来要把他往死里整。

而此时的朱元璋正在淮北与元军打得不可开交。一听岳父遭人暗算，他不得不先放下战事，边疾驰回濠州，边思索着救人策略。作为郭大帅的亲信，朱元璋势必也同是那伙人的目标。半路，一个濠州方向来的熟人提醒他说，现在回去正中了那伙人的下怀，濠州可万万回不得。

朱元璋心想，郭公既是他的上司，也是他的恩人兼岳父；恩公有难而不及时搭救，他朱元璋必然会被唾沫淹死。做人当知恩图报，这一品德朱元璋还是有的，这也让郭子兴欣慰当年真没看错人。

再说，朱元璋也不再是当年那个四处流浪的小和尚了，他很在意自己给别人的印象，已经有了目标的朱元璋正打算先把自己的良好形象树立起来。

他意已决，就这么办。当夜到达濠州岳父家，郭子兴的夫人和马秀英都不在家，估计是打听消息去了，家里只剩几个不主事儿的人留守。问起郭子兴的几个儿子所在何处时，这些人当他是外人，分寸大乱，竟没有一个人透露消息，甚至还有人怀疑起朱元璋。

这倒可以理解：郭子兴已被扣押，生死未卜，朱元璋如不说明来意，这些人哪里肯说实话。朱元璋表明了自己身份，细细地同终于露面的郭氏兄弟商量救人策略。

朱元璋深知岳父与这几个人的恩怨，岳父对彭、赵二人厚此薄彼，他也悉数看在眼里。绑架一事必然是赵均田指使，朱元璋对这点很有把握。如此分析一通，要搭救岳父，自然也就只能求助彭大了。朱元璋与郭氏兄弟急忙赶至彭家。

其实，彭大也已听说郭子兴被扣押一事，一直静观其变。见到彭大，朱元璋把郭子兴因与彭大来往频繁而使赵均田怀恨在心，因而对郭子兴下毒手的利害关系说了个清楚。

唇亡齿寒，郭子兴遭扣押，下一个难免就轮到彭大。听完朱元璋一席话，彭大当即怒斥孙德崖小人德性，立即带领部队出发。朱元璋也全副武装前往。

孙家被团团围住，彭、朱等人不等孙氏开门迎战便骑墙而入。四翻八寻，终于在一处黑窖子里找到郭子兴。只见他戴着镣铐，遍体鳞伤，处于昏迷状态。众人将镣铐卸下，背大帅回府。

濠州城里的气氛自此变得空前紧张。这一笔账，郭子兴一直记在心里。

经历此事，朱元璋的忠勇和智慧逐渐体现出来，不仅镇住了孙、彭、赵等人的威风，周边人对他的好感也与日俱增。然而这件事也使他开始思考，跟着这帮人是否还有前途。

郭子兴性格火暴，气量狭小，作为濠州城的一名统帅，是不会让任何一个危及自身地位的人留在麾下的。眼看朱元璋的实力日益强大，郭子兴的压力也越来越大。终有一日，郭子兴找了个借口把朱元璋关了禁闭。郭氏兄弟借机落井下石，结发妻子马氏暗送烙饼解救而烫伤自己皮肉，留下了一段佳话。郭子兴对朱元璋只是妒忌，可并不想杀他，不久就把朱元璋放了出来。塞翁失马，焉知非福！这件事又推了一把朱元璋，他最终定下决心，开始实施内心的想法。

历史就是这样，在当时情境下，很难判断一件事情的发生到底是好事还是坏事，时过境迁，才让人恍然大悟。朱元璋被关禁闭因郭子兴被扣而起，又导致了朱元璋在日后走上了独自创业之路，可谓环环相扣。如果没有这些人推波助澜，朱元璋很可能继续跟在岳父大人身边，打点着濠州城的那些琐事，一代王朝的开国皇帝之说估计也不会存在了。

朱元璋的第一桶金

又是第三个年头，腐朽的元王朝已然崩溃，但这场席卷全国的叛乱风暴却似乎远远没有停息的迹象，反而越来越烈，在中原大地无情地肆虐。定远作为一个江淮腹地的小县，自然也难以幸免。至正十三年（1353年）的春天，伴随着依然凛冽的寒风，二十多个年轻人踏上了这片饱受战火摧残的土地，按照说书人的经典说法，“这里将是传奇开始的地方”。

这年春天，朱元璋终于下定决心，毅然离开了郭子兴的保护伞自立门户，打拼自己的一番天地。“时彭、赵所部暴横，子兴弱，太祖度无足与共事，乃以兵属他将，独与徐达、汤和、费聚等南略定远。”《明史・太祖本纪》

对于“南略定远”一事，《明史》中只有草草的数十字，显得微不足道。的确，和后来气贯长虹、金戈铁马的诸多大战役相比，“南略定远”颇有些波澜不惊。但平淡并不代表不重要，这场战争的重要性是不言而喻的，就好比万里长征迈出的第一步一样。只有深入透彻地看到这一仗对朱元璋境遇造成的转变，我们才能明白这一战的重要性。

朱元璋在“南略定远”之前的境遇可以说很不好。此时的朱元璋手中无兵，这是最直接，也是最致命的地方。当时追随朱元璋的不过二三十人，这点人马，充其量也就是一个步兵小队，想要攻城略地显然不够。而且离开了郭子兴，朱元璋连个地盘都没有。

对一个心怀天下的人来说，要想争雄天下，一个稳固、安定、富足的根据地显然很有必要。刚刚白手起家的朱元璋急需一个稳固的根据地来积蓄力量，尽快发展壮大自己才是乱世中的生存之道。这时候的朱元璋也缺乏必要的援助。虽然郭子兴在面子上还是朱元璋的“岳父”，但二人的关系已不如往昔——显而易见，若是关系好，朱元璋也不会离郭而去，另立门户了。在此时希望郭子兴施以援手是不现实的，郭子兴巴不得朱元璋在定远被干掉，不添乱已经是万幸了。既然郭子兴指望不上，那么其他人呢？环顾中原，群雄并起，大家争天下打得不可开交，谁也不愿意培养出一个新的竞争对手。

境遇不佳的朱元璋急迫地需要通过“南略定远”，充实自己、发展自己。但显然区区二十余人是完不成这个重要使命的。于是“招兵买马”作为当务之急摆在了朱元璋面前。

招兵，俗称拉壮丁。这是战争时期，诸侯们最常用的手段。这个方法最简单也最直接，可以很快拉起一支队伍来。对于这个方法，朱元璋和他的精英们显得轻车熟路。在很短的时间里，朱元璋便拥有了一支上千人的部队。但通过这个方式获得的部队，战斗力究竟怎么样呢？

很明显，这些刚刚放下锄头的老百姓，战斗力是极为有限的。依靠这样的部队去打定远，无疑是以卵击石。朱元璋需要的是一支经过战争洗礼的部队，人数要更多，战斗力也要更强。这样的军队有吗？有！朱元璋很快就盯上了它。

定远城附近有个张家堡，驻扎着一支三千人的队伍。这支队伍时值孤立无援、没有归属的处境，而朱元璋和这支队伍的首领是有些交情的。这样的好事，用诸葛亮的话来说就是“此殆天所以资将军，将军岂有意乎”。朱元璋不是刘备，这样一支军队，这样一个好机会，他显然是不会错过的。于是，朱元璋以“叙旧”为名，摆了一出“鸿门宴”，干净利落地干掉了这支部队的首领，毫不客气地接收了这支队伍。

朱元璋终于可以长舒一口气了，毕竟手中有兵心中不慌。手中已经拥有了四千余人，朱元璋对拿下定远颇有信心。但是在定远，朱元璋还有一个实力雄厚的强敌——横涧山的缪大亨。缪大亨是个土生土长的定远人，群雄并起之时，此人也拉起了一支队伍。可是此人不但不反元，还拉着队伍帮元军攻打濠州城，希望分一杯羹。结果不但濠州城久攻不下，元军还被杀得大败，缪大亨大败而归，无奈退守定远。“初纠义兵，为元攻濠，不克，元兵溃。大亨独以众二万人与张知院屯横涧山，固守月余。”（《明史·卷一百三十四·列传第二十二》）

此时的缪大亨，实力是朱元璋的数倍，又是在家乡作战，可谓是占尽天时地利。尽管占有诸多优势，缪大亨必败的命运却已经注定。因为缪大亨兴的是不义之师，助纣为虐，是为不义。缪大亨又缺乏谋略，手握雄兵数万，却坐看朱元璋由弱变强——如此不思进取，只图自保，乃是兵家大忌。此外，缪大亨的部队缺乏一个明确的目标和斗争方向，军队缺乏凝聚力，将兵离心，军心涣散，士气低落。反观朱元璋，有明确目标，显然是民心所向。另外，朱元璋目标非常明确——在定远扎稳脚跟，发展自己。而且，朱军刚刚智取了张家堡，实力大增，军中士气高昂，上下一心，同仇敌忾，军队战斗力飙升。

经过一番认真的研究分析，朱元璋决定开始行动了。一场漂亮的夜袭即将展开。

史载：“太祖以计夜袭其营，破之，大亨与子走免。比明，复收散卒，列阵以待。太祖遣其叔贞谕降之，命将所部从征。”如书中所载，这场精彩的以少胜多的战役只用了不到一天的时间，就以缪大亨投降、朱元璋完胜而降下了帷幕。

经此一战，朱元璋不但完成了既定目标“南略定远”，而且意外地得到了缪大亨手下的两万军队。朱元璋境遇大为改观，这是他称雄天下的道路上坚实的第一步。

集庆，俺老朱来了

紫金山，虎踞龙腾；石头山，陡峭险要；长江水，日夜奔涌。朱元璋举目远眺，弥漫的水汽中，一座城池若隐若现。那，就是朱元璋心心念念的集庆。

集庆就是现在的南京。南京可是个好地方，背山面水，实属“王气所在”。除了风水好，集庆还是一个农业发达、商业繁荣的地区。如此宝地，实在无法不被朱元璋注意。

朱元璋在定远时收入麾下的将领冯胜，不仅是个难得的将才，更是一个非常有远见的人。他向朱元璋提出，应该马上渡江而战，攻占集庆。朱元璋深以为然，想要攻战天下，就先攻占一个曾经的帝都吧。朱元璋下定决心，占领集庆！

应该说，占领集庆是一个非常正确而重要的决定。朱元璋当时的兵力不可小觑，但他所占领的城池过于狭小，几万人的吃喝可是个大问题。集庆凭借其得天独厚的地理位置历来是兵家必争之地，能够占领这个交通枢纽加粮食重要产区，才有可能进行下一步的动作，逐鹿天下。

可是，一个问题立刻就摆在了眼前：渡江，但是，船在哪？

朱元璋虽然手握重兵，兵种却十分单一，不是步兵就是骑兵，没有一个能下水战斗。没有水军，是朱元璋攻陷集庆的最大障碍。

好在，这个问题随着两个人的出现得到了彻底解决。史载："会巢湖帅廖永安、俞通海以水军千艘来附，太祖大喜，往抚其众。"巢湖帅，说难听点其实就是海盗头子，平日里打家劫舍、杀人越货。廖、俞的上千条战船，说白了就是些战斗力平庸的渔船，并且在后来的战役中成了朱元璋的掣肘。但在此时，聊胜于无。在朱元璋眼里，能带给他水兵的人就是最有用的人。

不得不说，廖、俞二人实在有眼光，他们在一个最恰当的时机，把宝押在了最正确的人身上。

说是攻占集庆，朱元璋却没有冒进，他发挥了天才的军事才能：提出攻占集庆，首先要攻打采石——进可攻，退可守，免得一个不慎，无力回天。攻下采石后，朱元璋又一举拿下太平。此乃一着险棋：此时的太平周围尽是元朝的军队，元右丞阿鲁灰、中丞蛮子海牙等军队拦着水路，陈野先水军的将领康茂才率领数万人正猛攻太平。然朱元璋派兵前后夹击，生擒了陈野先，一并接收了其军队。只不过，这个陈野先，竟会成为后来攻打集庆而不得的原因。

元至正十五年（1355年）秋，义军开始攻打集庆，《明实录》载："发兵攻集庆路，留陈野先于太平。命元帅张天祐率诸军及野先故部曲以行，兵至集庆，攻之，弗克而还。命元帅张天祐率所部军攻集庆，陈野先遂叛，与元福寿合兵来拒，战于秦淮水上，我师失利，天祐、郭元帅皆战死。"郭天叙、张天祐率军两次攻打集庆，却均因陈野先的背叛失败，郭天叙、张天祐也在这两次战役中战死。陈野先叛逃后被民兵所杀，他的从子陈兆先收拾他的余部，屯聚于方山，继续与朱元璋为敌。

对朱元璋来说，两次失败，未尝不是一件好事：一直以来压在他头上作威作福的郭子兴之子郭天叙没有了，郭子兴的旧部下张天祐也没有了。郭子兴的余威终于散去，他的军队则悉归朱元璋所有，朱元璋顺理成章地做了义军的最高统帅。

其实，朱元璋早知陈野先不可靠，对其一直不信任，但他依然派出郭、张率领陈的旧部攻打集庆——用一支内部裂痕重重的部队去攻打城坚墙高的集庆，失败是必然的，但战斗的失败却意味着朱元璋个人的成功。这不得不让人怀疑，朱元璋是有意为之，意在为自己清除障碍。

元至正十六年（1356年），朱元璋亲率三军攻打集庆。他先派常遇春在采石故布疑兵，以小股力量分散元的水军集结，而后利用自己的大军各个击破。元军大败，主帅蛮子海牙以余众走集庆，元军舟楫尽为朱元璋所有。三月，朱元璋率军水陆并进，从太平进军至江宁，第一件事就是把陈兆先的大营拔掉，并生擒了陈兆先，陈部三万六千余人尽为朱元璋所俘。

朱元璋从战俘中选择了五百名骁勇善战者收入麾下。这五百人却寝食难安，朱元璋的手段是闻名的，他会怎么对待俘虏？朱元璋察觉到他们的想法，晚上命令这五百人都到自己的大帐中来，自己身边只留冯国用。晚上睡觉时，朱元璋把铠甲悉数脱下，熟睡至黎明。这五百人看了，疑虑尽去，到了攻打集庆之时，杀敌陷阵冲在最前的往往是他们。

终于到了最后的时刻，朱元璋迫不及待地想要踏入集庆的大门。在距离集庆城门五里的地方，他命士兵一边行军，一边敲锣打鼓。城中的元军本就精神紧张，这么一来更是被吓破了胆。不得已，元军守将福寿只得主动出击，不过很快就被打败。

福寿无奈，关闭城门死守。朱元璋命将士用云梯登上城楼，城楼上的防线随即被攻破。福寿又率人与义军巷战，誓死抵抗。兵溃后，福寿在城中楼前，依然坚持指挥左右抵挡。有人劝他投降，福寿严厉斥责并射杀了劝降者。最后，福寿终因寡不敌众战死。在经历多番周折后，朱元璋终于正式入主集庆。入城后，朱厚葬了福寿。

应该说，福寿是当得起朱元璋厚葬的。虽然他们身处不同的利益集团，虽然福寿所处的一方在当时看来确实是失道寡助，但他却依然尽到了一个守将应尽的责任与义务。有很多人审时度势，弃暗投明，这本是无可厚非，“英雄知时势”嘛，但忠于自己的朝廷，“虽九死其犹未悔”，却也是一种难能的品德。

入城后，朱元璋马上召集城中官吏百姓。“上入城，悉召官吏父老人民，谕之曰：‘元失其政，所在纷扰。兵戈并起，生民涂炭。汝等处危城之中，朝夕惴惴，不能自保。吾率众至此，为民除乱耳。汝宜各安职业，毋怀疑惧。贤人君子，有能相从立功业者，吾礼用之。居官者慎毋暴横，以殃吾民，旧政有不便者，吾为汝除之。’”（《明实录》）这话一出，城中百姓没有不欢欣鼓舞的。可以说，从心理上，集庆人接受了朱元璋。后来，朱元璋改集庆为应天。

集庆一战，朱元璋不仅得到了梦寐以求的水军，充实了自己的军事力量，郭子兴嫡系将领的战死也让他拿回了属于他的军队和兵权。从此，他可以放开手脚，大干一场了。

自古以来，真正的成大事者和那些土皇帝最大的区别就是，成大事者知道自己想要什么，从而不被眼前小利所迷惑。很多农民起义军在攻占一城一池后就满足于享受，也干起了那些剥削人的勾当，最终被敌对力量绞杀，风起云涌也就最终风消云散；而朱元璋之所以能在诸多起义军中异军突起，且取得最终胜利，就是因为他明白，自己向往的舞台是全天下，从来不是一城一郡。因此，直到他问鼎天下的那一天，朱元璋都时时保持警醒，从不停下追逐的脚步。

尽管豪气冲天，此时的朱元璋却不得不认清客观事实：在他的敌人面前，他仍是弱小的，甚至在同道中人面前，他都有些底气不足。但弱小并不是弱势，很多时候，表面的弱小是装出来的，示弱也是一种手段。朱元璋正是明白这一点，所以在占据集庆后他并没有立即挑衅元军，而是决定先去问候一下他的两个邻居。对他来说，这两个人的存在，才是如鲠在喉。

两个男人齐登场

江波上，小小渔船一艘，年轻的陈友谅闻着自己满身的鱼腥味，看着父老辛勤劳作的身影，问自己，这朝不保夕的生活到底何时是个头。他想改变自己的命运，却没想到，竟真变出了一番惊天动地的事业。

陈友谅本姓谢，只因祖父入赘陈家，才姓了陈。陈家是打鱼的，生活十分困苦。有一天，一个算命的经过他家祖坟，说了句这家能出贵人。陈友谅听了，心里很是高兴，也让他觉得自己定不会庸碌一生。

陈友谅与其他参与起义的人不太一样，他起义前是元朝的一个小官吏。“尝为县小吏，非其好也。”（《明史》）因为这份工作不称心，在徐寿辉的起义军经过沔阳时，陈友谅索性反了，入伙徐寿辉，与自己待过的朝廷成了敌人。

按道理说，陈友谅已算是通过读书改变了命运：他进入了统治集团，虽然只是一个小吏，但毕竟与平民不同——这样说来，他和元统治者应该没有什么深仇大恨。但他仍然义无反顾地反了，并且在所有的起义军将领中，他是唯一一个坚持从头反到尾的。这样看来，他造反的动机只有一个，那就是改变自己低下的地位，成为受万人敬仰的人上人。

可见，陈友谅不是一个安分守己的人，他有自己的目的，谁阻碍了他的脚步，他就会毫不犹豫地除之而后快——谁都不例外。

说到这，我们必须要介绍一下陈友谅所在军队的领导者——徐寿辉，以及陈友谅曾经的直接上级——倪文俊。

徐寿辉这个人，史书上说他相貌奇伟，是个美男子，但真本事却没多少，能当上领导者全凭一副好相貌。可他的丞相倪文俊就不一样，此人博古通今，文武双全，因此十分瞧不上徐寿辉，本打算杀掉徐寿辉，自己称王。然而倪文俊的计谋没有得逞，他只得准备勾结陈友谅。

陈友谅刚参加起义军时在倪文俊手下当差，任一个小小的簿书掾。后来，因为有战功，陈友谅被倪文俊提拔成军中的重要将领。应该说，倪文俊对陈友谅有知遇之恩。只不过，让倪文俊没有想到的是，陈友谅并不是一个知恩图报的人。

陈友谅得知倪文俊的遭遇后，二话不说，立刻杀了倪文俊，向徐寿辉邀功，又吞并了倪文俊的军队，自立为平章。

对待自己一生的恩人，陈友谅没有一丝手软。此人“心狠手辣，不仁不义”，可谓十足的小人。但对一个在乱世中谋求未来的人来说，想要成就一番大事，没有这八个字根本不行。陈友谅是卑鄙的，但也是被逼的。随后，陈友谅一鼓作气，拿下了诸多城池：“明年（至正十八年，1358年），陷安庆，又破龙兴、瑞州，分兵取邵武、吉安，而自以兵入抚州。已，又破建昌、赣、汀、信、衢。”

此时的陈友谅，已是江南最强的起义军首领，自然不再甘心俯首徐寿辉。于是，他走上了与倪文俊相同的道路，只不过，陈友谅比倪文俊聪明得多。

徐寿辉身边有被称为“四大金刚”的邹普胜、丁普郎、赵普胜、傅友德。陈友谅深知，要想除掉徐寿辉，必须从他身边的人下手。他的目光渐渐落在了赵普胜身上。

赵普胜这个人，身怀绝技，一对双刀使得出神入化。只不过这个人没什么政治头脑。史载，朱元璋曾派人去到陈友谅军中挑拨离间，说赵普胜有异心。但赵普胜完全没有警觉，还时不时地向陈友谅派来的人夸耀自己的战功。陈友谅城府之深，猜疑之重，无人能出其右。经此一事，陈友谅便找到了除掉赵普胜的借口：有异心。成功除掉赵普胜后，丁普郎和傅友德见势不妙，赶紧投奔朱元璋。徐寿辉身边无人，孤立无援，他的死期也快到了。

当陈友谅攻下龙兴时，徐寿辉要求迁都龙兴，陈不同意，徐寿辉就亲自率兵来到了陈友谅的驻地江州。在江州，陈友谅伏杀了徐寿辉的禁卫军，将徐寿辉软禁。没过多久，陈友谅又攻下太平，徐寿辉再无用处。于是，壮士手中的一把铁锤砸向徐的脑袋，结束了他的生命。

至正二十年（1360年）六月十六日，在采石矶的江边，陈友谅自立为王，改国号为汉，年号大义。

乱世没有规则可言，你方唱罢我登场，只有强者才是唯一的法律。所以，一切的阴谋诡计，只是为了能在这个狼烟四起的时代里成为最后的赢家。

在争夺最后赢家的宝座中，有一个人也站到了朱元璋的面前。

张士诚出生于一个“以操舟运盐为业”的人家，生活十分清贫。为了养家糊口，张士诚与他的兄弟一起干起了倒卖私盐的营生。史载：“缘私作奸利。颇轻财好施，得群辈心。常鬻盐诸富家，富家多陵侮之，或负其直不酬。”卖私盐给有钱人家，不但常常没有钱赚，反而经常受到侮辱，再加上当时的盐警对商人克扣剥削，日子实在是过不下去了。张士诚一咬牙，加入了造反的行列。

他联系了十七名盐民，史称“十八条扁担起义”。他们烧了富人家的房子，把钱财分与众百姓，一时之间，张士诚的义举得到了响应，百姓纷纷加入他的队伍，人数达到上万。张士诚凭借自己的威信，拉起了一支有声有色的队伍。

张的起义军势如破竹，一举攻下了淮东重镇泰州。元政府派重兵镇压，“高邮守李齐谕降之，复叛。杀行省参政赵琏，并陷兴化，结砦德胜湖，有众万余。元以万户告身招之。不受。给杀李齐，袭据高邮”。然而对元朝给予的“万户”官爵，张士诚坚决不受。他在高邮建立政权，国号大周，建元天祐。这一年，是至正十三年（1353年）。

相比陈友谅，张士诚对元朝可是只有恨意，所以他才能在起义初期坚定地拒绝一切收买和拉拢。但光凭一腔恨意是无法闯天下的，对张士诚来说，高邮将是奠定他卓越战功的宝地。

元朝见收买张士诚不成，便派右丞相脱脱率军攻打高邮。史载：“数败士诚，围高邮，隳其外城。”元朝虽然已经腐败不堪，到了悬崖的边上，然百足之虫，死而不僵。对于张士诚来说，这支数倍于自己的军队，极有可能让他的起义道路止步于高邮。然而张士诚不是一个轻言放弃的人，他守在了高邮，也守住了高邮。本来，在元军的轮番猛攻下，外城失守，内城也即将不保，然就在危难关头，一件令人意想不到的事发生了：元朝内部出现分裂。

元顺帝听信谗言，解除了脱脱的兵权，并削去了他的官爵，另派将领指挥战斗。临阵换将，是兵家大忌，元顺帝不知，他这一举，让风雨飘摇的元朝朝着深渊又前进了一步。

说起来，元朝撤掉脱脱的理由很简单：一个小小的高邮，打了这么久都没攻下，证明你脱脱无能，无能的将领当然要换。可稍微有点军事常识的人都应该知道，围攻城池，其实比的就是对战双方的耐力，谁能坚持到最后，谁就能取胜。无论是哪一方面，脱脱都比张士诚有优势，破城指日可待。但权力斗争中，一句不留心的话都可能成为杀人钢刀，更何况脱脱没有战绩。

对张士诚来说，脱脱的离去是千载难逢的机会，他抓住这转瞬即逝的战机，奋起反击。元军抵挡不住，溃散而去，张士诚守住了高邮，也让自己站稳了脚跟。

高邮一役，让张士诚声名大振。凭着这股气势，张士诚不断扩充自己的力量。至正十六年（1356年）二月，张士诚陷平江，并陷湖州、松江及常州诸路，改平江为隆平府。随后，张士诚励精图治，在他所辖地区，废除苛捐杂税，并颁布政令以利农业发展，并大力发展教育，整治民风。应该说，张士诚这样的起义军首领，在当时是不多见的，打天下也要治天下，这个道理，不是人人都懂的。

在元末诸多起义军中，张士诚可以说是完全凭借自己的奋斗和厮杀打下了属于自己的一方土地。高邮一战，以少胜多，并不是人人都能做到的。相对陈友谅来说，张士诚的确是个好人，但在乱世中，好人如果想活下去，就必须具备常人没有的品质，比如不畏死亡，比如善得民心。从张在其领地实行的政策来看，不得不说，他还是有一点治国的方略的。但在风起云涌的元末，一切都是未知数。张士诚和陈友谅，一正一邪，成为了朱元璋通往天下道路上不可小视的障碍。除掉他们，势必又将是一场鏖战。

第三章　陈友谅，你往哪里跑

狼来了，这回狼真的来了

常遇春站在坑边，看着坑中挣扎哀嚎的汉军将士，脸上没有一点表情。一锨锨的石土砸在这些人的身上，直到他们所有的声息被掩埋。常遇春不知道，这看似平静的表面下，正有一场极大的风波在酝酿。

至正十九年（1359年），此时的陈友谅名义上还在徐寿辉手下，实际是挟持着徐这个傀儡皇帝来统治江南。朱元璋虽名义上与徐寿辉作战，但他心里明白，自己真正的对手是躲在徐身后的陈友谅。朱元璋占据的应天位于长江下游，陈友谅的势力范围恰好在长江上游，两军对垒于江上，是迟早的事。但朱元璋迟迟不肯开战，原因之前已经说过：水上作战，水军至为重要，但朱元璋那上千条所谓的战船，不过是些破烂的渔船，和陈友谅那支真正的舰队来比，开战无异于自杀。

朱元璋确实想除掉陈友谅，但怎么除，他还没有想好。而他却不能再思考下去了，因为一个突发事件，让朱元璋必须马上采取行动。

至正十九年（1359年）十一月，常遇春率廖永安等自铜陵进攻池州。“……执元帅洪某，斩之，禽别将魏寿徐天麟等……”（《明实录·太祖实录》）陈友谅得知，大惊失色，立刻调遣部队准备夺回池州。不料消息走漏，被徐达知悉。于是，徐达与常遇春在九华山设伏，歼敌万余，生擒三千。

常遇春看到这三千俘虏，老毛病又犯了。

常遇春是著名的大将，一生战功赫赫，是公认的“天下奇男子”。然而他有一个非常不好的嗜好——杀降。杀降历来都被认为是不光彩的事情：在战场上杀敌无可厚非，可敌人既已投降，就实在没有道理再大开杀戒。虽然古代没有什么“人道主义”的说法，但杀降，始终会被人所诟病。

《明史·列传第十三》记载，战后，“遇春曰：‘此劲旅也，不杀为后患。’”徐达听了，自然是不同意，并上报了朱元璋。朱的批复还没到，常就连夜活埋了这三千人。事后证明，常遇春的大胆行为，给朱元璋惹了不小的麻烦。

陈友谅听闻此事，愤怒异常，既然要打，那索性就决一死战！于是，陈友谅率领着他的无敌舰队，浩浩荡荡，直奔应天。待到朱元璋摸清陈的意图之时，陈的大军早已拿下采石，眼看就要攻下太平，而太平，是应天的最后一道屏障。朱元璋的一千余条小渔船，在陈友谅气势雄伟、所向披靡的战船面前是那么的孱弱。

这一次，朱元璋无路可退了。

历史没有假设，明朝的存在证明了一个事实，那就是朱元璋取得了最后的胜利。所以我们无需担心朱元璋的安危。但他到底是如何度过这次危机的？这要感谢一个人。

至正二十年（1360年），一个人走进了朱元璋的生活。此人学富五车，尤其是精通天文，“博通经史，于书无不窥，尤精象纬之学”（《明史》）。在古时，精通天文的人是不可多得的奇才，因为他们不仅能利用气象学分析作战形势优劣，还能为那些想要称帝者制造舆论。总之，朱元璋需要一个这样的人，而这个人，就是刘基。

刚开始，刘基并没有接受朱元璋的邀请。隐士嘛，总是有点架子的。可朱元璋不气馁，正所谓“精诚所至，金石为开”——终于，刘基来了，带着他的时务十八策一起来了。

他给朱元璋分析当前的形势。刘基分析：“士诚自守虏，不足虑。友谅劫主胁下，名号不正，地据上流，其心无日忘我，宜先图之。陈氏灭，张氏势孤，一举可定。然后北向中原，王业可成也。”

刘基说，张士诚不足为患，陈友谅挟持着徐寿辉指挥部下却是名不正言不顺的。陈的领地就在朱的上游，肯定终日惦记着灭掉朱元璋，所以要先除陈友谅。陈友谅一旦清除，张士诚势必处于孤立无援的境地，拿下他就容易多了。然后再挥师北进，朱元璋的帝业就唾手可得了。朱元璋听了很是欢喜，将刘基视为军师。

那么刘基是如何应对危机的呢？

朱元璋召集众谋士商讨对付陈友谅的对策。“诸将或议降，或议奔据钟山”，总之一句话，就是放弃应天。刘基一言不发，朱元璋看他脸色阴晴不定，就将他请入内室。这时的刘基，情绪激昂，说道：“主降及奔者，可斩也。”朱元璋就问刘基有什么办法，刘基分析说，陈友谅为人骄躁，正面冲突肯定不行，只能打伏击，待敌深入后，一举拿下。

可是陈友谅毕竟坐拥强大的水军，怎么才能诱敌深入呢？又在哪伏击他呢？这时的朱元璋，再次发挥了天才的军事才能：既然自己的水军不如陈友谅，那就不在水上打，逼陈上岸，在岸上就是朱元璋的天下了。

不得不说，刘基和朱元璋都是深谙兵法的奇才，在敌强我弱的情势下，他们能够冷静判断局势，并且作出正确的决断。以弱对强无异于以卵击石，可如果换个角度，就能够将劣势变为优势，朱元璋和刘基深知，在水上是占不到一点便宜的，还有可能将辛苦打下的功业毁于一旦，所以，他们选择将战场设在陆地上。历史再一次证明，朱、刘二人是对的，龙湾将成为陈友谅一生的梦魇。

朱元璋先派康茂才与陈友谅联系。康茂才本是陈友谅的手下，后投奔朱元璋。按照朱的指示，康茂才时常接触陈友谅，让陈以为康是自己人。康茂才，将成为龙湾一战的关键。

康茂才暗中告诉陈友谅，说自己会帮助陈友谅，建议陈友谅走水路。“茂才与友谅有旧，命遣仆持书，给为内应。友谅大喜，问：‘康公安在？’曰：‘守江东木桥。’”（《明史·康茂才传》）只不过，这木桥已被偷偷地换成石桥。陈的舰队到达江东，发现石桥挡住去路。依照约定，陈友谅连呼“老康”，自然是无人应答。陈友谅此时方知中计，无奈只得退军龙湾。

陈的大军刚一全部登陆，就进入了伏击圈。朱元璋随即发起了进攻命令，徐达、常遇春等大将率军连番攻击，陈的军队仓皇之下根本无法抵挡，只得向战船奔去，不料几乎所有战船全部搁浅，无法行驶。就这样，陈友谅的无敌水军，生生被朱元璋回拖上岸，狠狠地打了一回合。

这一战，汉军损失两万余人，陈友谅败走江州，朱元璋则缴获不少战船，充实了水军。此一役，朱元璋大胜。

陈友谅本是一条被常遇春引来的狼，结果却被放牛娃朱元璋收拾了。如果常遇春改改杀降的毛病，或许双方的对峙会再持续上一段时间。不过对峙的结果如何就不好说了，或许陈友谅会依托水军，仔细谋划，清除掉一切可能的障碍，然后一点一点地蚕食朱的地盘，直到完全消灭朱。然历史没有假设，这一个个看似巧合的事件，正构成了历史的全部。“巧合”之下，其实隐藏着历史人物的必然归宿。

刘基对陈友谅的评价很是准确：骄躁。杀降一事就能使其暴跳如雷，不经思索就匆忙开战；虽然兵力上占尽优势，但若遇对方背水一战，胜算又有多大？骄躁的性格使他没有仔细辨别康茂才反戈的真假，陈友谅的败走可谓咎由自取，与人无尤。

朱元璋或许应该庆幸常遇春过早地引来这条狼，毕竟事情的结果并不是太坏，起码这条狼给自己送来了真正的战船。但陈友谅毕竟是一代枭雄，怎可能就此偃旗息鼓。他在等待一个机会，而他并没有等太久。

老朱的呐喊：有锅，我早把你炖了

至元二十三年（1363年）二月，已经投降元朝的张士诚派兵攻打安丰。历来农民起义军投降统治者的并不少见，但张士诚起义动机明确，起义效果明显，手握重兵，割据一方，实在想不通他怎么会投降。也许朱元璋说的对，张士诚这个人，没有远见。

就是这么个没有远见的人给朱元璋出了个难题——张派兵攻打的安丰地理位置很重要，算得上是应天的门户，如果安丰城被攻破，应天就岌岌可危了。再有就是朱元璋名义上顺从的皇帝韩林儿就在安丰。

当时的朱元璋心里自然是不愿意救韩林儿的——自己正干得风生水起，干吗要救回一个皇帝压着自己？可是，如果不救，应天危险不说，世人该怎么看待背信弃义、弃主于危难的朱元璋？防民之口，甚于防川，百姓可能会因你的强大而屈从于你，但人心呢？人心所向对一个国家的稳定来说至关重要，想要坐稳王位就更不可忽视。谁能问鼎天下还是未知数，朱元璋怎么可能在这种时候给自己招来乱臣贼子的骂名？

因此，朱元璋决定发兵。但在下达最终命令前，他还是找来刘基商量，但没想到，刘基毫不犹豫地反对出兵。“基曰：‘汉、吴伺隙，未可动也。’”（《明史》）现在陈友谅正虎视眈眈地盯着应天，这个时候把军队调走，一旦陈友谅趁机发动攻击，那岂不是把应天拱手让了出去？再说，韩林儿对朱元璋称帝总归是个障碍，怎么能清除掉这个障碍是个大问题，现在有了这么好的一个机会，可以让韩林儿死在别人手里，何必要再去把这个麻烦找回来？于情于理，刘基都坚决反对发兵救援安丰。

可是朱元璋也是个固执的人，一旦认准了一个想法就很难改变。不管刘基怎么阻拦，朱元璋还是固执地亲率大军，向着安丰出发了。

这正中陈友谅下怀。龙湾一役，让陈友谅重新认识了朱元璋，这个对手居然能以弱胜强，看来并不是一个省油的灯。陈友谅深知，朱元璋这个人，将会成为自己称王称霸道路上的最大阻碍；张士诚不可怕，从他投降一举就可看出，此人成不了大事；再说，元朝也已岌岌可危，灭亡只是时间问题。那么，陈友谅的对手只剩朱元璋一个，而且是唯一的一个。

当朱元璋率领大军到达安丰时，刘福通已被张士诚手下大将吕珍杀死，安丰早已被占领。吕珍一见朱军，就下令水路联营，以战舰占据河面，河岸边满栽树木，又用竹子扎成篱笆，在最外层挖掘出深沟。吕珍希望，这层层的阻隔能阻挡住朱元璋的脚步。

刚开始，这样的战略防守确实起到了作用，并且让朱元璋的左右军受创。可朱元璋不是凡人，暂时的失败并不能使他放弃，他派猛将常遇春带兵，不仅横扫吕珍的兵阵，还三战连捷。吕珍部溃不成军。

这个时候，庐州的左君弼派兵援助吕珍，正好赶上常遇春这个头号先锋。杀红了眼的常遇春越战越勇，又一举击败了左君弼的军队。左君弼救援不成反受牵连，只得和吕珍匆匆逃走。

这下，朱元璋算是救出了韩林儿。可把他安置在哪儿呢？放在应天，肯定不行，那是自己的地盘，怎么能让姓韩的坐享其成？无奈之下，朱元璋只得把韩林儿安置在滁州，依然尊奉韩为皇帝。

刘福通和韩林儿，一个战死，一个被救，这是朱元璋最不希望看到的结果。如果韩林儿也能英勇战死，那他朱元璋正好躲掉了弑君的罪名，还能名正言顺地自立为王。可韩林儿福大命大，居然等到了朱元璋的救援。看来，通向王位的道路，对朱元璋来说，还有些坎坷。

救出了韩林儿，朱元璋心里特别不是滋味。一口恶气吐不出来，此行不能无功而返。朱元璋想，是庐州的左君弼率军援助吕珍的，那好，就去攻打庐州。庐州是通往张士诚势力范围的必经之路，攻下庐州，势必会成为以后与张士诚作战的绝佳据点。

朱元璋立即下令，命徐达等人移师，进攻庐州。不料想，此举却成了朱元璋最大的战略错误。

徐达等人率兵来到庐州，才意识到想要攻下这座城池有多困难。张士诚自然知道庐州的重要性，因此不可能不派重兵把守，再加上此城城墙坚固，想要攻下谈何容易。左君弼虽然败走庐州，可守城之军兵强马壮，养精蓄锐，严阵以待。反观朱军，刚刚经历一场鏖战，士兵疲惫不堪，又一路奔驰而来攻打人家的军事重地，实在是有心无力。

无奈君命不可违，徐达只能克服一切困难，拼力攻击。左君弼仗着庐州城城墙高耸，易守难攻，和徐达展开了拉锯战。结果这一仗，徐达打了整整三个月也没有打完。张士诚似乎特别擅长防御，当年脱脱也曾围了高邮三个月，结果被皇帝一张圣旨召了回去，使张活了下来。现在，城外的人换成了徐达，张士诚的部下也坚持了三个月。而且这一次，城里的人要比城外的人更有把握。

如果张士诚没有投降元朝，那么朱元璋面对的将是一个非常擅长守御的敌人。兵贵神速，一鼓作气的道理会打仗的人都懂，一旦碰上张士诚这么一个有耐力的人，朱元璋实在不能保证自己的军队能像敌军一样坚挺到底。好在命运偏爱朱元璋，把张士诚放在了一个高不成低不就的尴尬位置，即使后来张又恢复了自己的国号，但这样反复无常、没有雄心壮志的人，早已不配争夺天下了。

就在徐达的大军和左君弼在庐州斗得热火朝天之际，一个消息大大地刺激了朱元璋：元军趁朱军不备，发起攻势从朱元璋手里抢走了安丰。不仅庐州久攻不下，安丰这只煮熟了的鸭子竟又飞走了，自己还多了个累赘皇帝，朱元璋这一次，可真是哑巴吃黄连——有苦说不出了。

他悔恨不已，一悔不听刘基劝告，二悔攻下安丰后不派重兵把守，三悔不及时打道回府，四悔贸然作了攻打庐州的决定。如果这一切都没有发生，那朱元璋的麻烦可能只有韩林儿一个，这一次真的是一无所获，还白白损失了兵力。

历史是公平的，它不会改变自己的运行轨迹来弥补谁的错误，每个人都要对自己的行为负责，张士诚是这样，陈友谅是这样，朱元璋也不例外；它为所有人一一列出未来的可能性，让他们自己思考，任他们自己挑选——历史无声地完成了主次排序，也决定了谁王谁寇。

它让每个人都能看清自己的行为所带来的后果，也让这些人按照自己选择的方向走下去，不加阻拦，但它一定会让所有人都获得他们应该获得的，丝毫不减。看起来，那些王侯将相似乎颇得上天的眷顾，但其实，早在他们下定决心的一刹那，就已经有一个结果在等待着他们，历史只不过是逐渐靠近那个结果，如此而已。

就在朱元璋懊悔不已的时候，另一边的陈友谅也是焦头烂额：安丰本来是制衡朱元璋的一步棋，不料这步棋的后手陈友谅却下得不妙。

让敌我双方的热血都飞一会

无边的战火烧红了城墙，也烧红了陈友谅的眼睛。让他百思不得其解的是，一个看似唾手可得的洪都城，怎么会变成了一颗拔不下来的钉子？

至正二十三年（1363年）四月，陈友谅率领六十万大军，驾驶着他的无敌战舰，直奔洪都。龙湾一战，让陈友谅愈发重视水军的训练，为此，他还造出了一种可怕的船：“大作舟舰，高数丈，饰以丹漆，上下三级，级置走马棚，下设板房为蔽，置橹数十其中，上下人语不相闻。橹箱皆裹以铁，自谓必胜。”（《明史纪事本末》）

这种船有几丈高，整个船的外面还包上了铁皮。如果把它开到城墙边上，士兵们都可以从甲板搭短梯直上城墙。它上下分为三层，每一层的甲板都能跑马；层与层之间以木板隔开，起到了隔音的效果。就是以现在的眼光来看，陈友谅的战舰也不可小觑，更何况在当时：这根本就是一个钢铁怪物。这一次，陈友谅几乎倾巢而出，小小的洪都能顶住吗？

洪都的守卫者是朱元璋的侄子朱文正。虽说是侄子，朱元璋却对他视如己出。可惜，朱文正的口碑一向不好，二世祖的毛病他几乎样样不落。刚到洪都，这位公子爷的劣迹就一天一更新，不是饮酒作乐，就是流连烟花之地，居然还谱了曲子，让下人们去排演，却撒手不管布置城防的事，下属们无不焦急万分。

朱文正的行径不仅在洪都城内人尽皆知，连城外的人也听说了他的轶事，这当中就包括陈友谅。

本来陈友谅攻打洪都，目的在于以洪都作为基地，进攻应天。洪都位于鄱阳湖畔，水路便捷，对于陈友谅的水军来说，是一个非常有利的停泊之地。再加上洪都距离应天很近，是一个进可攻、退可守的水上要塞。而此时洪都守将朱文正的所作所为，大大增长了陈友谅拿下洪都的信心——朱元璋派此人来守城，实在是要将洪都拱手相让。

被兴奋冲昏头脑的陈友谅忽略了一个问题，那就是，他的敌人不是别人，是朱元璋——这是一个非常可怕的人，他不会做任何无益的事；洪都地位之重要，并不是只有陈友谅知道，朱元璋也清楚得很。所以，朱怎么会派一个无能之辈来驻守这个如此重要的城池？陈友谅的一时忘形，让后来的他后悔不已。

感到害怕的似乎应该是朱文正：他的守军只有区区四万人，面对陈友谅六十万大军，想要守城谈何容易，以一当十，以一当百那是小说家的笔触。况且他朱文正的这四万人又不全是冲锋队，他们还有一座城要守，还有城中的百姓要守——这一仗，注定将艰苦绝伦。

朱文正站在城楼上查看敌情，他看到的，是巨大的战舰占满水面，几乎没有缝隙；几十万大军将洪都围得水泄不通，连风都吹不过来。不敢想象，这六十万人涌进洪都城，会是个什么下场。在朱文正身后站着他的部下，这些都是身经百战的男儿，面对强大的敌人，他们能在最短时间内将恐惧转化为斗志，并爆发出来。

朱文正知道，自己平日的所作所为，早已让这些人对自己嗤之以鼻，他们根本不信任自己。对将领的不信任，是作战的大忌，这样的军队没有任何战斗力可言。可如今，他们在一条船上，无论喜欢与否，都将同生共死。此时的朱文正，一改平日玩世不恭的态度，严肃地召开了可能是最后一次的军事会议。他仔细分析了当下的情况，并对如何防守进行了详尽的安排。“诸将分门拒守，邓愈守抚州门，赵德胜守宫步、士步、桥步三门，薛显守章江、新城二门，牛海龙等守琉璃、澹台二门，文正居中节制，自将精锐二千，往来策应。”

一个洪都，守军只有四万，城门却居然有八个。细算下来，每个城门只能分配到五千兵力：一旦陈友谅同时从八个城门发起攻击，那就是五千人抵挡七万五千人的进攻；如果陈友谅只选择几个城门进攻，一个不成就再换一个，这种消耗战，也许陈友谅耗得起，可朱文正耗不起。在这种悬殊的态势下，难以想象朱文正是怎么安排兵力的——安排完毕后居然还多出两千人做策应。仅这排兵布阵的本事，朱文正就不可小觑。

至正二十三年（1363年）四月二十四日，洪都保卫战打响。

陈友谅首先选择进攻抚州门。守抚州门的将领是邓愈，一个极其厉害的人。他命兵士们从城墙上往下扔石头，利用高度的优势来抵挡敌人的进攻。陈友谅的汉军手持竹盾，冒石前进。虽然竹子做的盾牌无法和飞石抗衡，但陈友谅最大的优势就是人多，一点点劣势阻挡不了他；飞石阵再厉害，也抵挡不住如潮水般的敌军。汉军军士手持利剑，攻打城门，居然把城墙砍坏了二十多丈。这哪里是城墙，简直和纸糊的没什么区别。当初修建城墙的工匠们，如果知道有一天洪都的城墙居然让人用刀砍开了，不知会作何感想。

陈友谅还没来得及为打破城墙而高兴，就听见枪声大作。邓愈居然临危不乱，指挥手下用火铳向敌人射击。虽然元末还处于冷兵器时期，但火铳这样的热兵器并不鲜见，而且在经历过几代的改进，已经相当先进，杀伤力不可小看。

不过，这样的东西，陈友谅的军中并没有配备。汉军一看这发出火光的家伙，立刻慌了，看着大开的城墙，却连一步也不敢再前进。利用这短暂的时间，邓愈派人用木头搭起了临时的防御工事，汉军随即开始争夺木栅。这时，朱文正率兵赶到，守卫其他城门的牛海龙等人也带兵来援。朱文正一边命令诸将死战，一边派人修筑城墙，一个晚上便全部完工。在邓愈与朱文正的抵抗下，抚州门保住，陈友谅不得不另做打算。

抚州门虽然保住了，可朱文正的损失也相当惨重：李继先、牛海龙、赵国旺、许珪、朱潜、程国胜等大将皆战死，朱文正自己也受了伤。

五月，陈友谅重新集结队伍，进攻新城门。没想到，守卫新城门的薛显突然自己率兵冲了出来，横冲直撞了一阵，又退了回去。这突如其来的一击，居然让汉军不敢再攻打新城门。

眼看到了六月，两军僵持一月有余，陈友谅失去了耐心，想从水路发起攻击。可没想到朱文正让军士用长矛透过木栅直刺敌军，汉军用手抓住长矛，一时之间难解难分。朱文正又命手下将长矛加热，汉军士兵不假思索用手去抓，结果肉都被烫熟了。看来，水路也不能考虑了。

朱、陈二人就这么一个城里、一个城外地对峙着。朱文正虽然凭借自己的军事天才和勇猛过人的胆量支撑了洪都将近两个月，但面对是自己十数倍的敌人，洪都被破只是时间问题。于是，朱文正派张子明去找朱元璋求救。

张子明昼伏夜行，赶到朱元璋面前。张子明这个人很聪明，史料记载，他是这么求援的：“友谅兵虽盛，战死亦不少。今江水日涸，巨舰将不利，又师久粮乏，援兵至，可必破也。”朱元璋听了很是高兴，就让张子明带话给朱文正，让他再坚守一个月，自己一定会带兵前去支援。

一个月，朱文正坚持到现在就已经快到极限了，再坚持一个月，恐怕到时朱元璋不用去洪都，直接和陈友谅开战就行了。

张子明带着朱元璋的意思又赶回洪都，不料被陈友谅拦截。陈劝他投降，让他说服朱文正放弃抵抗。张子明答应了，不料当他来到洪都城下，却对着城墙上的将士大声疾呼：“主上令诸公坚守，大军且至矣。”（《明史纪事本末》）陈友谅大怒，当即杀掉了张子明。

朱文正听到了张子明用命换回的口信，更加拼命地守住城池，等待救援，而陈友谅则彻底崩溃了。

洪都一战，朱文正用区区四万人，牵制住陈友谅六十万大军长达三月之久，这不能不说是一个奇迹。

表面上看，朱文正确实不是一个好人，种种恶习他一样不少。可他用自己过人的战略眼光和惊人的军事素养，让一个小小的洪都成为了陈友谅的噩梦。

面对众人怀疑的眼光，面对手下大将身死沙场，面对敌人的掣肘，面对为了完成任务不惜一死的张子明，朱文正不能心软，也不能动摇。因为，软弱的好人救不了任何人。无论如何，他必须坚持，坚持到最后一刻。

能存活于乱世的人，必有过人之处。单凭放浪不羁就抹杀了朱文正的功绩，是对他的不公。一个德行为寻常人所不齿的花花公子，能于千万军中坚守阵地、不屈不挠，谁能说朱文正不是英雄？

没有定数的赌局

大帐内，灯影晃动，光线很是昏暗。摇曳的烛光照耀着大将们的脸庞，每张脸上都写满了坚毅、果敢与自信。他们面前，静静地坐着朱元璋。就是这个人，带领众人走到了这一步。这个人，将带领他们走向更大的荣耀。

至正二十三年（1363年）六月，朱文正还苦苦地在洪都抵挡陈友谅的进攻时，朱元璋集结了部队。他命徐达、常遇春等人从庐州带兵回转，率领大军二十万全力开赴洪都。陈友谅虽然在洪都之战后兵力有所损失，但仍强于朱元璋。更何况，洪都还有陈友谅一直引以为傲的无敌舰队在等着他。力量悬殊，人所共知。但既然已经决定了正面冲突，就没有回头路，只能前进。

刘基也随大军一道出发了。朱元璋因没有听取刘的意见，执意出兵安丰，险些酿成大祸，幸好朱文正死守洪都，才没有造成不可挽回的损失。虽然如此，刘基却并没有因此失去对朱元璋的信心。他知道，这个人，势必会做出一番大事，也只有这个人，才值得他放弃隐居田园的自在生活，回到这纷繁复杂的人间。虽然一时失误可能会使英雄气短，但既然历史选择了这个人，给了他争夺天下的机会，那他就一定有常人所不及的地方。刘基能看懂星象，也能看透人心：朱元璋的内心无比强大，这将会是他在历史的舞台上继续表演下去的最大资本。

此时的朱元璋，也在回想着从起义以来发生过的事情。如果当年接到汤和来信的自己，只是读上一读就随手扔掉，并不多想，那也许现在还在皇觉寺里当着身份低下的和尚，受人欺负，时不时还要出门乞讨。又或者娶了老婆，生了孩子，守着几亩薄田，过着平淡无奇的日子。还可能会饱受官府压榨，却有苦无处诉，只能长叹一声，命运不公。

但这一切都没有发生，朱元璋给自己选择了另外一条路，投身轰轰烈烈的起义中。他不是池中物。元末浩荡的风云，对一些人来说是浩劫，是炼狱，但对朱元璋来说，却是他化身为龙的契机。他牢牢地抓住了机会，从此走上了一条没有安逸只有惊险、没有享受只有不断战斗的道路。这条道路上，有很多人并肩而行，会有人陆续加入，也会有人陆续离开。然而能走到的终点，只有一个；而终点，就是天下。

离开郭子兴，是为了谋求更大的发展；摆脱韩林儿，则是为了称王天下。朱元璋并不是独自一人，他有不弃不离的妻子、赤胆忠心的部下，还有千千万万追随他的热血男儿；朱元璋也是孤独的，古今帝王者，都是孤独的，他们既然选择了自己的人生轨迹，就要毫无怨言地承受所有的一切，包括“九五之尊”，也包括“孤家寡人”。

朱文正在洪都坚守八十五天后，终于盼到了叔叔朱元璋亲率的二十万大军。陈友谅立刻放弃洪都，调转势头，向最后的战场鄱阳湖开去。决战，即将拉开序幕。

朱元璋则率军从松门进入鄱阳湖，分派军队守住泾江口和南湖嘴，彻底封住了陈友谅退军的去路。既然要战，那就一战到底；封掉敌人退路的同时，也是把自己的退路断了。鄱阳湖终将成为一个人的领奖台，另一个人的墓葬场。

开战前夕，朱元璋召集将领。他对这些身经百战的人，做了最后一次战前动员：“两军相斗勇者胜，陈友谅久围洪都，今闻我师至，而退兵迎战，其势必死斗。诸公当尽力，有进无退，剪灭此虏，正在今日！”（《明实录·太祖实录》）

两军对垒，凭的不仅是谋略和军法，有时候，内心是否强大，勇气是否充沛，将决定整个局势的走向。

至正二十三年（1363年）七月二十日，朱元璋与陈友谅的军队在康郎山相遇。两军之间，是平静的鄱阳湖，但这平静还能维持多久，谁都不清楚。所有人心中都明白，明日，鄱阳湖上，将卷起惊天的巨浪，接受一次血与火的洗礼。

大战前夜，陈友谅看着近在咫尺的敌人，思绪万千。对他来说，和朱元璋没有实质性的争斗索然无味，他要的是彻底的一战。陈友谅看不起朱元璋：仅凭几条渔船就想和自己抗衡，简直是痴心妄想。但他又不得不重视朱元璋：洪都一战给他的打击太大——他不明白，是什么力量支撑着朱文正用近乎自杀的方式抵挡了自己三个月；他不明白，是什么力量让张子明一个弱书生不畏生死；他不明白，是什么力量让那么多的人背叛了自己，投向了朱元璋；他不明白，是什么力量让看似弱小的朱元璋能与自己抗衡，且最终赢得了决战入场券。他想知道，自己的对手究竟是一个怎样的人。在这样一个乱世，谁的力量强，谁就是天下的王！这个最简单不过的道理，不对么？

强者为王，这个道理当然对。但陈友谅太偏执，他以为强大就是兵多，就是船坚，甚至就是心狠手辣。事实并非如此。真正的强者，明白自己要的是什么，也明白要获得就必须有付出，所以他们对敌人决不手软，对子民绝不压榨——他们明白天下最难获得的是人心：所谓强者打天下的过程，正是收获人心的过程。

陈友谅却不明白这个道理。为了一己私利，他杀掉了昔日的上级，杀掉了称兄道弟的同胞，杀掉了所有前进道路上的绊脚石，一直杀到自己身边竟没有一个人忠心，只有畏惧和鄙夷。这样的军队，在利益面前只能相互利用；一旦有所变故，瞬间分崩离析。陈友谅不明白朱元璋的资本是什么，是因为他看不到这种资本的价值，甚至亲手将其砍杀殆尽——这资本，叫做人心。

无论如何，此时此刻的陈、朱关心的却是同一个问题：鄱阳湖之战，将成为他们生命中最大的赌局。他们将自己几乎全部的身家都压在了赌桌上，机会只有一次：赢了，就能获得天下；输了，就将万劫不复。朱元璋不可能会给陈友谅一条生路，陈友谅亦不会给朱元璋这个机会。一旦开局，就没有退路，谁输谁赢，一切，就在明天。

至正二十三年（1363年）七月二十一日，鄱阳湖之战打响。

当朱元璋的军队靠近陈友谅的舰队时，朱元璋才意识到军中一切的想象都太过拘谨了：陈友谅的战船之大，已经超过了他的想象范围，这不是一支水军，这是一群怪物。恐怕朱麾下的战船还没开到敌军船下，就已被对方战船带起的水浪掀翻了。就算能侥幸靠近敌船，也占不到什么便宜，敌船上包裹的铁甲将抵挡住一切箭矢的攻击。这不是打仗，是送死。

但朱元璋并没有被眼前的场景吓住，他仔细分析了局势，提出了自己的看法。朱元璋告诉自己的部下：“彼巨舟，首尾连，接不利进退，可破也。”（《明实录·太祖实录》）陈友谅的船虽然大，但大有大的缺点，那就是行动不灵活。朱元璋的军船虽然小，但在水面上能随机应变，机动性强，所以，破敌还是有希望的。

话是这么说，但谁都明白，执行起来太困难。谁来当这个先锋？如果得手还好，可一旦有个闪失，就是有去无回。首战不利，这个罪名，任谁也担当不起。

就在所有人都陷入沉默之时，一个人站了出来——徐达，自愿担任先锋。

战场是一个能成就人一生荣耀的地方，也是一个埋葬很多人理想与生命的地方。并不是所有的人在面对鲜血时都能被激发出斗志；相反，很多人直面生死时，会胆怯后退。而这时，能勇往直前的人，才是真的勇士。徐达表现出了他的勇敢，而且，是建立在深思熟虑上的勇敢。

鄱阳湖只有血色，没有浪漫

冲天的火，映红了人们的眼睛，映红了鄱阳湖的水面，映红了无尽的天际。从此，水天一色，赤如鲜血。

徐达站在船头，望着身后跟随而来的船只：这是他的先锋队，也是敢死队。和陈友谅的巨舰相比，徐达带领的这些船小得就像蚂蚁，毫无威力可言。但徐达相信自己——他相信，凭借自己对陈友谅的了解以及对敌我双方情况的分析，他已经找到了克敌的良方。只要依计行事，定能旗开得胜。

此时的鄱阳湖，微风徐徐，波光粼粼，正是一派湖光山色。可徐达无心观赏，他命令所有船只加强戒备，全速前进。目标：无敌舰队。

当徐达的船队出现在陈友谅战舰身前时，汉军竟然一时之间被震惊得毫无反应。他们万没想到，如此弱小的朱元璋水军竟然敢首先发起进攻。就在他们恍神的一瞬，徐达命令舰队分为十一支小队，从不同方向进攻敌军的战舰。

在出发前，朱元璋已为这次冲击作好了安排。他命令所有的船上按顺序排好火器和弓弩，当靠近敌船后，先向船上发射火枪，然后发射弩箭，最后攀上敌船，和敌人短兵相接。陈友谅的船，最大的优点是大，最大的缺点也是大，面对来自不同方向的进攻，它必然会顾此失彼，躲闪不及。哪怕是一点点的迟缓，也能成为徐达抢占敌船的绝好时机。

这是一个完美的计划，而徐达，则是最完美的执行者。

在战斗中，徐达一直身先士卒。士兵们无论何时看向徐达的旗舰，都能看到他们的将军挺立在船头，如雕塑般丝毫不惧。这一来，所有人的斗志都被激发出来，没有人退缩，亦没有人胆怯。将军于刀光剑影中一马当先，吾等又有何惧！

古来将者，或是运筹帷幄的儒将，或是冲锋陷阵的猛将；文、武相交，均有所长，亦各有所短。儒将或短于孱弱，猛将或失于莽撞。真正的名将，须是此二者的完美结合体，既要能在千里之外谋划指挥战局，又要随时做好马革裹尸的准备。古时将军元帅很多，但能成为名将的却是屈指可数。而徐达，就是一代名将。纵观他的一生，丝毫不愧对“名将”二字。

当陈友谅的巨舰在徐达的团团包围下显得手足无措时，徐达看准时机，一举攻上甲板。“达身先诸将，击败其前锋，杀千五百人，获一巨舟而还，军声大振。”（《明实录·太祖实录》）这次冲锋，不仅没有过多折损，反而杀敌过千，俘获巨舰。徐达这一仗，打得着实漂亮。

陈友谅也不是泛泛之辈，他立刻洞悉了徐达的意图，马上命令其他战舰合力围剿徐达的船队。徐达立刻带兵回撤，陈友谅毫不放松，加紧追赶。不料，等待他的，又是一记重击。

徐达带人撤回后，大将俞通海立刻命人集中所有火力，乘着风势，猛烈攻击陈友谅的先头部队。一时之间，炮声震耳欲聋，战火随风越烧越旺，陈友谅的舰队一下毁掉二十余艘，损失惨重。

陈友谅马上改变作战计划。他利用自己船只高大的优势，逐渐逼近，并居高临下发射弩箭和火把，一时之间，朱元璋的船队遭了殃，徐达所在旗舰亦被火点燃，只得边扑火边指挥战斗。徐达真可谓不世出的名将，在敌强我弱的情势下，在船只被火焚烧的情况下，依然坚守阵地，拼力死战。一直坚持到朱元璋派兵前来援助，方暂时逼退敌人。

这样一来，双方皆有折损，都不敢贸然发动进攻。一时之间，鄱阳湖恢复了平静。两军陷入对峙。

不料，一个人的行动，打破了僵局。而这次行动，差点要了朱元璋的命。

陈友谅是一个心狠手辣、疑心重重的人，但却有一个唯一信任的朋友。在陈友谅的一生中，即使在最为难的时刻，他也对这个人深信不疑；而这个人，对陈友谅可谓是肝胆相照，不离不弃。他，就是骁将张定边。

就在陈友谅和朱元璋两两对峙时，张定边率领一支小队突然从军中冲出，直奔朱元璋的旗舰。所有的人都惊呆了，这是一次毫无征兆的突击，连陈友谅这边都一时没有回过神来，朱元璋的部队更是没有一点反应，以至于有那么一刻，张定边如入无人之境，竟没有人来阻拦。当发现张定边的小队对周围的战船不理不睬，只一心奔向朱元璋的旗舰时，所有人才意识到发生了什么，也意识到即将要发生什么。

张定边这个人，实在是不可多得的猛将。和徐达相比，张的军事才能毫不逊色，而且为人更为勇猛，可谓文武双全。他一生始终忠于陈友谅，从没有过一刻背叛。也难怪陈友谅对他没有丝毫怀疑，只有绝对的信任。

站在船上，张定边看着越来越近的朱元璋，恨不得插翅飞过去，取下朱元璋的首级，结束这场战斗。也许是太过恐惧焦急，朱元璋的旗舰在转舵躲避时竟然搁浅，动弹不得。看着张定边的船飞驰而来，朱元璋难道只有等死？危险，在一步步逼近。

就在这生死一线，一个人给朱元璋带来了一线生机。“牙将韩成进曰：‘古人杀身以成仁，臣不敢爱其死。’乃服上冠袍，对敌自投水中。”（《明史纪事本末》）在危急时刻，韩成用自己的生命换取了朱元璋的生机。古人死义，亦死忠，而忠义两全者，韩成可当之。

韩成的牺牲果然蒙骗过了张定边。一时之间，张定边的攻势慢了下来。就在这时，常遇春的一支羽箭破空而过，正射中张定边。无奈，张定边只好撤退。而这时，朱元璋的援兵来到，奋力追赶张定边。张定边身负重伤，边打边撤离朱元璋的水军。

这一天，终于结束了。徐达打击了陈友谅的无敌战舰，张定边差点要了朱元璋的命。这两员猛将，在属于他们的舞台上，发挥得淋漓尽致。

第二天，当陈友谅的舰队再次出现时，朱元璋又一次目瞪口呆。陈友谅把所有的战舰都连在了一起，就像绵延的群山。这种压迫感，让朱元璋几乎无法呼吸。同样感到恐惧的还有朱元璋的士兵们，在这样的舰队面前，他们再次感受到了死亡的威胁。有人开始后退逃跑，朱元璋持剑斩杀了十几个逃跑的队长，却依然控制不住这种局势。

这时，大将郭兴献策：“非人不用命，舟大小不敌也。臣以为非火攻不可。”（《明史纪事本末》）朱元璋采纳了他的意见，命死士驾驶装满火药和稻草的船只，乘着东北风，向敌军奔去。等到了敌军船下，所有的死士将燃烧的火把、火药投向敌船。陈友谅的船因为连在一起，一船失火，遍及其余。熊熊的大火染红了湖水，映红了苍穹。风声、哀嚎声，交织在一起。

又是一次火烧赤壁。鄱阳湖，终成人间炼狱。有时我们不得不承认，历史的重复是有它的必然性的。虽然我们常说要以史为鉴，但当真的面对相似情形时，又有几人能做到不重蹈覆辙？

终于，陈友谅按捺不住了，他要使出他的撒手锏。

经过几天的观察，陈友谅发现，朱元璋的旗舰被涂成了白色。于是，他命令手下，当再次开战时，不管其他，目标只有一个，朱元璋的白色旗舰！杀掉朱元璋，就可以把一切结束了。

而当陈友谅再次站在船头观察敌情时，他绝望了：所有的船都被刷成了白色！朱元璋在哪里，谁能告诉他？

而后的局势，就简单多了。朱元璋再次上演了围攻的好戏，既然优势在于灵活，就把这种优势发挥到底。

陈友谅被打得疲惫不堪，他甚至不知道朱元璋是在哪里发出的指令。这一次，可能是真的败了。

陈友谅集结残部，想要退向保鞋山。可是，战争的残酷就在于，敌人不会给你喘息的机会，败了，就是死期。此时的朱元璋，断绝了陈友谅所有的退路，并不断发信挑衅，以至于陈友谅大怒，杀掉了所有的俘虏；而朱元璋听闻，立刻放掉了自己这边的俘虏，并给予药和钱。陈友谅彻底失掉了人心。

终于，陈友谅受不了了，决定冒死突围。朱元璋派船追击，冲散了陈友谅的水军。就在双方激战、难解难分之时，极富戏剧性的一幕发生了：陈友谅在船上指挥时，一支流箭射来，穿透了他的头颅。一代枭雄，就此陨灭。

结束了。是不是有点简单，有点突兀？这就是战争，谁也无法预测下一刻会发生什么。谁又能料到，百战不死的陈友谅，最后竟以这样的方式结束了他的生命？冥冥之中，或许真的有一股力量在保护着那些走到最后的人。是天意，还是运气？没人说得清。

陈友谅死了，张定边却把对朋友的忠义保持到了最后。他拼死将陈友谅的尸体和陈的儿子陈理带出重围，并拥立陈理为帝。只可惜，陈理这个皇帝没做多久，朱元璋就兵临城下。无奈，张定边只好带着陈理投降。从此，汉国不复存在，陈友谅一生的心血，付诸东流。

在战争中，无论你是名将还是枭雄，死亡面前人人平等。陈友谅的为人或许遭人诟病，但他始终是元末起义浪潮中的弄潮儿。有人生如此，足矣。

至此，朱元璋除掉了一个强劲的对手。他接下来要面对的，是他在与元朝政府决战之前的最后一个障碍——张士诚，他们的对决就要到了。

第四章　对敌人，累死也不放过

张士诚，你是活腻歪了吧

湖面上，波光荡漾，溶溶的月色下，飘荡着一阵若有若无的吴侬软语。张士诚坐在船中，美酒在手，美人在怀，好不自在。他早已习惯了这样的享乐，却不知有一双眼睛，正冷冰冰地盯着他，欲除之而后快。

至正二十四年（1364年）正月，朱元璋自立为吴王。在经历了漫长的“高筑墙、广积粮、缓称王”的岁月，朱元璋已不再是那个夹于豪杰之中的小小将领，他已经积攒了足够的力量。隐忍的日子是难熬的，但却让他躲过了元朝的剿杀。现在的他可以昭告世人，朱元璋不再听命于任何人！韩林儿早已没有了约束力，从此，他朱元璋，将是名正言顺的王。

为区别于张士诚的吴政权，史书将朱元璋的政权称为西吴，张士诚的则为东吴。

现在，西吴将矛头对准了东吴。一山不容二虎，一国不容二吴，与元朝决一死战的只能有一个。那个人，在朱元璋看来，只能是自己。

至正二十五年（1365年）八月，朱元璋开始全力进攻张士诚的势力范围，不到半年的时间，就连续攻下了张士诚占据的大片区域，甚至包括张士诚曾经死守过的高邮。而张士诚在连续不断的战争中节节败退，最后退守姑苏。

此时的东吴早已经没有了当年的辉煌。曾经，江南的人民为能生活在张士诚的势力范围内感到庆幸，张士诚不但免去了元朝加在百姓身上的苛捐杂税，还带领百姓加强建设、发展经济，孩子们也有学上、有书读了。张士诚待人是那么宽厚，没有一点架子，从不为难平民百姓。一切，都是那么的安和喜乐。可不知从什么时候开始，这片天空，开始变色了。

似乎所有的农民起义领袖都难逃一个规律，那就是，起义军首领在打拼天下时，总是能体恤百姓的疾苦，一旦有了落脚点，就会把统治区按照他们心中的理想国来建设；而一旦局势变得安稳，统治者力量开始强大时，穷人乍富所带来的后果便显现出来。统治者们开始疯狂地聚敛财富，夺人妻女，广建宫室。比起曾经的统治者，新王的所作所为有过之而无不及。起义是为了什么，似乎他们已经忘了。

其实原因很简单，当一个人迫于形势举起策反大旗时，他的想法只有一个：改变现在困苦的生活，改变自己低贱的身份和地位。起初的他们与百姓有着同样的经历，对百姓的疾苦感同身受，就是他们一开始能励精图治的原因。而时间一长，这些人的境遇得到了根本的改变，他们得到了自己曾经为之奋斗的一切，于是，人心就变了。

没有一个农民起义的领袖会在得到天下之后再将天下还给天下人。他们已经尝过了受万人敬仰的甜头，自以为已经改变了身份，不再是曾经的穷人。那么，他们自然会想尽办法利用并巩固自己的权威和地位。于是，有人开始耽于享乐，有人开始横征暴敛。这一切一旦开始时，历史就又回到了原点。

张士诚就是这样。然而，当他感觉到来自朱元璋的危险时，大祸已经近在咫尺了。

至正二十六年（1366年），朱元璋交给徐达、常遇春两人二十万大军，命他们夺取张士诚最后的根据地平江。出发前，朱元璋将徐达和常遇春招到身边，询问他们的作战计划。常遇春主张直接攻打平江，拿下平江后，其他各郡都不在话下。

朱元璋并不同意常遇春的计划。他认为，张士诚身边尚有张天骐、潘元明这些死党，一旦攻打平江，他们必定会前来援救。到那时，虚无军队就会陷入援兵的包围，动弹不得。所以，不如先攻打湖州，让张士诚的军队疲于奔命，到时再转战平江，定能一举成功。

事实证明，朱元璋的看法是对的。

徐达与常遇春率领大军出发，一路打去，一路告捷。但张士诚好歹也是一方豪杰。九月，张士诚派徐志坚以轻舟从东阡镇出发，想要攻下姑苏桥。然而，在这里，东吴部队将遇到永远无法跨越的障碍——常遇春。

常遇春跟随朱元璋的时日并不长，他是在至正十五年（1355年）的时候才投奔朱元璋的。据《明史纪事本末》记载，常遇春原本是刘聚的手下，然而刘聚胸无大志，只知道烧杀抢掠，常遇春因此决定投奔朱元璋。在到达朱元璋的军队之前，常遇春在田间休息，做了个梦。他梦见有穿着金铠甲的人叫他起来，说是主上来了。这个时候，朱元璋正好骑马经过。常遇春从梦中惊醒，看到朱元璋，立刻请求归附，并提出要求，别的不做，就做先锋。

和别人比起来，常遇春算胆子大的了。元末时期，很多人是因为吃不饱饭才投靠起义军，有真本事的没几个。朱元璋看这狂妄小子上来就要当先锋，大概也是这么认为的。于是，朱元璋说："尔饥故来归耳，且有故主在，吾安得夺之！"意思就是，你是因为没饭吃才来投靠我，再说你的旧主还在，我怎么好意思用你。没想到常遇春不气馁，一直要求当先锋。朱元璋无奈，只好说，如果能帮助他渡江，再提做先锋的事吧。

结果，当朱元璋攻打采石矶时，元朝的部队列阵于岸上，迫于敌军，朱元璋的船队在距离岸边三丈的地方徘徊，就是无法登陆。这时，常遇春驾驶小船飞奔而来。朱元璋大喝，命令常遇春突击登陆。

常遇春没让朱元璋失望，"应声挺戈，跃而上，守者披靡，诸军从之，遂拔采石，乘胜径攻太平"（《明史纪事本末》）。一个人，一支长矛，竟然撕开了敌军防守，帮助朱元璋拿下了采石矶。自此，朱元璋对这个年轻人刮目相看，不仅把先锋的位置交给了他，也把"天下奇男子"的荣耀给了他。此后常遇春替朱元璋东征西讨，立尽战功，自然也就成为朱元璋的敌人的噩梦。

张士诚派徐志坚出发的那天，天降大雨。徐的船队还没走出多远，就遇上了常遇春派出的突击队。数百只船将徐志坚的船队团团围住，徐志坚还来不及做任何反抗，就被生擒。所率两千余人，尽被俘虏。

张士诚听闻这个消息震惊异常，遂派右丞相徐义到旧馆勘察形势。不料，徐义差点有去无回。

常遇春早早等在徐义回程的路上，断绝了徐义的退路。徐义无奈之下，只得派人给张士诚报信，希望他能出兵，与屯在旧馆的士兵合力攻打常遇春。于是张士诚派亲兵驾赤龙船前去支援，徐义才得以逃脱。

徐义逃出重围后，和潘元绍带领赤龙船队驻扎在平望，又驾驶小船偷偷潜回乌镇，想要援助屯于旧馆的东吴军队。但常遇春没有让他们的如意，从别港追来。

刚到达平望，王铭就手持长矛率先登船，并纵火焚烧掉赤龙船。一时之间，火光映天，喊杀声四起。赤龙船队所有军械物资全被火焚烧殆尽。旧馆的东吴士兵再也盼不来任何援军了。

十月，遇春率兵攻打乌镇。徐义、潘元绍根本没有招架之力，只得放弃乌镇，仓皇逃走。怎奈常遇春不依不饶，一直追赶他们到达升山，驻守升山的东吴平章王晟还没弄清是怎么回事，就被常遇春一举攻破六寨，剩下的残部只得退入旧馆之东壁。这时，张士诚的义子，号称五太子者，带领大军前来支援。常遇春稍有不支，多亏副将薛显率领船队奋勇前进，冒着危险烧掉了五太子的船队。敌军大败，四散而逃，再也组织不起有力的进攻。

姑苏桥，常遇春——张士诚永远也不会忘记。他屡次组织军队，或进攻，或支援，都被常遇春扼杀在摇篮里，没有丝毫的威胁。

史书记载，常遇春“沉鸷果敢，善抚士卒，摧锋陷阵，未尝败北。虽不习书史，用兵辄与古合”（《明史·常遇春传》）——又是一个在实战中成长起来的大将。常遇春虽有杀降的毛病，但瑕不掩瑜，他的赫赫战功是所有撰写明史的人都无法忽略的。朱元璋身边名将很多，常遇春便是其中耀眼的一位。他骁勇善战，所向披靡，无人可及。直到现在，我们仍能想象出他在战场上奋勇杀敌、身先士卒的豪情与气概。徐达善谋，遇春善攻，一时之间，若提名将，必言徐、常。

在朱元璋立国后，常遇春仍然发挥着他无敌的军事才能，替朱元璋北出沙漠，征讨元顺帝。然当常遇春打算带着战利品班师回朝时，却在柳河川这个地方患暴病而卒，时年四十。漫漫黄沙，终成英雄魂归之地，怎不令人扼腕叹息。

常遇春的一生，就像是划过夜空的流星，极其闪耀，却又转瞬即逝。但转念想到朱元璋后来的那些令人心寒的行为，早亡对常遇春来说或许是一种幸运，让他能带着一身荣耀离去。

总之，在徐达和常遇春出色完成了朱元璋下达的命令后，西吴全军的目光都朝着一个方向，平江。这将是朱元璋和张士诚最后交锋的地方，鹿死谁手，还未可知。

最爱的人伤我也最深

大家都知道自谦的潜台词是自豪，所以，就算有人谦虚到把自己贬得一文不值，君王微笑过后也还是会论功行赏的。可惜朱元璋却似乎对这等人情世故不太在行，以至于给自己带来了一个大麻烦。

当朱元璋收拾完陈友谅，打算对张士诚下手时，一个坏消息传来：他的亲侄子朱文正打算叛变！朱文正想投降朱元璋的宿敌张士诚，正准备协助张士诚，起兵征讨西吴。

朱元璋一下子懵了：朱文正，自己的亲侄子，投奔自己后，朱元璋自认对其视如己出。朱元璋喃喃道："无论是谁都可能背叛我，只有他不能！"

其实，朱文正的背叛是有原因的，只不过这原因，真是太过愚蠢。

如前所述，至正二十三年（1363年），朱元璋派朱文正坚守洪都。朱文正以极少的兵力，拖住陈友谅六十万大军整整八十五天，使朱元璋躲过了腹背受敌的困境。而当朱元璋带兵前来解围时，陈友谅退入鄱阳湖，与朱元璋展开了正面交锋。两军大战，朱元璋占尽上风；陈友谅困于湖中多日，弹尽粮绝。因此，陈友谅又派出五百艘船只前往都昌抢夺粮食。这次又是朱文正派人截住了他们的粮食，断了陈友谅的生路，将陈友谅朝着深渊又推了一把。

应该说，陈友谅得以铲除，朱文正功不可没；论功行赏，他应该排在前面。

战后，按照惯例，朱元璋对有功者封官加爵。轮到朱文正，朱元璋问他想要个什么官，朱文正回答得很是得体。史书记载，文正"即曰：'爵赏不先众人而急私亲，无以服众；且叔父既成大业，侄何忧不富贵？'"。意思就是说，打了胜仗，您不先对别人进行奖赏，反而急着给您的亲人封官，这样做怎么能服众呢？再说了，等您成就大业，夺取江山，侄子我何愁不能荣华富贵呢？一番话，说得朱元璋是眉开眼笑。他没想到，自己这个平日里脾气不太好的侄子竟然如此识大体，懂得为自己着想。于是，朱元璋就命朱文正继续驻守江西。

这下子朱文正傻了：自己原本只是和叔叔客气客气，没想到叔叔却一点也不客气，真的就把自己给省略了。

朱元璋的一生可谓雄才伟略，然而让人想不通的是，他居然对人情世故一窍不通，也不知道朱元璋是真糊涂还是装糊涂。或许，朱元璋只看到了朱文正的军事天才，却没能看透他这个侄子的人品性格。朱元璋可能真的认为朱文正是一个一心辅佐自己、不求回报的股肱之臣，所以，朱文正的一番谦辞被他当做了肺腑之言。其实，朱文正从不是叔叔心中的那个好孩子，这个孩子有要求也有欲望。他要求得到自己应得的，这并不过分；只不过，他不该假装谦虚，他完全可以说出自己的要求。

朱文正困惑了，自己劳苦功高，以四万人坚守洪都八十五天，不是什么人都能做到的。这样的功劳竟什么都没有换来，居然还得让自己驻守江西这个偏远之地！难道叔叔是一个为了笼络人心就可以牺牲亲侄子的无情之人吗？

看到自己昔日的部下都得到了封赏，有的还比自己待遇更高，朱文正心理失衡了。而心理失衡的结果，就是冲天的怨气。

史载，朱文正回到江西后，"遂骄淫暴横，夺民妇女。所用床榻，僭以龙凤为饰，又怨上不先封己，前所对上者皆诡辞"。整日花天酒地，淫人妻女，连吃穿用度都按皇帝的标准来，这可是僭越的大罪，但朱文正依然故我。如果说洪都保卫战之前朱文正的"二世祖"形象是为麻痹敌人陈友谅，那他现在的所作所为真可以说是"纨绔子弟"的最佳例证。但这依然不能消解掉朱文正心中的怨恨，每每想到自己遭受的不平等待遇，朱文正就恨不得杀人；就在这股怨气将达到极致时，朱元璋做出了一个举动，无异于火上浇油。

朱元璋听说了朱文正的种种劣行，居然派了个人前来斥责他。朱文正这边一股邪火正没处发，又被人劈头盖脸地骂了一顿，积蓄已久的怒气一点而着，他作出了一个惊人的决定：既然你朱元璋不重视我，那我就去找一个重视我的人。而当时，唯一能和朱元璋相抗衡的，就是张士诚。于是，朱文正反了。

其实，直到朱文正决定背叛朱元璋之前，其所作所为都是可以理解的，毕竟有功之臣一无所得，难免让人心灰意冷，满腔愤恨。但问题就在于，朱文正作出的决定却是极不明智的。虽然他对朱元璋说的一番话实属谦辞，没有什么可信度，但有一句却是对的，那就是，一旦朱元璋得到天下，那朱文正的身份就是一人之下、万万人之上了。

虽然朱元璋对待功臣的态度令人胆寒，但他对自己亲人却都是实实在在的，能封的都封了。毕竟，在这个世界上，只有亲人才会永远在自己身边，这也是苦孩子出身的朱元璋最大的体会。朱文正也不想想，一时的得失算得了什么，他最大的资本就是自己与朱元璋的关系，这是任何人都取代不了的。所以，只要一心跟着朱元璋，他朱文正早晚有一天飞黄腾达。只可惜，激怒之下，朱文正失去了思考能力，作出了错误的决定。

朱元璋得知朱文正准备叛变的消息后，震惊之下，立刻亲自来到南昌，打算教训一下自己这个不懂事的侄子。朱文正没想到自己打算叛离的事让朱元璋知道了，更没想到朱元璋会亲自来。当朱元璋派人来召他前去时，他还没反应过来，朱元璋的突然袭击让他手足无措。当朱元璋见到朱文正后，史书记载，朱元璋“泣谓曰：‘汝何为若是？’”，即“孩子啊，你为什么要这么做呢？”朱元璋确实无法理解朱文正的行为。

官，自然是做不成了；自由，也即将离开朱文正。

朱元璋把朱文正从江西带回建康。当时所有的大臣都上书请求严惩朱文正，大有不杀不足以平民愤之意。而朱元璋此时表现出了难得的宽容，他对大臣说：“文正固有罪，然吾兄止有是子，若寘之法，则伤恩矣。”朱文正是朱元璋哥哥唯一的儿子，他虽然有罪，但如果法办，会伤害骨肉亲情。于是朱元璋把朱文正囚禁起来。朱文正就在无尽的囚徒生涯中，走完了他的一生。

应该说，朱元璋对朱文正还是不错的。在争夺天下的过程中，一个叛徒所带来的危害是不可估量的，杀之并不为过。但朱元璋还是放了他一马，并且在朱文正死后，封他的儿子为靖江王，镇藩桂林。

只可惜，一代将才，还没来得及做出一番大事业，就在囚禁中早早结束了自己的生命。反观朱文正的一生，他的结局完全是他自己一手造成的。朱文正虽然有极强的军事才能，却完全不懂得为人处世，甚至不懂得顾念骨肉亲情。亲人是什么，是既可以共患难，也可以同富贵的人。可惜朱文正不明白这一点。他为人器小狭隘，放荡不羁，又品行不端，触怒朱元璋是早晚的事。这个人，注定不能善终。

而朱文正事件给朱元璋带来的伤害也是无法愈合的：亲侄子的背叛，让他感到了彻骨的寒冷。如果一个人连自己的亲人都不能信任的话，那还能信谁？朱元璋的心中，从此埋下了一根刺。在以后漫长的岁月中，朱元璋对任何人都怀有疑心，对任何人都不再信任，正是这件事的后遗症。

而这个事件的另一个受害者，或者说间接受害者，就是张士诚。朱元璋不能接受任何人离开自己投向敌人的怀抱，未遂也不允许。所以，朱元璋把一腔的怒气都撒在了张士诚身上。既然只能有一个人成为天下的主，那只能是朱元璋。他要消除所有被背叛的可能，让所有的人不再有其他的选择，只能忠于自己。

他要让张士诚付出生命的代价。

平江攻击战：堵死你不偿命

一个国家强大与否，一般以人口数量作为基本的判断标准。所以，古代的帝王们争天下，一争人口，二争土地——朱元璋也不例外。在打天下的过程中，朱元璋不断壮大自己的力量，直到攻打张士诚的最后据点平江时，西吴已经有洋洋数十万大军。几十万人攻打一个城市，好像轻而易举。

但真的是轻而易举么？别忘了张士诚擅长什么——防守！当年一个小小的高邮，在脱脱号称百万大军的围攻下，依然坚持了下来，坚持到了命运逆转的时刻。朱元璋想要拿下平江，看来要费一番工夫了。

不过，朱元璋依然充分发挥了他人多的优势。现在看来，他的作战计划几乎毫无技术可言，完全是人海战术。“达军葑门，遇春军虎丘，郭兴军娄门，华云龙军胥门，汤和军阊门，王弼军盘门，张温军西门，康茂才军北门，耿炳文军城东北，仇成军城西南，何文辉军城西北，筑长围困之。”一个小小的平江城，居然有十一支军队从十一个方向同时发起攻击；这还不算，朱元璋还在城外筑起围栏，把平江团团围住，简直是水泄不通。

不过光人多还不行，平江虽小，可也要看它掌控在谁手里。现在的张士诚可以说是走投无路了，如果平江没了，天下还有什么地方是他张士诚可以去的？所以平江一定要守住，死也要守住。

史载，当时的平江城，城墙坚不可破。既然已经到了退无可退的地步，那就高筑城墙吧，就算困死在城里，也绝不能让朱元璋打进来。

张士诚加强城防确实给朱元璋攻打平江带来了不便。城墙太高了，士兵们攻击的时候，仰着头打仗太困难。守城的将士只要关紧大门，从城楼上往下扔石头，朱元璋就一点办法都没有。但朱元璋不担心，他的军队人数那么多，完全可以抽出一部分来建筑工事；而朱元璋建造的工事，实在是让人叹为观止。史料记载：“架木塔与城中浮屠等。别筑台三成，瞰城中，置弓弩火筒。台上又置巨礮，所击辄糜碎。”西吴士兵把木塔修得和城里面的塔一样高，还分为三层，每层都设弓弩火筒襄阳炮。这样的工事，在大战来临之前居然能很快建立起来——不得不说，人多力量大。

这些丝毫没有吓到张士诚。他依然相信，只要像多年前的高邮一样，坚持下去，就可能有奇迹发生。只不过，这一次，奇迹没有发生。朱元璋不是脱脱；他是君，不是将，没有人可以临阵换下他。当朱元璋放下指挥旗的那一刻，就是城破的时候。

元至正二十七年（1367年）二月，平江攻击战打响。

朱元璋的人海战术发挥了强大的优势，一波又一波的军队持续不断地向城门发起进攻，而他建造的高大木塔此时也派上了用场，站在木塔上的士兵甚至比城楼上的士兵还要高。局势一下扭转，换成朱元璋这边的军队从木塔上往下扔石头、发弓弩，襄阳炮的炮弹一颗接一颗朝城楼砸去。负责防守的士兵们叫苦不迭，既要防止朱元璋的军队从城门进攻得手，又要不时地躲闪来自头顶的打击。两面夹击让这些士兵疲于奔命，哪还有一点战斗力可言。

即使被打得毫无还手之力，张士诚依然没让朱元璋占到多大便宜，西吴的军队依然只能在门外张狂。一时之间，竟然没有一支军队破城成功。张士诚守城的本事不可小觑。

元末实在是个人才辈出的时代，像张士诚这样的私盐贩子，居然也在战火的洗礼中成长起来，成为可以争夺天下的候选人之一。就算史书记载张士诚没有远见、胸无大志，但他依然是一个值得尊敬的起义军首领，因为，他曾为了自己的事业付出了所有。

虽然一时之间，进攻平江没有什么进展，但朱元璋似乎一点也不着急。当围城不下时，徐达给朱元璋上书，请求下一步指示，朱元璋亲自给徐达回信，先是把徐达夸了一番，然后又给了徐达便宜行事之权。意思就是将军你不用着急，你觉得怎么打合适就怎么打，不用再请示我了。由此可见，朱元璋对拿下平江信心满满：城破只是时间问题，他耗得起，但张士诚耗不起。

其实一开始，朱元璋并不想大动干戈，只想困住张士诚，困到他自己投降为止。只不过张士诚不是那么容易妥协的人，以至于久攻不下，令双方陷入对峙。朱元璋没办法，就派人送信给张士诚，说如果张士诚弃城投降，会好好善待张士诚及其家人。但张士诚没有给朱元璋想要的回音。

天底下哪有能得善终的投降者，更何况是曾经兵刃相见、争夺天下的敌人？张士诚深谙此道：投降也是死，抵抗也是死，还不如死得光明正大，也不枉为英雄。

然而被围困久了，张士诚也有些受不了，整天都要担心会不会城破就在今日，终日惶惶不安，西吴军队不间断的进攻更是让他身心俱疲。无奈之下，张士诚决定突围。

可是突围，没有他想象的那么容易。

当张士诚勘测突围路线时，发现城左处部队严阵以待，根本没有机会突围成功。张又派手下朝常遇春驻扎方向突围，然这实在是一个错误的选择。常遇春察觉了张士诚的意图，派兵断了来者的退路。张士诚无奈之下只得派兵前去救援，自己也亲率军队自山塘出兵援助。然常遇春的军队实在勇猛，张士诚此次突围不仅没成功，还损失了大批精锐部队，自己也负了伤，狼狈逃回城中。

就在张士诚感到绝望的时候，一个人来到他的身边。只不过这个人，不是来救他的，而是来劝降的。

当时的李伯升看到张士诚已经如困兽，就派人前去充当说客。张士诚把这个人放进城来，召到自己身边，问他想说什么。不得不佩服张士诚此时面对敌军说客的平静与从容，或许，他也感到自己坚持不了多久了。

能当说客的一定要有舌灿莲花的好口才。这个说客把张士诚比做项羽，说要是能够记住当时高邮之战的艰苦，励精图治，天下就有可能是他的了。张士诚无奈，说现在说这个还有什么用，那人又说，因为张士诚治军不严，又耽于享乐，对政事不闻不问，才造成了今天的局面。

这些话张士诚听了很是感慨，可感慨又有什么用呢？这时，说客使出了撒手锏，即他此行的目的。他劝张士诚投降，但又在极大程度上保留了张士诚的面子。史载，这个人是这么说的：“天命所在，人力无如之何。今攻我益急，公恃湖州援，湖州失；嘉兴援，嘉兴失；杭州援，杭州又失。今独守此尺寸，誓以死拒。窃虑势极患生，猝有变从中起者，公此时欲死不得，生无所归。故窃以为莫如顺天之命，自求多福，令一介之使，疾走金陵，称公所以归义救民之意，公开城门，幅巾待命，亦不失为万户侯，况尝许以窦融、钱俶故事耶！且公之地，譬如博者，得人之物而复失之，何损！”意思就是说，你现在的处境都是天命，如果到时内部生变，你就求生不得，求死不能了；还不如投降，这样还能做万户侯，没什么损失。

不过这套说辞并不能打动张士诚。张士诚没让这个人说下去，也没做任何表态。他知道，朱元璋是不可能放过他的。阵前的承诺，究竟能兑现多少，对张士诚来说，根本就是未知数。

而后，张士诚又进行了一次尝试。他率兵从胥门突围，这次势头很猛，只不过他遇到了更猛的常遇春。就在双方交战的时候，在城楼上督战的张士信突然大喊，命令收兵。于是，东吴军又大败。此后的张士诚放弃了突围，再也不敢有所动。

让人费解的是，张士信为什么要临阵收兵，即使不占优势，也不能突然止戈，这于士气、局势都没有好处。但张士信来不及作出解释，就被飞来的炮弹击碎头部而亡。

可能是受到朱元璋的启发，东吴这边也开始制造火炮以抵御进攻。只不过毕竟困守城内，制造的原料不多，到后来城中的树木土石均被用光，竟到了拆掉百姓房子做炮具的地步。不过徐达这边也有对策，他秉承了西吴军团强大的建筑能力，在军队中用树木搭起像屋子一样的架子，然后把竹子覆盖在上面，让士兵躲在下面，这样一来就能避免被炮弹砸中。

看来，张士诚已经走到末路了，和朱元璋的消耗战，也许已经走到头了。

不管怎么说，张士诚保持了一个将领应有的风度和气节。在坚守平江长达八个月后，张拒绝敌人的招降，不到最后一刻决不放弃。大概这正是他能在风云变幻的元末占有一席之地的原因吧。

张士诚的最后一刻，就快要到来了。

被权力淘汰出局的强人

在各种比赛中，有一种赛制叫做淘汰赛，比赛双方，输一场即被淘汰出局，告别比赛。这种赛制的目的就在于避免实力强的选手过早相遇，导致后面的比赛中对阵双方的实力相差过于悬殊，影响比赛的悬念和精彩程度。

看上去，元末时期的那场轰轰烈烈的农民起义运动就像是一场淘汰赛。只不过这场比赛的规则过于残酷，被淘汰者不仅没有卷土重来的机会，甚至连性命都被一并淘汰掉了。

朱元璋和张士诚就像是比赛双方的选手。他们经历了一次又一次的淘汰赛，并且幸运地赢得了各自的比赛。而后，双方在平江这个赛场上举行决赛。这场比赛虽没有任何悬念，却依然精彩十足。

至正二十七年（1367年）九月，这场比赛终于结束了。

九月辛巳，葑门破，阊门新寨亦破。朱元璋的部队，终于进了平江。

此时的张士诚，虽然败局已定，但依然不放弃抵抗。城破时，张士诚“收余兵二三万，亲率之，战于万寿寺东街，复败”（《明史纪事本末》）。当敌人从四面八方向自己奔涌而来时，张士诚依然带领军队与敌人进行巷战——巷战是最残酷的战斗，偌大的城市中，没有人知道哪里有埋伏，往往会在某条街道与敌人不期而遇，而后就是贴身肉搏。因为巷道的特点，战斗经常会在局部发生；而缺少救援，无声无息地被消灭在某个角落，就是巷战最悲惨的后果。

只可惜，张士诚的勇气没有支撑他走到最后。局势已经不可扭转，任何努力在朱元璋看来都是徒劳的。他不停地派人向张士诚宣传，劝说他投降，并且做下了种种保证。张士诚看着对手的各种作态，只是轻蔑地观赏着，不置可否。

但张士诚不是没有牵挂的。当初兵败时，张士诚曾担心一旦自己命丧，妻儿该如何是好。《明史纪事本末》记载，张士诚问他的妻子刘氏：“我败且死，若曹何为？”也许张士诚只是一时的感慨，也许他只是对人世的留恋，但没想到，他的夫人刘氏回答道：“君勿忧，妾必不负君。”结果，这个女子，做出了她一生中最大胆的事，“乃予乳媪金，抱二幼子出，积薪齐云楼下，驱其群妾侍女登楼，令养子辰保纵火焚之。刘氏自缢死”。

这个站在张士诚身后的女人，一个在史书上甚至连姓名都没有留下的女人，竟是这般的贞烈。她懂得英雄气短皆因儿女情长，自己的丈夫纵使还有一线生机，恐怕也会因为顾及自己的安危而被断送。又如果他面临的是无法回转的死亡，那自己何不早走一步，黄泉路上也不会太过寂寞。她始终坚信，自己的丈夫不会投降，虽然有人说过他软弱怯懦，有人说过他优柔寡断，但她明白，在这样一场实力悬殊的对决中，他唯一能为自己留下的，就只剩尊严了。所以，她不能成为他的拖累，不能看着他因为自己而放弃尊严。生亦何欢，死，亦何惧。

英雄身边，往往有这样的女子陪伴。项羽有虞姬，而张士诚有刘氏。她们平时或许柔弱，或许娇憨，或许只知相夫教子，却不知天下几分。但在最后的时刻，她们却表现得比男子更为刚烈。

妻子死后，张士诚似乎真的再无眷恋了。他把自己关在房间里，想要一死了之，却被曾经的部下赵世雄解救下来。赵世雄劝说道：“九四英雄，患无身耳。”你张士诚是个英雄，还怕保不住一条命么？可他又怎会知道，这时的张士诚早已不畏生死，只求一个了断。

随后，张士诚被生擒，押往应天。一路上，张不发一言，并且拒绝进食。无论朱元璋派多少人来劝说他，都无济于事。后来，朱元璋派了第一重臣李善长来劝降。起初，张士诚依旧是一句话都不说。直到后来，不知怎的，张士诚竟怒骂李善长，而李善长因为被骂得脸上挂不住，几乎与张动起手来。

关于张士诚的最后结局，流传着许多版本。《明史纪事本末》的说法是“士诚竟自缢死，赐棺葬之”。而另外一本笔记《剪胜野闻》的记录，可能更加可信。“张士诚面缚见帝，俯首瞑目，踞坐甚不恭，帝叱之曰：‘盍视我？’对曰：‘天日照尔不照我，视尔何为哉？’帝以弓弦缢杀之。”（《剪胜野闻》）张士诚见到朱元璋后，低头闭目，根本就不看朱元璋，很是嚣张。朱元璋被激怒了，斥责他说：“为什么不看我？”张士诚的回答是他此生最后的一席话：“你我二人现在的情况，是上天眷顾你而不眷顾我的结果，并不是你朱元璋比我强多少，我为什么要看你？”此话一出，张士诚只落得个被弓弦绞死的下场。

一代英雄，命丧弓弦之下，可叹可叹。

纵观张士诚的一生，这个人确实不具备争夺天下的能力。当年的他，十八条扁担起义是何等豪气干云。高邮一战，奠定了他在历史上的地位。随后开拓疆土，收编军队，励精图治……和百姓一起同甘共苦，其实是一个领导者最重要的品质。但可惜的是，这些是守成之君最重要的品质，而不是开国者的必备素养。

朱元璋评价张士诚，说他器量小，不能成大事，还是很客观的。当张士诚占据一方之后，他的小农意识就逐渐显露出来，不仅在统治区大肆搜刮人民，而且甚至为了一时的利益投靠了元朝。虽然后来张士诚又恢复了吴的国号，但这种左右摇摆的人，怎么能堪当大任?

谷应泰在《明史纪事本末》中这样评价张士诚："乃论者以士诚之失，在深居高拱，上下相蒙，骄将李伯升、吕珍之徒皆龌龊不足数，黄、蔡三参军辈又迂阔昧大计，以故谋主被谗，爪牙受缚。而予以太祖有可乘之敝三，士诚乃内怀选懦，坐失事机，此其所以亡也。"张士诚的失败，就在于他有了一定的成绩后不思进取，深居庙堂，对外面发生的事一概不管不问，把所有的朝事都交给无能的下属去打理。还没有成为一国之君，就已经有了亡国之君的苗头，这样的张士诚，怎么能赢?

其实，上天不是没给过张士诚机会。他居江南富饶之地，如果利用这千里的沃野，招抚天下的能人，不贪图享受，发愤图强，谁又能说，历史不会因此而变成另一副模样?

只可惜，张士诚放弃了。站稳脚跟后，在他应当谋取更广阔的天下时，张士诚放弃了；当陈友谅约他联合对抗朱元璋时，张士诚放弃了；当朱元璋被陈友谅牵制在鄱阳湖，无法顾及应天，只待他一举出兵时，张士诚再一次放弃了。陈友谅被朱元璋消灭，他张士诚确实是少了一个对手，但唇亡齿寒，没有了陈友谅，他也就将直面朱元璋，任他宰割。张士诚败了，败在故步自封，败在没有远见。

当他不忍心亲手杀死自己的妻儿，而是眼睁睁看着他们自我了断时，命运，就已经给了这个人最后的答案——妇人之仁，难成大事。

但张士诚值得被后世记住。被俘后，他依然保持着不屈不挠的精神；面对敌人，他依然有着一份傲视天下的自尊。朱元璋确实打败了他，但却没有征服他——不服，正是张士诚对朱元璋最大也是最后的打击。

不能放过方国珍

接着，朱元璋又乘胜消灭了方国珍的势力。

方国珍又叫谷珍，台州黄岩（今浙江黄岩）人，世世代代都以贩盐谋生。至正初，黄岩人蔡乱头起义之后，元发兵追捕，平民也跟着遭殃。至正八年（1348年）春，方国珍被仇家陈氏诬告，方国珍一怒之下杀掉陈氏而被官府追捕，他只好和其兄国璋、弟国瑛、国珉以及其他畏罪潜逃的乡民逃命到海上，聚集数千人谋起反来，不仅打劫漕运粮，还扣留海运官员。元朝廷江浙行省参知政事朵儿只班去镇压，却兵败被俘。方国珍本是欲报私仇起兵，并无反抗元朝封建统治的意思，因此，被俘获的朵儿只班成了方国珍向元朝伸手要官的一张王牌。当时，方国珍迫其上书朝廷下招降之诏，元顺帝怕海运受阻，下诏授方国珍庆元定海尉，方氏兄弟也都捞了一官半职。方国珍回到家乡后并未解除他的武装，在乡里横行一方，元廷与他之间进行了数次谈判，方国珍凭借自己控制的军队，狮口越张越大。元朝政府一怕影响漕运，二怕他与红巾军相勾结，所以既要安抚他，又要解除他的武装。

至正十年（1350年）十二月，方国珍再次烧掠沿海州郡。十一年（1351年）二月，元命江浙行省右丞孛罗帖木儿、浙东道宣慰使都元帅泰不华夹击，孛罗帖木儿反被方国珍俘获。元廷只得又授官予方国珍兄弟。十二年（1352年）三月，方国珍又向元朝挑衅，把泰不华杀掉。十三年（1353年）方国珍派人悄悄进入京师，贿赂权贵，于是元又授其以徽州路治中、方国璋广德路治中、方国瑛礁州路治中，但方国珍并未就此结束他在海上烧杀抢掠的活动。

到至正十五年（1355年）以后，方国珍的表现更猖狂。至正十六年（1356年）三月，他又向元朝投降，被封为海道运粮万户兼防御海道运粮万户，其兄方国璋为衢州路总管兼防御海道事。次年八月，方国珍又被元朝升官做了江浙行省参知政事，且受命去进攻还没有投降的张士诚。双方在昆山大战，方国珍大胜。恰好这时张士诚向元朝廷乞降，两个叛徒握手言和了。后来方国珍仍旧占据温台庆元等地，虽然有的元官很不服气，但元廷必须依靠方国珍，利用他的船只运粮，所以拿他也没有办法。

至正十八年（1358年）底，朱元璋的军队已经东下衢州、婺州，向在温台、庆元诸路占据的方国珍逼近，朱元璋遣蔡元刚至庆元劝说方国珍投降。方国珍与他的部下商量道：“如今元朝将亡，豪杰并起，只有朱元璋号令严明，所向无敌，现在他又攻下婺州，恐怕咱们不能与之对抗，不如暂时表示顺从，藉为声援，先静观形势变化再采取其他措施。”至正十九年（1359年）正月，方国珍遣使奉书献给朱元璋黄金五十斤、白银百斤和别的礼品。三月，又以温、台、庆元三郡之地献给朱元璋，并派去次子方关作为人质。九月，朱元璋授方国珍为福建等处行中书省平章政事、方国璋为行省右丞、方国瑛为行省参政、方国珉为江南行枢密院签院，并令奉龙凤为正统。但方国珍并无诚意投降朱元璋，虽说他接受了朱元璋的职位，却是心怀鬼胎，待其成败变化。他提出借口，不以“龙凤”纪年，暂且以“至正”作为纪年。

果然，没过多久，方国珍在刘仁本、张本仁等人的怂恿下，在接受朱元璋封职仅有一个月后，就又接受了元朝封他的江浙行省平章政事的官职。并于至正二十年（1360年）开始，到至正二十三年（1363年），方国珍年年为张士诚安排大批海船运送其十余万石粮到元大都，元顺帝非常高兴，封他为江浙行省左丞相赐爵衢国公。方国珍仍旧横行在庆元、温、台一带，但又害怕朱元璋来攻，只好伪装“怕惧谢罪，以金宝饰鞍马献”。

至正二十七年（1367年）四月，朱元璋的军队把湖州、杭州等张士诚统治区攻占下之后又向平江围攻，此时方国珍自知难保，又耍出了新的诡计，他一方面坐山观虎斗，一方面暗地里北通扩廓帖木儿，南交陈友定。朱元璋给他写信，指出他有罪状十二条。七月，朱元璋又责令方国珍贡粮二十三万石，并写信威胁他，方国珍惶恐不已，日夜运珍宝，集海船，准备下海逃跑。

这年九月，朱元璋拿下平江，平定张士诚后，遣军分两路进攻方国珍。参政朱亮祖一路攻台州，方国瑛败逃黄岩；朱亮祖又攻温州，方国珍侄方明善逃走；朱亮祖分兵取瑞安，在乐清打败方明善，追至楚门海口，征南将军汤和一路先取余姚、上虞，进攻庆元，方国珍逃入海中，汤和带兵紧追至定海、慈溪等县。十一月，朱元璋又令廖永忠率舟师入海，与汤和合击方国珍，方国珍意欲逃出海面，却遇有大风，未遂，于是黔驴技穷，不得不纳款投降。朱元璋终于平定了这方割据势力。

陈友定，你也跑不了

朱元璋在消灭了方国珍的势力后，随即令胡廷瑞为征南将军、何文辉为副将军，领军去攻打陈友定。

陈友定，一名有定，字安国，福州福清县（今福建福清）人。徙居清流（今福建清流），出身贫寒。后为富户罗氏之婿，因做买卖赔了本，充当驿卒。至正十二年（1352年），南方红巾军入闽，陈友定在其家乡清流的明溪、曹坊等地，因袭击红巾军有功，被提携做了明溪寨巡检。后汀州府判来募兵，陈友定随元军成功镇压汀州、延平（今福建南平）、建宁、邵武等地起义军，又被升至清流县尹。至正十九年（1359年），陈友定派他的手下康泰等取邵武，攻汀州、延平、将乐（今福建将乐）。至正二十一年（1361年），邓克明取汀州后进攻建宁，结果被陈友定打败，又损失了汀州。陈友定因此被升任福建行省参知政事。至正二十五年（1365年），元置福建行省分省于延平，以陈友定为平章，驻守闽中八郡。由于当时福建远离北方，而且同北方交通不畅，陈友定在福建成了土皇帝，专门负责福建军队的钱粮物资。当张士诚、方国珍停输海运粮后，陈友定从福建运粮数十万石至大都，得到元顺帝的嘉奖。可见，陈友定对红巾军和朱元璋是顽抗到底的。至正二十五年（1365年）二月，陈友定向处州进攻，被朱元璋部下胡深打败，朱元璋乘胜遣朱亮祖、胡深、王溥三路追击，在进攻福宁时胡深中伏被陈友定俘杀，平闽计划未能实现。以后，陈友定又占领兴化（今福建莆田）、泉州（今福建泉州）、漳州（今福建漳州）等路。

至正二十七年（1367年），朱元璋军队入杉关，克汀州，取邵武，占长阳，所向披靡，陈友定的部将纷纷投降。十二月，朱元璋又令汤和、廖永忠等率舟师由庆元出发攻打福州。洪武元年（1368年）正月，朱元璋军队占领建宁，围困延平，陈友定服毒自杀，未遂。后俘送应天，不久被杀，其附近各路、州、县相继投降。

朱元璋借助于红巾军的势力崛起，他在长时间内也是打着红巾军的旗号进行活动的。至正十八年（1358年）十二月，他亲自攻克婺州，更名为宁越府，在这里设置中书分省。他将两面大旗竖立在门前，上书“山河奄有中华地，日月重开大宋天”，口号与韩宋是一致的。然而在其势力日渐扩大的时候，朱元璋并不想推进农民起义的事业，而是一心要称帝为王，建立一个新的王朝。因此，和许多红巾军队伍不同，朱元璋在自己势力所到之处，并非坚决打击地主，而是与其尽量妥协。他的军队纪律严明，不事杀掠，这是其成功的重要因素之一。不过，这里面却含有保护地主阶级利益的政治思想。同时，他也优待重用读书人。至正二十年（1360年）三月，他征召了浙东名士刘基、宋濂、章溢、叶深。刘基参与了后来很多大事的决策，例如先图陈氏，后取张氏，关于北伐的方略首先明确提出的人就是刘基。宋濂以文学奉侍朱元璋，为朱元璋起草了许多文书。这些儒生名士对朱元璋建立“帝王之业”发挥了很大作用。“宫莺去尽野鸡栖，憔悴江南谁是主？”江淮一带地主阶级虽害怕红巾军，但又觉得已经不能依靠元朝，希望出现一个维护他们利益的新的帝王。于是朱元璋因势而起，成为了地主阶级的新代表人。

朱元璋的蜕变在他的一系列政治军事行动中都有表现。在占领集庆后不久便弃红旗而改用黄旗。他在与陈友谅、张士诚的争战过程中，同元将察罕帖木儿、扩廓帖木儿之间没有中断书信往来。打败陈友谅后，至正二十四年（1364年）正月，他自称吴王，立长子朱标为世子，设立百官，这是朱元璋政权性质发生变化的标志。至正二十六年（1366年）八月，他在声讨张士诚的《平周榜》中已用地主阶级的口吻诬蔑红巾军起义是“妖言既行，凶谋遂逞，焚荡城郭，杀戮士夫，荼毒生灵”。而他自己则是“灼见妖言不能成事，又度胡运难与立功”，因此才出面收拾这各自为政的局势。这年十二月，朱元璋派廖永忠去滁州迎接韩林儿，路上，将其淹死在了瓜步（今江苏六合东南），宣告了红巾军韩宋政权的灭亡。

朱元璋在江南不断攻地的同时，始终注视着北方元廷的情况。在与张士诚的战争还没有结束时，至正二十七年（1367年）正月，他便以扩廓贴木儿拘留自己的使者为借口，作书发出了北伐的警告。此后，双方在徐州一带小有冲突，他看出元方上疑下叛，将帅嫌隙，元朝灭亡时日已到，遂在这年十月率部北伐。

第五章　这是最后的斗争

我的地盘听我的

每个人的心中都有统治欲，只不过并非所有人都坐得起统治者的位置：在处于被统治的地位时，人们心中的统治欲会被压抑，转而释放在其他事情上；然而一旦统治者没有能力让众人顺服下去，那么，有些人的统治欲望就会慢慢膨胀，从而引发新一轮的天下争夺战。就是在这样的循环中，历史轮回、前进。朱元璋的统治欲望在渐渐膨胀，一场争夺战即将开始。

中国古代的兵法博大精深，其中最广为人知的就是三十六计了。一句“三十六计走为上”不知成为了古今多少人逃跑的借口。朱元璋虽然没念过多少书，却知道要想在战争中存活并夺得胜利，熟悉三十六计是最起码的素质要求。在与元朝直接对抗之前，一招“假痴不癫”让朱元璋风生水起。

所谓“假痴不癫”，就是指自己的实力其实已经很强大了，但在时机未到之前，仍然故意装出软弱可欺的样子，不露锋芒，不动声色，给敌人以弱不禁风的假象，麻痹敌人，最终在最关键的时候给敌人以致命的一击。

在彻底消灭掉张士诚之前，朱元璋做得最英明的一件事就是没有像陈友谅和张士诚那样早早自立为王。虽然这里面可能有傀儡君主韩林儿的掣肘，但谋士的一句“高筑墙，广积粮，缓称王”才是朱元璋隐忍的真正原因。

在自己的实力强大到可以驾驭天下之前，朱元璋还不想过早引起元朝的注意，他需要时间来扩充自己的势力范围，需要时间来武装自己的军队，需要时间来扫平前进道路上的障碍。因此，放缓称王的脚步，也就是加快夺取天下的进程。

朱元璋这个人与其他起义军领导者最大的不同，就在于朱的内心十分沉郁，城府极深，且有强大的忍耐力。取得巨大成功后，他没有急于享受帝王生活，而是继续冷静地分析时局。单凭这一点，就足以让陈友谅和张士诚汗颜。

不过，忍耐也是有限度的。当糜烂的元朝已经对朱元璋构不成任何威胁时，朱元璋终于建立了自己的政权——西吴。在朱元璋结果掉张士诚后，元朝，这个最后的对手，终于站上了政权擂台。

当时的朱元璋占据了江南大片的富庶地区，中国北方广袤的疆土仍属元朝统治。作为马背上的民族，元朝的军队最擅长的就是马上作战。朱元璋虽然也有骑兵，但业余的总比不过人家专业的，更何况要想在一望无际的平原上与蒙古骑兵对决，胜算微乎其微。这也就罢了，问题是朱元璋还顶着巨大的精神压力。

虽然元朝已经腐朽不堪，人民怨声载道，但不管怎样，元朝毕竟是正统的统治者，占据中央的地位。至于一介平民朱元璋，不过是揭竿而起的起义军。在元统治者眼里，朱是暴民，是草寇。如果和元朝作战，胜了还好，一旦败了，就是无尽的深渊，无一丝生机可言；而史书对他的记载，也只会是“某年某月，元政府平定某地农民起义，起义军首领朱元璋，战死”。这不是他想要的结果，所以，从今以后的每一次战役，都只能胜利，不许失败。

至正二十七年（1367年）十月，朱元璋派手下大将徐达、常遇春率大军北取中原。临行前，朱元璋召集二人，给他们分析当下的局势，并询问二人的军事安排。常遇春的计划是：“今南方已定，兵力有余，直捣元都，以我百战之师，敌彼久逸之卒，可挺竿而胜也。都城既克，乘胜长驱，余皆建瓴而下矣。”（《明史纪事本末》）

和元朝的部队相比，朱元璋的部队确实是经历过战火洗礼的百战之师，因此，常遇春认为，完全可以毕其功于一役，直接攻下元大都，那其他的省郡就更是不在话下了。而朱元璋此时再一次发挥了他天才般的军事才能，他说：“元建都百年，城守必固。若如卿言，悬师深入，顿于坚城之下，馈饷不继，援兵四集，非我利也。吾欲先取山东，撤其屏蔽；旋师河南，断其羽翼；拔潼关而守之，据其户槛。天下形势，入我掌握。然后进兵元都，则彼势孤援绝，不战可克。既克其都，鼓行而西，云中、九原以及关、陇，可席卷而下。”

朱元璋很清楚，虽然元朝已经没有多少寿命可言，但元毕竟曾凭借暴力征服了这片土地，所以战斗力依旧不可小觑。并且，元朝建立已有百年，城池的坚固必定超乎想象。如果直接攻打元大都，一旦不能及时破城，西吴军队极可能陷入缺少粮草、四面受困的境地。因此，朱元璋决定，先进攻山东，打掉元朝面对江南的屏蔽，然后再一点一点吞掉它周围的城市，直到元都成为一座孤岛，再一举拿下。

事实证明，朱元璋是对的。

在大军出发前，朱元璋给所有的士兵立下了严格的纪律，要求他们破城之后“勿妄杀人，勿夺民财，勿毁民居，勿废农具，勿杀耕牛，勿掠人子女。或有遗弃孤幼在营，父母亲戚来求者，即还之”（《明史纪事本末》）。他还写了一封檄文发给齐、鲁、河、洛、燕、蓟、秦、晋等地的人民，历数了元朝的暴虐，然后表示自己起兵是不忍看生灵涂炭，不得已而为之。宣传工作做得极其到位。

当时镇守山东的是一对父子，父亲王宣，儿子王信。这对父子实在是一对反复无常的家伙，让人哭笑不得。

当徐达的大军到达淮安时，曾派人前去劝降王宣父子。王宣在拿到劝降书后，当即派人给徐达的军队送去钱款，表明自己的心意。朱元璋一看这个人这么识时务，就派徐唐臣等人，到沂州去给王宣授官，不但封王宣做江淮平章政事，还让他带兵跟随徐达。结果王宣父子阳奉阴违，一边派人到徐达军中犒军，一边又秘密募兵，想趁夜杀掉徐唐臣，不想却被徐唐臣逃脱。回到徐达军队的徐唐臣，向徐达说明了情况，徐达立刻起兵攻打沂州，结果一招水淹七军就让王宣措手不及，只得再次开门投降。徐达让王宣写信劝说儿子王信投降，而王信不从，杀掉使者后逃亡山西。

王宣虽然投降了，但这次，徐达做了一件老搭档常遇春爱干的事，杀降。王宣的反复彻底激怒了温文的徐达，自作聪明就得自作自受。

其实，“身在曹营心在汉”是很多忠心于某一政权的人在强大的敌人面前经常采取的措施。只不过，像王宣这样的墙头草，一看形势不对就把投降作为救命稻草的人，实在看不出他能忠心于谁。

徐达攻下沂州后，接到了朱元璋的谕旨。朱元璋说，如果打算攻打益都，那么就要派精兵守住黄河，断绝援兵的来路；如果益都攻打不成，就转战济宁、济南二城，这两座城池在手，山东就大势已去，得之如探囊取物般容易。

于是，徐达命令手下先是夺取了榆行、梁城等镇寨，然后又按照朱元璋的指示派人遏制住取道黄河的援兵。当准备工作完成后，徐达率人攻打益都。守将普颜不花奋力抵抗，一直到最后的一兵一卒也战死敌手。城破时，普颜不花对母亲说：“儿不能两全忠孝矣。”徐达听说后，派人前来劝降，希望可以收服这一员猛将。普颜不花不从，与部下俱与城死，他的妻子也和孩子一并随他而去。

而后的战役实在是没有什么可写的了，徐达大军所到之处，几乎还没等军队扎寨就主动举了白旗。一路下来，几乎再无战火。徐达只消带着军队接收城池，除此之外，再无其他。

虽然徐达十分轻松地攻取山东，但朱元璋还是不甚放心。他给徐达写信，说道：“闻大军下山东，所过郡县，元之省院官降者甚多，二将军皆留于军中吾虑其杂处，或昼遇敌，或夜遇盗，将变生不测，非我之利。盖此辈初绌于势力未必尽得其心，不如遣之使来，处我宦属之间，日相亲近，然后用之，方可无患。若济宁、东平诸来归将士家属亦发遣来，将厚待之。”（《明史纪事本末》）

这意思是说，虽然元朝的守将们都降了，但始终不是我们的人。万一有了二心，内外勾结，恐怕对我们不利。徐达你就不要带这么多降将了，把他们都送到我这来吧，我会厚待他们，也许还能笼络他们，日后为我所用。

于是，就在“和平演变”中，山东成了朱元璋的地盘。

山东没了，元都失去了最直接的一道屏障。元朝的统治者似乎到现在才明白，这个他们昔日根本不放在眼里的朱元璋，这个曾经派使者前来示好的朱元璋，并不是一个战争贩子，他的目的根本不是靠战争谋取蝇头小利，更不是为了过几天土皇帝的日子。他的目光，一直都聚焦在在朝廷身上，只不过，这种目光在最初若有似无，并没有引起他们的注意。

但慢慢地，朱元璋眼睛里的火光越烧越烈，直到成为熊熊的烈火，就要烧掉朝廷，烧掉一切。然而，一切都完了，即使元朝的统治者知道了朱元璋到底要什么，他们也依然束手无策——因为他们明白，他要的不是他们能给的。

放牛娃的春天

山东被攻下后，朱元璋便胜利在望了。随后他领军攻下开封，平定河南，同时又攻克潼关，横扫元朝之军。元朝的统治者倒行逆施，长达九十九年的统治终将被历史遗弃。而朱元璋凭借他过人的军事才华和出众的领导才能，成为了历史选中的幸运儿：他将拥有所有他想得到的，这一片天下，将由他任意挥洒。

元至正二十八年（1368年）正月初四，朱元璋称帝，定应天为国都，年号洪武，国号大明。

其实，王侯之家，钟鸣鼎食，是古今多少人梦寐以求的生活。为了获得这样尊贵的地位，有多少人举起了屠刀，泯灭了良知；又有多少人失去了家园，甚至付出了生命。但“君驭天下”就好像是一个永远也破解不了的魔咒，让人们失去了理智和冷静，前赴后继，无怨无悔。

朱元璋亦是如此。为了这至高无上的地位，他一路披荆斩棘，终于从当年的放牛娃，成为如今君临天下的帝王。人生，真的是不可预知。

所有的非世袭君王，也就是一般所说的起义军首领或是篡权夺位的叛臣，其即位之事一定不是由本人主动提出的。就算所有人都能看出来他想当皇帝的心情有多迫切，也不能由本人亲自捅破这层窗户纸。不仅如此，此事还要遮着盖着，不许任何人提称王的事，仿佛这一片江山打下来，不是为了统治，而完全是为了好玩，过把瘾就扔在一边。

这种情况，史书上见得多了。能在君主手下当差的人，多少都有些本事，于是，这个时候，大臣的作用就要得到淋漓尽致的发挥。想想当年赵匡胤陈桥兵变，黄袍加身，到头来还怪罪手下，说是因为这些人贪图富贵，所以才把自己推上帝位。活脱脱得了便宜还卖乖，可这个时候谁也不敢说一个“不”啊。因此，赵匡胤就在“万般无奈”的情况下，“委屈”地当了皇上。

就算轮到朱元璋头上，事情也不例外。朱元璋一再表示自己没有统治天下的欲望，不要再提即位的事了。而朱手下以李善长为首的一班臣子，当然不能同意主上如此没有雄心壮志，因此他们不停上书劝谏，恳求朱元璋以大局为重，一定要登上皇位。朱元璋自然要推脱一番；臣子们不干，就再上书；还不答应，那就再上折子，直到朱元璋答应为止。为什么前两次都不答应，非得等到第三次才同意呢？其实，朱元璋早就想当皇帝了，但又不好自己提出来。终于臣子提了，可要是第一次上书就欣然答应，又显得朱元璋太过急躁。所谓“事不过三”，都请第三次了，再不答应就有点说不过去了。

不要以为这些都是小说家的杜撰，朱元璋和臣子的这点互动，都在史书上记着。“癸丑，中书省左相国李善长率文武群臣劝进，太祖辞。固请，不许。明日复请，许之。”（《明史纪事本末》）今日不同意，明日就答应了，思想斗争未免也持续得太短暂了——无非是司马昭之心，路人皆知，大家给朱元璋个台阶下罢了。

朱元璋即位后的第一件事，就是把他们家祖宗四代都封了个遍。“追尊高祖考曰玄皇帝，庙号德祖，曾祖考曰恒皇帝，庙号懿祖；祖考曰裕皇帝，庙号熙祖，皇考曰淳皇帝，庙号仁祖，妣皆皇后。”（《明史》）一个人当了皇帝还不行，祖上也得是皇帝才行，这样，这个皇帝才算有迹可循，才算名正言顺。

当朱元璋在南郊祭祀祖先时，青烟袅袅中的他，不知会作何感想。乱世出英雄，朱元璋生在这样一个乱世，是他的不幸，也是他的大幸。有的人，在被人压迫时会选择忍耐，把身体低入到尘埃中去，只求苟活于世；而有的人，会在无路可退时索性对峙，反戈一击，争取做人的权利。至于朱元璋，当他的双亲无处安葬时，当他流落街头却讨不到一点食物时，他只乞求平静安稳的生活。只不过，当他开始了自己的权力斗争时，历史，也引着他越走越远，直到他走向人生的巅峰。

朱元璋比起张士诚之流的最大优势就在于，朱得到天下后，依然能够保持一颗奋斗的心，并将勤勉发挥到了极致。他在即位之初，并没有急着享受帝王的生活；不仅如此，他还让百官不要叨扰百姓，给百姓以休养生息的时间。当时，下属州县的官吏前来朝拜，朱元璋对他们说：“天下初定，百姓财力俱困，譬犹初飞之鸟，不可拔其羽，新植之木，不可摇其根，要在赡养生息之而已。惟廉者能约己而利人，贪者必朘人而厚己。有才敏者或尼于私，善柔者或昧于欲，此皆不廉致之也。尔等当深戒之！”

很多开国的贤明君主都懂得这个道理：在经历了连年的战火后，百姓最需要的就是平静的生活，他们不在乎谁主天下，只希望这个君主能比上一个仁慈一点，宽松一点，给他们一条活路。只要没有官吏的欺压，即使生活再清贫，他们也能安静地活下去。所以，无论是唐太宗，还是朱元璋，他们都实行了休养生息政策。因为只有这样，国家才能在易主的动荡中尽快恢复过来，并顺利地走上正轨。

即位之后还有一件大事就是论功行赏，这也是所有跟随朱元璋走过战火的人最期盼的时刻。这其实并不功利，用生命换回的奖赏，是最应该得到尊重的。

朱元璋没有辜负他的追随者。《明史》记载，朱元璋“以李善长、徐达为左、右丞相，诸功臣进爵有差”。并且，在立朱标为太子后，将很多近臣加封东宫官爵，以求他们能像辅佐自己一样，辅佐自己的儿子。

一开始，朱元璋还想封官给一些外戚，即马皇后的亲属；只不过，遭到了马皇后的婉拒：“国家官爵，当用贤能。妾家亲属，未必有可用之才。且闻前世外戚家，多骄淫不守法度，每致覆败。陛下加恩妾族，厚其赐予，使得保守足矣。若非才而官之，恃宠致败，非妾所愿也。”（《明史纪事本末》）外戚专权，自古就是所有为帝王者应当极力避免的事情，但很多开国之君，因为在征战过程中受到了来自妻家的帮助才会封官外戚；然而这也给日后的外戚专权留下了隐患。历史上此类事件虽屡屡发生，却依然成为很多君主躲避不及的雷区。

好在朱元璋有一个贤明的皇后。她说，朱元璋赐给自己的亲人足够安享富贵的财富即可，如果有人恃宠而骄，必会成为国家的隐患，这是她不愿意看到的。马皇后，当初她在硝烟中看中了朱元璋，后来她陪伴他走过了从无名小卒到君临天下的征程。而现在，在她本应享受荣华的时刻，她却依然保持着清醒。

这样看来，她对自己的亲人有些无情；但谁能明白，这其实是最大的恩情。政治斗争历来是最残酷血腥的，处于斗争旋涡的马皇后自然明白这其中的利害。让自己的亲人远离宫斗，实在是她能为家族争得的最大的赏赐；同时，她又为自己的丈夫免去了外戚专权的隐忧。这个女人，不简单。

开国后的朱元璋，一面“无为而治”，一面广招贤能，一边制定各种律法，一边又设办学校，忙得不亦乐乎。作为一个过过苦日子的人，朱元璋明白百姓要的是什么，他也知道，如果自己不能使天下太平，不能使人民安居乐业，那么，就会有无数个李元璋、王元璋站起来反他。他不容许自己打来的天下，自己却守不住。所以他一直在努力，也一直很勤政。朱元璋的勤奋，在中国历史上的皇帝当中实属少见，甚至勤奋得有点过头。无论大小事务，他必定亲自过问，每天审阅奏折不计其数，睡眠时间少得可怜，真正是日理万机。而令人不敢相信的是，他居然把这种作风一直保持到驾崩之前。这样的勤政，算得上是帝王的表率了。

只可惜，他的勤政，并没有作为基因遗传给他的子孙。除了朱棣，明朝就几乎看不到像朱元璋一样勤政的皇帝了。当然，这是后话。

此时的朱元璋，坐在龙椅上，手中的御笔批点着面前的奏折。这个国家需要他的支配才能运行，这是皇帝的权力，更是皇帝的责任。朱元璋曾经吃过了那么多的苦，而现在，一个国家的重担压在他肩上。这种辛苦，是世间所有的苦难都比不上的；但这种苦难，在世人眼中，却是梦寐以求的荣耀。人，实在是矛盾的结合体。

虽然朱元璋已经建立了自己的国家，但在元大都，那个曾经的政权还没有完全土崩瓦解。在它彻底消失之前，朱元璋还有很长的路要走。

占领元都，回家吃饭

当朱元璋在南边的应天即位登基，开始建造他的大明朝时，身处元大都的元朝皇帝妥懽帖睦尔还在他的皇宫里享受着富贵的生活。他不知，危机已经近在咫尺。

朱元璋虽然已经完成了自己做皇帝的心愿，然而这个皇帝能不能做长久，还是个未知数。当初的陈友谅、张士诚，也都做过皇帝，可还不是瞬间就一无所有、灰飞烟灭了？这是个“我不犯人，人也犯我”的时代，更何况，当初轰轰烈烈的农民起义，现在只剩下朱元璋这一棵独苗了。如果说曾经的元统治者还不把朱元璋放在眼里，那现在，广袤的大地上已经再无他人，元朝皇帝想不看朱元璋都不行。

朱元璋既然已经到了这一步，要么风光一阵就被元兵毁了自己的老窝，要么就把蒙古人赶尽杀绝，不留后患。总之，不拼个你死我活，谁都没有安生日子过。很明显，如果不能为天下的主，而是甘愿偏安一隅，早晚有一天，朱元璋会像曾经的无数个农民起义军首领一样，死无葬身之地。于是，朱元璋将元大都定为下一个目标。

在着手攻打大都之前，朱元璋曾和徐达等人商讨过进军计划。徐达的想法是：“臣自平齐、鲁，下河、洛，王保保逡巡太原，观望不进。今潼关又为我有，张良弼、李思齐失势西窜，元之声援已绝。臣等乘势搏其孤城，必克无疑。”（《明史纪事本末》）

应该说，自从拿下山东后，局势对朱元璋极其有利。然而朱元璋并没有因此而失去判断力。对于徐达的看法，朱元璋提出了自己的建议：“卿言固是。然北土平旷，利骑战，不可无备。宜选裨将提兵为先锋，将军督水陆之师继其后，下山东之粟以给馈饷，由秦趋赵，转临清而北，直捣元都。彼外援不及，内自惊溃，可不战而下。”（《明史纪事本末》）徐达的说法固然可行，但朱元璋看到了自身的不足，那就是南方的士兵，是永远也不可能在广袤的北方平原上和马背上长大的民族以骑战抗衡的。因此，必须制订周密的进军计划，以山东为粮草支援，取道临清，而后直捣元都，打他个措手不及。

徐达依照朱元璋的指示，分别派军队荡平通往元都的道路，果然顺利地平定了潼关以东的广大地区。而后，朱元璋命手下诸将从各个战区撤回，集中兵力攻打元都。

临行前，朱元璋给进军部队一道旨意，大概意思是说，你们跟随我，吃尽了苦头，这不是我所希望看到的，但这都是为了黎民苍生。现在百姓生活于水深火热之中，我们必须马上去救他们。元朝自从入主中原，无视黎民疾苦，倒行逆施，所以他们遭到了上天的唾弃。如今，我们即将拿下元都，但百姓是无辜的，因此，所有入城的将士，不得烧杀掳掠，侵扰百姓，如有违者，定罚不赦。

虽然这一道旨意有给自己制造舆论、鼓舞士气的成分，但在即将到手的胜利面前，朱元璋依然牵挂黎民百姓，依然记得真正的胜利从来不是夺取空城，而是人心。单凭这一点，他就足以取代元朝的皇帝。

史料上有一条很有趣的记载，说当徐达与诸将之师汇于东昌时，“元大都红雾及黑风起”。很难想象，这是怎样的天气状况。黑风可以理解为暗无天日的狂风，然而何为

"红雾"？恐怕，这真的是天要亡元了。

而后的过程实在是乏善可陈，徐达大军所到之处，不是守将弃城而逃，就是率军来降。这仗，打得一点儿悬念都没有，顺利得有些枯燥。

当徐达大军到达通州时，所有人都想马上攻打通州。这时，指挥使郭英发表了不同的意见。他认为，大军远道而来，已很是疲惫，而敌军则是固守城池，以逸待劳；如果贸然进攻，很有可能一举不下，到时士气受挫，会对以后的进攻产生不利影响。因此，他建议大军驻扎下来，调整状态，并等候最佳的进攻时机。

有时候，历史总是爱和人开玩笑，元朝已经到了悬崖边上，命运就再推了它一把。上天给了郭英一次机会，也就是他所说的最佳时机——天降大雾。

郭英派人在道旁埋伏，然后自己率领三千精锐直抵城下。守将奋力抵抗，郭英佯装败走，引敌人进入了伏击圈。结果，元军大败，守将卜颜帖木儿被擒。

当明军进入通州这个消息传入元都时，吓坏了元主妥懽帖睦尔。但他的反应实在是让人啼笑皆非。当他得知明军即将到来，第一个念头不竟然不是如何组织军队进行抵抗，而是把所有的后妃皇子集合起来，商量如何逃跑。到了早上，见到朝臣，他又向臣子们感叹，说今天难道要做宋徽宗、宋钦宗么？妥懽帖睦尔已经打定主意要北逃。

臣子们一看皇帝要跑，自然是极力劝阻。怎奈皇帝不听，留下几个人看守京城，就带着老婆孩子连夜从建德门跑了，一路跑到了元上都。

其实说起来，如果元帝能够充分发挥自己骑兵的优势，也许还能抵挡明军一阵，给自己争取时间再做打算。如果元帝当初能够发现隐藏于草莽之中的朱元璋，或许就能把这一隐患扼杀在摇篮里。可惜，历史不能倒退。

元帝放弃了首都，也就意味着放弃了国家的统治权。假如他能够和京城共生死，或许史书上会对他有所褒扬。不过，在他看来，能够活下去要比留名青史来得实在。

洪武元年（1368年）八月二日，这是一个应该被历史记住的日子。这一天，当徐达的大军从齐化门进入元都城时，这片中原政权失去统治长达四百年的广袤土地终于收归所有，从此，中原再也不是赤裸裸地面对来自草原沙漠的铁蹄了，这片土地，将成为最坚固的屏障，保护着所有的新兴政权。

朱元璋占领元都后的第一件事，就是收拾了一批元朝的官吏。"执其监门宗室淮王帖木儿不花及太尉中书左丞相庆童、平章迭必失朴、赛不、右丞相张康伯、御史中丞满川等，戮之。"（《明史纪事本末》）虽说朱元璋已经下令不能大开杀戒，但被元朝欺负了这么久，总该找些人来出出气。至于这些人到底犯了什么罪，总会有人出来解释的。

而后，徐达下令，命人广告于民，要求所有的原元朝官吏一律到官府去通报，把户籍改为民籍。按理说，元朝大势已去，识时务者就应该马上采取行动。本来元朝就是一个少数民族政权，汉人虽被统治，但心中终究不服，因此，也就没有什么背信弃义之说。不过，还是有人忠于这个濒临灭亡的政权，甚至不惜以死相报。

"元翰林待制黄殷仕欲投井，为其仆所守，乃给仆曰：'吾甚愧，何从得酒？醉而出见可也。'其仆喜，入市取酒，殷仕遂投井死。左丞丁敬可、总管郭允中皆死之。"（《明史纪事本末》）史书上并没有说这几个人到底受过元朝何等恩惠，以至于要为其殉节。不过，无论哪朝哪代，总是有一些人会为了自己所尽职的朝廷死节。说他们愚忠也好，说他们迟钝也罢，但他们的心中，总是有一股力量——尽管这种力量在今天看来是逆历史潮流而动的——以当时的情况看，他们确实认为自己是为了国家而死。所以，这样的殉国无可厚非，依然值得人尊敬。

朱元璋终于拿下了他梦寐以求的元都。从此，他不再是草莽流寇，不再是乱臣贼子。从此，他可以名正言顺地统治这片土地，统治他的天下。

明朝是中国古代史上最后一个汉族政权，它的存在，结束了广大中原地区的人民被欺压、被侮辱的时代。虽然元朝的建立者是一个勇敢的民族，虽然在这个民族手里，中国的国土达到了前所未有的广袤。但是，这是一个只知打天下而不知治天下的民族，在夺权后，元朝廷采取的并不是民族融合政策，而是把人分成了三六九等，把远比自己先进的汉人置于最底层，并始终采取不平等而暴力的手段统治他们。这样的政权，从一开始就不会有人心甘情愿地臣服。元是一个没有根基的朝代，它的灭亡，并不出乎意料。

后来的少数民族政权吸取了元的教训，以至于一个少见的、由游牧民族统治天下且基础稳固的政权——清朝，最终得以建立。

朱元璋占领元都，从名义上，元朝就已经不复存在了。但百足之虫，死而不僵。元朝尚有一个厉害的人物没有出场，而与此人的对决，就是朱元璋在此后很长一段时间里的主要任务。

王保保，你不是一个人在战斗

天苍苍，野茫茫，风吹草低见牛羊。

每个人的心里都有一个草原梦，放马扬鞭，纵横驰骋；草长莺飞，星幕低垂。坐在马背上，奔腾在万里无垠的草原上，挥汗如雨，快意洒脱，男儿的豪情冲天怒吼，何等痛快！

有一个民族属于草原：他们跨马奔腾，挥刀如风，借此打下了自己的江山——蒙古男儿的血管里流淌的是不屈与骄傲。只不过，当他们的自信膨胀到骄横的程度时，上天就要收回它的赏赐，把江山从他们手中拿走，甚至连草原都不留下。

当朱元璋攻下元都时，他没有看到预想中野蛮残暴的马上男儿，只看见了闻风而逃的元主仓皇的背影。虽然顺利攻下都城是件让人欣慰的事，可朱元璋还是有些郁闷；毕竟，对手太过软弱，竞争就没有任何挑战可言。

但是，有一个人不会让朱元璋失望。他的存在，将燃起所有人的斗志，让一幕热血沸腾的厮杀再现天地之间。

这个人就是王保保，元朝最后的希望。

此时的元主，也就是元顺帝，被明军逼得只能躲在上都，也就是今天的内蒙古自治区锡林郭勒盟正蓝旗境内。做过皇帝的人自然忍受不了天天被风吹、被日晒的生活，回想起曾经的宫廷享乐，元顺帝心里特别不舒服。他恨不得马上就回到元都；而此时，他身边还能用的就只剩下王保保了。于是，他把兵权和所有的希望都一并交给了王保保。

王保保得到了梦寐已久的兵权，自然会竭尽全力，挽救朝廷于危难不是什么人都能得到的机会。如果成功，元朝光复，他王保保也将会永载史册。而朱元璋这边当然也不会让元顺帝过得太舒服，他命令徐达、常遇春等人率大军进攻山西，一举歼灭王保保。

王保保的计划是，率兵从雁门关出，由保安州经居庸关，然后直攻大都。但他太轻率了，率领几乎所有的军队离开太原，没给自己留一点退路。当得知王保保的计划时，徐达敏锐地嗅出太原城虚的味道，率领大军直奔太原。他对诸将说：“王保保率师远出，太原必虚。北平孙都督总六卫之师，足以镇御。我与汝等乘其不备，直抵太原，倾其巢穴，彼进不得战，退无所依，此兵法所谓批吭捣虚也。若彼还军救太原，则已为我牵制，进退失利，必成擒矣。”（《明史纪事本末》）徐达之意即为，北平城已有重兵把守，王保保此行不会有多大的收获；但太原就不同了，元朝已经失势，一座城池对他们的重要性远高于我军，如果失去太原，他们将失去进攻的依托，陷入进退两难的境地；而如果他们选择撤军回援，那时候，主动权早已掌握在我们手里，他们就只有任我宰割的份儿了。

徐达是对的，但他却低估了王保保所率军队的速度。那是骑兵啊，是血统纯正的骑兵，是把“马上作战”深深烙进骨髓的天生的骑兵。因此，王保保虽然仓皇回撤，但他回撤的速度太快了，以至于当元军到达太原时，徐达的进攻部队竟然没有到齐，仅有一小部分先头部队到达战场。

真正的步兵大军还没到，这仗，怎么打？

徐达并没有惊慌，他让部队先驻扎下来，等待援兵的到来。而徐达也充分利用这段时间进行了谋划。

史书记载：“指挥使郭英凭高望之，谓常遇春曰：‘彼兵多而不整，营大而无备，请夜劫之。’遇春然其计，与徐达谋曰：‘我骑兵虽集，而步兵未至，何以能战？莫若遣精骑夜劫其营，其众可乱。众乱，主将可缚也。’”不得不说，常遇春不仅是一员猛将，还是一个拥有高超的军事素养与战略眼光的大将。他意识到此时的局面对自己不利，如果贸然开战，势必会被骑术精湛的蒙古骑兵打得毫无招架之力；而如果集结精锐，夜袭敌营，出其不意，攻其不备，打乱敌军的作战计划，也许，尚可趁乱夺取先机。

很多时候，在面对不利于己的情况时，人的确容易惊慌失措，以至于失去了最起码的判断。因此，不是所有人都能经受住战场的考验，也不是所有人都能立下彪炳史册的不朽功绩。只有那些既有“一夫当关，万夫莫开”之勇，又有“谈笑风生，运筹于千里之外”之智，并且能够不急不躁，随时保持一颗冷静之心的人，才有名垂千古的资格。朱元璋是幸运的，因为他同时拥有很多这样的人才，而徐达和常遇春，正是其中的佼佼者。

天佑大明，就在徐达苦苦思索如何应对勇猛的蒙古骑兵时，守卫太原的元军豁鼻马派人前来，表示愿意投降，并且可以为徐达军做内应——看，叛徒哪朝哪代的都有。

这样一来，徐达算是彻底放心了。拿下太原城，不费一兵一卒；现在，只要全力对付王保保就行了。而王保保永远也不会想到，自己的骑兵大军还没来得及发威，就被消灭得一干二净。

徐达的作战计划很简单，却很有用。“先遣五十骑伏城东十里，以举火鸣炮为期。至夜，郭英率十余骑潜入其营，举火鸣炮，伏兵应之，遇春等兵大至，鼓噪相接。”（《明史纪事本末》）无论是偷袭还是埋伏，最重要的一点就是不能让敌军知道你的意图；因此，徐达的大军不能离王保保的驻地过近——毕竟，蒙古军队也是有侦察兵的。照此推测，徐达应该是采取了类似“人肉”烽火台的方法，即埋伏少量士兵在半路，当元军军营发出进攻信号时，伏兵立刻把信号发回至徐达手中，借此达到了传递情报的作用。

而事实证明这一招是很有效的。当指挥使郭英率领着不到十余骑骑兵潜入敌营时，进攻命令随即下达，又很快被传递，常遇春的援兵几乎是瞬息到达。一时间，整个元军军营，鼓声震天。

元军被突如其来的明军吓傻了：这帮人是从哪冒出来的？就算是突袭，他们也太快了吧！可是，明军并没有给元军反应的时间，更不可能解释什么。手起刀落，鲜血就是唯一的答案。劈头盖脸的绞杀惊醒了元军士兵，他们迅速采取了行动：你推我搡，四散而逃。

也许，王保保也是被上天眷顾的人。当明军打来时，王保保并没有就寝，而是正好在帐篷里看书，左右有两个小童服侍。

王保保虽是躲过了在睡梦中被砍死的厄运，但他的情况也好不到哪去：旁边几乎没有卫士，两个童子也早吓得不知跑到哪儿去了。而王保保呢，他去穿鞋，仓皇之中竟然没有穿上，最后光着一只脚就跑出去了。不过，他是从帐篷后面跑出去的——他跑出去干什么？令人遗憾的是，在这个危难关头，王保保并没有展现一个将领应有的素质，他非但没有组织军队进行反抗，反而找了一匹马，带着十八个卫士，逃跑了。

混乱之中，十万大军的主帅都找不到了，怎么组织有效反抗？溃不成军的元军只好缴械投降。

王保保号称元朝名将，可居然在紧急关头弃十万大军于不顾，只管自己逃命！人都说“千军易得，一将难求”，这句话的意思是，一个好将领，其统帅的大军战斗力抵得上千万军队，绝对不是断章取义的“为了将领可以白白牺牲数千兵将”。

这一仗，徐达大胜，共缴获战马四万余匹，击溃敌人多达四万；王保保则狼狈地逃往大同。然就连逃跑王保保也不得安生，常遇春秉承了“斩草除根”的一贯作风，足足追到忻州，把王保保逼得只好遁走甘肃。

徐达和常遇春，再一次用行动证明了自己无愧于名将的称号。

可叹王保保，手中空有十万大军，竟在一夜之间被实力不如自己的明军打了个落花流水，甚至毫无抵御之意。其实，他并不是没有取胜的可能：如果他能充分利用自己的优势，赶在徐达援军未到前先行截杀徐的先遣骑兵，或者，如果他能加强军队管理，注意凝聚军心，严查军中潜伏的探子或叛徒——如果历史容纳“如果”，也许，当年的战局就会是另外一个样子。

王保保兵败后，徐达率兵继续攻打陕西，并没有花费什么力气。当陕西亦被收入囊中后，明军就直接面对躲在上都的元顺帝了——既然已经做不成皇帝了，那就索性连命也一起交出来吧。

常遇春：轻轻地，我走了

古时的战场，如今已成人声鼎沸的城镇；曾经震天的嘶吼，都已被阵阵劲风带走，不留回响；那时遍地的鲜血，成山的尸骨，怕是已被历史踏平，没有痕迹。而当年将军手中那精光闪耀、令厉鬼胆寒的神兵，也已随将军的魂魄而逝，永远长眠黄泉。

洪武二年（1369年）二月，奉朱元璋之命，常遇春率九万军队出征开平，目的只有一个，就是把元顺帝收拾掉——如果杀不了他，起码也要把他赶走，赶得越远越好。

朱元璋算是彻底盯上了元顺帝，其实这个无能的皇帝对朱已经没有任何威胁了，而且从元顺帝的逃跑行径也能看出，这皇帝实在是没有什么文韬武略，根本不可能组织任何有效的抵抗——对朱元璋来说，元顺帝根本不值一提。可这样一个无能之人也不能放过——哪怕再无能，他头上也顶着元朝皇帝的名号，这个名号存在一天，他朱元璋就一天不得安生，总觉得自己名不正言不顺的。所以，他派了手下猛将常遇春去攻打元顺帝——实在是有点杀鸡用牛刀，不过也可以窥见朱元璋想一举灭掉元顺帝的迫切心情。常遇春对这次的任务更是信心满满，势在必得。只不过，朱元璋没有想到，常遇春本人更没有想到，这次看似简单的出征，竟会成为常遇春在战场上最后的绝唱。

常遇春带着他手下的九万精兵，浩浩荡荡开赴开平。他相信自己将铸就战功，却没料到这就是自己的句点。

常遇春作战，有一个很突出的特点：快。除了速战速决，他基本上没有什么别的战术，单凭速度，常遇春也有把阵地战打成突袭战的本事。而他百战百胜的秘诀，也是因为快：还没等敌人做好部署，常遇春就带着士兵杀到；就算做好部署，常遇春也会带兵杀过来激战一番，然后马上撤退，敌人根本来不及作出任何反应。一切军事计划在常遇春的速度面前都形同虚设，他对速度的酷爱简直到了令人发指的地步。所谓兵贵神速，常遇春算是这句话的最好解释。

他这次的副将李文忠也是一个以作战迅速著称的将领，这两个人凑到一起，只能说，元军的运气太不好了。

常遇春这次的战斗与前几次相仿，实在无从叙述：他实在太快了，快到来不及让人记录下作战过程。“取开平，道三河，经鹿儿岭，过惠州，败故元将江文清兵于锦川，得士马以千计。次全宁，故元丞相也速复以兵迎战，又败之。也速遁去。进攻大兴州，文忠谓遇春曰：‘元兵必走，乃分兵千余为八屯，伏其归路，虏果夜遁，遇伏，大破之，擒其丞相脱火赤。遂率兵道新开岭，进攻开平。元主先已北奔，追北数百里，俘其宗王庆生及平章鼎住等，斩之。凡得将士万人，车万辆，马三千匹，牛五万头，蓟北悉平。”（《明实录》）

只消百余字，就足够记录常遇春指挥的四次战役，只因在这过程中，常几乎遇不到任何有效的反抗——当然，他也绝不会给敌人任何反抗的机会。

李文忠不仅像常遇春一样善于速攻，还是一个具有谋略的将领。进攻大兴时，他已经看出元军不会做任何抵抗，但似乎也不会平静地投降，因此，他们只有逃跑这一条路可走。但如果只是收获一座空城，实在没有什么意义。因此他向常遇春建议，将千余士兵分为八组，埋伏在元军逃跑的必经之路上，打他个措手不及。元军到了夜里果然弃城逃跑，却不料中了埋伏，大败。元朝丞相脱火赤亦被伏。

等到常遇春率军抵达开平，藏在此地的元顺帝早就带着老婆孩子跑了。这个元顺帝，逃跑的本事还是属于上乘的。一个曾经养尊处优的天子，居然也能把颠沛流离的逃亡生活过下去，不得不说，对生的渴望能激发出人的无限潜能。

可元顺帝忘记了一点——常遇春是谁，他可是明朝第一先锋，怎么可能任凭快要到手的猎物就这么从他的眼皮底下安然逃脱呢？抓不住你，也不能让你好过。

常遇春一气向北追了数百里，俘获了宗王庆生及平章鼎住等人，并把他们统统杀掉。可怜的元顺帝，被常遇春向北撵了数百里不说，本来还想回大都享福的他，这下不仅没回成，反而被赶到了荒无人烟的草原深处。这个皇帝，着实倒霉。

谁让他遇见的是嗜好赶尽杀绝的常遇春呢，元顺帝还能留着一条命，就已经万幸了。

这一仗，常遇春斩获颇多。俘虏将士万人，缴获车万辆，马三千匹，牛五万头，其余的宝物更是不计其数。元顺帝带到开平的那些家当，都被常遇春搬了回来。常遇春总共才带了九万人出征，这一下，几乎人人身上都有战利品，人人身后都跟着俘虏，实在是风光无限。

只可惜，这凯旋豪情却在柳河川戛然而止。

常遇春班师途径柳河川时，不幸暴病而死，时年四十岁。这不知名的病魔，竟然轻而易举地夺去了常遇春的生命。生死面前，人人平等——可叹，人人终于平等；可悲，人人只能平等。

一代名将，就此魂飞魄散。他还没来得及完成剿灭北元的使命，还没来得及参与治理这一片他辛苦打下的江山，还没来得及享受战争结束后的天伦之乐，还没来得及将他的一身武艺传于后人……常遇春当然不甘，可不甘又如何，在命运面前，纵使骁勇有如常遇春，也一样无可奈何——他纵有惊人的速度，却仍跑不过命运的车轮。就这样，命运伸出手，带走了这个骁勇善战的奇男子，也带走了他所有的荣耀。

柳河川，柳河川，地名中有个“柳”字——难道当真要他在此停留，再也不走吗？

噩耗传回京城，朱元璋闻之大恸：开国之初就折去一员猛将，对朱元璋来说，这是莫大的损失。况且这个人曾帮自己打下了半壁江山，曾于危难之际解救了自己，劳苦功高。此时的朱元璋，其悲痛应该是真实的，毕竟，这是与他并肩作战多年的战友，他们之间，是有感情的。

当常遇春的丧队到达龙江时，朱元璋亲自拜祭，并且让礼部的官员制定丧葬的规制。后来，朱元璋决定按照宋太宗给韩王赵普的丧葬仪式来办。赵普何人？就是那个当年协助赵匡胤发起陈桥兵变的人，就是后来“半部《论语》治天下”的宰相，就是那个一直在幕后出谋划策、影响了宋朝几百年的韩王。在朱元璋心中，常遇春是他的左膀右臂，也是他治理天下所倚重的人。

朱元璋给予常遇春无上荣耀——追封开平王，谥忠武，这是武将的最高谥号了，并且让他配享太庙。太庙是供奉皇帝祖先的地方，历朝历代，只有寥寥几人能够获此殊荣，而常遇春，当之无愧。

然无论加在身上的荣耀有多少，斯人已逝，这些于他来说都已没有任何意义。常遇春是幸运的，他倒在了一生为之痴狂的战场上，将自己的血肉化为无尽的屏障，保护着这片他深深眷恋的热土；常遇春是幸运的，他躲过了朱元璋对功臣的清洗，躲过了冤死刀下的命运，也躲过了兔死狗烹的悲凉。他在其生命绽放得最绚烂的时候离去，将这一刻永远定格。谁也拿不走属于他的荣耀，谁也代替不了他大明第一先锋的位置——他，常遇春，留给后人的是一抹所向披靡的背影和无坚不摧的气概。

常遇春，一个伟岸决绝的奇男子，一个纵横天下的大将军，他在元末明初的世事变幻中，犹如一柄利剑直直挺立在大明的疆域上，定住了风云，定住了江山。

常在河边走当然会湿鞋

“百战百胜”对于为将者来说，是一个美好的祝愿，更是一个不易企及的神话。战场实在是太多变了，没有人能够预测出下一秒会发生什么。所以，那些名将，并不完全依靠胜仗赢得荣耀；他们的功名建立在胜利上，往往也建立在失败上。

常遇春走了，北定残元的重任，就落在了徐达的身上。

当时的北元，只剩王保保一人独撑大局，而朱元璋则越战越勇。王保保率人攻打兰州，不想遇到了守将张温的誓死抵抗，居然被打退了数十里。而后朱元璋一边派徐达自潼关至定西，与王保保决战，一面又派李文忠出居庸关至应昌，旨在把元顺帝赶得再远一点。

王保保本来想严阵以待，不想却等来了他一辈子的对手，徐达。

徐达率大军到达定西后，并没有急于进攻，而是驻扎下来，和王保保耗上了。当明军把元军耗得几乎没有任何战斗力后，徐达率人轻易地击溃了王保保的十万大军，把王保保逼得再次上演了弃军而去的戏码。这次更加凄惨，不仅十万大军再次陷落，王连个卫士都没有，只能自己带着老婆孩子往黄河边逃。《明史纪事本末》记载，“保保仅与其妻子数人从古城北遁去，至黄河，得流木以渡”，可怜一代大将，只能抱着一截木头渡过黄河，何其狼狈！

但王保保并没有就此放弃，他选择静静地等待——等待一个时机，把以前的账一次算清。好在，他没有等太久。这一次，朱元璋决定毕其功于一役，他不想再和这个老对手玩下去了，他要做唯我独尊的王。

朱元璋把武将们叫到一起谋划边事。据史料记载，这次的军事会议很有意思。“中书右丞相魏国公徐达曰：‘今天下大定，庶民已安，北虏归附者相继。惟王保保出没边境，今复遁居和林，臣愿鼓率将士以剿绝之。’上曰：‘彼朔漠一穷寇耳，终当绝灭。但今败亡之众，远处绝漠，以死自卫。困兽犹斗，况穷寇乎？姑置之。’诸将曰：‘王保保狡猾狙诈，使其在，终必为寇，不如取之，永清沙漠。’上曰：‘卿等必欲征之，须兵几何？’达曰：‘得兵十万足矣。’上曰：‘兵须十五万，分三道以进。’于是命达为征虏大将军，出中路，曹国公李文忠为左副将军，出东路，宋国公冯胜为征西将军，出西路。”（《明实录》）

徐达首先提出要剿灭北元，但此时朱元璋的态度很值得人玩味：他觉得王保保已经是穷寇，穷寇莫追这个道理，他朱元璋还是懂的。再说，堂堂大明朝，追着一个王保保不放，实在不太好看。

但手下的其他人又说，这个王保保实在是太狡猾，不把他灭了，恐怕会成祸害。这时，朱元璋问，如果你们非要打，要多少兵呢？徐达说，十万就够了。朱元璋马上回应，要带十五万人，分三路去。表面看，朱元璋是不想打王保保了，可推敲一番就会发现，怎么不想打？朱元璋最想打的就是他！要不然朱怎么会马上排了十五万大军，并且连进攻路线都一并想好么？不要忘记朱元璋的性格——他不会容许任何一个威胁的存在。又如众所周知，史书上的记载往往会美化君王，将他们塑造成唾弃战争的人。所以，对于《明实录》的说法，我们还是姑且信之吧。

随后，大军即将出征。临行前，朱元璋告诫诸将不可轻敌，并且再一次重申了作战方针：“大将军由中路出雁门，扬言趋和林而实迟重，致其来击之，必可破也。左副将军由东路自居庸出应昌，以掩其不备，必有所获。征西将军由西路出金兰驻甘肃，以疑其兵，令虏不知所为，乃善计也。”（《明实录》）一边让徐达大张旗鼓地行军，刺激元军主动来犯，然后破之；另一边安排奇兵，截断元军后路；此外明军还故布疑阵，让冯胜带着人四处晃悠，迷惑元军视线。这一招实在高明，而且，西路军的安排还起到了意想不到的作用。

徐达此去，势在必得。谁料世事多变，这一次，徐达终于体味到失败究竟是什么滋味。

徐达选择了一个人做先锋，这个人将徐达的失败降到了最低限度。他，就是蓝玉。

洪武五年（1372年）二月二十九日，徐达率兵进入山西境内。他派蓝玉先出雁门关，而蓝玉在野马川这个地方遇到了元军，并大败之。而后三月二十日，蓝玉在土剌河再次与王保保短兵相接，王保保兵败，遁去。

这个时候的徐达，其实应该停下来审视战局，思考一下为什么王保保总是派小股军队和自己接触，而从未发起大军对大军的正面冲突。王保保的策略其实明显运用了诱敌深入的手法，然而，被胜利冲昏头的徐达却没有意识到，以至于犯下了他此生唯一的错误。

五月六日，王保保的大军出现在岭北，徐达轻率地率军前往。

王保保虽然在我们的印象里总在逃跑，似乎他最擅长的就是如何保命。但此人毕竟是元朝最后的希望，他的身上一定有着与众不同的才干。善于审时度势，可以算是其中之一了。

王保保知道，今时不同往日，元朝已经没有能抗衡明朝的实力了。但作为一名将领，屡战屡败是莫大的耻辱，就算不能复国，他也要徐达付出代价。而现在，王保保的机会来了。

徐达军队虽然实力强大，但由于此战太过轻率，就忘记思考这样一种可能：就算王保保的兵力不如徐，但如若战略正确、指挥得当，以一敌十也不是不可能。扭转战局的最好方法，就是伏击。

当徐达的大军进入岭北时，他惊讶地发现，这一次，他的对手似乎并没有任何想要逃跑的打算，而是静静地等在那儿，静静地看着徐达。这一刻，徐达突然感觉到了一股寒冷——好像，中计了。

徐达毕竟是徐达，如果这样就能使他临阵退缩，那他这“一代名将”的光荣称号就可以送人了。当发觉身后有贺宗哲的部队阻住去路，敌军又以逸待劳时，徐达显示出了大将的魄力：徐达不是王保保，不会以性命为重而丢弃军队；他采取了最后一招，也是最无奈的一招：即便是死，也要死在冲锋的位置上！他把自己的中军布置在全体大军的前方，大大的帅旗高高飘扬于头顶，所有的士兵一抬头，就能看见自己的主帅手持利刃，冲在最前面。无论何时，只要那抹身影还在，所有的人就会毫不犹豫地冲锋陷阵、前仆后继。明军无一人退缩，所有士兵都是胸前受伤——背上留下伤痕，是他们的耻辱。

同生共死，曾有多少人在出征时曾放过如此豪言，可又有多少人能真正做到？徐达没有那么多的说辞，却用实实在在的行动安稳军心，令麾下全军义无反顾地相信他、拥戴他。将军做到这个地步，才算是到了一个境界。

此时的命运女神却没有青睐徐达，虽然他有万夫不当之勇，怎奈这一次，王保保憋着一肚子窝囊气，一定要置徐于死地，作战部署几乎无懈可击。凭什么你百战百胜，我就得带着老婆孩子被撵得到处跑，连一天安生日子都过不了？大家都是各为其主，也都是各自主子最倚重的人，我跟你的待遇也未免差得太多了吧？这一次，我一定要你也尝尝苦头！

再看徐达这边，在蓝玉的掩护下，徐虽然成功突围，并且修筑了碉堡，抵挡住了元军的再次袭击，然明军损失惨重，死伤数万。徐达大军，最终只得铩羽而归。

可在王保保看来，此战也实在算不上什么胜利。他没有灭掉徐达，一旦放虎归山，就等同招致了无穷后患。伏击这种事，干一次还行，但想骗过徐达第二次，可就比登天还难啰。

难道上天派徐达下来，就是和我作对的吗？王保保望天长叹。

正当徐达渐渐从被伏的阴霾中走出，为自己当初的冒进懊悔不已时，李文忠那边正展开双方激战。

洪武五年（1372年）六月二十九日，李文忠带人出征，却发现敌人早就闻风而逃了。没有敌人，就一座空城，这仗打着有什么劲？李文忠决定发挥他穷追猛打的一贯作风，将追击进行到底。

当大军开到胪朐河（今克鲁伦河）这个地方，李文忠对部下说明了他的意图："兵贵神速，宜乘胜追之。"这还不算，李觉得既然要急行军，辎重就不必带了。于是他派人留下来守着东西，其他士兵则带上二十天的口粮，星夜兼程，追击敌人。

追到土剌河后，元军将领蛮子哈剌章看到李文忠的部队尽数渡过了河，派出小股兵力与之对战，被打退后立即遁走。李文忠又继续追击，直到追到阿鲁浑河，才发现事情好像不太对劲了。

李文忠眼前集结了越来越多的元军，兵强马壮。元军站在河边，冲着他笑！

其实明白人一看就知道这个蛮子哈剌章用了和王保保一样的计策，无非是小股刺探，诱敌深入。这回李文忠犯了和徐达一样的错误，步步追击正中敌军下怀，李文忠的部队就这么被人牵着鼻子走进了伏击圈。

要知道，蛮子哈剌章不是王保保；而李文忠，也没有那么好对付。

李文忠发现中计之后，反而被激发出无穷的斗志——既然遇上了，就打吧。

"文忠马中流矢，急下马，持短兵接战。"（《明实录》）李文忠的马被箭射伤，不能动弹，他就翻身下马，手持短兵和人家接着打。他身边的副将刘义看见他这么不要命，赶紧冲过来保护他，指挥使李荣把自己的马让给李文忠，自己则夺过元兵的马骑上。李文忠上了马，更是如鱼得水。他横冲直撞，拿着武器一路砍杀。士兵见主帅这么猛，也纷纷杀红了眼，反正杀一个够本，杀两个赚了。结果这么一来，元军居然被李文忠打得不知所措，纷纷逃窜。李文忠所俘人马以万计。

蛮子哈剌章糊涂了。这究竟是谁伏击谁啊，怎么好像自己中了埋伏似的？怎么遇见这么一个打起仗来什么都不顾的主儿？蛮子哈剌章无语了，只得抬头问苍天。

可李文忠没给他感慨的时间，一定要斩草除根，一定得灭了元军，否则他们就不知惹了自己是个什么下场！

李文忠追着蛮子哈剌章到了称海，这回又有很多元兵集结。可李文忠追到这儿就没再下令进攻了，居然让士兵驻扎下来，还把俘获的元军的马匹牲畜在草原上放牧。领导不发话，谁也不敢轻举妄动，谁知道这个李文忠到底在打什么算盘。

一来二去，元军憋不住了，只得引兵退去，正好李文忠这边口粮也快吃完了，那就回去吧，不然要是饿极了，说不定还会当着元军的面，宰了他们的马牛来吃，万一惹急了他们，自己不是引火烧身吗？

就这样，李文忠打了一场称不上"全胜"的胜仗。毕竟李并未真正歼灭元军主力，还差点让人家围起来打。要不是李文忠打起仗来的那股恐怖劲儿，这后果实在不堪设想。

徐达和李文忠这次出征，算是被结结实实地打击了。看来，就算是常胜将军，也有马失前蹄的时候。北征残元，难道真的就无功而返了吗？

神奇的傅友德

有心栽花花不开，无心插柳柳成荫。用这句话形容朱元璋的此次出征北元，实在是再贴切不过了。本来被寄予厚望的徐达中路军，非但没有什么收获，反而差点全军覆没，拼死突围才侥幸逃出。但有一个人物却让这次不那么给力的表演稍微有了些看头。

朱元璋这次出征的计划，重心基本都在徐达和李文忠上，派出的西路军冯胜，不过是故布的疑阵，只是起到分散敌人注意力的作用，实在没有什么实质性的任务。朱元璋只让冯胜出兵甘肃，具体往哪儿打也没给个目标，怎么打更是没个说法。或者说，就是随便走走，四处看看，实在无聊也可以勘探一下甘肃的地形，了解一下当地的风土人情也不错。冯胜这次的任务，看上去是最轻松的了。

不过这可郁闷坏了冯胜，想想自己也是一员大将，结果居然被派了这么一个不着调的任务。到大漠上走一走，然后再带着军队走回来就行了？实在没什么挑战性。看着同僚徐达他们热火朝天地准备出征事宜，冯胜虽脸上不显，心里却早已愁云惨雾了。

于是，冯胜在挑选副将上也没有太上心，就让傅友德做了自己的副将。在冯胜看来，这个傅友德没什么太大的本事，但至少不会误事。反正这次出征，就算是军事天才也无用武之地，权当带着一帮人出去玩了。可是，冯胜没想到，他的这个选择，居然让他成为了最后的赢家。

傅友德是昔日徐寿辉手下的“四大金刚”之一。后来陈友谅掌权，他一看形势不妙，就投靠了朱元璋。这个人一直以来都没有什么太大的建树，所以也就不太引人注意。但是别忘了，傅友德名列“四大金刚”，在元末那个人才辈出的年代，能被冠上名号的定然不会是泛泛之辈。是金子总要发光的，他傅友德就是一座货真价实的金矿。

当冯胜带着大队人马来到兰州后，发现真是无事可做。大部分元兵都被王保保调过去攻打徐达了，剩下的只是一些散兵游勇，不值得大军主动出击。于是，冯胜分给傅友德五千兵马，让他四处转转，看看有什么战利品可以拿回来，也算没有白来一趟。

结果，这五千兵马跟着傅友德出去一转，就转出了不小的动静。

傅友德看着自己手中这五千兵马，心中自是明白主将冯胜的意图，他很不甘心。当兵就该上战场，没有现成的战场，就自己去寻找一个战场。总之，他傅友德要打仗。

于是，传奇开始了。

傅友德先是分析了局势：虽然朱元璋美其名曰让他们“故布疑阵”，但其实根本不用他们有什么动作——在朱元璋看来，这么一支军队，就是老老实实地站在那儿，也是一种威胁。但傅友德不这么想，既然是疑兵之计，那索性就把这个疑阵坐实。遇到元兵就打，反而让人无法猜透他的真实意图和下一步计划。事不宜迟，傅友德立刻率着五千将士奔赴西凉，遇到了元将失剌罕，二话不说立刻开打，友德战胜。要说这个失剌罕将军无辜得很，还没明白过来是怎么回事，就成了傅友德计划中的第一个牺牲品。

然后，傅友德又马不停蹄赶往永昌，在忽剌罕口这个地方大败元太尉朵儿只巴，获得辎重牛马无数，再胜。接着，傅连气都不喘，又带兵进逼扫林山。这时，冯胜才意识到这个傅友德似乎想在不可能的地方建立战功，而傅好像也的确有这个能力。冯胜满腔的护国热血也被傅友德点燃，他带着大军前往扫林山，和傅友德会合，共同击败元军。

其间傅友德更是勇猛，亲手射杀了元军的平章百花，并且锲而不舍地追着元军打，又斩其兵丁四百余人，俘虏了太尉锁纳儿加、平章管著等人，再胜。

这下，手下士兵的积极性都被调动起来了。他们热切地看着傅友德，觉得跟着这个人，有仗打、有敌杀，最重要的是有功建，还有战利品拿。于是，冯胜将部队的主力给了傅友德，让傅带着他们去横扫茫茫大漠。

得到了主力的傅友德更激动了，此时的他，就跟打了鸡血似的，停不下来，异常亢奋。一见元兵，就跟饿狼看见肥羊一样，张牙舞爪地狂扑上去。

接下来该谁了?

镇守甘肃的元将上都驴听说了傅友德这么一个人，一句废话都没有，立刻组织人马，开门投降。他可不想被傅友德追得到处跑，这么荒芜的沙漠，逃到哪儿都没有好日子过，还不如降了。

于是，傅友德不费一兵一卒，白得了座城池，又胜。

冯胜一边安抚投降的吏民，一边吩咐部分手下镇守此地，然后继续前进。

这下可苦了元朝的将士们。傅友德的大名早已经传遍了整个甘肃，伴随而来的还有无尽的不可思议和恐怖。这个人到底是什么做的?他到底哪来这么多的精力?见到元兵，傅友德从来都是二话不说，上来就砍，砍完就走，找着别人接着砍。砍不干净还不罢休，一定得把你赶尽杀绝了才算完事。元兵们叫苦不迭：本来退居在戈壁上就够憋屈了，竟还碰上这么一个狂人，打又打不过，跑又跑不了，真是闷煞活人!

有的元朝将领也看透了，反正也打不赢，干脆降了吧。就这么着，当明朝大军来到集乃路，看到的就是守将卜颜帖木儿带着全城的人开门迎接，好像他们不是敌人，而是来自远方的亲人。于是，傅友德又胜。

既然已经来了，总是接收降城也没多大劲，那就接着打吧。

在别笃山口这个地方，傅友德碰见了元岐王朵儿只班，只能怪此人运气太差。两军对阵，元岐王朵儿只班一点儿还手的能力都没有，只能等着挨打。结果，元军惨败，元岐王朵儿只班只身逃走。剩下的平章长家奴等二十七人，以及各类牲畜十余万头，就拱手送给了傅友德。

可是傅友德是谁，他可不是看见一点儿战利品就走不动道儿的人。他让属下好好清理战场，然后又率人继续追赶元岐王朵儿只班。傅友德发扬了急先锋的优良传统，一阵穷追猛打，元岐王朵儿只班被他追得恨不得在沙漠上刨个坑把自己埋了。追上元岐王朵儿只班后，傅再次轻而易举地击溃了其军队，收获了金银印和两万余匹马、驼、牛、羊，大胜而还。

这次出征，傅友德一直打到十月份才班师回朝，倒不是因为没有仗可打了，实在是因为缴获的战利品太多，总共就五万士兵，每个人肩上扛着武器，身后拉着辎重，还得牵着好几头牲口，跟搬家似的，浩浩荡荡，几乎没有什么行军速度可言。而且，傅友德声名远播，就好像一道符咒贴在了甘肃的上空，让元军时时都感觉到一股无形的压力和彻骨的寒气，只求这个祖宗不要主动找上门来。听说傅友德班师了，元军老老实实地在家磕头谢恩都来不及，怎么可能再有胆子挑衅?再把这个阎王招来，谁吃得消?

按道理说，这次出征北元，只有冯胜这一军全胜，应该说是战功赫赫，而傅友德更是劳苦功高。可是班师回朝后，傅友德并没有得到应有的奖赏。因为主帅冯胜藏匿战利品被朱元璋发现了，因此功过相抵，不赏不罚。傅友德受到牵连，战功一笔抹消。

不过，历史会记住傅友德的，记住他七战七胜的不朽功绩，和他纵横大漠、所向披靡的神话。

当年傅友德带着部下投靠朱元璋时，恐怕没想到自己会创造今天这样的伟业。他原来的主人徐寿辉，是朱元璋的对头，傅友德在他手下，没有因为猜忌而莫名死去，就已经是无比幸运了。当他在朱元璋手下出击敌人、策马驰骋的时候，是否想过自己会有一天得到重用，会有一天像徐达、常遇春那样名垂青史？或许，能够活下去，并且发挥自己的才能，实现身为军人的价值，就是傅友德最大的心愿了。

但天不负他，给了他一个机会。而他也抓住了这次机会，改变了所有人对他的看法，尤其是朱元璋。傅友德这个人，堪当重任。

三路军全部回朝，这次出兵的结果让朱元璋冷静下来。他意识到，想要一次彻底清除元朝是不太现实的，但他们已经没有什么有效的实力了。明朝既已站稳了脚跟，暂时不用担心残元侵扰；而残元也看出明朝是一个几乎无法战胜的对手，想要打败他不容易。因此，元明进入正式对峙阶段。真正肃清元朝，还是留待后来人吧。

第六章　我的地盘我做主

户口制

明朝建立以后，朱元璋为了建立有效的赋役制度，对地主隐匿田产、户口而逃避赋役的行为予以打击。他下令各地认真清理、统计全国户口和耕地数额，编制了赋役黄册和鱼鳞图册，从而形成了严密的户口和财产登记制度。

洪武元年（1368年），朱元璋要求在各地作战的总兵和地方官员注意收集户口版籍。同年，制定“均工夫”役法，而且还编制了应天十八府州、江西九江、饶州、南康三府的均工夫图册。洪武三年（1370年）他又下令按户登记姓名、籍贯、年龄、丁口、产业，实行户帖制，将户帖发放给各户，全国户籍则在户部汇总。在江南一些地区还试制了“小黄册”。

明政府也十分重视查核全国的土地。洪武元年（1368年）朱元璋派官员到浙西核实田亩，攒造鱼鳞图册。后来又令国子监监生武淳等人到各地丈田绘鱼鳞图。鱼鳞图册按“随粮定区”原则，以税粮万石为一编造单位，称一区。把每区的土地丈量之后，绘成图册，册上记载所有田亩面积、四周界至、土地沃瘠、户主姓名。因总图形状像鱼鳞，故而得名为“鱼鳞图册”。

黄册以户为主，以人为经，以田地为纬，田地分别归于地主，作为征派赋役的根据。鱼鳞图册以田地为主，以地域为经，以人为纬，作为解决土地纠纷的凭证。两种册籍相互配合，相互补充，相互核对，相互牵制，形成了一套严密完整的户口、田地和赋役管理制度。

立卫所制和将兵法

洪武初年，中央军事机关为大都督府，朱元璋任命亲侄子朱文正为全国最大的军事长官大都督。全国都司、卫所的军队都由大都督府统率。后来，朱元璋觉得大都督府的权力过大，就在废中书省的同时，把大都督府一分为五，设立左、右、中、前、后五军都督府，各都督府分别统领各自所属的都司、卫所，各府的长官分为左、右都督，掌管军事。五军都督府和兵部既互相配合，又互相牵制。各都督府只管军籍、军政，没有指挥和统率军队的权力；兵部虽有颁发军令，铨选军官之权，但不能直接指挥和统率军队。如有战争，则决定权在皇帝手中，兵部奉旨颁发调兵命令，由皇帝亲自任命军事统帅，然后率领由各卫所调集的军队去作战，结束战事之后，兵归卫所，主帅还印。这一制度使皇帝握有总指挥权和将帅的任免权，而军籍、军政的管理和军队的调发指挥权限分开，将不专军，军不私将。这样，不仅避免了悍将跋扈、骄兵叛变的弊端，而且更重要的是使皇帝牢牢控制住了军权。

立国之初，朱元璋和刘基经过研究磋商，在编制和训练军队方面，创立了一种卫所制度。卫所军队有四个来源：一是从征；二是归附；三是谪发；四是垛集。军人列入军籍，世代沿袭、儿孙代代当兵，都督掌管军籍，普通地方行政官吏无权管辖军人。军队耕战结合，平时既要屯耕，也要进行军事训练，并且还担负保卫边疆和镇守地方的任务，具有武装力量和生产力量相结合的性质。卫所把全部军士都编排进来，每112人编为一个百户所，每10个百户所编为一个千户所（1120人），每5个千户所编为一卫（5600人）。卫所的军官分别为百户、千户、卫指挥使。百户所以下的军事单位是总旗（约50人）、小旗（约10人）。全国各地都有洪武朝卫所，但主要集中在京师重地。

诏令办学

洪武二年（1369年）十月，朱元璋告谕中书省官员说：“学校教育，到元代其弊已极……治国之要，教化为先，教化之道，学校为本……宜令郡县皆立学校。”十月三十日便下诏令地方郡县开办学校。

为了能使地方贯彻好立校兴学政策，明政府明确规定：府学设教授一人，训导4人，生员40人；县学设教谕一人，训导2人，生员20人。师生每月除供应每人六斗米外，有司还要供应鱼、肉。学官月俸，多少不等。学生学习，专治一经，以礼、乐、射、御、书、数设科分教，要学以致用。同时还对学校规章等其他相应教学措施作了规定。地方学校培养出来的学生，资历深的可以定期保送到京师国子监继续深造，也可以参加科举考试，求取功名；入学十年以上还没出路的，由学校推荐，可往吏部保送，充任下级官吏。

北方学校教育较南方相比尤为落后，缺乏师资而且师资水平很低。为了改变这种局面，朱元璋在洪武二十年（1387年）命令吏部从南方选出大批教学经验丰富的教官充实北方学校，以此来提高北方的教学水平。

明代前期，除上述府州县学外，地方社学也聘请儒士培养民间子弟，还有“御制大诰”及本朝律令的学习内容；地方武学也聘请武师专教武臣子弟学习武艺，等等。

朱元璋诏令天下郡县皆立学校，对提高全社会的文化素质、稳定明王朝统治都具有积极意义。

制定科举

洪武三年（1370年）五月，国家人才紧缺，朱元璋颁发科举诏令，于八月设科取士。

明代科举考试分文武二科。二科考试都明确规定了考试时间：子、午、卯、酉年为乡试；辰、戌、丑、未年为会试；乡试在八月，会试在二月，皆九日为第一场，复三日为第二场，又三日为第三场。中乡试者称举人，京师会试中胜出者有资格参加殿试。

三年一大考，皇帝亲自把关殿试，殿试及格而被录取的都称为进士。进士分一、二、三甲，一甲三人，第一名称状元，第二名称榜眼，第三名称探花，赐进士及第；二甲若干名，赐进士出身；三甲若干人，赐同进士出身。凡中进士者，均可封官。

文科考试以“四书五经”为主要内容。初场试五经义二道，四书义一道。二场试论一道。三场试策一道。三场考试通用推行的八股文答题（每篇文章必须包括破题、承题、起讲、入手、起股、中股、后股、束股八部分），因考试只重形式而内容不实，明代科举制又因而被称为“八股取士”。

武科试士的内容同文科有些差别。武举初试马上箭，二场试步下箭，三场试策一道。六年一大武举考试，考中者称武状元等。武科重技勇，考试的内容也因时局的变化和要求略有改动。

明代科举取士录取名额由社会需要而定。明初所需文官数额大，录取时也较多；明中期，逐渐放宽乡试名额而缩小会试名额，而且在录取进士名额时，注意地域间的南、北分布平衡。洪熙元年（1425年），限定取士名额，南人16名，北人14名，武科则没有限定。

在明初期，明代科举制对于扩大官僚机构、稳定统治政权起到了积极作用。因其以孔孟之道和程朱理学来束缚读书人的思想，是一种文化专制制度，所以读书人为了猎取功名，埋头“四书五经”，写空洞的八股文，成为名副其实的书呆子。这种举士制度禁锢了人们的头脑，严重阻碍了文化科学的发展。

发展农耕

明代，随着炼铁技术的提高，铁质农具也得到改良，农耕种田更加追求集约经营，十分重视精耕细作，提倡“宁可少而精密，不可多而草率”。

在整地上，讲求深耕达七八寸，以使土壤彻底松软。如果在麦、稻两熟田地，将水田改成旱地时需开沟做坨，使坨背凸起如龟背，便于排水。翻耕时讲究先浅后深，头遍打破皮，二遍揭出泥，争取时间灭茬保墒；将旱地改为水田时则要分层深耕晒垡，从而来改良土壤结构。

在选种和播种方面，重视收集、选育新种和优良种子，而且为便于早播还要提前浸种。如早稻浸种一般在清明节前，有的在春分前便开始浸种，称“社种”，浸种时间提前半个月。浸种方法也有了改进，原来是“昼浸夜收，不用长流水，难得生芽”，明代改为“用稻草包裹（稻种）一斗或二三斗，投于池塘水内，缸内亦可”，“浸三四日，微见白芽如针尖大，取出于阴处阴干”（王象晋《群芳谱》）。

施用追肥。当时不仅在施用追肥的时间、数量、次数以及肥效上有了科学的认识，而且对于土壤与肥壤结合方面的认识也加深了，并总结出了一些规律。如羊粪适宜旱地，猪粪适宜水田，灰粪和牛粪则适宜于土质贫瘠坚硬的田地，土性带泛浆之田宜用骨灰蘸秧根、石灰淹苗足，等等。

在防治病虫害方面也积累了些经验，如冬天铲草根、添新土用来杀灭越冬幼虫及虫卵，用药物、棉籽油等拌种来避免虫蚀，把石灰、桐油撒在叶子上可用来杀虫等。

在充分利用田地的时间和空间方面也有科学的分配方法。宋元时发展起来的稻麦一年两熟的轮作方法，被推广运用到其他作物的种植之中，并且从一年的轮作发展为若干年的轮作，间作、套作技术也提高很多。江南地区双季稻种植广泛，甚至还在福建广东等地出现了一年三熟之稻。江南水稻除与小、大麦轮作外，还和豌豆、蚕豆、油菜等其他作物轮作，北方则以大、小麦与黍、粟、豆、薯等轮作。棉麦轮作、棉稻轮作、棉豆间作、桑豆间作等技术，也在经济作物推广的基础上发展起来。

农工商立法

明朝初年，因为经年战乱，全国流民充斥，农业生产非常缺乏劳动力，因而太祖朱元璋加强农业立法，用以恢复与促进农业发展。

朱元璋曾下达了禁止贩良为奴的禁令，禁止人身买卖，以解放劳力，投入生产。明初则大力推广移民垦荒，实行屯田，包括军屯、民屯、商屯、戍罪屯、赎罪屯等。

从农业发展需要出发，明政府加大了水利建设，整治堤岸塘堰，疏浚河道，还专门设置了掌管水利的营田司。规定：如有盗决河防者，杖一百；盗决圩岸陂塘者，杖八十；不修河防圩岸，或修而失时者，笞三十至五十杖；由此造成人员、财物损失者，笞五十至六十杖。

为核查全国田亩，还编造黄册与鱼鳞册。耕民按亩交赋，赋役程度比前朝减轻很多，极大地提高了农民的生产积极性。

由于农业立法的推广，全国垦田面积和人口大增，到洪武二十六年（1393年）分别达到8507623顷和60544812人，使社会生产得到了恢复和发展。

此外，明朝的工商立法明确、具体。明初建立的匠户匠籍制度，加大了手工业者的集中管理力度，发挥了技术优势，促进了手工业的发展。

明朝律例对手工业产品的质量与规格要求十分具体。规定：造器物、缎匹不合格，工匠均受笞刑或以坐赃论。有关官吏也受处罚并赔偿损失。

在手工业生产管理方面，明朝法律规定：不经批准非法营造者，按坐赃论；营造所需物资不实报笞五十；多领物资者，以监守自盗论；工匠未按期交货，官吏不如期拨料者均处笞刑。

明代商业立法以重农抑商为基础，而且对盐、茶采取官营专卖政策。早在元至正二十一年（1361年）所定的《盐法》便有贩盐者取税1/20以助军饷的规定；洪武元年（1368年）定《盐引条例》规定贩私盐者绞；后来又在《大明律》中规定：凡贩私盐、私茶者杖一百、徒三年，如携武器者加一等，拒捕者斩。买私盐者杖一百。盐法规定要取得吏部所颁“监引勘合”的凭证才可以经营盐业。早在元至正二十年（1360年）朱元璋便定《茶法》，取其1/30作为税赋收入的补充。明令严禁贩卖私茶，由官府专卖。洪武以后则规定设“茶引所”收购茶叶；贩茶者也一定要持有吏部“茶引勘合”，没有或持有过期凭证的按贩私盐律治罪。

《大明律》中的市场管理法规定：统一度量衡，市面上所用均须经官府核查，违者治罪；加强管理机关平抑物价的责任；对不法商人操纵市场、哄抬物价的不轨行为予以严厉打击，触犯此条规定者视其轻重处以笞、杖刑；严禁私人从事海外贸易,明确规定货卖海外和下海者杖一百，将人口、军器出境者处以绞刑,关口将士渎职与犯人同罪等。

移民屯田

明洪武三年（1370年）六月，分布于苏、松、嘉、湖、杭五郡的四千余户无田耕种的百姓，遵从朱元璋令迁徙到“田多未辟”的临濠，就垦农业，免征三年移民租税，这便是明代大规模移民屯田的开端。

洪武四年（1371年）六月，徐达驻师北平，因为除去了沙漠中的威胁，所以把北平山后35800余户居民分散到各府卫进行屯田；同年又移漠北和山西一带“沙漠遗民”32000余户到北平屯种，江南140000户少地、无地农民还奉命迁到凤阳屯种。洪武九年（1376年）十一月，山西、真定一带无田的百姓迁到凤阳屯田；十五年（1382年）九月，广东番禺、东莞、增城等处24000多名降民迁移泗州屯田；二十一年（1388年）又将山西泽、潞二州无地百姓迁往彰德、真定、临清、归德、太康等空旷地带，置屯耕种。

除了省与省之间的大规模移民屯田之外，各省内也发生了迁徙情况。洪武二十五年（1392年），登、莱二州5635户农民就耕于东昌，二十八年（1395年），东昌三府外来移民达58124户。

明朝的移民屯种，政府为其提供耕牛种子，免除三年租税，三年之后每亩纳税一斗，不再加收其他赋税。这一举措极大地激起了百姓垦田种植的积极性，加速了开辟荒芜田地的进程，扩大了自耕农的比例，从一定程度上改变了元末土地高度集中的局面，推动了明初经济的恢复和发展。

封王封臣

洪武二年（1369年），明太祖朱元璋考虑到历代地方割据和叛乱严重威胁皇权，吸取宋、元两代皇室孤立的教训，诏定诸王国邑与官制，大封诸子，屏藩王室。

由洪武三年（1370年）开始，朱元璋的25个儿子和一个曾孙被先后封王。选择其中一部分授予兵权，如秦王㭎、燕王棣、宁王权等，令他们在北方驻守，节制沿边兵马，以防御蒙古残余力量；还有一部分驻守在内地各省，如鲁王檀等，用于监视地方官吏。

为避免握权大臣篡权谋反，明太祖规定，诸王有移文朝廷索取奸臣和举兵清君侧的权力，同时因担心诸王权力太大对中央集权的统治构成威胁，又申明诸王“惟列爵而不临民，分藩而不赐土”，即分爵而不裂土。

另外，因江、浙等系京畿重地和国家财源所在地，为避免干扰国家经济和政治活动而不予分封；闽、粤不封，则因其地远险恶，皇权难以控制。

明太祖分封诸王，皇子以亲王身份建藩就国，实则是继承了古代的分封制，对明初加强皇权统治起到了一定的作用。但是，所封诸王，拥兵自重，在封国内目无王法，终于造成“枝强干弱”的割据局面。

洪武三年（1370）十一月一日，朱元璋在奉天殿举行隆重庆祝仪式，以表彰文臣武将的开国功勋，并大封功臣。

诸将的功绩都记录在大都督府兵部。吏部定勋爵，户部准备赏赐物品，礼部定礼仪，翰林院撰制诰，皇太子、诸王在两旁侍立，皇帝左右则排列着文武百官。诏封左丞相李善长为韩国公，右丞相徐达为魏国公，常遇春之子常茂为郑国公，李文忠为曹国公，邓愈为卫国公，冯胜为宋国公，又封了六公之下的十八侯：汤和首位为中山侯，唐胜宗为延安侯，陆仲亨为吉安侯，周德兴为江夏侯，华云龙为淮安侯，顾时为济宁侯，耿炳文为长兴侯，陈德为临江侯，郭兴为巩昌侯，王志为六安侯，郑遇春为荥阳侯，费聚为平凉侯，吴良为江阴侯，吴祯为靖海侯，赵庸为南雄侯，廖永忠为德庆侯，俞通源为南安侯，华高为广德侯，杨樉为营阳侯，康铎为蕲春侯，朱亮祖为永嘉侯，傅友德为颍用侯，胡美为豫章侯，韩政为东平侯，黄彬为宜春侯，曹良臣为宣宁侯，梅思祖为汝南侯，陆聚为河南侯。并赐诰命、铁券、赏物等。又在该月的三十日，册封汪广洋为忠勤伯，刘基为诚意伯。而且还诏告各位公侯：身享富贵，应通达古今之务以成远大之器，不可苟且自足。

此后，朱元璋根据诸武臣的战绩，或封侯伯，或晋封公，以此激发武将建功立业之心。洪武十一年（1378年）汤和被朱元璋封作信国公，洪武十二年（1379年），又封仇成为安庆侯，金朝兴为宣德侯，蓝玉为永昌侯，谢成为永平侯，张龙为凤翔侯，吴复为安陆侯，曹兴为怀远侯，叶升为靖宁侯，曹震为景用侯，张温为会宁侯，周武为雄武侯，王弼为定远侯。

《元史》成书

明洪武四年（1371年）二月，宋濂主编完成《元史》。

《元史》是作为记录元朝史事的纪传体史书，共210卷。其中本纪47卷、志58卷、表8卷、列传97卷，包括上至成吉思汗下迄元顺帝约160年间蒙古、元朝的历史，主要是记录元朝史事。该书以史实、后妃功臣列传及诸家编写的行状、墓志、表、志，以及《经世大典》等资料为依据，因此保存了很多原始史料，尤为珍贵的是天文、历史、地理、河渠等四志材料，是研究元史的基本资料之一。

《元史》比较完全地采用纪传体皇朝史的形式对元代历史进行了记录，视野宏大，内容丰富，并且在某些方面独具特色，是其他书所无法比拟的。由于元朝的十三朝实录和《经世大典》已全都失传，《元史》的记载使之得以存其精华，具有极为重要的文献价值。《元史》的本纪和志占全书篇幅过半，而本纪占全书近四分之一，可以说《元史》的史料价值比其他某些正史的记载更高一筹。

《元史》的修撰只用了11个月，其成书之速也带给它很多的缺陷、讹误，一些史事没能够进行详细考核订正，未曾使用元代的一些重要资料，蒙古族的源流发展、中西交通等重要史迹，也都没有进行详细记载。译名、史实也存在不少错误，处理资料上缺乏融会贯通之功，有的照搬沿用案牍原文，文辞欠缺斟酌推敲，故为后来学者指摘挑剔。但无论如何，《元史》是记述元代历史的最可信赖的著作，为后人研究元代历史提供了宝贵资料。

制作牌符

明洪武四年（1371年）五月，太祖朱元璋诏命工部制造用宝金牌和军国调用走马符牌。用宝金牌共有两枚，分别由中书省、都督府收藏，在调遣军队时使用。走马符牌分金、银两种，各20个，宽2.5寸，长5寸，用铁打制而成，贯以红丝绦，平时在内府保存，适于紧急军务在身的遣使佩戴。后来，走马符牌也为用宝金牌代替，宽3寸，长9.5寸，上瑑二凤，下钑二麒麟。

朱元璋在同年六月又下诏，命礼部参考旧典，制定武臣金银牌制，以供在外武臣作为随身携带的证物之用。金银牌具有相同的规格，宽2寸，长1尺，上钑双龙，下钑二伏虎，用红丝带悬挂。指挥所佩戴的金牌，上有双云龙、双虎符；千户所佩戴的是镀金银牌，只有一条云龙、独虎符；百户佩戴的是素银牌符。全国共有500个双云龙、双虎符金牌，2000个独云龙、独虎符镀金银牌，11000个素银牌，上有朱元璋亲笔题撰的阳文："上天佑民，朕乃率抚，威加华夷，实凭虎臣，赐尔金符，永传后嗣。"符牌制乃明王朝加强军事集权的重要标志。

铁榜诫功臣

明初，一些加官晋爵的开国大臣，仗势欺人，横行乡里，连奴仆杀人也隐匿不报。洪武五年（1372年）六月，朱元璋为了保全功臣，命工部制作铁榜申诫功臣，厉禁纵容奴仆仗势为非作歹。

铁榜共有9条命令以申明律令，责令公侯奉公守法，不可以侵犯百姓利益。如命公侯不得接受官军贿赂，不可强霸官民山场、湖泊、茶园及金、银、铜、锡、铁冶炼者，不得容许家仆侵夺田产财物，不得倚仗权势欺压百姓等。但凡违背上述命令者都有受杖、充军、受刑、处死等相应处罚规定。铁榜公布后效果较好，但某些武将仍旧我行我素，目无法纪。如蓝玉专横恣暴，储庄奴数千人，鱼肉乡里；郭英私养家奴150多人，滥杀无辜；周德兴营造宅第，逾制豪华；朱亮祖专擅不法、贪得无厌等。这些最终导致洪武十三年（1380年）胡惟庸案和洪武二十六年（1393年）蓝玉案的爆发。两次党狱，致使那些元勋和有功将才全被杀尽了。

朱元璋制作铁榜警诫功臣，对明初抑制豪强、整顿吏治、稳定社会秩序起到了积极的作用，对剥夺公侯兵权、加强皇权也有一定的现实意义。同时，它也暴露出朱元璋唯恐公侯掌握兵权的心理。

第七章　老朱家的天，是格杀勿论的天

是谁杀死了刘伯温

“际会风云，平定海宇，既辟一代之规模，又阐一代之文章，盖诚意伯刘公一人而已矣。”人说，“三分天下诸葛亮，一统江山刘伯温”。关于刘伯温，世人的评价通常很高，民国时期的著名学者蔡元培先生就赞刘伯温是“时势造英雄，帷幄奇谋，功冠有明一代”。

刘伯温，名基，与徐达和李善长共称为“明朝三杰”，堪比汉朝张良、韩信与萧何；在这两组“黄金组合”中，人们常拿汉朝的留侯张良与刘伯温作比，认为二者都是智士谋臣。明太祖朱元璋也承认，刘伯温对他的影响就相当于张良对刘邦的影响，称其“吾子房也”。但就是这样一个传奇的人物，却在老年不得善终，晚年凄凉，原因不知地逝去。这一切都发生在洪武年间。

洪武八年（1375年）一月，刘伯温患病卧床。明太祖朱元璋知晓后，派丞相胡惟庸带御医前去看望。御医针对刘伯温的病情开了处方，让他照单抓药。刘伯温吃了御医开的药，身体却更觉不适，肚子里好像有石头翻滚，折磨得他生不如死。四月十六，刘伯温病故。

这段记载于明史的故事给后人留下了无尽的揣测。刘伯温究竟是怎么死的？有人认为他是单纯地病死，也有人认为他是被胡惟庸害死的，还有人认为他是被朱元璋杀死的。总之，由于历史资料不够完整，刘伯温之死因引来了争议。

然而为什么刘伯温的死会与朱元璋联系在一起呢？

朱元璋在登上大位后便进行了一系列的“清君侧”活动。这大明的江山是他在乱世里打下来的，不是通过正统的方式继承的，所以身边必有很多劳苦功高的开国臣子。这些臣子在打江山的时候是“微臣”，但在治理江山的时候便是“危臣”了。历代皇帝对“功高震主”这四个字很是敏感，不然也不会有“杯酒释兵权”等事件发生了。对于明太祖朱元璋来说，这更是不能忍受的。他一步步削弱了这些臣子的力量，以加强自己的统治。而刘伯温正是这种政策下的牺牲品。他几次被朱元璋撤官，又几次被召回，经历了希望的产生到幻灭的过程，也终于明白了“伴君如伴虎”的道理。于是，他依照朱元璋的意思退隐了，却仍因隐得不够深，最终引起了朱元璋的戒备。

正如王国维的《人间词话》将人生分为三个阶段一般，晚明的文坛泰斗钱谦益着力研究刘伯温的诗句，认为可将刘伯温的一生分为三个阶段：少年时期即元末，他自命不凡，胸怀大志，豪情满怀；青壮年时期即随朱元璋打天下阶段，他与朱元璋惺惺相惜，如千里马遇上了伯乐般志气相投；明朝建立后的阶段，则只剩落寞伤感。钱谦益的分析深入解读了刘伯温的一生，也使刘伯温的性格形象具体化了：他正直、豪气，胸中充满了抱负。这样的一个人怎么能够隐于市？

虽然，他努力让自己向“朝入青山暮泛湖”这样优哉游哉的生活靠近，也让自己向魏晋时期的陶潜学习创造自己的“桃花源”，每天喝喝酒下下棋，当地知县前来拜访不见，与外界的联系也基本断绝。但是，他依然无法完全将自己置身事外。因为他拥有忧患意识，正如范仲淹所说，“处庙堂之远则忧其君”，也似史学家孟森的评价，“诚意（刘基）之归隐韬迹，非饰为名高也，亦非矫情也，盖惧祸耳”。

洪武五年（1372年），隐居的刘伯温得知，在青田县南约170里的地方，有一空地，叫淡洋。此地处两州（浙江和福建）交界，情况复杂，是朱元璋劲敌方国珍发迹之处，又是盐枭巢穴，为官府势力所不及。因此，刘伯温让其子调查情况后，令其拟奏章呈给明太祖朱元璋。因为此奏章没有经过胡惟庸之手而是直接进献给了皇上，引起胡惟庸等人的不满。于是，胡惟庸等人以此事状告刘伯温，说他善观风水，发现淡洋此处有王气，想霸占为自己的家族墓地，驱逐当地民众，所以让他的儿子奏请皇上设立巡检所来驱逐当地的居民。

这“王气”二字引发了潜伏在朱元璋心中很久的猜忌之心，于是，他不分青红皂白又将刘伯温训斥一番，并令他在南京居留。后来，胡惟庸被升上了左丞相的官职，刘伯温内心的希望已全数熄灭。他忧思成疾，病情加重，引发了文章开头的一幕。

洪武八年（1375年）二月，他抱病见了朱元璋，向他婉转表示：自从依照胡惟庸带来的御医开的药方煎药后，他的身体更差了。他本来希望能通过这一诉求得到朱元璋的关心，但遗憾的是，朱元璋并没有对此上心，依然不闻不问。他心寒至极。三月，病情加重的刘伯温在其子刘琏以及朱元璋的特遣人员的护送下，自京师动身返乡。

回家后，刘伯温拒绝一切药食，他迫使自己如常饮食、作息，过起了所谓的“一般生活”。四月，刘伯温感觉时日不多，找来他的两个儿子交代后事，说：“我死后你要立刻将天文书呈给皇上，不能耽误；并且以后不要让刘家的子孙们学这门学问。”同时他又嘱咐道，“从仕途一定要学会刚柔并济，公平与人，道德与法律并重，要仁厚待民，方可佑我大明。”最后，他将他所想的十条计策写在奏折上，交给刘琏，告诉他，在胡惟庸死后务必将此密折献给皇上，也许皇上那时才肯听他所言。四月十六，刘伯温逝于家中，享年六十五岁。

刘伯温死后，后代不断为他追封功德。武宗年间，他被追认为太师，谥号文成，世宗时期又受赐太庙。这充分表现出刘伯温的贡献是经得起时间考量的，他的功过，历史自会给出一个公正的评判。

史称，刘伯温是被胡惟庸害死的。“史中丞涂节言：前诚意伯刘基遇毒死，（汪）广洋宜知状。上（指朱元璋）问广洋，广洋对以‘无是事’。上颇闻（刘）基方病时，丞相胡惟庸挟医往候，因饮以毒药。乃责广洋欺罔，不能效忠为国，坐视兴废。”（《明太祖实录》）

黄纪委也撰书支持这一观点。“洪武八年（1375年）正月，胡丞相惟庸以医来视疾，饮其药二服，有物积腹中如拳石，遂白于上，上亦未之省也。自是疾遂笃。三月，

上以公久未出，遣使问之，知其不能起也，特制御文一通，遣使驰驿送公还乡。里居一月而薨。”（《诚意伯刘公行状》）

种种迹象表明了刘伯温确实是被胡惟庸毒死的，这个看法是有史可据的，有一定的可信性。明史专家吴晗认为，“刘基被毒，出于明太祖（朱元璋）之阴谋。胡惟庸旧与刘基有恨，不自觉地被明太祖所利用”。至少我们可以相信，刘伯温的死肯定是与朱元璋有关系的，但追其缘由，还是他自己造成的。

刘伯温一生刚正不阿，以儒臣的身份行谋臣的职责，虽怀有大志，却难为武将朱元璋的安乐臣子，难以平其远大的政治抱负。他想要展示自己的才华，殊不知，他的“知天下”恰恰就是刚登上皇位的朱元璋最不需要的。他惹恼了朱元璋，遭遇了一系列不公。但论其缘由，皆因刘伯温没有认清自己的职责以及朱元璋治天下所需要的环境。如果他懂得在开国的时候学张良离去，并当真不再过问朝政，兴许他还可以颐养天年。可是，他并没有选择这条路。因此，他只能像徐达、李善长等人一般被弃。所以，这条路是他自己选择的，是刘伯温自己杀了自己。

胡惟庸，你只是个打工的

对于胡惟庸来讲，洪武十三年（1380年），是个多事之秋。同样，这一年对于与胡惟庸稍有来往的人而言，也不怎么太平。

洪武十三年（1380年），左丞相胡惟庸忽然上奏给明太祖朱元璋，宣称他的旧宅院里的一口井蓦地涌出来香甜的醴泉。他说这是大明的祥瑞征兆，所以想请皇上过去观赏。朱元璋得到消息后非常高兴，便携众人前去观赏。不料，当车队到了西华门的时候，忽然从路旁窜出一个人，拦在车前，阻止通行。于是，护卫人员冲上前去，对他拳打脚踢。可是此人依然非常执著地拦在车前。朱元璋看出此人定有事相禀，于是询问。原来，此人是西华门的内史宦官云奇，可是说明身份后他便不再吭声了，只是一个劲儿地指着胡惟庸旧宅的方向。朱元璋疑心了，率众人登上高台，向胡惟庸家的方向眺望，随即大惊失色。原来，胡惟庸家的亭台间都隐藏着身披铠甲、手持刀剑的士兵。朱元璋当即下令逮捕胡惟庸，并立即处死。这便是被后人口口相传的“云奇告变”事件。姑且不论野史真伪，我们先假定胡惟庸就是朱元璋所杀，至于被杀的原因，我们却得琢磨透了再下结论。毕竟，“云奇告变”事件的说法过于牵强。

首先，胡惟庸家内的一口井冒出醴泉，就是大明的祥瑞之兆，这个说法恐怕行不通。朱元璋是何许人也，他岂会容忍大明的吉祥之兆产生在臣下的家中？其次，胡惟庸被杀是在这一年，那么以朱元璋的心计来看，他绝对不会在这时候去胡惟庸家中观看什么瑞兆，胡惟庸是随他打天下的人，即使没有建树，他也不会轻易起了杀胡的念头，杀人，必定要经过深思熟虑的。最后，胡惟庸是极其奸诈之人，徐达“深嫉其奸邪”，刘伯温也说“奸恣不可用”，这样一个人岂会把谋逆的士兵放在明显的地方？总之，用这个不靠谱的理由来说胡惟庸的谋反罪是过于牵强的。

所以，我们最好还是从正史出发，来找寻胡被杀的真正原因。

但是，正史似乎也没有很明确地给出胡惟庸谋反的具体事件，只是说其“枉法诬陷，操不轨之心，肆奸欺不备……蠹害政治，谋危社稷”（《明太祖实录》）。究竟是如何谋逆的，却不作说明。于是乎，就在这种没有任何证据的前提下，一场肃清朝野的大屠杀开始了。

洪武十二年（1379年）九月，占城国派使节前来京城进贡，但胡惟庸私扣使节并且没有把此事上报与朱元璋，朱元璋知道后，勃然大怒，在朝廷上公开审讯此事。但左、右丞相胡惟庸和汪广洋将责任推诿于礼部，而礼部内部又在互相推卸责任。朱元璋震怒，当场下令处死汪广洋的一干人。这为胡惟庸的死敲响了钟声，第二年，徐杰等人揭发胡惟庸的种种违法作为，称其有谋反举动。朱元璋当庭逮捕胡惟庸，并下令处死。同时处死的还有徐杰等告发人员。

只是，令人费解的是徐杰等人所举的胡惟庸的劣迹，朱元璋都应清楚。因为，这些是他赋予的特权，但为什么要在这时来清算？胡惟庸在短短的十年内便跃升至宰相位，这使得他越发骄纵了。随着他权势的不断扩大，他可以决定官员的升迁去留，甚至掌握了他们的生杀大权；他可以将对自己不利的奏章藏起不呈给皇帝并暗下惩戒反抗他的人；他可以私下贿赂朝中大臣，甚至将手伸进了国防重地。这一时间，各地官员争相拜访贿赂他，赠其金银珍宝数之不尽。这些，朱元璋都是看得见也听得着，但反而越发宠幸他。

终于，胡惟庸的势力越来越大，正在他如日中天的时候，朱元璋一个巴掌盖了下来，就像如来佛将孙悟空压在五指山下一般将他从高空摔了下来。这件事就是胡惟庸的儿子在大街上纵马奔行，却从马上摔下，被路过的马车压死了。于是胡惟庸没有禀报朱元璋便私自将驾马车的车夫杀死，朱元璋听后大怒，驳回了胡惟庸以金帛赠与马夫家来补偿的请求，而是让胡惟庸的儿子杀人抵命。自此，朱元璋开始了一系列的整治胡党行动，而胡惟庸短暂的两年半的丞相任期也宣告成为历史。如果有人认为胡惟庸是因为日益的骄横跋扈并且升起了篡谋的心理因此被诛杀，我们不妨来看看胡惟庸跋扈的时间有多长，在这么长的时间内难道朱元璋就一丝丝都没有觉察到？显然不是，那究竟是为了什么？

我们从在中国延续了数千年的中央集权制度说起，中国古代王朝不断地完善封建制度，实际上就是不断地加强中央集权制，而加强中央集权制的条件就是处理皇权与相权之争。为解决这一矛盾，中国的历朝历代都曾煞费苦心，从西汉武帝的内朝制的建立，到东汉刘秀的事归台阁，再到隋唐的三省六部制。这些无一不在削弱相权，扩大皇权。朱元璋自然也不会例外，况且在他前面还摆着元末“宰相专权”、“臣操威福”的例子，在这一方面，他怎会掉以轻心，他只是做了“螳螂捕蝉黄雀在后”中的黄雀。他先让胡惟庸与前宰相斗，然后通过胡之手剔除了对他而言有较大威胁的徐达、李善长，留下了这个不足为惧的胡惟庸。然后他慢慢培养胡惟庸，让他越发成熟，直到他成了一颗烂桃子，于是他决定行动了。通过摘除这颗烂桃子，然后将其生长的根基拔除。因此，他废了胡惟庸，同时，也废了延续数千年的宰相制度，并且不准后人再立，若有人提请立丞相，则被处以极刑。

因而，我们说胡惟庸只是个打工的，即使再强再厉害也逃不脱朱元璋的手掌心。

马皇后，你慢些走

洪武十五年（1382年）九月，南京。

南京城，时值盛夏，却在这一天忽然电闪雷鸣，下起了一场瓢泼大雨。在大雨中，依然可以清楚地看见大街上人头攒动的景象，扶老携幼的万千百姓不顾大雨倾盆，几乎倾巢而出聚在一起恸哭。这一天，明太祖朱元璋的结发妻子，孝慈皇后马皇后出葬了。

马皇后在这一年的八月染上重病。史书记载，历尽磨难也殚尽心力的她在施治无效后，坚持不肯再服药，明太祖朱元璋苦苦劝求，她则道：“死生命也，祷祀何益。且医何能治人。使服药不效，得毋以妾故而罪诸医乎。”躺在病榻上，她念念不忘地反复叮嘱皇夫：“愿陛下求贤纳谏，慎终如始，子孙皆贤，臣民得所而已！”然后，又把诸位王子公主叫到身边来，嘱咐：“生长富贵之中，当知蚕桑耕作之不易，当为天地惜物，且为生民惜福！”（《明史》卷一、二、三《孝慈高太后传》）

这一段的记载表明了马皇后在生病吃药无效的情况下便放弃了就医，在生命弥留之际尽自己最大的力为自己的丈夫、子女们留下规劝的话语。可是，正因为马皇后这最后时间的言行，才引发世人的深思，她究竟为何放弃了就医？作为一人之下万人之上的她，又为什么简简单单地放弃自己宝贵的生命？即使吃药没有治愈的可能，却也有挽留生命的机会，历代皇族人不乏靠吃药延长病重身体的例子，为什么独她选择放弃？说到这个事情，便不得不提她的丈夫明太祖朱元璋。

朱元璋在称帝以后，据史载“帝前殿决事，或震怒，后伺帝还宫，辄随事微谏。虽帝性严，然为缓刑戮者数矣”（《明史》卷《孝慈高皇后传》）。他生性暴躁，经常因为一些小事情不如意便要杀要砍的，而马皇后在他身边时常规劝他，让他仁厚。当时，李文忠守严州，杨宪诬告他有不法行为，明太祖朱元璋便要下令立即召回他。马皇后劝道：“严（州），敌境（与敌人接境）也，轻易将不易，且文忠素贤，宪言讵可信？”（《明史》卷《孝慈高太后传》）太祖遂罢，文忠后来果然立了大功。虽然马皇后时常进良言于明太祖，但并不是所有的话，明太祖朱元璋都愿意“听”，他毕竟是一国之主，他执掌的权力不是马皇后所能改变的。因此，马皇后只能尽力去游说他，尽量挽救一些生命。正因为如此，马皇后才不愿意就诊，即使大臣们都纷纷上表要求替她祈祷，寻访良医，她依然不肯吃药。马皇后深知自己如果吃药后依然无效，那么那些医生便要遭受责难，为了避免这种情况的产生，她义无反顾地放弃了就诊。马皇后即使是在生命的尽头，也在牵挂别人。正是因为她秉性善良，所以明太祖称赞她：“贤后可与当年唐太宗的长孙皇后相比，毫不逊色。”《明史》的作者评价她：“从太祖备极艰难，赞成大业，母仪天下，慈德昭彰。”（《明史·皇后传》）

明太祖朱元璋自马皇后过世后，不再立后，他也是中国古代王朝里少数几个终生不再立后的皇帝之一，他为何能做到这一步的原因暂且不提，我们先重新提起故事开头的那场不为寻常的大雨。马皇后的去世已经使得明太祖朱元璋心力交瘁，而偏偏在送葬时又逢上这场莫名奇妙的雨，他的心情自然不会太爽快，这件事处理不好便会成为他撒气的借口，不免又要杀掉一些人。于是，他将为马皇后念谒的和尚找来问话，其中一个叫宗泐的说：“雨落天垂泪，雷鸣地举哀。西方诸佛子，同送马如来。”听后，明太祖朱元璋才平息了怒气。他平息了怒气，可是后宫众人却是悲伤难忍，于是她们写了一首歌来纪念这位贤德的皇后，其歌词如下：“我后圣慈，化行家邦；抚我育我，怀德难忘。怀德难忘，于万斯年；毖彼泉下，悠悠苍天。”

我们来谈谈为什么明太祖朱元璋不再立后，据史书资料，明太祖朱元璋在马皇后过世的那天痛哭一场，对于这样一个冷酷的君王，是什么样的情感使得他不顾帝王的威严泄露自己的软弱？马皇后究竟对明太祖朱元璋的皇帝宝座起了怎样的辅助作用？

纵观明太祖朱元璋的一生，无论是在他的前期奋斗阶段还是后期治理阶段，马皇后对他的帮助都非常大。前期奋斗阶段，郭子兴虽然赏识朱元璋，但他生性多疑，狡猾奸诈，又好听好话，轻信谗言，优柔寡断。在别人的离间计下，也曾多次猜忌朱元璋，对他多加监督。那次，郭子兴生气，将朱元璋禁闭在空室，罚他不许吃东西，马氏得知后，便偷偷地到厨房，“后窃炊饼，怀以进，肉为焦”。

后来，马氏为了解决朱元璋和郭子兴的矛盾，拿出自己多年的私房，逢机会进献给了义母，求她在义父面前为朱元璋求情。这样，才使得朱元璋在红巾军中的地位才逐渐稳定下来。而马氏习性节俭，“居常贮糗糒脯脩供帝，无所乏绝，而己不宿饥”。史书上说马皇后“有智鉴，好书史”，这就说明她是个有才华的女知识分子。所以朱元璋行军作战的文书、军令和随手写下的札记、备忘录，都交给她保管，她整理得井井有条，朱元璋需要查询，她“即于囊中出而进之，未尝脱误”（《明太祖实录》）。后期治理阶段，在后宫管理方面，马皇后可算得上是贤德至极。对于妃嫔宫人，如有因被皇帝宠爱而生下孩子的，她都非常厚待，并“命妇入朝，待之如家人礼之”。

同时，她又时常向宫人们讲述古代宫闱制度，还特地令女史官辑录宋朝贤后事迹，作为楷模，朝夕省览。有人说宋朝过于仁厚，马皇后则说：“过仁厚，不愈于刻薄乎？”一日，她问女史官：“黄老何教也而窦太后好乎？”女史回答说：“清净无为为本，若绝仁弃义，民复孝慈，是其教矣。”马皇后说：“孝慈都仁义也，讵有绝仁义而为孝慈者哉。”（《明史》卷《孝慈高太后传》）在明朝时期，后宫无违纲乱纪的事情发生，多半和马皇后以仁厚管理有关，而朝廷也多因为马皇后管理有方，未使得后宫过多干预朝政。

马皇后与明太祖朱元璋的感情是建立在深厚的基础之上，他们一起走过了人生的黑暗，迎来了生命中的光辉时段，在此过程中，不离不弃。马皇后拥有明太祖朱元璋的尊敬，却没有让外戚干扰朝政，也没有利用自己的权势残害哪位贤良或者受宠的妃子，她一直以朱元璋的需要为需要，她用贤妻良母的身份发挥了忠臣的作用。

永乐元年（1403年），明成祖朱棣给马皇后上尊号为孝慈昭宪至仁文德承天顺圣高皇后。嘉靖十七年（1538年）又上谥号为孝慈贞化哲顺仁徽成天育圣至德高皇后。在古代，尊号越长就代表地位的越尊贵，可见马皇后地位之高。

阿亮，你秀逗了吗

洪武七年（1374年），一座名为镇海楼的建筑在广州的越秀山上立起，为现知最早的五层楼，得到了数位骚客的称赞，如明末清初的屈大均赞叹道“其玮丽雄特，虽黄鹤、岳阳莫能过之”，自清朝后“名楼冠全城，名人雅集，遂成一景”。

这样为后人所赞美的楼究竟是何人所建？据明代安徽休宁人叶权的记载：“朱亮祖创始，后火毁。嘉靖中复建，重檐叠槛，高逼霄汉，梁栋榱拱，窗户磴道，五层间寸寸悉铁力木为之。木大者两抱，人行其中，宏窑如洞室，闳敞壮丽。下瞰一城，万山北接，大海南开，长江如带，可谓伟观！中州欲构此楼，安得此美材为之哉！”

由此可见，镇海楼的雄伟壮观为世人所惊叹，而建造者朱亮祖却并没有如他所建之楼一般引人尊崇，反而多令世人所不齿，这究竟又是怎么回事呢？再者，镇海楼是“岭南地区现存规模最大、年代最早”的一座楼阁式建筑。坐落在城北的城墙之上，高五层，俗称“五层楼”，建于明洪武十三年（1380年），其后成化、嘉靖、清康熙年间多次重修。1928年大修时将木柱楼板改为钢筋混凝土结构。

“镇海层楼”是清代羊城八景之一，登楼远眺，羊城景物如在眼前。在有关这座楼的介绍中，我们能看到其历史发展及建造等相关信息，却单单看不到有关其建造者的详述，即使是简介也没有。如果不是建造者无名或者无相关信息，即是此地人民特意为之。但依前人记述，已大概可以判定此楼为朱亮祖所建。如此说来，就极有可能是当地百姓厌恶朱亮祖，不肯记其名。那么，朱亮祖究竟做了些什么事情，使得人民深恶痛绝。

其实，朱亮祖与徐达、蓝玉等人一般，是追随朱元璋多年的老将，也是明朝的开国功臣。他本是元末时被元朝任命的一名义军首领，在朱元璋攻打宁国的战役中被擒获。朱元璋因其作战勇猛将其收为部下。但不料，没过几日，朱亮祖又重回元朝队伍，再一次与朱元璋为敌，没过几日，却又再次被朱元璋生擒。这一次，他终于心服口服地为朱元璋效力。随后，他在进攻张士诚、陈友谅及方国珍的战役中立下了汗马功劳。之后，他又屡立奇功，深得明太祖朱元璋的赏识。朱亮祖于洪武三年（1370年）被封为永嘉侯，洪武十二年（1379年），受命镇守广东。

元末时，广东被军阀占据，军事力量强大，即使在被明朝统治后，依然存在较顽强的军事根基。正因为如此，当地百姓对军人抱有很强的畏惧心，即使是官衙，也不敢与之相抗。而朱亮祖又是一武将，不讲道理，因此其行为更加猖獗。他依仗侯爵的身份，又持明太祖朱元璋特派镇守广东的命令，在这双重权力下，他日复一日地骄纵，不仅自己行为不检，还放纵其下属兵肆意妄行，不可一世。一时间，广东风气是乌烟瘴气，百姓们叫苦不迭。因为地方官怕惹祸上身，对朱亮祖及其党羽的所作所为熟视无睹，对百姓的诉告声避而不见，所以，朱亮祖便认为在广东没有人能与他抗衡，大为得意。恰恰在他最得意忘形的时候，逢上了一个软硬不吃的小小的县令道同。

道同是河间府人，蒙古族，以孝敬母亲出名。他在洪武初年被举荐，后又成为县令。从道同的血统来看，他是个正直的人；从其至孝的名声来看，他必定是一个道德观念极强的人。这样的一个人与没有道德观念的朱亮祖相遇，只能是“秀才遇上兵，有理说不清”的局面，同时，这又预示了道同的悲惨结局。

朱亮祖到广东后，很快与当地的地痞流氓勾连在一起。有了朱亮祖这座大山做依靠，本来在道同管理下嚣张气焰渐渐消失的恶霸们又重新活跃起来，甚至更加放肆。道同是一个疾恶如仇、爱民如子的人，他对这种情况十分痛恨。尤其是恶霸们看到奇珍异货时，便会恶意压低价钱收购或者明抢。为了得到他们中意的货物，这群地痞们几乎是不择手段地达成自己的欲望。商人们对此很是气愤，却又很无奈。如若他们不服，恶霸们就会想尽办法折腾他们，或诬陷或强行抢货，还有可能将他们送到牢中，吃一番苦再“清白”地出来。因此，商人们只能咬牙忍痛割爱了。道同为了遏制这种情况，设下一个局，在这些地痞们对商人进行敲诈时，派人将他们抓获，又拷问其背后者，一并抓捕。然后为他们上了枷锁，游街示众。百姓们及商人几乎要喜极而泣了，无一不拍手称快。但防不胜防，有几个漏网之鱼逃逸了，前去找朱亮祖求救。朱亮祖因为气味相投再加上身边小人的谗言，便一口答应了。

他派人将道同请至家中，大设宴席，准备在飨食一番后向道同要求放人。但道同并不为所动，只是将所抓之人的罪行一一道来，意思是这些人的罪行已是罄竹难书，您不必费心为他们谋划了。同时，他规劝朱亮祖：您被赐予侯爵的身份，又奉皇命镇守广东，应该善待黎民，远离奸恶小人。这本是一番肺腑之言，但偏偏朱亮祖不领情，反而认为道同在挑战他的威严，这让他怒不可遏。于是，次日他亲自带人将那些地痞流氓抢走，并砸毁枷锁。虽然他以蛮力达成了他的诺言，但实际上丢尽了脸面。为此，他怀恨在心，对道同的怨恨与日俱增。因此，他常利用自己的权势大肆地打击报复道同。

朱亮祖明目张胆地抢人，明晃晃地跋扈，使得更多的坏人纷纷来投。他们一方面希望借朱亮祖的东风发展自己，另一方面则是害怕如果不依附，麻烦的便是自己。其中，一个罗姓的土豪最为猖狂。他送了大量的金钱给朱亮祖，拉近关系后，又将自己美貌惊人的女儿送给了朱亮祖，结成了姻亲关系。

这样一来，罗家兄弟几乎无所顾忌，行凶逞恶，无恶不作。道同的案几上呈满了百姓们的状纸，更有一些人拦轿告状。道同十分为难，他想将罗家兄弟抓捕归案，按律法办事。但是，又怕朱亮祖会再次出面阻挠，让自己功亏一篑。他左右为难，进退两难的局面让他苦恼不已。最后，基于他对百姓的同情心和对朝廷的忠心，他还是下定决心逮捕罗家兄弟。这一次，他秘密派人将罗家兄弟押进官衙内，准备审问判案。消息却不胫而走，朱亮祖这次带军队闯进县衙直接抢走了罗家兄弟。

道同十分愤怒，却深知自己一人之力不足以与朱亮祖相抗。他思前想后，认为自己已没有退路，于是决心拼死一搏。他连夜写好了奏章派人发往京城，这奏章上列满了朱亮祖的罪行。但没等他的奏章到达，这边却揣测到了他的举动。朱亮祖身边的人建议道：与其被道同参上一状，不如先下手为强。于是，朱亮祖让人拟好奏章，快马加鞭送往京城。

快马与普通的传送还是有区别的，这区别直接导致了朱亮祖的奏章先于道同的奏章到达朱元璋手中。朱亮祖在奏章中将道同好一顿污蔑，说他不尊重长官，又与一些刁民勾结。这些刁民不是前朝余孽，就是前军阀的匪类，这看得朱元璋怒火中烧。再加上朱亮祖以一个侯爵的身份弹劾一个小小的县令，想必这个县令肯定犯下了弥天大祸，因此，朱元璋下令将道同处斩。朱亮祖得知消息后，派人买通了使者，让其弃船改骑马，快速来到广州，处斩了道同。

道同死了，他的折子也到了朱元璋手中。朱元璋看着这字字血泪、行行泣诉的奏章，便知自己被朱亮祖蒙骗了。于是，他立马派人前去追回对道同的判决。不料，派出的人回来禀道：道同已死。朱元璋思索：按寻常的速度来说，这时候还是应该追得回上谕的。这其中，必定是朱亮祖捣了鬼。朱元璋越来越气，他派人将朱亮祖及其长子朱暹押上南京，准备问罪。

洪武十三年（1380年）九月初三，朱亮祖父子被押至南京。朱亮祖一见到朱元璋便不停地叩头求情，希望能得到宽恕。但是，朱元璋不听他的解释，而让武士对他们进行鞭刑，鞭打至两人命绝身亡。

朱亮祖就这样死了，但朱元璋在其死后没有剥夺他的侯爵称号，依然让他以侯爵身份入葬。这对于他来说，应该是不幸中的万幸。但是，他的死并没有消弭他在广东留下的坏影响，当地百姓对道同的怀念和对他的怨恨是成正比的。因此，镇海楼上没有他的记述也是可以被理解的。

虽然朱亮祖的死是他自己导致的，但朱元璋的态度也是一个成因。朱元璋杀意一起，便没人能阻拦。在判处道同的时候，他没有审问后再下决定，而是听信一面之词，直接下了死令。这也是朱亮祖的悲哀，如果朱元璋愿意听审，或许会念及旧情，留他一命。这真是一报还一报。

李善长，为何你总给自己挖坑

洪武三年（1370年），明太祖朱元璋大封功臣。其中，他在如何分封李善长的问题上说：李善长虽没有战功，但其在后勤保障上作出了很大的贡献，因此也应该给予大的封赏。于是，封李善长韩国公以及其他的一些官职，每年俸禄四千石，爵位可以世袭。最重要的是朱元璋赐给丹书铁券，可以免去李善长两次死罪，其子一次。就是这个在李善长眼里是莫大的赏赐的丹书却成为他悲剧晚年的一出滑稽戏。因为，这个保命良药并没有保住命，却反而成了他满门被斩的刽子手。仅仅过了二十年，在朱元璋还在位的情况下，李善长被杀了，在此期间，虽然他的保命符一次也没有用过，但却已经过了保鲜期。

实际上，论起李善长的死，并不全是朱元璋导致的，起关键作用的还是他自己。在众多的开国元勋中，只有两人被赐予了丹书铁券。一是徐达，另一个则是李善长。这足以证明朱元璋是非常宠幸他的，但为何又在后来狠心地杀他一族？这就不得不细数李善长自明朝起始直至他死时为自己挖了多少个坑了。

明太祖朱元璋之所以能够在乱世崛起，成就大明王朝近300年的历史，依靠的除了自身的资质能力之外，还有一个由他身边的老乡所组成的淮西集团。淮西帮的势力是很强大的，其作用也相当于李唐时期的关陇集团，为朱元璋的建国大业提供了非常大的支持。其中不乏一些能人智士，李善长则是这个集团中数一数二的人物。

在登基后，朱元璋登上大位，淮西集团中位处最高的就是被朱元璋拿来与汉朝刘邦的萧何作比的开国丞相李善长。他虽像萧何一般被皇帝仰仗，也在建国后长达二十多年的时间内，高居其位，享受着一人之下万人之上的尊贵，但最终却没有萧何那般幸运。在最后，他所依靠的淮西帮在朱元璋眼里也就像关陇贵族在武则天眼里的一般了，遭受各种打击。这是他为自己挖下的第一个坑。试想，如果不是因为淮西帮这个巨大的力量，朱元璋是否能如此顺利地完成大业？正是因为朱元璋知道“水能载舟，亦能覆舟”的道理，他才会格外小心这个集团。而执掌淮西帮大权的李善长自然不可避免地成为他心中的一根刺。同时，李善长的性格也为他挖下了第二个坑。

李善长外表宽宏大量，但内在却是极其记仇小气。如果他是个小人物，那么这种性格于他而言没有多大的危害，但是恰恰他位居高位，手握大权，这种性格便会极其可怕，甚至能对皇权起到一定的威胁作用。笑面虎比那种外表凶恶的人更为可怕。如参议李饮冰、杨希圣二人，只是因为稍微触犯了一下李善长的大权，便被罢官，并且割李胸乳，使其惨死，对杨施以劓刑，致其残。即使是智者刘伯温也没有逃脱他的毒手。李善长有一亲信名李彬，任职于中书省，因为其贪赃枉法被御史中丞刘伯温按律判斩，李善长找刘伯温为其说情，希望刘伯温能够给他这个面子，但是正直的刘伯温依然秉公执法了，于是李善长记恨在心。正值明太祖朱元璋对刘伯温有了猜忌之心，李善长就趁机向皇上参了刘伯温一本，使得刘伯温被迫辞官回家休养。

而李善长却忘了，朱元璋既可以对刘伯温起疑心，也会排挤他。后来，他也被迫辞去宰相一职，由汪广洋补上。但即使这样，也丝毫没有撼动李善长的权力之心，他仗持自己的功勋，也依靠朝中大臣多半是他栽培的，在皇上对无为的汪广洋起了厌烦之心，他便上奏皇上，推荐了胡惟庸。胡惟庸，一开始只是一名小吏，因送礼给李善长逐渐攀上了高枝，后因李善长的推荐逐渐获得了高位。而胡、李两家也结为了兄弟子女的姻亲关系。这样一来，他举荐胡惟庸也是说得过去的。然而，在胡惟庸被诛时，关系如此亲密的李善长竟然避免了，实在令人想不通。但这却是朱元璋的最后善举，他希望李善长明白：即使你是开国功臣，但如果你犯了罪，我依然可以办了你。可惜的是，李善长并未理解朱元璋这一行为，反而不加收敛自己的行为。胡惟庸案已经为他挖了第三个坑了，如果他再不反省自己的行为，那么，情况便会越来越危险。可惜的是，他依然如故，继续为自己挖坑。

当上丞相的李善长在此时，已经是站在了事业的顶峰，应该为自己的以后做打算了。毕竟，他的位置已经够高了，再升就升到了皇帝宝位上了。如果他能够回顾一下前人，看那些同样是帮助皇帝打下江山的功臣在最后都选择了什么路，那么，他的后来也不会如此凄惨。令人遗憾的是，他没有回顾，他也没有为自己打算，他只是徜徉在荣华富贵中无法自拔，享受着来自上面的嘉奖和下面的传颂。

于是，他没有看见范蠡在帮助越王勾践打败吴国后便泛舟湖上成为一代富甲；也没有看到曾为朱元璋献上“高筑墙、广积粮、缓称王”而为朱元璋赏识的朱升在明朝建立不久后便“归老于乡”。他只看见自己手中的权力，所以，注定成为悲剧。在这个没有战事、社会稳定的情况下，他没有选择急流勇退，只能成为皇帝肃清朝政、稳固皇权下的牺牲品。这也是他为自己挖的另一个坑。这么多的坑，足够他栽好几个跟头，终于，年事已高的他在挖最后一个坑时，耐不住了，倒下去了，再也没有爬起来。

之前说到李善长的宰相位置是被汪广洋顶替了，而他自己算是被朱元璋劝退的，但朱元璋对他的态度已经是前所未有的好。因其养病离职，朱元璋赏赐他临濠土地若干顷，守坟人一百五十户、佃户一千五百户及仪仗士二十家；又封其兄弟李存义及其儿子为官，又将他的一个儿子招为驸马。这种礼遇对于李善长来说，已是值得骄傲的事情。但是，他还是没有满足。

洪武二十三年（1390年），李善长已是77岁。也许是因为年少时对金钱的着迷，他的贪婪欲望与他的年龄一起随着时间增长。他因为要盖私房人手不足向汤和借用三百士兵，这在当时是极为平常的事情。但是，汤和已经看出朱元璋对李善长的不满情绪了，于是他便向朱元璋密奏了此事，朱元璋听后自然不开心。

同年四月，都城内因为犯罪要被流放的罪犯中有李善长的亲戚丁斌等人，因此，李善长不顾国法森严，向朱元璋求情。朱元璋非常不高兴，因为李善长僭越了法律，枉顾了他的威严，于是他勃然大怒。只是，此时的他也许没有想起刘伯温依法判决了李彬，却惨遭污蔑的事情。这只能说明一件事，想要你命的时候，就是欲加之罪也何患无辞！于是，朱元璋派人将丁斌等人押入牢中，细细拷问，没想到却真的拷出了一件事。那就是李善长参与了胡惟庸的谋逆。

这下糟糕了，朱元璋本来就对胡惟庸一案敏感不已，这正好又把朱元璋内心的那把火点燃了。他尤其对李善长在胡惟庸拉其入伙时所说的“吾老矣，吾死，汝等自为之”耿耿于怀，他认为李善长身为朝中重臣，却隐匿参与谋反，举棋不定，持观望态度，这非常可恨。于是，他判决诛杀李善长全家七十余口，只有其子因为是驸马的缘故得以幸免。这次，李善长是真的栽倒了，永远爬不起来了。

或许，李善长到死也不明白，为什么自己手持免死丹书，却依然不能避免被诛杀。其实，李善长只是不了解什么是皇权，即使是免死丹书又能怎样，那不过是皇上高兴时赐给你的荣宠，不能取代皇帝，在他不高兴的时候，他可以收回去，因为那是他给予你的，没有什么东西可以大过他的。可悲的是，李善长却认为他可以凭此高枕无忧。

蓝玉，你总是心太贪

洪武二十一年（1388年），蓝玉受命瓦解北元残军。当时的北元皇帝脱古思帖睦尔深居捕鱼儿海，此地易守难攻，且离明朝政治中心南京甚远，他便自以为可以高枕无忧，于是越发肆无忌惮，不时地欺辱一下明朝的北疆。蓝玉率兵出发后，脱古思帖木儿没有得到消息，依然做着他的黄粱大梦，没有任何防御措施。虽然明军是孤军深入，但因一路没有敌军的追击围堵，甚为通畅，再加上后方支援力量充足，所以，并没有为此次远行带来困难。

突袭的那天，正好遇上风沙，黄色的灰尘漫天乱舞，分不清人影。于是，直到明军来到北元汗帐的大营之外，才被元人惊觉。但为时已晚。蓝玉大胜，俘获人员有脱古思帖木儿的次子地保奴、嫔妃公主一百二十三人、官员三千余及人口七万七千多，战利品有马驼牛羊十五万多头，以及大量印章、图书、兵器、车辆等物。剩下的只有脱古思帖木儿及其太子天保奴、知院捏怯来、丞相失烈门等数十人未在降兵行列。这一战役，稳定了明朝边疆，使得明朝的统治更加顺利。但就在这么大的功劳下，蓝玉却被朱元璋杀了，当时的情况究竟是什么？我们还原历史，来探究蓝玉被杀案后究竟隐藏了哪些不为人知的秘密。

蓝玉是常遇春的妻弟，本来隶属于常遇春麾下，因其战功显赫，逐渐被提升。常遇春死前向朱元璋力荐蓝玉，但朱元璋并未完全相信。直至蓝玉用他的战绩证实了常遇春所言非假，朱元璋才逐渐开始重用他。

洪武二十年（1387年），是蓝玉军事生涯的一个转折点。朱元璋任命蓝玉为右副将军，与大将军冯胜、左副将军傅友德等人率兵征讨纳哈出部。纳哈出部盘踞东北，其首领纳哈出是元朝世将，在元灭亡时曾被明军逮获，后放回，但仍与明朝对垒，积兵积粮，养精蓄锐，伺机与明朝争夺中原。在此期间，蓝玉屡立战功，但中间发生一件意外，使此次征讨伤损过重。

这次意外的发生源于明朝招降。在用武力出击纳哈出部的同时，明朝又派人前去招安。纳哈出看大势已去，便决定先投降，派人到大将军冯胜处请降。冯胜闻讯非常高兴，随即派蓝玉前去受降。蓝玉特设了一个酒宴去迎接纳哈出。席间，纳哈出端起酒杯敬蓝玉，蓝玉并未接受，而是将自己的战服脱下，让纳哈出穿上，意思是你得先向明朝称臣，你的这杯酒我才可以喝。但是，纳哈出不乐意，反而与其随从用本民族的语言窃窃私语。一时间，席上陷入僵局。此时，常茂经身边人翻译获悉纳哈出有逃跑的打算，于是当即上去阻挡。混乱之间，两方动起手来。纳哈出不幸受伤，后被带至冯胜处。虽然冯胜以礼相待，但纳哈出部还是听闻首领受伤。明军在回程途中，遭纳哈出部余众伏击，几乎全军覆没。回京后，冯胜将常茂带到太祖朱元璋处，让其服罪。朱元璋认为冯胜和常茂皆有责任，收回冯胜的总兵印，后拜蓝玉为大将军。

自这以后，蓝玉的人生越发辉煌了，仿佛在一刹那间，他就像一堆干柴被点燃后冒出了耀眼的火光一般的璀璨，他的名字将与开平王常遇春及中山王徐达的名字一同被载入史册，他将与这些明朝的开国功臣们一起享受来自世人仰慕的目光及赞美的言语，他成功地实现了自己的人生追求，站在了人生的最高峰。但随着成功而来的，不仅仅只有名誉、赏赐，还有杀人不见血的怀疑、嫉恨。月盈则亏，盛极必衰，这些都预示着蓝玉将要迎来怎样的噩梦。

蓝玉大胜后班师回朝，是一件非常值得庆贺的事情。于是，朱元璋对他大加封赏，并赐予其太子太傅的称号，这个称号是一般人可望不可即的，本来应该感恩戴德，但偏偏，不是一般人的蓝玉非但没有感激之言反而抱怨累累。“西征还，命为太子太傅，玉不乐居宋（国公冯胜）、颍（国公傅友德）两公下，曰：‘我不堪太师耶！’‘比奏事都不听，益怏怏。’”（《明史·蓝玉传》）由此可见，在朱元璋心中的赏赐在蓝玉这里却成了嘲讽。蓝玉也不曾料到，他这番泻火的言论会为自己招来灾祸。他只是认为自己可以担任太师，他不比一同出征的宋国公、颍国公差。因此，他满腹牢骚，而朱元璋却是满腹不满。朱元璋的不满情绪在蓝玉一次次的违纪行为下越积越高。终于，爆发了。

洪武二十六年（1393年）二月，锦衣卫指挥蒋瓛上告明太祖朱元璋，说蓝玉伙同景川侯曹震、鹤庆侯张翼、舳舻侯朱寿、东伯何荣、吏部尚书詹徽、户部侍郎傅友文等人欲在朱元璋前往南郊进行亲耕藉田的这一天举事。

朱元璋听后十分生气，便以谋反罪将蓝玉逮捕投入监牢中，灭其满门，牵连三族，杀其党羽共计一万五千人左右。史载：“狱具，族诛之。列侯以下坐党夷灭者不可胜数。”（《明史·蓝玉传》）随后，朱元璋又特撰《逆臣录》，发至全国，让官员及其百姓都知蓝玉的罪行，并以儆效尤。此案牵连人数仅次于胡惟庸案，被称为“蓝玉案”，又常常与胡惟庸案联系在一起，并称“胡蓝之狱”，是洪武四大案（空印案、郭桓案、胡惟庸案、蓝玉案）之二。

从胡惟庸案来看，蓝玉是否谋反还有待考证，毕竟洪武年是朱元璋大杀功臣的时候。但蓝玉又是与朱元璋风雨共济的，如果不是谋逆，朱元璋又为何杀他？根据蓝玉对于太傅这一职位的评价，便可知他肯定是一个不懂礼数的人，性格也是极其粗鲁的。这样的一个人，在显赫的战绩前往往会变得骄躁，而恰恰这种骄纵正是皇帝最不能容忍的，这世上岂能有人比他还嚣张？这看似安全的性格在某个特定的时段也将会成为被杀的理由，因此，蓝玉的谋逆罪不可论断，即使史载也不完全能信，因为记事的人在当时肯定要忠于皇权的，是否遮掩了真相也不一定，当事人已死，死无对证大概就是这种情况。

斐然的战功使得蓝玉自恃功高，有了不少违纪的行为。“蓝玉尝占东昌民田，御史按问，玉怒，逐御史。北征还，夜扣喜峰关，关吏不时纳，纵兵毁关入，帝闻之不乐。又人言其私元主妃，妃惭自经死，帝切责玉。初帝欲封玉梁国公，以过改为凉，仍镌其过于铁券。玉犹不悛，侍宴语傲慢，在军擅黜陟将校，进止自专，帝数谯让。”（《明史·蓝玉传》）

蓝玉的这些行为让朱元璋难以吃得消，所以，他决定动手了。他为蓝玉安了谋反的罪名，但蓝玉究竟是为了什么要谋反？真的是为了太师这个称号吗？显然不是。因为蓝玉这样的一个粗人，压根不会有主天下的想法。明末清初的史家谈迁说：“蓝凉公非反也。虎将粗暴，不善为容，彼犹沾沾一太师，何有他望！富贵骄溢，动结疑网，积疑不解，衅成钟室。”这是说蓝玉这个人比较粗鲁，不懂得讨他人欢心，而且虚荣好面子，所以才会骄奢跋扈，引来杀祸。这样一个对于朱元璋没有大威胁的人依然获罪了，追其缘由则是，他不会对朱元璋产生威胁，却会对他的继任者及大明江山产生威胁。

朱元璋是武将，是靠武力征服了天下，所以在他心目中，武者远远比文官威胁更大。加上太子朱标病亡，皇孙朱允炆接任。但朱允炆性情更为仁厚，所以他害怕，害怕在他死后，他的功臣将会挟太子以令诸侯，而此时常遇春、徐达等武将已死，剩下的只有蓝玉，所以，他要想方设法办了他。于是，他便计划着要为他的孙子守住大明的江山，着手肃清朝廷。终于被他找到了借口，累积蓝玉的嚣张行为，揭露他的谋逆之心，将他投进狱中，杀其家，灭其族。心头大患除掉了，朱元璋松了一口气。

而蓝玉这个一生极其显赫的军人，在最后，没有死在战场上，也没有死在敌人的刀枪下，而是死在自己一直追随的为之效命的人手中。他以悲凉的姿态结束了他辉煌的一生。

第八章　江山是怎么样炼成的

敢犯错，扒你皮

明太祖朱元璋大概是所有帝王里最为痛恨贪污的一个，这不难理解，若不是官吏贪污，腐败畅行，朱元璋也不会因为走投无路、家破人亡而走上造反道路。所以，朱元璋的仇富心理可以理解，可是他的做法极为偏激。

财富，在朱元璋眼里是有着原罪的。

自明朝开国以来，朱元璋就不断诛杀贪官，据统计，因贪污受贿被杀死的官员高达几万人。到洪武十九年（1386年），从中央到地方的官员，已经很少人能做到任满，大部分都会被杀掉了。

在朱元璋手底下干活，官员们每日如同生活在地狱一般，忍受煎熬，每次上朝之前，总要和妻儿诀别，因为不知道下朝后还能不能囫囵个儿地回到家里。如果每天能平安无事下朝，那回到家中必定是要庆贺一番的。这不是危言耸听，朱元璋绝对算得上是中国历史上最为苛刻的皇帝了，他不但让他的官员做最繁重的工作，还不肯给高工资，而一旦发现哪个官员有一丁点儿贪污的痕迹，那铁定就是杀无赦了。

贪污的确是应当制止的，但在朱元璋当政时期，许多官员贪污实属无奈之举。本想着寒窗苦读十余载，奋斗一生，混个小官也算是国家的公务员，是个铁饭碗，一辈子饿不着的差事了。

却没想到，朱元璋开的工资已经不能用低来形容了，他发放给正一品官月俸米八十七石，正四品二十四石，正七品七石五斗。也就是说，一个县令的工资合成银子不过就是五两，换算成人民币也就一千块。这点钱不但要负担县令一家人的生活费，还要支付手底下的工资，如果不贪污，根本就活不下去。

活人不能让尿憋死，虽然朱元璋对贪官是严惩不贷，抱着“宁可枉杀一千，也不放过一个”的心态，但官员们捞钱的新花样还是纷纷出炉，主要是“折色火耗”和“淋尖踢斛”。

折色火耗是官员们借口征集的税款银两有损耗，而将多余的钱放到自己口袋里的一种做法。

至于淋尖踢斛则是老百姓在交纳粮食的时候，官吏用斛来装，当粮食堆放满的时候，官吏将斛猛踹一脚，令一些粮食流失到袋子外面，这流失出来的粮食就归官吏所有了。

这完全属于技术上的失误，自然不能算入贪污，朱元璋对此也无话可说，将这部分钱财作为了官员的合法收入。

但随着朱元璋不肯涨薪水而官员们不断从这些小地方着手获取利益而产生的矛盾日益激化时，事情便出现了质的变化。官员为了生计和自己的利益，必然要违反朱元璋制订的反贪计划，而朱元璋为了阻止这样的事情发生，也会采取更为严厉的打压办法，这样一来，矛盾非但得不到解决，反而愈演愈烈。

朱元璋对待贪官的方式越来越严厉，他定了一个新规定，只要发现官员贪污，就要送到京城的有关部门法办，而就算是老百姓也有这样的权力，并且一路上的检查岗必须放行，如果有人胆敢阻拦，那不但要砍头，还要株连九族。

由此可以看出朱元璋反腐倡廉的决心有多么大，可惜事与愿违，在如此大力度的反贪中，贪污不但没有绝迹，反而有愈演愈烈的趋势。还有，因为朱元璋杀掉的官员太多，导致政府部门近于瘫痪状态，这样不得不让在任的官员身兼数职，就连朱元璋本人也是牺牲了很多休息时间，埋头苦干，可即便如此，政事还是忙不完。

于是，朱元璋又发明了一个新制度，便是戴死罪、徒流罪办事，就是官员犯罪后判了死刑，先拉下去痛打一顿，然后就在官员以为自己要小命不保的时候，突然来人给他的伤口上药，保证他死不了，再拉出去送到衙门处理公务。

朱元璋绞尽脑汁就是想肃清贪污腐败，还大明朝一个清清白白的天下，可效果不佳，成效不好。应该说是朱元璋的某些政策在制定的时候出现了问题，官员贪污固然不好，但工资太低、朱元璋的反贪手法过激也是重要原因之一。

大明洪武年间的这场轰轰烈烈的反贪运动中，无论是主攻手朱元璋，还是防御手贪官们，都没有赢得最终的胜利。

明朝的锦衣卫

杖刑和廷杖是明朝非常有名的两种处罚方式，名称看似一样，但两者之间有根本区别。杖刑是一种刑罚，执行者为锦衣卫，对象为对皇帝有不满或者威胁的人。其中，杖刑分轻、重、缓、急，程度不一。对于犯一般错的犯人，执行官会下令“打着问”，暗示手下轻点打，给点教训就足够；对于犯较重罪的人，执行官则会说“着实打着问”，暗示着重惩但不至死；而对于犯了死罪的人（或者上面下令要命的人）则说“好生着实打着问”，这既是下了死令，要将犯人杖至死。廷杖是杖责在朝廷上言行惹得皇帝不满或行为有失的官员，以显示皇权的至高无上与不可侵犯。

廷杖的执行者为大汉将军。“明之自创，不衷于古制”（《明史·刑法志》），这表示廷杖为明朝自创的一种酷刑。一旦有哪位官员惹怒皇帝，被皇帝处以廷杖，此官员就会被当庭扒掉官服，反绑住双手，押到午门。午门就是行刑地点，司礼监掌印太监和锦衣卫指挥使便待在午门等待受刑者。受刑人被套在一个大布袋里，一声喝令下，棍棒就会无情地落在他的屁股和大腿上。

廷杖也是有讲究的。如果受刑人的两脚呈八字形张开，代表此人要活；如果此人脚尖向内，则表示死罪难逃，并且在廷杖后，还会被人狠狠拎起，再重重摔下，这样一来，即使逃脱廷杖也还是难逃一死。廷杖和杖刑虽然大有不同，但两者还是有很大的联系。因为他们的执行者都一样，就是后世常说的“明之亡于厂卫之亡”的厂卫，即锦衣卫。

锦衣卫虽为朱元璋所设，但这种特务性质的机构并不是他所创立的。汉武帝设置的司隶校尉就是特务机构的雏形，魏晋时期曹操设置的“校事”、“典校”等相关机构确立了特务机构的合法性，南北朝的“侯官”及武则天时期的“酷吏政治”等都是锦衣卫的前身。由此可见，锦衣卫这种性质的机构已经在中国延续发展近一千多年，经历了各个朝代的补充完善，最终于明朝被正式确立为官职，拥有自己的独立办事机构和军事力量。

锦衣卫的总长官被称为指挥使，一般由皇帝亲信担任，其职能是“掌直驾侍卫、巡查缉捕”，这就将锦衣卫分成两部分。一部分是与传统意义的禁卫军作用相同的大汉将军，他们主要负责皇帝的出行及安全、传递皇令及掌廷杖等事情，其中负责廷杖这一部分只有明朝的锦衣卫有，其他则没有大的变化。另一部分为负责检查、逮捕、审讯、判案的南北镇抚司及负责文书的经历司。

大汉将军并不特别，他们唯一骇人的事情便是执行廷杖。因为廷杖既折磨骄傲文官们的精神又能伤害身体，看着他们在自己手下哭天喊地的样子比较有成就感，所以，大汉将军对廷杖情有独钟。因为他们主要负责皇廷保卫工作，要营造出一种庄严肃穆的味道，所以在选拔人员时往往比较倾向高大威猛、气势雄浑的人。但是，明太祖朱元璋不会特别放权于他们，往来不缺有禁卫军首领起义谋反者，北宋太祖赵匡胤乃其中一代表。因此，大汉将军于明朝就是一个摆设。

明初时，朱元璋设御用拱卫司，这是为了监督朝中大臣的违法行为，任命自己的亲信大臣为首。这是锦衣卫的前身。洪武十五年（1382年），太祖设立锦衣卫。为了巩固朱明天下，加强专制统治，朱元璋赋予锦衣卫特权，让其掌刑狱大权，并可巡查缉捕。而传统的司法部门则被锦衣卫压制，如大理寺等。北镇府司相当于情报局，监控各个官员及王姓成员，并可进行追捕审讯等行动。

南镇抚司类似军事法庭，主要检查军队人员的罪行并进行军事情报和战斗工具的研发。它主要负责的是卫、所部队。明朝军制的基本单位是“卫”与“所”，每5000人的正规军为一卫，卫下又设千户所和百户所。大汉将军原就是卫的编制，而经历司则是专门负责锦衣卫行动的文书工作。

朱元璋设锦衣卫是为了加强自己的统治，排除异己之心，所以洪武年间的几个大案的制造与锦衣卫密不可分，不计其数的无辜者葬送在锦衣卫手里，受尽各种酷刑。明朝“闻锦衣卫色变”不是耸人听闻，而是一种事实。如果说武则天时期的酷吏制度让人刻骨铭心，那明朝的锦衣卫机构则会让人恨不能回笼再造。因为酷吏制度只持续了一个阶段，武则天稳定自己统治根基后就废除了，而锦衣卫制度贯穿了整整一个朝代。它就是朱元璋手中的会咬人的狗，指哪咬哪。

有些案件没有证据，但朱元璋让这人死，锦衣卫便会屈打成招，因此对于要肃清道路的朱元璋来说，锦衣卫很有用处。锦衣卫分布于全国上下，稍有官品的人身边都会有锦衣卫的监察，而且他有可能就是你平常最亲近的人，疏忽大意的话便会引来杀身之祸。全国被笼罩在恐怖的气氛下，人心惶惶。

在诛杀尽功臣后，朱元璋终于正视到锦衣卫的弊端，于洪武二十六年（1393年）下诏“诏狱内外无得上锦衣卫，大小咸经法司”，削减锦衣卫的权力，但为时已晚。锦衣卫成立时间虽短，但其影响却深远。明成祖朱棣登上大位后，又重新恢复了锦衣卫的特殊地位，并一步步加强。此后，锦衣卫一直延续，直至明亡。

文字文学整死人

自古马上得天下者，不可马上治天下，于是就要任用文臣。朱元璋也明白这个道理，在开国之初，他重用文臣，文人得了势，结果和他一起打天下的兄弟们心里失衡了：自己流血流汗、辛辛苦苦打下来的江山，凭什么要你们文人来掌权，于是就向皇帝进言：虽然要用文人治天下，但可不能轻易相信他们，否则就会上当。

话说到紧要处，他们就开始举例证明：“张九四（朱元璋的死对头，张士诚是也）一辈子对文人宠爱有加，总是好房子住着，高薪水拿着，真把他们捧上了天。可是在他做了王爷后，要起一个官名，文人便替他起名为士诚。”朱元璋很纳闷地说：“这名字挺好啊！”他们反驳道：“不然，张九四是上大当了！《孟子》一书明明白白地写着：‘士，诚小人也。’这句话也可说成：‘士诚，小人也。’这是骂他是小人啊，可是他至死也不懂，真是可怜。”朱元璋听到这里默不做声，待回去拿出《孟子》一查，果然有此说法，于是对文人产生疑虑，心想，该规范一下这些不老实的文人了。

说做就做，他开始两手抓：一是文字狱，一是八股文。

其实因文字而获罪者古已有之，例如秦始皇的焚书坑儒，宋代苏轼的“乌台诗案”等。这是统治者进行文化规范和统制时常用的手段。毕竟文人的思想最是活跃，能够撼动朝廷基础的新思想不可能出自普通的老百姓，只有文人能为之。因此，统治者往往采取一些强硬手段来对付他们。

明文字狱始见于洪武七年（1374年）。时苏州知府魏观将新府衙建于张士诚宫殿旧址，高启为其作的《上梁文》中又有“龙盘虎踞”四字，因此触犯朱元璋忌讳而被腰斩。可怜了这位明初的名士。“琼姿只合在瑶台，谁向江南处处栽。雪满山中高士卧，月明林下美人来。”这首自比高士的《咏梅》从此也成了人间绝响。

另一次，浙江杭州府学教授徐一夔呈上一份《贺表》，其上写着“光天之下，天生圣人，为世作则”等语，本是夸赞之言，到皇帝这里，他读其表，又悟其里，终于读出了弦外之音：“‘生’者，‘僧’也，以我尝为僧也。‘光，则薙发也，‘则’字音近‘贼’也。竟敢对面骂朕为僧为贼，岂可留他！”于是这位老先生也没有逃脱掉脑袋的命运。

当然关于朱元璋以文字罪人的案例，其中最精彩的当属他对“亚圣”孟子的肆意攻击。众所周知，孟子的思想是“民为贵，社稷次之，君为轻”，更是把暴君称为“独夫民贼”，人人可诛之，看到此处，朱元璋心想：这还了得，这不是劝人造反吗？于是心中大大地恼怒。

“上（朱元璋）读《孟子》，怪其对君不逊，怒曰：‘使此老在今日宁得免耶！’时将丁祭，遂命罢配享。明日，司天奏：‘文星暗。’上曰：‘殆孟子故耶？’命复之。”（全祖望《鲒埼亭集》）

看来如果孟老夫子生活在朱元璋的时代，也就没有机会涵养自己的浩然正气了。朱元璋在恼恨之下，将孟子的牌位从孔庙撤下以作为报复。但是孟子毕竟是“亚圣”，是儒生们心中的圣人，不容他人玷污，即使是皇帝也不可以，于是他们使了一个心眼，第二天就对朱元璋说，他们夜观天象，发现文星暗淡、天象有异。皇帝都是迷信天命的，得罪了上天可是一件了不得的大事，朱元璋于是马上想到大概是因为孟子的缘故，无可奈何之下恢复了他的牌位，但是他还是搞起了另一手：删书。把孟子的书删掉了三分之一左右，可视为“思想的腰斩”，其手段不可谓不狠。

总之，明初文字狱贯穿洪武一朝，是明太祖朱元璋为推行文化专制统治所采取的极端手段，并为后世封建统治者所效法。文字狱从表面上堵住了文人狂妄的嘴，但是它的一大恶果却是使得人们不敢说话，或者说违背良心的话甚至说诽谤的话。此风一长，不仅是道德滑坡的问题，整个社会的运作机制都要受到极大的破坏。

文字狱是朱元璋继承前人的传统，而八股文则是他和他儿子朱棣的首创。

科举对于知识分子来说至关重要，是他们唯一的出路。特别是在唐朝，知识分子根本没有其他机会来博取功名、飞黄腾达。但是科举制度到了明朝，只剩下进士一科，且有个不成文的规定，非进士出身，不能担任大学士和其他高级官员。这就使得大部分文人一生都在努力地走过科举这座独木桥。可惜走过者少，落水者多。于是才有了我们熟悉的范进中举之后的发疯，面对如此残酷的竞争，如此诱惑的前景，他竟然成为一个幸运者，不疯都难。

面对这群欲渡独木桥的文人，明朝的统治者伸出了自己的钓钩——八股文。首先是朱元璋规定了考试范围，以《四书》、《五经》为限。而《四书》、《五经》又以朱熹的注解为标准，后来又硬性规定了一种考试格式。直到成祖朱棣进一步加以约束，明确规定使用“八股文”，以后的明清约500年间，这个钓钩为朝廷钓上了一代又一代的大小官员。

朱元璋的这两手，直接打击了明朝的文学事业，使得明初的文化受制于宋代理学，趋于保守。而朱元璋所做的一切，终究还是围绕一个主题：加强皇权，巩固统治。

界限要划清

在朱元璋登上皇位第一年的某一天，南京城风和日丽，一派平和景象，正是游玩与放松的好天气。在一片绿草如茵的空地上，有很多人正聚在一起玩耍，传来一阵阵的嬉笑声，好不热闹。走近再看，原来是一群军人、游民，他们将靴子的高帮截短，并用金线做装饰，足蹬短靴，穿着艳丽的服装，肆无忌惮地玩着蹴鞠。他们不知道的是，灾难已经悄悄降临。

他们正玩到兴头上时，街头突然出现一队官差，用一把铁链将这些人锁上，带往五城兵马司。上报朝廷后，得到的回复是：卸脚。

竟然因为一场蹴鞠活动就被砍了脚？其实他们是触犯了朝廷的另一项法律。

朱元璋即皇帝位时，不仅仅发展经济，杀贪官，夺相权，封藩王，还制定了一系列的等级制度，以确立皇族与庶民之间的地位。所以说朱元璋这个从农民中走出来的布衣皇帝最后已经彻底地背叛了农民队伍。他当上皇帝后，早已没了农民的本色，相反却要用等级制度来巩固自己的地位。而这种对皇族和庶民的规定涉及社会生活的各个方面，使得整个社会结构等级分明、秩序严谨以至于僵化的程度。

其中对服饰的要求就体现了朱元璋所设立的等级制度的复杂与严格。众所周知，元朝统一中国后，改变了中原的服饰旧制，代之以“胡俗”，即不论是士绅还是布衣百姓，都是辫发椎髻，衣服则为裤褶窄袖，还有辫线腰褶。妇女的衣服为窄袖短衣，下穿裙裳。而朱元璋是不愿意延续元朝这种穿衣的“胡俗”特点的，因此他向中国最为强盛的大唐看齐，下令恢复唐代的衣冠制度。

他还从面料、样式、尺寸、颜色四个方面确立了明朝初期服饰的等级制度。不同等级的人，只能穿着本等级所规定的服饰，不可僭越，否则就是犯罪。

从服饰面料来看，只有王公贵族、官员才能使用锦绣、绫罗等高级面料，而庶民百姓之家却只能用绸、素纱等普通的面料，并且只有皇宫后妃、命妇可以用金、玉一类的首饰，一般的平民女子起初耳环还可以用黄金、珍珠、钏、镯，其他的首饰只能用银子，或者在银子上镀金。后来，百姓家的妇女只能用银子来做首饰了。

对服饰式样的规定就更为复杂了，几乎每一类人都有规定的式样。以文官的服饰样式为例：有一首《文官服色歌》云：“一二仙鹤与锦鸡。三四孔雀云雁飞。五品白鹇惟一样。六七鹭鸶鸂鶒宜。八九品官并杂职，鹌鹑练雀与黄鹂。风宪衙门专执法，特加獬豸迈伦彝。”这些都是需要严格遵守的。在明朝庶民、僧道、皇宫妇女、普通妇女，总之各种人都有自己的样式。划分十分严格。

在服饰的尺寸上也有定制。明代服饰的尺寸，追求宽大，反对便易短窄，以求遵守古制。其中对各类人衣服尺寸的规定甚至精确到寸。

此外，朱元璋对衣服颜色的使用也进行了严格的限制。以借此确立等级。当时规定，玄、黄、紫三色为皇家专用，而官吏和军民的服装不许使用这三种颜色，违者触犯法律。

在明朝初年，为了巩固自己的统治，强化皇族的权威，维护已经逐渐衰落的封建制度，朱元璋便不嫌麻烦地设计出了这一系列关于服饰的规定。当然这种森严的等级制度还表现在建筑以及各种礼节上，朱元璋最终的目的其实是要把它们渗透到他的臣子与百姓的骨子里，让他们永远做自己的奴才，以保自己的江山万万代。

可惜的是，朱元璋的这一愿望终究没能实现，随着明朝中叶以后皇帝的荒嬉，对文化统治的倦怠，以及商品经济的发展，新的思想观念出现，朱元璋的这一套等级制度出现了松动，那时的社会就变得万紫千红、千姿百态了。

低调低调再低调

众所周知，明太祖朱元璋建国后大肆诛杀功臣，李善长、胡惟庸、蓝玉、叶升、冯胜及傅友德等人皆被诛，明朝的开国功臣几乎被斩尽杀绝。但是，即使在这样恶劣的情况下，依然有一个人安稳地活着，以自然死亡结束自己的生命。

难道他是因为没有功勋所以才会存活？恰恰相反，他是可以与常遇春、徐达一般相提并论的人，他也是追随朱元璋打天下的一员大将。在建业过程中，他曾经立下无数战功。同时，他又与朱元璋同乡，甚至住在同一条街。这样显赫的一个人不但安度晚年，而且以功勋立墓志。

他就是信国公汤和。他不仅成为在朱元璋手下得以幸存的人，也是历史上在朝廷上拥有很大的功勋且常青的一人，得到“千年不朽勋臣府，万年长青信国祠”的美誉。他是利用什么样的手段得以保全自己？虽然他和朱元璋有着特别的情谊，但被杀的人之中不乏与朱元璋有着同样的情谊。所以，朱元璋不会单单对他特别。那么，他究竟是如何自保的？

《明史》评价汤和“沉敏多智数”，史实也证明了这并不是溢美之词，而是他性格的真实写照。汤和与朱元璋同乡同街，从小就相识，可以称为发小类的一群人。据说，汤和是朱元璋建功立业的敲门砖。

汤和早朱元璋加入农民起义，成为郭子兴部下的一员。后来，是他将朱元璋引进部队，对朱元璋有伯乐之恩。在东征西讨的过程中，汤和对朱元璋始终毕恭毕敬，“从取和州。时诸将多太祖等夷，莫肯为下。和长太祖三岁，独奉约束甚谨，太祖甚悦之。”（《汤和传》）意思是说虽然朱元璋凭借自己的能力成为郭子兴手下的一名大将，但是当时队伍中的其他人对他并不尊重，只有长他三岁的汤和对他的话语恭恭敬敬，对自己的言行十分谨慎，对此，朱元璋很高兴，开始慢慢亲近汤和，继而赏识重用他。

这个时候，汤和的聪明沉稳已经显现出来。他不动声色地就确定了朱元璋的领导地位，没有一味迎合也没有谄媚巴结，他只是尊重朱元璋，遵从朱元璋的指示。同时，他又跟对领导者，在早期就明智地选择了朱元璋领导的队伍，得到朱元璋少有的情谊和旧情。

朱元璋建国后分封功臣，在一堆的公爵中唯独只有汤和被分封为侯爵。如果是因为功绩不等而分，那可以被理解。但这些公爵的功勋与汤和的功绩差不了一二，而朱元璋确实是找了个借口将汤和的功绩贬低。

一般人，如蓝玉，肯定会不满，并找朱元璋理论。但是，汤和非常平静，没有丝毫不满，反而向朱元璋又俯首又谢恩。在后来的日子里，他兢兢业业、如履薄冰地做好自己分内的事情，对于官名不强求、不追求，这样的他渐渐让朱元璋放下心，在几年后便封他为“信国公”。

也许是因为汤和谨记汉时的“飞鸟尽，良弓藏；狡兔死，走狗烹”的教训，他低调行事，聪明做人。在其他功臣正在大肆宣扬自己功德的时候，唯汤和一人识相知趣地避免出风头。

“帝春秋浸高，天下无事，意不欲诸将久典兵，未有已发也。”（《汤和传》）这段是说朱元璋因为天下已定所以对诸将手中的军权开始介意了。这时候，汤和于众多功臣中第一个主动将军权交出并上奏请辞，意欲回家休养生息，他言自己“臣犬马齿长，不堪复任驱策，愿得归故乡，为容棺之墟，以待骸骨”。

这一段话情真意切，使得朱元璋非常开心。于是，朱元璋便顺应臣心，同意了他的请辞，还为他在老家凤阳建造房屋，给他一个风光的归乡之行。而汤和确实也不辜负朱元璋对他的一片心意，他归乡后“晚年益为恭慎，入闻国论，一语不敢外泄。媵妾百余，病后悉资遣之。所得赏赐，多分遗乡曲，见布衣时故交遗老，欢如也”，可见他极其谨慎。

他不依仗自己曾经的官品和战绩，归乡后并没有作威作福，自成一霸，反而谨言慎行，不仅不过问朝事而且将家中多余的人口皆遣散，留下清静自然的生活环境。这也许并不算什么，也许是理所应当。但当我们细数历史人物，便会发现，往往有很多归乡之官便是因为做不到这个理所应当反被杀，同时代的刘基、李善长就是个中代表。

刘基回乡后还过问朝政，惹来朱元璋的嫌隙，李善长则是归乡后大肆铺张浪费，坐享荣华富贵招来朱元璋的反感，最终二人终不得善终。汤和无疑是个绝顶聪明的人，他懂得急流勇退，也懂得约束自己，这为他迎来了好的兆头，起码使得暗中盯人的锦衣卫得不到汤和违纪行为的资料，便没有什么可以上报给朱元璋的，时间长了，朱元璋自然对他就放宽心，少了戒备。

另外，如果汤和一点罪行也没有，那恐怕也是不行的。因为，臣下怎么能够比皇帝还干净？所以，在必要的时候，还是要犯下一些无伤大雅的错误，譬如汤和嗜酒。汤和爱喝酒，在他这爱好中，他并不少犯错。

在朱元璋诛杀功臣的时候，汤和正在镇守常州，他听说有很多的旧臣故交被杀，心中也是忐忑不安，于是便借酒避风头。他常常爱在喝酒后判案，还常常判错枉杀无辜。汤和的副将为了避免这种情况的发生，找人做了假人头，洒上血，每当汤和酒后要杀人时，他便拿出这些人头，告诉汤和人已被杀，汤和便会开怀大笑，即使是在第二天碰到他要杀的那个人他也不动声色。于是，副将军心领神会，派人通知家家户户都用米粉做些假的人头放在家中，以保平安，因此称“人口团子”，这在后来也成为过年的习俗之一。

汤和是想借此证明些什么？他其实就想向朱元璋透漏一个信息，那就是：我汤和就是一个酒鬼，糊涂的人，不会对江山抱有企图心。而朱元璋确实也接受了，他以此为借口，贬低汤和。

另外，汤和还会借醉酒“坦露真心”。一次，因为汤和镇守常州，并且与张士诚对垒，如此辛苦导致他心生不满。于是他酒醉后言“吾镇此城，如坐屋脊，左顾则左，右顾则右”，而朱元璋则是“闻而衔之”，又贬低他，但却不会伤他性命。汤和因为这样的一件小事就能酒后失言抱怨，而所争的就仅是芝麻绿豆般大的功劳，这样的一个人如何成得了气候？这样看来，这些错误却为汤和打开了一条大道。

汤和的精于处世，使得他寿终正寝，以七十七岁的高龄谢世，死后又被朱元璋加封为东瓯王，谥襄武，荣宠之极。

心太软死得早

元至正十五年（1355年），太平陈迪家，一个婴儿呱呱坠地。他的啼哭，给酣战中的朱元璋带来了莫大的欣喜。后朱元璋自立吴王，将这孩子立为世子，一年后，明王朝建立，他随即被立为太子。这个含着银汤匙出生的孩子，就是懿文太子——朱标。

朱标被立为太子后，便开始和明朝这个新生的政权一起成长。朱元璋为培养出合格的接班人，继承自己打下的万里江山，可谓煞费苦心。当时无论是开国元勋还是后起新秀都兼领东宫官职，围绕在太子身边。朱标生来即享荣华，没有过戎马经历；一旦自己龙驾在外，太子监国时有事发生，朱元璋希望这些人能像当年的周公召公一样，辅佐太子左右。朱元璋还设立大本堂，令古今书籍充盈其中，四方名儒轮班为太子及诸王讲课，又选才俊之士伴读身边。朱标就在这样严格而正规的教育中，成长为一名满腹经纶、恪守礼法的储君。

历史上的开国皇帝，叱咤风云，刀头舐血，才打下一片江山，而他们的储君，却往往因为父辈的福泽而略显平庸与孱弱，秦二世而亡就是很好的例子。但朱元璋是幸运的，他有一个生于富贵却又不耽于享乐，聪颖努力、宅心仁厚的儿子。时人与后人经常设想，如果朱标没有早亡，而是顺利继位，那他一定是一代明君。打天下者以暴制暴，而坐天下者以仁治国，明王朝可能会洗去一些黑暗，呈现出另外一番景象。只可惜，这个仁爱有加的年轻人，没有命数继承大统，这是朱元璋的不幸，可能也是明朝的不幸。

洪武十年（1377年），朱标二十二岁，朱元璋下令，今后一切事项可让朱标处分，然后上报自己。朱元璋告诫朱标，创业之君因诸事亲力亲为，因此熟悉人情，凡事能处理妥当。而守成之君，因生长富贵，如果不是平日多加历练，很难有不犯错的。所以，朱元璋让朱标与群臣接触，听大臣议事，从而获得治国的训练。朱元璋给朱标“四字箴言”：仁，明，勤，断。朱元璋一生勤勉政事，兢兢业业，他希望自己的儿子也能和他一样，这就是社稷之福了。

朱标没有辜负父亲的期望，与父亲相比，朱标对治国的手段更倾向于怀柔政策，他深受儒家思想影响，事事以“仁”字当先，这与他的父亲很是不同。洪武二十四年（公元1391年），朱元璋派朱标前往陕西视察，一是为了勘察西安是否适合作为都城，二是当时秦王朱樉行事多有过失，朱标此行，也要就此调查一番。朱标还朝后，献上陕西地图一份，并竭力为秦王朱樉求情，这才使朱樉被放回属地。

史书称朱标天性仁慈，这与他父亲好杀戮成了鲜明的对比。朱元璋生性多疑，明朝建国不久就发生了骇人听闻的“洪武四大案”，狡兔死，走狗烹，很多开国元勋难逃一劫，举国上下人心惶惶，当官的朝不保夕，不知哪一天因为什么原因就命丧黄泉。一个好杀戮的皇帝，给这个国家笼罩上了一片阴霾。其实，朱元璋的初衷是好的，他希望国家长治久安，但他的性格却使得他采取了错误的手段，对权力的热衷，对功臣的忌惮，让朱元璋一次一次举起了屠刀。

朱标对父亲的举措无法认同，在他看来，治国靠的不是杀戮，杀的人应该越少越好。他不止一次为那些被父亲判定有罪的人求情，这在别人看来是触怒龙颜的大忌，但朱标仍然坚持自己的看法，百折不挠。

有一次，朱元璋又要大开杀戒，朱标再一次站出来，劝道：“陛下诛夷过滥，恐伤天和。”（《剪胜野闻》）朱元璋闻言，不动声色，第二天将一根布满刺的木棍扔在朱标面前，让他捡起来。朱标虽然仁厚，但智商并不低，看见有刺，自然不会动手。朱元璋冷冷地说：“汝弗能执欤？使我运琢以遗汝，岂不美哉？今所诛者，皆天下之刑余也，除之以安汝，福莫大焉。”（《剪胜野闻》）

朱元璋认为，我现在所做的，就是替你拔去棍子上的刺，我杀的都是坏人，清理掉这些人，再把国家交给你不是更好？朱元璋怕今日那些人手中的功劳簿，变成日后威胁明朝的催命符。但出乎朱元璋意料的是，朱标同样冷淡地说：“上有尧舜之君，下有尧舜之民。”（《剪胜野闻》）这话什么意思，意思是皇帝你自己不贤明，怎么能要求下面的臣子贤明呢？这句话就像是一颗重磅炸弹一样在朱元璋的脑子里炸了膛，这个平日里待人礼貌有加，对自己孝顺恭让的儿子，怎么敢如此讽刺自己？朱元璋气得顺手抄起座椅朝朱标砸过去。幸好朱标身手敏捷，躲了过去。可朱元璋的这一举动让朱标着实吓得不轻，回去就大病一场。

看起来，朱标给人的都是温良礼让的形象，不然，朱元璋也不会有这么大的反应。但实际上，朱标内心依然有着坚定的立场和原则，并且很有见地，一句“上有尧舜之君，下有尧舜之民”体现了他独到的见识。应该说，朱元璋是有眼光的，他也明白，国家经历过腥风血雨之后，需要一个仁者来安抚天下，因此，他器重朱标，他给自己和国家挑选了一个最适合的接班人。

翻阅《明史》，对朱标的记载并不多，这与他还未即位就早亡有关。在这不多的记载中，我们似乎只看到一个生长在朱元璋呵护下的年轻储君，只知道他为人仁慈，可能也只会对他的早逝有些遗憾。但掩卷沉思，我们不难发现，就是这寥寥数言的记载，却能让我们体会到朱标压抑的生活。

朱元璋的一生太过专断，以至于他的儿子无时无刻不生活在他强大的气场下，承受着巨大的压力。就连史书对这位太子的记载，也是时时体现着朱元璋的意志。而历来王朝，储君之争是宫闱中最为激烈也是最为血腥的斗争，一个不慎，今天还是高高在上，明天就有可能万劫不复。虽然朱元璋给予这个太子诸多的关照，但身处权力中心的朱标怎么可能过着一帆风顺、风平浪静的日子。况且，朱标被立为太子时年纪尚幼，而朱元璋则正值年富力强，这就意味着朱标要在储君的位置上等待很久，事实上，他等待了二十五年，这二十五年，是隐忍的二十五年，也是被无数双眼睛觊觎的二十五年。

朱标和他父亲接受的是不同的教育，朱元璋是在乱世中找到了属于自己的路，而朱标接受的是正统的诗书教育，再加上父子俩完全不同的性格，使他们在平日里不可能没有分歧，时间久了，自然就会有了嫌隙。朱元璋多疑而残忍，朱标知道他父亲的为人，发生在父子二人之间的矛盾，极有可能把自己推向断头台。在这样的情境下，朱标承受着巨大的精神压力，怎么可能意气风发？只能小心翼翼，惶恐度日，最终，漫长的储君生活，耗掉了自己的生命。

洪武二十五年（1392年）四月，太子朱标薨，时年三十有七。

朱标的早亡，对朱元璋是一个致命的打击，以至于他在神思混乱中，作出了一个不理智的决定，立朱标的儿子朱允炆为皇长孙，他日继承大统。对朱标来说，这似乎是最大的宽慰，而对明王朝来说，是福是祸，还是未知数。

谁为王储，现在已经不重要了，重要的是，一个曾被寄予厚望的年轻人，一个可能成为治世之君的年轻人，却在还未来得及登上大宝就匆匆地告别人世，多少治国理想随风而逝，多少仁义政策烟消云散。对朱标来说，甚至对明朝来说，这可能是最大的遗憾。

第九章　朱棣：战斗在权力的世界

徘徊在“跌停板”中的童年

自古以来，想当皇帝就只有两条路，要么是真刀真枪干出来的，不管你以前是种地的，还是给人打杂的，只要你有这个本事，能推翻现任的掌权者，那这个皇帝就由你来做；要么就是幸运地成为上一任皇帝心目中的最佳继承人。

一般来说，继承人的资格不是那么好得的，儿孙众多的，由嫡长子继承；身后无人的，选择兄弟或子侄来继承。虽然很多皇帝都有过想随心所欲选择继承人的想法，但是在传统面前，很少有人能够取得胜利。特别是像朱元璋这样儿子一大群的，嫡长子朱标又特别优秀，所以他根本就不用为了国本而发愁。但是，太过优秀的嫡长子，引发的，却是难以预料的皇位之争。

朱标闪闪发亮的光环，掩盖了朱元璋其他儿子的光芒，这其中，就有朱棣。

朱棣，朱元璋的第四子。后来的明成祖，永乐大帝。

不过，刚刚出生的朱棣，并没有谁看出他的与众不同，也没有人会想得到这个孩子今后会有怎样一番作为，因为当时，根本就没有人去看他。朱棣挑了一个最不适合出世的时间降临。

相比起他的大哥朱标，朱棣无论是出生时间还是出生地点都糟透了。朱标出生时，朱元璋刚好打了胜仗，自然会认为朱标的出生是老天的赏赐，再加上这是他第一个儿子，欣喜之情难以名状。

可朱棣呢，他出生于至正二十年（1360年）的四月，这对于他的父亲朱元璋来说实在不是一个好时候。因为常遇春的莽撞，导致陈友谅不顾一切率领他的无敌舰队直奔应天而来。当时的朱元璋，水军力量十分薄弱，本不想这么早就与陈友谅正面交锋。可没想到局势一下变得如此紧张，没办法，只得仓皇应战。而根据情报，陈友谅已经攻下采石，眼看就要拿下应天的最后一道屏障太平了。这个消息一传来，所有人都慌了。有很多人跟着朱元璋的时间还不长，这个时候就想着怎么跑路保命了。一时之间，应天城鸡飞狗跳，慌乱不已。

就在朱元璋焦头烂额之际，朱棣出生了。

虽然最后朱元璋取得了龙湾之捷，解了应天的围，但这距离朱棣出生已经有将近一月的时间，再怎么算，朱元璋也不会认为胜利是这个新生儿带来的。再加上当时的朱元璋对儿子的期盼早已没有当初的炽烈，这个儿子在他的心目中，几乎不占什么位置。

史书上说，朱棣是马皇后所出，因此他也是嫡子，然而联系后来朱棣争夺皇位的行为，如果他不说自己是嫡子，那他就真的没有一丝资格来和侄子朱允炆抢龙椅，这阴谋篡位的罪名就更加坐实了。因此，无论出于什么考虑，他的生母必须是马皇后。

可是那个真正忍受十月怀胎的辛苦生下他的女人呢，她到底是谁？没有人知道，她只是个无名无姓的可怜女子，没有什么宠幸在身的普通妃子。日后的朱棣跨马扬刀，最思念的，会不会是围在这个女人身边安享的那一刻天伦？

这就是政治，没有一丝温情。无尽的背叛，哪怕那个人是你的血肉至亲。

出生在战火中的朱棣没有享受到他的哥哥朱标那样的好待遇。朱元璋称帝前，朱标是长子；称王后，他是世子，日后的太子。无论到哪，人们对朱标都是毕恭毕敬，不敢有一丝怠慢。这本是人之常情，谁不知道应该竭力巴结未来的天子？但是在朱棣幼小的心灵里，他只记住了不公平。同样是父亲的儿子，为什么待遇就差这么多？

朱标可以被保护在一个严密的壳里，读圣贤书，学治国术。而他，就像是没人管的野孩子，随便他在军营里乱跑，跟士兵操练，磕了碰了也不会有人关心。就这样，朱棣在那个风起云涌的年代，在那个名将四起的年代，学会了很多朱标一辈子也学不会的东西，比如作战，比如行军，比如杀戮。

或许朱棣小时候并没有亲手杀过人，但是，正如他的地位所决定的，少了些保护的他，反而能看到更多的现实，更多的真相。

跟随在徐达、常遇春这样的武将身边，朱棣能够接触到更多的鲜血，更多的死亡。谁也不知道，目睹过多的杀戮会给一个孩子留下什么样的阴影。但朱棣的表现超出了所有人的意料，在经历过最开始的恐惧期后，小小年纪的朱棣居然开始接受，开始兴奋。他看到了战争的无坚不摧，无所不能，交战双方一旦开战，就是在用无数士兵的性命赌博，盲目的赌博是疯子，而明智的赌博是艺术。

战争，在朱棣眼里不仅是获取需要的手段，还是一门学问，他要尽快掌握这门学问，虽然他明白只要有大哥在一天，他就不可能过上如同太子一般的生活。父亲的儿子有那么多，他必须与众不同，才有可能获得更多的关注。

朱棣爱上了战争，爱上了这门暴力的艺术，他学习如何拼杀，如何指挥，既然做不成江山的拥有者，那就做江山的守护者，然后，一点一点地用强力争夺自己想要的东西，或许，也包括皇位。不过，在朱棣真的开始打算夺取皇位之前，他还是朱元璋听话的儿子，朱标友善的弟弟。他的脑海里可能没想过手足相残的事。他需要力量，只是为了得到他想要的，他不需要成为众人的目标。

朱标是被当做治理天下的仁君来教导的，而他朱棣，则是在真实的战火中，无声无息地成长为了一名职业军人。这也决定了朱棣看问题和解决问题，都会采取和朱标不一样的方式。军人解决事情的最有效手段就是战争，谁强谁就有决定权。

在这一点上，朱棣和朱元璋非常相像。他们都是信奉力量的人，都喜欢用实力说话。而且他们都很隐忍，在没能确定自己有十足的把握之前，决不会率先出击。朱标或许更多地遗传了马皇后宽广博大的心胸和仁爱友善的性格，而朱棣，则把朱元璋那套行事风格完全接了过来，然后融会贯通。

在八岁以前，朱棣是没有名字的，朱元璋在元至正二十七年（1367年）才给他所有的儿子起了正式的名字。而后，在明洪武三年（1370年），朱棣和其他几个兄弟一起，被封为王，朱棣被封燕王，封地是北平，也就是今天的北京。

就封地来看，朱元璋很可能已经开始注意到他的这个儿子的军事才能了。北平离首都南京很远，但离北元残部很近。国家刚刚建立，需要一个稳定的环境，这时把朱棣封到北平，是否意味着朱元璋把镇守边关这样的重任交给了他？朱棣丝毫没觉得封地在北平有什么不好，相反的，他仿佛找到了释放自己激情与热血的地方。

封地边上，就是老朋友蒙古人。朱棣就在跟这些蒙古骑兵的对抗中，实际检验了自己以往所学到的一切技能。慢慢地，他发现，实践永远要比教科书来的深刻。

在关外的平原上，他看见的是江南看不到的战场，在震天的嘶吼声中，他学会了怎样让自己保持一个将领应有的冷静，而在堆积成山的尸体和血流成河的惨烈面前，他明白了生命的脆弱。千千万万的士兵，千千万万条生命，他们也许没有报国的壮志，也没有对敌人无边的仇恨，只是为了活命才加入了军队。但是，战争又夺去了他们的生命，多么的无情。

强大的人注定是会被赋予重任的，就像朱棣一直以来所期盼的那样，他的强大不会没人看见，而这一次，他需要用自己的力量，去完成他生命中最重要的一次亮相。

出征漠北：要出头，先打架

大漠孤烟直，长河落日圆。简单十个字写出了茫茫漠北的豪迈与苍凉。江南固然有它的轻柔婉转，而沙漠却是无可取代的豪放悲壮。在江南，人会安定、平和，思考的问题缜密而深远。但在大漠，人会变得开阔，变得爽朗，同时，被狂风走石打磨得坚硬，打磨得无情。

生于江南长于江南的，是太子朱标，所以他宽厚，含蓄。

生在江南长在边关的，是燕王朱棣，所以他严肃，直接。

朱棣明白，他哥哥学的是治国之道，所以他不能有太多的杀伐暴力，他要掌握的，是如何治理朝政，如何为百姓撑起一片天。而他自己，生来注定是要与战争相伴一生。鲜血固然可怕，死亡确实恐怖，但这些都是战争所不可避免的，是这门暴力美学的副产品。好在，朱棣喜欢，喜欢是最好的老师，战争这门学问，朱棣学得很好。

现在，检验成绩的时刻到了。

北元，这个朱元璋的老对手，大明朝最不安分的邻居。被赶出中原这么多年，依旧没有刀枪入库，马放南山。时不时地还要出个头，捣个乱。其实这也不能怪他们，一个游牧民族，靠的是放牧牛羊，逐草而居。好不容易力量壮大了，成为了整个国家的主人，总算不用再过风餐露宿的日子，还享受到了从未享受到的舒适生活。可惜好景不长，没多久就被朱元璋从京城里赶了出去，一下子竟回到了自己动手都未必能丰衣足食的日子。由俭入奢易，由奢入俭难。吃过美味的人，你让他再去吃糠咽菜，简直比杀了他还难受。况且，元朝统治者作威作福的日子里，自己的本事一点儿都没长进，大漠又是一个物资极其贫乏的地方，这让他们根本无法生产出满足需要的生产和生活资料，那怎么办，明朝的领土就在边上，那就抢吧。

朱元璋怎么能容忍北元的残兵游勇在自家地盘上撒野？可气这些人来了就抢，抢了就跑，跑不掉就打，打不过还跑，折腾的明朝军队哭笑不得。朱元璋一直想把这股力量肃清，怎奈建国之初，百废待兴，实在腾不出手来教训这些人。而现在，有一个人似乎可以替他去完成这个任务，并且绝无二心。这，就是他的儿子，朱棣。

洪武二十三年（1390年），朱元璋下令，命燕王朱棣和晋王朱㭎分率部队出征漠北，目标为北元丞相咬住和太尉乃尔不花。

这是一次考试，一次双向考试。既是朱元璋考察儿子能力的考试，也是他检验自己眼光的测验。他比任何人都希望这两个儿子能带回好消息，不只因为国仇家恨。

当然，为了确保此次考试能够顺利进行，朱元璋还是派了几名得力干将跟随皇子，以便随时听用。“命傅友德为大将军，率列侯赵庸、曹兴、王弼、孙恪等赴北平，训练军马，听燕王节制，出征沙漠。”（《明史纪事本末》）这个傅友德就不用说了，完全是一个神奇的存在，当年令常胜将军徐达铩羽而归的那次征元，还是因为他的战绩才不至于显得那么难看。其他的几个大将，也都是身经百战、经验丰富的老部下了。有他们在，能给皇子们助助威。

洪武二十三年（1390年）三月，先头部队发回消息，称在迤都发现了乃尔不花的踪迹。找到了敌人，朱棣带领着大部队，朝那个令他心驰神往的战场悄悄前进。

漠北的三月和中原完全是两个季节，江南是烟花三月下扬州，而此时的漠北，却还是雪花大如席。天公不作美，让第一次率大军远征的朱棣，赶上了大雪盈门。

对于适应了关中气候的军队来说，此刻的大雪就好像是北元下达的逐客令，天寒地冻，长途行军的疲乏让每个人都不想再挪动一步。此时，有部下提出，天气太糟糕，我们别走了，就在此地驻扎下来，等天晴了再说吧。

这个要求并不过分，如果贸然行军，极有可能还未开战就损失了不少战斗力，最关键的是，会不会因为放弃休整而令将士对自己怨声载道，失去了军队应有的凝聚力和对主将的忠心？这太可怕了，朱棣不想到时候自己指挥一盘散沙和元军作战。

难道就停下不走了？朱棣不甘心，他知道，大雪的确是元军最好的屏障，他的敌人在看到漫天雪花时，不知会不会高兴得手舞足蹈。恶劣的天气，往往意味着安全。漠北的气候，蒙古人早已习惯，但他们知道中原人不会习惯，等他们习惯了，自己早就撤离，留给他们一片废墟。

朱棣知道此刻的乃尔不花在想什么，如果真的等雪停了再走，且不说敌人不会留在原地等他们来打，再想找到敌人的踪迹，茫茫大漠，谈何容易！一时的仁慈，带来的可能是满盘皆输。

不能让敌人如愿。朱棣召集所有的部下，向他们解释了自己的想法。“天雨雪，彼不虞我至，宜乘雪速进。”（《明史纪事本末》）天气是不好，所以敌人不会想到我们会雪中行军，也就不会有所提防，这正是我们前去攻击的最好时机。所以不要犹豫，下令大军，全速前进。

朱棣的理由很充分，也很有说服力，没有人再提出异议，因为所有人都知道这个决定是对的。

暴风雪中，明军逼近了乃尔不花的营地。果然，营地没有什么严密的守卫，乃尔不花压根没想到明军会在如此糟糕的情况下依然坚持前进。当所有人都认为应该趁着这天赐良机，一举将乃尔不花的军队剿灭时，朱棣又作了一个令他们不解的决定。

全军原地驻扎，不得擅自行动。

浩浩荡荡，顶风冒雪地来了，却又不让打，几乎所有人都不能理解。朱棣也不向他们过多解释，而是派了一个人去了乃尔不花的军中，这个人叫观童。

史载，观童和乃尔不花有故交，朱棣派了一个敌人的老朋友前去，摆明了是做劝降工作去了。当观童走进大帐，乃尔不花都不太敢相信自己的眼睛，大雪纷飞，这个人是从哪儿冒出来的?

观童见到乃尔不花后，两个人抱头痛哭。明军不适应大漠恶劣的天气，不代表元军就很享受天寒地冻。大雪封山，又没有什么军需储备，乃尔不花也被困得很难受，见到老朋友，管他来干什么的，先哭一通再说。哭完了，观童缓缓开口，我们燕王已经来了，大军就在你们旁边。

听到这话，乃尔不花疯了，一支部队驻扎在你眼皮子底下，居然一点儿感觉都没有，乃尔不花恨不得把哨兵抓起来砍了。大军压境，乃尔不花和部下惊慌失措，第一个反应就是上马逃跑。面对敌人，元军的主将立马想到的是逃跑，这似乎成了他们的传统。

观童赶紧拉住乃尔不花，对他说，不用怕，是燕王让我来的，他知道你不想打仗，所以派我来带你去见他。出于对老朋友的信任，再加上局势对自己没有一点儿好处，乃尔不花决定投降，他跟随观童来到明军的营地，面见朱棣。

来之前，乃尔不花做好了充分的思想准备，大雪天让人家跑了这么远，不被打一顿就不错了，别妄想能讲什么条件。让乃尔不花吃惊的是，朱棣不但没有为难他，反而设宴款待他。“燕王降辞色待之，赐之酒，慰谕遣还。”（《明史纪事本末》）没有责骂，没有轻视，而是好酒好菜地招待，还和颜悦色地安慰他。乃尔不花很高兴，觉得投降是明智的，马上返回营地，带领所有将士投降朱棣。

不费一兵一卒，朱棣收服了乃尔不花，连他的所有粮草牛羊一并接收。这一仗，朱棣全胜。

听到这个消息，远在京城的朱元璋很高兴，他兴奋地说：“肃清沙漠者，燕王也！”很好，看来，这次考试，朱棣得的是优秀。

兵不血刃而大获全胜，是战争的高级层次。年轻的朱棣第一次亮相就技惊四座，这实在让人惊叹。但最让人佩服，同时也畏惧的，是朱棣在这次出征中所表现出的对局势的把握和强大的忍耐力。

如果说雪天行军是兵贵神速的话，那么看到敌人却又一枪不发则是让人胆寒的意志力。几乎所有人在看到北元的军队时，都想冲上去狠狠地打一仗，要不是你们瞎折腾，用得着我们冒着大雪，千里迢迢地来么?对天气的抱怨早已转化成为对敌人的愤怒，每个人都刀枪在手，就等着一声令下，砍几个敌人解恨呢。

可这个时候，他们的主帅说，我们不要冲动，我们要劝降。

这么个情况下，劝降不劝降已经没有意义，一边倒的局势明眼人都看得出来，明军通红的双眼恐怕只有同样通红的鲜血能够洗净，这样的战斗力意志可怕了，但这样可怕的战斗意志被更可怕的朱棣生生压制了下来。

他何尝不想杀几个敌人泄泄愤，这个乃尔不花害得他和他的军队都快成了雪人。可朱棣明白，这是一场考试，他要展现的，不仅是对军队的运用，还有他自己的品质。剿灭一支军队很容易，但收服一支军队很难。朱棣要让自己的父亲看到，他能杀人，也能服人。在战争中，他有选择权。

有选择权的人，都是强大的人，都是可怕的人。

凯旋的朱棣受到了来自四面八方的赞扬，朱元璋很欣慰，他为江山找到了一个可靠的守护者；朱棣也很欣慰，总算在老爹面前露了回脸，这下，他就不再是普通的王爷，而是可以担当大任的王爷。一切都是那么的和谐喜庆，直到一个人的离去，打破了所有的平静，把江山再一次推进了水深火热。

打南边来了个送白帽子的和尚

北平，燕王府。

朱棣正坐在书房中看书，手下人来报，道衍来了。朱棣无奈地苦笑，吩咐让他进来。不一会儿，一个和尚推门而入，他就是姚广孝。简单行过礼后，姚广孝开门见山地直陈来意，问朱棣何时动手。朱棣没说话，只是挥挥手，让姚广孝回去。姚广孝撇撇嘴，退了出去。没关系，他有的是时间，可以慢慢劝说这个固执的王爷。

这姚广孝究竟何许人也，他三番两次劝说朱棣究竟所为何事？

事情还要从姚广孝初见朱棣开始说起。洪武十八年（1385年），马皇后去世已经三年，但朱元璋依旧沉浸在悲痛中不能自拔，他从民间选拔出了十名僧人，让他们随各个藩王到驻地去讲经说法，祷念祈福。道衍也在其中，他在等待一个人，等着这个人带自己走，然后，带这个人走向至尊。

姚广孝，法名道衍，出身医门，十四岁时出家为僧。出家人，本当静心修佛，宣讲佛经，六根清净才对，但姚广孝似乎不是个甘心佛门清修的和尚，本为佛家中人的他，居然拜了个道士为师。他的道士师父叫席应真，也是个不务正业的人，道家那么多的经典他不去解读，反而对阴阳术数颇有心得。一个老道，一个和尚，两个人天天对着算筹，看着天象，研究得不亦乐乎。

阴阳术数，算起来是一门历史悠久、博大精深的学问，它包括的门类有很多，宗教、哲学、历法、中医、书法、建筑、占卜，几乎无所不包。能把这门学问研究透了，这个人也就算是个奇才了。

阴阳术数虽有大用处，可是科举不考这些，姚广孝把阴阳术数学了个精通，无奈派不上什么大用场，又不能靠这些学问去参加考试，也不能拿着辛苦的学习成果去给人看风水，选阴宅。对此，姚广孝很郁闷。

为了排解忧愁，姚广孝决定出门走走，当他走到嵩山时，一个相者拦住了他，给他算了一卦。这个人名叫袁珙，他拉住道衍，也没有什么“你最近有血光之灾”或是“红光满面，将有好事临门”之类的套语，《明史》中他是上来就惊叹：“是何异僧！”——怎么是这么个奇异的和尚！就是这么句话让姚广孝停下了脚步，等待着他的下文。

袁珙接着说：“目三角，形如病虎，性必嗜杀，刘秉忠流也。”（《明史》）你长了一双三角眼，好像生病的老虎，你这个人一定爱好杀戮，是个像刘秉忠那样的人。

刘秉忠是什么人？也是个不寻常的和尚，当年忽必烈建立元朝，就是这个刘秉忠在身旁出谋划策，才能建立不朽的功勋。而这个刘秉忠，同样精通天文地理，易经历律，也是个混合型人才。

要是平常人在街上，平白无故被人拉住，然后劈头盖脸说你喜欢杀人，还和不安分的和尚属于同一种人，恐怕早就和算命的拼命了。可道衍的反应很耐人寻味，史书记载，听了袁珙的话后，“道衍大喜”。

姚广孝很高兴，之前郁闷的心情一扫而空。这样看来，姚广孝真是个不安于现状的人，说他像刘秉忠，他不但高兴，还“大喜”，看来，他很欣赏这个和尚前辈，也许，还把他视为学习的榜样。姚广孝的心里，一定有另一番打算。

还有一件事，也证明了姚广孝不是什么清心寡欲的出家人。朱元璋曾经举行过一次考试，命令天下学有所成的僧人都来参加，姚广孝也去了。可是结果却令姚广孝不满意，因为考试结束后，成绩优异的人却并没有授官，而是赏了件衣服就打发回去了。

回去的路上，姚广孝经过北固山，有感而发，写下了怀古的诗篇。北固山，三国故地。辛弃疾的一首《永遇乐》，道尽了多少怀才不遇人的苦衷。同行人听到了姚广孝的吟唱，惊讶地说：“此岂释子语耶？”（《明史》）这哪是你一个参佛的人应该说的话？姚广孝笑笑，没有说话。

其实不用道衍说，明眼人一看就知道这个和尚想干什么。他不甘心一生碌碌无为，只能和青灯古佛相伴终生，就算得道又怎样，不过是尘世之外那虚无缥缈的一缕青烟。他要的是实实在在的抱负得偿，是覆雨翻云的强大手腕。他并不贪财，也不好色，高官厚禄于他真的是过眼烟云。他唯一期盼的，就是证明自己，证明自己的力量，证明自己是这世界不能缺少的力量。

因此，他放弃了诗词歌赋，放弃了《大学》、《中庸》，选择了一条常人不加理睬的歧路。阴阳术数，经世致用，唯有杻入尘世这潭浑水，才能彻底搅动一番，令天地变色。

姚广孝还在等待，他在等待一个可以给他这样机会的人。

终于，他等来了。

宫房中，和姚广孝一样在等待的和尚还有九位，他们都在担心，究竟会被哪个王爷挑中，今后又将去往何方。

姚广孝丝毫没有焦虑的神情，他好像已经成竹在胸，因为，他已知道自己会和谁一同离开。不一会儿，大殿外响起脚步声，所有人都伸长脖子朝外张望。姚广孝端坐在椅子上，感觉到心脏也跳得猛烈。

当燕王朱棣和兄弟们一起走进来时，看到的是一群笑容可掬的出家人。父亲这次的行为让他很不理解，带个和尚回封地，能有多大用处？这时，一个面容沉静的和尚也不打招呼，冲着朱棣小声说：“大王使臣得侍，奉一白帽与大王戴。”（《明史纪事本末》）王爷，请允许我跟随您，我会送一顶白帽子当见面礼。

朱棣听到这话，立刻震惊当场。白帽子，朱棣当然不会理解为姚广孝真要给他一顶办丧事的孝帽，能让王爷戴孝帽的，只有皇上驾崩，道衍不可能笨到诅咒当今圣上。这白帽子，另有含义。

朱棣为燕王，这王字上面加个白，不就是皇上的皇么？不得不佩服汉字的博大精深，简单的叠加，就是完全不同的含义。生为皇帝的儿子，有哪个是不想当皇帝的？那种天下唯我独尊、一言九鼎的快感，使所有人趋之若鹜。朱棣当然有征服天下的雄心，可此时，他温文尔雅、深得民心的太子哥哥还好端端地坐在寝宫里，他怎么可能有机会？

面前的这个和尚，貌不惊人，却说出了惊天动地的话，在朱棣同意姚广孝跟随自己之后，姚广孝淡淡地笑了，他知道，自己的命运已经和朱棣牢牢拴在一起，从此以后，要么踏上那条不归路，走向最后的胜利；要么老死在燕王府，郁郁不得志。

姚广孝相信，燕王是不会让后一种情况发生的，而他，也不会看错人。

地下室与养鸡场

洪武二十五年（1392年），太子朱标因病而逝。一时之间，举国震惊。

朱标的死，对他的父亲朱元璋来说，是彻骨的疼痛，心爱的儿子、未来的储君，竟然撒手人寰，弃自己而去。此时的朱元璋已经不再是当年的意气风发，他老了，国家的重担已经将他的精力压榨得所剩无几，他不知道，百年之后，谁来掌管这个江山。

对于朱标的兄弟来说，这却是个千载难逢的良机。长子去世，那皇位继承人就必须重新筛选，也就是说，这一次，所有的藩王都站到了一条起跑线上，有了公平竞争的机会。虽然死去的这个人，是他们的哥哥，但在无上的权力面前，亲情，是可以最先抛弃的东西。

此时的朱棣兴奋异常，他好像看到了祈求多年而不可得的金光大道就铺展在自己面前。太子哥哥在时，自己不敢有任何非分之想，只求能够表现得好点儿，多得些恩宠。而现在不同了，太子一死，自己就有了竞争皇位的资格，遍览所有藩王，只有自己是战功赫赫，深得父亲的赏识。再加上自己一直以来都表现得非常出色，看来，这个皇位继承人，最合适的人选就是他了。朱棣很开心，但现实却很残酷。

正当所有的藩王还在打算怎么好好表现自己，以取得父王的青睐时，朱元璋再一次令所有人大吃一惊。不能从丧子之痛之走出来的他，竟把所有的对亡子的感情，全部转移到了朱标年幼的儿子朱允炆身上，当即决定立皇长孙朱允炆为皇太孙，大明朝的下一任接班人。

消息传出，举世震惊。朱元璋不按常理出牌的习性大家都了解，可关系到国本，怎可如此轻率？江山交到一个少年手里，可以放心么？看来，一生冷酷决断的朱元璋，也有着不为人知的柔软情怀。

把国家交给孙子朱允炆，并不是朱元璋完全没有考虑过的结果，他也明白，现在国家看似安定，但外患仍在，不可掉以轻心。他为这个孩子已经安排好了一切，让自己的儿子替他守卫国土，他只要安心地坐拥天下，好好善待臣民就好了。

可谁料想，正是这些叔叔们，成了朱允炆最大的噩梦。

虽然自己的父亲是太子，当之无愧，可自己何德何能，只不过因为爷爷的宠爱，就轻易接过了国家，这太不能服人了。况且那些叔叔们一个个手握重兵，他们的力量，保江山可以，推翻自己，再打一次江山，也不是不可能。而这些人中，最危险的，就是燕王朱棣。

朱允炆成为皇太孙的消息着实让朱棣吃了一惊，而后就是无边的愤怒。虽然朱棣很生气，可毕竟还是处于发牢骚的阶段，当不上皇上，好歹咱还是个王爷，而且是个很重要的王爷。小皇帝想要坐稳江山，还要依仗自己。朱棣心里不服，冷静下来也就算了。

不过朱棣身边的人似乎一直没有冷静，姚广孝终于等到了这个机会。不平的种子已经在朱棣心里生根，就等着有朝一日破土而出。姚广孝没有放过这个机会，继续日复一日地向朱棣宣讲他的造反理论。

对于这个和尚，朱棣并没有过多重视，造反，本就是一件成功率极小且代价极大的事。且不说要有多强大的力量来支持，就算侥幸获胜，也会顶上弑君篡位的千古骂名。

而一旦失败，就是身死名灭，什么富贵，什么地位，全都不复存在，有的，只是黑暗的地狱。

姚广孝当然不会明白，他只是个身无长物的穷和尚，而自己，一旦决定起兵造反，就是走上了一条不归路，好好的日子不过，何必和自己过不去呢？

朱棣想错了，好好的日子，有人已经不想让他过了，朱允炆要和他过不去。

朱允炆登基后，就马不停蹄地开始了削藩行动。洪武三十一年（1398年），朱允炆将手伸向了周王朱橚，将他贬为庶人，流放云南。而后，朱允炆又雷厉风行地削去了代王朱桂、湘王朱柏、齐王朱榑以及岷王朱楩的爵位，将这些叔叔统统贬为平民，再无半点权力可言。

事情发展到这一步，傻子都能看出来皇帝要干什么。燕王不是傻子，他已经知道，安安静静地过好日子，没事上战场打个仗过个瘾，已经是他一相情愿的想法了，他的侄子不允许他在王爷的位置上再干下去了。

这个时候，姚广孝又来了，他也已经知道了削藩的事情，燕王再不动手，下一个倒霉的就是他了。于是道衍又拿出自己的那套说辞，劝说朱棣起兵。

朱棣很犹豫，说："民心向彼，奈何？"（《明史》）姚广孝笑了笑，说道："臣知天道，何论民心。"意思就是说，王爷您不用担心这个，您若是起兵，是符合天意的，不用担心民心所向的问题。

这个时候，道衍这类天文工作者的重要性就显出来了，古人往往将命运归结为天意，做什么事之前都要先问天，而星象就是天的语言。所以，像姚广孝这样能看懂天体运动的，就往往很有价值。朱棣心里明白，如果再不有所行动，恐怕自己真的要失去一切，成为平民，多年的戎马，多年的富贵，让他的生存不能离开其中的任何一样。

打定主意的朱棣并没有盲目开始行动，他明白，和朝廷比起来，自己不仅没有丝毫道义上的优势，就连军事力量都不值一提。为了扩充军队，提高武装，姚广孝给朱棣出了不少主意，他要求朱棣马上召集人马，充实力量。什么流民、散兵游勇之类的，管他出身如何，先找过来再说。这样一来，朱棣的军队，很快就人数充盈起来。

光有人还不行，打仗不能挥着木头棒子上阵，要有兵器。可是哪找这么多兵器？只有自己锻造了，很快，朱棣发现，问题来了。

现在人人皆知皇帝要削藩，这个时候在家里锻造兵器，谁会不知道你想要干什么？皇帝马上就会派人来采取行动。为了掩人耳目，赢得足够的准备时间，姚广孝这个时候又发挥了他绝佳的聪明才智。

朱棣住的府邸是元宫旧址，非常深邃，姚广孝把练兵的地点安排在后苑，距离正门有相当的距离，这样就不会让练兵的声音传出去。然后，又挖了一个很大的地下室，"缭以厚垣，密甃翎甋瓶缶，日夜铸军器，畜鹅鸭乱其声"（《明史纪事本末》）。墙壁很厚，屋子四周还排列上很多的大缸，这似乎有很好的隔音效果。

不过，再隔音，敲打金属的声音也不会完全被过滤掉，姚广孝想了一个绝招，他在地下室的地面部分办起了副业，养了很多的鹅和鸭，这两种家禽叫起来简直对人的耳朵是种折磨，就这样，任凭地下的声音再大，混在叫声中也不会被人发现。

事情进行得很顺利，没多久，朱棣就拥有了一支足以和朝廷抗衡的军队，且这支军队，兵丁彪悍，装备优良。朱棣看着姚广孝一手打造出来的成果，心里五味杂陈。

也许朱棣并不想造反，虽然他可能会抱怨，可能会不满，伺候一个小孩让他很恼火，但他可能真的不想走到今天这一步。王爷的日子挺好的，荣华富贵，地位显赫，就算不能一主天下，却可以占据一方，过着舒心的日子。如果国家有难，还能披甲上阵，纵横驰骋。这样的生活多快乐，这才是朱棣想要的。

可就是这样简单的生活，朱允炆也不给他的叔叔。朱棣知道，这个孩子怕他的叔叔们有异心，怕他的江山坐不稳，怕自己终将死无葬身之地。那种“群狼环伺”的恐怖朱棣能理解，但这并不代表他会像那五个被废的藩王一样妥协，事实就是如此残酷，要么朱棣死，要么朱允炆死。

这是个很简单的选择题，而朱棣，不想死。

不过，在起兵之前，还有很多工作要做，朱允炆也不是瞎子聋子，他当然能够知道朱棣在做些什么，这场叔侄之间的较量，才刚刚开始。

玩不起的心理暗战

大殿之上，葛诚跪在地上，始终不敢抬起头来。他这次进京是带着任务来的，名义上是向皇帝报告一些藩王的消息，可实际上，燕王让他来，还有一个更重要的工作，那就是打探京城的消息，传递回去，给王爷作为参考。现在，他正等待着皇帝，能不能完成任务，还是个未知数。

突然，葛诚眼前出现了一双黄色的龙靴，同时，有一双手托起自己的臂膀，将自己搀了起来。葛诚一看，不是别人，正是当今的万岁，朱允炆。

葛诚慌忙又要再跪，不料朱允炆免了他的礼，笑眯眯地问了他一些关于燕王的问题。不仅如此，朱允炆还不忘关心一下葛诚的生活，问问他俸禄多少，家里人可好之类的。葛诚没想到，这样一个年轻人，坐在九五之尊的位置上，居然能够如此平易近人，和燕王的严酷相比，朱允炆就像是和煦的春风，吹拂得葛诚热泪盈眶，也把他的任务给吹走了。

葛诚再次跪倒，向皇帝和盘托出自己此行的目的，说自己是燕王派来打探消息的。没想到，朱允炆一点儿都没有生气，反而安慰他，并询问他愿不愿意为皇帝做事，回到燕王身边，替自己监视燕王。

葛诚此时早已感动得一塌糊涂，哪还能够拒绝。过了几天，带着皇帝任务的间谍葛诚，离开应天，返回北平。葛诚走后，朱允炆陷入了深深的思考，一个月前，在这大殿上，他和黄子澄、齐泰的对话还言犹在耳。

他们的讨论源于一道奏折，有人上报，说燕王、齐王有异心。于是皇帝招来了黄子澄和齐泰两个人，问他们该怎么办。黄子澄说：“燕王久称病，日事练兵，且多置异人术士左右，此其机事已露，不可不急图之。”（《明史纪事本末》）

听了这些，皇帝拿不了主意，就又问齐泰：“今欲图燕，燕王素善用兵，北卒又劲，奈何？”（《明史纪事本末》）齐泰听了，缓缓地将自己的想法说了出来：“今北边有寇警，以防边为名，遣将戍开平，悉调燕藩护卫兵出塞，去其羽翼，乃可图也。”（《明史纪事本末》）我们可以用防边的名义，把燕王的兵调到塞外去，这样一来，就能削弱他的力量，谋取他也就不成问题了。

经过一番激烈的争论，建文帝最终采取了齐泰的建议，他任命工部侍郎张昺为北平左布政使，谢贵为都指挥使，让这两个人在燕王身边，密切观察燕王的一举一动。

暗战，就此开始。

朱棣不是不知道自己身边新派来的这两个大臣是来干什么的，皇帝削藩之心已经昭然若揭，派两个人前来不过是明白地告诉自己，别轻举妄动，老实待着可能还能有好下场。对于这样两个堂而皇之来监视的细作，朱棣根本就没放在眼里，他做事一向滴水不漏，能被两个外人看出蛛丝马迹，这个王爷也不要做了。

朱棣一如既往地在外行事严密谨慎，回到家就马上操练军队，打造兵器。他以为这样就真的能掩人耳目，可是世上没有不透风的墙，千防万防，家贼难防。

这个家贼，就是朱棣的妻子，燕王妃徐氏。

说燕王妃是家贼，实在是有点儿冤枉她。因为她怎么也不会想到，和亲人们聊聊天，就会把自己的丈夫出卖。聊天或许无关紧要，但要看和谁聊，聊什么。很不幸，燕王妃没什么倾诉对象，她唯一信任的人，就是她的亲生哥哥，徐辉祖。

徐辉祖，魏国公徐达的儿子。一般来说，父亲太出色，儿子往往都没有什么出息，虎父无犬子，只不过是个美好的愿望而已。可徐辉祖的存在，却成了将门虎子的完美诠释。他不像别的开国功臣的后代那样，顶着父辈的荣耀作威作福，相反的，徐辉祖为人十分谦逊，而且在行军作战方面，很有徐达当年的风范，可以说，是一个不可多得的人才。更重要的是，徐辉祖对朱允炆，忠心不二。

当皇帝下定了削藩的决心后，徐辉祖就开始和自己的妹妹交往密切起来。在燕王妃看来，自己的哥哥经常和自己聊天、拉家常是正常的事情。燕王密谋造反的事，可能会有些冷落妻子，而这时，哥哥的适时出现，让燕王妃有了倾诉的对象。也就是在这些苦水中，她不知不觉地将丈夫的一些日常活动都告诉了哥哥。燕王妃怎么也不会想到，哥哥会把这些统统告诉皇上，燕王的行动，尽在掌握。

看上去，朱允炆的地下工作做得非常好，可惜，他没想到的是，他会安插钉子在朱棣身边，朱棣同样会把定时炸弹埋在他的左右。

跟朱允炆相比，朱棣就是个彻头彻尾的社会青年，他知道，现在的人，大部分都掌握了一项技能，那就是随风而动，谁更强，谁能给自己带来利益，就听谁支配。朱棣别的没有，战功和名声有的是，在很多人眼里，燕王朱棣就是一个强者。强者如果手里拿着金钱，那他想知道什么就能知道什么。

朱棣没有选择别人，他把目光投射在了皇帝身边的人身上。皇帝身边的人，除了老婆就是太监，朱棣没那么幸运，他是王爷，但不是国舅。于是，太监就成了朱棣下手的对象。

宫里的太监，是专门负责皇帝饮食起居的，想要了解皇帝，找他们最合适了。朱棣铆足了劲拉拢这些人，当在宫里受苦受难的公公们，一下子被人如此重视，还三天两头送礼，马上就昏了头了，燕王问什么，他们就说什么，有时说的比问的还多。

就这样，在地下工作这一块，朱允炆和朱棣打了个平手，这二人都知道了双方此刻在想什么，只不过这层窗户纸，还没人捅破。

就在所有人都认为朱棣应该老老实实的，别再惹事的时候，朱棣却做出了一件让人目瞪口呆的事来。

建文元年（1399年）二月，按照规矩，新帝即位，藩王要入京觐见，朱棣自然也来了。来干吗，来捣乱。史书记载，朱棣“行皇道入，登陛不拜”（《明史纪事本末》）。走皇帝才能走的路，见到皇帝还不跪拜。

他的不敬行为引起了大臣的不满，监察御史曾凤韶上书弹劾，没想到朱允炆说了一句“至亲勿问”就给打发了。随后，户部侍卓敬上密折，说道：“燕王智虑绝人，酷类先帝。夫北平者，强干之地，金、元所由兴也，宜徙封南昌以绝祸本。”（《明史纪事本末》）燕王是所有王爷中最像先帝的，如果现在不趁机解决他，恐怕后患无穷。

不知道此时的朱允炆脑子里想的是什么，面对大臣的这一正确提议，他居然说：“燕王骨肉至亲，何得及此。”（《明史纪事本末》）气得卓敬大叫：“隋文、杨广非父子耶！”（《明史纪事本末》）杨广都能谋害自己的父亲，亲叔叔又怎么样！朱允炆沉默良久，还是拒绝了，千载难逢的好机会就这样被他白白放走。

同样弱智的事朱允炆居然在几个月后又干了一次。时逢朱元璋的忌日，按例王爷应该亲赴京城前去祭拜，可有了上一次的经验，朱棣知道，自己如果再去，就不会像上次那么幸运了。于是他上疏称病，这本是一个挺好的主意，可朱棣也犯了次傻，自己不去，竟然派自己的三个儿子替自己去，这不是摆明了要给人家送人质吗?

果然，当朱棣的三个儿子朱高炽、朱高煦和朱高燧到了京城后，齐泰立刻建议将这三个人扣留下来做人质。这个时候，黄子澄站了出来，表示了强烈的反对，他的理由是：“不可。疑而备之，殆也，不若遣还。”不能让燕王有所防备，还是应该让他们回去。朱棣犯傻，黄子澄也聪明不到哪儿去。削藩已经是人尽皆知的事了，那五个王爷一夜之间成为庶民，难道是做游戏?

魏国公徐辉祖看到了皇帝的犹豫，马上上密折说：“三甥中，独高煦勇悍无赖，非但不忠，且叛父，他日必为大患。”（《明史纪事本末》）朱棣的三个儿子，都是徐辉祖的外甥，舅舅看外甥，一般都看得比较准，不过徐辉祖看得也太准了，他不但不同意把这三个人放回去，同时还警告皇帝，说朱高煦这个人是三子中最无赖勇猛的，他不但不会忠于陛下，就连他父亲也不能让他忠心跟随。

历史终将证明徐辉祖的明智，以及黄子澄的无用。

皇帝最终同意了黄子澄的建议，将三子放回属地。当朱棣正后悔自己的行为时，看到三个儿子完好无损地回来了，简直不敢相信，高兴地仰天长叹：“吾父子复得相聚，天赞我也。”（《明史纪事本末》）

通过这件事，朱棣算是彻底看清了他的对手朱允炆，没错，这个孩子有想法，但是他最大的缺点，就是太看重亲情，以致优柔寡断，这个特点，放在谁身上都是良好的品质，但放在一个皇帝身上，就是致使的短板。

朱棣抓住了这个短板，从此勇往直前。

第十章　帝二代的“杜拉拉升职记”

史上最健康的精神病

金乌西沉，大路上，两个人行色匆匆，急急忙忙赶往燕王府。他们就是建文帝朱允炆安排在朱棣身边，监视他行动的北平左布政使张昺和都指挥使谢贵。他们得到了一个消息，燕王病了。

燕王一向身体不错，可是从京城觐见回来后就一直说身体不好，明眼人谁都看得出来，他这是为了不去京城参加先帝朱元璋的忌日找借口。皇帝放他一次，未必会有第二次。虽然他不能去，但也必须有人代替他前去祭拜，因此，朱棣的三个儿子就被派去应天参加典礼。本来朱棣后悔死了，想着这三个儿子一定是羊入虎口，再也回不来了。可没想到皇帝真的又向朱棣解释了什么叫没脑子，居然把三个儿子给送回来了。没有人质在皇帝手里，也不用再去京城，朱棣的身体按说应该好起来啊，怎么又病了？

朱棣装病确实是为了逃脱被扣留的命运，但这只是原因之一，更重要的是，朱棣需要时间，他要用装病来拖延时间。十几万人的军队还要再多加调教，将士们的衣食粮草也要去四方筹措，包括作战计划、行军路线、情报的收集，这些，都需要时间，大把的时间。他朱棣不是神仙，不能一股作气就把几十万人，所有事情一瞬间安置妥当。这些事情，都要一步一步来，慢慢来。

毕竟这是造反，不是狩猎，更不是肃清边疆。后面两件事都可以由朝廷支持，钱多的是，花起来也不心疼。可造反不一样，这是一条不归路，从走上的那天开始，就注定了不能回头的命运。不成功，便成仁。如果不能仔细筹划，就会一步错，步步错，朱棣绝不能允许这样的事情发生。

时间从哪儿来，只能靠装病来欺上瞒下，装病朱棣还觉得不够真，索性装起疯来。一时之间，整个北平的人都知道了，堂堂大明王爷朱棣，疯了。

这个消息可不是朱棣府中人放出来的，传点儿假消息，未必能瞒过所有人的眼睛，这场戏，一定要朱棣亲自上场。最开始，疯子朱棣在大街上大呼小叫，专找人多的地方闹，扯扯这个的衣服，拉拉那个的头发，人们一看是王爷，也不敢跟他较真，接着，朱棣变本加厉，到了饭口就直接闯进人家家里，抓过桌上的饭菜就吃，根本不跟你客气。被闯人家也无可奈何，人家是王爷，平时见都难见到一面，能到你家吃饭是看得起你，虽然这个时候的王爷不太正常。

吃饱喝足了之后，朱棣还不消停，走到集市上，随便找个地方一窝，一睡就是一整天。这样的行为，知道的，是王爷疯了，不知道的，还以为是哪来的要饭的。确实，朱棣疯病的所有表现，都和乞丐没什么区别。有些人看到朱棣这个样子，只能背地里叹息，你看看，生在皇室又怎么样，说疯就疯了，泼天的富贵，又有什么用？

就这样闹了没几天，朱棣疯了的消息就传到了张昺、谢贵的耳朵里。这两个人开始还不信，为了一探虚实，这两个人决定亲自登门探病，人到底疯没疯，一试便知。

就在这两个人一边走，一边商量怎么试探朱棣的时候，一进门，眼前的一幕就让他们惊呆了。

那时正值六月，盛夏时节，待着不动都能出汗，天热的让人觉得扒了皮都不够凉快，可朱棣居然裹着个棉被，拥着个火炉，在二人面前烤火！

就在两个大臣还没缓过劲来，朱棣又加了把劲儿，哆哆嗦嗦地说了一句惊天地泣鬼神的豪言壮语：“寒甚！”（《明史纪事本末》）

疯了，绝对疯了，这么个天气，能不心浮气躁地扇扇子就不错了，他居然披着棉被，烤着火，还说冻死我了！张昺和谢贵当时就决定，不用试探了，如果这样还不叫疯，那就是他们俩疯了。

张昺和谢贵问了几句病就马上离开了，再不走，屋里那个大火炉就能把他们俩烤疯了。也正因为如此，他们也没来得及看清朱棣难挨的表情和脑门上颗颗的汗珠。

回去之后，两个人立刻上书朝廷，表明朱棣的现状，特别声明朱棣确实是疯了。皇帝看了，稍微放下心来。看来这个叔叔，也不过是外强中干。

皇帝那儿刚放心没几天，张昺和谢贵就被葛诚当头棒喝了一下，这个间谍反水之后倒是对皇上忠心耿耿，由此可见建文帝的怀柔政策效果卓著。葛诚告诉这两位大臣，说“燕王本无恙，公等勿懈”（《明史纪事本末》）。燕王根本就没疯，你们可千万别掉以轻心啊。

收到这个消息后，齐泰立刻作出反应。他做了详细的部署：“即发符遣使，往逮燕府官属，密令谢贵、张昺图燕，使约长史葛诚、指挥卢振为内应。以北平都指挥张信为燕王所信任，密敕之，使执燕王。”（《明史纪事本末》）。这个计划其实很详密，首先，派人持逮捕令，前往燕府逮捕所有的官属。同时，命令谢贵、张昺继续监视燕王，让葛诚、卢振作为内应，一旦有所行动，可以里应外合。最后，把逮捕燕王的任务，交给了张信。

这个决定，直接导致了整个行动的失败。因为张信，是燕王的旧部下，把这么重要的任务交给了一个并不可靠的人，齐泰这步棋，走得太臭。

张信接到任命后，十分地为难，毕竟自己是燕王的部下，按道理应该站在王爷这边。可是，如果真的把事情告诉朱棣，也就意味着自己抛弃了朝廷，走上了反贼的道路，这个选择，不好做。好在，有一个人替他作了决定，这就是张信的母亲。老人家听说儿子要去逮捕燕王，居然大惊失色，教训他说：“不可。吾故闻燕王当有天下。王者不死，非汝所能擒也。”（《明史纪事本末》）燕王哪是你能捉拿的，那是会得到江山的人，是真龙天子，你可不能糊涂啊。

这个老太太的言论很值得推敲，她怎么会知道朱棣能不能坐上江山？很简单，朱棣想要起兵，就必须做好舆论工作，要让百姓支持他，就只能说自己身负天命，是潜龙在渊，有朝一日一定会一飞冲天。老太太们，尤其是没什么文化的老太太，对这些最信了，也多亏她信，救了燕王一命。

张信很听话，被母亲教训后，立刻决定帮助燕王。他马上赶往燕王府，没想到燕王根本就不见他，不得已，只得“乘妇人车，径至门求见”（《明史纪事本末》），这才得到被接见。

进门后，张信跪在床前，许久都没听到王爷的问话，一抬头，看王爷还在那儿装疯。张信没办法，只好说：“殿下无尔也。有事，当以告臣。”（《明史纪事本末》）王爷您别装了，我有急事要禀报。

朱棣听了不为所动，依然坚持，“疾，非妄也”（《明史纪事本末》）。我真没装，我是病了。听到这话，张信都快笑了，他又说：“殿下不以情语臣，上擒王矣，当就执；如有意，勿讳臣。”（《明史纪事本末》）您再不说实话，我也没办法，我身上就带着逮捕您的命令，如果您真想起兵，就别再瞒着我了。

事实证明，张信的话就是灵丹妙药，专治朱棣的疯病。听了张信的话，朱棣马上从床上起身，下地跪拜，说：“生我一家者子也！”（《明史纪事本末》）然后，朱棣叫来姚广孝，一同商量造反的相关事宜。当时正好天降暴雨，房子上的瓦片掉了下来。朱棣看了，心里不高兴，没想到姚广孝却挺开心。朱棣骂道：“和尚妄，乌得祥！”（《明史纪事本末》）你也太狂妄了，这有什么值得高兴的。

姚广孝笑笑，说：“殿下不闻乎？‘飞龙在天，从以风雨’。瓦坠，天易黄屋耳！”您没听过么，龙行从云，这是大吉之兆啊。

朱棣听了，病好得更彻底了，从此恢复了健康，再一次生龙活虎。

为了起事，装疯卖傻，忍人所不能忍，朱棣的忍耐力，不是常人所能想象的。

本来对朱允炆有利的局势，这个彻底变了，开始朝着有利于朱棣的方向发展。

朱允炆，把你的宝座让给我

等了许久，先锋张信迟迟没有行动，甚至连人影也没了，如同泥牛入海。为了安全起见，齐泰又派曾经打探过燕王朱棣的张昺和谢贵前往北平。这次出使，张昺和谢贵的身份大是不同，因为他们带上了皇帝朱允炆的诏书。他们有权率兵包围燕王府，甚至逮捕燕王朱棣的下属官员。

弄了这么大的排场，可见朱允炆削藩的决心很大。但是，朱允炆心慈仁厚，再三告诫张、谢二人，不可为难朱棣。想削弱能征善战的朱棣，如果不用强力，不会有好结果。朱允炆姑息养奸，无论从他的性格，还是行动上分析，消藩都是矛盾的，因而不会有好结果。

与朱允炆不同，朱棣却是一个敢想敢干的人。张信告密后，朱棣当机立断，召集大军，命大将张玉和朱能为帅，严密保护燕王府。燕王府的保卫工作还没布置妥当，张昺和谢贵就捧着圣旨，优哉游哉地来了。府上的兵力太少，无法与中央大军抗衡，朱棣就摆空城计。经过细心安排，朱棣彬彬有礼，恭请张昺和谢贵进入燕王府。燕王府比地狱还可怕，张昺和谢贵死活都不去，坚持要求朱棣走出来，跪接圣旨。

在紧要关头，朱棣又使一计，他告诉张、谢二人，已经逮捕妄图造反的人，需要中央使者进府，验明造反者的身份。对方老奸巨猾，张昺和谢贵应付不过来，只得进入燕王府。他们是这么想的，圣旨没要求抓捕燕王。即使朱棣图谋不轨，也不会这么快就发难。

尽管燕王府很恐怖，作为朝廷的使者，张昺和朱贵认为，他们的命还是勉强可以保住的。

在大堂中央，朱棣坐着，一副上气不接下气的样子，好像疯病还没好。

想到外面传说，朱棣是装疯的，张昺和谢贵不禁对望一眼，心扑通、扑通地跳，刚想转身跑出去，大堂上突然冒出一帮凶神恶煞的武夫，将他俩团团围住。

见张昺和谢贵连胆都给吓破了，朱棣有气无力地咳了一声，众武夫纷纷散开。朱棣说了几句话，都问中央对他装疯的看法。张昺和谢贵被吓傻了，说话结结巴巴，就像有口吃。

一小会儿后，侍仆端来瓜片。张昺和谢贵正想找个话题岔开这个关于装疯的痛苦的谈话，就伸手接瓜。

突然，朱棣直挺挺地跳起来，大嚷大闹。朱棣的意思是，虽然身为皇亲国戚，他每天都为生命担忧，简直生不如死。既然没有比生不如死更坏的了，他就什么都敢干。

接下来的事就很简单了，张昺和谢贵被捆绑起来。他们是生是死，全在朱棣的一念之间。

按理说，张昺和谢贵是带着军士来的。他们被捆绑，带来的军士应该站出来干预。但是，这两个人不仅轻信，还很迂腐。进门时，燕王府上的人告诉他们，其他军士级别不够，不能进入王府，张昺和谢贵竟然死守迂腐的规矩。

既然中央颁发了逮捕的诏书，已经被逼上梁山了，朱棣就要大干一场。在大堂正中央，当着府上诸人的面，张昺、谢贵和葛诚等几位中央使者，统统被朱棣斩首示众。

中央的使者被杀了，不管朱棣当初的意愿如何，结果只有一个：他走上了造反的路。造反是一条不能回头的路，只可往前，不成功，就成寇。

张昺和谢贵等领头羊被杀害后，中央派来的其他军士顿时成了乌合之众，纷纷沦为朱棣的刀下鬼。之后，燕王府上就像喷发了火山一样，将整个北平城都给震惊了。因为，从燕王府上，冲出一支彪凶悍无比的军队，以闪电般的速度，眨眼间就占领了北平的九道城门。

占领北平的九道城门，就意味着掌握北平城的控制权。尽管朱允炆之前花费了无数心思，苦苦安插忠臣良将守卫，北平诚最终还是落入朱棣的掌握。因为朱棣不仅老谋深算，还有几位厉害的大将。在占领北平城的战斗中，朱棣的大将张玉，就立下了很大的功劳。

相比而言，朱允炆安插的将领，死的死，伤的伤，逃的逃，真的不堪一击。

那时，朱允炆安插的将宋忠驻扎在北平城外，还没等宋忠反应过来，不到三天，朱棣就控制了北平城。叛军虎视眈眈，就像一群发疯的恶狼。为了保全实力，宋忠只得退守怀来。

俗语言，名不正，则言不顺；言不顺，则事不成。对朱棣而言，起兵造反事小，找一个正当的理由最难。在道衍的帮助下，朱棣找到一个勉强可以说得出口的理由：“朝无正臣，内有奸恶，则亲王训兵待命，天子密诏诸王统领镇兵讨平之。”（《明史》）

以这几句祖训为根据，打着“靖难”的旗号，朱棣的军队浩浩荡荡地向南方的都城进发。

更令朱允炆感到措手不及的是，朱棣竟然先修书一封，告诉皇帝，说他身边有奸谗小人，朱棣出兵，只为清除这等小人。

历史是多么的相似，在大汉历史上，吴王刘濞觊觎皇位，也借削藩之机，以“清君侧”为幌子，起兵造反。朱棣此举，不过是想实现吴王刘濞没能实现的梦想。

尽管叛军笔直挺向宋忠驻扎的怀来，北平城附近的南方军队还是很忠义，纷纷涌向怀来，誓与叛军决一死战。为补救没能制止朱棣占领北平城的过失，宋忠表现得十分勇敢，以非凡的镇定收编前来投奔的军队，并以莫大的勇敢鼓励军士直面凶神恶煞的叛军。

两军相遇，朱棣果然老奸巨猾，特意安排与宋忠的士兵是亲属的军队打先锋。

原来，为了激发军士的斗志，宋忠告诉他们，他们在北平城的家属都被朱棣杀害了。军士们听了宋忠的话后，义愤填膺，恨不能生吃朱棣的肉，活剥朱棣的皮。但是，当宋忠的士兵看到自己的亲人站在朱棣的前线时，都很恨宋忠。他们之中，有的逃亡，有的临阵倒戈。

军队发生哗变，结果可想而知，宋忠只得披挂上阵，最终被活捉。

朱棣很爱惜宋忠的忠心，以卑辞厚礼招降，宋忠一口拒绝。在朱棣眼里，不是朋友，就是敌人。既然是敌人，朱棣就不会放过宋忠。

北平城被占领，居庸关被攻破，怀来被攻陷，大将宋忠被杀。朱允炆万万料想不到朱棣的速度如此之快，万分惊恐。

老将出马，不一定能顶俩

叛军首战告捷，势如破竹，气势大增，不到20天，就聚集了好几万人。

朱棣以“靖难”为旗号，为了证明自己的合法性，朱棣废除朱允炆建文的年号，改用洪武的年号。

提到洪武年间，那是令功臣闻风丧胆的年代，因为有功之臣接连被诛杀。凡是开国功臣，几乎无不害怕洪武年间，唯独一人不怕，他就是耿炳文。

耿炳文是朱元璋的同乡，随朱元璋一起打天下，可以说是身经百战。朱元璋称帝后，封耿炳文为长兴侯，优礼厚待。

耿炳文被封为长兴侯，因为他曾在长兴立下汗马功劳。想当年，彪悍的张士诚死攻长兴城，但无论如何都没能攻破，因为守将是耿炳文。耿炳文坚守长兴城十年之久，就相当于为朱元璋拖住张士诚十年，功劳真的不小。

朱元璋麾下有很多能征善战的勇将，善于守城的却很少，因此耿炳文的功劳就显得更大。打下江山后，朱元璋需要的是守御疆土的大将，因而耿炳文能够平平安安地度过恐怖的洪武年间。

事实证明，留下耿炳文，非常有用。首先，即使耿炳文想造反，也损害不了大明朝的稳固；其次，如果有人造反，可以派老将耿炳文出马。一句话，留下耿炳文，利大于弊。

朱棣既然是能征善战的老将，而耿炳文善于守城，朱允炆就派耿炳文抵御自己这位皇叔。朝廷给耿炳文三十万大军，他本可一举踏平朱棣叛军。但是，姑息养奸的朱允炆多说了一句话，使耿炳文不敢放开手去干。

朱允炆再三提醒耿炳文，不能伤害他的叔叔朱棣，因为他不想背上杀害叔叔的恶名。

自古皇权斗争，伤及亲人，甚至是手足或者父母，都是不可避免的事。朱允炆爱惜名誉，过于仁慈，注定干不成大事，甚至会反受其害。

八月份，正是就要收庄稼的时间，耿炳文率领大军驻扎在真定。朱棣勇敢多谋，耿炳文不敢掉以轻心，而是分军三路，成品字行驻扎，互为犄角之势。

中央大军以猛将杨松为先锋，进驻雄县；徐凯为右军，驻守河间；潘忠为左军，驻守莫州。

敌军的人马还没到齐，阵势还没摆好，朱棣就看出耿炳文的意图。

既然耿炳文自恃人多势大，打算像沙丘移动一般，稳扎稳打，一小口、一小口地将叛军吞下肚，朱棣就派出骁勇善战的张玉对付这位老将。

耿炳文是很稳重的人，张玉却是很张狂的人。两人相遇，注定有一番好戏。

经过一番军事侦察，张玉觉得，中央大军毫无纪律，更没有斗志，先锋杨松没有谋略，潘忠和徐凯更是不足挂齿，耿炳文老而无用。他保证，只要能放开手大干一场，他一定为朱棣打开通往南方帝都的道路。

由北平到南方的帝都，要经过山东。山东百姓，都是很讲忠义的大汉，不好对付。既然张玉放出豪言壮语，朱棣就放手让他大干一场。

叛军继续向前进发，直到离杨松的驻扎地很近的娄桑。朱棣的胆子很大，竟然在一个月明之夜偷袭杨松的军队，因为那一天是中秋。

中央大军不仅纪律涣散，甚至没有防备意识，竟然在中秋佳节喝得烂醉如泥。叛军杀入大营，砍杀中央大军就像砍萝卜一样容易。杨松被吓得魂都没了，竟然忘了组织军队抗击，而是一味向潘忠求援。

求告刚刚发出，杨松就中了朱棣的奸计。因为朱棣之所以大举攻击先锋杨松大营，却又不火速攻破先锋部队，就是要引潘忠和徐凯前来相救。接到求救信号，潘忠想都不想，火速出军雄县。路过月荡桥时，突然四周炮声四起，桥边立刻冒出无数叛军的脑袋。酣战半刻，潘忠军队全被歼灭，潘忠本人被活捉。紧接着，前线传来消息，先锋部队也被歼灭，杨松死于乱军之中。

叛军锐气当头，中央大军中就有人见异思迁，代表人物是张保。尽管是耿炳文的部将，张保还是相信，耿炳文不是朱棣的对手。他告诉朱棣，中央大军有三十多万，但还没齐集。叛军应该趁中央大军还分散时攻击，如果等中央大军集合完毕，就不容易对付。

听到这么好的消息，人人欢呼，甚至张玉等大将都高兴得手舞足蹈，只有朱棣一人很沉着。朱棣告诉张保，让他转告耿炳文，只要中央大军没集合完毕，即使只差一个人，他决不会进攻。

众人听后，无不瞠目结舌，张保差点连眼珠都给瞪出来了，都不相信朱棣真的会这么做。

朱棣之所以这么说，主要有两个原因：第一，他不敢相信张保。如果张保说的是假话，一旦叛军进攻，就等于自寻死路。第二，叛军气势太盛了，朱棣总想一举成名。只有等中央大军集合完毕了，赢了一场规模宏大的战争，才能够青史留名。

事实证明，朱棣是对的，耿炳文果然将所有的军队都合在一处。不过，耿炳文没有主动出击，而是静静地等着，让朱棣先发起进攻。

耿炳文的履历告诉世人，他是一个善于防守、不会进攻的人。他自己也知道，如果贸然带兵进攻，说不定会上朱棣的当。耿炳文不害怕朱棣的气势，而是害怕朱棣的计谋。他决定等着朱棣来进攻。他有的是时间，而朱棣却没有，因为他的后勤供给不如对方，多拖延一天，他付出的代价就会增加一倍，唯有进攻才是出路。

耿炳文一直静静地等着，等待朱棣出现在中央大军的正前方。但是，朱棣没出现在正前方，而是领着一支几千人的精锐队伍，绕到西南面，突然猛攻。中央大军的主力都在正前方，西南方一鼓就被攻破。耿炳文被杀了个措手不及，两个大营被攻破，死伤无数，血流漂橹，尸积如山。

人老了，但刀不老。耿炳文火速组织军队，列出阵势，抗衡叛军。就在这个时候，正面的叛军大声擂鼓，发起地动山摇般的攻击。

尽管两面受敌，耿炳文还是很沉着，不失老将的风范。

在叛军的三大将领——张狂的张玉、傲慢的谭渊和果敢的朱能——摧枯拉朽般的攻击下，中央大军的正面战场损失惨重，伤亡数字直线上升。更令耿炳文感到伤痛的是，朱棣所带领的几千精锐部队，已经绕到中央大军的身后，杀得中央大军毫无还手之力。

尽管腹背受敌，四面楚歌，耿炳文还是保全了一部分军队，艰难地退守滹沱河东。中央大军几万人，哭爹喊娘地逃跑，追逐的人却只有以朱棣为首的三十几个人。老将耿炳文本想马上就杀回去，但是，仔细一想，耿炳文还是放弃了，因为他相信朱棣身后早已安排下伏兵。

没命地苦奔了一阵后，耿炳文带领残兵败将，上气不接下气地躲入真定城。

兄弟，“借”我一点兵

中央大军腹背受敌，无论是前方还是后方，都深受重创，使耿炳文更加不敢小觑朱棣。自从平安退守真定城起，耿炳文就只认一条真理：紧闭城门，死守不出。

叛军不仅张狂，甚至不要命。在追击耿炳文所带领的几万逃军过程中，不仅朱棣只带着三十几个人猛追不放。到后来，竟然冒出一个不要命的朱能。朱棣都撤军不追了，朱能仍然带着几十位部下，死追不放。

更令中央大军闻风丧胆的是，朱能不仅追击，甚至是大追、猛追，速度越来越快。他所带领的几十个人，如流星一般地追上中央大军，硬挺挺地杀进去，连杀带俘，一共吞并三千多个中央军士。

退守真定城后，耿炳文坚守不出。叛军攻了几天，真定固若金汤。朱棣拿他没办法，就想撤军，攻打其他地方。但是，上天突然掉下一个无用的将军，又给了朱棣一次机会。

从双方的优劣来看，耿炳文之所以坚守不出，因为他善于守城，而朱棣善于进攻。如果耿炳文进攻，等于伸长脖子等朱棣拿刀来砍。相反，如果耿炳文坚守，就可以化劣势为优势。首先，坚守充分发挥耿炳文的特长，有利于牵制朱棣的进攻优势；其次，时间一久，叛军的后勤供给必然难以支撑，到时就会自然瓦解。可惜，朝中的高官，包括朱允炆本人，都不了解战局。他们只知道，耿炳文先是大败，接着坚守不出，有辱中央的声威。

为了朝廷的声威，也为了个人利益，无谋的黄子澄竟然保荐李景隆代替耿炳文。听到李景隆即将带领大军前来的消息，叛军无不害怕，只有朱棣笑得最开心，因为李景隆只是一只好看但不实用的花瓶。为了李景隆上任一事，中央内部出现了分裂。以黄子澄为首的一派死力支持李景隆，原因很简单，如果名将之后李景隆成功剿灭叛军，黄子澄等人就会升官。以齐泰为首的另一派反对，他们认为，李景隆是纨绔之弟，只会高谈阔论。

也许是朱允炆太年轻了，也许是求胜心切，他竟然任命李景隆为主帅，撤老将耿炳文回家养老。

穿上华服，手掌帅印，坐上大轿子，李景隆趾高气扬地开赴前线。他之所以敢如此傲慢自得，因为中央给了他五十万大军。五十万大军是一支骇人的军队，朱棣却不这么认为，因为五十万个李景隆都比不上一个耿炳文。

军队作战，讲求军队的素质，更讲求主帅的谋略。与耿炳文相比，李景隆简直只有三岁小孩的大脑，叫朱棣如何不高兴。

为鼓舞士气，朱棣告诉众人，尽管李景隆身后有五十万大军，但比不上一个退守真定城的耿炳文。朱棣的意思是，连耿炳文这等身经百战的开国元勋都被击败了，对付纨绔子弟李景隆自然非常容易。

算起来，为了清剿叛军，中央已经派出八十万军队了。再估计国家军队的数量，朱棣发觉，中央军队就要枯竭了。如果能够挺过五十万大军这一关，皇位的宝座就是他朱棣的。

可是，五十万大军，就算绑起来砍头，也要砍几天几夜，何况他们都是活蹦乱跳的大活人。再说，如果中途杀出一个勇谋过人的小将军，说不定朱棣的一辈子就完了。

叛军的兵力很勇猛，但是人数太少了，朱棣决定借兵。

前往借兵之前，朱棣先做了妥善的安排，命长子朱高炽坚守北平城。朱棣再三嘱咐，北平城是他们父子的根基，无论花费多么大的代价，北平城都不能失陷。

朱棣的言外之意是，北平城存，朱高炽就活；如果北平城失陷了，朱高炽就要以身殉城。下一道死守城池的命令给自己的儿子，还是身患残疾的长子，可见朱棣是豁出去了。

接着，朱棣派遣军中大将开往前线，虚张声势，吓唬李景隆的五十万大军，希望能够拖住中央大军前进的速度。

中央大军中没有勇谋兼备的厉害人物掌舵，见到凶狠狠的叛军，果然退缩了，前进的速度不知不觉放慢。

一切都在掌握中，朱棣很高兴，带领随身侍卫，只身前往拜见宁王。

中央大面积削藩，作为藩王之一，宁王的势力也受到打击。宁王善于谋略，但是没有勇气，不敢公然起兵反叛。

叛军首领燕王到来，宁王做了两手准备。如果朱棣劝说造反，宁王坚决不听，甚至可能逮捕朱棣，交给朝廷；如果朱棣是来做客，宁王可以尽地主之谊，为朱棣向朝廷说些好话。因为，宁王认为，中央的五十万大军会将朱棣砍成齑粉。

朱棣一行来到城门口，进入宁王城的却只有朱棣一人，其他人都驻扎在城门外。宁王一见，对朱棣的防范之心即刻松懈，手拉手，开始叙旧。

利用宁王轻信的弱点，朱棣很悔恨地说，他一时糊涂，不该起兵造反。中央的五十万大军将他吓傻了，希望宁王顾念兄弟情谊，为他向中央求求情。

宁王听后，心里非常舒畅，一口应允。趁宁王松懈警备之心，朱棣说，他的军士驻扎在城外不方便。对方的话还没说完，宁王就命麾下最精锐的朵颜三卫前往迎接。

朱棣此行，只有一个目的，收编宁王最精锐的朵颜三卫。朵颜三卫是一支特殊部队，装备也特殊，因而战斗力十分强劲。当然了，宁王没有蠢到家，他不允许朱棣的军士带着武器进城。朱棣表示，他们是来做客，不是来打仗，只带礼物，不带兵器。

在宁王府的这些天，朱棣很规矩，该说的才说，该看的才看，绝没有走错一步。宁王很纳闷，像朱棣这样规矩的人，怎么会造反呢？

几天后，朱棣说他要回北平城了，不能再逗留了。宁王感到很遗憾，因为朱棣彬彬有礼，很像一位翩翩君子。分别时，朱棣悄悄地告诉宁王，希望宁王加入“靖难”的行列。宁王一听，瞪大眼睛盯着朱棣，义正词严地拒绝了。朱棣从来不允许对方有第二个选择，他的眼皮一动，就有军士站上前，要挟宁王。宁王觉得，朱棣也太大胆了，在他的地盘上，竟然敢动武。可是，朱棣真的动武了。

对方已经拔出鬼头刀了，宁王大喝一声，没有人响应。宁王又接着大喝一声，还是没有人响应，精锐部队朵颜三卫呆呆地站在原地。就在这个近乎凝冻了的时刻，宁王发现，朱棣笑了，笑得很诡异。原来，朱棣带来的礼物，不是一般礼物，而是令人心动的金钱。朱棣表面规规矩矩地陪宁王吃饭、聊天、散步，他的部下却暗中收买朵颜三卫。

朵颜三卫见钱眼开，纷纷倒向朱棣。宁王非常懊悔，恶狠狠地看着朱棣。朱棣还是微笑，笑得很诡异。朱棣收编宁王的部队和精锐的朵颜三卫，时间是十月。

当然了，宁王府上也有忠勇之人，以朱鉴最为杰出。从开始到结束，朱鉴都反对朱棣，眼见宁王受到威胁，为了救主，朱鉴力战而死。

“靖难”之役，不仅是一场权力争夺，不仅是一场战争，也是一场对忠和奸的考验。

大将无用害死人

《明史》记载，朱棣告诉诸将，“景隆色厉而中馁，闻我在必不敢来”。这话的意思是，李景隆外表强硬，但是内心十分懦弱。只要听说朱棣坐镇北平大营，他一定不敢领兵围城。

从这个层次分析，朱棣前往拜见宁王，既为收编宁王的部队，也为引诱李景隆围困北平城。果如朱棣所料，李景隆上了大当，听说朱棣不在北平城，火速率军围城。他的布置是这样的，五十万大军一齐扑向北平，并且在北平的九门都修筑攻城的堡垒。

为切断叛军的救援，李景隆还调拨一支小分队，命他们攻取通州。

中央大军有五十万，每人一口痰，北平城就要遭遇洪灾。因此，李景隆很悠闲，将大营设在郑村坝，甚至设了九座大营。

从李景隆的布置来看，实用的很少，花哨倒是很多，这很符合他这种纨绔子弟的性格。

一切安排妥当，李景隆一声令下，顿时炮弹冲天，火箭齐发，无数利器纷纷飞向北平城。一小会儿，北平的九道城门告急，纷纷向朱高炽求救。

五十万大军，一个接一个地向前挤，简直像洪水猛兽。朱棣将北平交给残废的长子，除了胆子大外，他还安排了副手。

就在最薄弱的顺城门即将被攻破之际，大将梁明挺身而出，厉声高喝，不仅是军士，甚至连城中的妇女们都被激发得血脉贲张，纷纷涌上前线，加入战斗。

突然间，顺城门上满是砖块和瓦片，一堆又一堆地砸向中央大军的头顶。在城内妇女的踊跃参与下，顺城门被无数的瓦片和砖块给保住了。

经过一天的苦战，双方互有死伤，中央大军的伤亡最严重。朱高炽知道，想当世子，继承他父亲朱棣的爵位不容易。李景隆也知道，想摆脱纨绔子弟的骂名，建功立业，继承他父亲李文忠的光辉传统，更是不容易。

北平之战，对士兵而言，是生死之战；对朱高炽而言，是权力之战；对李景隆而言，则是荣誉之战。

果然是将门出虎子，朱高炽充分发挥他父亲大摆空城计的奸诈，冒险一试，星夜偷袭李景隆坐镇的中央大军。

北平城就要被攻破了，任谁都想不到，朱高炽敢出城偷袭。中央大军防范有疏，吃了一场败仗，李景隆真的被吓住了，退后十里安营扎寨。

但是，瞿能看出了其中的阴谋。他认为，朱高炽敢出城偷袭，只是虚张声势，完全是空城计。叛军闹得越大，越是从反面证明，他们实力的虚弱。

趁混战之际，瞿能率领部下的几千人，猛攻张掖门。

事实证明，瞿能是对的，朱高炽果然是虚张声势，因为张掖门就要被攻破了。

就在这事关成败荣辱的关键一刻，李景隆下了一道遭人唾弃的命令，禁止攻城。原因很简单，如果让瞿能攻破城池，这就证明李景隆是白痴一个。

为了摆脱白痴的骂名，李景隆必须自己攻破城池。可是，正因为他这一道禁止攻城的命令，明明白白地证明，李景隆是白痴。

这事该怪李景隆，也怪瞿能不能抓住生命中仅有一次的大好机会。如果瞿能敢于抗令不遵，他就是改写历史的大英雄。机不可失，时不再来，真是可惜。

瞿能的军队刚刚撤退，张掖门马上就被修缮，比其他城门还要坚固。

已经咬住对方的弱点了，李景隆调集大军，命令军士狠攻张掖门。他想得很简单，既然瞿能的几千人都能攻破，何况是他的几十万人。

事实并没有预想的美丽，情况反而很糟。

次日，北平城就像变戏法一样，改换了头面。中央大军都怀疑，他们眼前的城究竟是不是北平城。因为北平城裹在银装素服里，分外妖娆。

原来，朱高炽充分利用天气优势，命人往城墙上浇水。那时正值寒冬天气，北方的气温极低。一晚上的工夫下来，北平城就成了一座冰城。

望着妖娆的、冷冷的北平城，不知道李景隆是否会后悔。

时间如流水，过得很快。刚刚一眨眼，朱棣领着宁王的军队，雄赳赳、气昂昂地向郑村坝挺进。

同时，李景隆也不甘示弱，派遣大将陈晖前去迎击朱棣。李景隆认为，好不容易逮住朱棣不在北平城这个天大的机会，无论如何，一定不能让朱棣返回北平城。

正逢冬季，大雾弥漫，甚至飞雪漫天，能见度很低。陈晖在北平城外转了好几圈，终于发现朱棣的行军痕迹。

顺着这条线索，陈晖很快就追上朱棣。陈晖之所以不马上发动攻击，因为他想等朱棣临近后，与正前方的中央大军，玩两面夹击。

计划很理想，可惜朱棣太精明了，他发现了陈晖。

叛军的大部队继续前行，陈晖照样跟踪。突然，前方的叛军主力不见了，只剩下陈晖所带领的军队。紧接着，响起一声尖锐的口哨，四周突然冒出大量军士，团团围住陈晖的军队。

伏兵是精锐的朵颜三卫，他们骑在战马上，横冲直撞，陈晖军被杀得片甲不留。幸好大雾弥漫，陈晖捡回一条小命。

事情进展得非常顺利，朱棣收编的军队成功与北平城的会师。合军一处后，朱棣立刻向曾经的好朋友李景隆下挑战书。

这是一场面对面的、大规模的阵地战，需要人多，更需要勇气。在朵颜三卫的勇猛冲击下，中央大军简直不堪一击，四散溃败。这一仗打下来，李景隆有七座大营被攻破，死伤无数。

在叛军中，有一个名叫马三保的人，他看出了中央大军的要害。马三保指出，中央大军之所以没有被完全攻破，全是因为李景隆坐镇的中军没有受到重创。如果叛军集中主力，死力攻击李景隆的中军，中央大军将即刻瓦解。

时间不多了，不能再拖。朱棣采纳建议，命马三保为将，大举攻打李景隆的中军。朱棣还拨出两支军队，一左一右，猛攻李景隆的两翼。

在叛军三大主力的猛烈夹击下，李景隆不知应变，束手无策。几十万大军，因为李景隆的无能，都成为叛军的刀下鬼。

更令人痛恨的是，李景隆不仅无能，还很胆怯。在一番厮杀的吓唬下，他竟然独自一个人，偷偷摸摸地逃了。

主将不在，军心大乱，朱棣抓住时机，一举攻破郑村坝大营。

在这场战役里，马三保立了大功，后来，朱棣不仅嘉赏，还赐他郑姓。马三保还有另外的一个名字，叫马和。被赐姓郑后，人们不再叫他为马三保，也不叫郑三保，而叫他郑和。

李景隆，我真为你感到悲哀

战争打了几个月，朱棣的势力越来越大。他不仅接连吞下了中央的八十万大军，还收编了宁王的军队。朵颜三卫是蒙古骑兵，最难对付。

接到李景隆战败而逃的消息后，黄子澄肠子都悔青了。李景隆是他保荐的，李景隆的失败，就是他黄子澄的失败。为了保住自己的饭碗，黄子澄决定铤而走险，隐瞒李景隆战败的消息。同时，他还威胁李景隆，如果不好好打仗，脑袋就要搬家。

李景隆感觉自己上了贼船，只得收编残兵败将，退守德州。

五十万中央大军竟然打不过叛军，人们都将责任往李景隆身上推。再联系李景隆阻止瞿能攻破北平城的命令，军士对李景隆的厌恨更深。

一句话，在军士心里，李景隆不仅是纨绔子弟，还是败家子。

在黄子澄的操纵下，前朝老将武定侯郭英和安陆侯吴杰接到任务，共同辅助李景隆，一起剿灭叛军。

让两位劳苦功高，并且年纪一大把的老将，听命于黄口小儿李景隆的调遣，只有黄子澄这种无能之辈会这么安排。

李景隆领着军队，离开德州，前往白沟河，与郭英和吴杰会师，时间是公元1400年。

听说朝廷再次调集大军，朱棣只是随口问一句，主帅是谁。知道中央大军的主帅仍是李景隆，只不过多了两位前朝老将后，朱棣不屑地笑了笑。那时传言，李景隆为了报仇，连老本儿都贴了，带领百万之师，决心清剿叛军。其实，李景隆没有一百万军队，只有六十多万。

既然李景隆不怕死，朱棣就应该当头一棒，狠狠地将李景隆打翻。

叛军也开向白沟河，并且先到，驻扎在苏州桥。突然间，杀出一支军队，打的旗号是“平安”，朱棣被吓了一跳。因为他有一个部下，名叫平安，此人深知朱棣的用兵之道。

真是怕什么来什么，爱什么缺什么。当先一人，手提大刀，正恶狠狠地杀过来，不是平安是谁？跟在他身后的，就是差点就攻破北平城的瞿能父子。

兵法有云，知己知彼，百战不殆。平安不仅勇猛异常，还曾经在朱棣的麾下待过一段时间。他对朱棣的战略、战术，了如指掌，叫朱棣如何不害怕。

平安领头冲杀过来，朱棣告诉诸将，先别管其他人，一定要先解决平安。诸将接令，如潮水般攻向平安。平安抵挡不住，转身就逃。叛军狠命追击，争先恐后，都想割下平安的头领赏。突然，大地就像爆炸了一样，东爆一个洞，西爆一个洞，并且扬起大量的沙土或者石块，叛军死伤无数。

原来，平安知道朱棣想杀他，就在战斗中诈败，引诱朱棣追赶。郭英利用新式火器，埋伏在道路上。朱棣大军进入埋伏地后，踩到火器，引发爆炸。用后来的话说，郭英埋的就是地雷。那时是夜晚，天地黑漆漆一片。再说，即使是白天，也不知道哪里埋有地雷。叛军只能小心翼翼，求上天保佑自己不要踩住地雷。

遭遇这一番伏击，朱棣军的伤亡很大。更令朱棣感到可耻的是，他不得不做出一些很不雅观的举动。

《明史》记载，“王以三骑殿，夜迷失道，下马伏地视河流，乃辨东西，渡河去”。意思是，朱棣很小心，命兵士先去探雷，自己殿后。但是，朱棣没跟上前面的大部队，迷失在茫茫黑夜中。最后，朱棣只得趴在地下，仔细聆听河水的声音，才辨别出东西南北。

区区小将平安，竟然让燕王朱棣遭此大辱，朱棣自然十分痛恨。

第二天，两军各怀怨恨，在明媚的阳光下，展开了一场轰轰烈烈的厮杀。首先，李景隆恨朱棣，因为他的光荣全被朱棣抢了；其次，朱棣恨平安，因为平安侮辱了他。

第一个驱马杀向敌营的还是大将平安，紧随其后的是瞿能父子。朱棣打了那么多场恶仗，遇上无数不怕死的人，偏偏数死对头平安最不怕死。

趁两军混战之际，平安带领自己的军马，如旋风般绕了一个大圈，迅速卷到叛军的后面。以房宽为首的后军抵挡不住平安的进攻，朱棣的后军当即崩溃。为避免陷入前后受敌的困境，朱棣命令大将邱福死力攻击李景隆坐镇的中军。但是，邱福不是平安，无论他如何攻击，李景隆的中军都像泰山一样，岿然不动。

属下无能，朱棣只得亲自出马。他带领精锐力量，火速绕到李景隆的左翼。无论是哪一次战斗，只要是朱棣亲自出马，他都喜欢攻击敌人的侧翼，并且常常成功。

平安对朱棣的战略、战术了如指掌，自然知道这个，他告诉李景隆，朱棣将出军偷袭李景隆的左翼。李景隆后发先至，狠狠地缠住朱棣的右翼。叛军的后面被勇猛过人的平安偷袭，侧翼又遭受李景隆的主力打击，损失很大。朱棣打了无数恶战，数这次败得最惨，因为它关系身家性命。

朱棣被困在核心，不得不命令将士死命摄住阵脚。中央大军的阵势太大了，朱棣感到胜利无望，至多只能捡回一条命。

残酷的突围战开始了，朱棣手持利刃，认定一个方向，闭上眼睛，只知道砍杀。

经过一番以死相搏的浴血鏖战，踩着无数军士的尸体，朱棣终于成功逃到河堤。可是，还没等他喘过气，天敌平安又杀到了。紧接着，李景隆登高一呼，命令全军发动总攻。中央大军如钱塘怒潮般翻涌过来，非将朱棣剁成肉酱不可。

生死悬于一线，朱棣再次玩了一次冒险的动作。“王三易马，矢尽挥剑，剑折走登堤，佯引鞭若召后继者。”（《明史》）说简单一点，那就是，朱棣已经没有力气再战斗了。看到汹涌而来的中央大军，他反而登上高处，扬起鞭子，假装调遣军队。

众人都认为朱棣死定了，只有李景隆不相信，因为他坚信朱棣真的在调集军队。历史上很滑稽的一幕又上演了，李景隆命令，全体撤军。

无论如何，即使像丧家犬，朱棣总算捡回一条命。这一次大败，朱棣将近一蹶不振。更令朱棣感到生命无望的是，瞿能竟然不放过他。

战斗刚刚停歇，瞿能马上收编麾下的军队。经过一番布置，他又向朱棣发动进攻。此次进攻，口号是“灭燕”，可见瞿能很坚决。

中央大军喊声震天地攻杀过来，叛军将士无不失色。朱棣果然是老英雄，他一不慌，二不乱，鼓起勇气，对他的将士们说：“吾不进，敌不退，有战耳。”（《明史》）这话的意思是，他们是叛军，已经走上不归路。在叛军面前，只有一个方向，勇往直前；只有一条路，奋死战斗。

就在叛军将要被砍成齑粉的时候，一件无法用科学和理性解释的事发生了。如果不是《明史》记载，无论如何，一定没人相信这件事。就在朱棣遭受夹攻之际，“会旋风起，折景隆旗，王趁风纵火奋击，斩首数万，溺死者十余万人”（《明史》）。

瞿能看到李景隆大军被妖风折磨，最终死伤无数，而自己又深陷叛军的围困。他毅然决然，转过头去，望着儿子，似乎说：天意如此，就让我们在此为国尽忠！

大势已去，李景隆率先向南逃窜，接着郭英也逃往南方。独立难支，平安带领残余旧部，且战且走。

咽不下的硬骨头

白沟河战役，是一场以少胜多的战役。朱棣只有十几万人，竟然将六十万中央大军杀得片甲不留。如果不是朱允炆事先安排一支独立的军队断后，可能连李景隆、郭英，甚至平安这些老将都会死在朱棣手上。

正当朱棣乘胜追击、大驱军马追亡逐北的时候，突然杀出一支没参加过战斗的军队，将领是大将徐辉祖。徐辉祖的这支军队，就是朱允炆安插的那一支。

从实际战斗力看，徐辉祖这支军队不强，但作用很大。因为，它牵制了朱棣乘胜追击的步伐，为残余的中央大军的集合提供了时间。

稍微休息、整顿一下，朱棣马上出军，直奔李景隆而来。无用的李景隆差点灭了朱棣，为了踢开通往南方帝都的绊脚石，李景隆必须死。

白沟河大败后，李景隆一路南逃，最后落脚在德州。说来也奇怪，尽管李景隆很无能，甚至不管军士的死活。那些有幸逃脱一命的军士，还是跑到德州，投奔李景隆。不过等到叛军杀到，李景隆脚底抹油，率先逃命。德州是一座军粮极多的城池，少说也有一百万石军粮。李景隆拱手送一百多万石军粮给叛军，真的应该问斩。

朱棣一路南下，如入无人之境，大军逼近济南。朱棣行军，有一个特点，李景隆逃到那里，他就攻打那里。李景隆窝在济南城，差一点儿就将战火引到帝都，这让铁铉怒火中烧却又无奈。

铁铉是河南邓州人，官居山东参政，官职卑微，只够格管理大军的粮草。从白沟河起，铁铉就负责李景隆大军的粮草供应。作为后勤人员，李景隆跑到哪里，铁铉就跟到哪里。一路上，铁铉不断收编残兵败将，气势不大，但也非同小可。

“诸城堡皆望风瓦解，铉与参军高巍酹酒同盟，收集溃亡，守济南，相与慷慨涕泣，以死自誓。”（《明史纪事本末》）与李景隆这种只管自己逃命的孬种相比，铁铉真是一位铁骨铮铮的汉子。纵观铁铉的一生，只能用一句话形容：位卑未敢忘忧国。铁铉抗击朱棣，全凭胸中的一腔忠义之气，因为他是一个很纯粹的知识分子。洪武年间，国子监直接任命铁铉为礼部给事中。朱允炆登基后，提拔铁铉为山东参政。

像那个时代的其他知识分子一样，铁铉只认一个道理：朱棣是扰乱国家秩序、破坏社会安定的作乱分子，因而必须铲除。凭着这份信念，铁铉毅然奔赴济南，渴望救万民于水火。在赶往济南的途中，他遇上了并肩作战的知己，辽州人高巍。

紧接着，济阳的教喻官王省，也加入申明君臣之义、解救万民的行列。当着叛军的面，王省公然“升明伦堂”。“集诸生曰：‘此堂明伦，今日君臣之义何在？’遂大哭，诸生亦哭，以头触柱而死。”（《明史纪事本末》）。

带领着一路上收编的残兵败将，铁铉和高巍火速赶往济南。令他们感到荒诞的是，李景隆先他们一步，逃离济南城。更令人感到痛恨的是，李景隆麾下有十几万大军，他竟然不组织抵抗朱棣。李景隆抛弃的不仅是济南城，还有十几万大军，还有无数的生命。

主将逃亡，兵士也跟着逃亡。就在没有勇将，也没有守兵的艰苦条件下，铁铉带领他收编的残兵败将，入驻济南城。在济南城中，铁铉遇上一个注定要与他齐名的将领，此人名叫盛庸。盛庸是李景隆的部属，但他实在看不惯李景隆的窝囊，决定守城，以死报国。

那时的济南城，就像一锅稀粥，稠得不能再稠。首先，治安环境很乱，什么人都有，多么恶劣的事都会发生；其次，百姓饱受战乱，流离失所，生活在痛苦之中；第三，军队疲弱，缺乏斗志。还有，朱棣率领十几万大军，运着火炮，转眼就到济南城。

仅凭几个书生就想守住济南城，朱棣想不笑都不行。刚开始，朱棣只派一支小分队攻城，本认为很容易就能攻陷，结果却令他很失望。因为铁铉站在城头，以不怕死的大无畏精神激励兵士守城。

既然济南难攻，朱棣就用计。察看济南的地形后，朱棣认为，用水攻最好。如果叛军决断河水攻城，济南百姓必然遇害。就在这个关键时刻，铁铉也用了一计。第二天，有人前去叛军大营，商量投降一事。朱棣围困济南城，已经有几个月了。对方愿意献城，他很高兴。

铁铉要求的条件是，为表示诚意，朱棣应该只身入城，接受献城。在朱棣就要进入城门的关键一刻，城门上突然砸下一大块类似铁板的东西。但是，这个东西落得太早了，没将朱棣困在城门内，恰好砸在朱棣所骑的马头上。

就因为早了那么一小会儿，诈降的事败露了。朱棣知道，铁铉想赚他入城，因而恨意更浓。逃回大营后，朱棣下令，调动火炮，无论如何，一定要攻破济南城。

火炮一排排地飞向济南城，不一小会儿，城墙都被削了几寸。照这个情势发展下去，济南被攻陷，只是早晚的事。背负着这么多人的生命，铁铉眉头一皱，计上心来。突然之间，济南城墙上，挂出无书大木牌。

朱棣看到木牌后，马上下令，禁止开炮。因为木牌上写的那几个字，朱棣奉若神明。那几个字就是：大明太祖高皇帝神牌。叛军的旗号是“靖难”，造反的根基是“朝无正臣，内有奸恶，则亲王训兵待命，天子密诏诸王统领镇兵讨平之”。如果朱棣炮轰朱元璋的神牌，就等于毁灭自己造反的理由，造反就没有合法性。为了保全合法性，朱棣只能对着济南城干瞪眼。

“燕王愤甚，计无所出。”（《明史纪事本末》）可见铁铉的这一招很管用。

小小的一座济南城，花了几个月都没攻陷。军师道衍认为，军队已经疲惫了，气势已经不在了，朱棣应该班师回北平，另做打算。

叛军刚刚撤退，盛庸就追杀出去。中央大军一路高奏凯歌，驱杀叛军几百里开外，甚至连德州都光复了。前线传来捷报，朱允炆非常高兴，提拔铁铉为山东布政使，紧接着又升为兵部尚书。既然李景隆只会逃跑，清剿大军的主帅一职就由盛庸担任。

为了洗脱自己的罪名，黄子澄联合御史大夫子宁和御史希贤，奏请朱允炆斩李景隆。但是，朱允炆仁爱有余，霸气不足，放了李景隆。

打不死的英雄

朱允炆大力封赏铁铉和盛庸，既为喜奖，也为激励他们继续战斗。从当时的局势看，北平一带，已经是朱棣的势力范围。因此，朱允炆这个皇帝，不过是南方的小皇帝。

为了清剿叛军，朱允炆授意盛庸，出兵北伐。

建文二年（1400年）十一月，中央大军还没准备好北伐，就传来朱棣第二次南下的消息。攻破沧州城后，叛军锐气当头，势如破竹，在几天内就攻陷德州，接着济宁等地相继陷落。

大火就要烧到眉毛了，尽管还没准备好，盛庸照样出兵抗击。两军相遇，中央大军接连败退。盛庸的表现没有以前勇敢，朱棣看后，感觉盛庸一定有阴谋。

然而，前方帝都的诱惑太强烈了。如果不乘胜追击，一旦错过时机，朱棣也许会遗憾终生。为了理想，即使前方是刀山火海，也要硬闯。

由于盛庸一再败退，连曾经令朱棣极为难堪的济南都被攻陷了。不到一个月的时间，叛军已经攻到东阿、东平一带，大军兵临东昌。就在东昌，朱棣再一次遭逢了平生的劲敌。

在大明历史上，盛庸是一个来历不明的人。连《明史》都没弄清楚，盛庸生于何时何地，父母是谁。盛庸对付叛军的方法，也让朱棣感到摸不着头脑。突出表现是，朱棣并不知道，叛军能够顺利进入东昌，全是盛庸的安排。第一次败给盛庸，朱棣就派人调查盛庸的履历，调查结果连朱棣都不相信，因为资料显示，盛庸是一个经常失败的人。

根据史料，盛庸曾经在耿炳文麾下担任参将，接着又跟随李景隆。李景隆太爱逃亡了，在济南城一役，盛庸终于看不下去，拒绝逃亡。因此，从盛庸的资料看，朱棣找不出他的弱点。但是，盛庸像平安一样，经过无数次失败，终于发现朱棣的弱点。

叛军只有十几万人，却敢如此猖狂，因为他们骑兵多，善于横冲直撞，很勇猛。第二个原因是，朱棣用兵，总是先率领骑兵突袭敌军的侧翼，将对方搅乱。一句话，叛军能够一路南下，骑兵的作用不小。

来到东昌城，朱棣看到一个很奇怪的现象，盛庸的军队竟然背城列阵。按常理而论，作为守城的一方，盛庸应该紧闭城门，命令军士站在城头。盛庸的部署违背常理，朱棣开始感到，盛庸并不那么简单。

不仅朱棣不能理解盛庸的部署，连盛庸的部属也不能理解。接到出城列阵、迎战叛军的命令时，大军一片哗然。人人都觉得，盛庸分明就是让他们去送死。骑兵是叛军的主力，只有火器和弓弩能够对付骑兵。在战斗之前，盛庸就制造了大量的火器和弓弩，还在箭头上涂抹毒药。

战鼓一响，朱棣身先士卒，领着一支骑兵，火速冲向盛庸的右侧翼。令他惊异的是，盛庸的侧翼像泰山一样难以动摇。就在这短短的一瞬间，盛庸的军队炮、箭齐发，射杀无数叛军骑兵。朱棣立刻调整战术，掉转马头，直攻盛庸的中军部队。

果如朱棣所料，盛庸的中军部队不堪一击。他还没攻到，盛庸的中军部队就溃散了。朱棣意气风发，率领大军，死命追击。地形越来越狭窄，朱棣感觉很不对劲。当他发觉上当后，已经深深陷入盛庸大军火器和弓弩的包围中了。

在火器和弓弩的猛烈射杀之下，叛军即刻陷入混乱之中。朱能凭其勇猛超人，侥幸杀出重围。但是他发现，朱棣还深陷重围。在危急关头，朱能再次挺身而出，冲入重围，拼尽死力将朱棣救走。

东昌一战，朱棣捡回一条命，却丢失了爱将张玉。张玉是朱棣麾下的第一勇将，见主人深陷重围，他也杀进去救主。张玉杀进重围时，朱棣已经被朱能救走了。在乱军中，张玉力战而死，被砍成肉酱。

紧接着，平安又率领大军来到，加入围剿的行列。东昌一战，叛军伤亡几万人。

尽管东昌一战是斩杀敌首极多的战役，但是并非一场彻底胜利的战役，因为朱棣毫发无损地逃脱了。

几万支火器，再加上几万个弓弩手，连第一勇将张玉都被砍成肉酱，为何朱棣能够毫发无损地逃脱？难道真有神灵帮助他？究其根源，不是有神灵帮助朱棣，而是朱允炆过于纵容。

朱棣被围困几次，之所以能够全身而退，全因为朱允炆的一句话：“诸将以天子有诏，毋使负杀叔父名，仓促相顾愕眙，不敢发一矢。”（《明史》）

战争打到这个程度，结果已经很明显，朱棣是打不死的英雄。朱棣是叛军的首领，是叛军的精神寄托。只要朱棣不死，无论环境多么恶劣，他都能聚集一帮死士进行造反。朱允炆不识大体，过于仁厚，最终的结果是为自己挖掘坟墓。

既然朱允炆没有杀害朱棣的心意，他的征讨大军中就没有敢杀朱棣的人。照此推理，靖难之役是一场很奇怪的历史现象。朱棣想抢朱允炆的宝座，朱允炆顾念血缘亲情，不忍心杀害朱棣。因此，从一开始，朱允炆的性格特点，就注定他是天生的失败者。

逃回北平后，朱棣去见了老和尚道衍一面。道衍告诉朱棣，经过东昌一战，叛军不仅伤亡过重，甚至连士气都没了。为了挽回士气，朱棣应该为第一忠勇的大将张玉，举办一场风风光光的葬礼。

从历史的角度看，张玉的葬礼，完全是一场政治阴谋。首先，张玉死于乱军之中，连尸首都没有，怎么办葬礼？其次，在葬礼上，哭得最哀恸的不是张玉的家人，而是朱棣。

叛军见了朱棣的那几滴眼泪后，人人义愤填膺，发誓要为张玉报仇。

还有一件很滑稽的事，那就是，听到叛军大败的消息后，朱允炆去祭祀了祖庙。既然朱允炆不希望朱棣死，去祭拜祖庙，又是为什么？

大明朝廷，从朱元璋建立起，就是一个很畸形、很矛盾的朝廷。

叔叔你好狠

经过不到一年的休整，建文三年（1401年），朱棣第三次率军南下。听到消息后，盛庸率军北上。两军在夹河相遇，依河扎营列阵。

对朱棣而言，盛庸算不上厉害的将军。盛庸之所以能够战胜他，因为盛庸了解他的一切。如果朱棣想战胜盛庸，也需要了解盛庸的一切。可是，盛庸是一个没有被记录进档案的人物。朱棣只知道，盛庸曾经是被追着打的败将，拥有火器和弓弩这两项强项。

为了解对方，朱棣决定冒险一试，当一次侦察兵。

在阳光明媚的大清早，朱棣骑着一匹马，笔直地冲向布好战阵的盛庸军。尽管盛庸看得手发痒，也只能干瞪眼，因为朱允炆不希望朱棣有什么三长两短。朱棣很轻捷地冲向中央大军，接着轻轻一踅，转向中央大军的左翼，最后还查看了中央大军的右翼。怀着看似满意的心情，朱棣悠然地返回自己的阵营。

经过一番侦察，朱棣发现，盛庸的作战方法很新颖。以他过往的经验，无法找出破解中央大军的方法。

就在朱棣自言自语地比划手势、苦想破解之法的过程中，谭渊似乎会错了意，率领一支军队，直挺挺地冲向中央大军。

中央大军中，后军大将庄得出战，一刀就斩谭渊于马下。叛军群情激愤，纷纷冲入战阵。盛庸害怕叛军骑兵趁机攻击中军，调动右翼，准备全面应战。战事迅速升级，陷入一片混乱。朱棣抓住这个时机，调动骑兵猛攻中央军队。天幸，盛庸很有能力，片刻就稳定中央军队的阵势。

战局稳定下来后，朱棣的骑兵就捡不到便宜，只得立刻撤军。这次撤军，朱棣主动殿后，因为中央大军不敢朝他开火器或者射箭。

这一场小混乱，害得盛庸的大将庄得死于马下，被踏成肉泥。更令盛庸忧惧的是，朱棣发现了中央大军的缺点。在叛军阵营中，朱棣告诉诸将，中央大军只有火器和弓弩的优势。他们很不灵活，只要叛军骑兵能够把握时机，找到中央大军调动的空隙，一定可以击破对方。

第二天，又是一场硬碰硬的鏖战。不同的是，朱棣命令两支骑兵，分别进攻中央军队的两翼。盛庸也看出了朱棣的意图，死守中军，使得大军岿然不动。

只要中军不动，朱棣就找不到中央军队的破绽。双方战到中午，互有死伤，但都不能彻底打败对方。但是，突然刮起一阵旋风，飞沙走石。借此天赐良机，朱棣大驱军马，杀得中央大军哭爹喊娘。

叛军乘胜追击，连吴杰和平安都被吓傻了，又一次躲进真定城。在朱棣阴谋诡计的引诱下，吴杰忘记坚守城池的职责，领军出战。在战斗过程中，朱棣再次发挥打不死的本领，上天还刮起旋风，叛军大胜。

翻开《明史》，读到“靖难之役”这一段，总让人百思不得其解。第一个疑团是朱棣多次身先士卒，却一丁点儿伤都没受。第二个是，为什么每到关键时刻，上天就要刮起风沙，帮助朱棣。

一句话，如果没有那么多次风沙，朱棣早就被生擒了。

因为靖难之役，北平附近的百姓过的是生不如死的日子。朱棣的感叹是：“频年用兵，何时已乎？要当临江一决，不复返顾矣。”可见，这次出兵，朱棣抱着一决雌雄的决心。

趁朱棣带兵南下，河北、山西一带的地方军队倾巢而出，大举压向北平城。

尽管北平告急，朱棣还是继续向前，因为他收到一个天大的好消息——帝都空虚。中央屡次派遣大军北上清剿，数目不下一百万。那些拥护朱棣的宦官，就偷偷地告诉朱棣，帝都没有大军守卫。

经过道衍点化，朱棣绕开久攻不下的济南，掉过马头，径直挺向兵力薄弱的徐州。这个转变太大了，铁铉和盛庸等人想都没有想到，还在死死守卫济南。

没有遇上重兵抵抗，叛军一路南下，势如破竹。公元1402年，朱棣连克东阿、东平、单县，大军笔直地向徐州挺进。为保卫徐州，平安带领大军，风一般地向朱棣追来。到达徐州后，平安发现，徐州城完好无缺。现在的朱棣，没有以前执著了。只攻打徐州城一次，没有攻下，他就领着军队，攻打宿州。道理很简单，条条大路通帝都。只要打下宿州，同样可以通往帝都。

领着几万大军，平安追得上气不接下气。好不容易追到淝河，又被朱棣暗藏的伏兵杀得人仰马翻。尽管军队损失了大半，平安还是紧紧追击不放。追了大半个月，平安终于在淮水追上了叛军。两军沿河列阵，恶狠狠地瞪着对方。夜半，朱棣领军偷袭，平安大败。在中央军就要被围歼的时候，突然杀出徐辉祖的军队。叛军大败，大将李斌被斩。

时值夏天，天气炎热，军粮供给又不足，军士们都提议，渡到河东。在关键时刻，军士说出这种颓丧的话，朱棣很生气，他告诉大家，想渡到河东的，站到左边。

一阵静静地沉默后，所有的叛军，除了朱棣一人，都站到左边。虽然如此，但是，没有一个人敢渡到河东去。因为，朱棣非常生气，军士都被吓蒙了。第二个原因是，如果单个人渡到河东，必然被中央大军砍死。不仅朱棣走上了不归路，连跟随他一起造反的人，也都走上了不归路。现在只是直奔帝都，为自己的命运而战。为了抵抗叛军，朝廷调徐辉祖回师南京。徐辉祖走后，单凭平安的军队抵挡不住朱棣。中央军刚刚撤退，朱棣瞄准时机，偷袭后勤部队，抢了好些军粮。叛军乘胜追击，将平安围困在灵璧。中央军没粮，大闹粮荒，差点发生哗变。

被困孤城，还缺乏粮食，只有突围可以活命。可惜，平安的运气不好，在突围过程中，被活捉了。灵璧一战，朱棣活捉三十七员中央猛将。此战一结束，朱棣领着大军兵临扬州城，扬州守将王彬被属下出卖，扬州城不攻自破。而直到扬州被攻陷，朱允炆才知道，朱棣并非善类。

暴力不能解决一切，却能解决你

在扬州城上，叛军整天大唱大闹，非常猖狂。朱允炆坐在皇宫，听到扬州城传来闹哄哄的声音，就像听到阎王的叫唤。看着冷冷清清的皇宫，朱允炆已经开始后悔了，在他的一生中，削藩是错，纵容朱棣也是错。

皇帝心灰意懒，大臣方孝孺挺身而出，渴望挽狂澜于既倒。首先，派遣大臣出宫，四处招兵买马，号召天下有才之士勤王。其次，派遣庆成郡主拜见朱棣，答应分一小块土地给朱棣，让他收手。

庆成郡主是女性，又是朱棣的堂姐。方孝孺认为，朱棣会看在亲情的分儿上，答应庆成郡主带去的条件。可惜，朱棣是军人，只相信实力，不相信亲情。临别，朱棣告诉庆成郡主，帝都就要被攻破了。庆成郡主最好先搬一次家，等战争结束再搬回来。

拒绝议和条件后，朱棣大驱军马，向浦子口开来。驻守浦子口的，是中央的最后一员猛将盛庸。战斗初期，盛庸占据了上峰。眼看大业将成，却在临门一脚的时候栽了跟头，这是谁也不愿意看到的。为了救助父亲朱棣，朱高煦带来一支生力军，迅速加入战斗。朱棣打了三四年的战争，从没听说过朱高煦的军队。朱高煦此次加入战斗，因为朱棣就要当皇帝了。看来，这个儿子跟他的父亲一样，很会隐藏自己的实力，直到确定有肉吃才出手。

朱高煦是这么想的，他的大哥朱高炽身体不好，一定活不长。朱棣当上皇帝后，只要朱高炽一死，继承皇位的就是他。不仅他这么想，在战斗中，朱棣也这么说。

权力的诱惑是无法抵抗的，朱高煦鼓起一股猛劲，片刻就打败中央军队。打败盛庸军队后，叛军顺江前进，朱棣终于看到京城了。但他并没有显出高兴之色。京城的城墙，不仅用花岗岩砌成，甚至加上糯米石灰，非常坚固。再说，京城里面，也还有十几万军队，轻易攻不破。

那些胆小怕死的大臣，刚刚听说叛军围城，就劝朱允炆弃城而逃。站在道德的高度，方孝孺认为，无论如何，天子都不应该弃城而逃。如果天子抛弃皇宫，就等于抛弃祖上的基业，就证明朱棣造反有理。

老臣们又问方孝孺，万一京城被叛军攻破了，该怎么办。方孝孺声威凛然地说，如果京城真的被攻破了，为了江山社稷而死，也是应该的。京城没有被攻破，只是朱允炆被出卖了。负责镇守金川门的朱橞和李景隆贪生怕死，在叛军的软硬兼施下，打开了城门。朱棣领着大军终于冲进了皇宫，朱允炆也终于清醒过来。万分伤心之余，他一把火，将整个富丽堂皇的皇宫烧得噼噼啪啪地响。朱棣浴血奋战四年，差点连命都丢了，赢来的不过是一堆灰烬。

在皇宫的灰烬里，没有朱允炆；在被抓捕的人中，也没有朱允炆；在为保卫皇宫而战死的人中，也没有朱允炆的尸首。朱允炆活不见人，死不见尸，成了今后朱棣的噩梦。

京城的一场大火，不仅烧毁了皇宫，也将朱允炆的下落烧得不明不白。《明史》记载，有的人说朱允炆死了，有的人说他还活着。朱棣当上皇帝后，四处打探朱允炆的下落，错杀了很多人，但都没能证实朱允炆的去向。

尽管朱棣打赢了，很多老臣，仍然骂他是乱臣贼子。为了证明自己不是乱臣贼子，朱棣大开杀戒。凡是反对朱棣登基的人，没有一个幸免于难。

齐泰、黄子澄和练子宁四处招募军队，渴望开展大反攻，最后被擒，以死殉主。为了表明自己的节气，黄观夫妻，先后投江而死。在台州，一个砍柴的樵夫，听说京城被攻陷后，也投湖而死。

这些年，朱棣最恨两个人，第一个是方孝孺，第二个是铁铉。中央大军北伐时，方孝孺写了一篇很精彩的讨贼檄文。朱棣看了那篇檄文后，气得喷血。道衍也告诉朱棣，方孝孺是天下读书人的楷模。如果攻陷京城，无论如何，一定要招降方孝孺。

为了招降方孝孺，朱棣做了很多工作。但是，无论朱棣如何表现，方孝孺都拒绝投降。就要登基了，朱棣请方孝孺写一篇布告天下的诏书，方孝孺还是一口拒绝。

在朱棣的强行压制下，方孝孺拿起笔，却写了“燕贼篡位”四个大字。朱棣忍无可忍，以灭九族威胁方孝孺。方孝孺大义凛然地说，即使灭十族，他都不怕。朱棣成全了方孝孺，加上方孝孺的朋友和学生，朱棣灭方孝孺十族。在中国历史上，这是唯一一次规模涉及十族的灭族惨案。

方孝孺死后，铁铉就是朱棣的眼中钉。抓住铁铉后，朱棣先进行了一番严刑拷打。铁铉的骨头跟方孝孺一样硬，这更令朱棣生气。为了使铁铉屈服，朱棣割下他的耳朵，并将割下来的耳朵塞入铁铉的嘴里。

自从朱棣进入京城，京城天天发生灭族惨案。在热热闹闹的菜市口，即使是阳光明媚的大白天，走在大街上，百姓都感觉阴风惨惨，十分恐怖。

杀了几个月，前朝的忠臣义士差不多都给杀光了，朱棣才开始证明篡夺皇权的合法性。首先，凡是不符合朱元璋在位时施行的规章制度，无论是大是小，都要废除。其次，《太祖实录》应该重新写。在新版的《太祖实录》里，朱棣是一个很受朱元璋宠爱的人。如果不是朱允炆从中作梗，朱元樟一定会将皇位传给朱棣。紧接着，朱棣花费大力气，重重地封赏那些为了他的皇帝大梦，力战而死或者仍然活着的人，张玉、谭渊和朱能等大将都被封赏了。

如果没有姚广孝的煽风点火，朱棣就当不上皇帝。为了表示对军师的回馈，朱棣封姚广孝为资善大夫，兼任太子少师。姚广孝的官职，属于正二品，可见朱棣非常感激道衍。但是，姚广孝喜欢当和尚。每当夜幕降临，他就穿上和尚的袈裟，静静地打坐。

想当初，朱棣起兵时，收编了宁王的军队。当上皇帝后，朱棣发现，众兄弟中，宁王最不好对付。他不想看到这个兄弟成为第二个自己。为彻底瓦解宁王起兵造反的潜力，朱棣将宁王发配南昌。尽管如此，朱棣还是睡不好觉。在接下来的几年里，朱棣运用权力，对宁王一贬再贬，一削再削。

第十一章　激情燃烧的永乐岁月

解缙的“杯具”人生

从振兴大明朝廷的角度分析，朱棣是一位英明神武的皇帝。连中国历史上，在位最久的皇帝康熙都认为，朱棣是一位功勋卓著的皇帝。

在大明历史上，凡是影响后世的历史伟绩，几乎都出自朱棣之手，《永乐大典》的编撰就是杰出代表。

《永乐大典》初名叫《文献大成》，是一部大型类书。凡是被收录进《永乐大典》的著作，都没有遭到一个字的删改。到21世纪的今天，《永乐大典》已经上升为中华民族宝贵的文化遗产。

提到《永乐大典》，就不能不说它的主要编撰者，大明的大才子解缙。如果说方孝孺是大明的第一才子，除了解缙，没人敢居第二。后人之所以非常尊崇方孝孺，因为方孝孺很有节气，并且遭遇中国历史上最悲痛的灭十族惨案。

尽管被污名化，解缙仍然活在人们的心中。因为，凡是知道《永乐大典》的人，就相当于知道解缙。卷帙浩繁的《永乐大典》能够成书，数解缙的功劳最大。

解缙是江西吉安府（今江西吉安市）人，生于洪武二年（1369年）。上天赐予他读书、写诗、作对子的才华，从小他就被誉为天才。例如，“门对千竿竹短无，家藏万卷书长有”、“闲人免进贤人进，盗者休来道者来”等出名的对子，都出自解缙之手。明人吴宽认为，“永乐时，人多能书，当以学士解公为首，下笔圆滑纯熟”（吴宽《匏翁家藏集）。

解缙还未走出家门，他的才气已经驰誉大江南北。洪武二十一年（1388年），解缙一举考中进士，名播全国。在考试期间，天空出现一颗大星星。深信阴阳术数的朱元璋认为，那是国家昌盛的好兆头，将会有大贤才辅助他。

在朱元璋的大力提拔下，解缙平步青云，官越来越大。当着众人的面，朱元璋多次对解缙说，“与尔义则君臣，恩犹父子，当知无不言”。这话的意思是，在名分上，朱元璋与解缙是君臣关系；在情分上，就是父子关系。如果朱元璋有什么错漏，解缙应该全部指出。

洪武年间，朱元璋诛杀无数功臣，环境十分恐怖，没人敢上书劝止，只有解缙不怕。解缙多次上书，大胆进言，直陈肺腑。那些年，解缙的勇气和节气，能和后来的方孝孺相媲美。

最突出的事例是，因为胡惟庸一案，很多大臣片刻间消失得无影无踪，连尸首都没有。在这么恐怖的环境里，解缙仍旧以天下苍生为己任，以谏臣自居，上书朱元璋，针砭时弊。那时的朱元璋，杀人还没杀昏头，能接受批评指正。

但是，常在河边走，哪有不湿鞋。洪武二十四年（1391年），朱元璋告诉解缙，大凡高才，都是大器晚成。解缙锋芒过露，应该先回地方去锻炼十多年。十年之后，再来京师。解缙被贬的原因很简单，解缙不畏暴政，大胆说真话。

这次被贬，解缙苦等了七年。即使等了七年，朱元璋也没有醒悟，而是越陷越深，最终走向死亡。

被打入冷宫七年，那是痛苦而落寞的日子。在寂静的时光和赋闲的寂寞中，解缙似乎变了一个人，知道圆滑权变了。抓住朱允炆刚刚登基的大好时机，解缙接连上书，并且四处拉关系。

经过一番求爷爷、告奶奶的辛苦奔波，解缙终于可以留在京城，在翰林院任职。但是，他的命不好，屁股还没坐热，靖难之役发生了。作为大知识分子，解缙洞察到，朱允炆必败。他的两个好朋友兼老乡，胡广和王艮，也这么认为。

胡广是建文二年（1400年）的状元，王艮是同年的榜眼。说起状元，王艮最心痛，因为他考试成绩第一，却被降为榜眼。在殿试中，朱允炆以貌取人，将状元赐给长得比王艮生得美丽的胡广。

在一个静悄悄的夜晚，解缙、胡广和王艮三人，围坐在一起，谈自己的理想，讲各自的去向。第一个发言的是解缙，他一张口就陈说大义，言辞慷慨激昂。胡广深受感染，起身立誓，以身殉国的决心无比坚定。

外面战火纷乱，屋内言辞激越，王艮仍然不为所动。他默默然，一句话都没说，眼泪却是淌个没完没了。王艮一个字都没说，谁都不知道他怎么想。但是，隔壁的吴浦告诉他的儿子，在这三个人中，别看王艮一句话都没说，要数王艮最有操守。

后面的事实证明，吴浦是对的。京城还没被攻破，解缙忙忙收拾包袱，连夜出逃，投靠朱棣。紧接着，胡广也投向朱棣。江西吉安府的另一位名人李贯，也随波逐流，投靠朱棣。

为洗脱罪名，李贯告诉朱棣，他没上过奏疏，骂朱棣是乱臣贼子。听了这种无耻的语言后，朱棣大怒，骂得李贯狗血淋头。朱棣的意思是，国家陷入危局，身为朝廷要臣，李贯竟然拿俸禄不尽忠，不办事，真的该死。

相比之下，李贯的遭遇不够耻辱。最令胡广感到汗颜无比的是，他生了一个性子非常刚烈的女儿。靖难发生前，胡广的女儿许配给王艮的儿子。靖难发生后，王艮不投降，全家受累，儿子被发配边疆。为了自己仕途，胡广逼他女儿将王艮的儿子给休了。胡小姐死活不从，被逼无奈之下，割了自己的一只耳朵给胡广，以此表明心志。朱棣听说这件事后，重重嘉赏，连王艮的儿子也赦免了。

灭了方孝孺的十族后，为了证明天下读书的种子没死绝，朱棣重用解缙，命他主持编撰一部百科全书。凡是编书，就需要知识分子。编撰的规模越大，需要的知识分子就越多。为了广招天下有才之士，朱棣下令，编一部“包括宇宙之广大，统会古今之异同”的方便检索的百科全书。通过编书一事，大批知识分子被笼络到朱棣身边。这本书编成后，就是名流史册，令无数学者叹为观止的《永乐大典》。

《永乐大典》收录的古籍达七八千种，上至先秦，下到明初，凡是成文的著作都收集。全书包括经、史、子、集、释、庄、道、戏剧、平话、工技、农艺、医卜、文学等内容，无所不包。据统计，全书22937卷，仅是目录就有60卷，装成11095册，约3.7亿字。如此大规模地修书，在之前都没有出现过。

《永乐大典》修好后，朱棣不只一次向人夸耀，赢得解缙的归附，是上天对他的垂怜。但是，朱棣本人，一点儿都不垂怜解缙。

国内局势刚刚稳定，以朱高炽和朱高煦为首，朝廷内部就开始争夺继承权的大战。解缙深受长幼观念影响，全力支持朱高炽。

为了确定继承人，朱棣找解缙谈话。朱棣问，谁更适合继承他的皇位，解缙回答是朱高炽。但是，朱高炽身体不好，可能活不长。解缙又说，就算朱高炽没有福气，也应该立长孙为太子；无论如何，绝不能立次子。很奇怪，朱棣也认为，继承皇位的，应该是长子。朱棣不是朱元璋的长子，为了皇位，他就起兵造反。然而，他又任命长子为太子，这从侧面证明他当皇帝不合礼法。

为了抢回继承权，朱高煦设了一个圈套。他大肆发展私人势力，并且做出一些不符合身份的举动。解缙发觉后，立刻向朱棣打小报告。紧接着，朱高煦一党进谗言中伤解缙，说他僭越，干涉皇族内政。更令朱棣恼火的是，解缙公然反对出兵安南（今越南）。朱棣的理想是做一位开疆拓土的千古一帝，解缙竟然阻碍。朱棣一怒之下，贬解缙到广西。

这次被贬，解缙又等了四年。永乐九年（1411年），朱棣领军出征蒙古，启用解缙到化州督饷。

打通层层人事关系后，解缙有了一次进京汇报工作的机会。不巧的是，朱棣出征未归。既然到了京城就不能空手而归。大着胆子，解缙私下去见了太子朱高炽一面。

朱高煦一党抓住这个把柄，再次中伤解缙，说他“伺上出，私现太子，径归，无人臣礼”。这次大难，解缙不是被贬，而是被打入大牢，并且一关就是四年。人生有很多苦日子，解缙的苦日子，全部加起来，一共有十五年。

如果不是锦衣卫纪纲向朱棣汇报囚犯的名字，解缙一定会死在黑暗的大牢里。这四年里，朱棣日理万机，连曾经有解缙这么一个人都给忘了。

看到解缙的名字，朱棣的第一反应是，“缙犹在耶”。联系当时的情景，朱棣想问，解缙还活着吗？可惜，朱棣没有救出解缙。相反，他的这一问，促使一件惨案发生。纪纲回到大牢，拖出解缙，活埋在大雪里。

《永乐大典》的主要编撰者，大才子解缙，死于活埋，年仅四十七。

迁都，迁出了一段帝国盛世

朱棣成功进入帝都应天，是一项伟大的成就，但也暴露了大明朝廷的缺陷——没有燕王朱棣和宁王朱权，北平就没有安宁的日子。趁靖难之役，大明朝廷周边的藩属国，纷纷发动叛乱，打独立战争。最为突出的是，趁北平空虚，蒙古军队屡次南下。

在明太祖朱元璋的安排中，燕王朱棣和宁王朱权负责保卫北方。靖难之役爆发后，不仅朱棣的军队全部投入南方战争，甚至连宁王都被收编。没有专门对付蒙古骑兵的朵颜三卫，蒙古军队一路南下，势如破竹。

更糟的是，北平守将沈永是个无能之辈，一味听任蒙古骑兵烧杀抢掠，还隐瞒不报。直到大批难民如潮水般涌向南方，中央才知情。朱棣听说后，勃然大怒，拖出沈永，一刀砍了。

蒙古大军南下侵犯一事，促使朱棣作了一个惊天动地的决定。因为朱棣的这个决定，大明朝政治格局从此改变，并且影响后来的清朝，甚至影响今天的中国。

永乐六年（1408年），朱棣向群臣宣布，迁都北平。

这项诏令刚刚颁布，朝廷内部即刻分裂为两派，北方一派举双手赞同迁都，南方一派不同意迁都。北方一派以朱棣为首，附和者多是参加靖难之役的武将。理由很简单，他们的家在北平。到了南方后，吃得不习惯，住得不习惯，连天气都适应不了。

朱棣虽然生在应天，可是他的大半生都在战乱中度过。朱元璋打天下时，非常繁忙，连给朱棣取个名字的时间都没有。还有，不满21岁，朱棣就被派往风沙肆虐的北平。那时的北平，除了一座破城，就一无所有。

经过若干年的努力，朱棣在北平建立了自己的家庭，生了孩子，养了自己的军队。北平不仅是朱棣的根基，还是他的家。拿北平与应天相比，朱棣觉得，应天只是皇权的象征。再说，朱棣的皇权是抢来的。如果将帝都迁到老家北平，不仅可以证明他的合法性，也好开展他的千古帝业。

反对迁都的南派，大多是从小就生长在南方的儒学之士。他们也是习惯了应天懒散的生活，爱好优美的山清水秀的风景。如果到北平，不仅风沙大，连水源供给都不充分，叫人怎么活。在这批儒学之士心里，北平只适合当兵的人驻守。

尽管反对派的呼声很高，意见很大，朱棣还是力排众议，坚决迁都。朱棣的意思是，迁都北平是死命令，只可以实行，没有商量的余地。遇见这么一位英明神武的铁腕皇帝，南方的反对派不敢再坚持自己的意见。但是，反对派问朱棣，如果迁都北方，粮食问题怎么处理。

那时的北方还没开发，一大片接一大片的不毛之地，不适宜种植庄稼。如果全国的重心向北平移动，必定会牵连很多的人。倘若粮食供给不足，必然发生叛乱。再说，如果不安排好相关配套设施，肯定有一大部分人违背诏令，死拖活赖，不肯搬离应天。如此一来，明朝就可能出现两个政治中心。朱棣远在北平，就不能控制应天。倘若前朝余孽在应天发动叛乱，朱棣的皇位就危险了。

面对这个大难题，朱棣从三个方向开始工作。首先，派遣军队开凿从应天到北平的漕运，保持河流通畅。其次，大力修建北平城，无论如何，一定要建得比应天大，比应天富丽。再次，迁移百姓，让他们去开垦北平周边的土地。

首先修好的是水利工程，在奏章里，工部尚书宋礼写道，“南极江口，北尽大通桥，运道三千余里”。在中国历史上，开凿运河的朝代很多，数明朝最成功，因为没有引发大的叛乱。公元1421年，北平城修建工程竣工。朱棣一声令下，全国迁都。为了修建北平城，前前后后仔细算起来，一共修了十五年，共征调军工、民工累计二三十万人。在这期间，整个大明的重心都向修建北平城这个浩大的工程倾斜。无论是工匠、粮食，还是建筑材料，朝廷第一个先满足修建北平城。

现在的紫禁城，就是朱棣留给后世的杰作。不算护城河与城墙之间的绿化带，紫禁城占地面积72万多平方米，宫殿占地面积16万多平方米。紫禁城内的建筑严格按照“井”字形布局，规划得非常整齐。更令人意想不到的是，北平城不仅建造得金碧辉煌，体现了皇家的气派，甚至还建设了下水道系统。

坐在北平城，看着整个大明的版图，朱棣开始了他梦想的千古帝业。但是，迁都北京后，发生了无数令人心惊肉跳的天灾，全国的很多大城市都发生火灾。联系起朱允炆是自焚而死的，很多反对迁都的南方大臣就借题发挥，指责迁都的过错。

听了这帮腐儒的言论后，朱棣勃然大怒，将呼声最强烈的萧仪给杀了。杀了萧仪后，朱棣放出话来，迁都是一项死命令，无论如何，必须执行。如果有谁胆敢违背，萧仪的下场就是他们的榜样。

如果没有朱棣的坚持，北平就不会成为大明的国都。朱棣依据北平起家，北平城仿佛被上天注定了，要见证朱棣的永乐盛世。

费正清认为，朱棣迁都北平，是“出于政治和军事的原因，北京优于其他一切地方；它既可以充当对付北方入侵中国的堡垒，又可以作为支持皇帝在北方执行扩张性政策的一切活动的中心”。（费正清《剑桥中国史·明史》）

从当时的具体情况而论，北平拥有很大的发展潜力。首先，非常广袤且平坦的肥沃土地，为大批驻扎的军队和迁移到北平的百姓提供生活供给。其次，北平一带处在南方汉族和北方少数民族的交融地带，非常敏感。控制住了北平一带，向内可以守卫大明疆土，向外可以进一步扩展。

诚如费正清所说，“迁都北京之举在军事和经济组织方面产生了意义深远的变化，这些变化与新的行政要求以及边境各地区的防务有关”。（费正清《剑桥中国史·明史》）

作为见证永乐盛世的帝都，北平静静地等待着，等待朱棣发展他的千古帝业。

万国来朝，我很欣慰

永乐朝之所以被后世推崇为永乐盛世，是因为朱棣在政治、经济、文化和外交方面都作出了杰出的贡献。其中，最令朱棣感到自豪的是，他实现了“万国来朝”的美梦。

作为一位军人，朱棣坚毅果敢。大明周边的国家，无论是大是小，是强是弱，只要敢向朱棣挑战，朱棣就敢应战。朱棣不是百战百胜的将军，可是，每一次出兵，无论条件多么恶劣，他都一定会坚持到最后，坚持到赢。如果失败而回，朱棣会积蓄力量，奋发图强，争取下一次的胜利。靖难之役，朱棣屡败屡战，这是他的坚毅和执著的最好体现。

“文皇少长习兵，据幽燕形胜之地，乘建文孱弱，长驱内向，奄有四海。”（《明史》）这一句话，说出了朱棣的出身，有点贬低朱棣的意思；但是，朱棣“即位以后，躬行节俭，水旱朝告夕振，无有壅蔽”（《明史》）。由此可见，永乐盛世的出现，朱棣贡献不小。

当然，朱棣还是一位手腕极其灵活的政治家。为使周边的其他国家诚心归附，他施展了灵活的外交手段。郑和几次南下，耗费国家大量钱财，全因朱棣一人支持。郑和所到之处，无论是大国小国，都以大明朝的名誉，赠送大量珍宝。作为交换，那些国家纷纷表示，承认朱棣，归附大明。

自从登上皇位，朱棣就一直在证明自己的合法性；赢得最大多数人的支持，是朱棣的主要目的。修撰《永乐大典》是为了证明朱棣的合法性，迁都北京也是为了证明他的合法性，发展外交、扩展国家版图也是为了证明他的合法性。

郑和率领的船队，绕过东南亚，一直航行到非洲。在这期间，东南亚和非洲国家的使臣，一共有三百多人次来华朝拜，平均每年有十次左右。这些国家所派遣的使臣，不是三个两个，而是一大群，而且来的使臣一次比一次多。永乐年间，在大明首都的大街上，随处都可以见到外国使臣。

更令后世皇帝感到望尘莫及的是，在朱棣的慷慨关照下，满剌加、文莱、苏禄等国家的国王，亲自率领使团，前往中国拜见朱棣。大明太有吸引力了，好多使臣来了就不想走，甚至赶都赶不走。据统计，外国使臣来华，平均居留时间是两三个月。

浡泥王和苏禄王，来到大明就不想走了。他们在中国居住了很长的时间，最后在中国病故。他们留下的唯一遗嘱是，能够安葬在中国。朱棣也不介意为他们举办隆重的葬礼，将浡泥王葬在南京，葬苏禄王在德州。

作为国君，浡泥王和苏禄王竟然渴望被安葬在中国，可见中国对他们的吸引力之大。

那个时候，琉球群岛上有三个小国家，分别是中山、山南和山北。为拉拢明朝，中山国派出大批使臣，风风光光地来朝拜。山南国和山北国听说后，不甘落后，派出更多的使臣，朝拜的规模比中山国还大。这些小国家在互相竞争，看哪国对中国的朝拜最热烈，以此得到政治和军事上的援助。

散财童子下西洋

距今六百多年前，有一天，素有“天下第一港”之称的江苏太仓刘家港码头沸腾了。港口四面桅樯如林，人头攒动，锣鼓震天，一改往日的静谧。在一艘昂首翘尾、漆成棕黑色的宝船上，一位气宇轩昂的壮年男子静静地凝视着那一片海。那里将是他未来的旅途，是他必须面对和打拼的地方，他的目光里透着坚毅和豁达，还有一丝不易觉察的迷惘，是啊，海的那边是什么？是不是还是无边的海？这个答案谁也不能告诉他，他只能自己去寻找。

这一天正是明朝永乐三年（1405年）的六月十五日，历史铭记了这一天，同时也记住了这一天的第一主角——郑和。因为，他要率领着世界上第一支由两百余艘舰船和两万七千八百多名官兵组成的庞大船队向未知的海洋出发了，这是一次史无前例的远洋航行。这支船队将泛海南下到福建的长乐候风，等到冬天东北季风吹起，云帆交挂时，他们就要起航。

众所周知，这次出航的领袖是一位太监。在世人的印象中，太监在明朝就是以祸国殃民为能事，没有其他作用。可是，郑和却做出了惊世之举。其实命运就是这样，它对每个人都很慷慨，它会给每个人机会，只要能抓住并加以利用，就有可能流芳百世；同时命运也爱开玩笑，说不准就会让人遗臭万年。郑和的运气出奇的好，他被命运眷顾了，且是可以流芳百世的眷顾。

但是仅有命运的眷顾是不够的，流芳百世的关键是自己能够抓住这转瞬即逝的机会，并趁机改变自己的人生，甚至改变世界。历史选择了郑和，郑和也以自己的成绩回报了历史。柏杨先生说：“郑和是中国第一位海上英雄。他下西洋，跟公元2世纪张骞出使西域一样，都是为中国凿开了一个过去很少人知道的混沌而广大的天地。”

确实，所有的成功者都有类似的经验，而所有的失败者都有各自不同的借口。面对历史的选择，像张骞一样，郑和，已经准备好了。

洪武四年（1371年），郑和出生于云南一个回族家庭，当过僮仆的他，是马哈只的儿子，只有一个小名“三保”。现代学者根据《郑和家谱首序》、《赛典赤家谱》考证，郑和为元朝政治家、中亚布哈拉贵族赛典赤的六世孙，如果情况属实，那么可以说他的先祖是异常显贵的。

洪武十四年（1381年），朱元璋派大将傅友德、蓝玉等率三十万大军征讨云南。在战乱中，年仅11岁的郑和被明军掳获阉割，在军中做“秀童”。在那个还不知道屈辱为何物的年龄，郑和便遭受了如此屈辱，是坏事，亦是好事。云南平定之后，郑和随军调往北方，他因“丰躯伟貌，博辩机敏，有智略，习兵法”，被选送到北京燕王朱棣的府邸服役，深得燕王的喜爱。看来有可能出身于贵族的他，血液中真的遗传了贵族精神，要不然何以轻易便修得文武全才呢？这其中天赋的东西是不容忽视的。

后来，在靖难之役中，郑和跟随燕王朱棣南征北战，立下了不少战功。朱棣登上皇位后对郑和更加信任。永乐二年（1404年），朱棣为表彰郑和的功绩，亲笔写了一个“郑”字，赐他为姓，从此更名郑和，史称“三宝太监”。虽然在现在看来，自己的姓氏生生被别人给改了，这是让人不能容忍的事情，但是在古代，由皇帝赐姓，这可是莫大的荣耀，也许这使得郑和对朱棣的忠心比他的江山还要牢固，朱棣大概也认识到了这一点，所以对他委以重任，派他出使西洋，揭开了郑和七下西洋的序幕。

无论如何，郑和是像英雄一般的出发了，因为他有做英雄的资本，首先是政治资本，朱棣这天下之王站在他这一边，亲友团的身份够高；其次，他身后有一个世界最强大王朝的支持，经济上没有问题，不至于让自己在海上漂泊着，还要受饥饿之苦；最后，郑和天赋高，要文能文，要武能武，又在皇帝身边，什么事情没见过，经过千锤百炼之后，也是一位合格的政治家和军事家，统领几万人还是小菜一碟，这难不倒他，至于以后在海上的情况，也自能随机应变。

于是，待东风吹拂，他便号令将云帆张起，一个辉煌的中国航海时代拉开了帷幕。

教化大使来了

郑和这一走，便走到了马六甲。

在中国典籍中，“马六甲”被写成“满剌加”。明朝时，“马六甲”作为一个王国而存在，现在则属于马来西亚。这里之所以闻名于世，是因为它拥有一条著名的海道——马六甲海峡。

英国著名汉学家李约瑟在《中国科学技术史》一书中这样评价郑和的这次壮举：在15世纪上半叶，在地球的东方，从波涛万顷的中国海面，直到非洲东岸的辽阔海域，呈现出一幅中国人在海上称雄的图景。而马六甲海峡是远洋航行的必经之地。

今天，再去马六甲，仍能看到郑和当年下西洋的痕迹，那里有郑和当年宝船的复制品，有悬挂着无数中文招牌的店面，有各种各样的玉器、字画和木雕工艺品在出售，还有长长的中国街，以及祠堂这种在中国已经很难觅其踪影的古老建筑，以及其他中国古代习俗。这些似乎都在昭示着曾经远离家乡、漂泊在外的游子们对自己文化的守护与对家乡的思念。

据说，这里居住的正是当年郑和下西洋时留下来的一些船员，他们在此开枝散叶，一代代的后人都没有回过家乡，却能用纯正的汉语说自己是中国人。

马六甲就以这样一种姿态，来怀念它曾经目睹的那场惊天动地的伟业。在航行的船队一次次往返间，它心里默默地数着、记着，七次，对，是七次，郑和与他的船队一共来了七次。

这七次航行，成为中国航海史上的奇迹。

从永乐三年（1405年）至宣德八年（1433年），郑和率领着当时世界上最大、最先进的船队七下西洋，访问了印度洋、阿拉伯、东非各国，航程十万余里，最南到爪哇，最北到麦加，最西到非洲东海岸。航行中“云帆高张，昼夜星驰。涉彼狂澜，若履通衢”，场面十分壮观。

郑和带着他的百艘战舰以及万名官兵，航行在茫茫的太平洋和印度洋上，来往于马六甲海峡，此庞然大物，足可称霸沿海各国，但是郑和下西洋的宗旨却是和平外交。有明成祖的昭示为证：“今遣郑和赍敕普谕朕意，尔等只顺天道，恪守朕言，顺理安分，勿得违越，不可欺寡，不可凌弱，庶几共享太平之福。若有虏诚来朝，咸锡皆赏。”皇上下旨，谁敢不从，更何况中国人天生爱好和平，怎可起恃强凌弱的坏心。因此，这七次航行被后人以和平的名义称颂着。北大前副校长、史学家何芳川曾经评价：“自从有人类文明以来，文明之间就有交流、交汇。在整个文明的交流与交汇史上，唯有以郑和为代表的中华民族对外交往最文明。因为，它最和平。”

确实，郑和的航行一直谨遵皇上的旨意，要和平，不要侵略，不要战争。但是，出门在外，人生地不熟，总有挨欺负的时候，郑和也遇到了这样的情况。第一次航行，到旧港（今苏门答腊巨港）时，遭到了陈祖义为首的一伙海盗的拦截，这一伙人也是不知天高地厚，结果被郑和率兵击溃，捉了他们的头目。第三次航行，路过小国锡兰，国王贪婪，欲抢郑和的财物，于是让王子缠住郑和，并派兵五万劫掠船队，情况十分危急，郑和却艺高人胆大，仅以两千人的力量攻占了王宫，活捉了锡兰国王，送回中国，结果他并没有被杀，反而被送回锡兰，从此这个小国成了明朝的忠实拥趸。第四次出海，郑和又率队击败了苏门答腊数万人的袭击。总之，这几次都是人不犯我、我不犯人的战役。

当然郑和下西洋不是只和这些冒犯天国之威的人争斗，船队所到之处，做的第一件事就是“开读赏赐”——宣读大明皇帝的敕谕，是为“宣教化”，包括“颁中华正朔，宣敷文教”。老实说，大航海对外传播了中华文明，输出先进的科学技术，为世界文明的进步真的作出了巨大贡献。同时郑和远航，“宝船”带往各国的，都是华夏文明的瑰宝，无论丝绸、瓷器、药材，还是工艺品、金属器物等，都十分精良，堪称极品。这些朝廷的赍赐品带给沿途的国家，就换来了朝贡的繁荣，当时各国来明使臣络绎不绝，以求得到明朝的庇护，同时还可以得到丰厚的赏赐。据统计，明成祖在位的22年中，与郑和下西洋有关的亚非国家使节来华共318次，最多的一次有十几个国家的朝贡使团同时来华，出现了“诸番臣充斥于廷”的盛况。

可以说，郑和下西洋施行睦邻友好、互利双赢的和平交往政策，不仅推动了当时中国海外贸易和经济发展，而且促成了马六甲及东南亚长达一百年的兴盛和繁荣。

年年岁岁花相似，岁岁年年人不同。时隔六百多年后，在渐行渐远的历史中，马六甲依然静静地注视着大海，怀念着曾经一去就不再复返的帆影，猜测着航海英雄们最后的结局。

让梦想照进坟墓

朱棣做了皇帝之后，开始修建陵寝，到永乐十一年（1413年）竣工，是为长陵。其实，早在朱元璋之时，已有大兴土木兴建陵寝的风气。

明孝陵是朱元璋的陵墓，位于南京东郊紫金山南麓独龙阜玩珠峰下，动工于洪武十四年（1381年），建成于洪武十六年（1383年），朱元璋死后埋葬于此，称孝陵。

明朝建国后，倡导儒学的“厚葬以明孝”、“视死如生”的封建伦理思想，尊礼治，重传统。朱元璋建国伊始，就派官员走访和审察了历代帝王陵墓规划布局，明孝陵整个陵区的规划和单体建筑的形式由朱元璋亲自裁定。

明孝陵由前面的神道和后面的主体组成，神道部分全长1800米，自下马坊起至享殿门前的御河桥止，依地势而建，迂回曲折，布置独具匠心。在神道的前端增建了平面为方形的神功圣德碑楼，造型高大而不失端庄严谨，给人以庄重崇高之感，楼北神道转折，平冈广阔，道旁两侧均有石像，有狮、獬、豸、骆驼、象、麒麟等6种12对，1立1跪，逶迤一里多长，列于神道两侧，既渲染出陵墓神秘崇圣的气氛，又增加了陵墓建筑的空间层次感，同时也是区别陵墓等级的标志。

其主体部分，采用严格对称的纵轴形制，同前半部分依山势迂回之法相反。主体前后分为三进院落，孝陵的前院，正门原名“文武方门”，供祭祀时使用的神厨和神库安排在院内两侧，用亨门沟通前院和后院，中院后部中央建有面阔9 间、进深5间的恩殿。殿前两侧有布局严谨的东西廊庑，形若宫殿，用于举行祭祀活动。后院为方城明楼及宝顶。恩殿和方城明楼相结合，如同宫殿和庙宇中的前朝后寝，构成了陵墓建筑的主体，突出了陵墓的主体部分，而且不再沿用宋陵方形陵台和上城的结构，提高了陵墓建筑的艺术性。

明孝陵的陵墓建筑和规划布局，既承袭了历代帝陵的传统，又进行了大胆的变革和创新。如陵墓用圆形取代方形，称宝顶；取消寝宫，将祭殿的规模增大，陵园围墙由方形改为纵深三进院落形制，开创以方城明楼为主体，祭殿为先导的宫殿式陵园结构；调整了石像的种类和数量。这些革新在结构上比历代陵园都先进得多，后来的明十三陵就是以孝陵作蓝本，成为帝陵建筑的高峰，可以说，明孝陵标志着建筑业的重大突破和发展。

尽管朱棣是明初具有卓越政治才能的一位皇帝，却也并没有因此而改变他封建帝王的性质，他也是一个封建剥削阶级的代表，他生前的生活淫逸奢华，死后还妄想同生前一样享乐。因此，在他登基七年之后，便大兴土木，修建陵寝。

皇帝作为一代天子，生前被尊于万人之上，死后也要葬身于“吉壤”之地。

永乐四年（1406年），成祖朱棣下令征调工匠、民夫百万余人，开始修建陵寝。永乐五年（1407年），皇后徐氏在南京病逝，朱棣却打算在北京建陵，为什么要离开南京呢?这其中的奥秘恐怕难以解释清楚。或许是朱棣担忧如果在太祖身边下葬，在阴曹地府里会被老子责骂；或许因为北京曾是自己长期镇守的地方；或许考虑到徐皇后孤守北京，实在不易；或许……我们不知究竟是什么理由促使朱棣把陵寝建在北京。只知道朱棣派去北平寻找“吉壤”的是礼部尚书赵玒及江西术士廖均卿等人。

秉承皇帝的旨意，赵羾和廖均卿等人用了足有两年时间，跑遍了北京地界内可供选择的地方，最终选出四处再由皇帝进行定夺。第一处是口外的屠家营，朱棣觉得皇帝姓朱，和“猪”同音，猪家如果进了屠家定要被宰杀，犯地讳不能用。第二处是昌平西南的羊山脚下，朱棣开始觉得位置不错，然而山后面有个村叫“狼儿峪”，若是“猪”旁边有狼，是很危险的，也用不得。第三处是京西的“燕家台”，可是“燕家”和“晏驾”是谐音，不吉利。第四处是京西的潭柘寺，尽管那里景色好，却由于地处山间，地方狭窄，不利于子孙发展，也没被选中。

永乐七年（1409年），朱棣决定自己亲自去选址，终于选中一片皇家陵区。其位于北平西北郊区，属于燕山余脉，自西向东，迤逦而来。在陵区的东西北三面，群峰耸立，好似屏障，气势磅礴，雄伟壮观，形成了一片小盆地。术士们看后，也夸张神化了一番，说皇帝眼力好，朱棣听了特别高兴，马上下旨圈下附近方圆八十里地作为陵区禁地，开始动工修建长陵。实际上，朱棣选择的陵区，不光是风景好，水土深厚，更主要的是这里地势如屏，易守难攻，一旦驻军把守，既可守卫陵寝，又利于保卫京师。同年，朱棣下令在昌平县北黄土山下建造长陵。

陵区虽然选好，朱棣却仍旧觉得有不如意的地方。原来，长陵所在地叫黄土山，朱棣觉得此名不雅。黄土是埋普通百姓的，堂堂皇帝葬于黄土山下，岂不太没面子？他想将此山易名。于是群臣与术士们纷纷献“名”，但却没有令朱棣十分满意的。

巧的是，朱棣过生日的时候，群臣前来祝寿。朱棣趁着酒兴同群臣来到陵地，百官齐呼“万岁”，朱棣感悟，便想出了“天寿”两个字来，就对群臣们说：“此山应名为‘天寿山’。”群臣又是一片称赞之声。就这样，在朱棣自己过生日的时候，为自己的葬身之处起了个“吉”名。

天寿山是一处天然形似宫殿的山区，东、西、北三面群峰环抱，像处于一个大庭院中，平坦豁亮；南面开敞无阻，直通北平平原，其南端又正好有两座小山相对，左边的叫蟒山，右边的叫虎山，如一龙一虎在守卫大门。

永乐七年（1409年）长陵开始动工，到永乐十一年（1413年）完工，用了四年时间。

按照孝陵规制建造的长陵，共有三进院落。第一进院落，包括陵门、神库、神厨和碑亭。陵门开了三个门洞，顶上铺有黄琉璃瓦，左右连接墙垣。

第二进院落，包括享殿、殿门、西庑配殿和神帛炉。享殿异常高大宏伟，是长陵的主要建筑。大殿共九间，总面积达1956平方米，与紫禁城内最大的奉天殿具有相同规制。大殿为双层屋顶，重檐四出，黄瓦红墙，威严壮丽。它坐落在三米高的三层石阶的台基上，石基、阶陛、杆场用汉白玉雕琢制成。尤其是排立在大殿里的32根巨柱，中间最大的四根直径是1.17米，两个人都抱不过来，是用世上罕见的整根金丝楠木制成的，不时会发出香气。这四根最粗的柱子上描绘着金莲花图案，金碧辉煌。

第三进院落，包括宝城和明楼。宝城和明楼连在一起，楼前设有五供，包括石刻的香炉一个，烛台两个，花瓶两个。陵宫内原有祠祭署、宰牲亭等建筑。楼下边的城墙突出，呈方形，所以叫方城。一个大坟头被包围在城墙里，叫宝顶，宝顶下面就是地宫了。长陵的坟头大得像座小山，它的直径是一百零一丈八尺（近340米）。

宝城下面设有甬道，从那里能登上明楼。明楼也是方形的，四面开门，当中竖立石碑。碑文是朱棣死后所刻的“大明太宗文皇帝之陵”。

朱棣修建长陵，动用了无数的人力物力。朝廷令勋臣为总监工，礼部、工部、兵部负责造陵。兵部负责征调兵士参加建陵工程；工部负责征集民夫、工匠，调运建筑材料，管理设计施工等。有上万人被迫背井离乡，被赶到陵地从事繁重的劳动。享殿中32根巨大的金丝楠木，每一根从砍伐地运到陵园，在当时要耗时数年，其耗费之大可想而知。在四川当时就有蜀民“入山一千，出山五百”的民谣。此外，由于建陵时需要使用大量石料，就需有万余采石的夫役。因为所用石料常常是整块巨石，开采困难，运输更加艰难，工匠们只好在沿途凿许多口井，等到冬天来临，用水泼成冰道，再把巨石放在特制的木架上，由千百人用绳拖拉过来。据《冬宫纪事》中记载，从北京房山运送一块长三丈、宽一丈、厚五尺的白石，需调用民夫两万人，历时28天，才运到京城，花费白银11万两。

第十二章 谁叫你当刺头

你的狡猾背叛了我的善良

在朱棣的统治集团里，有一类人的身份和地位非常高，那就是将军。每个朝廷，都有文臣和武将这两大类人。有的朝廷重视文臣，这样的情况大多发生在盛世；有的朝廷重视武将，这样的情况却很少发生在乱世。

在乱世中，武将的作用很大，但是，武将往往得不到重用，因为皇帝是昏君，岳飞等名将的死就是活生生的例子。总结历朝历代的用人规律，如果一个朝廷重视武将，大多数情况出现在兴盛之初，即皇帝刚刚打下江山的时候。

道理很简单，武将们与皇帝出生入死，他们的情谊是在战场上培养回来的。不可否认，朱元璋杀了很多开国功臣，但那不是国家官僚体系的错误，是朱元璋本人的问题。与朱元璋不同，朱棣登基称帝后，非但没有大肆诛杀靖难功臣，对他们还很好。

永乐朝，国家倚重武将，费正清称这一现象为“军事贵族”（费正清《剑桥中国史・明史》）。在盛世出现重用武将的现象，原因很简单。“永乐帝即位以后，他需要很快地巩固他的权力。他最初改组了军事领导，用创立一个新的军事贵族阶层并大量封赠爵赏的办法来支撑那些随他反对建文朝廷的军人们的忠诚。后来他也把这些特权同样封赏给了那些在远征蒙古和安南作战中有功绩的指挥官们。”（费正清《剑桥中国史・明史》）

在当时，如果想进入统治集团，建立军功是最便捷的通道。因此，每当国家发生战事，大明百姓都很高兴，因为有机会升官。大明帝国好像一个无敌于天下的帝国，凡是打仗，最后的胜利总是属于明朝。参加战争后，只要保住性命回国，一定被封赏。邱福就是抱着这种投机性的、建立军功的心理远征蒙古的。

自明朝开国以来，蒙古就屡屡扰乱大明统治者治理天下的思路。如果明朝强盛，蒙古军队就乖乖地待在长城以北放马牧羊；如果明朝发生动乱，即使是南方的边境有事，蒙古骑兵也蠢蠢欲动。前文说了，朱棣迁都的一个原因，就是防御蒙古。

洪武年间，明朝军事力量雄厚，多次出征蒙古，蒙古就此一蹶不振。此后，蒙古分裂为三大部，分别是鞑靼、瓦剌和兀良哈。蒙古地区资源紧缺，他们又不敢侵犯大明，只能开展内部竞争，因此这三大集团的关系很不好，可以说是不共戴天，有你没我，有我没你。

鞑靼部属于正统的蒙古本部后裔，它的首领鬼力赤是蒙古黄金家族的传人。黄金家族建立了横跨欧亚大陆的蒙古帝国，蒙古族人都引以为荣，渴望恢复祖上的霸业，可鬼力赤不这么认为。鬼力赤觉得，人生短短几十年，一晃眼就过了。既然明朝不打压他们，让他们安安心心地生活在北方大漠，彼此和谐最好。

可惜，在鞑靼内部，只有鬼力赤一人爱好和谐，高呼和平的口号。他的副手太保阿鲁台对和平很反感。回想往昔的大元帝国，阿鲁台也有一个值得他奋斗终生的梦想——恢复成吉思汗的事业。

令阿鲁台敢放开手大干的是，凡是正统的鞑靼人，在内心深处都渴望建立一个强大的国家。接下来的事就是顺水推舟般容易，阿鲁台发动兵变，杀害鬼力赤，拥立元朝宗室本雅失里为汗。本雅失里也是一位帝国情结很深的人，在阿鲁台的辅助下，他将整个北方大漠闹得天翻地覆，恶狠狠地打击了瓦剌和兀良哈。

蒙古内部出现分裂，明朝充分利用这个机会，一会儿帮助鞑靼，一会儿借兵器给瓦剌，另一会儿又为兀良哈出主意，想彻底瓦解蒙古。一来二去，经过艰苦卓绝的战斗，鞑靼发展成了蒙古的第一大部落。

成长壮大后，鞑靼醒悟了，觉得应该联合瓦剌和兀良哈，共同抗击明朝。本雅失里的意思是，鞑靼、瓦剌和兀良哈都是蒙古族人，是自己人。明朝是外人，是敌人。只有自己人联合起来，一同对付外人的道理，没有联合外人伤害自己人的道理。

永乐七年（1409年），鞑靼杀了明朝的使节郭骥祭旗。在永乐盛世，凡是敢动明朝使节的国家，一定没有好果子吃。杀害明朝的使节，就是变相地向明朝皇帝的权威挑战。朱棣听后，二话不说，只丢给朝臣一句话：出征蒙古。

经过千挑万选，朱棣任命大将邱福为征讨蒙古的主帅。在靖难之役的白沟河战役中，邱福奋勇当先，直击李景隆军，尽管没有成功，朱棣还是很看好邱福。朝廷调拨十万大军，打蒙古很容易。肥水不流外人田，有一个容易建立军功的机会，应该送给参加靖难之役的老功臣。

邱福的身份是淇国公，享受公爵的待遇。经历了几十次恶战，邱福也认为，如果让他出征蒙古，立功是很容易的。仔细算一下，参加靖难之役的老臣，死的死，伤的伤，已经没有几个了。朱棣大着胆子起用邱福，除了照顾邱福外，另一个目的是表明他不忘故旧、重用老臣，这是树立榜样，让后生小辈效仿前辈，为朱棣千古一帝的大业贡献力量。

出征之前，朱棣特意召见邱福。叙旧后，朱棣特别强调，到了蒙古，无论敌军多么疲弱，邱福都不能轻敌。皇帝发话，邱福连连点头，满口答应。其实，邱福并不这么认为。作为身经百战的老将，邱福非常自大。大明的天下就是从蒙古人手中抢过来的，邱福发挥老当益壮的雄风，根本不把蒙古人放在眼里。

蒙古的兵种是骑兵，不仅速度快，冲击力也很强。在朱棣的心目中，对付蒙古人，应该找一位善于对付骑兵的将军。普天之下，只有朱棣本人最适合对付骑兵。但是，朱棣是皇帝，有很多其他事情要处理，分不开身。从当时的情况而论，邱福不是最佳人选，却是最适合的人选。

永乐七年（1409年），邱福领着十万大军，浩浩荡荡地向蒙古进发。为确保这是一场必胜的战争，朱棣派遣四位大将辅助邱福，分别是两位副将王聪和霍亲，右参将军李远，左参将军王忠。

朱棣是这么想的，虽然邱福很轻敌，找这四个谨慎的人辅助，一定可以弥补邱福轻敌的过失。大军都出发了，朱棣对邱福还是很不放心，又派遣特使，叮嘱邱福不可轻敌。同上次见朱棣一样，邱福还是假装恭恭敬敬地领命而去。

怀着美好的理想，邱福大驱军马，一路高歌猛进，速度非常之快，一眨眼就深入蒙古腹地，直达胪朐河。在胪朐河，邱福遇到蒙古军的第一次阻击。这支蒙古军人很少，不堪一击，两军还没相交，他们就散了。

有一位蒙古官员来不及逃跑，被明军抓住。邱福刚发问，连大刑都没用，对方就招了。他告诉邱福，鞑靼军主力在前方三十里，毫无防备。如果明军兼程而进，一定能杀阿鲁台个措手不及。成功在即，邱福领着十万大军，飞一般向前方挺进。

一路上，邱福军遇到几次疲弱的鞑靼军抵挡，但他们都不堪一击。有的时候，埋伏在路旁的鞑靼军见到邱福军后，连打都不打，转身就跑。敌军如此不堪一击，甚至都给吓跑了，邱福越看越高兴。但是，右参将李远觉得很不对劲。他告诉邱福，追了几十里，只见零零散散的敌军，要防备阿鲁台诱敌深入。

每遇到一波不抵挡就跑的鞑靼兵，李远就向邱福进一次言。可惜，邱福被期望胜利的愿望蒙住了眼睛，耳朵也被堵住了，看不到阿鲁台的诡计，也听不进忠言。最后，李远直接站到邱福的马前，拉住马缰，阻止主帅前行。

作为下属，李远敢公然教训主帅。邱福勃然大怒，威胁李远，如果李远再多乱说有损大军士气的话，他一定会砍李远的头来祭旗。李远是对的，邱福军每前进一步，就更深一步陷入鞑靼的计谋。

等邱福军完全进入埋伏后，阿鲁台一声令下，无数骑兵从四周的小山坡上直冲下来。明军毫无防备，邱福也没有能力迅速组织抵抗。十万大军被鞑靼骑兵分割成彼此不能救护的几大块，最后纷纷死在鞑靼的铁蹄下。

永乐七年（1409年）八月，前线传来消息，邱福十万大军全军覆没，主帅邱福被踏成肉泥，李远、王忠、霍亲和王聪全部力战而死。

十万大军，七月出征，八月传来全军覆没的消息，京城全城震惊。

搬运工本雅失里

在荒寒的大草原，残酷的战争是人对人的战争。击败明朝十万大军，斩杀轻敌的邱福后，鞑靼更加傲慢。出于骄傲，也出于炫耀，本雅失里和阿鲁台连自己人都不认了，调遣大军，狠命攻击瓦剌和兀良哈。

遭受重重打击后，瓦剌和兀良哈才醒悟过来，明白鞑靼其志不小。灭顶之灾就要降落到头上了，瓦剌和兀良哈频频向明朝求救。

第一次出征蒙古，十万大军全军覆没，朱棣早就想发起第二次出征，报仇雪恨。可是，放眼大明军营，谁能胜任？名将之子张辅是一位好将领，但是，张辅找出种种理由，拒绝出征。再说，张辅远在南方边境，刚刚平定的安南很不稳定，随时都可能挑起事端，需要张辅镇守。

如果朱棣是一位懦弱的皇帝，大明朝廷的发展就是悲凉的。幸好，朱棣是一位很强硬的皇帝，大明的发展注定是充满光明和辉煌的。军中无将，朱棣自告奋勇，担任征讨蒙古的大元帅。

皇帝出征，朝廷全力支持，调拨五十万大军。朱棣是常胜将军，明军深受鼓舞，斗志昂扬，大军浩浩荡荡地向蒙古挺进。大明军士都知道，只要打赢回来，封功拜爵就很容易。

此次出征，朱棣的心里有点悲凉。首先，他感到自己老了，而帝国大业还未实现，梦想远在万里。其次，大明的继承人，长子朱高炽的残疾很令人头疼。大军一路北上，满目都是战争的创伤，更令朱棣生出一种悲天悯人的凄凉感。

想到解缙的建议，朱棣觉得，应该趁早重点培养朱高炽的儿子，长孙朱瞻基。朱瞻基还是一个毛孩子，稚嫩得紧。如果朱棣在有生之年不给朱瞻基机会锻炼，等朱棣一死，在次子朱高煦的反对下，朱瞻基可能成为第二个朱允炆。

为了皇位，次子朱高煦干了一些阴谋的勾当，朱棣是知道的，只是他不说明罢了。朱高煦是受过战争历练的大将军，同朱棣一样，也深怀帝国大业的梦想。想当初，攻打应天时，朱棣曾经对朱高煦说，世子朱高炽身体不好。

联系当时的环境，傻瓜都知道，朱棣的意思是，如果朱高炽有什么三长两短，他的皇位就是朱高煦的。如果没有朱棣的这个允诺，朱高煦怎么敢纠集一党人，为继承权斗争。从这个意义上来说，对朱高炽和朱高煦的斗争，朱棣要负很大的责任。

转眼间，明朝大军就进入蒙古地域，来到大伯颜山。回想当年，那时领军出征的朱棣还很年轻，那时的大伯颜山还很繁盛，到处是人。但是，现在的朱棣老了，大伯颜山也衰退了。

寒风紧吹，迟暮的英雄再临往昔的英雄地，真令人感慨万分。昔日的繁华遗迹，在年复一年、日复一日的风沙侵蚀下，已经模糊不清了。今昔对比，差距实在太大了。大军走了几个月，终于来到邱福军全军覆没的地方，明朝十万大军的露天坟场胪朐河。鞑靼歼灭邱福大军后，只取走了值钱和实用的东西，例如军队的辎重和武器，明军的尸体则被留下了。

时间刚刚过去几个月，明军阵亡将士的尸首还没完全腐烂，而是仍在腐烂，散发出一股令人作呕的恶臭之气。十万大军的尸首，堆积起来要有一座山高。后来的明军看了之后，无不心胆俱寒。那些将士终于知道，建立军功不是容易的事。谁都无法保证，自己不是下一个邱福。

为安抚全军，朱棣下令将阵亡众军士给埋了。看着一个个沙丘直接到天边，朱棣静默良久，思绪无比烦乱。他多次提醒邱福，不可轻敌。可是，邱福将事情给看简单了。十万大军败亡，都是轻敌的过错。

最后，朱棣告诉众将士，胪朐河是邱福军全军覆没的地方，为了纪念死去的将士，就改名为饮马河。饮马河，既表达饮水思源之意，也表达明军将士在此饮马之意。朱棣想强调，邱福军在此摔倒，他一定要从这个地方站起来。

听说朱棣率领五十万大军亲征，本雅失里和阿鲁台被吓得连魂儿都没了。面对浩浩荡荡的明军，鞑靼不是众志成城，共同抗敌，而是大闹矛盾，最终分裂。本雅失里和阿鲁台的分裂，不是因为争夺权力，也不是在抵抗方法上出现分歧，而是他们因为彼此逃跑策略的不同而分裂。听说朱棣亲征，鞑靼连抵抗都不敢抵抗，可见朱棣的威名不是吹出来的。

鞑靼处在蒙古中部，它的西边是瓦剌，东边是兀良哈。打败邱福大军后，鞑靼分两头攻击，西打瓦剌，东打兀良哈，将东方和西方的兄弟都给得罪了。朱棣亲征，鞑靼自知不能抵御，分别向东边的兀良哈和西边的兀良哈求救。但是，瓦剌和兀良哈都没有派兵支援。首先，明军出征前，朱棣警告过瓦剌和兀良哈，最好不要干涉明军的活动，否则，后果自负。其次，鞑靼太猖狂了，连同胞都打，瓦剌和兀良哈负气，不肯救助。

没有援兵，仅靠自己又打不赢，鞑靼只得逃跑。本雅失里说，西边有同胞瓦剌，逃向西边最好。阿鲁台不同意，因为鞑靼刚同瓦剌打过仗，他担心瓦剌落井下石。在阿鲁台的心里，跑到东边去最好。可是，东边的兀良哈是明朝的附属，本雅失里自重元朝后裔的身份，不肯屈就。

阿鲁台不会迁就人，本雅失里不知道以大局为重，鞑靼最终分裂为两部分。跟着阿鲁台的人，向东逃；跟着本雅失里的人，向西逃。必须指出，蒙古很大，风沙又多，再加上阿鲁台和本雅失里跑得很快，除非上天保佑，否则明军很难找到鞑靼军，更别说追到。

渡过饮马河，明军抓到不少鞑靼逃兵。还没审问，鞑靼逃兵就主动供认，说本雅失里就在附近。派出几批探子，确认鞑靼逃兵的情报属实后，朱棣命令部将王友原地驻扎，他独自带领精锐轻骑，火速追击本雅失里。朱棣领军追击，只带了二十天的口粮。

跑着，跑着，本雅失里突然发现，明军已经跟在他的后面了。更令本雅失里感到失魂落魄的是，无论他如何提速逃跑，明军离他的距离都是越来越近。仔细琢磨，本雅失里发现，他之所以跑不快，因为携带的辎重太多了。朱棣只带了二十天的口粮，率领的又是精锐骑兵，速度当然快。

追到斡难河，终于追上鞑靼军，朱棣不容本雅失里分辩，率领骑兵，径直冲击。本雅失里没有作战经验，无法组织队伍抵抗明军的大举掩杀，鞑靼军伤亡十分惨重。面临生死抉择，本雅失里终于抛弃辎重，逃之夭夭。

翰难河一战，明军不仅彻底击败本雅失里，还抢得无数珍宝。本雅失里是成吉思汗的后裔，所携带的东西自然珍贵无比。看着大批珍宝，再看看斡难河，朱棣感叹：斡难河，它不就是成吉思汗兴起的地方吗？

再逃，小命就没了

尽管很狼狈，本雅失里终于还是逃到了瓦剌。看着风尘仆仆又人不人、鬼不鬼的本雅失里，瓦剌的首领马哈木不禁失笑。本雅失里傻傻地看着马哈木，想说什么，但又不敢说。想当初，鞑靼攻打瓦剌时，本雅失里连劝止的话都没说。无数瓦剌人死在鞑靼的刀下，瓦剌人很恨鞑靼人，更恨本雅失里和阿鲁台。

当然，指挥鞑靼攻打瓦剌的是阿鲁台，不是本雅失里。但是，本雅失里是鞑靼的大汗，推脱不了这个责任。作为一个亡国之君，还跑到敌国来，如果本雅失里一不小心，说了错话，脑袋就要搬家。

自从见到本雅失里，在马哈木的内心深处，就进行着一场痛苦的斗争，关于该如何处理本雅失里的斗争：如果收留本雅失里，就要引火烧身，一定会被明军攻打；如果将本雅失里交给明军，本雅失里必死无疑，但人们会骂马哈木出卖兄弟。

面对手足与前途的艰难抉择，马哈木选择了后者。刽子手砍下本雅失里的人头的那一刻，马哈木的心很痛。看着使者带着本雅失里的人头离去的身影，马哈木突然后悔了，后悔杀害本雅失里。

马哈木静静地坐着，像一尊石雕。他觉得，带军攻打瓦剌的是阿鲁台，不是本雅失里，也许本雅失里只是一个傀儡。再说，无论怎么说，本雅失里都是他的同胞。杀害自己的同胞，拿他的头颅去向敌人领赏，这多么可耻。想到本雅失里那颗血淋淋的头，在马哈里的内心深处，蓦地生起一股兔死狐悲的悲凉情绪。

接到本雅失里的人头，朱棣非常高兴，重赏马哈木，夸赞他忠心。听说本雅失里被斩首的消息后，明军兴高采烈，大摆酒食庆祝，就像过年一样。使者回来，告诉马哈木，说朱棣很赞赏他的行为。马哈木听后，什么都没说，有气无力地做了个手势，让使者退下。

茫茫大漠，只有阿鲁台一个人孤军奋战，东躲西藏。与本雅失里相比，阿鲁台是一个非常有计谋又懂得打仗的人。他四布疑兵，弄得到处都有鞑靼军队的踪迹。明军不熟悉大漠，找去找来，全都被阿鲁台给转晕了。

在荒凉的大漠转了几个月，粮食都吃光了，明军还没找到阿鲁台。军队缺粮，朱棣不得不宣布班师回朝。如果就这么走了，这将是一场因没有彻底胜利而让朱棣备感遗憾的战争，朱棣就实现不了千古一帝的梦想了。

天缘凑巧，在回归途中，明军竟然在阔滦海子撞上阿鲁台。为了找寻阿鲁台，明军就差没有上天入地，原来，踏破铁鞋无觅处，得来全不费工夫，明军非常高兴。

朱棣本想驱军掩杀，但是找阿鲁台找了几个月，粮食又短缺，明军很疲弱。阿鲁台是一代名将，如果硬打，明军不能保证全胜。即使赢了，明军的死伤必然很大。当此情境，朱棣不得不采用和平手段解决问题。

听说明军容许投降，阿鲁台万分高兴，急忙召集众将商议投降一事。但是，那些鞑靼将领多是不知天高地厚的年轻人，在他们看来，鞑靼是成吉思汗的后人，应该继承成吉思汗的雄风，宁可战死，决不投降。

无论阿鲁台怎么做思想动员工作，年轻将领们就是不同意投降。好不容易争取到投降的机会，大多数人又不赞同，阿鲁台急得干跺脚。等了好些日子，鞑靼迟迟不投降，朱棣开始怀疑阿鲁台的诚意。其实，不是阿鲁台不想投降，而是他的部下不让他投降。为顾全大局，争取最后的胜利，有人建议阿鲁台采用拖延战术。

两军相持几天下来，鞑靼军见明军越来越没精神，有时偶尔还见到一两个面黄肌瘦的人，他们就猜到明军缺乏军粮。确认明军缺乏军粮属实后，阿鲁台很高兴，一再拖延投降之事。

阿鲁台想得很简单，他认为，如果明军粮草供应充足，人数多是明军的优势。但是，只要明军缺乏军粮，人数越多，对明军的坏处越大。只要再拖几个月，等明军的粮食彻底吃光了，就是他阿鲁台恢复元帝国的机会。等到明军没饭吃，连武器都拿不动，怎么打仗。

在接下来的日子里，明军天天派出使者，商议投降一事。在对方如此频频地催促下，阿鲁台怀疑他的阴谋败露了。于是，阿鲁台又召开一次会议，他告诉众将，拖延时间的阴谋被明军看穿了。明军天天催促投降，如果再不投降，明军一定会进攻。

一个将士对阿鲁台说，鞑靼军可以悄悄地玩金蝉脱壳。具体办法是，立刻派人到明军大营，商量投降一事，以此遮住明军主将的眼睛。暗地里，鞑靼军一批一批地，悄悄地从后军大营撤出。那几天风沙很大，鞑靼军小批小批地撤走，明军看不出来。为保全实力，阿鲁台应该先偷偷地溜出去。金蝉脱壳能够保住性命，阿鲁台举双手赞成。领着一小支足以保护自己的军队，阿鲁台悄悄地从后军大营溜出。

但是，还没跑出营地，阿鲁台就看到明军大举移动，汹汹涌涌地向鞑靼军营冲杀过来。原来，自从派出使臣商议投降一事后，朱棣就严密地注视着鞑靼军营的一举一动。见到敌军后军大营有一小支军队移动，朱棣下令，火速攻击鞑靼军营。

战争爆发了，掌管明军中军的将领柳升还不知道是怎么一回事。听到明军内部突然噪声大起，柳升吓了一跳，急忙出营查看。当他冲出中军大帐，已经有骑兵冲向鞑靼大营。部将擅自出战，柳升大怒，命人鸣金收兵。

柳升再仔细一看，发现朱棣的大旗已经冲到鞑靼军中。皇帝都杀出去了，还站着看不是找死吗？柳升急忙命人击鼓，下令全军出军。明军跟着朱棣，人人奋勇争先。

尽管被五十万大军反复冲击几次，鞑靼军的抵御还是成阵形的，很有力量，可见阿鲁台并非泛泛之辈。然而，双方力量的悬殊太大了。在明军多次大规模的冲击下，鞑靼军最终还是被击败了。

阿鲁台不仅善于打仗，在逃亡方法上，也有一套很特殊的本领。他一口气，跑出几十里。想到明军不可能追上来，阿鲁台才放慢脚步，深深地舒一口气。胸中被闭住的那一口气还没舒缓过来，明军就追上来了。阿鲁台扬鞭策马，接着又跑。可是，他刚刚放慢脚步，明军又追上来了。

无论阿鲁台跑到哪里，无论他的速度多么快，明军都紧追不放。跑到后来，阿鲁台疲惫了，也服了朱棣。

永乐八年（1410年），阿鲁台正式向大明朝廷朝贡，诚心归附。

你没几天得瑟了

朱棣北伐蒙古，彻底击垮了鞑靼势力。此后，蒙古地区的其他势力趁机发展，彼此争战，抢夺领地。经过无数次血与火的战争，瓦剌的领地得到很大的发展，崛起为蒙古地区的第一大势力。

鞑靼被明朝击垮后，瓦剌就是蒙古地区的第二大势力。从第二大势力上升到第一大势力，是很容易的事，因为瓦剌的首领马哈木也是一位胸怀大志、腹有良谋的统治者。想当初，瓦剌之所以臣服于明朝，只想借明朝的势力保护自己。

强大后的瓦剌，只有它打别人，没有被挨打的事，马哈木认为，自己此时已经不再需要明朝了。从这个层次论述，瓦剌不是诚心归附明朝，而是利用明朝。朱棣想成为千古一帝，却在不知不觉中扮演一个打手的角色，这是国际政治竞争所导致的历史悖论。

怀着统一蒙古，甚至是占领亚洲，进而称霸世界的美梦，马哈木带领瓦剌军队，多次横扫蒙古全境。阿鲁台缺兵少将，不堪一击，连领地都被马哈木强占了。打不过瓦剌，抱着曾经的马哈木所怀想的寻找靠山的心情，阿鲁台多次向明朝乞求护卫，明朝却坐视不管。马哈木认为朱棣不敢管，行事越来越放肆。瓦剌军多次出征，几乎整个蒙古都被占领了，唯独阿鲁台多少有点儿能力抵抗，孤军奋战。打到后来，阿鲁台精疲力尽，死气沉沉地跑到长城边上避难。

马哈木能够迅速扫荡蒙古全境，有三个主要原因：第一，瓦剌所管理的地区在蒙古西部，没有遭到明朝军队的正面打击。而且，每次明军出征蒙古，瓦剌都从旁协助，捡了不少便宜。第二，马哈木拥立大元朝黄金家族系的后人答里巴为汗，打的旗号是恢复元帝国。在元朝，蒙古族人受到优等待遇，他们都很怀念帝国的美梦。听说马哈木要恢复元帝国，大多数蒙古族人都很拥护。第三，马哈木培养了一支非常精锐的骑兵，作战能力超越其他蒙古骑兵。

赢得大多数蒙古族人的拥护后，马哈木就公然向明朝挑战，出兵侵占和林地区。马哈木想得很简单，认为蒙古族人之所以打不过明军，是因为蒙古族人被明军使诡计分裂为几个部分。分则力弱，蒙古族人自然打不赢明军。但是，现在的马哈木已经联合了所有蒙古族人的力量，可以与明军一决胜负。

至于对付朱棣的办法，马哈木也想好了，那就是诱敌深入。邱福的十万大军，就是败在阿鲁台诱敌深入的诡计之下。马哈木觉得，只要计谋设计得好，并且在执行过程中细心，尽管朱棣很精明，他也同样会上当。如果成功歼灭前来征讨的朱棣大军，明朝就一蹶不振，天下就是他马哈木的了。

永乐十二年（1414年），朱棣带领五十万大军，亲征瓦剌。此次出征，随行人员有柳升和朱瞻基。朱棣的意思很明显，带上长孙朱瞻基，是为了历练皇位的继承人。瓦剌的主力是骑兵，朱棣知道这点。此次出征，他尤其倚重改编后的朵颜三卫。朵颜三卫参加过无数次激烈的战斗，经验丰富，战斗力很强。

进入蒙古境内后，明军遇上几波小规模的抵抗。由于敌方势力不大，朱棣就没将他们放在心上。可是，尽管越来越接近瓦剌的营地，明军所遇上的抵抗仍然很小，朱棣就开始怀疑了。事情太蹊跷了，明军不得不抓几个俘虏来问问。瓦剌俘虏很听话，问什么答什么。听到马哈木就在百里之前的忽兰忽失温（今蒙古图拉河），明军非常高兴。

诸将摩拳擦掌，蠢蠢欲动，朱棣却让他们安静下来，不可轻举妄动。朱棣不是邱福，没有那么轻信；相反，他是一个疑心很重的人。如果瓦剌俘虏只说马哈木在前方或者附近，朱棣会派人或者亲自领军追击。但是，俘虏将马哈木的藏身地点说得清清楚楚，还保证马哈木没有作战准备，朱棣就不信了。

大军原地驻扎了好几天，整天吹风沙，士气越来越低沉。如果再这么待下去，即使粮食够吃，军队也会十分疲惫。在这样的情况下，明军就遇上了一个很矛盾的困境。如果撤军，明军不仅劳而无功，出军一路上的消耗就是白白浪费；如果不撤军，待在一个地方干等也不是办法，很明显，瓦剌军不会主动出击。

更令朱棣感到难堪的是，这次出征他带上朱瞻基，希望朱瞻基以自己为榜样。如果没有剿灭瓦剌就撤军，半途而废的榜样不利于朱瞻基将来的发展。为了胜利，也为了给朱瞻基树立一个良好的榜样，朱棣命令明军兼程而进。

现在的明军，走的是一条只能向前、不可退后的道路。朱棣是这么想的，即使马哈木暗藏伏兵，只要明军的速度够快，遭遇伏击时，伤亡也不会太惨重。如果运气好，明军的行军速度超出马哈木的估计，明军到了，他还不知道，明军还能杀个措手不及。

果不出朱棣所料，在明军前进的道路上，所遇上的瓦剌军很少。那些瓦剌军，东一波，西一波，零零散散，简直是一些乌合之众。一天，明军终于遇上一波可以说得上是正规军的军队。但是，这波军队中有一大部分是老弱病残，就像刚刚遭到一场大瘟疫，还没完全康复。

先锋大将军刘江引军出战，几个回合，就将瓦剌将领杀翻在地。明军还没冲击过去，瓦剌小兵就逃光了。看到这种情况，朱棣表面很高兴，内心却很担心，因为他看出瓦剌军是在诱敌深入。朱棣不能确认前方有什么，但有一点可以肯定，瓦剌军一定埋伏在前方。

朱棣的感觉是对的，就在明军的前方，在一个四周是小山冈、中间是一块小平地的地方，埋伏有马哈木的军队。为了对付朱棣大军，马哈木召集了全瓦剌的军队，光是精锐的骑兵就有三万余人。这三万骑兵，由瓦剌大将太平和博罗率领。他们静静地等着，只要明军进入预先设计的埋伏圈，马哈木号令一下，这三万精锐的骑兵就会从小山冈上冲击下来，活生生地将明军割成几块，最后再一小块、一小块地歼灭。邱福的十万大军，就是这样被歼灭的。

相对而言，骑兵有两个优势，第一个是速度，第二个是冲击力。如果是在平原作战，骑兵会轻装入阵，充分发挥速度的优势；如果是在小山丘作战，骑兵就要加重自己的装备，发挥冲击力的优势。马哈木命骑兵埋伏在小山丘上，就是想借地势的高下之差，增强骑兵攻向明军时的冲击力。

上天没有辜负马哈木的苦心，明军终于陆续进入他预先设定的埋伏圈。躲在小山冈上，看着朱棣的大旗一步一步走向小平地的正中央，马哈木的心跳得很激烈。理想就要实现了，马哈木非常高兴，差一点儿就要疯了。

瓦剌军静静地等着，仔细地盯着明军的一举一动，将明军所携带的、就要被他们抢夺的东西数得清清楚楚。突然，有人指着明军的一支队伍，问马哈木那是什么军种。顺着那人所指的方向看去，只见一支既不是骑兵，也不是步兵的特殊兵种一步一个脚印地向前行进。

马哈木悄悄地告诉那人，说那不是一支军队，而是一队死尸。说完后，马哈木笑了，其他瓦剌军也跟着笑了。他们明白马哈木的意思，走进埋伏圈的明军，马上就要变为死尸。

神机营的威力

明朝的军队编制以五军营、三千营和神机营这三大营为基础，它们也是明军作战的主要力量。这次出征，朱棣想为朱瞻基树立一个榜样，因而将这三大营的主力都给调动了。瓦剌军看见了，但是不认识的，就是大明鼎鼎的“神机营”。

与五军营和三千营相比，神机营是一支非常特殊的部队。五军营是骑兵和步兵的混合体，步兵占大多数，按左、中、右编制，分中军、左军、右军、左掖军和右掖军，主要负责与敌人开战肉搏战，最后出场。三千营由收编的骑兵，尤其是蒙古骑兵组成，例如朵颜三卫，出场顺序排在倒数第二。也就是说，三千营出动后，接着上场的就是五军营。三千营建立之初只有三千人，但战斗力非常强，因而被称为三千营。随着明朝军事力量的发展，现在的三千营，人数远远超过三千人。

之所以说神机营是一支特殊的部队，因为他们的装备不是冷兵器，而是热兵器。在靖难之役，朱棣平常最自负的、战斗力最强的骑兵被盛庸的火炮和火铳打得落花流水后，他吸取自己失败的教训，借鉴盛庸成功的经验，着手建立一支以火炮和火铳为主要攻击利器的军队。

经过几十年如一日的发展，这支特殊部队终于建立，又经过多次的演习战，对种种缺点进行改进后，终于可以投入战斗。在明朝，火炮和火铳可以远距离作战，杀伤力又大，因而被称为神机。朱棣建立的这支特殊部队，就被称为神机营。

瓦剌军见过火炮和火铳，也用过，但是没有见过整支都以火炮和火铳为主要装备的军队，因而不认识。再说，此次神机营出战，朱棣要给瓦剌来一个意想不到的打击，在外观上对神机营作了一番修饰。瓦剌军不能认出神机营，也是常理之中的事。

明军全部陷入预定的埋伏圈后，马哈木立刻站起来，立在最高的山冈上，指挥隐藏在四周山冈上的骑兵。军旗刚刚挥动，山冈上的瓦剌骑兵纷纷向明军直奔而来，速度快如流星，气势如猛虎扑食。

铁蹄踏地声，再夹杂着喊杀声，瓦剌军这一冲击，连整个山冈都给震摇了。敌军惊天动地地扑面而来，朱棣不慌不忙，轻轻挥动军旗，指挥前军向左右两翼分开。马哈木本想将明军分裂成几块，然后一块一块地歼灭。瓦剌骑兵还未冲击，明军就自动分开了，马哈木很兴奋。

兴奋之余，马哈木手中的军旗挥舞得更快了，就像一个小风扇。沿着倾斜的山冈直冲而下，瓦剌骑兵的速度越来越快。明军前军向两翼分散后，面对瓦剌骑兵的，就是那支连马哈木也不认识的特殊军队神机营。

瓦剌骑兵就要冲撞到明军了，神机营揭开遮掩之物，显出令人闻风丧胆的火炮和火铳。站在山冈上的马哈木看到后，后悔不迭，大喊撤退。可是，瓦剌骑兵的速度太快了，急切之间刹不住脚，再说声音太嘈杂了，他们听不清马哈木喊什么。

神机营早已子弹上膛，只等朱棣一声令下。看着这群前来赴死的精锐骑兵，朱棣都为他们的牺牲感到可惜。想当初，朱棣的骑兵，就像现在的瓦剌骑兵一样，直挺挺地朝盛庸的火炮和火铳冲去。

朱棣一声令下，神机营千炮齐发，万枪齐放，无数燃着烈火的炮弹，无数热辣辣的子弹，纷纷射向瓦剌骑兵的面门。炮弹和子弹所到之处，瓦剌军马和骑兵无不应声而倒。这一场厮杀，场面十分宏大，瓦剌军的伤亡非常惨重，站在山冈上的马哈木只能干瞪眼，空流泪。

那个时候，利用火炮和火铳作战的技术还不发达。以火铳为例，每放一枪，就要装一回子弹。按理说，遭受第一波攻击后，瓦剌军可以利用神机营将子弹推入枪膛的间隙，直接冲入神机营。但是，他们做不到，因为朱棣在人事安排上作了稍微的改进。

在观看神机营演习的时候，朱棣就发现推子弹上膛会为敌军留出进攻的间隙。经过无数个日夜的苦思冥想，朱棣终于找到了解决的办法，那就是将持枪队伍分成几排，一排一排地开枪。第一排开枪的时候，其他排不能动。第一排开完枪，第二排接着开。在第二排开枪的时候，第一排就装子弹。如此一来，还没等其他排开完枪，第一排子弹已经装好了。如此循环往复，神机营每放一次枪就要装一回子弹的间隙被弥补了。从整体上看，神机营是一支能够持续不断地放枪的队伍。

瓦剌军没有片刻进攻的空隙，奔腾的战马纷纷倒在神机营的枪炮下。神机营的杀伤力很强，可是制造枪弹的花费很大。如果每次打仗都出动神机营不合算，即使是在一次战斗中，也不能全部动用神机营，第一个原因是不合算，第二个原因是敌军已经大败了，需要真正的人去清理战场。

作为军事专家，朱棣制定了一套非常好的作战方略。先令神机营开枪放炮，将敌军打得毫无还击之力后，再派三千营的骑兵出战，等骑兵扫荡一阵后，就用五军营的步兵进行地毯式攻击，抓捕俘虏。

神机营将大部分瓦剌骑兵打伤在地后，有条不紊地向两翼散开，三千营的骑兵直冲出去，将瓦剌军分割成一小块一小块，逐个儿歼灭。三千营分左、中、右三路出击，左路军由李彬和谭青二人担任主帅，右路军的主帅由王通担任。至于率领中路主力的责任，那就是朱棣的了。朱棣发挥老当益壮的雄风，亲领中路骑兵杀入敌军。这种壮举，真的很令人钦慕。

皇帝都冲杀出去了，朱瞻基也跟着杀了出去。朱瞻基聪明乖巧，知道朱棣喜欢英明神武、作战勇敢的人。朱棣有三个儿子，第一个是老大朱高炽，第二个是猛将朱高煦，第三个不怎么出名，叫朱高燧。

因为朱高炽身体不便，不能随军出征，建立战功。相比而言，朱棣比较喜欢更像他的、已经建立很多战功的朱高煦。平日起居，朱瞻基就觉察到朱棣对朱高煦的喜爱多于对他父亲的喜爱。为了皇位，朱瞻基必须代替他的父亲，建立军功，赢得朱棣的喜爱。如果他们父子都没能力，哪天朱棣不高兴，将皇位传给朱高煦，就等于一切都没了。

骑兵扫荡之后，人数最多的五军营出战了。瓦剌军不能抵挡明军的大举掩杀。领着残余部队，马哈木气急败坏地逃了，样子非常狼狈。见马哈木逃跑，朱棣指挥大军，死命追击，一直追到图拉河边。马哈木很幸运，杀出重围，逃了。可是，他的两个难兄难弟太平和博罗的命就没他的好，被明军围住，活活被砍成了肉酱。

《明史》记载，此次出征，明军大胜，杀了好几十个瓦剌王子。但是，这场胜利也很危险。如果不是瓦剌军伤亡太重，慌了手脚，乱了分寸，明朝皇位的继承人可能就出问题了。

朱瞻基随朱棣一起出征，为了保护皇位继承人，朱棣命令大将李谦照护朱瞻基。可是，朱瞻基看朱棣杀人看得心慌了，也不估量一下自己的能力，跟着就冲杀出去。瓦剌军逃亡，他也跟着追上去。为了保护朱瞻基，李谦也追上去了。

须知，瓦剌骑兵作战勇猛，他们之所以大败，主要是明军人数太多，武器先进，遭到意想不到的攻击。如果双方势均力敌，瓦剌军不一定会败得那么惨。朱瞻基追到远处，跟着他的人就很少了。瓦剌逃兵见追兵很少，掉转马头，将朱瞻基和李谦围在核心。

战斗刚刚停歇下来，朱棣就发现一个严重的问题，朱瞻基不见了。皇位继承人不见了，可不是小事。明军大举出动，四处查找。围住朱瞻基的瓦剌军见大波明军直冲而来，放过朱瞻基和李谦，都逃了。幸好瓦剌军不知道他们围住的是皇位继承人，否则，这一仗的最终胜负，那就难说了。

朱瞻基捡回了一条命，李谦可就没他那么幸运。听说大军是朱棣派来救朱瞻基的，李谦十分害怕，也十分自觉，不等朱棣责罚，一刀就结束了自己的生命。

看了李谦的死法后，应该知道，朱棣的声威，是很令人害怕的。

地方政权要紧抓

永乐七年（1409年）闰四月，明廷设立奴尔干都指挥使司，以宦官、海西女真人亦失哈主其事，以招降女真。

奴尔干（女真语为图画的意思，表示这里山川景色美丽如画）。元朝的时候，在这里曾经设征东招讨使，管理和征收骨嵬部（库页岛）的军赋。14世纪50年代又在敦敦河口的哈儿分之地，建立了“吾者野人，乞列迷等处诸军万户府”，都由黑龙江下游的兀者、乞列迷等部管辖。

朱元璋建立了明朝之后，多次派遣官员到这里进行“招抚”。明太祖时，元辽阳行中书省平章刘益捧着辽东地图来降靠明朝。后来在辽东地区设辽东都指挥使司，领有25卫，其范围东至鸭绿江，西至山海关，南至旅顺口，北至开原的三万卫，北部辖区还包括了辽河。明太祖降纳哈出后，明军曾出开原，驻扎在松花江南北两岸。

明成祖朱棣即位后，在明太祖朱元璋经营东北的基础上，更加强了管理。永乐元年（1403年），明朝政府派官员往谕奴尔干，至吉（乞）列迷诸部招抚，进展很大。

十一月，女真部落首领阿哈出等入朝，明廷沿用金恤品路建州之名，在其地设建州卫（黑龙江东宁县境），任命阿哈出做指挥使。十二月，忽剌温（呼兰）女真部首领西阳哈、锁失哈等来朝，在其地设兀者卫（呼兰河中下游），西阳哈被任命为指挥使，锁失哈为同知。

第二年，各部首领相继入京归附明朝。明朝政府在此设立了奴尔干、建州等十卫，任命把剌答哈等做奴尔干卫的指挥同知等官，另外各部的首领又被任命为指挥同知等职务，而且赐给他们诰印官带袭衣。明政府为了便于管理东北地区的各族人民，从永乐元年（1403年）到永乐七年（1409年）在斡难河、黑龙江流经的南北区域，以及松花江、乌苏里江、格林河、亨滚河等流域，设置了132个卫。于是海西女真、建州女真、野人女真诸首领相继归附。至此，明政府基本上统一了东北地区。

永乐七年（1409年），奴儿干官员忽剌佟奴来朝，奏请在奴儿干设立元帅府，闰四月明廷定议在其地设置奴儿干都指挥使司（简称奴儿干都司），由东宁卫指挥康旺为都指挥同知，千户王肇舟等为都指挥佥事。六月，又设置了奴儿干都司经历司，设经历一员。永乐九年（1411年）明成祖专门派遣内官亦失哈等率千余军官，25艘巨船，护送康旺等顺黑龙江而下，就任到亨滚河口对岸特林的奴儿干地就任。

正式建立的奴尔干都司，是明政府管辖黑龙江、乌苏里江流域等地的最高地方行政机构。设立了奴尔干都司之后，为加强对这一地区的管辖，明朝政府又陆陆续续建了很多的卫所。至英宗正统十二年（1447年）共建卫所184个，千户所20个。到万历年间，所建卫所达到384个，千户所24个。政令所行西起斡难河，北至外兴安岭，东抵大海，东北达库页岛。仅黑龙江南北地区的卫所，其数量就有67个。斡难河卫、卜鲁丹河卫等十四个卫所，设在斡难河以东，嫩江以西，包括呼伦贝尔地区和黑龙江上游南北地区。沿精奇里江设立的有脱木河卫、古里河卫等5个卫。精奇里江是黑龙江北岸支流，那里的垦荒历史有200多年，沿流域出现了专事农业的一些村屯，如博和哩屯、吴鲁苏屯、黄河屯（海兰泡）等，这便是历史上非常有名的“江东六十四屯”。在黑龙江城以东，到与松花江汇合处附近地区的卫所有可令河、木鲁罕山、哈喇察、兀喇卫等9个卫。以库鲁河为中心（伯力附近）设立了乞勒尼、忽鲁木、喜申、古鲁、亦儿古里等5个卫。撒儿忽，哈儿分等4个卫则沿敦敦河流而设。沿格林河设立了葛林、忽石门、卜鲁兀等5个卫。沿亨滚河（黑龙江北岸支流）设立了饮真河、满泾、朵儿必河等7个卫。奴尔干、兀的河、和囊哈儿、波罗河（两个卫在库页岛上）四个卫设立在由黑龙江到库页岛一带。在乌苏里江东部地区，还设了克默而河、亦麻河、失里、恨克、双城（俄称乌苏坦克斯克）等14个卫。这67卫在鸦片战争前均为我国领土。

奴尔干都指挥使司由明中央政府直接控制，是军政合一的最高地方行政机构。设有都指挥使、都指挥同知和都指挥佥事等军政长官。明成祖朱棣时，由于没有都指挥使，以都指挥同知为最高长官。

奴尔干都司辖区的人民，要向明朝政府上缴赋税，这同内地人民是一样的。他们通常是上缴当地的土特产，如海东青、大鹰、鼠雕、白兔、黑狐、貂鼠、阿胶、海豹皮、海獾皮、殳角（海象牙）、鲸须、好刺（各色鹿）、马、失刺孙（即土豹）、金钱豹皮等。同内地的地方官吏一样，各卫所的官员，要对明朝中央政府的命令、调遣绝对地服从。

为了方便由内地到奴儿干地区的交通，从而便于送文件、运送官兵等，明政府在它所辖地区设立了东西两条驿站线路。一条是“海西东水陆城站”，自海西底卡失站（今黑龙江双城县西，拉林河畔花园屯古城），向东北沿松花江而下，直到黑龙江下游奴儿干都司治所附近的满泾站，有50余个城站分布在此条驿站线路上。另一条叫“海西西陆路”，从肇州起，经松花江、洮儿河往西直到兀良河（今满洲里附近），这两条驿站路线又连接了辽宁省东都司辖境内的驿路。这样一来使得处于边远地区的奴儿干都司与内地的联系进一步加强了。明朝政府还在驿站经过的地区征调劳役、畜力，设置站丁、站狗。为了运输的需要，明朝政府还在今吉林省吉林市附近松花江畔建立了船厂制造船只。

亦失哈、康旺等人对创建和经营奴儿干都司的贡献很大。亦失哈是钦差大臣，康旺、王肇舟属封疆大吏，自永乐七年（1409年）奴儿干都司筹建，直到建成并受命管理和经营，他们经历了全过程。在20多年中，亦失哈共巡视达十次之多。他们对边疆地区少数民族采取柔化抚恤政策，使奴尔干都司所辖地区的少数民族与明朝的关系极为密切。如永乐五年（1407年），到京师朝贡的纳木河等部落的首领就有三百人。永乐十年（1412年），奴尔干等处部族头目到京师朝贡的有78人，可以说，亦失哈、康旺、王肇舟等人在从事东北边疆的经营方面，贡献巨大而卓越。

另外，他们还在当时奴尔干都司的治所特林建立了一座供奉观音的永宁寺，并在两旁立了两块石碑，一块是在永乐十一年（1413年）所立，碑上刻有《敕修永宁寺记》；另一块是在宣德八年（1433年）所立，碑上刻有《重建永宁寺记》。这两块碑记，记载了明朝政府经营和管理奴尔干都司的经过。两块碑文均用汉文、蒙古文、女真文、藏文四种文字书写。碑文中的官员，有汉族人、蒙古族人、女真族人和其他少数民族，这证明奴尔干都司是明朝这个多民族国家的一级地方政权。虽然现在永宁寺早已不存在了，但这两块石碑曾经在原址巍然挺立500年，这是我国明朝政府管理奴尔干地区的历史见证。

当海盗没前途

永乐十七年（1419年）六月十五日，辽东总兵十军左都督刘荣大败倭寇。

很久以来中日两国便已开始交好，明朝建立后，朱元璋为了巩固两国间的友好关系，在洪武二年（1369年）派僧人杨载出使日本。次年又派莱州府同知赵秩赴日，详细阐述了明朝的睦邻政策。日本国王良怀在第二年遣使奉表进贡马匹，并送还在明州、台州掠去的70多名中国人，于洪武四年（1371年）十月到达南京。明太祖设宴接待使臣，并命僧人祖阐等八人送日本使者回国，回赐良怀文绮纱罗。

明朝和日本的关系在洪武后期有些疏远，胡惟庸案后，明太祖疑胡惟庸“欲藉日本为助”，因此“怒日本特甚，决意绝之”。从那之后，日本再没派使臣到中国来。明成祖即位后，于永乐元年（1403年）即派左通政赵居任、行人张洪偕僧道成出使日本。就在他们打算启程时，日本的使臣却先来一步，大约十月份到达南京。明朝对他们很热情，招待很周到。对使臣所带货物，包括违禁的兵器之类，均按时价购买，并遣使随日本来使回访。两国此后又恢复了贡使往来。

明初，在宁波设市舶司，日本商人必须持有明朝发给的“勘合”（即凭证）才能进行贸易。永乐初，成祖和大臣们商议后规定，日本须每十年一贡，来往的人数不得超过二百，船只限于两艘。但实际上日本来中国贸易的人和船舶，都超过规定的数目，而且带来非常多的走私物品，远远超过规定的10倍。宣德元年（1426年）改为人不过三百，船不过三艘，即便如此，却仍满足不了日本的需要。

这个时候，又出现了倭寇。倭寇指的是14世纪至16世纪劫掠我国及朝鲜沿海地区的日本海盗集团。14世纪日本南北朝时，在混战中失败的武士，做了海盗，靠走私抢劫谋生。为此明朝与朝鲜都加强了海防，但在永乐年间，沿海地区仍常常受到倭寇侵扰，成为沿海地区一大祸患。

明朝初年，从辽东经山东、浙江到广东的海岸线上，“岛寇倭夷出没”，甚至登岸剽掠。洪武二年（1369年），太仓卫指挥佥事翁德率领卫所士兵力剿倭寇，生擒数百人，但倭寇仍经常出来剽掠。从此以后明朝便大大加强了海上防卫，建城墙列寨，增添了许多战船。洪武朝先后在辽东到广东沿海设置50余卫，计算起来有兵士20多万人。每百户设一战船，千户设十船。海卫五所，共有船50艘，每船有50名旗军。

永乐时，明成祖一方面与日本交好，另一方面继续加强沿海地区的防御。永乐九年（1411年）正月，命丰城侯李彬、平江伯陈瑄等率浙江、福建舟师剿捕海寇。永乐十四年（1416年）命令都督同知蔡福等带领一百兵马，到山东沿海地区追拿倭寇。永乐十七年（1419年）总兵刘荣（刘江）领导农民在辽东望海埚进行了一次规模很大的抗倭斗争。

刘荣一开始顶替父亲从军，以后又改作了中府右都督，阿鲁台归顺明朝时，在军中他改任左都督，作为总兵官镇守辽东。刘荣去各岛查看巡视备战情况，在他巡视到金州卫金线岛西北的望海埚时，见地势极为宽广，而且处于滨海咽喉要道，便筑城堡，设烽堠，严阵以待倭寇。当月，瞭望哨报告倭寇来犯，刘荣迅速带领军队赶往望海埚，犒劳军卒，厉兵秣马，准备迎战。倭寇当时正乘30余艘船停泊在马雄岛，登岸后直奔望海埚。刘荣依山势设下埋伏，派都指挥徐刚在山下伏击，百户江隆率壮士暗中烧毁敌船，断掉他们的退路。十五日，刘荣亲自率步军与敌交战，假装败退，诱敌进入伏击地，紧接着四面响起炮声，围歼倭寇，自辰至酉，将他们大部歼灭，残寇退到樱桃园。刘荣再分兵夹击，把敌人全部消灭。此次战斗共砍首级千余，生擒130人。倭寇连年骚扰劫掠，这次备受打击，很长一段时期内不敢骚扰辽东。九月，刘荣因功被封为广宁伯，俸禄一千二百石，予世券，更名荣。次年四月刘荣去世，赐广宁侯，追封为“忠武”。

第十三章　为名誉而战

三杨出场，谁与争锋

前面说过，朱高炽能够被立为太子，大才子解缙功不可没。但是，解缙死得太早了，如果没有其他人的帮助，朱高炽还是不能成功走好太子这条路。朱棣过于雄霸，只要他还在世一天，即使朱高炽当上了太子，他的皇位还是很危险的，因为随时都有被废除的可能。

从世子到太子，再到皇位的道路上，尽管充满无数魔障，有三个大臣却一直对朱高炽忠心耿耿，不离不弃。他们分别是杨士奇、杨荣和杨溥。

杨士奇是袁州人，生于1365年，也就是元末明初。军阀割据，到处都是战火，百姓更是处于水深火热之中。为逃避兵灾，杨士奇的老父亲带着杨士奇和杨士奇的母亲四处躲避，过的是吃了上顿没下顿、今天活完后不知有没有明天的苦日子。更令人感到心酸的是，杨士奇还不满两岁，他父亲就在一次战乱中丧生了。

从此，在乱纷纷的世界上，杨士奇就只有一个可以依靠的亲人，那就是他母亲。尽管世道很乱，杨母还是相信，明天会更好。带着杨士奇奔波的那些年，无论生活多么艰苦，她都再三叮嘱杨士奇，一定要好好读书。

杨士奇很听话，在烽烟四起、朝不保夕、食不果腹的环境中，毅然读完《大学》。《明史》记载，杨士奇不仅读完《大学》，甚至读得滚瓜烂熟，倒背如流，并有自己个人的见解。那一年，杨士奇只有五岁。

生了这么一个好儿子，杨母坚信，前途是光明的。过了几年后，朱元璋一统天下。时局稳定下来后，杨士奇母子的生活却更加艰辛，因为他们毫无经济收入。

为了孩子的前途，也为了在困苦的生活中继续活下去，洪武四年（1371年），杨母带着孩子，改嫁给罗性。罗性是中国式的父亲，平常不苟言笑，整天一副死了父亲般的苦相，但是对孩子很慈爱。当然了，罗性有自己的孩子，对杨士奇的爱，就不是那么的多。

罗性是当地出了名的有才之士，见杨士奇有学习的天赋，平日闲居他就教杨士奇读书。可是，这位继父严肃得很，看不惯活蹦乱跳的、时时刻刻都高高兴兴的孩子。杨士奇在他的教育下，渐渐养成老成持重、寡言少语的性格。

按理说，杨士奇都是那么大的人了，即使有了继父，也不一定非要跟着继父姓不可。可是，罗性非常高傲，连与他同朝为官的人都看不起，自然更看不起杨士奇的老父亲，因为他让自己的妻子和孩子流落在险恶的社会上。

硬生生让一个熟读四书五经的、深明大理的孩子改姓，这对杨士奇的伤害很大。自从来到罗家，每年罗家都要祭祀先人，都硬要杨士奇参加。在如此隆重的日子，杨士奇的那几个既不同父、也不同母的同姓哥哥，很爱奚落杨士奇。当然了，平日交往，他们也没少欺负杨士奇。

洪武六年（1373年），淤积在杨士奇内心深处的愤怒和对自己父亲的敬爱终于爆发了。这个年仅八岁的小孩子，从外面偷偷捡来几块土块，再捏成神的样子。在一个无人的角落，他悄悄地祭拜自己的先人，尤其是死在乱世中的父亲。

杨士奇的意思很简单，不管父亲是贫是富，都是他的父亲。再说，带着杨士奇母子躲避战乱，他父亲也吃了不少苦。父亲没有能力照顾他们母子，不是父亲本人的过错，而是社会的过错。

看着杨士奇郑重其事地拜向那几块不成形的泥块，罗性又激动，又愤慨。他激动，因为杨士奇年纪如此之小，就知道祭拜自己的父亲；他愤慨，因为他生的那几个儿子整天吃香的、喝辣的，却一点儿事都不懂。

事后，罗性叫来杨士奇，告诉他可以改回杨姓。杨士奇听后，非常害怕，因为他觉得罗性会赶他出家门。可是，罗性对他说，他的那几个孩子不成气，不能保住家业。杨士奇年纪小小就知道祭拜自己的先人，很有感恩之心，将来一定会成就一番事业。罗性希望，在不久的将来，杨士奇能够多多关照他那几个不成器的孩子。

自此而后，罗性就着力培养杨士奇。可惜，好景不长。仅仅一年后，罗性犯了朝廷的法令，被贬到远方。杨士奇母子，不得不再次相依为命。长大后，为了帮助家里，补贴家用，十五岁的杨士奇就开始当私塾老师。

杨士奇很有才学，有很多学生跟他学习。作为私塾老师，学生的多寡意味着收入的多少。教那么几个学生维持母子二人的生活，杨士奇的生活已经非常艰苦了。不久，杨士奇又做了一个令人意想不到的举动。

他有一个朋友，是个穷书生，还要供养家里的老人。见朋友穷困，杨士奇就将自己的一半学生，连同一半学生交的学费分给朋友。回到家，杨士奇战战兢兢地将这件减少收入的事告诉杨母，杨母不但没责备，还说：“你能够这样做，不枉我辛苦养育。”（《明史》）

几年后，杨士奇谋到一个训导的小官职。可是，他太大意了，竟然将官印给丢了。弄丢官印不是什么大罪，但是，如果有人想借此生事，重可杀头，甚至灭族。杨士奇没朋友在朝中做官，为了性命，他脚底抹油，逃之夭夭。

杨士奇这一逃，就在社会浪荡了二十多年。但是，这也好，经过社会的历练，他做人越发坚定，做事越发低调。所以在朱高煦险恶的计谋中，好多人都被关进大牢，甚至被杀头，只有杨士奇一人平平安安，保朱高炽渡过难关。

与杨士奇相比，杨荣和杨溥的经历就简单多了，缺乏传奇性。杨荣之所以深受朱棣重用，主要是他做了一件看似大逆不道的事——阻碍朱棣登基。打败朱允炆的，朱棣被胜利冲昏了头脑，连最基本要做的事都给忘了，而是急匆匆地朝皇帝的宝座冲去。

朱棣刚冲到一半，金銮殿上突然跳出一个人，死死拉住朱棣，他就是杨荣。在场的人都被吓住了，纷纷拔出刀来，只要朱棣一声令下，杨荣马上就会变成肉酱。看着横眉怒目的朱棣，杨荣笑了笑，轻轻地问朱棣，是该先祭拜皇陵呢，还是先继位？

真是一语惊醒梦中人，朱棣听后，连背心都冒冷汗了。原因很简单，朱棣以朱元璋为幌子，打的旗号是靖难。战败朱允炆后，如果他不先去祭拜朱元璋，而是急急忙忙地继位，明摆着对天下人承认自己是乱臣贼子。再说，新皇帝登基之前，都要先祭拜祖上，第一表达感恩之情，第二祈求保佑，这是惯例。如果朱棣废了这个惯例，将被天下人唾弃。

被提升为内阁大臣之后，杨荣的谋断能力很令朱棣震惊。他对宁夏失陷的看法，给朱棣留下了深刻的印象。因此每次出征，如果可能，朱棣都要带上杨荣，让他处理关键事务。事情的经过是这样的，一天晚上，边关传来急报，说宁夏被蒙古军队围攻，十分紧急，城池就要破了。

朱棣听说后，急忙召集内阁大臣商议对策。那时，明朝有七个内阁大臣，轮流值班，昼夜不息。宁夏出事的这一天，恰逢杨荣值班。朱棣来到了，其他内阁还没到，他就问杨荣对这件事的看法。

杨荣认为此事不要紧，他敢这么说，依据是宁夏城防坚固，士兵长期防御蒙古的进攻，很有经验，足以抵抗蒙古军的任何攻击，在十天之内，宁夏必然解围。

急报上写的日期是十天前，因此，杨荣敢说宁夏马上会送来解围的捷报。果如杨荣所料，紧接着，朱棣就收到宁夏解围的捷报。既然杨荣如此了解北方战事，知道明军的长处，也知道蒙古军队的短处，只要出征蒙古，朱棣自然尽量将他带上。

说起杨溥，他的生活就更单调了。杨溥是湖北石首人，生于洪武五年（1372年），与杨荣一样，他也是建文二年（1400年）高中进士。更巧的是，杨溥与杨荣一道，都被任命为编修。但是，杨溥是一个很张扬的人，无论遇到什么情况，他的立场都很鲜明。

杨士奇、杨荣和杨溥这三个人，他们都支持长子朱高炽，并不是朱高炽给了他们什么好处，而是朱高炽是他们心目中继承皇位的理想人选。在这三个士大夫心里，朱高炽不仅是长子，还是一位非常仁厚的人。如果他当上皇帝后，一定会施行仁政，爱惜百姓。在他们眼里，朱棣和朱高煦都是杀人不眨眼的恶魔，以仁义自居的士大夫最恨这类人，自然不会支持朱高煦。

终于可以舒口气了

提起太子之位，朱高煦就恨；说到朱高炽，他的牙齿就发痒。自从朱棣登上龙庭、坐上龙椅后，朱高煦就感到上天对他不公平。想当初，攻打应天时，如果没有他朱高煦，别说朱棣能够当皇帝，可能连小命都没有了。

每次揽镜自照，朱高煦都觉得自己是人中龙凤。与朱高炽那个残废、臃肿的活死人相比，朱高煦认为，无论是在相貌、体魄，还是在军事谋略上，他都远胜朱高炽一万倍，甚至是一亿倍。可是，那些说得上话的文臣，没有一个支持他，这让朱高煦很不解。

纵观中国历朝历代的皇帝，他们都比较喜欢像自己的人，朱棣也不例外。朱高煦像朱棣一样孔武有力，有谋略，有毅力，简直就是朱棣第二，叫朱棣如何不喜欢他。相反，朱高炽不仅身体残疾，甚至连意志都不坚定。更令朱棣不喜欢朱高炽的是，朱高炽很有仁爱之心。

进入应天后，朱棣大开杀戒，朱高炽没考虑时局的需要，硬着头皮劝朱棣手下留情。朱棣渴望建立千秋大业，需要一位非常强硬的继承人，朱高炽如此文弱，自然不讨朱棣喜欢。可是，皇位一般都要传给长子。如果处理不好继承人的问题，朱棣辛辛苦苦抢来的天下，可能又要被别人抢走。

在该立谁为太子的问题上，即使是英明果断的朱棣，也犯难了。一个人拿不定主意，朱棣就问群臣。但是，关于这个棘手的问题，群臣也分裂为两派，一派是武将，另一派是文臣。武将这一派中，大多数来自靖难之役的功臣。朱高煦在应天一战中立了大功，这是众人皆知的事实。再说，如果是一个爱好武功的人继承皇位，朱棣所施行的“军事贵族”（费正清《剑桥中国史·明史》）制就会得到沿袭，甚至被发扬光大。相反，如果让文弱的朱高炽继承皇位，他会提升文官的地位，削弱武将在朝廷中的重要性，因为他不喜欢动用武力。

支持朱高炽的文臣以解缙、杨士奇、杨荣和杨溥等人为首，他们的传统观念很重，认为自古皇位的继承人都选立长子。如果长子被抛弃，不仅不合惯例，有时甚至会引发国家内乱。这批文臣大多遭遇过靖难之役，他们不想再遇上一次为了皇位的战乱。

朱高炽有文臣支持，朱高煦有武将支持，彼此势均力敌。长子是儿子，次子也是儿子，手心手背都是肉，很令朱棣为难。另外，朱棣还有一个儿子，名叫朱高燧。如果朱棣不及早选立太子，时间拖长了，可能朱高燧也会加入皇位继承权的争夺大战。光是两个儿子的争斗就如此难以决断，等到出现三个人的争斗，朱棣就更为难了。

紧接着，朱棣就找解缙谈话了。为了打消朱棣对朱高炽的疑虑，解缙告诉朱棣，如果朱高炽真的不行，可以考虑重点培养长孙朱瞻基。朱瞻基乖巧伶俐，深得朱棣喜爱。经过这次谈话，朱棣立朱高炽为太子的心，基本上确定了。

当然了，朱高炽不是一个一无是处的人。费正清说：“朱高炽的祖父洪武帝亲自关心燕王的几个儿子，为这位未来皇帝的温和性格和他对政治的强烈兴趣而感到高兴。一次，洪武帝派这个少年在破晓时去检阅军队，后者回来报告之快令人吃惊，他解释说，清晨太冷，检阅应等到士兵们吃完早餐以后。另一次，洪武帝要他审阅几份官员的奏章。他有条不紊地把文武两类分开，并相应地作了报告。他的祖父不断地被他的文才和行政能力所打动。”

在靖难之役的时候，朱高炽“手下只有一万士兵，却巧妙地组织了城防，并挫败了李景隆的一次攻击。这一次他表现的责任感和正确的判断力，有助于改变人们对他的看法”（费正清《剑桥中国史·明史》）。曾记否，朱高炽利用北方的严寒，在城墙上灌水，使北平城变成一座冷冷的、坚不可摧的冰城。第二天，李景隆引军攻打的时候，被眼前冷气森森的冰城给吓住了。

因此，朱高炽不是一个迂腐的文弱之人。在关键时刻，他能担当重任，也会拿起武器，捍卫国家利益。可以试想一下，如果当初的朱高炽没有守住北平城，朱棣就会成为无家可归的孤魂野鬼。北平是朱棣争夺皇位的根基，没有朱高炽为他守住北平城，他就不能抢到皇位。在靖难之役，朱高煦打的是前锋，功劳不小；但是，也不能忽略朱高炽这位守御大后方的人的作用。

一天，有位大臣画了一幅百虎图。居中的那只老虎又壮又大，一看就是虎中之王。其他的老虎有大有小，但每一只都静静地蹲着，双眼炯炯有神地凝视着虎王的一举一动。那只虎王，正轻轻地抚摩身边的一只小老虎。那只小老虎好像有点残疾，因而比其他老虎更能获得虎王的爱怜。从整体上看，整幅图简直就是老虎爱子、舐犊情深的体现。

朱棣静静地看着，似乎看出作画之人一丝丝的隐射之意，但是不很清晰。陪侍在身旁的解缙见到了朱棣的脸色后，马上走上前去，操起浓墨大笔，作了一首诗：

虎为百兽尊，谁敢触其怒。
惟有父子情，一步一回顾。

经过这首诗的点化，朱棣明白了。图画中的虎王，就隐射他本人。朱棣是一国之君，实现了万国来朝、使周边诸国臣服的梦想，这个虎王当之无愧。

更为重要的是，“他集中体现了与传统的治国之道的贤君理想地联系起来的文治武功”。“永乐帝被公认为一个多智多谋和精力充沛的征战者，通过他的征剿和对外的远征，他完善了开国皇帝的丰功伟绩，并使明朝的力量和影响达到了顶峰。他被誉为一个有干劲和献身精神的统治者，他恢复了儒家的治国之术和重新建立起古代的政制；他又被誉为一个把帝国南北两部分统一起来从而为王朝奠定新基础的人。”（费正清《剑桥中国史·明史》）

这里的“父子情”，自然是指朱棣和朱高炽的血缘感情了。不要忘记了，在虎王身边的那只小老虎是残疾的，它专门代表行动不便的朱高炽，而不是四肢健全、活蹦乱跳的朱高煦，也不是朱高燧。作画之人想告诉朱棣，父子亲情，无论如何都不能抛弃，解缙也想这么说。

看了画和解缙的题诗后，“上感其意，立召太子归，至是遂立之”（《明史》）。因此，朱高炽被立为太子，解缙的功力不小。可惜，正是因为解缙的功劳太大了，惹得朱高煦妒忌，于是设计杀了解缙。

危急时刻，老杨出马

朱高炽刚刚被立为太子，朱高煦的麻烦就来了。既然太子之位已经有人占据了，就没有必要再让朱高煦留在京城了。当初，朱棣留朱高煦在京城，主要是想考察两个儿子的能力。太子选定之后，意味考察结束，因此朱高煦就被调去镇守云南。

那时的云南还没开发充分，条件很艰苦，能够让人舒舒服服地享受的东西很少。另外，云南时不时有暴乱发生。朱棣调朱高煦到云南，目的之一就是让他为将来的皇帝朱高炽守住南方。可是，朱高煦的理想是当皇帝，不是当为皇帝卖命的武将。尽管朱高炽已经当上太子，朱高煦还是坚决相信，只要朱高炽还没正式当上皇帝，他就有当皇帝的机会。

对朱高煦而言，想当皇帝，只有两个办法。第一个是造反，第二个是陷害朱高炽，赢得朱棣的欢心。朱棣是造反高手，只要他还活着，朱高煦就不敢造反，因为他知道儿子斗不过老爹。于是，朱高煦就只有一条路可走：陷害朱高炽，赢得朱棣的欢心。

朱棣时不时地就要带领诸位将领，到国家的边境巡游。那个时候蒙古族人时常南下犯边，北平城又还没修好，因此朱棣总爱北上巡游。每次巡游，朱棣都要带武将和文臣，朱高煦、杨士奇等人就曾多次跟随朱棣北上巡游。皇帝不在的时候，全国大小政务就由太子朱高炽代为处理，史称“监国”。

为了赢得朱棣的欢心，北上巡游期间，朱高煦循规蹈矩，俨然是一个好孩子。见朱高煦大反常态，朱棣就找他谈话。这次谈话，朱高煦大诉苦水。他的意思是，自从靖难之役起，他就不辞辛苦，整日像牛像马一样劳累，只为振兴国家。他一没犯错，二没犯法，竟然被贬到不毛之地的云南，命运很不公平。

回想往事，朱棣也觉得很对不起朱高煦。尤其是在应天大战，明明许诺朱高煦有继承皇位的可能性，最终却没有兑现。既然朱高煦表现得这么乖，他又将自己的命说得那么苦，朱棣就容他随便选择一块封地。

朱棣是这么想的，反正朱高炽已经当上太子了，帝都只能有他的一个儿子在。不管朱高煦怎么选择，一定不会选择在应天（那时还未迁都）。但是，结果大出朱棣的意料。朱高煦告诉他，其他地方都不好，他最喜欢应天。话已经说出口了，已经欺骗过朱高煦一次，朱棣不能再欺骗他一次，只得答应。

紧接着，朱高煦充分利用留居应天的优势，大肆收买朝臣，甚至连朱棣身边的小太监们都被他收买了。这些被收买的人四处打探消息，胡编乱造，时时向朱棣进谗，中伤太子党。朱高炽能够当上太子，解缙出的力最大，是朱高煦最大的敌人。在朱高煦的操纵下，终于成功贬解缙出应天。这是太子党受到的第一波打击。

永乐十年（1412年），利用朱棣出征、太子监国这件事，朱高煦策划了太子篡权的假象。他买通朱棣身边的近侍，让他们天天进谗，中伤朱高炽，说他心怀趁朱棣出征篡夺大权的阴谋。朱棣本就多疑，身边的近侍又不止一个，不止一次说朱高炽的篡位阴谋，久而久之，他就相信了。一个视权如命的人，多次听到大权受到威胁的言论，即使不相信，怀疑的心也会大起。朱高煦的策划，就是利用朱棣多疑和视权如命的缺点。

同年九月，朱棣突然回到京城，秘密检查太子在监国期间处理的奏折，并且私下单个、单个地找重要的大臣，尤其是七大内阁谈话。在奏折上，朱棣发现，太子更改了他的很多项法令。太子的治国理念和朱棣的完全不同，太子渴望以德治国，施行仁政，因此他更改很多朱棣颁布的严苛的法令属于正常的事。问题的关键是，朱棣已经怀疑太子正在篡权，见到太子更改他的法令后，有一种证据确凿的感觉，叫他如何不生气。

因为这些小事，朱棣将太子骂得狗血淋头，将很多大臣狠狠地痛批了一顿，又将很多严苛的法令改了回来。大臣们好不容易遇上一个肯与民休息、施行仁政的仁爱之君，所施行的政策却突然被朱棣打断，都很不平，纷纷向朱棣上书，说太子的新令好。

看着那些为太子说好话的奏章，朱棣差点儿气死了。他刚刚放手让太子监国，在这么短的时间就有那么多大臣为太子卖死力，说好话，这不就说明太子结党营私吗？太子刚刚处理政务就赢得那么多人的欢心，而他在位那么多时间，为国家出生入死，还被骂为暴君，朱棣的妒忌之心油然而生。

在这帮为太子说好话的人之中，数大理寺丞耿通的言辞最激烈，最不怕死，因而也最得罪朱棣。其实，耿通只说，太子没有什么大过错，太子所施行的法令很好，不应该被废除。可是，朱棣正在气头上，听不进好话。

将群臣召集到午门，朱棣朝正中央一站，大声数落耿通的罪行。他说，太子犯的错，其实很小。但是，不论多么小，都不能包庇。耿通为太子说话，就是指责我朱棣，就是离间皇帝父子。离间主上，是很大的罪，对这样的罪犯，一定不能放过，因此，非杀了耿通不可。

午门是皇宫斩首犯人的地方，朱棣将群臣都召集到午门观看斩杀耿通，就是想杀一儆百。更令人感到毛骨悚然的是，朱棣竟然生搬硬套，给耿通戴了一顶离间皇帝的大帽子。这类莫须有式的罪名，听得群臣战战兢兢，太子党的活动陷入低谷。

尽管出了这么大的事，有一个人仍然不怕，坚持支持太子，他就是杨士奇。丢失官印后，杨士奇在社会上流浪了二十多年。这二十多年来，他什么都干，但是从没忘记抽空读书。他在学术上的造诣，可以说得上是一个大家了。

建文二年（1400年），朱允炆下诏招募天下贤才编写《太祖实录》，已经三十六岁的杨士奇觉得，为了前途，应该再赌一把。皇天不负苦心人，杨士奇的勤学苦练，终于得到回报，被保举为编撰。大才子方孝孺看了杨士奇的文章后，大为赞赏，提升他为编撰《太祖实录》的第二把手。

朱棣登基后，杨士奇受到重用，被任命为七大内阁成员之一。杨士奇社会阅历丰富，对什么事都有独到的见解，深受朱棣喜爱。每次出征，如果有可能，朱棣都会尽力带上杨士奇。有两个这么厉害的大臣支持朱高炽，他在继承皇位的道路上自然是有惊无险。

杨士奇办事非常低调，一般人都不知道他是太子的人，朱高煦不知道，朱棣也不知道。永乐七年（1409年），为感谢杨士奇一直以来默默的支持和奉献，太子要送一套大房子给他。可是，杨士奇不接受，他已经习惯了默默的支持和奉献。

作为一个不为名所动也不为利所诱的人，杨士奇能够不避千难万险，默默地支持太子，为太子奉献，理由很简单，因为太子是一个能够真正体恤百姓的人。杨士奇的大半生都生活在社会底层，少年时期跟着父母逃避战乱的艰辛让他体悟到底层百姓的辛苦；杨母对他的教养使他深深地明白，国家需要一个仁厚的君主。寻找一位能够仁怀天下的君主，为百姓谋福利，是杨士奇一生的梦想。

耿通死后不久，朱棣问杨士奇，太子监国期间表现如何。这个问题看似简单，实际很不好回答。在用词上稍微不恰当，太子的一生可能就因此被打入冷宫了。如果回答太子认真做事，与朝臣们的关系非常好，这无疑就是说太子结党营私，蓄谋篡权；如果说太子整天懒懒散散，什么事都不管，分明就是说太子没有心思，也没有能力管理国家。

面对这个很难回答的问题，杨士奇充分调动社会阅历，想了一个不偏不倚的说法。他说：“在监国期间，太子按规矩处理政事，凡是他所听取的意见，都有一定程度的合理性；凡是他所反对的建议，大多都是不好的。当然了，对于某些近臣的不合理要求，太子还是勇于当面批评和驳斥的。”（张廷玉《明史》）

朱棣听后，知道太子不是随便结党营私，甚至蓄谋篡位夺权的人，不再打压太子。杨士奇的几句话，就化解了一场狂风暴雨。看来，用人还是有社会经验的好。

可惜，好景不长，最黑暗的时刻接踵而至。

最黑暗的时刻来到了

朱高煦的触角伸到朝廷的每一个角落，杨士奇几句话就挽回太子颓势的消息，很快就被他查到了。眼见太子就要掉入万劫不复的深渊，看似中立的、表面很老实的杨士奇竟然将太子给救了，败坏了朱高煦的阴谋。为了下次的策划能够彻底成功，置太子于死地，朱高煦决定，下次打击的时候，连杨士奇也算在内。

两年后，即永乐十二年（1414年），朱棣北征归来，太子的迎接工作出了一点小失误，迟到了。抓住这个机会，朱高煦一党大造谣言，说太子迎接迟到是故意的，因为太子压根儿没将朱棣放在眼里。

看着急急忙忙奔来的朱高炽，朱棣恶狠狠地盯着他。当着众人的面，朱棣大暴粗口，骂得朱高炽狗血淋头。朱棣的意思是，他已经一大把年纪了，不顾生命安危，多次出征，还不是为了朱高炽的天下。朱高炽舒舒服服地坐在家里，连迎接工作都做不好，除了笨手笨脚之外，简直是居心不良。这话很毒，既攻击朱高炽的身体，也攻击朱高炽的用心。

再加上朱高煦一党在旁煽风点火，将小事说成大事，将简单的事说成复杂的事，将正常的事说成图谋不轨的事。本就多疑和爱权如命的朱棣听到这个谣言后，又怀疑太子的用心。

此次出征，朱棣带上杨荣随行，甚至将行军中最重要的印信交给杨荣管理。也就是说，如果军中有什么诏令，必须事先得到杨荣的奏报才会发出去。由此可见，朱棣对杨荣很信任。可是，因为太子迎接迟到一事，连杨荣都被牵连进去。这充分说明，朱高煦一党，将这件小事当成一件很大的事来处理。

朱高煦在旁煽风点火，朱棣身旁的近侍又火上浇油，朱棣本人偏听偏信，怒火中烧，再次打压太子，尚书蹇义、学士黄淮和杨溥等太子势力的重要成员，都被关起来。虽然没有死人，但是太子的主要势力都被解除职务，关入锦衣卫大牢，十有八九是出不来的。接连遭受谗言中伤，两次受到朱棣重重的打击，心志本就不很坚定的太子心灰意冷，感觉继承皇位无望。

与太子不同，尽管被关入大牢，杨溥还是临危不惧，对一切都满怀希望。要知道，杨溥进入的监牢，不是一般监牢，而是为特殊罪犯设置的特殊监狱，锦衣卫的诏狱。诏狱，通俗解释就是，如果没有皇帝的诏令，被关进去的人，无论是谁，都不能轻易去见一面，更别说提审，或者赦免。

诏狱是特殊的地方，但是那里面的环境一点儿都不好，甚至是所有监狱中最恶劣的。在那个黑漆漆的、阴冷潮湿的，只有几根稻草的人间地狱，被关进去的人如果没有及时被处死或是释放出来，通常会发生两种情况，第一是自杀，第二是发疯。

同其他罪犯所受到的待遇一样，将杨溥关了一段时间后，锦衣卫就开始审问。锦衣卫不愧是大明朝杰出的审判机构，它的工作流程很有科学性。之所以要先将囚犯关押在恶劣的人间地狱一段时间，主要想先让囚犯反省一下，衡量招与不招的后果。囚犯在黑暗的监牢里反省一段时间后，再审问起来，就很容易办事了。

作为太子势力的主要成员，如果杨溥招认，势必影响太子继承皇位；如果不招认，杨溥面临的不是死亡就是继续待在环境恶劣的诏狱。杨溥不愧青史留名，无论锦衣卫如何审讯，动用多么大的刑，他都咬牙死挨，不说一个字。

锦衣卫的刑法非常残酷，据史书记载，有人的腿被打断后，就直接被抬回大牢，骨头露出来也没人管。审去审来，锦衣卫都审疲惫了，大刑都用腻了，杨溥还是什么都没说。再加上风声不再那么紧了之后，锦衣卫就开始消极怠工，容杨溥在大牢里自生自灭，最后竟然将他给忘了，直到朱棣再次问起。

《明史》记载，杨溥被关入大牢，“旦夕且死”。意思是，随时都有脑袋搬家的危险。随时都会死，杨溥也不怕，他一个人静静地读书，“读经史诸子书不辍”。杨溥的行为太惊人了，其他犯人看了之后，都很惊讶。只有看守不惊讶，因为他深信，杨溥已经被折磨疯了。

一天，闲着没事做，朱棣突然想到杨溥，就问他在干什么。听说杨溥在诏狱里读书后，朱棣大为震惊。他告诉指挥使纪纲，从今往后，好好看守杨溥，绝不能出任何差错。这也是很正常的事，前文说过，朱棣同朱元璋一样，都很喜爱读书人。

虽然保住了一条命，但杨溥在环境恶劣的诏狱里，一待就是十多年。直到朱高炽继位，他才被放出来，重见天日。

锦衣卫审问不出什么结果，朱棣也拿太子没办法。为了确定下一步该怎么走，朱棣再次召见杨士奇询问。朱棣的大意是，如果太子没有二心，为什么在迎接这件小事上都会迟到。迎驾迟到，已经违反礼法，是太子存有二心的体现。

事情已经闹得这么大了，即使豁出性命，杨士奇也要保住朱高炽。他对朱棣说：“太子对你一直很孝顺，至于没有做好迎驾工作，是我们为臣的过失，错不在太子，与太子无关。”（《明史》）

朱高煦正想逮住一个机会，死死整治杨士奇。杨士奇拼死为太子开脱，朱高煦一党借这件事，多次进谗中伤。综合起来，他们的意思是，太子一党都被惩治了，杨士奇为太子开脱，他也是太子的人，不能放过。朱棣听信谗言，最后也惩治了杨士奇。

与身陷大狱的杨溥相比，杨士奇对朱高炽更加充满信心，对未来更加充满希望。在被关进大牢之前，杨士奇去见了太子一面。像一个长辈告诫一个孩子一样，杨士奇语重心长地告诉朱高炽：“你宅心仁厚，将来一定会是一个很贤明的皇帝。无论遇上什么情况，都不能放弃，一定要坚持，望殿下注意保重身体！”（张廷玉《明史》）

杨士奇能够为朱高炽舍身赴死，因为他被朱高炽的仁爱之心深深打动了。朱高煦想抢夺皇位的继承权，并且也这么做了，甚至不惜使用阴谋诡计，朱高炽全都知道。面对朱高煦的无耻行为，朱高炽不但不记恨，反而多次为朱高煦辩解。有时，朱高煦犯错了，朱棣要惩治，朱高炽每次都为朱高煦求情。杨士奇将这一切都看在眼里，记在心里。他深信，朱高炽对敌人都如此仁爱，如果当上皇帝，一定会施行仁政。

捧得起你，自然也踩得扁你

不可否认，朱高煦整治人的手段很毒辣。在他的连环性策划里，凡是太子的人，只有两条出路可走，第一是跟随朱高炽，被打入大牢；第二是洗心革面，倒向朱高煦。并不是每个人都像杨士奇、杨荣和杨溥那么坚定，他们追随太子，只是想混口饭吃。既然太子就要倒台了，为了明天的饭碗，好多人就投向朱高煦。

朱高煦府上的客人来来往往，络绎不绝，简直就是门庭若市。看着如此大好景象，朱高煦情不自禁地为他的才华感到骄傲。在朱高煦的一生中，也许只有太子的人被抓捕入狱的这一段时间最兴奋。那些天，朱高煦大宴宾客，就像过节一样。不仅如此，他还常常问身边的人说：“我这么英明神武，难道不像唐太宗李世民吗？”（《明史》）

李世民是无数君王的偶像，更是朱高煦的偶像。但是，朱高煦以李世民为偶像，并不是想学习李世民的文治武功，而是想学习李世民的玄武门兵变。李世民排行老二；朱高煦也排行老二。朱高煦认为，只要他想干，他也能够发动一次兵变，诛杀朱高炽和朱高燧。

朱棣听到这话后，即使在炎热的三伏天气，也感觉寒气逼人，冷汗直冒。更令朱棣感到放心不下的是，无缘无故的，朱高煦突然要求增加保护他的卫队。如果没有军队，李世民就不能发动兵变。朱高煦这个突然的要求，令朱棣再也不能等闲视之了。原因很简单，如果朱高煦真的发动兵变，可能他连朱棣都敢杀。即使他不杀害朱棣，至少也会将朱棣软禁起来，篡位称帝。朱棣打了几十年的仗，决不甘心栽在黄毛小子之手。

永乐十三年（1415年），朱棣告诉朱高煦，他不能在京城久待。既然朱高煦不喜欢云南，朱棣就改封他到青州。此次调拨，朱棣的目的是想试试朱高煦的反应。如果朱高煦高高兴兴地接受，很快就启程前去赴任，说明他以李世民自比没有造反的用心；如果他仍然拖拖拉拉，死活不肯离开京城，这就暴露了他造反的不轨图谋。

果不出朱棣所料，只抛出这么一个小小的试探，朱高煦就上当了。像上次一样，他还是死乞白赖，打死都不肯离开京城。如此一来，朱棣更怀疑，下定决心，无论如何，必须赶朱高煦出京城，否则后果不堪设想。

太子宅心仁厚，不想伤害朱高煦，拥护他的那些智谋深远的老臣可不这么想。这事说来，也怪朱高煦太骄傲了。朱棣刚刚说要逮捕杨士奇下狱，可是还没有正式下诏逮捕，也就是说杨士奇还没有被关进大牢，朱高煦就放出自比李世民的大话惹起朱棣的疑心。正在自我检讨的杨士奇抓住这个机会，他已经准备好回答朱棣的话了，只等朱棣询问。

没过几天，朱棣果然问杨士奇，他们是否知道汉王朱高煦有很多不法举动。《明史》记载，杨士奇从从容容地说，他一直在东宫辅佐太子，别人早就视他为太子的人。无论汉王朱高煦有什么事，都不会告诉他。但是，皇帝已经封赏两次了，朱高煦都不肯到地方上去赴任。国家就要迁都北平了，朱高煦死死赖在应天，不知道他想干什么。这些事情很复杂，皇上还是仔细想一想比较好。

《明史》特别强调，杨士奇从从容容地说，主要是为了突出杨士奇对仅凭一席话就整垮朱高煦很有把握。从朱棣与杨士奇的三次谈话来看，杨士奇的表现都很到位，非常老练。首先，杨士奇一直强调，他的身份是中立的，不是太子的人。其次，每次说话，他都留给朱棣选择的余地。但是，如果朱棣仔细思考杨士奇的话，一定会跟着杨士奇的思路走，最终选择对太子有利的决策。

这次谈话的结果，同样有利于太子。朱高煦几次都不肯到地方上去，坚决要求留在应天，这是众所皆知的事。可是，经杨士奇这么一点，朱棣突然发现，朱高煦一定有一个天大的阴谋，只有留在应天，才能实现这个阴谋。再想到朱高煦以李世民自比，傻瓜都知道，朱高煦的阴谋就是兴兵造反，篡位夺权。

为避免一场悲剧的发生，朱棣不顾朱高煦十二万分的不情愿，硬将他分封到乐安州（今山东广饶）。这次是强行命令，无论朱高煦如何哀求，都必须走。带着家眷，领着侍卫，朱高煦就像飞往东南方的孔雀一样，一步一回头。朱高煦的眼里，流露出的是对帝都应天的无比眷念与喜爱。可惜，造化弄人，他处心积虑，费尽心机，最终结果却是离皇位越来越远。如果不出现意外，朱高煦的下半生，就只能在乐安州度过。

从地理位置上看，乐安州离应天远，离北平近。朱棣这么安排，主要是调朱高煦远离他的老巢应天，安排在皇帝的管辖之下。如此安排，即使朱棣百年归天后，朱高煦也翻不起多大的浪，因为他会受到皇帝的辖制。如果朱高煦真的造反，不到一天的时间，中央的军队就开到他的家门前，只消一袋烟的工夫就能清剿叛军。想当初，朱允炆之所以很难清剿朱棣，因为北平离应天很远。朱棣吸取朱元璋的教训，特意将潜在危险分子朱高煦安排得离帝都很近。

朱高煦被贬走后，真相就开始大白于天下。以前对太子的种种中伤，都是朱高煦指使干的。朱棣顺水推舟，大赦了相关人员，跟太子重续父子情。没有人再来争夺太子之位，如果不出意外，朱高炽就能顺利继承皇位。

朱高炽能够一路走好，要感谢很多人，第一个是解缙，第二个是杨士奇。如果没有解缙，可能朱棣不会立朱高炽为太子；如果没有杨士奇，朱高炽的太子之位早就被朱高煦抢去了。

第十四章　啊朋友，再见吧，再见吧

老和尚的临终遗言

永乐十六年（1418年），朱棣带着疲惫的身躯，拖着沉重的步子，一步一步地朝庆寿寺走来。那是三月，北平还很冷，迎面不时吹来冷冷的寒风。朱棣从百忙中抽空出来，只是想见姚广孝最后一面，他的良师益友。

说姚广孝是朱棣的良师益友，因为倘若没有姚广孝在旁煽风点火，添油加醋，朱棣就不可能造反。因此，没有姚广孝，就没有永乐大帝，也没有永乐盛世。可是，生活在永乐年间的人，尤其是遭遇或者亲眼见到朱棣的暴政的人，都很恨朱棣，尤其恨煽动朱棣造反的姚广孝。因此，黑衣宰相的称呼，不是空穴来风。

现在的姚广孝已经是八十四岁高龄的老人，他的生命只剩最后的一口气了。他之所以迟迟不死，苦苦地吊着一口气，只为等待朱棣，对他说一句话。朱棣造反之前，同姚广孝的来往很频繁。一个是野心家，另一个是阴谋家，两人的交往很好，可以说是鱼儿与水儿的交情。朱棣称帝后，姚广孝就一个人孤零零地活着。朱棣也封了他的官，可是姚广孝还是喜欢寺庙的生活，喜欢他的袈裟，喜欢孤独。

这些年来，姚广孝拒绝了朱棣无数次的封赏，一个人过着清贫的生活。他这么做，因为感受到了被抛弃的痛苦——不是被朱棣抛弃，而是被他的亲人抛弃。他的亲人像其他老百姓一样，只求过上安安稳稳、平平静静的生活。可是，靖难之役破坏了很多家庭，人们都将责任往朱棣身上推，往朱棣的军师姚广孝身上推。

永乐二年（1404年），时任太子少师的姚广孝衣着光鲜地回乡省亲。他是朝廷重臣，一路上都受到地方官的热烈欢迎和奉承拍马。与往昔落魄时所受到的待遇相比，简直是天堂与地狱的差别。一路行来，姚广孝的感觉非常好。

衣锦荣归的弟弟还乡，唯一的姐姐却没有兴冲冲地跑出家门迎接，姚广孝感到很奇怪。当他兴冲冲地朝姐姐家跑去的时候，发现姐姐家的门关得很紧。姚广孝朝着紧闭的门声嘶力竭地喊，他姐姐不但不开门，甚至都不答应一声。从邻居的口中，姚广孝知道，他姐姐是在家的。但是，邻居们不知道，为什么他姐姐关着门不见他。对于这个原因，姚广孝是知道的，那就是因为他是助纣为虐的人。

不仅如此，姚广孝年轻时的好朋友王宾也关着门不愿相见。他只托人捎了几句话，大概意思是，穷人不与富人相交。其实，王宾不是说他不配与富人相交，而是说像姚广孝这样暴富的人不配与他相交，因为姚广孝的富和贵来得都不正。

还是穷小子的时候，尽管没有很多东西，可是姚广孝至少还有亲人和朋友。等到袍笏加身，姚广孝突然发现，他什么都没有了。对他这样的人而言，钱财是身外之物，权势只是虚名，唯一值得他留念的，只有亲情和友情。可是，姐姐和朋友都关着门不见，姚广孝的心很痛。

想想朱棣执政之初，他大开杀戒，动不动就灭人的族。姚广孝也曾劝朱棣减少杀戮，朱棣不听，是姚广孝的错吗？姚广孝也曾告诉朱棣，方孝孺是天下读书人的种子，不能杀。可是，朱棣灭了方孝孺的十族，这也是姚广孝的错吗？姚广孝煽动朱棣造反，造反成功后朱棣杀了很多人，这是谁的错呢？

故乡的拒绝给姚广孝很大的打击，自此以后，他白天穿官服，照样上朝，晚上就换上僧服，吃斋念佛。姚广孝吃斋念佛已经有很多年了，直到被故乡拒绝后，他才反思自己吃斋念佛的行为。到后来，他越想越不明白，他用大半辈子吃斋念佛，究竟是为了自己，还是为了天下人。

这个时候，野心家朱棣又来找姚广孝。朱棣有一个急需解决的问题，需要借助姚广孝的和尚身份帮忙。应天被攻破后，朱允炆一把火将皇宫给烧了，他也消失得无影无踪，活不见人，死不见尸。自从登上皇位起，朱棣日日夜夜都担心朱允炆突然杀回来，将皇位抢夺过去。朱棣坚信，朱允炆还没有死，否则怎么找不到他的尸首。再说朱允炆放火烧皇宫，就是想给世人造成他已经被烧死的假象。

随着时间的流逝，关于朱允炆去向的谣言越来越多。其中一个是，朱允炆没有死。他的主录僧溥洽秘密安排，将朱允炆送到某个安全的地方。朱允炆的藏身之地，有很大的可能是在寺庙里，因为溥洽是和尚。

为了查到朱允炆的下落，朱棣花费了极大的人力、物力和心力。在这整个过程中，有无数人被冤屈致死，有无数人被秘密杀害，无数的人被秘密终身监禁，溥洽就属于被秘密终身监禁的一员。凡是涉及明朝这一段历史的相关文献都没有记载朱棣是怎么审问溥洽的，也没有记载溥洽遭到了怎样的刑法，因为一切都是秘密进行的。

朝廷明察暗访，将天下的寺庙都给搜遍了，还是没有找到朱允炆的下落，连朱棣辛苦建立的、监视功能十分完备的东厂都不知道。修撰《永乐大典》的时候，朱棣就请姚广孝出山相助，表面是修撰《永乐大典》，真正的用意在查访朱允炆的下落。

《永乐大典》中有一部分涉及佛家的著述，如果要写，必然请天下的有道高僧。朱允炆是皇帝，他的藏身之处必然受到至少一个得道高僧的庇护。如果能请那位得道高僧前来，朱棣一定可以查到朱允炆的下落。可是，《永乐大典》修好了，朱棣仍然没有见到庇护朱允炆的得道高僧。朱允炆的下落，还是一个谜。

朱棣静静地坐在姚广孝的病榻旁，尽管就要面临生死离别了，他俩仍然没有谈他们之间的个人私事。几十年来，姚广孝与朱棣有无数次会面，但他们都没有谈他们的个人私事，只谈国家大事。同以往的会面一样，朱棣向姚广孝咨询一些国家大事。姚广孝静静地回答，扫除朱棣心中的一切障碍。

最后，姚广孝郑重其事地向朱棣提出一个请求，请朱棣放了溥洽。朱棣看着姚广孝，脑中思潮起伏，一时间不知道说什么好。传言溥洽知道朱允炆的下落，可是他什么都不说，朱棣也不知道他是否知道。如果溥洽出去，万一他说出朱允炆的下落，或者其他人别有用心，随便找来一个人，说那就是朱允炆，然后起兵造反，那怎么办？

朱棣又看了姚广孝一眼，姚广孝的眼神仿佛是说，放心吧，没事的。确实如此，姚广孝单独见过溥洽，但关于他们见面后的谈话，姚广孝也是什么都没告诉朱棣。朱棣细想，有一种可能，那就是溥洽对姚广孝说了朱允炆的下落。否则，姚广孝不会在临死的时候，请示朱棣放了溥洽。由此而论，溥洽出去后，可能不会为朱棣的统治带来麻烦，否则姚广孝就不会劝朱棣放了溥洽。

既然造反导师都相信溥洽，朱棣也只好相信。再说，这是姚广孝的临终之求，朱棣不忍心违逆。

永乐十六年（1418年），姚广孝闭着眼睛死去，因为朱棣答应放了溥洽。姚广孝的一生，有过追求，也有过梦想。可是，天意弄人，梦想成功后，他就开始背负起悔恨活着。也许，直到死了，他仍然有着很多恨事。

嘘，有特务

朱元璋时，为了避免后世的效法，已有削弱锦衣卫权力的行为。谁知到成祖时，锦衣卫又呈反弹之势。特别是在永乐十八年（1420年）八月，成祖又在北京东安门设置东厂。其与锦衣卫合称“厂卫”，形成了较为完备的特务系统。

鉴于历代宦官专权，危害朝政的教训，明初的宦官不允许参政，宦官职位不允许超过四品，月俸一石，衣食于内庭。朱元璋曾对侍臣讲：“此曹善者千百中不一二，恶者常千百。若用为耳目，即耳目蔽；用为心腹，即心腹病；驭之之道，在使之畏法，不可使有功。畏法则检束，有功则骄恣”。并于洪武十七年（1384年）将这一禁令刻在宫门的铁牌上，上写：“不得干预政事，预者斩!”又敕诸司均不得与宦官机构进行文件往来，定制宦官“不许读书识字”。措施实在是十分的严厉。

矛盾的是，出于对官僚集团的监督和加强中央集权的考虑，朱元璋又有意识地加强宦官机构，并赋予了其广泛的权力。从至正二十七年（1367年）始置内使监增设都知监和银作局，花费了31年建成了包括十二监、四司、八局即所谓二十四衙门的庞大宦官机构。十二监指司礼监、内官监、御用监、司设监、御司监、神官监、尚膳监、尚宝监、印绶监、直殿监、尚衣监、都知监。四司指惜薪司、钟鼓司、宝钞司、混堂司。八局则为兵仗局、银作局、浣衣局、巾帽局、针士局、内织染局、酒醋面局、司苑局。同时，宦官又被赋予种种超越其职权的特权。如洪武八年（1375年）五月，朱元璋派宦官赵成往河州市马。洪武十一年（1378年）正月，派宦官陈能至安南国吊祭国王陈玙之丧。宦官陈景及校尉于洪武十二年（1379年）三月被派向靖江王朱守谦宣读谕旨，命令他们严格守法而正身，还当场逮捕了朱守谦身边一些为非作歹之人。蓝玉案发生于洪武二十六年（1393年）三月，当时派宦官与驸马去山西，传旨晋王朱㭎：“说与王，把那三个侯碎砍了，家人、火者、成丁男子都砍了。家财头口交与王府。妇女、王府差内使起解。钦此。”

建文帝在位期间的宦官没有什么权力。在他刚即位的时候,就曾晓谕各地方官吏严密监督外出内侍，有不法之处可将其械送治罪。在宫中对内监管束也非常紧，稍有违忤，立即严惩不贷。这种严厉政策，令很多宦官不安，因而，“靖难之役”期间，不少宦官都投奔了燕王或者为其提供军事情报。

朱棣起兵，“刺探宫中事，多以建文帝左右为耳”。而他自己的宦官如狗儿等，在

“靖难之役”中，更是出生入死，功不可没。所以，朱棣即位后，也很器重宦官，宦官的权势遂与日俱增。

永乐元年（1403年），“命内臣齐喜提督干布市舶”。永乐八年（1410年），内官王安被派往都督谭青营，又命马靖镇守甘肃。永乐十八年（1420年），置东厂，宦官先后拥有了市舶、监军、分镇、刺探臣民隐私等大权，宦官的权势又一次急速膨胀。至于宦官出使外国、安抚军民、查勘仓库、检免税收等，较洪武时期越发广泛和频繁。宦官手中权力越来越大，横行不法的事件也频频发生。如永乐五年（1407年），内使李进在山西以采天花为名，诈传圣旨，“伪作勘合……假公营私，大为军民害”。内官马骐于永乐二十二年（1424年）十月传旨谕翰林院，往交趾采办金银珠宝。这些违法事件最后虽被查处，但此时宦官集团的势力已充分表现出来了。

明初的特务机构有两个系统，一是东厂，一是锦衣卫，合称“厂卫”。

永乐十八年（1420年），“厂卫”的职责为“缉访谋逆妖言大奸恶”，由司礼监实行具体管理。东厂提督一般均由司礼监秉笔太监第二人或第三人充任，他的下属把他称作督主，有关防一颗，篆文是“钦差总督东厂官校办事太监关防”。一般宦官外出，不得持有“钦差”二字的印信，仅称内官、内臣，而东厂关防特称钦差太监，用以表现其威信与重要。下属有掌刑千户一，理刑百户一，均为卫官。又有掌班、领班、司房四十余名及十二管事。役长也叫挡头，戴尖帽，穿青色素旋褶、系小绦、白皮靴，有一百多名，专门负责伺察。役长手下有番子一千余人为干事。

虽然东厂与锦衣卫是两个系统，但关系极密切。东厂办事人员悉取给于卫，“最轻黠猥巧者乃拨充之”，他们亦因此经常相互勾结，反过来，通常又是东厂的司礼太监亲信出任锦衣卫官。“然厂卫未有不相结者，狱情轻重，厂能得于内。而外廷有捍格者，卫则东西两司房缉之，北司拷问之，锻炼周内，始送法司”。即东厂所获，亦必移镇抚再鞫，而后刑部得拟其罪。因而东厂如果势强则锦衣卫就依附它，如果东厂的势力被削弱，锦衣卫就会凌驾其上。

除皇帝以外，上至官府下到民间的任何人都属东厂的侦缉范围。“每月旦，厂役数百人，掣签庭中，分瞰官府，其视中府诸外会审大狱、北镇抚司考讯重犯者日听记。城门得苛奸，胥吏疏白坐记者上之厂曰打事件。至中华门，虽夤夜，投隙中以入，即屏人达至尊。以故事无大小，天子皆得闻之。家人米盐猥事，宫中或传为笑谑，上下惴惴无不畏打事件者。卫之法亦如厂，然须具疏，乃得上闻，以此其势不及厂远甚”。

虽说朱棣圆了自己的皇帝梦，可这皇帝的“梦乡”并不是十分甘甜，总是心生狐疑，猜忌着朝中的文武百官和京城百姓。因为他认为无处不有“篡弑”之嫌，所以，朱棣特别重视亲卫军。在他身边有纪纲、刘江、袁刚三个亲卫军指挥，可说是朱棣的绝对亲信，经常侍奉在身边。由于名字发音相近，朱棣每说起他们，就称“三纲”，并且说：“朕之生死，有赖三纲。”

在这样的背景下，永乐年间，朝野无人不怕“三纲”。特别是对“三纲”之首的纪纲，更是惧怕到了极点。这是什么原因呢?因为纪纲是锦衣卫的指挥使。

锦衣卫在明朝永乐年间，是朱棣专以大批校尉四处探听消息，逮捕“有罪”官吏的一个机构，既不同于都察院也不同于法司等机构。

纪纲原是济阳的一名儒生，由于品行不好而遭罢黜。纪纲在燕军起兵攻打南京路过济阳时叩马投效，得到朱棣信用。纪纲虽然品行不好，但善骑射，很聪明，被朱棣视作人才，授他忠义卫千户。纪纲在朱棣登基后升至锦衣卫指挥使，典亲军、司诏狱。朱棣密旨纪纲：“广布校尉，日摘臣民阴事”奏告，把纪纲视作心腹，纪纲更是极为效忠皇帝，将大批校尉派出，监视官吏的一举一动，并及时禀报。

在重用锦衣卫的同时，朱棣还设置东厂宦官衙门。从此，一个能侦缉密察朝野动静的耳目网络，从制度上建立起来。通过锦衣卫和宦官的刺探与告密，皇帝得以了解朝野上下的一切活动。

实际上这是一个庞大的特务体系，不论是做事的命官、皇亲国戚还是京城土地上的百姓，朱棣都可以迅速得知他们的一举一动。

有一次，广东布政司官徐奇来京时带了些岭南土产分赠廷臣，还列了份详单。这单子立马被交到了朱棣手上。因为名单上没有杨士奇的名字，朱棣便把他单独招来相问，并准备以私交廷臣罪处置徐奇和名单上的人。杨士奇解释说，当徐奇要去广东做都给事时，很多廷臣作了诗文赠予他，故有此赠答。只因当时自己有病，没去送他，否则也肯定会被列入名单之上。徐奇这次所赠无非是些土产，而且不知廷臣是否都会接受他的礼物，经他这番解释，才免去一场官司。

甚至朱棣还能知道有人在文渊阁席地酣睡。一天，讲读文渊阁的庶吉士刘子钦借中午休息的时候，与几位朋友品酒，可能是多喝了点，回到文渊阁后席地而睡。哪知，睡得稀里糊涂的时候，模模糊糊听到有脚步声由外而来，高声喊道：“皇帝诏见刘子钦!”惊得他一骨碌爬起来，酒意吓得全没有了，随着太监去拜见皇帝。

朱棣见到刘子钦，斥责道：“吾书堂为汝卧塌耶?罚去其官，可就往为工部办事吏。”刘子钦不敢申辩，急忙谢恩，挽上胥吏巾服，去了工部。刘子钦刚刚在工部与群吏开始做事，皇帝又叫太监传见他。刘子钦哪敢耽误，身上穿着吏服，匆匆去皇宫拜见朱棣。朱棣对他嘲讽道：“你好没廉耻。”说完，让左右还他冠带，令归内阁读书去了。

朱棣除了控制官员的一举一动，甚至于京城百姓的活动，也在朱棣安排的秘密监视之中。据史书记载，京城街巷中发生了一起幼孙殴打祖母的家庭纠纷，朱棣立马知道了，那个幼孙差点被定成死罪。

明初东厂，是朱棣维护统治的得力武器。究竟为什么设了这个机构，史学界目前说法不一，因为在《明太宗实录》中没有详细记录。可能早在朱棣登基后就开始派官吏刺探消息了。后来，直到永乐十八年（1420年）迁都北京城，并在东安门外以北建立东厂衙门时，人们才略知一二。

明代政治生活中的一个显著特点是宦官专权与特务统治的紧密结合，厂卫的横行，造成了“士大夫不安其职，商贾不安于途，庶民不安于业”的人人自危的恐怖气氛，使社会风气和政治风气急转直下，所谓“自厂卫司讥访而告奸之风炽，自诏狱及士绅而堂廉之等夷，自人人救过不给而欺罔之习转盛，自事事仰承独断而谄谀风长，自三尺法不伸于司寇而犯者日众”，正是对这种现象的形象描述。

小毛贼，休得猖狂

在朱棣的领导下，明朝的疆域得到了极大的发展，四周的国家都被打服了。东南西北这四个大方向，数北方最不安宁。蒙古族人一直都很怀念元朝帝国的美梦，总是想恢复蒙古族人的统治。本雅失里怀有这样的梦想，马哈木怀有，阿鲁台也怀有。经过明军三次大规模的清剿，本雅失里和马哈木已经成为历史人物，可是，阿鲁台仍然活跃在历史舞台上。

瓦剌军被明军的神机营大败后，马哈木的势力一落千丈，再也激不起大风，翻不起大浪。瓦剌刚刚被明军削弱，正在长城边上避难的阿鲁台迅速北上，发展个人势力。为了权力而争夺的激烈战斗开始了，蒙古地区的政治势力再次重组。经过无数次大大小小的苦战和使人闻风丧胆的阴谋诡计，阿鲁台迅速崛起，发展成蒙古地区的第一大势力。

发展强大后，阿鲁台的骄傲之心大起，不仅不将蒙古地区的其他势力放在眼里，甚至连明朝都敢侵犯。大败给朱棣后，阿鲁台学到了经验。他认为，只要在明朝边境小打小闹，干事不太过分，明军就不会派遣大军征讨。如此一来，蒙古军队既可以抢到所需的用品，又可以逞威风，真是天大的好事。

那一段时间，尤其是收获庄稼的季节，边关频频发送文书，报告被蒙古骑兵侵扰。刚开始，朱棣也不以为意，认为是蒙古地区的无业游民纠集起来闹事，不值得大惊小怪。后来，朱棣突然发现，边关告急的文书很多，差不多有全国的奏章那么多。这个时候，朱棣不能再等闲视之了。

蒙古骑兵的侵犯虽然是小规模的，但是很有持续性，朱棣就想到他们是有组织性的。有组织性的侵犯，如果不在苗头初露时就及时解决掉，等到事态发展严重，就不容易解决了。派人一查，果不出朱棣所料，这帮蒙古骑兵不仅有组织性，他们的首领还是曾经公然向明军挑战的阿鲁台。

永乐二十年（1422年），边关再次发来文书，告知遭到蒙古骑兵的侵扰。朱棣再也坐不住了，下诏调遣大军，亲征阿鲁台。这一年，朱棣已经五十五岁了。联系起当时明朝人的平均寿命，可以说朱棣是一个老人了。阿鲁台敢放肆侵扰明朝边境，也是想到朱棣老了，不会亲征。他只怕朱棣一个人，如果朱棣不亲征，蒙古骑兵就敢跟前来征讨的明军大打一场硬仗。想当初，邱福的十万大军，就是败亡在阿鲁台手下的。可是，天不如人愿，朱棣的行为大出众人的意外，他亲征蒙古。

史学家费正清认为，“朱棣第一次征讨阿鲁台是报复性军事行为”（费正清《剑桥中国史·明史》）。按此逻辑推理，朱棣这次征讨蒙古，就属于惩罚性军事行为。此次出征，朱棣只想告诉阿鲁台，无论他的势力多么强大，只要明军想打击，阿鲁台一定逃不了。朱棣亲征只是想给阿鲁台一个小小的惩罚性警告，否则根本不用皇帝亲征。对于阿鲁台这种小角色，随便派遣一个将军去就足够了，因为现在的阿鲁台已经不是昔日的阿鲁台了。

明朝大军三月出发，七月到达阿鲁台的巢穴沙珲原。大军一路上，遇到的抵抗非常小，简直说不上是军事抵抗。看着那些不成气候的蒙古骑兵，朱棣什么都没说，只是轻轻地笑了笑。相比而言，朱棣是老当益壮，越来越勇；阿鲁台却是老而无用，越来越怯。听说明军一路过关斩将，势如破竹，阿鲁台领着妻儿老小，一路狂奔，真的是逃命。

“阿鲁台已经占领了张家口之北的兴和要塞，并且降服了屏障明朝东北边境的兀良哈三卫；他计划在长城附近阻止住中国军队，使之不能靠近他的基地。皇帝却是直趋多伦（在开平卫）附近的阿鲁台的营地，同时派了2万人马进攻兀良哈三卫，终于在七月使之降服。”（费正清《剑桥中国史·明史》）据此分析，明军所遇到的抵抗非常不成规模，因为明军选了一条好路。

没有逮住阿鲁台，给他一个小小的惩罚，朱棣就将一腔怒气泼向他的同伙兀良哈。在朱棣与阿鲁台的这次战斗中，兀良哈完完全全是一个出气筒。他反对明朝，是被阿鲁台用武力胁迫的；明朝出军打击兀良哈，并不是恨兀良哈，而是将它当成替罪羊。明军大举出动，总要取得一点成绩才回去，否则脸上无光。

朱棣兵分两路，命一路军向西开军。他告诉向西开进的军队，兀良哈听说朱棣亲征，一定会向西撤退，向西进军正好可以截住兀良哈。领着另一半人马，朱棣跨上高头大马，迅速向兀良哈挺进。

刚刚遇上兀良哈，朱棣二话不说，径直朝敌军大营冲去。士兵们见朱棣身先士卒，人人奋勇争先，扛起大刀狠狠地朝敌人的头上砍去。朱棣是一个战争狂，在他手下混饭吃，如果不跟着他向前冲，日子一定不好过。大才子解缙，就是因为反对朱棣出兵安南（今越南）被贬到地方上去的。更为悲惨的是，户部尚书夏元吉和其他士大夫因为军费不足，坚决反对此次出兵，夏元吉最终被囚禁，他的副手方宾被逼自杀。跟着这么一个爱好打仗的皇帝，如果不奋勇争先，死的就是自己。

这一仗打下来，兀良哈大败，有十几个高级将领被斩首，其他的全部逃散。丢下尸横遍野的兀良哈军队，朱棣调转马头，狠命追击阿鲁台。阿鲁台这次很幸运，明军找了几个月，都没有找到。到了九月，军粮就要吃完了，又考虑到军费不足，朱棣不得不撤军。撤军回来途中，明军也没遇上阿鲁台。上天保佑，阿鲁台算逃过这一劫了。

上一次，明军就是在撤军途中撞上东躲西藏的阿鲁台的。回到京城了，还是没有撞上阿鲁台，朱棣闷闷不乐。到这个时候，朱棣打仗已经打疯了，天天都想打仗。如果哪一天没有仗打，他无论做什么都感觉不舒服。可是，朱棣没有仔细想一下，每打一仗，全国就要花费无数的人力、财力和物力。到永乐末年，明朝已经是一个大空架子，虚有其表，国内非常空虚。全国上下，都希望一个施行仁政、与民休息的君主。

亲征阿鲁台刚刚过了一年，永乐二十一年（1423年），边关上奏，说鞑靼有可能侵犯边境。朱棣想都不想，就颁布一项不可违背的诏令，亲征鞑靼。边关只说鞑靼可能侵犯边境，朱棣想打仗想疯了，不考虑国内空虚的具体实情，说什么都要率军出征，他已经变成一个穷兵黩武的皇帝了。

明军还没出发，阿鲁台听到风声后，脚底抹油，逃得无影无踪。这次亲征，白白耗费国家无数人力、财力和物力，结果却一无所获，真的很令人伤心。国家一无所获，并不代表皇帝一无所获。在这次征讨途中，朱棣终于解开了他二十多年来日思夜想的迷。

“神秘男”带来好消息

在一个黑漆漆的夜晚，有一个风尘仆仆的人，急急忙忙地朝明军大营奔去。他走得很急，凡是见到他的行色的人，都会觉得将有一场很大的事发生或者已经发生了。这个人所到之处，凡是遇上明军的守卫，他只要出示一块小小的令牌，守卫就会毕恭毕敬地站直身体，恭恭敬敬地放他通过关卡。经过重重关卡，他终于来到朱棣的营帐前，静静地等着皇帝召见。

此时的朱棣，已经进入甜蜜的梦乡。被近侍唤醒后，朱棣很不高兴，恶狠狠地盯着近侍，问他有什么事。听到近侍说胡煓求见后，朱棣十分惊讶，命近侍即刻宣胡濙进来相见。在朱棣惊讶的表情里，还暗藏着无限的喜悦。朱棣苦苦等了二十几年，这个让他食不甘味、卧不安寝、坐不安席的谜，谜底终于要解开了。

在此，先介绍一下胡濙。他是一个名不见经传的小人物，官居给事中，也没有多大的才学。如果硬说他有什么特长，那就是担任绝密性的调查工作。永乐年间，东厂和锦衣卫调查工作的效率很高，凡是皇帝交代的事，他们都能迅速办理。可是，东厂和锦衣卫大多办理能够公开的事件，对于某些不能轻易公开的，尤其是绝密性质的事件，就不能交给他们处理。朱棣之所以深夜急急忙忙地召见胡濙，因为他负责一件最为绝密的调查工作。普天之下，只有他和朱棣两人能够知道调查的内容和具体经过。

胡濙的工作说难也难，说简单也简单，那就是找人。朱允炆消失得无影无踪，活不见人，死不见尸，朱棣很担心。登上皇位后，朱棣决定，无论花费多大的代价，一定要找到朱允炆，活要见人，死要见尸。以大规模性的活动来讲，郑和几度南下西洋，目的之一就是找寻朱允炆。曾记否，为了审问出朱允炆的下落，朱棣将溥洽关了大半辈子，直到姚广孝（道衍）临死相求，朱棣才释放了溥洽。

那时传言，朱允炆流落在南方。胡濙的活动范围就在两湖及江浙一带，主要是这些地区的大小小的寺庙，仔细调查。可是，十年一晃而过，朱允炆仍旧无影无踪。

这些年，胡濙独自漂泊在外，只为查访朱允炆的下落。连生养他的老母亲去世了，胡濙都不能回家一次。那个年代讲究程朱理学，要求孩子孝顺父母。如果父母还在世，孩子是不能顺便出游在外的。如果父母死了，孩子应该马上回家，为父母守孝。为了查访朱允炆的下落，胡濙不能亲自照顾他母亲，也不能为他母亲守孝，他的心里一定很不舒服。

不管胡濙的心里高兴不高兴，他都必须尽力、尽快查访到朱允炆的下落，赢得朱棣的高兴，否则的话，朱棣一声令下，胡濙的脑袋就要搬家。朱棣灭了很多人的全族，胡濙亲眼见到，他知道朱棣的厉害。胡濙的大好青春，就这样浪费在南方无数大大小小的寺庙里。

永乐十四年（1414年），不知道朱棣是怎么想的，他突然召胡濙回京。尽管胡濙没查访到朱允炆的下落，朱棣还是重赏，封胡濙为礼部左侍郎。礼部左侍郎是礼部的第二把手，胡濙从一个小小的给事中突然升到这么高的官，很多人都很不解。

三年后的一天，朱棣突发奇想，又一次召见胡濙。他告诉胡濙，还没查访到朱允炆的下落。胡濙担任过上次的任务，有经验，朱棣让胡濙再次到江浙一带查访朱允濙。从此，胡濙再次开始他那无日无夜的、也不知道何时结束的、漂泊不定的寻人工作。在些需要特别指出，如果寻人工作没有实质性进展，即使胡濙的老母亲死了，他也不能私自求见朱棣。也就是说，只要担任找人这个重担，除了工作有成绩外，只有朱棣召见胡濙的事，没有胡濙求见朱棣的理。

因此，当近侍通报胡濙求见时，朱棣睁着睡眼惺忪的眼睛，非常高兴。朱棣“闻濙至，急起召入”（张廷玉《明史》），胡濙“悉以所闻对，漏下四鼓乃出。至是疑始释。”（张廷玉《明史》）史书上说，朱棣同胡濙谈了很久，但是没记载他们都说了些什么。但无论他们谈了什么，一定会说到朱允炆。如果没有带来朱允炆的消息，胡濙不敢私自求见朱棣，更不敢在半夜三更求见朱棣。

从这些史料价值极其珍贵的对话来看，胡濙对朱棣说了什么已经不重要了，因为阻塞在朱棣心中二十多年的疑虑已经解除了。

自从登上皇位起，朱棣什么都不害怕，只担心突然冒出一个朱允炆起兵反抗他的统治。为了打消民间借朱允炆之名起兵造反的念头，朱棣刚刚登基，就对外宣布，朱允炆自焚，死在宫中。史书上说的，存在朱棣心中二十多年的疑虑，不是朱允炆的下落，而是会不会有一个朱允炆起兵反抗朱棣的统治。

朱棣不惜一切代价，苦苦找寻朱允炆的下落，最终目的是杜绝有一个朱允炆起兵反抗他的统治。从这个意义上说，朱允炆是生是死，流落在哪里，根本不重要。对朱棣而言，如果没有一个叫朱允炆的人起兵反抗，其他的一切都是小事，都容易解决。

就算朱允炆还不活着，只要他答应不起兵反抗朱棣，朱棣也不会为难他。攻破应天的时候，朱棣也怀念亲情，给了朱允炆一次机会。军队都打到皇宫了，那时朱允炆还在皇宫，朱棣命军队不可随便攻进去。朱棣这么做，明摆着不想将朱允炆逼死。

如果朱允炆识大体，乖乖地将皇位禅让给朱棣，事情的发展对大家都很好。如此一来，朱允炆可以安心养老，朱棣也能够顺顺利利地当皇帝，不用瞎折腾。可是，朱允炆选择了一条很折磨人的道路，放一把火烧了皇宫，连他自己也消失得无景无踪。

苦苦找寻二十多年，朱棣的疑虑终于消除了。既然他的皇位能够永固，就没有接着找寻朱允炆的必要了。为了表达对胡濙的奖赏，朱棣正式任命胡濙为尚书。更为奇特的是，这个曾经的给事中，竟然被朱棣任命为明宣宗的托孤大臣。朱棣钦点的托孤大臣只有五位，能力一般般的胡濙被任命为其中之一，可见他掌握着稳固明宣宗统治的关键东西。

综合以上史实，再仔细分析“悉以所闻对，漏下四鼓乃出。至是疑始释”（《明史》）这句话，以及朱棣对胡濙的倚重，不少史学家都认为，朱允炆没死。他们的推论是，胡濙找到了朱允炆，并和朱允炆谈了一些关于朱允炆未来的打算。朱允炆告诉胡濙，他不想再当皇帝，也不会起兵反抗朱棣。朱棣听到胡濙转述的朱允炆的保证后，二十多年来担心朱允炆起兵反抗的疑虑就消除了。

生于战火，死于征途

朱棣的一生，有一个心愿和一个疑虑。他的心愿，就是当上大明朝的皇帝，创造千古一帝的辉煌霸业。至于这个疑虑，是朱棣登上皇位后才有的，那就是会不会有一个叫朱允炆的人起兵反抗他的统治。胡濙的一席话消除了朱棣心中的疑虑后，对于一个没有忧患的人而言，他的生命已经走到坟墓边上了。

永乐二十二年（1424年），朱棣再次亲征蒙古。这次亲征是朱棣第五次亲征蒙古，距离朱棣第四次亲征的时间不到一年。在间隔这么短的时间，国家频繁用兵，还是劳师远征，百姓自然承受不住。尽管国库空虚，朝廷仍然不得不支持朱棣亲征，否则相关人员就要被问罪，不是发配边疆就是打入大牢，甚至被杀头。

阿鲁台非常聪明，专门打游击战。明朝大军前来征讨，他就急急忙忙卷起铺盖，逃得无影无踪。明军走了之后，他再南下，侵犯边境，抢夺财物。朱棣担心朱高炽继位后对付不了阿鲁台，他心一横，拖着年迈的身体，亲自出征。朱棣连老命都豁出去了，也是为了明朝的帝国大业，真是辛苦。

走了五个多月，明军终于来到阿鲁台的巢穴达达兰纳木尔河。但是，除了缓缓而逝的河水外，什么都没有。阿鲁台听说朱棣亲征，吓得跑了。其实，这个时候的朱棣，已经垂垂老矣，可以说离死亡不远了。

一路上的颠簸，再加上朱棣年老病多，他已经是躺在床上只有气呼出来没有气吸进去的人了。眼见朱棣不行了，随行大臣和武将们就商量对策。可是，这帮文臣和武将的隔阂太大了，说不到一起。

以张辅为首的武将说，他们愿意立下军令状，领取一个月的粮食，深入大漠，无论如何，一定提阿鲁台的人头来见朱棣。张辅是名将张玉之后，又建立了平定安南（今越南）的奇功，很多武将都追随他。

杨荣不同意，他说大军走了五个多月才到达达兰纳木尔河，如果再继续待下去，就算朱棣的身体撑得住，也会闹粮荒，无论如何，一定要班师回朝。武将们想建立军功，不想无功而返。可是，阿鲁台是大漠的地头蛇，很难找。如果张辅领了一支军去，花了两个月都没找到阿鲁台怎么办？

商量来，商量去，办法没想出来，文臣和武将却吵得越来越凶。听着这群人激烈的争吵，朱棣有气无力地说了一句，班师回朝。皇帝发话，没人敢反对。第五次出征同第四次一样，白白耗费人力、物力和财力，结果一无所获。

走了两个多月，明军七月回到翠微岗。朱棣感到自己不行了，召见杨荣，说了几句知心话。他告诉杨荣，他戎马一生，经过无数次战斗，最终不得不服老。太子朱高炽监国已有二十多年，受到的磨炼够了，对政务已经熟悉了，应该能够得心应手地处理全国大小事务。回到京城后，他就将大权交给朱高炽，自己腾出时间，好好享享清福。

杨荣静静地听着，对朱棣说，朱高炽仁厚爱人，一定会处理好全国事务，不会辜负朱棣的期望。这些年来，太子遭到朱高煦无数次陷害，非常艰苦。即使被朱棣强行迁到安乐州后，朱高煦仍然不死心，还在打皇位的主意。

军中的武将，大多支持朱高煦当皇帝，张辅就是朱高煦的好战友。杨荣之所以坚持要求班师回朝，主要是害怕朱棣死在外面，被朱高煦伙同军中的其他将领，发动兵变，篡夺皇位。如果军中将领趁朱棣死后造反，杨荣等文臣手无缚鸡之力，必然被朱高煦控制。到那个时候，朱高炽的皇位就会被抢夺。

一路上，朱棣的身体一天比一天差。杨荣很担心，祈求老天保佑朱棣活着回到京城。但是，上天没保佑，刚刚走到榆林，朱棣就断气了。更令杨荣感到害怕的是，朱棣临死前，单独召见了大将张辅。

张辅是朱高煦的好战友，他们的情谊是在战场上培养的。杨荣又不知道朱棣对张辅说了什么，不能确定张辅的立场。面对事关成败的关键一刻，杨荣只能先发制人，走一步险棋，封锁朱棣的死讯，暂时不发丧。

朱棣这一生，有功，也有过。对于国家而言，他的功劳很大。“知人善任，表里洞达，雄武之略，同符太祖。”（《明史》）意思是说，朱棣英明神武，雄才大略，同太祖朱元璋一样。

在朱棣的带领下，明朝“六师屡出，漠北尘清。至其季年，威德遐被，四方宾服，明命而入贡殆三十国”（《明史》）。这话的意思是，朱棣率领军队开疆拓土，实现了四方宾服、万国来朝的美梦。曾记否，有两个小国家的国君，来到明朝后，就不想走了。死了之后，他们也不回国，而是希望能够被埋在中国。

“（明朝）幅陨之广，远迈汉唐！成功骏烈，卓乎盛矣！”（《明史》）在中国历史上，明朝的版图，只比元朝的小一小点儿，可见朱棣的贡献不小。当然，《明史》

也指出，朱棣“革除之际，倒行逆施，惭德亦曷可掩哉！”（张廷玉《明史》）朱棣的过，大多是对人犯的，例如登基之际大肆诛杀士大夫。

史学家费正清从人民的视角和国家的发展前途这两个层次评价朱棣，从这两个层次论述，朱棣的帝国大梦带给朝廷和百姓的都是灾难。“永乐帝的国内计划和对外征战的花费是巨大和浪费的；它们给国家和黎民百姓造成了异常沉重的财政负担。这些计划的耗费引起了诸如夏元吉和李时勉等朝廷官员的批评，前者反对对蒙古的第三次征讨和郑和的几次远航，后者反对在北京建都。还有人对征剿安南而造成人力和物力的紧张状况，对漕运制度以及其他国内计划和对外的冒险行动发表了反对的意见。”（费正清《剑桥中国史·明史》）因此，朱棣千古一帝美梦的实现，是以对百姓的压榨和对谏臣的惩罚为代价的。

从国家的长远发展来看，帝国大梦也有贻害。“永乐帝留给明代后人的君主们一项复杂的遗产。他们继承了一个对远方诸国负有义务的帝国、一条沿着北方边境的漫长的防线、一个具有许多非常规形式的复杂的文官官僚机构和军事组织、一个需要大规模的漕运体制以供它生存的宏伟的北京。这只有在一个被建立帝国的理想所推动的朝气蓬勃的领袖领导下才能够维持，这个领袖不惜一切代价，并愿意把权力交给文官，以保持政府的日常职能。”（费正清《剑桥中国史·明史》）

也就是说，如果想要继续维护大明帝国的统治，后继者必须拥有朱棣的帝国大梦的内驱力和实现帝国大梦的才能。可是，明朝后来的统治者缺乏朱棣的远大抱负。后来的皇帝不能满足国家发展所提出的要求，国家自然就要崩溃。从这个层次论述，明朝的败亡，朱棣早就埋下了祸根。

第十五章　仁宗是个好皇帝

革命的友谊最长久

朱棣刚刚断气，就发生了一场静悄悄的密谋。近侍马云连忙秘密召集杨荣和金幼孜赶来皇帝大营，商议对策。听说朱棣死了，杨荣和金幼孜都很担心。因为如果朱高煦听到这个消息，一定会趁朱高炽没登基，发动兵变。

乐安府离京城不远，如果朱高煦发动兵变，有很多老将会追随他。如此一来，掌握军事大权的朱高煦就可以为所欲为，结果可能不仅仅是朱高炽当不上皇帝那么简单，可能连杨荣、杨士奇等凡属于太子的人都要遭到灭顶之灾。

为了皇位，朱高煦甚至不惜安插他的儿子朱瞻圻潜伏在京城。朱棣病重的那些日子，来往于京城和乐安府的、为朱高煦父子传递消息的骑兵络绎不绝，就像赶集一样。安排这么多骑兵传递消息，朱高煦只有一个目的，第一时间知道朱棣的死讯。

敌人的城府如此之深，以杨荣为首的太子的人不得不走一步险棋。经过片刻的交头接耳，马云、杨荣和金幼孜决定，暂时不能宣告朱棣驾崩的消息。封锁皇帝的死讯是一项很重的罪，如果暴露出来，可能被灭族。他们三人这么做，等于连自己的身家性命都押上了。

亲征大军一路南下，朱棣的衣食住行照样井井有条地进行。如果不是知道内情的人，一定不会发觉朱棣已经死了，因为一切看去都和往常一样。这期间，整个亲征队伍的管理很严格，一律集体行动，不准许个人单独行动。最突出的一条命令是，如果没有朱棣的诏令，无论是谁，都不能私自离开军营。朱棣已经死了，不能颁布诏令。再说，即使有人矫诏离营，也需要掌管印信的杨荣盖印。如果没有杨荣盖印，无论持有什么样的诏令，都不能出营。可是，此时的杨荣，已经不在军营里了。

制定好密谋后，杨荣就担任起了最为紧要的通报任务。他骑着快马，一路上尽量避开人多的地方，飞速朝京城奔去。杨荣等人能够甘心如此为朱高炽卖命，不是因为朱高炽给予了他们什么好处，而是他们将朱高炽视为理想的贤君，甚至是君子式的朋友。

对于朱高炽和太子势力的人的关系，费正清是这样认为的。“朱高炽在早年把大部分时间用于儒术研究上，并接受他父亲挑选的学者的指导。他们之中有杨士奇、杨荣、杨溥和黄淮等人，他们都培植了与他的友谊，并在他登基后担任了重要的行政职务。”（费正清《剑桥中国史·明史》）

朱棣和朱元璋都很重视子女们的教育，尤其是儒家的教育。因为身体不便，朱高炽就有很多时间陪在皇帝所选拔的士大夫身边，听从他们的教导。久而久之，朱高炽不仅养成了儒士的性格特点，也与士大夫们产生了感情。

相比之下，朱高煦的成长环境与朱高炽的截然不同。“由于永乐帝本人是一个受过锻炼的指挥将领，他偏爱他的两个较年幼和更好武的儿子朱高燧和朱高煦，并常常带他们去参加征战，使其长子接受了一种不同类型的教育。”（费正清《剑桥中国史·明史》）

在充满奸诈的、血与火的战场，朱高煦和朱高燧养成的是武将的性格。朱棣穷兵黩武，整个国家都被他弄空虚了，士大夫们不希望一个很像朱棣的人继承皇位。从这个意义上来说，朱高炽能够当上皇帝，是整个大明朝发展的、各种因素综合作用后的历史性必然选择，而不是人为的选择的结果。

1424年的农历八月二十五日，朱高炽得知朱棣的死讯。他立即和杨荣、蹇义和杨士奇等人商量，如何顺利地继承皇位，又不激起朱高煦的反抗。经过一番策划，杨荣等人认为朱高炽应该先登基称帝，加强京城的治安，并派人到应天镇守。

自从迁都后，应天的地位一落千丈。但是，百足之虫，死而不僵，应天在明朝的影响仍然很大。想当初，朱高煦迟迟不肯离开应天，目的之一就是想借开国之都应天的名气闹事。朱高炽派去镇守应天的人，是明朝历史上很出名的太监，人称王景弘。将这么重要的任务交给一个太监，可见太监在明朝的地位不小。朱高炽这个小小的举动，预示了后来大明朝的发展趋势之一，太监的地位越来越重要。

朱高炽登基了，朱高煦才知道朱棣的死讯。在这之前，朱高煦就像被蒙在鼓里，什么都不知道。从表面上看，这次朱高煦的失败，因为消息不灵通。其实，从本质上来说，朱高煦的失败，根源于文官集团的反对。他没能当上太子，因为解缙和黄淮等人不喜欢他；他陷害朱高炽的阴谋被揭发，因为杨士奇、杨溥和杨荣等人反对他；他想趁朱棣死发动兵变却没成功，因为金幼孜和杨荣等人没给他一次机会。

文官集团不仅辅助朱高炽登基，还为朱高炽的统治出了很大的力。朱高炽身体不好，脑子也不怎么好用，面临大事的时候，需要咨询老练的杨士奇、处变不惊的杨荣和随遇而安的杨溥。朱棣改组的内阁有七名成员，到朱高炽的时代，内阁成员也有七名，但不是每个人说话的分量都一样重。因为杨士奇、杨荣和杨溥三人在朱高炽的内阁的分量很重，人们将朱高炽时期的内阁称为“三杨内阁”。

九月七日，朱高炽正式登基称帝，他的年号是洪熙。朱高炽称帝后，“三杨”不仅被加封官品，甚至还被授予其他部门的职务，例如杨士奇兼任兵部尚书，杨荣兼任工部尚书。如此一来，“三杨”就不仅仅是提供咨询，还能过问其他在职大臣的行政事务，在必要的时候能对政治施加影响。“三杨”与朱高炽是一条心的，有他们的支持，朱高炽在施行相关政策的时候，就容易多了。

“洪熙帝由于他的背景，与这些重要的朝廷官员有一种亲密的关系；他与其后继者们不同，经常召见他们进行正式会议，要求在他对重要事务作出决定前在密封的奏章中提出意见或建议。这样，内阁不再是像以前明代统治者之下的不能负责的咨询机构，大学士亲自参加了决策。对洪熙大力取消他父亲的不得人心的计划和在全国建立正规的文官政府的行动来说，这种集团领导是必不可少的。”（费正清《剑桥中国史·明史》）

明朝是中央集权国家，君主的性格和策略对国家发展的影响很大。朱棣是一个好大喜功的皇帝，因而他能够不顾群臣的反对，屡次出兵，多次派人下西洋，建立空前的永乐盛世。相比而言，朱高炽就文弱多了，他没有建立大明帝国的远大抱负。

刚刚继位，朱高炽就颁布很多诏令，取消朱棣在位时期很多不得人心的举动。例如，他很想将首都迁回应天，并且花大力着手解决相关障碍。如果不是他死得早，明朝的首都还是会迁回应天的。

减税是个好办法

明仁宗登基后，颁行了许多诸如救济灾民，免除赋税的休养生息政策，并且经常下令让地方官宽以待民，体恤人民疾苦，以缓和阶级矛盾，减轻因连年战乱和迁都带给人民的沉重负担。

永乐二十二年（1424年）九月，黄河决口，河南开封被淹，灾情严重，人民流离失所。仁宗下令免除开封当年的赋税，并派遣右都御史王彰前去安慰灾民。当月工部向皇上上奏，建议征收布漆，以整修军备。仁宗下令：自此以后，官家所用物料一律到产地以钞买之，禁止向百姓征收，违背的按律治罪。治水左通政乐福上奏："江南苏、松、常、杭、嘉、湖六府发生水灾"，请求延缓赋税的征收。仁宗获悉后准许以钞币代替粮赋征收。直隶广宗县发生水灾，仁宗得知后命令当地官员开仓放粮，救济灾民。

十月，山东登州、莱州诸郡发生水灾，仁宗下令免去赋税。因苏州、徐州发生水灾，仁宗下令免去当年秋天的赋税。浙江乐清发生饥荒，仁宗下令开仓放粮救济灾民。而且仁宗下令给各地的官员说："凡是国家政策中有不利于人民的一定要上奏，如果当地受灾不立即上奏请求赈济者，必给以论处。"

为了发展农业生产，仁宗曾多次下令不准干扰农务，并于永乐二十二年（1424年）九月下令把太仆寺的马分给各卫所以及沿边戍守边疆的士兵牧养，以用于农耕。仁宗的这种做法是考虑到农业的恢复和发展，怕因牛马不足耽误了农耕。仁宗曾告谕户部尚书夏原吉说："自古以来寓兵于农；农民若无转输之劳，则兵食足矣，先帝创立的屯田法不错，但是农耕经常受所司征派徭役的干扰，从今以后，对全国各地卫所屯田军士，差役不得擅自摊派，有碍农务，违背命令者要严惩不贷。"

洪熙元年（1425年）二月，在舞阳、清河、睢宁一带发生饥荒，民众四处逃荒，民不聊生，仁宗下令将本县仓储中的粮食发放给灾民，以救济他们。三月，乐亭、连城、莱芜、蓬莱等地发生灾荒，同样，仁宗也命令将本县仓储的粮食分发当地农民。四月，南方的官员说，山东、淮安、徐州等地，农民粮食匮乏，而当地的主要官员对此不予理睬，仍然加紧征收赋税。于是，仁宗向蹇义查问情况。蹇义答道："确实如此。"仁宗命令杨士奇草拟诏书蠲免山东、淮安、徐州当年夏税的一半，所有的官买物料一律停止。杨士奇说："必须令户部、工部知晓。"仁宗说："救民如救火，不可稍有迟缓。主管官员一定会因考虑国力不足，而犹豫不决，以后再通知他们好了。"于是令士奇在西角门草诏，皇上阅览完毕立即颁行。仁宗对士奇说："体恤平民百姓宁可过厚，作为天下之主，怎么可以与百姓斤斤计较呢!"大名府、河南、山东等地发生饥荒，仁宗闻讯便下令要发仓储赈济灾民。仁宗仅仅在位十个月，但他时刻想着"以民为本，以农为本"，贯彻实行与民生息的政策，这对调动农民的生产积极性，使农业不断向前发展有积极作用，同时也稳定了社会政局。

仁宗告谕户部大臣说：“农业是农民衣食之源，耕耘收获，不能误了时节。从现在开始，无论什么时候，不要把差役放在务农之前，而要等到劳动力有闲余时再征派。前人曾有过放弃农耕而滥发徭役，致使农耕遭到妨碍，引起天下暴乱之教训，我们必须警惕。”京城附近大兴、宛平二县的县官被仁宗召见进京，旨谕他们将百姓安抚好，让农民首先感受到政策上的恩惠，并说，最近几日，徭役之事仍困挠着在京的百姓，这些难道不是因为你们做州县地方父母官的失职造成的吗?并下令三天为限，让县官将民间何事便利、何事不便全部具体报来，由皇上亲自处理。如果地方官吏对朝廷的旨意置之不理，将论罪惩处，毫不姑息。

我也可以做魏徵

仁宗长期监国，他深深感到朝政大事必须得依赖于朝廷诸臣与君主的密切配合。因此，他即位后提高阁权，优待“三杨”为首的内阁大臣与夏原吉为首的六部大臣，多次颁布诏令，请他们上朝当面直言进谏，辅佐朝廷大政，共同治理天下。

杨士奇在仁宗刚刚即位时就被召见，仁宗说：“今后朝廷大事，全依仗蹇义与你了。”杨士奇不负皇帝的厚望，办事公平合理，直言上书。仁宗派遣监察御史前往全国各地，对地方官吏进行考察。这时，蹇义、夏原吉上奏皇帝说：“户部尚书郭资在任职期间，常常阻碍政事顺利处理，而且身体又多病，应令其退休。”仁宗对蹇义、原吉的话半信半疑。于是杨士奇又被仁宗召来询问实情。杨士奇回答说：“诏书数次下令要蠲免受灾农民的税赋，可是郭资执意不听，令地方主管官员仍依旧额征收。这乃是他为政最大的失误。”仁宗听后，颁布诏令：郭资由原户部尚书晋升为太子太师，命其退休。

有一次，仁宗接到吏部上奏，说舒仲成在前朝任职期间有一些过失。仁宗听后，便命都察院将其拘捕予以惩治。这时，杨士奇上疏劝止说：“小臣犯罪的有很多，陛下即位时，天下大赦，已经宽恕了这些人，如今再追查前事，则今后皇帝的诏令谁还能相信呢?例如汉景帝为太子时，召见卫绾，卫绾以有病为借口，而不见景帝。等到景帝即位后，却进用卫绾，受到后人的称赞。”仁宗看了杨士奇的上书，高兴不已，立即下旨免去对舒仲成的拘捕，并对士奇的直言上疏予以褒奖。

洪熙元年（1425年）正月初一，仁宗在奉天殿召见文武官员，命礼部、鸿胪寺不作乐。先前，礼部尚书吕震奏请皇上，在元旦改年号这天，按照朝廷礼仪的惯例，应当奏乐以示庆贺，皇上不听。但吕震仍坚持作乐的请求。这时，大学士杨士奇、黄淮、杨荣、金幼孜都认为陛下言之有理。第二天，士奇等人又受仁宗召见。仁宗对他们说：“作为君主以接受直言为明主，作为臣子以能够直言为忠臣。假如昨日朝会听从吕震之言，到现在后悔也来不及。从今以后，朕所做所为有不当之处，请诸臣直言不讳，不要考虑朕不从。”之后，分别赏给每人银钞，以资鼓励。

当时普通官员很少进言。仁宗针对这种状况，颁布敕谕，大意是：“朕继承大统，君临百姓之上，天下之广，国事繁多，一人怎能独自应付得了呢？各位文武官员是贤能之士，皇帝只有依仗你们，齐心协力，共图大业。因此刚一即位，首先诏告朝廷内外，寻求直言上谏。可是现在过了这么长的时间，直言者寥寥无几……你们都受国家培养，朕对你们寄予厚望，不要害怕直言受到谴责，要君臣同体，休戚与共，来辅助朕管理好国家。”仁宗希望廷臣能直言上谏，充分体现他心胸宽阔，有胆有谋。仁宗为政十个月，除“三杨”等名臣外，直言上谏的人并不多；但仅是“三杨”的谏言，也使朝政风气为之一新。

洪熙元年（1425年）四月，有许多大臣进言对时政大加称赞，惟独杨士奇进言：“如今流亡迁徙他乡的百姓未归，困乏的处境并未恢复，很多地区的农民还缺少粮食，应休养生息数年，太平盛世才能够实现。”仁宗欣然采纳士奇的建议。又对蹇义等人说：“朕赐予你们‘绳愆纠谬’银章，希望能够秉公上谏，只有士奇一人上书五次，其他人一次也没有，难道真是朝政无误，所有的百姓都已经安居乐业了吗?”诸臣叩首谢罪。

尽管仁宗鼓励直言，但也不乏虚伪之时，虞谦因坚持直谏而被贬就是一例。

虞谦，字伯益，金坛人。洪武年间，曾经在杭州担任知府的官职。永乐初年，被召为大理寺少卿。永乐七年（1409年），皇太子高炽奏请父皇，让虞谦担任右副都御史，在江浙地区担任巡抚。朱高炽即皇位后，他被召回北京，改任为大理寺卿。虞谦任职期间，尽心尽力主持政务。对于法司及各地所上报的讼诉案件，他都要认真详细地阅读案宗，仔细区分真假，以使最后的判决公平、公正。他曾经对别人说道：“他们的无憾，就是我的无憾。”

永乐二十二年（1424年）十月，仁宗皇帝即位不久，在朝廷内外颁下诏书，责令群臣秉公直言，对朝廷的所得所失作出评论。虞谦应诏上言陈述七件大事，每件大事都切中当时的流弊。第一，慎重用人。他说：要想帝业兴旺，国家昌盛，必须要做到用人得当。如果用人不当则帝业衰亡。第二，兴办学校。教书育人是学校的根本。第三，端正风气。第四，广储蓄。国家仓储空乏，必须预先积储，以备灾荒时需用。第五，爱惜民力，重视发展农业，缺少马的郡县应该分到军马，用于农耕，促进生产的发展，增加百姓的收入。第六，流通货财。要广泛地开源节流，增加收入。第七，惩治奸宄。由于各地方州县的盗贼很多，应于各州县编制里甲，使之互相监督，对犯罪的人予以惩治。虞谦对皇帝直言上书，陈词尖锐，每次都能击中要害，由此激怒了仁宗，仁宗说他言词过于偏激，小题大作了。礼部尚书吕震、都御史刘观等人认为，向皇上献殷勤的机会到了，为了讨好皇上，便上书劾奏虞谦。

在吕震、刘观等人的挑拨下，仁宗更加生气，将虞谦降职为少卿，他朝参的资格也被免去。从此，上言陈述时政弊端的人就不多了。在上奏前，曾经有的大臣建议，虞谦应秘密陈述于皇上，不应在上朝的群臣面前公开上奏，免得皇帝的尊严受损。当时，大理寺属官杨时习就劝过他，这个劝告没有被虞谦采纳，他仍坚持公开上言，结果皇帝给他降职的惩处，而劝阻虞谦公开上言的杨时习，却被皇上提升为大理寺卿。

此后不久，杨士奇因事上奏，但之后却没有立即退朝。仁宗便问：“你还有什么想要说的吗？莫非是为虞谦的事情吗？”士奇非常镇定，不慌不忙地为虞谦申辩道：“虞谦历经三朝，深懂大臣之礼，往日政绩显赫，今日所犯的过错甚微，皇上不应给予他如此重的处罚。”士奇又请仁宗降敕引过，仁宗听了杨士奇的话后说道：“我也后悔啊!”之后，虞谦被仁宗恢复官职为大理寺卿，但朝参的资格仍未恢复。

虞谦虽被恢复官职，但不能参与朝政，为此，杨士奇又继续上疏说：“如今各地前来朝拜的大臣都在，岂能都知道虞谦的过失!此事如果张扬传播出去，有人会说皇帝不能采纳直言，此事可就大了。”仁宗听了杨士奇的话，恍然大悟，说：“这都是吕震误了朕。上言朕是支持的，只是谦所言过激了。你可以将朕所说的话传告天下人士。”士奇回答说：“此事并不是臣等不能传告天下，只是臣认为应以玺书广布天下。”于是，仁宗命士奇代为起草敕书，承认自己的过失，并命令百官群臣不要为虞谦之事而担心，应继续直言上书。他在敕书中说：“前几天大理少卿虞谦上书陈述当时朝政大事时，言词过于偏激，但多为实事，朕当时有些接受不了。群臣中有的为了讨好皇上，交章劾奏，请求把他绳之以法，朕没有听从，仍然恢复他的原职，但还是不让他上朝参奏。此后，上朝进言的人日益减少，难道他们真的认为国家无事可言吗?朕在对待虞谦上书之事的处理上，一时不能容忍，事后何尝不悔恨自己啊!今后文武群臣，只要是对国家社会有利的事情，都要及时上书，向朕陈述，对于当前政令执行不当、积弊已久的事情，也要及时直言，千万不要因虞谦的例子而回避朕啊!以后，我们君臣要相互共议国政，今允许虞谦参与朝奏如旧。”

仁宗在杨士奇的直言劝谏下，免去对虞谦的处罚，恢复了他的官职，并允许他参与朝奏，又引以为戒，下罪己诏告谕文武百官。不久，虞谦被封为副都御史，前往四川负责停止采木之役。临行前，虞谦被仁宗亲自召见说：“你平常一向清廉正直，帮助朕前往四川处理扰民之役，不要猜疑和害怕。”

仁的政策放光芒

身为明代“盛世”的君主仁宗，知道治理国家的根本是爱惜民众，保存农力与牲畜，发展农业。为此，他多次颁布诏令要求废除一切不利于保护牲畜、发展农业的法令。牲畜作为农业生产的最基本的劳动工具，对发展农业、维持农民生活是必不可少的。因此仁宗把禁止私自宰杀牲畜，作为一条法令颁行全国。

有一次，太常寺的主管官员向仁宗上奏说：“最近，专门饲养供给祭祀用的纯金色的全体羊越来越少，供不应求，请求内库发给钞币，派遣官员到产羊集市购买。”仁宗看完奏折，立即批示道：“作为百姓的父母官，必须爱惜民力，而后才可以供奉神灵。朝廷侍奉神灵，难道不舍得花钱吗?去年负责办理此事的主管官员不顾全大局，按照洪武中期的价格到集上购买祭礼的牲畜。实际上，任何商品的价格，随时都依赖市场的行情变化而变化，不会是固定不变的价格。现在比较洪武时期，民间各种物品的价格已涨了几十倍，然而祭神之物，却仍旧按照原来的价格，百姓的利益因此受到损害，民众怨声载道，忿忿不平，神灵岂能享受供奉?今后供祭祀用的牲畜，必须按照京城的市场价格给钞购买，如果在产地购买价格不足，当地政府应从所罚赃款中补发给百姓，这些应由当地主管官员执行。另外，巡抚御史监督畿辅之内市场，按察司负责监督畿辅之外，严禁低价收购畜牲，切勿骚扰百姓，损害他们的利益。”仁宗这种爱惜民力的思想是难能可贵的。

所谓“法”，是一个国家用于维持国家统治秩序，保护人民的生命财产安全的法律制度。法律、法令的执行应该公平。封建社会的君主作为最高统治者，无疑要对法律有充分的、深刻的认识，所有开明的君主都应秉公执法，不徇私情，不滥行酷法，而实行仁政，以取信于民，使法律、法令成为维护社会长治久安的根本保证。

明仁宗朱高炽，是位开明贤能的君主，他决心以执法公正，实行仁政来振兴国家。他告诫负责处理刑事案件的刑部与都察院的主管官员说：“朕对于刑法，不敢依个人的意志而有所改变。你们处理刑事诉讼案件，也应当广集各种材料和情况，仔细辨别案情的真伪，依据真凭实据，秉公处理，从而达到有罪能绳之以法，无罪者不白白受冤。只有执法者公正办案，才能使法律严明而取信于民。这样一来，天下人才能有所忌讳，而不是无视法律而为所欲为；从而使天下太平，百业兴旺。”仁宗又进一步指出：你们不可对真相实情不明，只凭个人主观愿望和主观判断，或迎合朕的意思，导致无罪的人含冤而死。我厌恶这样的行为，更不准许这样的事情发生，你们要引以为戒。身为国家的重臣，国家的重任在你们身上，如果某一时候我怒气冲天，怀恨在心，对某一案件处理不当，希望你们能向朕直言，以达到执法公正、无私，不要令我失望啊。”可以看出，他深深认识到，执法公正与否是治理国家的关键。

仁宗既主张秉公执法，又主张废除酷刑，实行宽政。洪熙元年（1425年）三月，仁宗下诏说：“刑法是用以禁止暴乱行为，引导民众行善的，不是专门用来诛杀。所以，法律、法令制度的制订，要轻重适度。作为执法者，更要依法据实秉公处理，切勿冤枉好人，滥施酷刑。此后，所有有犯罪行为的人的定罪都要以法律为依据。当朕由于个人过于愤怒，超越刑法之外用刑不当时，你们必须秉公上奏，帮助我改正。假使你已上书五次，仍没被采用，还要联合三公大臣一起上奏，直到得到允许才可停止。”

他还说：“各主管刑狱的法官对囚犯不得实行鞭背与宫刑这两种酷刑。从今往后，只有犯有谋反大罪的，才给予株连亲属的刑罚。自古以来，凡是开明盛世，都采纳听取民间的进言，作为警戒、教训。现在奸诈狡猾的人，往往从只言片语中大作文章，对好人进行诬陷、攻击，使好人背上罪名被打入狱中。这样刑法不公，民众则无法可依了。以后，只对诽谤他人的予以惩治，对于上告之人不要治罪。”仁宗又告谕刑部尚书金纯说：“最近以来，掌管刑法的官署应专门处理那些枉加罪名肆意罗织的案件。法律要讲求宽大。”金纯上承皇帝的旨意，对犯人实行宽大处理，而且属下的狱吏也常被告诫，不许擅自用椎击打犯人。从此之后的一段时间，狱中打死人的事情没有发生过。

仁宗严禁施行酷法，时时告诫朝廷内外文武大臣，应该端正执法风气，实行仁政，爱护天下百姓；百姓受到感化，国家才能日渐兴旺起来，社会也会日趋稳定。

明仁宗不仅执法公正，为人也宽厚、仁慈。他在为皇太子时，就懂得要关怀、爱护士兵。即位之后，他凭借自己长期监国的丰富经验，实行开明政策，广施恩泽，体贴民众，采取与民休息的政策，以争取人心归附，达到社会长治久安的目的。

依照明朝的旧制，必须是紫禁城内直属皇帝控制的亲军属下的各卫军士，才有资格成为守卫皇城的将士。这些将士担负着神圣使命，那就是保证皇帝及其家族的安全。因此，要对他们进行严格挑选、考察训练，然后再委以重任。同时皇城卫士必须是忠实可靠的人，而且能够长期使用，所以要求这些将士必须忠于职守，不能轮流更换。为了确保皇帝的安全，他们还必须与外界隔绝，甚至不能和自己的妻子、儿女和父母相见。

仁宗即位后，意识到以往守城将士均是亲军，且又不得更换的旧制存在着很大弊端，便下决心要改革这种旧制。他怜悯生活艰辛的守城卫士，说：“守城卫士长期守卫皇城，不分昼夜，极为辛苦、劳累，加上长年累月不能更替，甚至不准回家休息，无法与父母、妻子儿女团聚，实在是太残酷了，于情于理都说不过去，必须加以改革。”于是，他下令从分散各地的卫军中，选出精明强壮的卫士，以更换那些长期守城的将士，让他们有机会进行休整。为此，兵部尚书吕庆上言说：“守卫将士事关重大，怎么可以相信分散的卫军呢?”仁宗笑答道：“对人不能全信，也不能全都怀疑。作为人君要广施仁爱，以博得众心。以诚得其心，方能化敌为友，如若失去人心，即使是亲信也会反目。古人云：舟中敌国，盖既往多有之矣。”仁宗关心士卒的疾苦，并施以恩泽，博得了他们的拥护和爱戴。吕庆等诸臣也都被仁宗的仁爱之心感动。

朱高炽与大臣们这种良好的关系与感情，极大地影响了他登基后的政策。

朱高炽与建文帝朱允炆都是朱明建国后的第三代传人。他们与祖父朱元璋，父辈朱标、朱棣都有所不同，在君主独裁与统治集团内相对民主化的选择方面，更倾向于后者。

朱高炽即位后实行的仁政，其实就是一种宽松政策。这恰恰迎合了当时文人士大夫们的利益与理想。他除了在其登基的诏书中规定罢西洋宝船，停止迤西市马和云南、交趾采办外，还施行了一系列善政。多年监国经历使他积累了丰富的政治经验，而即位又使得当年根本无从推行的政治主张如今终于能够变成现实了。

没白叫你“仁皇帝”

洪熙元年（公元1425年）的一天，散朝后，朱高炽留下杨士奇和蹇义两人。他们三个人也没谈什么国家大事，也没谈个人将来的计划和打算，只是说一些过去的事情。说了几句后，朱高炽情至深处，难以自拔，当着杨士奇和蹇义这两个老臣的面，竟然流出了眼泪。

朱高炽的意思是，他监国二十多年，时时刻刻都遭到小人的暗算。如果没有“三杨”等人死力辅助，他可能早就死了，怎么能够当上皇帝。这些年来，无论时局多么险恶，道路多么艰难，“三杨”等人都站在他这一边，他很感动。

皇帝热泪盈眶，再仔细回想这二十年来所遭遇的困难，杨士奇和蹇义也感触良多，真是千头万绪，一时之间不知道从何说起，也纷纷掉下泪来。他们三人流着眼泪，将二十年来的经历都仔细回忆一遍，忆苦思甜，就像好朋友一样。

这个时候，在锦衣卫的诏狱里待了十多年的杨溥，终于等到属于他的太阳了。朱高炽放他出狱，提拔进入内阁，加以重用。这些年来，杨溥在环境恶劣的诏狱里，吃得又不营养，不知道落下多少怪病。可以想象，如果没有将读书作为一种寄托，杨溥早就对未来灰心绝望了。

朱高炽是永远的好人，对朋友很好，对敌人也很好。掌握真正的实权后，他为很多遭遇打击和陷害的人平反，对该加官补偿的加官补偿，对该发放财物补偿损失的发放财物。一句话，凡是因为他而遭到打击的人，朱高炽都尽力弥补。不仅如此，对那些曾经陷害他的人，朱高炽也不深究。有才能的、能够为国家贡献力量的，他尽量留在朝廷；无才无德的无用之辈，朱高炽也是只将他们贬为平民，逐出朝廷。

但是，好人总是很难被理解，朱高煦就非常不能理解朱高炽。即使朱高炽登基称帝了，朱高煦仍然不甘心。尽管遭到朱高煦的种种阴谋和暗算，“朱高炽对他并不怀恨在心；朱高炽登基后不久就增加了这个亲王的俸禄，并授予他的几个儿子爵位。不幸的是，朱高煦始终未认错。”（费正清《剑桥中国史·明史》）

从当时的情况来看，朱高煦仍然这么猖狂是有道理的，原因很简单，朱高炽活不长。朱高炽的身体很不好，当上皇帝后，病情越来越恶化，身体一天比一天差。稍微有一点儿病理常识的人都知道，照这个样子恶化下去，朱高炽肯定活不了两年。上次没抓住朱棣驾崩的机会，朱高煦很不服，无论如何，这次一定要抓住朱高炽去世的机会，趁机称帝。朱高煦已经被当皇帝的梦给迷昏了，如果当不上皇帝，他死都不闭眼。

事实证明，朱高煦的感觉是对了，朱高炽活得不长。朱高炽在位的时间，粗略算一下，不到一年。他九月正式登基，到下年新年这段时间，仍然要用他父亲永乐的年号，不能用他的洪熙的年号。也就是说，尽管朱高炽1424年的农历九月登基，也要到1425年才算洪熙元年。

当然了，个人一生的功绩，不能以生命的长短来计算，而要看他做了什么事。尽管朱高炽的执政时间很短，他做的都是惊世骇俗的、令无数老朽的士大夫瞠目结舌的大事。

刚刚继位，朱棣尸骨未寒，朱高炽就敢改动他的法令。前面说过，朱高炽监国期间，因为朱棣的很多法令十分严苛，不得人心，他就私下改了很多。朱棣发现后，大肆打压太子党，将严苛的法令给改回去了。现在，朱高炽当上皇帝了，朱棣死了，没人能够阻止他更改严苛的法令。最值得提起的是，朱高炽告诫司法官根据法律宣判，如果司法官利用权力干违法的勾当，后果很严重。另外，宣判死刑前，司法官必须再次复查对犯人的指控。如果不复查，就以失职罪论处。

朱高炽的第二个举动是为遭受朱棣杀害的人平反。他下令赦免那些因为靖难之役被罚为奴的官员家属，并且由国家送给他们一定量的土地，既当做国家赔偿，也为稳定这些人的生活。如果是被灭族的人，全国政府尤其是相关主管部门，无论多么困难都要仔细查访，看有没有侥幸逃过一劫的人。找到这些侥幸逃过一劫的人，要立即上报，好让中央拨付赔偿。

当年齐泰和黄子澄都被灭族，齐泰有一个年仅六岁的小儿子，因为年龄不够，特赦杀头之罪。死罪可免，活罪难饶，被罚去守卫边疆。朱高炽下诏，再次特赦齐泰的儿子，让他安安心心回家。黄子澄有一个儿子，全家被灭族时，他更改姓名逃过一劫，朝廷查到他的踪迹后，朱高炽也下诏赦免。

方孝孺的气节很令朱高炽感动，尽管他被灭十族，按理说不会有什么亲戚和朋友，朱高炽还是下令找寻方孝孺的亲人。怀着儒家的理想人格，朱高炽认为，像方孝孺这样的忠臣义士，不应该绝种。在他的心里，方孝孺不仅是天下读书人的种子，也是天下有气节的人的种子。

找来找去，终于找到一个与方孝孺沾得上亲戚关系的人。方孝孺有一个叔叔名叫方克家，方克家有一个儿子叫方孝复，他被罚去守卫边疆。听到这个大好消息，朱高炽即刻下令，接方孝复回家。大难不死，遭受种种困难后，还能回到家乡是天大的好事。可是，回到家的方孝复发现，亲人都死了，家只是一所空空荡荡的房子。当此情境，即使是铁石心肠的人，也会心酸落泪。

紧接着，朱高炽组建了一个调查小组，调查朱棣在位期间的经费开销。“洪熙帝最关心的是他父亲耗费巨大的种种计划所引起的黎民百姓的财政困境。”（费正清《剑桥中国史·明史》）他派遣调查组到几个主要的地方政府去查纳税负担，调查出来的结果令朱高炽很心痛，因为百姓的负担很重。自此，朱高炽颁布了很多减轻人民负担的法令。“他还免除受自然灾害的人的田赋，并供给他们免费粮食和其他救济物品。”（费正清《剑桥中国史·明史》）

可惜，好景不长，好人的命更不长。洪熙元年（1425年）五月份，朱高炽当皇帝不到一年就死了。关于他的死因，有几种说法，第一种是被雷击死，第二种是中毒而死，第三种是过度纵欲而死。“但是一名太监的报告说他死于心脏病发作，考虑到皇帝的肥胖和足疾，这种说法更为可信。”（费正清《剑桥中国史·明史》）

“在位一载。用人行政，善不胜书。使天假之年，涵濡休养，德化之盛，岂不与文、景比隆哉。”（《明史》）短短几句话，既点出了朱高炽的历史功绩，也指明了他壮志未酬身先死，很令人惋惜。

纵观朱高炽的一生，他是历史所盛赞的理想性的开明儒家的贤君明主，他以古代贤王为楷模，坚持简朴，广施仁爱，更为重要的是，他对人很诚恳，没有城府。只有朱高炽，才做到了既是朝臣的君主，也是朝臣的朋友这一身而二任的事。

从国家发展层次论述，朱高炽大力巩固明朝和纠正永乐年间的严酷和不得人心的经济、军事和工程计划，因而受到一致的赞誉。他的出发点是贤君明主和儒家观念，他的许多政策和措施都反映了这种对为君之道的理想主义向往和儒家思想的认识。

诚如《明史》所指出的，费正清也给出了自己的论断。“过早的死亡阻碍了洪熙帝去实现一切目标，但尽管如此，他留下来的遗产仍是一清二楚的。除了人道主义的社会活动外，他对儒家的政治理想——一个道德上坚毅的皇帝采纳学识渊博的大臣们的忠告统治天下——也做出了贡献。在他统治时期，他十分信任翰林学士，他把他们提升到负有很大责任和很大权力的职位上。”（费正清《剑桥中国史·明史》）

尽管朱高炽的功绩没有朱棣的大，但历史给他的正面评价很大，甚至大过朱棣所受到的正面评价。

第十六章　宣宗也是好样的

无赖弟的夺位阴谋

朱高炽还躺在病床上的时候，就有两双闪闪发光的眼睛紧紧地盯着他的一举一动，一双是他的儿子朱瞻基的，另一双则是他的弟弟朱高煦的。朱瞻基的那双眼睛炯炯有神，蕴涵着青年人才有的无限渴望。朱高煦的那一双眼睛，目露凶光，邪意尽现，是一个集阴谋与野心于一身的、老了仍然不知足的人的眼神。

因为朱高炽太仁厚了，对朱高煦一贯纵容。发展到后来，朱高煦的尾巴就翘到天上去了。他认为，朱高炽不惩治他，不是不想，而是不敢。既然皇帝都怕他，朱高煦就认为他是世界第一大。眼见朱高炽就要归西了，朱高煦马上策划第二次夺位阴谋。这次行动，朱高煦的心更黑了，下手更狠了，不惜杀害侄子朱瞻基。

在人生的最后一个月，朱高炽有一个伟大的计划，迁都回应天。为修整好应天，安排相关布置，迎接迁都，朱高炽派太子到应天处理相关工作。太子与皇帝异地分居，朱高煦夹在正中间，且离京城很近，为朱高煦的阴谋提供了可行性。

如果朱高炽死了，太子要从应天赶往京城奔丧，朱高煦决定在途中截杀太子。如果太子死了，朱高煦当皇帝的可能性就很大；如果太子不死，他就没有一丁点儿当皇帝的可能性。当上皇帝后，朱高煦随便抓一帮人，说太子就是被他们杀死的，也没有人怀疑，因为那个时代有不少拦路抢劫的强人。

朱高煦的想法有很强的可行性，但实现这个阴谋的前提条件是他比太子早知道朱高炽的死讯。如果太子先知道皇帝的死讯，已经跑到京城奔丧了，朱高煦还不知道皇帝死了，怎么截杀？想当初，朱高炽能够顺顺利利地继位，就是因为朱高煦没能在他之前先知道皇帝的死讯。

很不巧，类似的事再度重演。朱瞻基已经跑到京城继位登基了，朱高煦才知道朱高炽死了。接连遭受两个十分雷同，简直就是一模一样的打击，朱高煦差点儿没气死。他之所以没气死，因为他决定起兵造反。

关于朱高煦这次截杀太子失败的事，主要原因还是他太自大了，没有做好准备工作，也没有吸取上次失败的教训。陪侍在皇帝身边的人，不是皇帝的心腹就是太子的心腹，他们都支持太子。与太子相比，朱高煦是一个冷门人物。尽管朱高煦曾经立过战功，但已经是很久以前的事了。朱高炽登基后，时代就变了，大趋势是重视文臣，轻视武将。在这样的大环境下，朱高煦的地位一天天下降，拥护他的人越来越少。

造反的代价很大，如果没有把握成功，就会连命都保不住。朱高煦几次都想造反，但没有一次成功。那么多次失败，好多人已经对他失去信心了，张辅就是其中一个。再说，朱瞻基是一个文武兼备的皇帝，不容易对付。

“朱瞻基习武，又在翰林学士的指导下学习儒家学术。虽然他也有他父亲的那种学习经籍和文学的天资，但作为一个青年，他尤其是一个杰出的武士。”（费正清《剑桥中国史·明史》）朱瞻基在军事战略上的造诣和个人勇猛上的培养都非常突出。还有，朱棣曾经带领他征讨蒙古，并多次带他北上巡游。对付这样一个受到良好教育和磨炼的青年人，年老体衰的朱高煦不是对手。没有谁会跟随一个注定要失败的人造反，如果朱高煦造反，遇上的将会是孤军奋战。

由于朱瞻基既有他父亲喜文好儒的性格特点，也有他祖父重视赫赫战功的思想倾向，使他能够赢得朝中文臣和武将这两派的好感。“洪熙帝长子的登基并没有引起任何强烈的政治和政府的反应”（费正清《剑桥中国史·明史》），从这个意义上说，到了朱瞻基这一代，自明朝开国起就出现的文臣与武将的鸿沟才开始弥合。

前几任皇帝都为大明朝的事业作了突出的贡献，到朱瞻基这一代，内忧和外患就没有那么严重了。与前几代皇帝的艰辛奋斗相比，朱瞻基开始从内忧和外患中抽出空隙，削减不必要的财务负担，关注民生。

《明史》和《明史纪事本末》都记载，朱瞻基常常微服私行，体察民情。一次，朱瞻基在路上看到农民耕种，就拿起农具耕种，可是才弄了三个来回，他就感觉到累了。他对身边的侍臣说：“朕三推已不胜劳，况吾民终岁勤动乎。”（《明史》）朱瞻基对百姓生活艰辛的体悟，源自朱棣的教育。永乐七年（1409年），朱棣带着朱瞻基巡游北京时，带领他仔细观看了农民的农具和农民吃的是什么、穿的是什么。

基于对农民生活艰辛的体悟，朱瞻基在位时期，屡次下诏减免赋税，再三告诫官员不能够随便干扰农民耕种。关于朱瞻基对农民生活艰辛的体悟，有一段对话常常被当做典型例子。在北京的昌平附近，微服私行的朱瞻基见到几个农民顶着火辣辣的太阳，任凭汗水滴落，正在非常勤劳地耕地，他非常感动。

他问农民为什么顶着火辣辣的太阳辛勤耕种。农民正忙，被打断工作，心里有点儿不高兴。他对朱瞻基说，农民春天就要播种，夏天要耕耘，到秋天才能有收获。在这期间，如果稍微偷一下懒，哪怕是一天的懒，一年的收成就没了。如果没有收成，交不起田租和上不了税不说，甚至连老婆和孩子都养不活。

这几句抢白，弄得朱瞻基非常尴尬。他想，既然春、夏、秋都忙，冬天大雪纷飞，天寒地冻，总该可以休息了。农民却说，到了冬天，日子更难过，因为官府的徭役很繁重。看着烈日下辛勤耕耘的农民，朱瞻基对他们生活的艰辛有了更深一层的体悟。

回到皇宫，朱瞻基立刻写了一封诏令，倡导节俭廉政。他发出的感叹是，农民十分辛苦，仅仅能够谋生。当官的坐在华丽的屋子里处理政事，一点儿都不累，更应该爱惜民力。

费正清则有自己的看法。“相对地说，由于没有内乱和外来的威胁，帝国得以免去不必要的财政负担，朝廷能够从永乐时期所承受的耗费恢复元气和实现自己的政治改革。这些改革包括改变政治和军事制度，重新组织财政和扩大社会救济计划。”（费正清《剑桥中国史·明史》）多次减免赋税和徭役，也在朱瞻基的改革之内。

好叔叔，你就降了侄儿吧

宣德元年（1426年），一个名叫枚青的人，骑着一匹快马，如流星一般从乐安府直奔京城而来。他一路上小心谨慎，不多说话，也不多休息，只知道吃了饭就赶路。进入京城后，他避开热闹繁华之地，找一家冷清的客栈待了下来。晚上，他又悄悄溜出去，直奔大将张辅的府上。

枚青是朱高煦的心腹，此次孤身出行，目的是替主人联合张辅造反。朱瞻基继位后，朱高煦感觉自己再也等不下去了。原因很简单，朱瞻基不仅年轻，身体还很好，朱高煦死了他都还没死。苦苦等了那么多年，等得头发都白了，牙齿都落了。眼见自己的大限就要到了，朱高煦决定放手一搏，拿自己的命与皇位赌一赌。

听了枚青替朱高煦带来的造反宣言后，张辅静静地坐着，什么也没说。突然，张辅一声令下，几个身强体健的武夫跳出来，三两下就将枚青打倒，捆在地上。张辅很识相，乖乖地将枚青交给朱瞻基。

同朱高炽一样，朱瞻基也很有仁爱之心。尽管朱高煦预谋造反，朱瞻基还是给他一次机会，派出使者晓谕，让他好好反省一下。中央使者侯泰来到朱高煦府上，受到的却是侮辱性待遇。

史书记载，朱高煦南面而坐，还说了一通强词夺理的话。他的意思是，靖难之役他立了大功，深受朱棣喜爱。可是，朱棣听信谗言，分封他到乐安府这个鬼地方。朱高炽当上皇帝后，又封他的官，又赏他的钱，目的只为收买他。现在是不懂事的朱瞻基当皇帝，皇帝竟然敢压制他。

朱高煦不仅说，还做了很多不合常理的事。他带上侯泰去观赏他的军事演习，明目张胆地对侯泰说，仅凭参加军事演习的部队，他就可以横行天下。最后，他让侯泰转告朱瞻基，如果把煽动朱瞻基的人捆起来送给他，他愿意同朱瞻基和谈。可以看出，这里的和谈，不是一般性质的和谈，而是让朱瞻基让位给他。

朝臣听说朱高煦如此张狂，勃然大怒，纷纷奏请朱瞻基任命薛禄为帅，领军出征。这个时候，好久都没有打仗的张辅再也忍不住了，他保证，只带两万兵马，一定成功清剿朱高煦。由于张辅的父亲张玉和朱高煦的关系极好，张辅又是朱高煦的好战友，杨荣担心张辅临阵倒戈，不放心张辅领军出征。想当初，杨荣、金幼孜和马云之所以深夜密谋，主要原因就是不相信张辅。

以杨荣为首的文官集团认为，朱瞻基亲征最好，能够树立声威。武将们反对，他们的理由是，朱高煦老谋深算，如果朱瞻基在战场上有什么三长两短，国家就会大乱。双方各执一端，越争越乱。到了最后，朱瞻基终于答应亲征，因为他害怕历史重演。想当初，朱允炆派遣名将之子李景隆征讨朱棣，结果大败而回，最后连朱允炆的皇位都丢了。如果朱瞻基派遣名将之子张辅征讨他叔叔朱高煦，万一历史重演怎么办?

宣德元年（1426年）八月，朱瞻基亲征朱高煦，行军十天就到达朱高煦的家门口乐安城。朱高煦的消息很不准确，见到朱瞻基之前，他一直认为征讨主帅是薛禄。看到中央军被皇帝亲征鼓舞得斗志昂扬后，朱高煦就胆怯了，连发布命令的声音都是颤抖的。首领胆小如鼠，兵将们见了之后，连抵抗中央军的勇气都没了。

见敌军毫无斗志，只是惧于朱高煦的淫威才不得不守城，朱瞻基也不想多造杀孽。

中央军调动神机营，出动火铳队和弓箭队，一排排的子弹和飞箭纷纷射向守城军士，威慑力非常大。攻势太猛了，守城军士被吓得魂都没了，纷纷逃离岗位。

紧接着，朱瞻基就打心理战。他命弓箭队将敕令射入安乐城，告诉敌军，此次征讨的目的只在惩罚朱高煦，其他人员如果及时醒悟，弃暗投明，中央军不会追究。另外，朱瞻基还特别强调，如果生擒或者斩杀朱高煦，中央军会重重赏赐。本就毫无斗志的叛军读到这个敕令后，不仅毫无斗志，甚至想造朱高煦的反。尤其是朱高煦的近卫兵，时时都伸手捏着他们的刀，恨不能一刀砍了朱高煦。

眼见军队就要发生叛变了，朱高煦不知怎么想的，突然派人出城告诉朱瞻基，他愿意投降。条件是给他一晚上的时间，他要向他的妻子儿女告别。能够和平解决问题最好，朱瞻基答应给朱高煦一个晚上。

第二天，太阳还没升起，朱高煦就想打开城门投降。突然，叛军大将王斌一把拉住朱高煦，他告诉朱高煦，作为军人，战死光荣，投降耻辱。朱高煦突然豪气大作，表示宁可战死，绝不投降。

召集起叛军，朱高煦往高处一站，发表了一通惊天地、泣鬼神的誓与安乐城生死共存的豪言壮语。本来毫无斗志，甚至想杀了朱高煦去领赏的士兵们听了这一番演说后，也激情澎湃，势如怒潮。

两军对峙，就要喊打的时候，叛军突然发现，朱高煦不见了。主将不见，叛军很惊慌，四处找寻。找来找去，整个安乐城都翻遍了，就差没掘地三尺，还是没见朱高煦。叛军将领死都想不到，发表完演说后，朱高煦不知怎么想的，偷偷溜出安乐城，向中央军投降去了。

在造反这出闹剧里，朱高煦连主角都不是，压根儿是一个逗人发笑的丑角。还在行军途中，朱瞻基就算定了，朱高煦一定会死守安乐城，等中央军攻打。关键问题是，朱高煦只有那么一点点人马，怎么对抗朝廷的几十万大军？朱高煦不仅坐以待毙，甚至打都没打就投降了，真是一个十足的小丑。与他老父亲朱棣相比，朱高煦简直一无是处。

按照惯例，为了体现皇帝的权威，朱高煦投降后，中央要派一个口才非常好的人大骂他一顿。朱瞻基是一个很懂文艺的青年，也有修养。“宣德帝是文人和艺术的庇护人，他的统治的特点是其政治和文化方面的成就。”（费正清《剑桥中国史·明史》）他就将这个看似简单，实际对接到任务的人是一个严峻的考验的任务交给一个名叫于谦的人。

仗着皇帝撑腰，于谦尽情发挥大豪才的利口，视昔日位高权重的朱高煦亲王如无物。他口若悬河，滔滔不绝；语似寒风，吹得朱高煦瑟瑟发抖。史料记载，于谦骂得有条有理，逻辑性又强，嗓门又洪亮。朱高煦经受不住摧残，耷拉着的头越垂越低，最后直接趴在地上，不停地发抖。

骂人工作都干得这么出色，可以说是千古一绝，朱瞻基很赏识于谦，升他为巡按，派遣到江西工作。朱瞻基是体惜农民的人，他先派遣于谦到江西锻炼，就是希望于谦做一个好官。后来的事实证明，于谦不仅是一个人才，还是一个好官。

被大骂一通后，朱高煦就在西安门的牢房里过起安安稳稳的生活。虽然有点儿不自由，总比被杀头好。朱瞻基像他父亲一样厚道，没采纳大臣们的杀朱高煦以儆效尤的建议。朱瞻基是这么想的，无论如何，血浓于水，只要朱高煦不再犯事，过去的一切都可以原谅。

闲着没事干的一天，朱瞻基想念叔叔，就到西安门去看望。两人见面后，不知道朱高煦突然犯什么毛病，猝然玩一个勾脚，把朱瞻基重重地摔了一下。皇帝被暗算，还摔倒了，多丢人。为了给朱高煦一个小小的惩罚，也算是警告，朱瞻基命人找来一口三百余斤的大铜缸，将朱高煦罩住。

也许朱高煦觉得大牢里的生活太无聊了，不弄出一点儿好笑的事来不行。被大铜缸盖住后，他竟然使出全身力气，将缸给撑起来了。不仅如此，撑着铜缸的朱高煦很有精神，东撞撞，西撞撞，最后甚至转起圆圈圈来了。

看着朱高煦撑起大缸偏偏晃晃、东倒西歪地撞来撞去，朱瞻基都有点儿想笑。等到朱高煦越转越起劲，越转越精神，甚至转出一个个大大小小的圈儿后，朱瞻基再也忍受不住。他命人抱来干柴，外加一大堆煤炭压在铜缸顶。一个小小的星火，朱高煦的一生就此结束。

如果朱高煦不挑战皇帝的权威，他不会死得那么早。可惜，他不仅喜欢挑战权威，甚至非常爱在权威面前扮演小丑。他的造反，只是一出历史闹剧。除了逗人发笑和引人深思外，毫无作用。

蛐蛐是我的最爱

朱瞻基是一个非常全面的人，他不仅能文能武，甚至还保留着少年儿童的癖好，例如闲着没事就翻翻皇宫大院的石块，看看有没有蟋蟀。如果有，他就捉来一两只放在一个小盒子里，让这两只蟋蟀打架。看着两只斗得你死我活的蟋蟀，朱瞻基的脸上洋溢着孩童的笑容。他的这种爱越来越深，久而久之，朱瞻基越陷越深，可以说是没有蟋蟀，他就活得不自在。

作为一个正常的人，平常有点儿娱乐活动，没什么大不了。问题的关键是，朝中好多拍马奉承的人，见皇帝喜爱蟋蟀，就投其所好，从民间收集无数特异的蟋蟀，进贡给皇帝。这个任务，上层摊派给下层，最终遭殃的还是老百姓。朱瞻基爱民如子，不允许朝廷官员随便给百姓摊派任务。可是，他死都没想到，因为他的一个小小的娱乐活动，竟然增加了天下无数百姓的负担。

进贡的蟋蟀越来越多，朱瞻基一个人是玩不过来的。这个时候，那些逗皇帝玩的太监再次担任了陪皇帝玩的任务。在皇宫大院，随时都可以看到太监们三三两两聚在一起斗蟋蟀。决出团体第一勇猛的蟋蟀后，等到皇帝有空了，太监们就和皇帝斗蟋蟀。都说玩物丧志，如此一来，即使朱瞻基没有丧志，他花费在斗蟋蟀上的时间也会很多。

士大夫们深受儒家文化影响，他们所理想的明君应该是勤政爱民的，像朱高炽一样爱民如子的好皇帝。朱瞻基玩蟋蟀玩得太过火了，有时甚至上朝迟到，有时忘了及时批阅朝臣的奏章，士大夫们非常不喜欢。经过明朝前几任君王的培养，到朱瞻基的时代，士大夫以师生关系为纽带，已经发展成一个非常团结的集团，人称文官集团，这个集团敢直接批评皇帝。

想当初，朱高炽因为修了几间宫殿，多纳了几个侍妾和接连几天没上朝，士大夫的代表人物李时勉马上写了一道话语讽刺、词锋逼人的奏章，骂得朱高炽既不能反驳，也抬不起头来。事后，每当遇到他人，李时勉就以此事自夸。李时勉敢如此张狂，因为他代表覆盖面很广、力量很大的、掌握“票拟”权力的文官集团。

明朝有一个特点，一道奏章的顺利执行需要通过两道关键程序，一道是“票拟”，另一道是“批红”。“票拟”的主要任务是起草奏章，这由文官集团负责。“批红”就是审阅奏章，决定是否通过，权力在皇帝手里。天下所有的奏章，都要经过皇帝的“批红”。可是，天下的奏章太多了，光是“批红”都很累人。皇帝爱上斗蟋蟀后，“批红”工作越来越马虎，有时看都不看，直接就批了。

皇帝玩蟋蟀丧志，荒废工作，士大夫们不仅上书劝说，还戏称他为蛐蛐皇帝。为遮掩自己的过失，朱瞻基想到了一个很好的办法，请人代批奏章。皇帝能够接触的人不过四类，第一类是士大夫，第二类是武将，第三类是后宫嫔妃，第四类是太监。士大夫坚守理想，绝对不会越权替皇帝批阅奏章。第二类人和第三类人大多不懂政府法令，不会批阅奏章。第四类人经常陪在皇帝身边，耳濡目染，多少还是知道一点儿的。

选定太监为代理批阅奏章的人选后，朱瞻基就开始了埋葬大明王朝的工作，教太监读书。宣德元年（1426年），朱瞻基下诏，设置“内书堂”供太监读书。这是一件小事，但不少史学家认为，正因为朱瞻基的这个举动，为大明王朝埋下了覆灭的祸根。“由于提供了正规教育和使用他们处理公文，他无意地为他们滥用权力开辟了道路。”（费正清《剑桥中国史·明史》）这里的他指朱瞻基，他们则指太监们。

经过朱棣的大力培养，太监掌握了以朝廷暴力为后盾的，集监视、抓捕和司法于一身的东厂，权势已经很大了。朱瞻基再教太监读书，甚至让他们批阅奏章，分明是将天下的另一半权力也交给太监。如此一来，太监既有“武”的权力，也有“文”的权力，真是权势熏天。

那时的明朝，为了争当太监，人们抢疯了。有的人没被朝廷看上，竟然回到家里私下将自己给阉了。有的人更不幸，尽管有了太监的身体，朝廷还是不需要他，因为有好多好多比他好的、想当太监的人。那些私下自我阉割最终却没被朝廷收留的人，跑到社会上，将一腔恨意胡乱发泄，整个社会很不安定。

发展到后来，为了维护社会稳定，朝廷不得不颁发一项特殊法令，禁止自我阉割。由此可见，想当太监的人，真的非常多。明朝的宦官制度是一个非常庞杂的机构，一共有二十四个衙门，每个衙门里有十二个监、四个司和八个局。都说明朝有十万个太监，这话不是虚话。

太监机构的正规职能是处理宫中大小事务，但东厂和“内书堂”正一步步地扩大太监的权力。受过“内书堂”教育的人，出来后就可以替朱瞻基处理部分政务。自从朱瞻基爱上斗蛐蛐后，甚至将“批红”的权力全部转交给从“内书堂”出来的太监。如此一来，凡是太监所不喜欢的奏章，都给批驳回去。

奏章批下来，士大夫们越看越奇怪，最后才发现批阅奏章的不是皇帝本人。也有士大夫上书奏请皇帝禁止太监干政，可是“批红”权掌握在太监手里，皇帝连奏章都没看到，也就没想到限制太监干政。发展到后来，太监阻碍了士大夫与皇帝的沟通。皇帝看不到士大夫的奏章，不知道天下究竟发生了什么事。放弃“批红”权力的皇帝，全被太监蒙蔽在鼓里。

在朱瞻基时代，太监“批红”的弊端还没有暴露，因为朱瞻基的能力很强。他利用宦官的行动很适当，能够保证宦官的忠诚和保密。

“宣德年间宦官的崛起是以前行政发展的结果。三杨因未能警告皇帝不要以他那种方式使用宦官而受到现代历史学家的批评，但是宦官篡夺皇帝权力的能力归根结蒂取决于皇帝本人的脾性。就宣德帝而言，这位君主似乎能够控制他们。他不但屡次下令减少宦官的采购和诸如伐木和造船等宦官的指导活动，而且他处决和严惩了那些犯有重罪的宦官。”（费正清《剑桥中国史·明史》）对明朝这样一个中央集权的朝廷而言，费正清的论述很到位。

构建稳定社会

宣德元年（1426年），在京城义勇卫军内发生了一起特大冤案，妻子偷情，丈夫判刑。此案轰动京城内外，在军队中产生了极大的反响。执法机构不秉公办事，不调查研究，只凭一方口供枉杀好人，被人们纷纷上奏朝廷。宣宗闻讯，专门过问此事，避免了这场冤案的发生。

北京城义勇卫军中，有一个长年不在家，在京城服兵役的军士叫阎群儿。家里有一位年轻美貌的妻子，和父母在一起生活。由于妻子年轻，丈夫又长久不在家中，妻子甚是寂寞。恰巧这时，同乡有一位男子，看到她长得美丽动人，家中又时常无人，便心生邪念，经常借故与她接近，关心、体贴、照顾她。她十分感激这位男子，并渐渐地喜欢上了他。最终两人都无法自持，姘居在一起。阎妻最初也感到对不起在外的丈夫，但后来，不但不知羞耻，反而更加放肆，并且同时与三四个男人勾搭在一起。她这种放荡行为，很快就在乡村中传开了。

同乡告诉了阎群儿此事。阎群儿怒火上升，决定要亲手杀死这个淫妇。阎群儿回到家中，立即对妻子实行拷打，发誓要杀死她。后来，阎妻跑掉了。因为她知道自己的这种行为，丈夫是决不会宽恕的，索性就来了个恶人先告状，写了封诬告信，说丈夫与九个同乡抢了校尉陈贵的家。

阎妻贿赂了刑部衙门的主管，主管并没有调查此事，就将其交御史审核。御史官也是敷衍了事，将阎群儿等人全部判处斩首，理由便是抢劫校尉的家，阴谋造反。阎群儿、李宣等人受审被判死刑，十分气愤，上诉至都察院，申明他们是被阎妻诬告的。同时，义勇卫军的将士们也上奏朝廷，证明阎群儿等人是清白的，并指责刑部衙门、御史冤枉好人，接受贿赂轻易判死刑。他们申述说：“为国家，我们终年在外效劳，妻子应固守妇道，不应在外放荡，事情败露后，诬陷丈夫，将丈夫置于死地。而朝廷衙门却对此不管，偏听谗言，枉杀好人，情理难容呀!”最后恳请宣宗皇帝明察。

宣宗得到这道上奏后，立即责令都察院对此案必须认真审核，不能枉杀好人。都察院接到谕旨后，立即派人对此案始末进行详细调查，最后查明，阎群儿等人并没有抢劫校尉陈贵的家，阎妻所言纯属诬告；又查明阎妻确实与他人有放荡行为。最后，阎群儿等人无罪释放，而阎妻因诬陷丈夫，受到了应有的惩罚。

由于宣宗直接参与了此案，这个案子才可以得到公正的判决，避免了一场错杀好人的冤案。此案案发之后，宣宗对左都御史刘观说：“历史上隋炀帝命令于士澄治理、追查盗贼。于是，他们在一天之内处斩二十余人，其中在盗发当天，有六七十人被送到监狱，许多人因刑法严酷，实在忍受不了，便违心招了，主管官员明知他们是无罪，却不想复查，因此将好多人错杀。如果今日，他们不上诉申冤，就会被冤枉而死的，你们便是第二个于士澄。今后应当告诫各道御史官员，对于案件，一定要调查，根据真实情况处理，不要错杀，不要出现冤案。此案倘若已经错判错决，朕一定不会宽恕你们的。”

刘观奉宣宗谕旨，责令下属官员，对案件一定反复核实，公正判决，勿杀好人。

宣德初年，还有一件稀罕事，惊动了朝廷。

在京城的锦衣卫总旗里，有个叫卫整的人，在他家发生了一件不幸的事。卫家的女主人卫氏夫人，得了无法医治的怪病。请来京城内大大小小的名医，都无法根治，这可急坏了家里人。老夫人的病情一天天恶化，不见好转。一家人天天以泪洗面，无计可施。自从母亲患病后，卫氏有个孝顺的女儿便天天为母亲请医生、买药、煎药、找秘方，终日陪伴在母亲身边，服侍母亲。为了寻找人间的秘方，她不辞劳苦，遍访民间名医，终于得知活人的肝可以治疗绝症。

卫家这个孝顺的女儿，听说这个秘方能救活母亲，如获至宝。可在哪儿才会弄得到活人的肝呢?卫家女子想了一阵子，决心剖腹割自己的肝来为母亲治病。为了救治母亲，她来到诊所，请大夫剖腹割肝。大夫一听吓了一跳，卫家女子费尽口舌，大夫死也不肯帮忙。最终，她竟以死相逼，大夫被她的孝心所感动，同意给她剖腹取肝。大夫经过一番精心手术，终于在姑娘没受伤的情况下，将肝割了下来。她拿着自己的肝回到家里，将它煮成汤，让母亲喝了下去。自从喝下了那碗肝汤，奇迹便出现了，母亲的病痊愈了。

母亲的病好了，乐坏了家里所有的人。当大家知道她剖腹取肝时，所有的人都震惊了。这件事很快在京城中传播开来，小女子的孝心感动了所有人。于是，对小女子这种孝敬行为，有人向朝廷推荐应予以表彰，立旌表。

礼部将此事向宣宗皇帝作了汇报，宣宗得知事情的经过后，批示说：“孝，应该是一种行为规范，应有限度的。孔子说：‘身体是父母给予的，不应当轻易毁掉，乃至伤害，小女子虽为母亲剖腹取肝，这并不代表就是孝。万一因为此事，而导致身亡，那罪过岂不是更大，何况，在太祖时，就已有禁令，不允许私自自杀的。如今如果给这女子加以表彰，就会有更多的人来效仿她，那岂不是破坏风俗了吗？这种行为不应当提倡。女子年轻无知，凭着一片孝心，做了一件愚蠢的事情。结果，母亲被救治了，是可以将罪免了的。”

这件事的确很感人。这位卫姑娘为救母亲，割取自己的肝作为药引，终于救活了母亲。这件事真假难以确定，但那时的封建社会，是提倡孝道的，历代皇帝也常常将孝放在第一位。卫姑娘的舍生精神，达到了孝的最高境界，照理说，应该受到表彰和提倡。但宣宗与其他人不同，他有个人的见解，认为身体是父母所给，不应轻易毁坏，因而对这件事给予否定。但从一定意义上来说，是为了避免愚蠢者仿效，应提倡正当的孝心才对，在这一点上，宣宗很有可取之处。

老师，我这是大义灭亲

明宣宗在位期间，为明朝社会的稳定和发展，采取了一系列利国利民的措施。其中一方面，就是革除积弊，积极纳谏，这是很值得称赞的。但是，任何人都有两重性，明宣宗也是一样。他一方面让臣民进谏，但另一方面，也对违背自己意愿的臣下，给予打击、报复。例如对旧朝元老戴纶、林长懋的处分，就是最具有说服力的。

戴纶是高密县人，永乐朝中期，提升为礼科给事中。林长懋是莆田县人，曾任青州教授，后被提升为编修。二人知识渊博，性格相似，为人正直，很受成祖的喜欢和赏识。明宣宗出生后，深得祖父的宠爱，并为他挑选老师，讲习经书。于是，戴纶和林长懋被选中，专给皇太孙讲书。二人承皇帝之命，身上背负了教育皇太孙的责任，不敢有半点马虎。他们对皇太孙要求严格，讲习经书，也很认真。宣宗对这二位老师十分厌烦，尤其是对终日关在屋子里苦读经书的生活感到厌倦，喜欢到外面去玩，学习骑马射箭。于是，师徒之间经常产生一些摩擦和不快。

宣宗渐渐长大了，祖父成祖开始让他学习武事，这正符合他的心意。祖父的命令，就是他的“通行证”，他对经书的学习更荒废了，对于外出练箭，他学习得十分出色。戴纶、林长懋二人看在眼里，心急如焚。二人出于负责，便向成祖上奏，认为皇太孙正当少年，不宜荒废了学业，而专事游玩。此后，又常进谏，讲明皇太孙学习文化的重要性。

有一天，宣宗在祖父身边服侍他，祖父问他：“宫中大臣谁最称职？”宣宗回答是戴纶。于是，祖父拿出戴纶上的奏折给太孙看，宣宗一看讲的是自己，在心里便暗暗地怨恨老师戴纶了。可见，他在青少年时候，心胸就比较狭窄，将老师的责任心弃之不理，反而与老师结怨，以至发展到后来的报复。

仁宗即位后，戴纶和林长懋因为为太子讲书认真负责，一一受到提拔。戴纶被晋升为洗马，仍然为太子讲读经书。林长懋晋升为中允。

宣宗在即位后，为了巩固自己的统治，将东宫的旧官，分别升了职。例如，左庶子陈山晋升为户部侍郎，中允徐永达提升为鸿胪寺卿，洗马张英为礼部侍郎，王瀼升为翰林侍讲。戴、林二人在这次“加恩”之中，也被提拔，戴被提升为兵部侍郎，南京的中允林长懋被派出京城到郁林担任知州。这对于长懋的确是有些大材小用，不太公平。

宣宗虽然嘴里告诉臣下不要有隐讳，应直言上疏，但实际情况却不是这样。当听到有人斥责自己的过失，揭自己的短处时，心里就不舒服，并寻找借口给予惩处，这就是开明皇帝的阴暗一面。戴纶升为兵部侍郎后，并没有改变他秉公直言的性格，他指出，身为一国之君的皇上，始终热爱打猎，将政事弃之不顾，这是有害于江山社稷的。宣宗对戴纶的进谏，非常恼怒。本来，他就为他还是皇太孙时的事耿耿于怀。如今，这次上疏更是违背他的旨意，他恼羞成怒，便下令让戴纶为参赞交趾军务，算是报了参奏之恨。

戴纶、林长懋两人后来又触犯了皇上，而被发配。到边疆不久，不知他们到底犯了什么错，又被逮回京城，投入狱中。

有一天，宣宗上朝亲自审问戴纶与林长懋。戴纶将皇上的尊严，弃之不顾，据理力争，无所畏惧，这更加触犯了宣宗。宣宗大怒，立即下令将戴纶处死，籍没其家产。林长懋被关入大狱长达十年之久。河南知府戴贤，与太仆寺卿戴希文是他的叔叔，也因他们而受牵连，被打入大狱。戴纶被杀、林长懋被押事件，暴露了封建君主的本性，是宣宗即位以来，在朝政处理上最不光彩的一页。

大家都有机会中状元

科举取士，这种制度存在着许多弊端，但却是封建社会选拔人才的主要途径。由于这些弊端，科举制不仅不利于人才的培养与选拔，而且，对当时吏治影响极大。宣宗即位后，为了提高官员的质量，改革了科举取士法，通过人保人的方法来实现，这就是定会试，实行南北取士。

对于科举取士的缺点，仁宗在位时，就早已与大臣们商讨改革的方案了。仁宗认为：“北方人的学问远远不如南方人。”杨士奇提出异议说：“科举取士，应大家一齐考，录取南北两方的进士。北方有许多能成大器之人，而南方许多人虽都有才华，但很浮躁，不能成大器。”不仅仅是南北方文化水平有差异，连社会经济发展也不平衡。自魏晋以后，南方社会经济发展迅速，人的文化素质随之提高，而北方几经战乱，社会经济发展较慢，整体文化水平较低。因此，在每次的科举考试中，大多数南方人普遍考得不错，这样使得北方一些有识之士被排挤在外，纵然有好的建议，也没有表达的机会，关心国事的积极性减弱了。

科举取士制度如想改革，应采取什么办法呢?明仁宗向杨士奇问询，杨士奇建议，试卷上都要写姓名，在姓名外写上“南”、“北”二字，加以区别。这样，人才平均，也可以实现地域的平衡。仁宗认为这个想法确实不错，但在命令做进一步商议后不久，仁宗却去世了，这项改革没能实施。

明宣宗即位后，于洪熙元年（1425年）九月下诏令：会试分南北卷，并按照仁宗时改革方案加以施行，规定了名额。后来，又规定会试分为南、北、中卷。北卷包括山东、北直隶、山西、河南、陕西；中卷则有广西、四川、贵州、云南及庐州、凤阳二府，还有徐、滁、和三州；其余的则皆属南卷。宣宗实行这项改革，使北方有识之士备感兴奋，积极投身于科举之中，有许多人被录取到各府、州、县以及朝廷中任职，明王朝封建统治阶级基础由此巩固。这项改革比较符合各地士人的要求，调动了他们的积极性。与此同时，也对监生和府、县的生员实行精简。通过考试，将那些混吃的人员发充为吏，或罢为平民。通过科举取士的改革，宣宗在明朝历史上起了积极的推动作用。

明仁宗洪熙元年（1425年）九月，也就是宣宗即位后将仁宗安葬的同月，命张瑛为礼部侍郎，陈山被擢升为户部侍郎，戴纶为兵部侍郎，徐永达为鸿胪寺卿，王让、蔺从善为翰林侍讲。因为宣宗的即位而得到晋升的这些人，都是宣宗被立太子时的东宫旧僚。另一名太子中允林长懋被任命为郁林知州。

历朝的惯例就是随太子即位，随从的官僚便也升任，但是令人不解的是，这些得到升迁的东宫旧僚，后来就悄无声息了，甚至在史册中都难寻其迹，戴纶和林长懋则是因得罪了皇帝而被处罚，才得以记入《明史》之中。

宣宗在位时，曾多次颁布谕旨，告诫臣下人才的重要性，人才直接关系着国家的兴亡，一定要谨慎地选人。宣德元年（1426年），宣宗告谕吏部尚书蹇义说：“作为掌管选举考察官员的部门，你们身负为国家举荐栋梁之才的任务。官员的才能对国家治乱，有着极其重要的作用。”

宣宗对国家科举取士中的弊端及士风的衰败，给予了强烈的批评，并提到应重视人才的选拔及任用。宣德二年（1427年），他召见翰林院的大臣，对他们说道：“国家选士，应选拔真正的人才，将重任托付于他。在乡试时，对于言行与技能先要有一定的鉴定，乡试合格后，才能再复查，看是否有才能成为一个好的官员，然后才决定是否将重任托付于他。被选拔出来的一定要是称职的，科举考试，不应只考文字能力，也应对其人品、辨别能力一一考察，所以说，想得到真正的人才，实在不容易。”

宣宗又指出：“朝廷是士风好坏的向导，如果士风淳厚、淳朴，那么这个朝廷一定崇尚务实；反之，如果士风轻浮虚夸，那么朝廷就一定浮华。有成就、有才华的人会使士风淳朴实在，朝廷只有选拔任用这样的人，才可以形成以崇尚实学为目的的好风气。”

贤才的选举，与黜退庸才是息息相关的。宣宗一方面选贤才，另一方面罢庸才。宣德三年（1428年），吏部尚书蹇义向宣宗奏报，要削职为民的官员有二百多，这些官员庸俗、浅薄，并且对自己的职责有好多都不熟悉。宣宗看罢吏部移交上来的奏文，批示道：“是否贤才，事关重大，不应轻易作出判断，如果确实无用，就应淘汰。”并告诫他们说：“如今朝廷内外传言：古人戒除用吏员。吏员们鱼肉百姓，摧残百姓，使百姓无安宁日子可过。因此，今后你们在任用吏员方面，一定要谨慎选拔，切莫掉以轻心。”

后来有一个时期，官员空缺，其原因是由于元老的退离。当时荐授的官员主要为各部副都御史、侍郎、大理寺少卿等，也包括一些外省官员。

自宣德三年（1428年）以后，提拔的资浅官员更多。宣宗经常指出近年来官吏选拔存在的弊病，要吏部及时采取措施，予以革除。他说：“我作为天下人民的父母，身系着天下万民的安危，由于政事的繁多，我应选拔有贤才的人与我共理。而我也应以得到贤才为目的，以天下太平为目的，君臣共同合作，共同治理天下。”他指出当前选择官吏中存在的弊端：第一，以前各部门官员有定额，各尽其职；如今官员增多，人浮于事，故应裁掉这些苟且偷安不理政事之人。第二，在以前，授官都是经过严格挑选的，所以吏员为官很少；而近来，每年可达一千多人，不分贤与才，一律应用，使许多贪赃枉法之徒，祸害人民，这便促使务必要将污吏裁治。第三，许多选拔上来的官吏，不是靠亲戚关系，就是收贿荐举等，都不是靠真才实学、公平竞争选拔上来的，这些都不称职，不能不严加核实。第四，在官吏的考核中，徇私情的情况也是存在的。真正有才能的人得不到提拔，而资格老的、贪污腐化、软弱无能的人，却得以提拔。这样，不会有公平可言。依仗权贵、亲戚的关系，而获得较好的职位，长期下去，吏治将会更加腐败，这将危害国家和百姓。只有将此革除，真正的人才才可以受到提拔。

宣德五年（1430年），胡濙、蹇义、杨士奇等元老们先后推荐了况钟等九位知府，又荐举了周忱、于谦等六位巡抚。这样，从朝中到外省县，官员队伍在替换中产生出新的骨干，使人感到人才济济的局面来临了。

宣宗在选用官员时依靠蹇、夏、三杨等元老推荐，说明他态度的慎重；但他又不听元老的安排，他坚持郭瓛的选任，不顾杨士奇等人的反对，将此人升为吏部尚书，这一点反映出他在用人上的开拓精神。

与宣宗有直接关系的便是宣德间的吏部，明朝人对此十分赞许。

宣宗最不能容忍的就是荐选官员的草率。御史谢瑶在荐贤时将其人姓名写错，宣宗说道：“你推荐的人，连姓名都写错，你又怎么会知道他的才能，如此轻率岂能称得上御史?”遂将其谪为知县。

这种认真的态度无疑为官员们敲了一次警钟，诞生了一个人才济济的宣德治世。

建立内阁制，也是宣宗在政治上采取的一项重大举措。朱元璋废除丞相，由各部、府、院、寺分掌国家权力，由此皇权稳定了。所设大学士，实为皇帝的秘书、顾问。永乐时，又加重了户、吏、兵三部的权力，大学士备顾问不变。所谓内阁是将六部长官吸收为内阁大学士，承担军政大事，受皇上指派。因此，在宣宗时期，中央集权得到了进一步的完善。

周忱的改革有力度

明宣宗即位后，面对“赋税过重，江南尤甚”的局面，下令派广西布政使周干巡视苏松等地。在向宣宗递交的调查报告里，周干指出：“在江苏等地，人们流离失所，向老人询问才得知是由于人们贫困所导致的。因为赋税太高，百姓苦不堪言，上交赋税之后自家一无所有，便会挨饿受苦，想逃都不知逃向何地。”明宣宗深受触动，为确保朝廷财政收入，巩固国家赋役基础，宣德四年（1429年）下诏对官田改科减征，“官用粮，一斗至四斗减两成，四斗至一石，减三成，以下往后推算不等。”七年再次下令：“自宣德七年（1432年）始，将官田税赋再减。”并于宣德五年（1430年）派“才力重臣”周忱到江南督理税赋。

周忱（1381~1453年），子恂如，江西吉水人，永乐二年（1404年）进士，任过二十年刑部郎官。户部尚书夏原吉十分赏识他，宣德五年（1430年），由大学士杨荣推荐，以工部右侍郎巡抚江南。周忱上任伊始，便“召父老问逋税故”，“深入民间与父老乡亲交谈接触，询问民间的疾苦”。他在调查研究的基础上，以苏松两府为前沿，以贯彻宣宗减轻官田科则诏谕为前奏，逐步将自己的改革愿望在江南地区实施。

周忱将粮长制的弊端克服，将田赋漕运方式改良，逐渐形成完善各种规章制度，即税粮征收、贮藏、运输中的各种规章制度。粮长制的改革主要包括：第一，针对田赋征收过程中粮长私造大样斗斛掊克百姓的状况，周忱“请敕工部颁铁斛下诸县准式，革粮长之大入小出者”。第二，简化粮长领、缴勘合手续。“旧例，粮长正副三人，以七月赴南京户部领勘合，既毕，复赍送部，往返资费皆科敛充之。（周）忱制止设正副各一人，循环赴领，讫事，有司类收上之，部、民大大方便了”。第三，鉴于各县收粮无屯局，粮长即家贮之，周忱设立水次仓制度，“令诸县于水次置屯，屯设粮头、屯户各一人，名辖收。至六七万石以上始立粮长一人管理，名总收。民持帖赴屯，官为监纳，粮长但奉期会而已”。第四，严格税粮运输管理，设《拨运文簿》登记支拨起运的数目，设《纲运文簿》列出运输的开销数目，以用于核查、禁止运输途中粮长自盗或挥霍行为的发生。税粮漕运方式的改革主要是用这样的运输方式代替原来农民各自运输的方式，即由民船运至淮安或瓜州交兑官军、由官军接运至通州的兑运，百姓适当地承担官军运输中的损耗：运到淮安，交兑者按每石正粮加耗米五斗于民运，到瓜州，交兑者以每石加耗五斗五升于民运。粮长制的改革使官仓能最大限度的收入百姓所纳税粮，保证了国家税收的完整。漕运方式的改变减轻了纳税人的负担，有利于生产的恢复和发展。

济农仓的设立，使周忱建构出地方政府可以自主支配的地方基金体系。由于得到了明宣宗和英宗的信任，“委任益专”，允许其方便行事，致使周忱手中的自主权加大，最大限度地施展自己的才干。宣德七年（1432年），江南丰稔，“诏令诸县以官钞平籴备振贷，苏州遂得米二十九万石”。同年，周忱在江南实施京俸就支法，即以苏、松、常三府支领代替原在南京支俸的北京军官。原先苏松百姓转输南京每石正粮所加六斗耗米除一斗用于支付船价外，其余五斗即可节余，民出甚少而官俸常足。在此基础上设立的济农仓，使地方政府在不增加对百姓赋役征敛的基础上，既能保证封建朝廷的赋税收入，又能弥补地方公务、救济、公益事业等费用及里甲支费缺乏，使官民双方余利。济农仓的设立为田赋改革的发展铺平了道路。

加耗均征即平米的推广实施是周忱改革成功的一个重要支柱，它以宣德八年（1433年），周忱奏行《加耗折征例》为标志。户无论大小，田无论官民，“每正粮，收平米一石七斗，候起运日酌量支拨，次年余多，则令加六征收，又次年益多，则令加五为止”。但也有论田加耗，“于轻额民田，每亩加耗一斗有奇，以通融官田之亏欠”。平米法的推行，使“豪户不肯加耗”的历史与税粮负担时重时轻的局面结束了。耗米的均征，尽管在一定程度上百姓的税粮负担加重了，但是也保证了国家田赋收入，地方官员的公务性支出也绰绰有余，这样对百姓的额外勒索被大大减轻，故百姓非常情愿地予以接受。

周忱改革真正触及到官田科则的措施是到正统以后的田赋折征。宣德中，周忱曾经奏准检重额官田、极贫下户税粮，准折纳征银，每两当米四石，解京充俸。这是田赋折征的前奏，规模也不大。及正统以后，伴随商品货币经济的发展，金花银征收面积日益拓展，使周忱的改革以田赋折纳的方式向减轻官田重赋的目标迈出实质性的一步。他奏准的内容是，允许苏松等府的部分税粮可以纳金花银和布匹折税，金花银一两折合应纳米四石，锦布一匹准折税米一石。令每亩税课“七斗至四斗则纳金花银、官布、轻赍折色；二斗、一斗则纳白粮糙米、重等本色”。因为只有官田每亩税额在四斗以上，虽然因赋折征往往低于市场米麦价格，但是通常，与折纳数额的减少或缴纳上供杂派的减少相联系，而且还能使田赋运输之痛苦大大减轻，所以耕种官田的农民的负担大为减轻。由于田赋征收方式的改变，使官、民田税户负担逐渐达到平均并向前推进了一步，金花银逐渐成为调节平衡官民田土赋税负担的重要手段。另外，周忱还改变马草征收方法。明初马草依田粮派征，马草由江南地区运经两京，沿途过江涉海，十分艰难，劳费不赀，致使当地百姓负担沉重。周忱奏请输往北京的马草每束折钱三分征收，输南京的则就地买草，大大减轻了税户负担。

所谓改革其实是一个扬弃过程，它必须面对诸方面的压力。宣德六年（1431年），周忱奏请皇帝要求将松江府古额官家的田地，按照百姓田地起科，户部尚书胡濙以“变乱成法，沽名要誉”作为理由，请求对周忱予以惩办。正统七年（1442年）奸豪尹宗礼遇到困难，指责周忱不当多征耗米。九年户科给事中李素以“不遵成规，妄意变更，专擅征科，掊多益寡”为借口弹劾周忱，在此情况下，周忱被迫中断了平米法和济农仓制度。但是由于“两税复逋，民无所赖，咸称不便”，明政府不得不惩办攻击者并“举行前法如故”。这种情形之下，周忱不得不小心翼翼、谨慎行事，尽管如此，改革仍然步履蹒跚、阻力重重。济农仓的设立，虽然扩大了地方政府的财政自主权，但这与大一统的专制集权水火不容。平米法的推广，抑制了豪绅地主拒不纳耗的法外特权，触及了地主势力的切身利益。土木之变以后，明景帝即位，由于他对前朝重臣的猜忌，使周忱在政治上失去了靠山。景泰元年（1450年），溧阳县豪民彭守学发动攻讦，指责周忱多征耗米，“假公花销，任其所为，不可胜计”。户部奏准监察御史李鉴等人前去稽查，并追还多收耗米。五月，礼科给事中金达借此机会，上书弹劾周忱。在上下夹击和重重压力之下，周忱被迫辞官。

周忱下台之后，改革依然在进行。这是由当时的历史条件决定的。明中叶之后，地方上不交赋税的情况很严重，人口大量逃亡，国家财政日趋紧张，这样一来，明政府被迫改革赋税制度。周忱的改革正是为保证中央田赋收入所采取的补救性对策。所以，“忱既被劾，帝命李敏替代也，敕无轻易忱法”。此后，苏松地区继续沿着周忱的改革思路进行减轻官田重赋的改革。第一，田赋征收经论粮加耗、论田加耗的反复，最终促成官、民田科则的扒平。第二，金花折色日益增多，田赋输纳由民运向官运方向转化。第三，改革所涉及的范围更广，减轻官田赋税的措施先后影响了周围的很多府县。

周忱的改革对明朝产生了深远的影响。他的改革在实践中既保证了国家赋税的正常征派，使总体的财政收入不减，同时又在一定程度上实现了百姓徭役的均平。实际上，明中叶基本上是沿着周忱的思路进行地方到中央、由局部到全国的赋役制度改革，从而也使周忱的思想更加完善化与制度化。

边防线上的那些事儿

宣宗即位后，蒙古鞑靼阿鲁台与瓦剌脱欢连年遣使入贡，边境无大战事。自成祖以来，阿鲁台逐渐控制兀良哈三卫蒙古地域，兀良哈人在滦河一带放牧，宣宗下令予以禁止。宣德三年(1428年)八月，宣宗率领众臣巡视北边，蹇义、夏原吉、杨荣等扈从。九月初来到蓟州，得到报告，兀良哈蒙古兵民经会州来到宽河。宣宗命诸臣留守于遵化，独自率骑兵三千，由熟悉北边军务的杨荣随从，出喜峰口到宽河。骑兵以神机炮轰兀良哈兵民，俘获许多人，追击至会州。宣宗这一行动只是要表示一下自己的兵骑势力强大，其实他无意大举北征，故随即自会州班师回京。第二年春，三卫兀良哈带领完者帖木儿来京朝贡谢罪。

宣宗把俘虏及其家属放回，又升任完者帖木儿为都指挥同知，其余诸首领也各有赏赐。

明朝初年，在元上都设开平卫，驻军屯饷。成祖设兀良哈三卫后，开平孤立北边，部属不明的蒙古部众，经常前来抢劫掠夺。宣德四年（1429年）夏，骚扰蔓延到开平，镇抚张信被杀。宣宗命阳武侯薛禄为镇朔大将军总兵官护饷开平。第二年四月，薛禄奉命修筑宣府镇北的独石堡、云州堡、赤城堡、雕鹗堡，加强边防。这之后宣宗便将开平的防守向前推移三百里，改为守独石，作为开平的前方边防。六月，又在宣府镇设万全卫都指挥使司，统一指挥十六卫。十月份，宣宗和内阁大臣以及蹇义等人一同前往宣府，查看边防。杨溥、杨荣、吴中等人护送宣宗到洗马林检阅军队，慰劳将士。

瓦剌脱欢与鞑靼阿鲁台的战争，仍在继续。阿鲁台立鬼力赤之子阿台王子为汗(《突厥系谱》)。宣德六年（1431年），鞑靼人被瓦剌人打败，五月时，阿鲁台带领二千骑兵驻守在张家口外集宁海子。兀良哈三卫的首领看到阿鲁台已经打了败仗，于是，转而投靠了明朝廷。七月，宣宗便派大臣拿宽大书给福尔、朵颜、泰宁三卫都指挥使，恩准他们来明朝；也可回去，但必须严厉管制部下，不要再侵犯边境。第二年正月，泰宁卫脱火赤奏请明朝颁赐新印。秋初，明廷又分别赏赐三卫兀良哈首领。兀良哈三卫得到了明朝的支持，八月期间，出兵攻打阿鲁台，被阿鲁台打得大败，逃到了海西。

阿鲁台声势复振，又西向与瓦剌争战。宣德八年（1433年）秋，瓦剌脱欢派使臣到明朝纳贡，又派人述说蒙古战事，明朝朝廷让他们送回以前扣留的明朝使臣。阿鲁台一支部属西行至凉州永昌，曾被甘肃明军擒斩百余人。额勒伯克汗家族的后代脱脱不花曾经在永乐时在甘肃镇投降明。这时又背叛明朝向西投靠了依瓦剌，被脱欢人拥戴做了岱总汗。脱欢为丞相。宣德九年（1434年）初，脱脱不花和脱欢的部队在兀剌海袭击阿鲁台的队伍。阿鲁台的军队大败，纷纷逃散。宣宗派锦衣卫百户马亮拿宽大书去慰问他们，给他们钱粮，但不参与战斗。七月，由阿鲁台的部下传递到朝廷的消息得知，阿鲁台儿子失捏干及部将朵儿只伯等将往凉州侵略，敕告甘肃总兵严加戒备。事实是，这时的朵儿只伯军队和阿鲁台所推举的阿台王子已经从刺海，向北逃到了亦集乃路，但仍被瓦剌脱脱不花军队包围。阿鲁台、失捏干父子则率领轻兵东逃到母纳山地（今乌拉特前旗）。瓦剌脱欢率领重兵追击到了母纳山，杀死了阿鲁台父子，大获全胜。八月份，瓦剌脱欢派大臣昂克来明朝报告了杀死阿鲁台的消息，并向明朝朝廷进贡了一些马匹连同一个缴获的元朝的大印。宣宗给予敕书说："王（明封脱欢袭顺宁王）克绍尔先王之志，来朝进贡，具见勤诚"（《国榷》卷二十二），玉玺可以自留。九月，宣宗命令蹇义、杨士奇、杨荣等人护送视查边防，到了万全卫洗马林，一一检视了各个城防。十月初回到北京，第二年正月宣宗病死。

宣宗在位时，对北方边境以防守为主，甚至于不惜放弃土地迁移边防，以求得边境的安宁。在蒙古瓦剌与鞑靼之争中，虽然双方均希望得到明朝的支持，但明朝朝廷保持中立，并不偏重。宣宗在位十年间，蒙古各部落战争频繁，明朝边境仍能始终保持稳定，对明朝的统治还是有利的。但是鞑靼战败之后，瓦剌势力一天天强大，又让明朝面临新的威胁。

"仁孝"二字记心头

明宣宗作为明朝初期的一位守成的皇帝，是一个值得肯定的君主。他在朝的十年中，实行了一系列利国利民的政策，取得了很显著的成绩。宣宗的政治功绩中凝结了他母亲的心血，他从皇太孙到当上皇帝，一直受到母亲的指导教育。他的母亲诚孝皇后勤于操持内政、外政，教子有方。宣宗从小就十分孝敬母亲，常常细心听取母亲的教育，这些对他处理国家政治事务起到了积极的作用。

宣宗即位后，尊称母后张氏为皇太后。每逢军情及国事，他都要向母亲报告，听她的指示。皇太后也是竭尽全力来辅佐儿子料理朝政，避免朝政出现失误。她经常教育儿子要勤于政事，遇事要多多依靠辅臣，听取众人的意见，不要武断专制，而要善于听取意见，珍视百姓的生命。宣宗在日常生活中也特别孝顺母亲，每天的早晨和晚上都会到母亲的西宫内请安，服侍母亲，仔细观察母亲的气色怎样，身体是不是舒服。母亲看到儿子也非常高兴，向他询问政事处理得是否得当。宣宗认真对答，并向她报告国家重要的大政方针，征求皇太后的意见。每次谈话之后，母后都十分满意。宣宗不仅自己孝敬母后，还教育两宫皇后孝敬、侍奉太后，他们的关系十分和谐。

即使宣宗有紧急事情要处理，当皇太后要召见他时，宣宗也赶紧前往，毫不怠慢。宣宗对母亲的孝敬，在历代帝王中也是极为突出的一个。

宣德三年（1428年）二月，宣宗侍奉母亲游西苑。皇后胡氏、皇妃孙氏也都随同伺候。宣宗亲自扶着太后下了车，登上万岁山。到了山上，捧上酒献给母亲为她祝寿，又即兴献诗歌颂母亲。太后玩得兴致勃勃，亲自给儿子倒了一杯酒，并且告诉儿子说："现在天下平安，没有大事，我们母子俩能够享受这样的快乐，（这些）都是上天和祖宗赏给我们的。天下百姓都是上天与祖宗的孩子，作为人君的任务只在于保护百姓的平安，使他们不致于因饥寒而动荡不安。只有百姓平安，我们母子的快乐才能永远。"宣宗叩头说：“母亲的教育我牢记不忘。”这一天，皇上陪着皇太后玩得十分高兴，一直玩到很晚，宣宗才和皇后、皇妃送太后回宫。

宣德四年（1429年），宣宗又陪同太后一起到了长陵、献陵。他亲自骑着马在前面领路，到了河边的桥旁，宣宗下马来扶着太后的车子前进。沿途受到了两路百姓的夹道欢迎，下榻处总有许多人跪在那里高呼“万岁”。太后转头对宣宗说道：“百姓如此拥戴君主，是你得以安身的根本啊，作为皇帝你应该珍重啊!”拜谒完皇陵返回的途中，经过农民的家里，皇太后召见老妇人，询问生产、生活的情况，并赐给钞币。这个时候，路途中的百姓把自己家中种的蔬菜、水果，自己酿造的酒献给皇上、皇太后吃。皇太后亲手接过来给宣宗说：“这才是真正的农家风味呀!”皇太后这样贴近百姓，平和待人，指点皇帝，可谓是一位贤能的太后。

当时，随从的大臣英国公张辅、尚书蹇义、大学士杨士奇、杨荣、金幼孜、杨溥请求在行殿拜见皇太后。皇太后召见了他们，并对他们每天都辛辛苦苦地辅佐皇帝大加赞赏。她说：“你们都是旧朝的老大臣，一定要好好辅佐皇帝。”有一天，宣宗对杨士奇说：“皇太后谒皇陵回来后，说你们做事很认真、很熟练，对你们的功绩大加称赞。说张辅是一位武臣，知道大节大道理。蹇义小心谨慎，又很忠厚，只是有些优柔寡断。你能坚持正义，说话没有什么忌讳，父亲对你的劝言虽然不是很高兴，然而最终还是依了你的意见，才不致坏了大事。然而，先父临终前还有三件事，后悔没有依了你。”杨士奇听了皇太后的夸赞，连连叩头谢皇太后夸奖。皇太后对宣宗的教导对他产生了很大的影响，宣宗在政治上比较清明，成为了一名“盛世”君主，这与皇太后的细心教导是分不开的。

明宣宗作为“承平之主”，在登上皇位的时候，离明朝打下天下的时间不远，太祖、成祖勤政之风对他有很大的影响，因此，对于朝中大事还不敢大意，对政治事务兢兢业业，再加上重用“三杨”、蹇、夏等一大批得力大臣，皇上大臣上下同心协力，朝中政治很有起色。明朝社会政治、经济、文化都达到鼎盛时期。伴随着明朝社会繁荣发展，宣宗皇帝本人开始追求享乐、奢侈的生活，喜欢游猎玩耍，宫廷中的生活也开始奢侈。在宣宗游山戏水的影响下，朝廷内的大臣、官僚们也沉醉于享乐之中，形成了以奢侈为光荣的不良风气。

宣宗当皇上数年之后，认为自己稳坐江山了，社会已很安定，便开始学习古代的皇帝大臣共同出去游玩的事，每年于春秋两季都要带领大臣登万岁山，游太液池，寻欢作乐。他还规定在每年岁首允许百官休假半个月，选择游玩胜地，设宴畅饮，尽情欢呼跳跃，欢乐至极。宣宗也常常游览西苑，众位大学士们都陪着他一起前去，君臣在一起作诗评论，真是一幅皇帝大臣共同享受天下太平的美好景象。朝野上下将此传为佳话。

上有精干的皇上，下有同心同德辅佐朝政的大臣，天下一片太平，让人觉得太平盛世来临了。刚刚册封孙贵妃为皇后的宣宗，心情很好，很想到外面去玩玩，放松一下。群臣们陪同他一起去游万岁山。万岁山是当时皇家园林，丛林茂密，景色美丽迷人，山上有殿亭六七所，金碧辉煌，非常壮观。宣宗和皇太后、皇后经常在休闲的时候，到这里游玩、打猎。这一次游玩万岁山，宣宗没有坐车前去，而是骑着马登山，以宣宗为首，率领一支浩浩荡荡的马队，由宦官骑马在前面开路，充任向导。皇上与众大臣骑着马登上山顶，好不威风壮观，长长的马队在山间小道上盘旋前进。行人一边登山，一边观赏春天山上的秀丽景色。到了山顶，宣宗与众大臣、侍从周览群山，可谓“一览众山小”，四周的景色，让人仿佛置身于仙境之中。游罢万岁山之后，宣宗又与众臣下一起乘御舟，畅游太液池。太液池周围十余里，池中架着大梁，用作来回走动。沿着池子四周，种满了优质的树木，还有名花名草，多得数不胜数。池上玉龙盈丈，喷泉出水，下注池中，仿佛是瀑布，景色美极了。上了御舟之后，宣宗一边看着众大臣齐力划浆，一边指着这船说：“治理国家就好像划这条大船一样，涉大川大河，要依靠你们鼎力相助才能成功。”蹇义等人连连谢恩，大声叫着“万岁”。宣宗玩得十分高兴，又特别将杨士奇、杨荣招呼到身边，告谕他们说：“如今天下无事，百姓平安快乐。虽然不能整日只知安逸、享乐，但是古代人的游玩乐趣也不能废掉呀!”宣宗一心想要享乐，又怕群臣议论他贪图安逸享乐，故引用古人为证，来为自己开脱。

宣宗和众位大臣游了万岁山、太液池，觉得没有尽兴，又下令众位大臣游小山。到了小山上，宣宗和众位大臣、侍从也都累了，宣宗下令休息。这时候，侍从太监备好酒饭，呈给皇上和大臣们。众位大臣陪同宣宗喝酒，争相给他敬酒，宣宗喝了很多酒，等到吃饱喝足回到朝廷时，已经有了几分醉意。

同年七月，秋高气爽的一天。宣宗招呼蹇义、夏原吉、杨士奇、杨荣，陪他一起去游东苑，并在东庑赐宴犒赏大家。君臣都喝得非常高兴，中间，宣宗与蹇义等人谈论了很久的时间，上到天文地理下到国计民生，海阔天空，谈及的范围很广。谈了许许多多，宣宗说：“这里既是草屋，也是我休息的地方，虽然不能和‘不剪茅茨’相比，却说明我没有忘记节俭。”之后，宣宗又到河边下网捕鱼，命令太监把打来的鱼煮熟，供给大家吃用，宣宗就是这样一个又忙于政务，又时时不忘游玩享乐的皇帝。

治贪警钟长鸣

刘观是明初洪武、永乐、洪熙、宣德四朝的御史，在朝中掌握着一定的实权，曾经显赫一时。随着官位的升迁，他的贪心也越来越大，导致最后自取灭亡。

刘观，雄县人，洪武十八年（1385年）中了进士，被封为太谷县丞，又受到推荐被提升为监察御史。洪武三十年（1397年），又被提升为左佥都御史。永乐元年（1403年），他被提升为云南按察使，但没有上任，就又改任为户部右侍郎。二年（1404年）调任他为左副都御史。他在担任这个官职的时候，还能够主持正义，办理案件很有力，得到皇帝的赏识和提拔。永乐七年（1409年），他处理政务时触犯了法律，受到皇太子的谴责，并要对他进行处罚。永乐帝在北京得知此事后，特别指示皇太子，说：“作为一名大臣犯了小小的过错，不应该马上就对他进行惩治。”此后，他仍被委派到各地处理政务，如征讨凉州叛羌，参赞军务，督办疏浚黄河漕道，巡抚陕西，考察官吏等，政绩较为突出。

仁宗登上皇位之后，提拔他做了太子少保，享受二品官的俸禄。这在当时是很高的荣誉。仁宗的时候，大理少卿弋谦直言上奏，全力陈述现时的弊病，激怒了皇帝，弋谦受到了处分。刘观为了讨好仁宗皇帝，借机会又下令他手下的十四道御史，上书皇上弹劾弋谦，把他押进大牢，为此，刘观受到了朝中公正大臣们的鄙视。

仁宗死后，其长子瞻基继位，为明宣宗。仁宣之际，随着明朝社会日趋稳定、繁荣、发展，朝廷上下都沉醉于歌舞升平享乐之中。宣德初年，朝廷中的大臣、官僚为了追求享乐，经常设宴、集会，以奢侈、淫乐相互攀比，歌妓满堂。贪污的风气愈加严重，是朝廷政治一个极大的弊病。

刘观在经历了洪武、永乐、洪熙、宣德四个朝代之后，已经蜕化成为贪污、行贿、受贿的十恶不赦的腐败分子。他私下里收受贿赂，品质十分低劣。他部下的各个御史也都效仿，争着贪污受贿，到各地鱼肉百姓，无所顾虑，为害一方。

宣德三年（1428年）六月，宣宗针对当时贪污、腐化问题，召见大学士杨士奇、杨荣等到文华门前，对众位朝中大臣说：“祖宗在位时，朝中大臣都严格要求自己，制约自己的行为，没有贪污腐化的现象。可是，近年来贪污成风，行贿、受贿在朝廷上下屡见不鲜，有不可阻挡之势，这是为什么呢？”听完宣宗的问话，杨士奇回答：“在永乐年的末期，朝廷中的大臣都已经有了贪污的风气，只不过那时候刚刚开始，不像现在这样严重。”杨荣又说：“永乐末年，最大的贪污犯是方宾，没有谁能够超过他。”宣宗听了杨荣的回答后，立即追问道：“今日朝中谁最贪婪无比？”杨荣回答说：“现在朝中贪污最严重的就是刘观。”杨士奇又说道：“刘观身为都御史，都如此肆无忌惮地贪污，他的部下的御史官员也都纷纷效仿，在各自职权范围内大肆贪污掠夺，御史到各地名为巡视考察民情、官吏，实际是到各地搜刮民脂民膏。这种恶劣的风气又影响到地方官员，他们也都效仿。如此恶性循环下去，贪污腐化的风气便到处蔓延，不能控制。”宣宗听罢杨士奇、杨荣一番话，既气愤又叹息，立即下令道：“扫除邪恶一定要干净，将刘观免去职务，予以惩治。”

在决定了将大贪污犯刘观撤去职务查办后，由谁来接替刘观做左都御史的职务呢？这成为宣宗十分头疼和棘手的问题。他向杨士奇、杨荣征求意见。杨士奇回答说：“通政使顾佐廉洁奉公，并很有威信，可以替代刘观。”杨荣继续补充道：“顾佐在担任京尹期间，能够严格要求、考察他的部下，任职期间正本清源，革除积弊，政绩卓著，是一位十分难得的好官。”听了杨荣的一番话，宣宗很高兴，在杨士奇、杨荣的推荐之下，宣宗颁布了旨令：革除刘观左都御史的职务，令他出京巡阅河道。同时，任命顾佐为左都御史，代替刘观原来的职务。

在大学士杨士奇、杨荣的辅佐支持下，宣宗惩办了贪污犯刘观。这个重大的举措在全国引起了巨大的反响，大多数人拍手称快，百姓的怨恨也被平息了。同时，给那些有贪污、行贿、受贿行为的人敲响了警钟，让他们就此悬崖勒马，痛改前非。

刘观贪污案被揭发之后，一些了解他实情的部下都上书宣宗，揭露他们父子贪污的罪行，弹劾刘观违法的事情，并且告发了他（刘观）的儿子刘辐许多贪赃枉法的行为。宣宗看罢奏疏甚是愤怒，立即下令将刘观父子逮捕，押上大堂，将揭发他罪行的材料拿给他看。刘观不服，上疏为自己的罪行辩解。宣宗见他拒不认罪，更加气愤，拿出廷臣先后上的密奏，其中有证明刘观枉法获得黄金超过千两的真凭实据。刘观在具体事实面前，不得不如实招来，低头认罪，于是他被关进了锦衣卫的监狱。

宣德四年（1429年），刘观被依照法律判了死刑，杨士奇、杨荣上报宣宗，请求免去刘观的死刑。在大学士“二杨”的劝阻下，刘观被免去死刑，他儿子刘辐被发配到辽东戍守边疆，命刘观随其子一同前往。最终刘观因犯风寒病而死。宣宗罢刘观，惩一儆百，澄清了吏治，改善了社会风气。七年（1432年），杨士奇上报请求命风宪官考察各级主管官员是不是有贪赃枉法的人。宣宗恩准了他们。从此之后，明代的贪污风气受到了制止。

宣德三年（1428年）六月，宣宗颁布旨令，工部尚书吴中被捕，革去少保的职务，并罚他官银一年。

吴中，字思正，武城人。洪武末年担任过营州后屯卫经历。成祖攻占大宁时，他出城投降。之后，在负责押送粮食、军费，抵抗敌军中多次立下战功，被封为右都御史。永乐五年（1407年），改任工部尚书。永乐十九年（1421年），因为劝阻成祖北征而被关入狱中。仁宗即位后，将他从监狱中放出来，恢复了他的官职，并加封他太子少保职衔。宣宗当上皇帝后，对他这位有功之臣，前朝的元老，颇为敬重，但是他犯了法，宣宗也就秉公执法，惩办了他。

宣德三年（1428年）三月，宣宗体恤山西受灾百姓，就下旨免去了山西各个受灾区的税。当时，主持工部事务的尚书吴中向朝廷上报说："山西省到京城来服劳役的工匠们，现在该换掉了。"宣宗看罢奏折后，立即批示："山西自去年以来，久旱无雨，庄稼颗粒不收，灾情严重。百姓到处乞讨，不能过活，连饭都吃不上，还怎么能服役呢？今后凡是受灾地区，停止一切徭役的派遣。如今还在京服役的工匠，立即都遣返回家，并做出安排，以解救他们的困顿。"这道谕旨下发后，工部立即释放工匠，免除差役，减轻了人民的负担，深受匠役的欢迎。

宣宗多次告诉工部尚书吴中等人："对于那些年老体弱、病残的不能服劳役的工匠，马上免去差役放他们回去。"可是，吴中等人对宣宗的旨意并没有认真执行，仍旧强迫不能服役的人做工，对工匠进行压榨。于是，宣宗又下令，让他们马上免去老年、幼小、有病工匠的役税，送他们回家。并指责吴中等人不按照朝廷的命令办事，仁义的心都到哪里去了？为什么这样不尽人情，残害百姓，这还能称得上是替百姓做事的好官员吗？让他们一定要仔仔细细地检讨一下自己，不然将会用不称职的罪名惩治。

见宣宗真的动怒，吴中等人不敢再违背圣旨了，立即对服役工匠们进行了一次详细、全面的大调查。对于其中是老、幼、疾残，不能继续做工的工匠，全部登记下来，令其回乡休养，今后将不再令其服役，并发放给回家费用，以示皇上恩施。这些工匠长年在外服劳役，吃了不少苦，过着悲苦的生活，听说现在可以回到家乡去和妻子儿女父母团聚，于是他们高兴至极，欢呼万岁，表示感激。

宣德三年（1428年）的六月，担任工部尚书的吴中，凭借他手中掌握的权力，和太监杨庆相互勾结，私自将官府的木材、砖瓦等建筑材料成批送给杨庆，再由杨庆转到自己家里，盖了一幢宏伟壮观的私人住房，距离皇宫不远。有一天，宣宗登上了皇宫的城楼，远远看见一座非常漂亮的官房，装饰得十分豪华，远不是一般人所能盖得起的，便问身边侍卫这是哪一家的房子？左右有人回答说："这是工部尚书吴中的私人宅邸。"宣宗立即反问道："他从哪里弄到这么多钱？买到这么好的材料？"有人按实情回答了他："这是他将公家的木材和砖瓦偷到自己手里，用来盖起了这么豪华的房子。"宣宗听了之后，十分生气，马上下旨把工部尚书吴中关押了起来，等候审问判刑。

吴中进入大牢之后几天，裴宗汉利用自己管理木厂的机会，盗窃官家木材出售，也被告发。他又贿赂太监杨庆，想求得免去罪行。事件被发觉之后，宣宗下令把他交给锦衣卫处理。

宣宗针对连续发生的两件盗窃国家木材的事件，大为恼火。他告诉都御史说："北京各个厂、库、局所贮存的木材、石料、砖、瓦等物品，都是各地军人百姓劳动、砍伐、搜集、制造加工之后运送到这里的，留下来作为国家的备用物资。而作为负责管理的工部官吏及主持看守的人，却不顾这是公家的财物，当做自己的东西，私自占为己有或给予他人之事不可胜数，情况非常严重。你要清楚地告诉各个厂、库、局，将他们贮存的材料详细登录，不能有差错。如果有仍然不知道改正的，本人将被处死，（他的）全部家眷发配边区。”

吴中之案经法司审查，认为他身为监守官却盗官家物产，又勾结内官，当斩不赦。宣宗认为，吴中身为皇祖旧臣，前代屡建功勋，现在暂且饶他一命，只除去了他少保的职务，并处罚官俸一年。对吴中私下侵占公共财物的处罚，给朝廷中的贪官污吏敲了个警钟。

君子留下，小人离场

明宣宗治理国家的一个成功的经验就是：重用忠臣，惩办小人，他时常思考古代君王的偏信小人，迫害忠义之士，害国害民的经验教训，他也常和大臣们谈论小人害国的例子，让他们引以为戒，不要轻信小人谗言，要辨明是与非，按公理做事情。宣德二年（1427年），有一次宣宗召见户部尚书夏原吉，和他谈论到了古代的偏听偏信，小人害国害民的教训，并从中得出了这样一个结论：表面上他们的建议好像是对国家很忠心，但是他们的用心却很险恶。因此，从古代到现在，贤明的人都十分痛恨小人。例如，上古时代的舜帝就憎恶谗言，春秋时孔子远离奸人，唐太宗也把进谗言的奸人当做国贼予以惩治。宣宗表示，他自己在对待小人谗言的问题上也十分重视，一旦发现有这种现象，便会坚决制止，绝对不能让坏人得到好处。他还常把历史上轻信小人坏话导致亡国的事情作为教训，坚持防止小人谗言害人的事件发生，并且希望大臣们也要时刻提高警惕，不要上奸人花言巧语的当。

宣德初年，朝廷政治中仍然有许多有缺陷的政策。南京的法司就残缺而不健全，随便就判决，轻意就将被告人逮捕、审问。比如，奸人想要陷害好人，就枉加编造的罪名，写成告状信赶赴南京上诉，造成许多冤案，残害了无辜的忠臣良民。宣宗听到这种情况后，立即下令都察院颁布命令，对这些情况加以禁止，从今之后，凡是有告状的人，都必须送往北京审理，只有京城军民的诉讼，允许把他逮捕审问。这道法令的制定，就制止了坏人钻朝廷的空子来冤枉残害忠臣的事件的发生。

当时，朝廷发生了一件诬陷忠臣的事情。结果，奸臣被惩治，忠臣却受到了保护和重用。这个宦官叫裴可力，他受朝廷的派遣，到浙江负责监督处理当地政事。浙江有一个姓汤的千户，听说朝廷派下来钦差御史，来监督、检查工作，他非常害怕，因为他在这里为非作歹，干了许多违法的事情，为此，他想，只要对朝廷派来的这位大官进行贿赂，与他勾结在一起，就什么问题也没有了。于是，汤千户在裴可力到来之后，就大摆酒宴热情款待这位朝廷大员，之后又多次献殷勤，讨好朝廷大员，借各种名义，送给裴许多的金银财物。裴可力在金钱的诱惑下，和汤千户勾结起来，更加严酷地剥削百姓。当地人民对汤、裴的倒行逆施恨之入骨，纷纷上书朝廷，揭露他们的罪行，请求朝廷对他们进行惩治。

于是，朝廷派遣按察使林硕到浙江进行整顿。林硕到任之后，立即采取措施，制定了一整套的法规制度，整顿政治，清查官吏，为百姓做了一些实际有用的事情。汤千户对林硕的到来，又害怕又不甘心。因为林硕所制定的政策、制度，都危及到他的利益，并限制了他的胡作非为。于是他向裴可力说林硕的坏话，裴可力因而怨恨林硕，认为林硕是为了夺自己的权位，监督、调查他来的。于是就寻找时机报复。经过反复策划，裴可力向朝廷上了一道奏折，诬陷林硕，说他到浙江后，有讥讽、诽谤朝廷的言论，并对宣宗皇帝下的诏书谕旨进行限制，不让施行，违背皇帝的旨意。朝廷得到这个奏折后，立即将林硕拘捕，押送到北京审理。刑部提审林硕，林硕很明白这是小人的陷害，便在法庭上给自己辩解。他说："我以前曾经担任过御史，视察浙江，让当地的小人不能继续为非作歹，给他们带来很多麻烦。此次，臣升为按察使，再次到达浙江，时间不长，臣采取一些措施，又触及了这些小人的利益，因此他们更加恨我，便要弄阴谋，制造谣言，加害于我，想要把我赶走，保证他们可以继续为非作歹，剥削百姓，不受官府的限制。"

宣宗听了林硕的申诉，对他说道："我本就不会轻易相信他们卑鄙的话，一定要当场审问他们。如今你既然已经明白，是那些小人对你的陷害，我也不相信他们，而仍旧相信你，你也就不要再担心了。马上赶到浙江，继续担任你的职务，履行你的职责，为百姓主持公道，办实事，不负朕对你的期望。只要遇到民众疾苦的事情，全部奏报上来。朕以诚心对待臣下，不轻信奸人谗言。你不要有其他的顾虑了，好好地干吧!"林硕听了皇帝的一番话，流下眼泪，连连叩头拜谢皇恩，并保证回到浙江后，一定不辜负皇上对自己的信任，秉公办事，用尽全力报答朝廷和皇上。

随后，宣宗对侍从的大臣说："宵小之人裴可力制造虚假的事情，去陷害忠直的大臣，回到京城后一定要严加惩治，绝不宽恕。"果然，事隔不久，裴可力被召回京城，受到拘捕，以诬陷罪被依法判刑惩处。汤千户残害百姓也受到了惩治。宣宗对小人的惩治，对忠臣的信任、重用，在朝廷上引起了强烈的反响，弘扬了正气，压制了邪恶。

宣德六年（1431年）十二月初三日，内官袁琦，内使阮巨队、阮诰、武莽、武路、阮可、陈友、王贵、杨四保、陈海等伏诛。他们在广东等地出差办理国家事务，以采购买卖物品为理由，擅自领取别人财物，事发下狱。经过审查，这些都是袁琦一手操纵的。在抄没家产时，发现所埋藏金银数以万计，宝货、丝锦衣物等应有尽有。连所用的金玉器皿，也是从宫中获得，属于非法。这些都是上面所说的众人所做，经过三堂会审，全部处死。

宣宗知道后，深恶痛绝，立即命令将袁琦千刀万剐，凌迟处死，以解民恨。其余十名，斩首示众。为总结此类事件的教训，于第二年的正月十九日，宣宗布告天下，以儆效尤。其中说道：

"我自从登上皇位，早早起床，很晚才睡，不敢偷懒。认为天下江山是祖宗留下的，百姓战士也是祖宗留下的。百姓安宁，天下就能得到很好的治理，而我也才能报答祖宗的恩情和寄予我的厚望。

"自从登基以来，我始终把安定民心作为自己的职责，可是内宫太监袁琦，陪伴我很长时间了，却没有想到他为人阴险狡诈，欺骗朝廷，以办理公家事情为借口，做一些罪恶的勾当。有人上报说内官内使，在外面招摇撞骗，凌辱官员，毒打并且虐待战士百姓，无所顾虑地贪污，残酷到了极点，他所得到的金银财宝有千千万万。所在地区，民不聊生，怨声载道，而当地官员坐视民患，不敢过问。天地不容，神人共怒。发其罪恶，白于天下，已交法司，归拿严办。

"尔等各级官员听着：一定要体会朕爱民之心的迫切，使人民安定太平、过好日子，是国务的根本。代天理民是君王的事，为国安民是臣下的事。你们一定要勤奋向上，让下面的军民都安定无事，而听不到他们的叹息声、愁苦声、怨恨声。只有这样，才算尽职尽责，不负朕的委托。你们努力吧!”

杀掉太监既了结百姓的心头之恨，又给各地方的官员上了堂“拥政爱民”的课。

我不搞封建迷信

中国各朝代皇帝大多很迷信，相信“上天之命”、“运气”之说，都把自己看成是上天所生的“圣明之主”，就是上天的儿子，降到人间来统治芸芸众生的。更有相当一部分皇帝迷信到荒诞不经的地步，寻求神仙，企图得到神奇的药物，以求长生不老。后来，看到求神仙没有可能，转而炼丹，想要得到长生不老的药。为此丢掉性命的，在各朝史书中都有记载。

宣宗不相信神仙，也不相信人会长生不老，长命百岁，这在历代帝王中，也算是一个“破除迷信”的皇帝。

宣德九年（1434年），宣宗才37岁，正当他年富力强，精神状态极佳的时候，有一个和尚来见宣宗，称他想要一些钱，用来修建寺庙，来祝福宣宗长寿。

宣宗听完这和尚的胡言乱语，根本不信，痛骂一顿后，把他推了出去。散朝之后，他回到了宫里，想一想和尚说的话，不禁觉得好笑，就对跟在身边的大臣们说：“人人都想长生不老，是人之常情。自古以来，没有不这样想的。就说君王，商朝的祖乙，周朝的文王，都是长寿的人，在位都很久。那时，哪里有和尚、道士？哪里有关于神仙的说法？秦始皇寻求神仙，南朝的梁武帝亲身从事佛学，北宋徽宗崇信道士，都应验了吗？可惜，世人至今还不省悟，真是可叹啊!”

众位大臣中是不是有迷信于神仙、佛学的不清楚，但宣宗一番话，却是令人信服，令人觉得眼前的这个皇帝的确和别人不一样。

宣宗作为一个皇帝，能够认识到所说的神仙、佛没有根据，荒唐可笑，不信不崇，也不去仿效，是很不容易的事。他讥笑世人痴迷不悟，但没有办法改变在人们心中扎根已久的传统观念。对这些，他只能留给后人几声叹息罢了。

奈何好人不长命

宣德九年（1434年），宣宗37岁，对一个人来说，这个年龄正是人生黄金岁月。宣宗即位时，已年满27岁，学业已完成，又具有一定的生活经验，即位掌政，正是一个最好的年龄。他不辜负祖辈们的托付，管理国家、处理政治事务，很有条理，这期间天下没有什么重大的事情，可以说得上是国家太平百姓安乐。在他的治理下，社会正在走向繁荣，他的事业也处在向辉煌发展的阶段，因此赢得了大臣百姓的忠心拥护和爱戴。

这年十二月，宣宗突然得病，他病到什么程度史书无记载，但从现有的史料看来，起初他得病时并不严重，因为他还在处理朝中的政治事务，对具体的事作出决定。显然他还没有病到不能处理政事的程度。不过，众位大臣常常向他问好，但病情也不见有什么好转，却有加重势头，恐怕这些都是真的。据记载，文武群臣第一次问安是在他得病大约三五天之后，集聚在左顺门跪叩请安的。约过了三天后，文武群臣又来到左顺门问安，又过了三天，正巧是立春之日，例行的庆贺礼被取消。由此判断，宣宗连接受群臣贺春礼也免了，可见他病得不轻。于是，群臣又于立春日来到左顺门，再次向皇帝问安。

宣德十年（1435年），这是宣宗当皇帝的第十年，如加上他即位的那年，该是第十一年。春节是一年之始，故被人们视为一年中最为重要的节日。这一天，皇宫要举行盛大的祝贺活动，皇帝要上大殿接受百官的祝贺。但宣宗把这个重要的庆贺活动也取消了，而命百官在文华殿向太子举行庆贺礼。确实，宣宗的病情已经很严重，但他还可以处理政治事务。

正月初三，他自感自己的日子没多少了，便向文武大臣发出一道旨意："我的病治好的希望不大了，这大概就是上天注定的吧!让皇太子继承皇位，众位王公大臣都必须严守祖宗的家训，各王谨守藩国。嗣君（指皇太子）年幼，惟望皇太后朝夕教诲训导，你们文武大臣尽心辅佐，凡家国重务，必须上禀皇太后、皇后，然后去执行。"

宣宗死时，年仅37岁。

去世以前，宣宗还留下了一份"遗书"，向全国颁布，为的是全国上下都能知道，照他的最后一次旨意去办。遗诏的内容，同他临终前的遗言基本一样，宣宗对他走得这么早充满了遗憾。他说："生死是人之常情，寿命的长短有一定的限度。人的生死，是符合自然规律的，寿命的长短也有极限。（这些）都是不能违背的。唯一感到遗憾的是，不能继续光大祖辈的宏图伟业，也不能奉养母亲到终年，心里想到这些，即使死了，于九泉之下也不得安宁。"确实，宣宗离开人间太早，刚要想有所作为，却化成泡影，留下了这份由祖辈们开创，由他来守业的巨大的遗产，给了一个还没成年的孩子，他的心怎么能平静。

宣宗就这样匆匆走完了自己的一生。

宣宗死后，他9岁的长子朱祁镇继承了大明江山事业，也就是英宗。他给父亲上庙号为宣宗，葬在了景陵。

宣宗去世后，得到了世人很高的评价，说他"心胸开阔，致力于亲孝，与家人相处和睦；朝廷所施行的都遵从法规。特别关心百姓，如果碰到有上报水旱和蝗虫灾害的，便派人前往视察救济"。又说他"爱惜人才，非有大过，常保全之慎"（《明宣宗实录》），等等。其中难免有溢美之辞，但总的来说，还是符合事实的。

宣宗力行"仁政"，有许多可以被称颂的地方，他鼓励大臣们的直言劝谏，驭下宽松，表现出了以宽大、爱惜他人为根本的政治思想。但是，也放纵了一些贪官污吏，该处理的不予处理，仅仅批评一番，至多斥责，也就不再追究。惩治坏人不严厉，留下了祸患，是吏治腐败的一个重要原因。

中卷

纵欲时代——子孙们的败家接力赛

第一章　四集联播：皇帝—俘虏—囚犯—皇帝

王太监夺权三部曲

明英宗正统八年（1443年），一个平常的日子，驸马都尉石璟家中的佣人犯了错，石璟斥声责骂了太监员宝一顿。在封建等级制度极其森严的古代社会，主人斥骂奴才这样的小事早已是家常便饭，不足为奇。但是，宫中的一个太监听闻此事，却极为不满，带着物伤其类的伤感情怀，下令将驸马都尉投进锦衣卫大牢，并命人严加看守，将其囚禁起来。

这太监是何许人也，竟会如此大胆，敢拿如此芝麻绿豆的小事大做文章，连皇帝的女婿都敢囚禁？此人名叫王振，是明英宗身边的亲信太监，掌管着司礼监大太监的职位，仰仗着英宗的宠信，在朝廷之内作威作福，权倾四海。

王振本是宣宗时蔚州（今河北蔚县）一带的一个流氓，年轻时候读过一些书，考了几次科举都没有中，娶妻生子以后，在县里当教官，后来犯了罪即将被发配充军。

这个时候，正赶上朝廷要挑选一部分地方上的学官，“净身入宫训女官辈”。即将被发配充军的王振，认为这是个出人头地的大好机会，于是，便抛妻弃儿，自阉进宫，用常人无法接受的代价，铺就了一条飞黄腾达之路。

宫里太监们大多都没有文化，粗通文字的王振成了太监中的佼佼者，被尊敬地称为“王先生”。宣宗认为他是一个人才，任命他为东宫局郎，派他去侍奉太子读书。

王振生性狡诈，但宫中的宦官也不乏奸险之辈，论狡诈、论奸猾，他未必就是出众的，在宣宗在位时期，他并未受宠。但是与太子朱祁镇朝夕相处，王振用尽各种伎俩，深深地赢得了太子的欢心和信任，正是与太子的这份不解之缘，成为了他日后夺权的第一块垫脚石，道貌岸然的王振成了太子的启蒙导师。

综观历史，我们会发现，一个帝国的兴衰，不仅取决于君王勤政爱民的程度，还有赖于朝臣们辅佐君王的赤胆忠心，更重要的，是自古以来“亲贤臣，远奸佞”的清廉朝政。如果帝王的身边有奸佞小人胡作非为，瞒天过海，扰乱朝政，那么，一个帝国离没落也就不远了。

宣德十年（1435年）正月，宣宗病死，太子朱祁镇即位，名号英宗。朱祁镇即位后，深得他信任和依赖的王先生，自然受到了提拔和重用。王振取代了原司礼太监金英的位置，一跃成为宦官中权力最大的司礼太监。

明朝设立了“票拟”和“批红”制度，宣宗时候，让司礼监的人把票拟的内容抄下来，让司礼秉笔太监代理自己行使批红的权力，再经由司礼监掌印太监最后盖章通过。由于皇帝深居简出，平时和外廷的官员接触较少，久而久之，有的大太监便开始了瞒天过海的把戏，欺上瞒下，假传圣谕或篡改谕旨，以达到自己贪婪的政治私欲。

朱祁镇把如此重要的职权交给了王振，使王振有了夺权乱政的资本，为他日后擅权开辟了道路。仗着皇帝对自己的宠信，王振开始在宫中作威作福，私欲日益膨胀的王振还掌握了一部分兵权，用来威慑那些手无寸铁的文臣。

但是，王振夺权的道路也并非一帆风顺。

宣宗在驾崩前，为朱祁镇钦点了五位顾命大臣，此五人分别是：杨士奇、杨荣、杨溥、张辅、胡濙，年仅九岁的朱祁镇不能亲自处理国家大事，由其祖母太皇太后张氏垂帘听政，张太皇太后是一个贤明有德的人，她虽然秉政，但把一切国家政务都交给内阁大臣们处理，自己绝不过问。

张太皇太后见王振有逐渐干预朝政的野心，为防止宦官专政而亡国的前朝历史悲剧重现，她决定给王振来一次下马威，以打消他的野心和念头。

一天，太皇太后让宫中的女官穿上戎装，佩上刀剑，守卫在便殿，然后将五位顾命大臣召到便殿。据记载，太皇太后意味深长地对五位大臣说：“卿等老臣，嗣君幼，幸同心共安社稷。”（《于少保萃忠全传》）太皇太后意在让他们共同辅佐幼主。随后，太皇太后又指着五位大臣对年幼的英宗说：“皇帝万儿，宜于五臣共计。此五臣，皆先朝所简拔，以贻与皇帝者，凡有事必与之议。若非此七臣所赞画者，不可行也。”（《于少保萃忠全传》）太皇太后告诫年幼的朱祁镇，如果皇上有什么想做的事情，一定要和这五个人商量，如果皇帝要做的事情这五位大臣不赞成，那么绝对不可以做！

五位大臣听了太皇太后的一番嘱托，感动得无以言表，誓死辅佐幼主。

过了一会儿，太皇太后宣王振上殿觐见。到了偏殿，一看朱祁镇和五位大臣都在，王振以为太皇太后要对自己委以重任，心里暗自得意。谁料，太皇太后见到王振，一改刚才的和颜悦色，严声喝令他跪下，厉声说道：“汝服侍皇帝起居，闻汝行事多不律，今赐汝死。”太皇太后话音刚落，“侍卫女官闻旨，即掣剑欲斩王振”（《于少保萃忠全传》）。

王振还没反应过来怎么回事，脖子上就架了几把冷冰冰的刀剑，顿时吓得魂不附体，趴在地上直喊太皇太后饶命，浑身哆嗦。英宗和五位大臣也着实惊了一下，急忙跪在地上请求太皇太后免王振一死。

见此情形，太皇太后便也作罢，只训斥王振说：“今皇帝年幼，未能周知事务，若留渠用事，日后必误家国矣。我今暂听依皇帝暨先生之言赦振，自后不得与渠干国家大事。”（《于少保萃忠全传》）此段话虽简短，却极具震慑力，是说新帝年幼，此等宦官自古以来就容易祸害国家。今天看在皇帝和大臣们的情面上，就姑且饶王振一命。但此后，不许他干预国政，如有违犯，定斩不饶！王振听罢，急忙连声称是，不断地磕头谢恩，连滚带爬地退出偏殿。

受此教训的王振不敢轻举妄动，在太皇太后的监督下，王振不敢再兴风作浪，安分老实地当了七年司礼太监。

太皇太后垂拱而治，德高望重的元老重臣忠心秉政，小小的王太监，就这样被狠狠地镇压在如来佛的五指山下。如果太皇太后和五位顾命大臣能长生不老，那么，王振是绝无翻身之日的，但是，只有长生不老的传说，没有返老还童的奇迹，历史的车轮依然在前进，生老病死的自然现象无人能阻止。

正统七年（1442年）十月，历经四朝的太皇太后张氏病逝，大明王朝失去了对王振最有控制能力的一个人，王振夺权道路上的最大障碍被自然规律消除了，王振开始步入了专政夺权的辉煌时期。

此时，“三杨”中的杨荣在正统五年（1440年）早已病死，杨士奇因为儿子杀人案而引咎辞职，只有杨溥还在朝，但杨溥也年老多病，权谋之术远不如杨荣和杨士奇，杨荣引入内阁的几位大学士资历尚浅，在朝中没有太大威望，于是，王振擅权的一切条件都成熟了。深受英宗朱祁镇宠信的王振，轻而易举地就独揽了大明王朝的政权。

在大明宫门口，矗立着一座三尺高的铁碑，那不是一个普通的摆设，是太祖皇帝朱元璋为防止宦官专权而立的，上面铸着“内臣不得干预政事”八个醒目的大字。但是专横的王振却私自命人将此碑盗毁，而且第二天的朝堂之上，竟无一人敢指责王振的罪行，大臣们对此事集体保持了一致的沉默，实在令人扼腕。

王振广结党羽，控制了锦衣卫，权倾四海，开始了擅权的专制大道。一些官僚见王振日益掌握大权，便纷纷极尽谄媚之术，前来巴结贿赂，以求能换取一官半职。

有个名叫王佑的人，为了巴结王振，特意不留胡须。王振问他为何不留胡须，他厚颜无耻地把王振比做自己的亲爹，说父亲都没有留胡子，儿子更不能留。其无耻之境界，前无古人，后无来者，但王振听了，竟非常欣喜，立即将他提拔为工部侍郎。

古往今来，能成大事的人，深谙“良药苦口利于病，忠言逆耳利于行”的道理，不会为周围小人的谄媚而开怀，难成大事者则恰恰相反，王振就是这样一个难成大事的小人。

凡是对王振阿谀献媚、贪污行贿的，就受到提拔重用，在那些无耻之徒的帮助下，王振的权势日益膨胀。一方面，他广结党羽，大力提拔那些对他溜须拍马、阿谀奉承的无耻之徒，另一方面，利用各种机会排除异己，残害忠良，结党营私。

他先后杀害了弹劾他的张环和顾忠，又囚禁了驸马都尉石璟，很多朝臣，皆因得罪了王振而遭受牢狱之灾。从中央到地方，很快便形成了一个以王振为核心的朋党集团，王太监的擅权之路至此走向巅峰。

但是，小人得志，必不会长久，私欲日益膨胀的王振作茧自缚，终究没有逃过历史之神的惩罚。

小弟弟被激怒了

一个小人物，突然摇身一变，成为权倾一时的太监，王振越发自大。作为一个少年不得志的读书人，他之所以自我阉割，因为心理扭曲。一个读书人走上人人鄙视的宦官之路，代价是道德沦丧，就相当于走上不能回头的邪路。掌握大权后，王振非但不知悔改，反而越陷越深。

在中央朝廷，王振大肆收取贿赂，公然结党营私，置国家法令于不顾；在地方村庄，他则广侵良田，随意破坏他人的家庭，弄得人怨沸腾。英宗年幼无知，只听王振的话，不知道内忧外患，完全被蒙在鼓里。

在英宗朱祁镇的时代，北方的蒙古是明朝的一支强敌。那个时代的蒙古虽然屡遭明朝前几任皇帝大力打压，可瘦死的骆驼比马大，他们的发展潜力还在。经过几十年的发展，北方的蒙古迅速崛起，其中数也先部落最张狂。

蒙古部落威慑于明朝的威势，向朱祁镇称臣，每年都向明朝纳贡。“不论在不同部落之间，或是在明朝和蒙古之间，经常发生的对立和内部乱动中存在着明显的经济因素，即不断地寻求和保有水源和牧地，以及希望在贸易时得到庇护。”（费正清《剑桥中国史·明史》）这就是说，如果蒙古族人与汉人的经济交往受到阻碍，大多数情况会发生动乱，甚至是战争。贪得无厌的王振之所以深受世人唾弃，因为他挑起了明朝和蒙古的战争。

掌权之初，王振的胃口不大，对蒙古也先部落的敲诈很轻。也先属于瓦剌的一个分支，瓦剌是蒙古地区的最大势力，对明朝边境的威胁很大。镇守大同边境的郭敬是王振的死党，王振利用这个关系，每年都收取也先部落不少的好处。

蒙古族人善于骑马射箭，可是造箭的技术却不高明。为了讨好也先部落，在王振的授意下，边关守将郭敬每年都私下大肆造箭，送给也先部落。不仅如此，为方便蒙古人和汉人的边境贸易，王振竟然私自简化关系国家安全的边防。这样一来二去，王振与也先部落的关系越来越近，交往越来越深，双方都按惯例行事。

如果照此发展，明朝与蒙古的关系会很好。然而，就在正统十四年（1449年），王振的行为大出也先的预料，可以说是王振狠狠地捅了也先一刀。按照惯例，也先部落每次前来朝贡，为了体现天国上朝的神威和富裕，明朝都要回赠价值更高的物品。明朝回赠的物品都是蒙古族人极其想要、蒙古地区却非常稀缺的。为了最大限度地获取中原的财富，每次朝贡，蒙古的使团都尽量扩大人数。

按照明朝规定，蒙古使团来朝，使者不能超过50人。这么规定，首先是为了中央朝廷的安全，其次是尽量收缩回赠的开支。可是，皇帝都是爱面子的。一旦涉及面子问题，他们就忘了撑面子的代价。正统初年（1436年），皇帝见蒙古使者大批来朝，心里非常高兴，忘了人数限制。发展到后来，为了讨好英宗皇帝，更为了个人私利，王振竟然唆使蒙古族人多派使者前来朝拜。

蒙古使者来得越多，越能体现英宗的神威，同时也能增加王振的收入，王振又何乐而不为。在王振的操纵下，一方面是国家排场好，气派大；另一方面是暴乱不断，灾害频频。“民众的不满、贫困和过重的税赋、沉重的徭役需求和对佃农的过度剥削，这些不同的因素结合起来，造成了15世纪40年代福建山区及邻近的浙江和江西一些地区两次独立的而又互相联系的起义。”（费正清《剑桥中国史·明史》）

正统十四年（1449年），瓦剌派出2500多人前来朝贡。为了多领回赠，瓦剌虚报使团有3000人。自从与王振交往，瓦剌多报使团人数已成惯例。骗取明朝的回赠后，瓦剌会分一部分给王振。因此，对于这些事，王振总是睁一只眼，闭一只眼。

使团人数上报之后，瓦剌人整天乐悠悠地闲逛首都，一闲下来就计算回赠物品。明朝官僚机构的办事效率很高，没过几天就将回赠发放到瓦剌使团手里。瓦剌人不看不知道，一看就吓了一大跳，顿时眼珠不会动，张大的嘴合不上来，一颗心差一点儿就从口里跳了出来。

原来，明朝按照实到人数发放回赠。也就是说，瓦剌使团接到的回赠比预想的少了近500份。明朝的回赠很丰厚，这500份回赠加起来，大约够瓦剌部落一个冬季的生活。现实同预想的差距太大了，瓦剌使团接受不了。更令瓦剌使团生气的是，明朝竟然单方削减贡马价格的五分之四。明朝这一举动严重损害了经济交易中公平和平等的原则。瓦剌使团觉得自己不仅在经济上遭到剥削，更在政治上受到压迫，在精神上受到轻视。

马匹对增进明朝军队的战斗力很重要。“最重要的战略需要是为庞大的常备军取得充分供应的马匹。明朝本身产马很少，而且马的品种不佳。”（费正清《剑桥中国史・明史》）自从与蒙古发展边境马市以来，蒙古族人的马匹是明朝军队的最大供给源。王振目光短浅，看不到马市对军队的作用，朝中其他大臣是知道的，也先部落也知道。

此次朝贡大大失利，蒙古使团大怒而回。使团满载而去，却空手而归，蒙古首领见了，差点气炸了肺。不仅如此，朝贡使团还捏造许多明朝轻视蒙古首领的谎言，称明的官员总是出言侮辱。蒙古族人十分看重身份，听说被明朝公然侮辱，蒙古首领不等辨明真伪，就下令征讨明朝。

也先部落是瓦剌中发展速度最快、最有血气、战斗力最强的一支部队。这支后起的部队，就像一个小太阳，仗势勇猛，十分张狂。他们认为，如果没有蒙古人的马匹参战，明朝就组织不起一支作战能力强悍的骑兵。如果明朝只有步兵出战，一定不能抵抗兼具速度和力量优势的蒙古骑兵。

仗势擅长骑马射箭的优势，也先部队兵分四路，大举南下。瓦剌兵分四路，只为分散明军的力量，他们的真实目的是攻取北京城。此次出战，也先亲征，可见瓦剌对明朝单方削减马价和缩减回赠的痛恨。

一场战争的爆发，都是因为王振这个太监的贪婪。

二十万人集体大出游

在炎热将消的七月，也先部队大举南下。明军毫无防备，也先军如入无人之境，大肆抢夺。也先军有三位主要将领，分别是脱脱不花、知院阿剌和也先。脱脱不花率领兀良哈精锐骑兵，从辽东南下；知院阿剌带领一部分也先骑兵，大举围困宣府。脱脱不花和知院阿剌等人都是为也先打侧击的，也先的真正目的是北京城。

其他各路将领死死拖住明军，使得也先能够迅速突破明朝的重重防守，直攻大同。大同守将郭敬是无能之辈，除了甘当王振的走狗、贪赃枉法外，一无长处。更为严重的是，明朝边疆将士毫无忧患意识，平日只管享乐，没有操练。训练有素的也先部队攻打没有操练且军备废弛的明军，结果自然是势如破竹，一路上凯歌高奏。

边关将领屡战屡败，求救文书如寒冬的雪片纷纷飞落京城。英宗看到求救文书后，召见的第一个共商对策的人不是武将，也不是文官，而是大太监王振。兵部尚书邝埜和侍郎于谦都是有谋略、有识见的人，英宗抛弃有用的人，转向无用的人咨询，真是自己挖坑自己跳。

王振根本不懂军事，更不知道蒙古强悍、明朝虚弱的局势。他对英宗说，既然蒙古也先亲自出征，明朝的皇帝也应该亲征。只要英宗皇帝亲征，一定能鼓舞大明士气。如此一来，一个明朝军士能抵挡几个蒙古骑兵，胜利便唾手可得。英宗听了后非常高兴，自认为他可以仿效宋真宗亲征的榜样，凯旋，名留青史。

想当年，宋真宗大举亲征，确实凯旋，青史留美名。可是，此一时彼一时，英宗时代的朝廷不能和真宗时代的朝廷相比，英宗更不能和真宗相比。“根据15世纪初期中国对外关系的总格局及由这些对外关系产生的战略问题，15世纪30年代和40年代的防御政策，特别是在关键的北方边境地带，显然是远远不够完善的。”（费正清《剑桥中国史・明史》）明朝的后继皇帝不仅没有前几任皇帝，例如洪武皇帝和永乐大帝的文治武功，也“缺乏任何新的战略思想，而且明初建立的军事建制自永乐统治时期起已经严重地缩减”（费正清《剑桥中国史・明史》）。到英宗时期，地方卫所兵比明初的250万减少了近125万，即边防缺乏125万生力军。

明军没有防御的能力，自然没有迎击也先部落的能力。当时的兵部尚书邝埜和侍郎于谦也认为蒙古来势凶猛，再加上蒙古骑兵骁勇善战，最好不要同敌人开展正面战争。可惜，忠言逆耳，英宗朱祁镇被王振的甜言蜜语欺蒙了，完全生活在梦幻的胜利里，听不进一句洞悉时局的话。

面对不可违抗的圣旨和皇帝的坚决，吏部尚书王直大胆率领群臣，联名上书，奏请英宗不要贸然亲征。“如今秋署未退，天气炎热，旱气未回，青草不丰，水泉犹塞，士马之用不甚充足。”（张廷玉《明史》）既然英宗听信王振的鬼话，渴望建立军功的雄心不可动摇，大臣们就退一步，推荐其他武将代替皇帝出征。

这帮大臣知道，明朝已经是一个空架子，虚有威名。如果同蒙古军队打硬仗，势必败多胜少。战场上刀剑无眼，一旦蒙古骑兵大举掩杀，明军没有足够勇猛的将领保护皇帝。万一皇帝在战争中遭遇不测，蒙古骑兵趁机大举南下。如此一来，内忧兼外患，明朝可能面临亡国灭种的大祸。从这个角度分析，这帮大臣不是想保全朱祁镇这个无能皇帝的小命，他们所关心的只是明朝的胜败存亡。只要明朝不灭亡，有没有朱祁镇这个无能的人都可以。

为了虚名，英宗能够抛弃一切，甚至是他的生命。他的生活世界很小，目光十分短浅，只有个人利益，不懂得国家大事。自继位起，英宗就没有做出一个真正有利于国家的决定。面对蒙古骑兵的猖狂，他仍然意气用事，不顾国家安危。

尽管反对皇帝亲征的呼声很激烈，朱祁镇仍旧听而不闻，以无比坚定的雄心下令亲征。纵观当时明朝的局势，费正清认为英宗决定亲征有诸多理由：“年仅22岁的皇帝在王振的鼓动下要亲自率军与也先的部队交战。也许是西南的胜利和在福建镇压叛乱者的成功的捷报的结果，皇帝本人及其顾问们同样都过高估计了军队的力量。也许是皇帝受到了在幼时与其卫兵玩军事演习游戏的鼓励，相信自己能够在战地指挥一支军队。也许是其声誉因南方诸战役而提高了的王振认为明军是所向无敌的。”（费正清《剑桥中国史・明史》）

八月份，英宗亲率大军，浩浩荡荡地向北进发。由于这支军队是仓促组建的，再加上能力突出、作战勇猛的将领大多被太监王振排挤在外，而最无能的王振却被任命为最高统帅，致使这支军队没有中心凝聚力。更加糟糕的是，这支人数高达20万（另一种说法认为有50万）的军队由于出征前准备不足，行军过程中又缺乏明智的领导，致使供应不足，虐待士兵的情况频发。

除太监王振外，陪同英宗亲征的人员还有英国公张辅、户部尚书王佐、兵部尚书邝埜和内阁大学士曹鼐和张益等100多名文武官员。这些随行人员对皇帝都很忠心，如果英宗发生任何意外，他们会舍命相助。在皇帝亲征期间，全国政务由他的异母兄弟朱祁钰代理，史称摄政。

与追随皇帝亲征的人不同，留下辅助朱祁钰的人因为英宗听信王振的谗言而对皇帝失望。他们之所以选择留下，目的之一就是寻求明主，这类朝臣以名人于谦为代表。与英宗相比，朱祁钰更能听进不同的意见，因而深受于谦等人的拥戴。从当时的情况分析，自从英宗听信王振的谗言选择亲征，明朝内部就已经分裂为两派了。从长远分析，英宗亲征也先一事也导致明朝陷入内有分裂之忧、外引强敌压境的境地。

在亲征大军内部，矛盾尤其突出。首先是王振及其党朋和以邝埜为首的朝臣的矛盾，朱祁镇将一切权力交给对军事一窍不通的王振，王振的无知令有能力、有见识的文臣和武将不能容忍。可是，王振又是一个擅权作威、仗势作福的人，他不但不认错，还以错为对，甚至利用权力公然打压文臣武将。如此一来，王振越嚣张，他与朝臣的矛盾就越深。其次是下层士兵和上层官吏的矛盾，由于大军准备不充分和领导无能等因素，军队内部不仅供给不充足，甚至发生分配不均的严重后果。那些对王振曲意奉承的人，能够获得比生活必需还要多的生活资料；相反，那些坚持自我的人，则整日渴不能饮，食不果腹。

从组建之初，这支亲征大军就是一支畸形的军队，甚至是一群充满矛盾、彼此敌对的乌合之众。大军如一盘散沙，根本不像前去征讨也先的部队，而像一群到北方游览的小孩子。因为种种内外矛盾，这决定了大军踏上征程的第一步就等于踏上败亡之路。他们走得越远，越是接近也先部队，就越来越接近败亡的命运。

这回真的无路可逃了

在秋雨绵绵的八月，两个老人并排着，跪在雨露点点的深草里。这些天秋雨不断，寒风紧吹，就像锋利的刀锋一下又一下地从这两个老人的脸颊上滑过。这两个老人从清晨一直跪到天黑，等到能够起身时，他们的腿已经僵硬了。几个士兵抬着这两个老头回去营帐，众士兵见此惨状，无比凄然，心中暗骂王振。

这两个老人，都是位尊权大的中央官吏，一个是兵部尚书邝埜，另一个是户部尚书王佐。可是，面对英宗的宠臣王振的打压，即使使出浑身解数，邝埜和王佐都难逃厄运。在军队里，堂堂的兵部尚书竟然被一个太监罚跪，真是奇耻大辱。由此可见，除了皇帝英宗之外，王振的权力已经超越众人，他的淫威牢牢地罩在所有人的头顶。

邝埜和王佐之所以被罚跪到天黑，主要是因为他们奏请英宗回军的呼声最高和说辞最有说服力。大军刚刚出征，天上就下雨。秋雨绵绵，一连好几天，从没停息过。迷信的人私底下纷纷相传，这不是好兆头，应该撤军。邝埜和王佐不是迷信，而是越来越担心不稳的军心。

这支大军是一群乌合之众，只会享福，不能与他人共患难。因为后勤供给不充分，大军行走了几天后，开始闹粮荒。伙食供给越来越少，有心计的兵将就开始铤而走险，干一些偷抢的勾当。王振不懂得维持纪律、稳定军心对出征在外的军队的重要性，对军队中偷鸡摸狗的勾当睁一只眼、闭一只眼，使得事态发展越来越严重。

发展到后来，很多死在出征路上的军士不是因为粮食不够而死，而是因为有一部分人仗势强力多占了他们的口粮。粮食不足加上军心大乱，使一大部分出征军士被同伴遗弃在路上。秋雨绵绵，道路满是积水，泥泞不堪。被遗弃的军士不是身体孱弱，就是染上疾病，加上没有粮食充饥，等待他们的只有死亡。明军还没到达大同，已经损失十分之一二的人马，叫邝埜和王佐如何不心痛。

邝埜和王佐认为，秋雨绵绵不利于远道行军，这叫没有天时。按照路上损失的人数计算，即使到了大同，剩下的未必能够战胜也先部队。一路上军心不稳，秩序混乱，又因为缺粮闹得人心惶惶，应该及早回军。回军的提议刚出，大部分军士就纷纷高声附和。可是，王振是一根筋，无论邝埜和王佐的理由多么充分，他就是坚持不回军。大多数人附和回军的提议，唯独王振一党反对，更加突显了他们的倒行逆施。

为压制回军的呼声，王振痛下辣手，罚地位最高的邝埜和王佐跪了一天。两位尚书被惩罚后，呼吁回军的声音就消失了，王振不屑地笑了笑。令王振意想不到的是，刚刚打压下反对派的回军呼声，在他的内部竟然有一个人跳出来高呼回军，这个人就是彭德清。彭德清懂天象之术，自出征起他每天都观察天象。经过一段时间的观察，他发现此次出征不利，如果不及时回军，明朝将会遭遇莫大的灾祸。两位尚书都被打压下去了，对付彭德清这种小角色，王振有的是办法。

明军来到大同，也先部队已经撤走了。王振和英宗都认为，也先部队撤走，只有一个原因，害怕亲征的英宗皇帝。在王振的甜言蛊惑下，英宗越发自高自大，感觉他此次出征未费一兵一卒就吓跑也先部队，功劳已经超越真宗。

大军一路北上，没有见到一个抵抗的也先士兵，王振和英宗整天笑个不停，邝埜等人却是心怀深忧。他们认为，也先出军时气势汹汹，连克数城，大有不成功就回头的气势。可是，听说英宗亲征，两军还没有正面交锋，也先部队就撤了。如果要解释这种情况，除了也先有打算诱敌深入外，不能有其他解释。

冒着被再次惩罚的危险，邝埜再次奏请英宗回军。然而，英宗被虚假的胜利冲昏了头脑，只听得进王振拍马奉承的甜言蜜语，对邝埜的提议充耳不闻。大军仍旧北上，同样没有遇到一个也先士兵的抵抗。这个时候，大同守将郭敬也看出了也先的计谋。联系明军前几仗的惨败，郭敬认为也先一定在诱敌深入。如果明军继续前进，一定会中也先的埋伏。

听了同党郭敬的分析后，王振的脑子终于开窍了，全身冷汗直冒，马上下令撤军。在该从哪条路撤军这个问题上，王振又动了一点小小的私心。王振家住蔚州，如果从紫荆关（今河北易县西北）撤退，皇帝就会经过他的家乡。英宗很宠爱王振，如果经过蔚州，一定会驾幸王振的府邸。如果皇帝驾幸，王振的家不仅蓬荜生辉，更重要的是他能在父老乡亲面前炫耀一番。

明军刚刚撤军，也先部队就紧追而来。原来，也先探子发现，明军驻扎过的营地车辙混乱，脚印错杂。也先知道后，发现明军不仅害怕蒙古骑兵，甚至知道明军内部没有善于谋略的大将。由于明军仓促南撤，组织很不规范，比出征时还没秩序，再加上粮草短缺，又担心也先的追截，一路上又损失了不少人马。明军这次撤军，可以说是有史以来最狼狈的撤军。

大军撤了40多天后，王振突然发现一个严重的问题，那就是他的庄稼的收成。掌权后的王振大肆搜刮钱财，一部分用于投资土地。在蔚州，王振利用各种手段，软硬兼施，强行买下了一大片土地。这一大片土地都种有庄稼，时间又正逢庄稼成熟。如果这支粮草紧缺的大军遇上一大片成熟了的庄稼，尽管王振的淫威很骇人，他还是不能阻止军队对庄稼的糟蹋，遭殃的一定是他的庄稼。

为了保全他的庄稼，王振又作了一个十分不利于明军的决定，改道东行，向宣府（今河北宣化）直奔。后面是也先追兵，如果改道直奔宣府就绕路了，势必被也先部队追上。大同参将郭登和内阁大学士曹鼐听了王振的命令后，十分不解，联名上书。他们写道，“自此趋紫荆关，只有四十里，大人应该从紫荆关回京，不应该再取道宣府，以免被瓦剌大军追及”（《明史》）。可惜，这个提议最终被王振否决了。

也先部队越追越近，眼见就要追上明军了。为了皇帝的安全，王振派了两拨人马拦阻也先军队。第一拨以恭顺伯吴克忠和都督吴克勤为首，他们兵微将寡，只能以死相抵；第二拨以成国公朱勇为首，朱勇有勇无谋，孤军深入，深陷瓦剌重围，3万大军全军覆没。

杀了两拨拦阻的明军，也先部队的士气十分高扬，如潮水般向明军大部队席卷而来。还是为了个人私利，王振再次作了一个十分损害明军的决定。听说也先大军追来，众人都是轻装速进，辎重在后缓缓而行。到达距离怀来城仅二十余里的土木堡后，王振突然下令安营扎寨。原因很简单，王振一路上对沿途官吏大肆搜刮，敲诈了不少财物。这些财物都放在后面的辎重军车里，一共有1000余辆。如果也先部队追上这些辎重，王振就白辛苦了。

也先部队片刻就追到，众人都知道在土木堡停留不明智。可是，英宗只听王振一人的话，谁都无法改变王振的决定。为了皇帝的安全，邝埜再次奏请英宗先行驰入居庸关，接着布置精锐部队断后。王振听了邝埜这个建议后，就像没听到一样，不给回复。迫于无奈，邝埜大胆闯入英宗的行殿，奏请英宗火速先行驰入居庸关暂避。王振知道后，勃然大怒，大骂邝埜。王振的意思是，邝埜是竖儒一个，不知道用兵之事。如果邝埜再胡言乱语，当心人头落地。邝埜此次进谏，连性命都豁出去了，非要说服英宗不可。邝埜不怕死，王振就没有其他办法，只能命令军士将邝埜拖出英宗的行殿。

第二天，土木堡的明军醒来，发觉四周都是也先部队。眼望敌人一重又一重，即使是长了翅膀也飞不出去。深陷重围的英宗满目凄然，向山下扫视一圈后，目光最后凝视在王振身上就不动了。王振的胆子比英宗的还小，看着满山遍野的敌人，他连自己姓什么都忘了。

土木堡是一个小山丘，没有泉水，也没有河流流过。在它的南面十五里处有一条小河，可是被也先部队牢牢控制住，明军根本无法接近。就在这个没有水源的小山丘上，数十万明军被围困了两天。两天滴水未进，明军将士渴得嗓子都冒烟了。为了寻找水源，数十万人在小山坡上乱挖，可挖了两丈多深都没有见一滴水。

众兵将饥渴难忍，满腹怨言，骂声不绝。也先看着土木堡上的明军，就像看到热锅上的蚂蚁，笑得嘴都合不拢了。明军被困土木堡，叫天天不应，叫地地不灵，失败是必然的命运。如果王振有谋略，他可以带领数十万明军冲出重围，可惜他什么都不懂，也不会任用懂谋略的人，这是他最大的失败。因为他的失败，数十万明军就被困在土木堡上，无路可逃。

北京！北京！

几天以后，因为缺乏水源，土木堡上的明军就像蔫了的白菜，腰都直不起来了。看着这支蔫头耷脑的军队，也先知道成功的时机到了。也先首先派出使者，要求和谈。也先主动和谈，王振和英宗喜出望外，命曹鼐起草诏书，命代表前去也先的军营商议和谈事宜。

明军代表刚刚进入也先大营，驻守在水源附近的也先军队就撤军了。极度干渴的明军见也先军队撤离，万分高兴，不顾指挥，纷纷奔向水源。这些人的行为都是自发的，毫无秩序，远远看去不仅混乱，还很狼狈。

突然，一声炮响，水源附近竟然冒出无数手持利刃的也先军。明军只顾喝水，武器都没在手上。有组织、有纪律、有准备的也先军攻打混乱不堪、饥渴万分的明军，自然胜得容易。趁此大乱，也先军大举攻向土木堡，就如狂风卷落叶，十分凌厉。也先军队这次攻击类似突袭，明军毫无准备，伤亡十分惨重。

在也先军队的大举冲击之下，英宗和朝臣失散了。看着如山倒的兵败，英宗竟然发起小孩子脾气，他一不逃跑，二不抵抗，三不假扮小兵，而是呆呆地坐着。也先兵杀人杀红了眼，凡是见到明军，先抢值钱的东西，抢后就一刀解决对方的性命。有一个也先小卒见英宗穿得华丽，厉声索要衣服。英宗神威凛凛，不脱衣服。对方大怒，举刀就要砍下去。这时，这个小卒的哥哥见英宗气宇非凡，认为他是大人物，不能轻易杀害。

这两个也先小卒带英宗去见也先的弟弟赛刊王。赛刊王还没开口，英宗先问："子其也先乎？其伯颜帖木儿乎？赛刊王乎？大同王乎？"（《明史纪事本末》）英宗的口气太大了，举止又不同常人，赛刊王被吓了一跳，火速飞报也先，说："部下获一人甚异，得非大明天子乎？"（《明史纪事本末》）

也先听说后，十分震惊，急忙找明朝使臣去认。两位明朝使臣确认，赛刊王所抓住的，正是大明的皇帝英宗。英宗被俘，护卫将军樊忠万分愤怒，不管三七二十一，命亲随抓住王振，他抡起铁锤，对准王振的脑门，一下就结束了这个祸国殃民的大罪人。

费正清认为，这次征讨的失败是明代最大的一次军事惨败。这并不是说英宗被俘给明朝带来了多大的损失，而是说皇帝的缺席对明朝的影响。首先，这是一次没有必要的远征，加上考虑不周和准备不足，使得不必要的远征演变成了一场空前的灾难。"对也先来说，他对这次胜利的规模（据有些史料，土木之战是由只有两万名蒙古骑兵的先锋部队打赢的）和皇帝十分意外的被俘在思想上毫无准备。这时北京在他面前已经门户洞开，毫无防卫。如果他充分利用他的优势，那么他的收获是无法估量的。"（费正清《剑桥中国史・明史》）也就是说，土木堡一战，关系北京城，乃至整个明朝的安危。

朱祁镇被俘，100多名随行官员几乎全部力战而死，大军全军覆没。消息传到北京，百官在朝堂上号啕大哭。为大局着想，皇太后含着眼泪任命朱祁钰监国。这就是说，如果英宗有什么三长两短，朱祁钰就是下一任皇帝。

朝臣认为，北征军全军覆没和英宗被俘，罪过全在王振一人。可是，王振的党羽马顺还死力辩护。群臣怒不可遏，揪出马顺，你一拳我一脚，将马顺活活打死。为平息民愤，朱祁钰下令，诛杀王振一党，枭首悬挂街头示众。处理完内部奸臣后，明朝的首要问题是解决皇位的空缺。

俘获英宗后，也先非常高兴。他认为，只要借助英宗，他就可以实现像成吉思汗那样的功绩。"也先起先试图利用被俘的皇帝从明廷或边防戍军那里索取赎金，并且试图取得宣府或大同，从而取得控制边境的要塞。"（费正清《剑桥中国史・明史》）可是，当明朝和大同都筹措了充足的赎金后，也先还是扣留英宗，因为他认为英宗是无价之宝。

随英宗朱祁镇一起被俘的有一个叫喜宁的人，为人朝三暮四。英宗失势后，喜宁马上倒向也先一边。凭借熟悉明朝的喜宁的谋划，借助英宗这个无价的筹码，也先准备大干一场。他答应放英宗回北京，条件是英宗同他联姻。被俘的英宗很机灵，他答应联姻，条件是他回北京后举办。如此一来，英宗采取的是拖延战术。

既然同英宗谈不拢，也先就准备攻打北京。那时的北京已经陷入混乱，因为守城的军队不过10万人。谋略家兼老臣徐有贞认为，皇帝被俘，大同和宣府等边关要镇存亡未卜，北京已经危如累卵。为了明朝的未来，朱祁钰应该仿效宋朝，南迁首都。这位大星象家的预言更加扰乱了北京城的稳定，不少官员和富商纷纷举家南迁。

凭着一身铮铮铁骨，侍郎于谦坚决反对迁都。兵部尚书邝埜战死土木堡，于谦就是北京城中最高的军事指挥。于谦的这个提议，赢得了很多热血男儿的附和，例如大学士陈循、吏部尚书王直和礼部尚书韩雍和李永昌等人。为了争取更多说话有分量的人的支持，于谦等人四处活动，最终孙太后也加入他们这一派。

决定留守北京后，于谦等人认为，如果要击败也先的阴谋，只有最大限度地降低他手中的筹码——英宗的价值。如果明朝不承认英宗的皇帝身份，也先即使扣留英宗，也只是白白浪费粮食。再说，如果明朝有人主持大局，说不定也先认为英宗无用，就放他回北京。孙太后知道以国家为重，答应朱祁钰登基称帝，册封英宗的刚一岁的长子为太子。

相比而言，朱祁钰的性格比较懦弱，连孙太后都不如，朝臣却劝他登基。“他最初拒绝了，因为他认为这样会搞乱王朝的继承顺序。只是在皇太后的批准和于谦关于国家亟须领导的主张的推动下，他才最后被说服。”（费正清《剑桥中国史·明史》）

九月二十三日，朱祁钰在最简单的仪式下登基，史称景帝，为景泰元年。为粉碎也先利用英宗辖制明朝的阴谋，新皇帝立刻颁布诏书，宣告英宗为了国家利益，自愿让位；同时，任何从蒙古地区发出的，以英宗为名义的诏令都应不予理睬。如此一来，在明朝历史上，出现了两个皇帝共存的尴尬局面。“在一次危机中，国家的政治和策略的需要在继位问题方面可以压倒礼仪顺序和礼节，但这在一定程度上打乱了王朝的稳定性和成为正统世系的权利。由于原来的皇帝仍在世，这个事实又使情况更为严重了。在皇室两兄弟之间久不消失并毒化了15世纪50年代中期的朝廷的皇位危机，其根源就是这个十分必要的决定。”（费正清《剑桥中国史·明史》）也就是说，英宗和景帝的根本性矛盾，源自这个“十分必要的决定”。

新皇帝继位后，他所面对的最大困难就是解决北京的防卫问题。为了加强防卫能力，朝中有能力的官员都开始担任武将要职，例如兵部侍郎于谦被提升为尚书，可以调动任何文官。于谦从宣府调回近8万精兵守卫北京，同时动员北直隶、山东、山西、河南和辽东一带的精兵。不到一个月的时间，北京的防卫兵力迅速得到补充，达到22万人左右。

在于谦和朱祁钰的改组下，北京城的粮食、武器和兵力等都得到了及时的补充，“全城出现了高度同仇敌忾的情绪、信心和高昂的士气”（费正清《剑桥中国史·明史》）。眼见北京城越来越有生命力，也先再也不能等待了，他亲率大军袭击大同。为了迷惑守城军士，在也先的授意下，英宗被推到城门前。蒙古人告诉守城军士，除了重新扶持英宗登上皇位外，他们没有其他的目的。可是，英宗秘密告诉守城军士，不能听信。

攻打大同以失败告终。也先拨转马头，直取紫荆关。经过好几天的浴血奋战，蒙古族人终于破关，大军压境北京城。也先再次告诉守城军士，他们的目的只是扶持英宗重新登上皇位。可是，守城军士不但不领情，还杀了也先派出的使者。这个时候，喜宁告诉也先，应该假装归还英宗，让新朝廷派遣要臣前来迎接，再将明朝要臣全部扣留。新朝廷看破也先的诡计，只派两个低级官吏来迎接英宗。也先不放人，他的谎言不攻自破。

经过于谦的整改，北京城固若金汤。也先无法攻打，五天后撤军。喜宁告诉也先，应该侵占华北地区的一小片土地，打着英宗的旗号建立一个傀儡政权。事实证明，喜宁的任何提议都是不切实际的，因为经过改组的景泰朝廷有很强的战斗力。最让人哭笑不得的是，种种谋划被也先和残酷的事实否决后，喜宁竟然提议攻打南京，建立南方的明朝。

不久，也先的君主，蒙古的脱脱不花汗正式向景泰朝廷派遣纳贡使团，开始结束双方的敌对状态。景泰元年（1450年），也先派遣喜宁出使明朝。喜宁的倒戈和阴谋令明朝很痛恨，他刚刚踏上明朝的土地，就被抓捕，问成死罪。

喜宁死后，也先缺乏谋臣，便不再打北京城的主意。

皇室内部矛盾

在茫茫大漠，有一个明朝人孤孤单单地生活着。他人在大漠，一颗跳动的心却拳拳地向往北京。在大漠的这些时间，他很少与人交谈，别人不知道他在想什么，只是发现他总是怔怔地朝着北京方向出神。这个人在大漠、心在北京的人，就是明朝的前任皇帝英宗。

也先的问题解决后，英宗的未来就成了明朝最大的痛苦。想当初，景泰不当皇帝，因为英宗还没有死。但是，现在的北京已经是他辛苦改组后的北京，他对自己的杰作产生了感情。登上皇位之后，景泰已经放不下权力了。自从击败也先起，他压根儿没想过英宗会回来，可是英宗确实回来了。

在景泰朝廷与蒙古的多次互派使臣中，提到英宗朱祁镇的次数越来越少。起初，蒙古屡屡催促，建议明朝廷尽快接英宗回北京。出于保持权力的私心，也为了防备蒙古再次利用英宗偷袭北京的防卫之心，明朝廷将此事一拖再拖。到后来，礼部侍郎李实奉命出使蒙古，可是皇帝给他的书信中竟然没有一个字提及英宗。“李实发现这位从前的皇帝的生活条件很糟，并且甚至希望作为一个平民或皇陵的看护人回到明朝。”（费正清《剑桥中国史・明史》）可是，尽管英宗在给景泰的信中表达了对过往种种的深深悔恨，景泰皇帝还是没派遣使者接他回北京。

继李实之后，都御史杨善再次出使蒙古。杨善曾随英宗出征，只是他比较幸运，在土木堡一战中侥幸逃生。他对英宗的感情很深，不惜自掏腰包，为英宗赎身。当然了，景泰朝廷迟迟不为英宗赎身，蒙古人觉得英宗的身价已经大降，索要也很少。

面临分别，也先突然生出很多感情，为英宗安排了一次盛大的送别活动。为保护英宗的安全，也先甚至特意安排一支精锐部队，一直将英宗送到明朝的疆域之内。兄弟相逢，本是好事。可是，在英宗和景泰这两兄弟之间，横亘着一条权力的长河。尽管英宗早已承诺放弃一切，“景帝仍吝啬而又猜疑地对待被废黜的皇帝”（费正清《剑桥中国史・明史》）。最为突出的例子是，在颁布迎接英宗的命令和制定迎接的礼仪上，明朝内部发生了无数次争吵，连英宗的回程日期都耽搁了。

面对一再拖延的回程日期，英宗第一次感到被遗弃的痛苦。相比而言，在土木堡被俘的经历都要比被遗弃的好受。自从被俘的这些日子以来，虽然也先将他当成一个人质，但至少是一个有价值的人质。可是，他的兄弟，当今大明皇帝竟然将他当成一个棘手的麻烦，一个十分希望抛弃的包袱。

千等万等，英宗终于在九月十六日被接回朝。景泰皇帝亲自迎接，除了脸色不太好外，一切都算不错。由于不是皇帝了，英宗被安排在南宫的一所新建的房子里住。现在的皇宫，对英宗而言，已经大大地变了样，尽管景物依旧，可是人的感触已经大大不同，这种感触很怪，英宗从未体验过。见了几个侍婢和太监的表情和举止后，英宗终于发现，这仅仅是因为他英宗已经不再是皇帝了。

对常人而言，这种极大的失落感会催生无穷无尽的反抗之心。然而，英宗是一个曾遭遇重大变故的人，他对一切都看得很透，不再将一切牢牢抓在手心。现在的景泰，将一切都狠狠地抓在手心，既然他那么喜欢权力，英宗就成全他。回来的第四天，英宗在太庙宣布，承认景泰为皇帝。

英宗一再忍让，景泰的打压不但不收敛，反而做得越发不近人情。首先，景泰不让英宗接见瓦剌的使者。他总认为，如果英宗接见瓦剌的使者，一定会有一个推翻他的统治的密谋。其次，景泰不让英宗过生日。这个大违常情的规定，目的是想让英宗忘记自己。其实，对于一个皇帝而言，他放弃权力，就相当于忘记自己。可惜，景泰不懂。第三，景泰规定，英宗不能参加新年的庆典。景泰的种种规定，只有一个目的，将英宗排挤在皇宫之外，甚至排挤在生活的世界之外。在朝臣看来，这些规定都是不合情理的，因而景泰越来越不得人心。最为突出的是，自英宗回北京起，礼部尚书就多次公开为英宗鸣不平。

景泰是在危机之中继位的，这决定了他当皇帝只是暂时性的。英宗的长子朱见深是公认的太子，即景泰不能将皇位传给他的儿子。可是，自从坐稳皇位后，景泰日日夜夜都想皇位能沿着他的血脉传下去，从二世到三世，一直到千秋万世。景泰三年（1452年）五月二十日，景泰作了一个引发群体愤怒的错误决定，他不顾大学士们和许多高官的反对，公然册封他的儿子朱见济为太子，立朱见济的母亲为皇后。

更立太子的行为冒天下之大不韪，原本对景泰忠心耿耿的很多大臣都为英宗以及英宗的儿子朱见深鸣不平。事实证明，景泰的这次倒行逆施得不偿失。一年多后，新太子不幸夭折，新皇后也在景泰七年（1456年）去世。新太子和新皇后相继去世，很多迷信的大臣开始以此为话柄，谈论景泰当皇帝的合法性问题。

紧接着，景泰又做了一件使群臣心寒的惨事。新太子去世后，不少大臣纷纷上书，劝说景泰另立太子。他们的言外之意是，当皇帝是天命注定的，只有英宗的儿子朱见深有这个命。刚刚遭遇丧子之痛的景泰听了这话后，就像听到这些人诅咒他的儿子死绝一样，因而勃然大怒，将这些大臣都打入大牢，残酷对待，好几个体质差的竟被活活打死。

事情发展到这个地步，景泰排挤英宗父子的心已经昭然若揭。那些被景泰排挤的官员，纷纷倒向英宗。他们认为，经过共同的奋斗，英宗还是能够继续当皇帝的。就算英宗不当皇帝，英宗的孩子朱见深早晚也会当上皇帝。只要英宗父子中的一个得势，他们的前途就是光明的。在这群人当中，数石亨最有野心，最有心计。石亨府上养了一群仗势欺人、专门贪污行贿的小人。自诩“两袖清风”的于谦见石亨一党如此猖狂，接连打击了几次。可是，石亨一党的行为属于集体犯罪，如果不连窝端，无法从根本上杜绝。

为了击败景泰的宠臣于谦，石亨聚集了一群专干违法勾当的奸人。京师卫戍部队的都督张軏是石亨的助手，同石亨一样，也是一个贪得无厌的人。野心勃勃的徐有贞不甘居于于谦之后，痛恨景泰对他的冷落，整天都祈求朝廷发生大变动，好趁机攀升。都御史杨善怀有同徐有贞一样的心情，因为景泰没有嘉奖他接英宗回京的功劳；一想到接英宗回京的一切花销，杨善就后悔得要命。在这群人当中，还有一个把王振奉为楷模的宦官将军，名叫曹吉祥。曹吉祥没有其他志向，只想继承大罪人王振的事业，并力求将它发扬光大。

关于这个畸形的联盟，费正清的论述非常独到："密谋者的动机不是崇高的理想，也不是对皇帝行为的道德上的不安。"（费正清《剑桥中国史·明史》）这些人之所以叛变，完完全全是受到利益的引诱；他们结合在一起，也完完全全是受到利益的连接。因此，这是一个唯利是图的、腐败的小集团。

他们时刻准备着，终于在景泰八年（1457年）等来了千载难逢的机会。景泰染上重病，不仅不能上朝，甚至连新年庆典都无法参加。尽管景泰病重的消息被严密封锁，无孔不入的石亨还是知道了。趁皇帝病重的大好时机，石亨、张軏、曹吉祥、徐有贞和杨善等人集结大约400名禁卫军，急急忙忙地冲入英宗居住的南宫。他们推推攘攘，英宗还没明白过来发生了什么事，就已经被拥上帝辇了。

英宗被抬入皇宫后，石亨等人立即召集朝中大臣，宣布英宗复位。等到朝臣明白发生了什么事后，英宗已经安安稳稳地坐在龙椅上了。石亨等人发动这次政变，在进入南宫门时，他们不是从门而入，而是破墙为门，硬闯而入，史称"夺门之变"。

"这次'夺门'行动将成为明代历史上的一次典型的政变，将被认为是另一次严重违背礼仪的事件。"（费正清《剑桥中国史·明史》）与土木之变相比，夺门之变的特点更加突出。"'夺门'行动远比1449年景帝的登基更为严重地违背礼仪。那次登基取决于土木灾难后危急的军事危机，而1457年统治者的变动是一次纯粹的政变。立景帝为帝，使处于混乱和极度危险的国家趋于稳定，而1457年的政变则是一次引起大量牟取私利和追求官职的政治机会主义的行动。数千文武官员从提升中获益，其中的主要人物将在下一代皇帝时期形成统治小集团。"（费正清《剑桥中国史·明史》）这就是说，夺门之变的本质，是一场利益争夺。

新官上任好几把火

不远处传来一记又一记钟鼓撞击声，躺在病榻上的景泰听了后，用微弱的声音问是谁撞击的。这个钟鼓，是皇宫内专门用来召集群臣的。普天之下，只有皇帝一人有权下令撞击钟鼓。景泰已经病入膏肓，几乎连下令撞击钟鼓的话都说不出。在深夜突然传来召集群臣的钟鼓声，躺在病榻上的景泰也大致猜出发生了什么。

八年来，景泰坐在龙椅上，表面上过着风风光光、得意扬扬的日子。实际上，在内心深处，景泰一直都在担忧失去权力。登基之初，他面对的是强悍的也先部队，如果北京的城防稍有差池，整个大明就会断送在他手里。为了北京城，为了大明，他同于谦一起并肩作战。皇天不负苦心人，经过昼夜无休的厮杀与奋斗，景泰终于成功保卫北京，坐稳龙椅。

在短短的景泰年间，景泰对全国做了一场深刻的改革。在军事方面，景泰建立了一套统一的指挥，加强了京城武将监督戍军的作用。他不仅完善了永乐大帝的五军营、三千营和神机营，还加强了对戍边军队的控制和管理。以前，“戍军中的每个营完全自主，分别受训，并各由它自己的战地将领统率。当来自各营的士兵必须共同作战时，这种情况在战场上会造成很大的混乱。在于谦计划的安排下，每个团营由一个战地将领统率，整个戍军由一名从将领中选出的战地统帅控制”（费正清《剑桥中国史·明史》），这大大增强了军队作战的灵活性和战斗力。

在水利方面，景泰不仅兴修了许多有助于农业发展的水利工程，还成功治理了黄河。“他乘小船四处考察，以确定主要的出事地点，然后制订一项复杂的施工计划，让许多独立的劳动队在不同的地点和不同的时间施工，结果他雇了5.8万名劳工劳动500天以上，他的计划不仅仅是修复破损的堤坝；一条几乎长达100公里的河渠被凿成，这样，黄河的河水就可引入大清河，进而通过济南府入海。”（费正清《剑桥中国史·明史》）还有，为保存大运河，景泰帝下令沿运河建造了几个大型的集水池和水库。这些集水池和水库都安装了新式的水闸，不仅有分洪和泄洪的能力，在干旱时期还能维持正常的供水。对百姓而言，景泰在水利方面的最大功绩是组建了一个灌溉体系，使山东北部近200万亩的土地拥有充沛的水源。

景泰统治时期，恰逢明朝发展历史上阶级矛盾突出的时期，具体表现是失地农民和地主的矛盾。失地农民和地主的矛盾在全国都有，以中原地区最为突出。农民失去土地后，为了生活，不得不租种地主的土地，接收地主的盘剥。如果遇上天灾，庄稼歉收，农民不仅交不起地租，甚至连吃的都没有。这种情况常常催生高利贷，地主利滚利，普通百姓根本无法偿还。发展到后来，为了收账，地主常常会逼迫农民，致使农民家破人亡。

景泰还不得不面对一个残酷的现实：自然灾害频发。从1450年到1456年，全国的洪水、雪灾和寒潮不断，这是新朝廷必须面临的严峻考验。1450年，人口大省山东发生饥荒，十室九空，道路上全是饿死的人。

景泰三年（1452年），黄河和淮河泛滥，北直隶、南直隶和山东都受到影响。潮湿的天气竟然一直持续到景泰四年（1453年），这使情况进一步恶化。次年，全国又出现异常的酷寒：山东、河南、浙江一带大雪纷飞，道路行走困难，牲畜被冻死无数；淮河被冰封，沿河的数万人被活活冻死。令人无法相信的是，江南地区竟在景泰五年（1454年）初接连下了40多天的雪，繁华的苏、扬等地有无数人被冻饿煎熬，最终死在家里。水灾和雪灾刚过，接踵而来的就是旱灾。景泰六年（1455年），全国大范围干旱，山西、陕西、山东、河南、江西、湖广和直隶一带颗粒无收，百姓纷纷举家外迁。“所有这些灾害不但有破坏性和造成死亡和苦难，而且使国家因减少收入和拨出巨额救济款而受到了严重的影响。”（费正清《剑桥中国史·明史》）

面对也先的军事威胁、民众的叛乱和上天的灾害，景泰都挺过来了。然而，景泰就是不能超越对权力的欲望。为了维系他的皇权，景泰对他的兄弟英宗做了无数的小动作，布置了一些令人作呕的小阴谋。可是，无论景泰如何努力，他的愿望仍是空想，他的美梦也一个接一个地幻灭了。先是他的儿子死了，接着他的妻子死了，只剩下景泰一个人孤零零地活在世上。到了最后，景泰也被病魔缠身，性命危在旦夕。

上天非常残忍，对一个病入膏肓的人，它仍旧使尽一切手段，破灭他心中尚存的一丝美好希望。躺在病床上的景泰听着一记又一记的撞钟声，那钟声就像撞在他的胸口上，使劲地阻塞他的呼吸。钟声停了，景泰知道英宗称帝了，他的理想破灭了。景泰轻轻地闭上眼睛，欲哭无泪。

一小会儿后，景泰重新睁开的眼睛中放射出和善的光芒，是老人家那种慈祥与和蔼，脸上也显露出平和的笑容。这个笑容，是景泰八年来所没有的。为了皇位，景泰以自己内心的快乐和脸上的笑容为代价；只有当皇位失去了，景泰才找得回自己的笑容。

景泰八年（1457年）三月十四日，朱祁钰去世。

“景帝当倥偬之时，奉命居摄，旋大位以系人心，事之权而得其正者也。笃任贤能，励精政治，强寇深入而宗社乂安，再造之绩良云伟矣。而乃汲汲易储，南内深锢，朝谒不许，恩谊恝然。终于舆疾斋宫，小人乘间窃发，事起仓猝，不克以令名终，惜夫！”（《明史》）从这段短短的评语可以看出，尽管景泰犯了不少的错误，但他的丰功伟绩对整个大明发展的影响还是很深远的。一句话，瑕不掩瑜，景泰“挽狂澜于既倒，扶大厦于将倾”的历史功绩还是值得肯定的。

第二章　为了正义，我们来了

一个投机主义者的末日

对于明王朝来说，正统十四年（1449年）的土木堡之变是一场惊变和浩劫；但对于许多投机分子和阴谋家来说，它却是不可多得的发家契机。徐有贞就是在这时走上了大明王朝的前台，开始了他可鄙、可叹、可悲的政治生涯。

徐有贞原名徐珵，“为人短小精悍，多智数，凡天宫、地理、兵法、水利、阴阳、方术之书，无不谙究”（《明史》）。可见，徐有贞属于博学多识的百科全书型人才，这不仅在只知四书五经、纲理伦常的典型明代文人中是个异类，在其他任何时代，有一个这样的人在身边成天嚷嚷，相信大多数人都会对他产生一种高深莫测的错觉。

然而，徐珵如此努力学习，其实是带着很强的功利心。从一开始，徐珵的投机者嘴脸便已经显露头角了。这样的人，若真有其才又身逢乱世，说不定可以成为君王最倚重的智囊型人才，比如张良、诸葛亮、李善长；但若混得不好，也就只能是江湖术士，游街撞骗。而徐珵，恰恰是介于这两种人之间的一种。

徐珵的发迹，是从观星术开始的。正统十四年（1449年）秋天，“荧惑入南斗”，据他的说法，这是兵祸的征兆，于是急匆匆地打发老婆孩子逃回南方老家。恰在此时，蒙古瓦剌部进犯，明英宗御驾亲征，大军临行时，他又指着天象，预言此次出兵必定失败，而且皇上也回不来了。果不其然，土木堡一战明军大败，明英宗被瓦剌军队俘虏。徐珵顿时名声大噪，在朝廷中得到了相当的发言权。姑且不论他是否是因看天象而得出的结论，这件事情，足以反映出他对时局的敏锐洞察力。而这，正是徐珵发迹的资本。

徐珵的出道，其实走的是一条传统的路线。正统七年（1442年），他向皇帝上疏，提出关于军事和政治的五条建议，得到了皇帝的嘉许，但未被采用。后来，也先的大军浩浩荡荡地开来，后来的景泰帝，当时的郕王朱祁钰急急忙忙地召集群臣商量对策。这时，徐珵隐隐觉得机会来了，摆出一副泰然自若的样子，掐指一算，说自己夜观星象，只有将都城南迁，才能避此灾祸。话一出口，便招来了骂声一片，连太监金英都对他嗤之以鼻。当时的兵部侍郎于谦大喊一声：“言南迁者，可斩也。”他才灰溜溜地不敢说一句话了。从此，徐珵的名声大坏，很多年都没有得到提升。悔恨交加的徐珵开始酝酿别的办法。

在他的周转斡旋中，徐珵发现，有两个人，将有可能决定他的命运。这两个人，一个是曾经让自己胆战心惊的于谦，另一个是内阁大臣陈循。

徐珵首先去忽悠陈循。他先是毕恭毕敬地献上礼物——玉带。玉带这东西，在古代可是有着不同寻常的意义，这是身为人臣最高地位的象征，然后，又拿出了当年最拿手的看家本领——占星，一番折腾之后，神秘地说了一句“公带将玉矣”，也就是说，陈循马上就会加官晋爵了。徐珵自身对政治的敏感又一次帮了他。不久，陈循果然晋升为少保，大喜之下，开始屡屡推荐徐珵。陈循正式被徐珵搞定。

然后是于谦。虽然当时朝廷用人，大多是于谦说了算的。但对这位刚直不阿的大臣，徐珵还是有点儿本能的畏惧。于是，他选择了迂回政策，在于谦门下的士人之间，奔走游说，想得到国子监祭酒的职位。国子监祭酒，在当时相当于现在的国立大学校长。在徐珵的连续出击下，于谦终于为他说了话。但是，头脑清醒的明代宗一听徐珵的名字，马上想到了他当年建议南迁时的嘴脸，十分反感。目的没有达到，心胸狭窄的徐珵也并不知道于谦为他说了话，反而认定是于谦反对而坏了自己的好事，对于谦的憎恨又加深了一层。

后来，因为徐珵这个名字实在太臭，实在没办法在官场混下去了，在陈循的建议下，徐珵将名字改为了有贞。

改名之后，徐有贞的仕途开始一帆风顺起来。先是景泰三年（1452年），升为右谕德，继而因治河有功，晋升为左副都御史。天顺元年（1457年），景泰病重，将军石亨和张軏密谋迎明英宗复辟，徐有贞知道机会又来了，毫不犹豫地加入到了石亨和张軏的复辟活动之中。果不其然，复辟成功，天顺元年（1457年）正月，徐有贞被授为兵部尚书，后又封武功伯，兼华盖殿大学士（宰相），掌文渊阁事，赐号奉天翊卫推诚宣力守正文臣，锦衣卫指挥使。这个投机分子终于走上了人生辉煌的顶点。

但是，他始终未尝忘记，曾经，在朝堂之上，有一个人对他愤然唾骂，要将他斩首；在仕途路上，有一个人对他鄙夷小觑，让他失去了国子监祭酒这一位子，在官场中，有一个人让他一直屈于人下，满腔抱负得不到施展。每当想到这些，徐有贞便恨得牙痒痒。

明英宗复辟后，一直反对复辟的“救时宰相”于谦地位摇摇欲坠，于是，徐有贞趁机屡进谗言，以迅雷不及掩耳之势将于谦、王文等下狱，还唆使百官上奏，说于谦一直想拥立襄王世子即位以大权独揽，妄图左右明朝政局。这话刺到了皇帝的要害。确实，在土木堡之变中，是于谦挽救了大明王朝的命运，是个大大的功臣。但是，徐有贞心里明白，在明英宗的心中，有一块心病，一旦触碰，必将置于谦于死地——“不杀于谦，此事无名”。

于谦从未对复辟表示过赞同。那么，以于谦在朝廷里的势力和威望，对大臣的舆论的控制力，我这个皇帝，能让文武百官信服吗？于是，明英宗下定决心，将于谦下狱。徐有贞趁机落井下石，又将一顶谋反的帽子扣在了于谦头上。说于谦谋反，毕竟查无实据。但是，没关系，徐有贞已经将中国传统的欲加之罪、何患无辞发展到了出神入化的地步：“虽无显迹，意有之。”就是说，虽然没有明显证据证明他谋反，但是他一直想这么做。比起他的前辈秦桧陷害岳飞时那句“莫须有”真是有过之而无不及。正是这“意欲”二字，害死了一代忠良，也成就了徐有贞的一世骂名。

英雄冤死狱中，小人大权独揽。于谦死后，扬扬得意的徐有贞原形毕露，处处摆出一副小人得志的傲慢样子，每次起草诏书，都要经人再三催促才到；对原来景泰朝留下的官员，则是大肆罢黜。对当年一起谋划南宫复辟的同事石亨和曹吉祥，更是处处看不顺眼，天天在皇帝面前说他们的坏话。而石亨和曹吉祥也不示弱。一对二的战争正式拉开帷幕。

战斗一：徐有贞不断与英宗密谈，说石亨和曹吉祥的坏话。结果：徐有贞胜。

战斗二：徐有贞支持监察御史揭发石亨和曹吉祥侵占的民田。结果：徐有贞胜。

战斗三：曹吉祥便令小太监窃听皇帝和徐有贞的谈话，然后再透露给皇帝，制造徐有贞私自散布与皇帝密谈内容的消息，让英宗认为徐有贞不可靠。结果：徐有贞被降为广东参政。

战斗四：石亨令人写匿名信，对英宗大肆指斥然后诬陷此事与徐有贞有关。徐有贞侥幸逃脱。

战斗五：石亨利用徐有贞文章中一句“攒禹成功”的话，说他自比大禹，且还选择武功这曾经的封地给自己，足以证明他有谋反之心。结果：皇帝答应，杀掉徐有贞。

然而，徐有贞一生投机，运气实在不差。就在刽子手磨刀霍霍之时，京城忽降雷雨，很多建筑被破坏，石亨家也遭了水灾，杀人不吉利，徐有贞捡回一条命，被发配至云南。之后不到一年，石亨败落被斩首，徐有贞回乡闲居。他一心盼望能够再得重用，于是拾起了观察天象的老本行，常挥动铁鞭起舞，等待佳音的到来，却终于一再以失望告终，苟且偷生十余年后病逝。

徐有贞混迹官场十六年，始终庸庸碌碌，建树甚少。在一步步的投机中走向人生的顶点，又在一次次的投机中走向万劫不复。

李贤的潜伏大戏

就在徐有贞登上政治生涯的顶点，俯瞰群雄、沾沾自喜的时候，他未曾想到，有一个人已经悄悄地潜伏到他的背后，伺机在他的后背上猛然一击。而这一击，必将他推入万劫不复的深渊。

故事还得从明英宗刚刚复位的时候说起。那是天顺元年（1457年），徐有贞组阁。他安排了自己的亲信许彬等人进入内阁，完全控制了内阁和朝政大权。此时的内阁加上徐有贞共有四人，三比一的实力对比，徐有贞仍不满意。经过再三斟酌，他选择了这个外表老实本分的李贤，试图将他拉拢到自己旗下，把他培育成自己手中的木偶，俯首听命。

从徐有贞的角度来看，他的眼光的确敏锐。李贤，字厚德，河南邓州人。宣德八年（1433年）进士，一直在吏部任职，历任主事、郎中、侍郎。二十余年来，他兢兢业业，恪守本分，交友广泛，大家都喜欢他。如果没有徐有贞的挑唆，他的结局可能就是在吏部三四十年之后不声不响地光荣退休。而在徐有贞的操纵下，李贤马上升为翰林学士，入内阁，不久被任命为吏部尚书。这一职位可非同小可，它意味着，从此大明王朝选拔官员的大权就在李贤手中了。李贤理所应当对徐有贞感泪涕零，俯首听命，甚至将他的画像贴在墙上每天回家参拜都是极有可能的事情。

徐有贞满意了。内阁五人中，已有四个是“自己人”，明朝大势，已完完全全掌控在了自己的手中。

但是，在徐有贞自己的字典里，只有权势、地位、金钱。为了权势，他可以放逐一手提拔起自己的陈循；为了权势，他可以对周边所有的对手赶尽杀绝。但让他始料不及的是，在这个世界上，还有一种叫做“正义”的东西存在——有人可以为了它牺牲生命。徐有贞不明白，所以，他终将走向末日。而作为自己政治生命掘墓人的，正是他本人。

历史如开玩笑般的将一个维护正义的使命压在了李贤的肩上。其实，他的斗争目标很简单，往小了说，就是杀掉这些害死于谦的小人，为于谦讨回公道；往大了说，就是除去大明王朝的禄蠹，为政治的清明和社会的发展作贡献等。

其实，李贤任吏部侍郎时，与于谦并未有什么往来，甚至在政治上还曾有过分歧。这或许是徐有贞信任他的原因。但是，徐有贞不知道，于谦清正廉洁的作风、指挥京城保卫战时泰然自若的风度、刚直不阿坚守原则的立场、为国为名死而后已的勇气，早已深深刻在了李贤的心底。而徐有贞呢？他猥琐投机，落井下石，贪财怕死，也被李贤一桩桩看在眼里。李贤仿佛看到了于谦临死时那坚毅的眼神，听到了那无奈的叹息。于谦，我发誓为你讨回公道！

就当时朝廷的形势来说，李贤的处境十分凶险。经过分析，李贤敲定了他的基本斗争策略：潜伏。他不声不响，默默等待着时机的出现。因为他知道，现在时机尚未成熟，要战胜奸邪的敌人，只能比奸邪者更有谋略。而现在最好的谋略，就是等待。当年害死于谦的，不只有徐有贞，曹吉祥、石亨都是同谋。而他们现在，均把持了朝廷上最重要的位置，稍有不慎，全盘皆输。但是，不把他们除掉，于谦冤案得不到昭雪，大明王朝将永远黑暗下去！想要成功，现在，只能忍、忍、忍，直到时机的真正出现。

为了这份信念，李贤开始走上了斗争的第一步——自己不能孤军奋战，要拉拢每一个可以帮忙的人！于是，他在官场上的交际更加灵活。对待徐有贞，他毕恭毕敬，唯唯诺诺；对石亨等人，也保持了较密切的来往，甚至让他们感到，李贤其实也是自己人。但是，除掉徐有贞，谈何容易。经过长时间的观察和积累，直到有一天，李贤发现，机会真的来了。而他的第一步，却是利用徐有贞的势力，打击宦官集团。

天顺元年（1457年）五月的一天，在朝堂上，皇帝朱祁镇突然拿出都察院御史的奏折，当众宣读，奏折痛斥曹吉祥、石亨等人贪污受贿，排除异己，应该马上予以处罚。这当头一棒让曹吉祥来不及有丝毫反应，直接呆立当场，唯唯诺诺，一句话都说不出来。而此时的皇帝意味深长地看了徐有贞一眼，这一眼，在场的每个人都印在了心里。这其实等于是将曹吉祥集团与徐有贞的矛盾公开化了。虽然上奏折的是都察院御史，但曹吉祥已经认定，这件事情背后的主谋，就是徐有贞。他没有想到的是，这件事情，其实还有一个真正的全盘策划者：李贤。这一天的上疏，只是游戏的序曲而已。

没过多久，李贤便再次出手，策划了第二轮的攻击。这一次的行动，和上一次步骤基本相同，仍然是徐有贞找李贤上疏，搜集了大量石亨、曹吉祥不法的证据，然后一起策划上疏弹劾，再具体安排行动步骤。这次，他们找到的上疏人，叫张鹏。

李贤对筹划的积极参让徐有贞备感欣慰，更加坚定了对李贤的信任，但是，他不知道，这一次的弹劾，其实已经不是李贤将自己送上断头台的第一颗棋子了。

张鹏的上疏时间是精心安排的。这一天，石亨恰巧出征在外，是对曹吉祥、石亨分别击破的大好时机。但是，石亨和曹吉祥有着自己拿手的，相当传统的看家本领——布置眼线。就在张鹏上书的前一天，石亨已经连夜赶回北京，找曹吉祥商量对策了。曹吉祥听完石亨的陈述，嘿嘿一笑，告诉石亨，明日咱们一起进宫，必保平安无事。

第二天，石亨和曹吉祥相约进宫，一见皇帝，便放声大哭，边哭边悲痛地述说御史张鹏是怎么怎么受人指使，想置他们二人于死地，实在没有办法，请皇做主，等等。朱祁镇一听，顿时松了一口气，毕竟对于大臣之间的矛盾，得过且过也就罢了，于是便若无其事地该干吗干吗了。这时，石亨冷不防放出了对徐有贞致命的一箭：“御史安敢尔！”明英宗头脑一震，石亨的看似无心之语击中了明英宗的死穴。专权，就是专权！现在的徐有贞，实力未免太过头了。他霎时想起了徐有贞的大权独揽，他的不可一世。徐有贞，你的死期到了！

不久，皇帝便下令关押了张鹏和之前曾经上书的杨瑄，加上石亨的不断煽风点火，终于，李贤和徐有贞一起下狱。只因当时天有异象，杀人不吉，才救了徐有贞一命，改为流放；而李贤，则在吏部尚书王翱的大力游说下，留在了京城，不久复职。

这就是结局，李贤对同僚的刻意拉拢，终于发挥到了实质的作用，迎候到了这一天的来临。

现在他终于除掉了徐有贞，下面该轮到另外两个人了。

这两个人的智商与徐有贞相比，有着天差地别的距离。徐有贞已倒台，那么石亨和曹吉祥就万万不是自己的对手了，不用李贤给他们制造罪证，他们自己就在不断制造问题。他们的飞扬跋扈，皇帝早就已经看不顺眼了。再加上李贤的推波助澜，石、曹想不死都难。终于，李贤将他们一步步推向了悬崖的边缘。

先是天顺四年（1460年），在李贤的精心策划下，石亨入狱，一个月后惨死狱中。曹吉祥发现苗头不对，马上作出了最愚蠢的决定——发兵谋反。他和养子曹钦攻打皇宫，还劫持击伤了李贤，不到两个时辰就被英宗俘获，凌迟处死。

事情发展至此，李贤终于松了一口气。潜伏多年的愿望终于达成了。在这十几年里，他隐忍偷生，甚至不惜屈身于徐有贞这样的跳梁小丑之下，就是为了等到这一天的来临。于谦，你终于可以瞑目了！虽然我并不曾和你深交，但是，你要知道，你的所作所为，不只感动了我，也早已感动了天地！

天顺八年（1464年），明英宗病重。临死前，英宗将托孤重任委托给李贤。成化二年（1466年），李贤病逝，晋封为光禄大夫，左柱国太师，谥号文达。李贤的一生，廉洁奉公，政绩卓著。“自三杨以来，得君无如贤者。”（《明史》）这正是对这一辅佐帝王倾心竭力，为了正义隐忍多年的一代名臣最好的注解。

石亨，你很傻很天真

为朱祁镇由“太上皇”重新变成“皇上”，立下大功的第一号人物是石亨。

和政治投机分子徐有贞不同，石亨是位武将。但他不是那种手舞两把大刀只会砍人的彪形大汉，而是位战功显赫的将军。

石亨是陕西渭南人，他“生有异状，方面伟躯，美髯及膝”。就是说他面相奇特，脸又方又大，远超当时一般人的平均值。他身躯魁梧，长了一副和关二爷一样漂亮的胡须，一直垂到膝盖上（显然夸张），估计这副长相是家族基因遗传，因为他侄子石彪也是这个形象。当时有个相面的先生看到他们叔侄的长相感到很纳闷：“今平也，二人何乃有封侯相？”半天也想不明白，在这太平天下这二人怎么长了副必当封侯拜将的面容呢？

石亨出生在一个世袭武将的家庭，所以他老爹撒手人寰之后他自然就接了班，当上了一个叫宽河卫指挥佥事的下级军官。可能是那个时候军人世家特有的彪悍习气世代相传，石亨不仅长得奇特，打起仗来更是横得奇特。他从来不顾及什么敌我力量对比，常常是骑着高头大马，挥舞着大刀，嘴里喊着不文明口号就直向瓦剌军队冲过去。估计是那时蒙古人少地狭，当兵的见识也不多，没看到这么奇特这么猛的人，一见到石亨，当场就给吓蒙了，转头就跑。反正石亨那时候打仗很少输，用《明史》的说法就叫“每战辄摧破”。

就这样一边打一边升官，石亨很快做到了卫里面的都指挥佥事，那个时候明英宗朱祁镇才第一次当上皇帝没几天。直到正统三年（1438年）的时候，三百多瓦剌骑兵冬天里跑到黄河边上来饮马，恰巧那天石亨闲着没事干，喝了点儿酒正想找人打几架，一听瓦剌兵来了，大喝一声，直接点起数百军卒，跨马就向黄河边上杀去。瓦剌那时正是吃了上顿没下顿的时候，不仅马饿得瘦，人也没多少力气，那些瓦剌士兵正躺在河边上晒太阳，忽然听见一阵急促的马蹄声，还来不及爬起来，满天的箭雨就嗖嗖嗖地往身边落。紧接着又是一阵大刀片子招呼。就这样冲了几次，瓦剌骑兵除了跑回去几个之外，其他的都做了石亨的战利品。

这一战让石亨大出风头，不久就升了官，成了明朝边关的高级将领，辅佐武进伯朱冕一起镇守大同。在和瓦剌三天一小打，五天一大打的旷日持久的战斗中，石亨一路砍杀到了都督同知的位置。在他升迁的路上可没有半点儿猫腻，全是由自己的大刀一刀一刀砍出来的，按照当时的武官排行榜，石亨的智勇双全在边将中仅次于杨洪，位居大明边将第二位。可谁知到了后来玩弄政治的时候，却一点儿也找不到“智勇双全”的影子了。

英宗正统十四年（1449年），明朝和瓦剌的大战爆发。石亨镇守的大同不可避免地成了激烈的战场。在阳和口一役中，大同守军的第一号人物西宁侯宋瑛和第二号人物武进伯朱冕统统被瓦剌骑兵给砍死了。第三号人物镇守太监郭敬躲在草丛中，也没逃过被瓦剌士兵捉出来咔嚓砍掉的命运，只剩下第四号人物石亨狼狈不堪地单骑逃回了京城。可能一方面由于他往日的威名，一方面由于战争正吃紧，朝廷正缺人手，就没有杀他，只是贬了他的官，让他自己出钱招募士兵去继续镇守大同去了。

土木堡之变后，明英宗被俘，明代宗朱祁钰继位，尚书于谦辅政。于谦向皇帝推荐了石亨，提拔他为都督，封武清伯，掌管五营兵马。从此，石亨成为了京城守卫军队的副帅，地位仅在于谦之下。这次升职可以算是石亨仕途的第一次腾飞。由一个败军之将到京师守卫战的有功之臣，石亨的境遇之奇，令人惊讶。而其后的京城保卫战，更是让石亨的个人荣誉更上一层楼。当也先用被俘的朱祁镇做挡箭牌一路武装游行来到北京城下，他胸有成竹，趾高气扬。在他的印象里，明军依然是土木堡之变时那样不堪一击的明军。但是，他错了。在德胜门外，也先被石亨的部队用诱敌深入的战术打得一败涂地，最终因损耗太大持续不下去激烈的战斗而败退北去。此役后，石亨的声誉更盛，在朝廷论功行赏时晋位侯爵，声誉只在于谦之下。

可以说在京城守卫战之后，石亨的形象是正面的、光辉的。作为大明帝国最优秀的一位军人，石亨也得到了朝廷的高度的赏识和应有的待遇。而这一切，固然是由于石亨个人能力卓越，特别能打仗。但他个人的飞黄腾达，却也离不开赏识他的伯乐。这个人，正是于谦。就像科举考试及第后要感谢赏识他的座主一样，在此时，石亨对于谦也是极为恭敬和拥戴的。由于当时的国家大政多由于谦处理，在军事行动上，石亨和跟他一路打拼过来的侄子石彪，则有了相当大的发言权。

景泰元年（1450年），石亨在北面边防区域又打了胜仗，紧接着支持景泰皇帝废掉了他侄子（英宗的儿子朱见深）的太子之位，改立自己儿子朱见济为太子。石亨被景泰皇帝擢任为太子太师，赐世袭铁券并提督团营。出于对一手提拔自己的于谦单纯的回报，石亨向朝廷提议封赏于谦的儿子于冕。对于石亨提议，于谦没有接受，石亨觉得大失面子，与于谦的关系开始产生了裂痕。

一个人为了个人的私利而对一手提拔自己的伯乐怀恨于心，直到置其于死地，这种悲剧，在中国历史上，石亨不是第一个，也不会是最后一个，而这些人的结局，也大都逃不出历史赋予他们的应有的结局。为了加官晋爵，石亨与徐有贞勾结，一起向于谦下手，以“不杀于谦，此举无名”的理由，将于谦送上了断头台。

这之后，平生在边关杀人无数的石亨，内心的欲望愈加膨胀。对于自己的权力和财富，他突然间产生了一种前所未有的不满足感。但是他似乎忘记了，他能够掌管五营兵马，靠的是于谦的提携；能够夺门成功，靠的是徐有贞的智商；能够打倒徐有贞，靠的是曹吉祥的帮忙。现在于谦死了，徐有贞倒台了，依靠自己的智商，石亨自己，压根儿就没有膨胀的资本。

从此次开始，他做出了一系列政治暴发户常干的、为自己的悲惨结局埋下伏笔的愚蠢事情。

首先是利用皇帝来夸耀自己的权势。史书记载：“亨尝白帝立碑于其祖墓。工部希亨指，请敕有司建立，翰林院撰文。帝以永乐以来，无为功臣祖宗立碑故事，责部臣，而令亨自立。”让皇帝批准在自己的祖墓前立碑，还要国家机关亲自审批，亲自制造，亲自写碑文。

立碑的事情被驳回了，石亨丝毫没有收敛的意思，甚至越发连皇帝也轻视起来。上朝的时候，心情好了就去，心情不好就到处瞎逛，有时候不知道跑到哪儿去了，一连几天都可能见不到人影，甚至带着自己的远房亲戚参观皇宫。皇帝来了，也不回避：“亨无日不进见，数预政事。所请或不从，艴然见于辞色。即不召，必假事以入，出则张大其势，市权利。”这也就罢了，最夸张的是他竟然把皇帝当成那个躺在南宫里晒太阳的太上皇，一不答应他的要求，他就对皇帝大发脾气。“久之，帝不能堪。”皇帝都受不了你了，你还有几天好日子？

这是在朝内，而在朝外，石亨就更不成体统了。他贬黜大臣，卖官鬻爵，经常故意赶走两京的大臣，而空缺的官位，全被授予自己的亲信，或者拿来出售，明码标价，童叟无欺。

当时就有官场的价目表。“朱三千，龙八百”，朱是朱铨，龙是龙文，三千和八百分别是他们向石亨买官的价格。而石亨的侄子石彪，这位夺门之变后的大同总兵，胆子更大，英宗回朝之后，也先曾送一个女子到大同，托石彪送给太上皇。石彪见那女子姿色诱人，暗地里强行霸占，自行消受。

事情发展到这里，所有的人都看得出来，石亨的死期已是不远了。而一个人的到来，将彻底粉碎皇帝对这个洋洋得意、不知祸已将至的乐天派的信任。

石亨，阎王叫你回家吃饭

天顺二年（1458年），当石亨在京城继续享受着他至高无上权力的时候，发生了一件对他而言很糟糕的事情。

当年石亨和徐有贞、曹吉祥联手杀害于谦的时候，所捏造的最主要的罪名便是于谦打算拥立藩王入京来当皇帝。这个藩王叫朱瞻墡，辈分比朱祁镇高一辈。可能是担心这个谣言导致自己不明不白地被皇上干掉，朱瞻墡左思右想，辗转反侧良久之后作了一个决定：亲自上北京喊冤。

事实证明，朱祁镇这个人其实心肠软弱，很好说话，换了他的祖上朱元璋，朱瞻墡就算有十条命也早就被斩草除根了。而朱祁镇放手让他活到今天，不能不说是朱瞻墡的命大，遇到了好主子。明英宗朱祁镇极其热情地接待了他的叔叔，表达了阔别已久的思念之情。而朱瞻墡则以极其谦恭的态度表达了对皇帝的赞美和拥戴，声明自己从未有过篡权夺位的非分之想，所有的流言都是有险恶用心的人刻意制造的，等等。

与其他帝王所不同的是，朱祁镇没有相信大臣，而是相信了自己的叔叔。他认定，自己上了徐有贞、石亨的圈套，被他们给涮了，于谦死得冤枉。现在徐有贞不在京城了，朱祁镇只得怒气冲冲地责问石亨，石亨欲辩无词，将所有责任都推到了徐有贞头上。皇帝听了，暗想事情都到这一步了，你再这样装也太假了吧？于是狠狠地斥责了石亨。这一切，全被追求公道的李贤看到了眼里。李贤不由自主地冷笑一声，和徐有贞的合作关系破裂之后，这个石亨，真是不值一提了。

虽然皇帝对石亨已经很不满意，但由于石亨权势在握，与大太监曹吉祥互相依靠，侄子又是握有重兵的边关大将，当时的朝臣中间还是有很多人拜于石亨的门下——这一切，更让皇帝对石亨处处看不顺眼。有一次，皇帝问李贤：“阁臣有事，须燕见。彼武臣，何故频见？”意思是，国家政事大臣们不向我这个当皇帝的来请示，全都跑到石亨他们那里去了，我该怎么办呢？聪明的李贤马上听出了皇帝的不满，但鉴于皇宫里到处都是石亨盟友曹吉祥的耳目太监，李贤灵机一动，给出了一个聪明的回答：“陛下惟独断，则趋附自息。”全天下都是皇帝的，你想怎么办都行！

聪明的朱祁镇马上明白了李贤的意思。对啊，整个天下都是自己的，一个石亨，算什么东西！但是，对于这帮曾经帮助自己重登皇位的功臣，明英宗尚未动杀意，直到翔凤楼上，发生了一件看似偶然的事情。

天顺二年（1458年）冬天，明英宗协同几个文武大臣到翔凤楼游玩，当他们登到最高处，皇帝突然发现一座豪华的宅邸出现在自己眼前。他不禁指着那个地方问恭顺侯吴瑾，这是个什么地方。吴瑾当然知道，这就是石亨的宅院。

但是，作为于谦的同情者和仰慕者，吴瑾早已对石亨深恶痛绝，他略一思索，作出了一个十分精明的回答，“此必王府”。皇帝一想，不对，王府也没有这么阔气啊。早已准备好如何作答的吴瑾当即跟上一句：“非王府，谁敢僭逾若此？”听到这话，朱祁镇的眉头间涌上一股寒气。其实，他早已知道这是石亨的府邸，而吴瑾的回答提醒了他。

其实，对于皇帝的不满，即使是愚蠢如石亨，也不会完全没有察觉。而他之所以敢如此嚣张，是因为在他看来，自己的手里，是有底牌的。这个底牌，就是军队。石亨除了安排自己的侄子石彪在外地统兵外，自己也统帅着京城驻军，还在皇帝身边安排了不少的眼线——曹吉祥的太监和自己任用的大臣们，此外，他收买了锦衣卫指挥使逯杲来给自己四处打探消息。天真的石亨以为，自己的这些措施对付老实的皇帝朱祁镇来绰绰有余。只要形势一有变，自己与石彪里应外合，一个柔弱的明英宗，又算得了什么。

可是他错了，在南宫里晒了八年太阳的皇帝，早已经不是那个整天对王振言听计从的年轻人了。在那里八年都可以忍过来，在也先那里可以忍过来，如今为一国之主，想要铲除这样一伙乌合之众，简直就像捏死一只蚂蚁一样简单。

这是天顺三年（1459年）的八月，长相与自己叔叔酷似的石彪首先成了靶子，为石亨一伙的最终倒霉做了先导。事情是这样的，石彪在大同当总兵肆意妄为，仗着自己叔侄俩位高权大，全不把其他人放在眼里。周围人不服，狠狠地参了石亨一本。正谋划着对付石亨的朱祁镇抓住了这一把柄，立即下旨召石彪还朝。而石彪贪恋权位，不肯回京，还指使千户侯王斌等人上疏，妄图继续留任。朱祁镇晓得其中的猫腻，便将王斌等人捉拿，严刑拷问，下旨召石彪速归。石彪回到京城之后，朱祁镇马上让他与王斌对质。

不对质不知道，一对质吓一跳。王斌除了供出石彪种种不法的事情，还揭露了石彪一个天大的秘密——私藏龙袍。这在当时社会可是非同小可。私藏龙袍，等于谋逆，这可是灭九族的滔天大罪。王斌越讲越投入，皇帝惊愕地发现，石彪居然还霸占了也先送给自己的女人。朱祁镇火到了极点，二话不说，直接把石彪给扔到了大狱里。

石彪一进去，石亨的外援被切断了。直到这时候，石亨才发现，什么大权在握，什么里应外合，全是美好的设想。自己的真实地位，只能算是一个拿着高薪的雇工而已。现在没有了石彪的撑腰，单凭在京城里这些“自己人”，什么事都成不了。

经过妥善分析，石亨决定跑到皇帝面前，老老实实地低头认错。他哭哭啼啼地说了一些没管好侄子之类不切重点的话，恳求皇帝他回家种菜去。而朱祁镇却不想就这么轻易地饶了他，故作无事地宽慰石亨，告诉他说侄子的事和石亨没什么关系，让石亨继续为大明帝国贡献力量。

石亨一听这话，真的以为皇上不想动他，连一再坚持辞职这样惯常的秀都没做，依然我行我素。而此时，朱祁镇在暗地里已经出手了。他策反了石亨最可靠的同伙——锦衣卫指挥逯杲，迅速地扫清了石亨和石彪的残余部下。现在，石亨只是一个孤家寡人了。铲除石亨，只需要最后轻轻地一击。

就在这个节骨眼上，朱祁镇停手了。他又想起了夺门之变的时候，石亨曾经立下的功劳。但是，朱祁镇想放过他，李贤却不想放过他，许许多多为于谦叫屈的正直之臣不想放过他。

这一天，朱祁镇又对李贤提起了“夺门”时的事情。李贤知道，机会来了。他当即说道：“迎驾则可，‘夺门’岂可示后。天位乃陛下固有，夺即非顺。且尔时幸而成功，万一事机先露，亨等不足惜，不审置陛下何地。”“若郕王果不起，群臣表请陛下复位，安用扰攘为。此辈又安所得邀升赏，招权纳贿安自起。老成耆旧依然在职，何至有杀戮降黜之事，致干天象。《易》曰‘开国承家，小人勿用’，正谓此也。”（《明史》）

皇帝当即大悟。是啊，“夺门”这个词，本来就是说我朱祁镇的皇位来路不正，若皇位源于天授，那么，又怎需“夺”？这都是那些小人为了邀功请赏制造出来的说辞。要不是李贤今天提醒我，让“夺门”这个词流传后世，那我岂不是名不正、言不顺吗？想到这里，朱祁镇不由得流了一阵冷汗。

朱祁镇随即下诏，今后不许再使用“夺门”二字。朱祁镇的这一行动，直接宣告了想凭借夺门之功避免死罪的石亨集团彻底玩完。不久，石亨下狱，被判为谋反罪，抄没家产。天顺四年（1460年），石亨死在狱中。不到一个月，他的侄子石彪也被押赴刑场斩决。不知道石亨在临死前，是否想起了自己单枪匹马、浴血奋战，让敌人闻风丧胆的过去。从意气风发的武将到绝望的阶下囚，这就是石亨，一个狂妄自大者的最终宿命。

曹公公的美好愿望

徐有贞死了，石亨也死了。曹吉祥发现，和他一起制造“夺门之变”的人已经一个一个地被干掉。他不免产生了一种兔死狐悲的心情，下一个，该不会就轮到我了吧？

没错，李贤的下一个目标，也是最后一个目标，就是曹吉祥。

这个曹吉祥，在明英宗登基之前，就已经入宫当了宦官，是皇宫里老资格的人物。他入宫之后，一直依附在权倾当朝的大宦官王振手下。“土木堡之变”后，明英宗被俘，王振被杀，曹吉祥开始自立门户，单打独斗。他利用自己出入皇宫方便的条件充当内应，与徐有贞、石亨等人共同谋划了夺门之变，一举成功，帮助朱祁镇重新登极。

曹吉祥因为参与策划复辟有功，很快成了明英宗眼中的红人，被任命为司礼监主管太监，总督三大营，京城里的军政大权全都把持在了曹吉祥的手里。从此，他开始左右皇帝的一言一行，俨然就是明英宗的代言人。

他利用自己手中的权势，将他所有的亲戚都封了官。“嗣子钦，从子铉、铎、旋等皆官都督，钦进封昭武伯，门下厮养冒官者多至千百人，朝士亦有依附希进者，权势与石亨埒，时并称曹、石。”（《明史》）曹吉祥的养子曹钦、曹铉、曹铎、曹旋等人，一个个官至都督；曹钦甚至还做到了昭武伯，门下养着几千门客。

他还做了古往今来奸邪之臣都常做的一桩生意：卖官。据说，曹吉祥很贪婪，他引荐文武官员的时候，从来都不看这人才力如何，而只论给钱多少。这种情况，连明英宗都有所察觉。但是，善良的明英宗一想到自己曾经依靠曹吉祥复位，感激之情马上超越了憎恨之情，也就对他纵容了许多，只是令内阁大臣稍稍压制他些罢了。可以说，自夺门以来，曹吉祥一直过着一种十分幸福的生活。

但是，好日子不长了。就在石亨倒台的同时，明英宗已经下诏，从此以后，谁都不许再提“夺门”二字。这是李贤的一石二鸟之计。这意味着石亨失去了自己活下去的最后一注筹码，同时，曹吉祥也不再有猖狂的资本。“久之，帝觉其奸，意稍稍疑。及李贤力言夺门非是，始大悟，疏吉祥。”

按常理来说，这个时候的曹吉祥，已经知道徐有贞和石亨之后，下一个矛头会指向谁，那么，他就该磨平棱角，收敛行为，能混个寿终正寝，就是他的造化了。但是，曹吉祥似乎并不知道自己处在多么危险的境地，而是采取了一种匪夷所思的保护自己的方式——皇帝可能要对我下手了，但如果我自己做了皇帝，谁还能拿我怎么样呢？他越想越觉得不错，于是，宦官曹吉祥确定了自己的斗争目标：当皇帝。

既然有了斗争目标，就要有斗争方案。而依曹吉祥当前的地位来说，这个目标实现只能有一个途径——造反。依据曹吉祥的分析，当皇帝这一目标的实现，有着充分的可行性。

首先，作为掌管朝廷中枢机构的司礼监主管太监，曹吉祥可以随意出入宫廷。

其次，曹吉祥在正统年间曾出任过监军，那时，他挑选了一些彪形大汉作为自己麾下的心腹。这些壮汉至今仍然蓄养在家中，因此兵甲充足。

再次，曹吉祥的一帮养子和侄子，都手握朝廷的兵权，嗣子曹钦更是担任着都督同知，又受封昭武伯。这可是有明以来，都不曾有过的宦官子弟封爵位的先例。

再加上身边一大批溜须拍马的奸佞之徒追随，他们经常接受曹吉祥的厚赏，生怕曹吉祥一朝失势，自己不但地位不保，连小命也要没了，因此纷纷愿意为曹吉祥卖命，他们可以作为造反的羽翼。曹吉祥认为，自己当皇帝，指日可待。

曹吉祥兴奋地将自己的计划告诉了嗣子曹钦。曹钦和曹吉祥一样，有着远大的理想。两人一拍即合，当即决定大干一场。于是，曹钦找到自己的门客冯益，让冯益为自己的起事进行谋划。

曹钦问道："自古有宦官子弟为天子者乎？"冯益听了，附和道："君家魏武，其人也。"曹操不就是宦官子弟当皇帝的先例吗？曹钦一听，高兴坏了，马上把冯益留下，喝酒直到深夜，还让自己的侍妾与冯益把酒言欢。冯益一看，知道自己的话说到了曹钦的心坎上，借着酒劲，更是滔滔不绝地把曹吉祥和曹钦一顿吹捧，说得连几个侍妾都忍不住吃吃地笑，但曹钦却浑然不绝，手舞足蹈，好像自己真的已经当上了皇帝。

没过多久，曹吉祥和曹钦就真的开始着手准备造反事宜了。计划其实很简单，概括起来就是：曹吉祥做内应，曹钦带兵一路冲杀进宫，杀掉明英宗，自己做皇帝。虽然这个计划看起来很可笑。但是，曹钦曹吉祥之所以敢下这么大的赌注，是因为他们其实还是有些资本的。前文说过，正统初年朝廷征麓川时，曹吉祥曾作为监军。每次出征，他都会选择一些彪形大汉收在自己的帐下。而这些彪形大汉，大部分都是鞑官。

所谓鞑官，就是投降的蒙古兵。从永乐时期设置朵颜三卫开始，蒙古军就已经成为了明朝军队中最有战斗力的一支。曹吉祥深知这些蒙古兵凶猛彪悍，便用各种方式对他们招募拉拢，让他们对自己死心塌地。这些鞑官，曹吉祥一呼百应，是一支相当不可小觑的力量。但明朝的军队呢？调兵手续十分复杂，兵不知将，将不知兵，如无兵符，根本无法调动军队。这些蒙古兵突然冲进皇宫，明英宗可能根本没有还手之力。现在，成大事只需要一个契机了。

上天很快将这一契机送到了曹吉祥面前。

天顺五年（1461年）七月，曹钦对家人曹福滥用私刑，被监察官知道后，上疏弹劾。明英宗派锦衣卫指挥逯杲处理，并下旨将这件事通告群臣。曹钦一听，大惊失色，马上联想的徐有贞和石亨的悲惨结局，认为皇帝终于要向他们动手了，于是马上招来曹吉祥商议，决定策兵谋反。

为了万无一失，他们还派遣其党羽——掌管钦天监的太常少卿汤序去观测星象，确定起兵的黄道吉日。汤序回来报告说，七月初一是一个出兵的大吉之日，届时，朝廷西征的大军已发，皇宫里必定防守空虚，是动手的大好时机。冯益当即拍板，就在七月初一黎明前举事，曹钦从外面带领军队进攻，曹吉祥做内应。曹钦还答应，一旦事成，就请冯益做自己的军师。

曹吉祥此时正沉浸在当皇帝的美梦中。与曹吉祥合作的外援曹钦，也正在自己的家中大摆宴席，招待即将参加谋反的官吏。他把藩将们聚到一起开怀畅饮。对每个人封官许愿，宴会在极其美好而温馨的氛围中进行着，酒过三巡，大家都已经有些醉意。他们没有发现，在场众人中，有一位已经偷偷溜走了。

这个人叫马亮，是藩将中的一个都指挥。他越想越觉得和曹吉祥的合作不靠谱。要是事情不成功，还要牵连九族，这可不是开玩笑的事情。而且，马亮虽然看起来不起眼，但他还有另外一个身份——吴瑾的朋友。

曹吉祥，认栽吧

天顺五年（1461年）七月初一，深夜。

这一晚，吴瑾没有回家，而是留在朝房值夜。因为明天一大早，由他和孙镗统帅的西征大军将要浩浩荡荡地开赴陕甘边境。此时，他们并不知道，一场惊心动魄的变局已经悄悄地拉开了序幕。

此时已是夜晚二更，随着一阵急促的叫门声，吴瑾被跑得上气不接下气的马亮吵醒，得到了一个惊人的消息：曹钦、曹吉祥反了。

吴瑾脸色大变。但是，惊慌过后，他发现自己对此也是无能为力。因为时值深夜，吴瑾孤身一人，手上又没有兵符，想调兵镇压是万万不可能的。情急之下，他突然想起，孙镗此时也正在朝房值夜。于是，急急忙忙地赶去找孙镗商议。孙镗听了，马上赶跑去禀报皇帝。但由于此时已是深夜，皇宫大门早已关闭，当他们两个赶到长安门时，只有用一种“急变”的方式将事情通知皇帝。

明代所谓的“急变”，就是在有十万火急的情况发生，必须在夜间惊动皇帝时采用的一种紧急联系方式。上奏者将所要陈奏的情况写在纸条上，然后从长安门的门缝中塞入，由守门人将奏疏呈递皇帝，不得有丝毫拖延。

“急变”是他们二人此时所能采取的唯一策略。但是，直到此时，他们才发现，武将出身的二人都不认得多少字，再加上情况紧急，两个人你看我我看你，连一个字都写不出来。眼看时间再也耽误不得了，只好抓起笔来，潦潦草草写了六个字：“曹钦反！曹钦反！”塞到了门缝里。

朱祁镇接到这份奏折，表现出了异乎寻常的淡定，他当场命人捉拿曹吉祥，并下令关闭皇城以及京师的九道大门。不经允许，不得轻易打开。

虽然已经将这件事通告了皇帝，曹吉祥也被捉拿归案，但他们知道，曹钦手里兵力虽然并不多，但仍具有很强大的力量。如果在天亮之前还是没有援军赶到，一旦曹钦攻破皇宫，情势仍是十分危急。而朝廷调兵程序复杂，时间紧迫，他们只好想别的办法，从各处寻找援兵，先将局势稳住。还没过多久，曹钦的军队已经攻到长安门下。此时，皇帝已下令将长安左门牢牢堵死，曹钦想尽一切办法，甚至用火烧门，就是没法将大门打开。曹钦见长安门攻也攻不开，烧也烧不着，彻底失去了控制，气急败坏地哇哇乱叫。长安门外已是乱成一团，吵吵嚷嚷，火光冲天。

吴瑾和孙镗看此形势，知道坐地等待朝廷的援兵实在是来不及了，二人商量后，定下了一个斗争策略。那就是他们各自分头去找援兵，找到后，带兵来此会合。计议已定，二人匆匆走了。

孙镗首先来到了太平侯张瑾家，请张瑾出兵击贼，但是，胆小怕事的张瑾一听，吓坏了，根本不敢发兵。孙镗无奈，只好仓猝地回到宣武街，找到自己的两个儿子，让他们呼吁西征将士同去讨贼。这两个人听了，对孙镗说：“若号于道，有狱贼反，获者得厚赏，征西军可集也。”意思是，如果在长安门外大声呼喊说有人谋反了，谁将他们捉住谁就将得到重赏，那么征西军中一定会有将士前来帮忙。于是，纷纷上街呼唤。不到一会儿，就召集来西征军两千多人，甲兵都已备齐。孙镗对他们喊道：“不见长安门火耶！曹钦谋反。兵少，击杀者予金。”你们看不见长安门着火了吗？谁能将曹钦抓住杀了，就给你们重金赏赐！将士听了，纷纷动手。这时，工部尚书赵荣也披甲上马，一边高呼“能杀贼者从我”一边直向前冲，霎时又召集到了数百人。在两边同时夹攻下，局势开始逆转。曹钦一方呈现出败相，一边战一边后退。此时，天色已经大亮了。

此时，恭顺侯吴瑾也正带着五六名骑兵在东顺门苦苦支撑。但是，以五六人之力，根本不是叛军的对手。吴瑾面无惧色，与叛军拼死相搏，力尽而死。

曹钦见攻下长安门已是不可能了，只好想别的迂回政策。他决定，上东安门试试，说不定这个地方的防守会比较空虚。情况与他的预计恰恰相反。东安门的守将虽然没有将门堵住，却自己在门内放了一把大火。这样一来，曹钦在外面放火，守将在里面放火，火势越来越大，曹钦无论如何都进不去。这样，他又一次地陷入了绝境。而此时，孙镗匆匆赶到，立刻趁势发动了进攻。胜负已经差不多能见分晓了。

但是，曹钦手下的鞑官一个个都是在战场上你死我活地拼大的，再加上升官封爵等利益的诱惑，战斗力实在惊人，个个都能以一当十。孙镗人虽多，战斗还是一直打打停停，停停打打，僵持不下，“钦还驻东大市街，相拒至西”。

曹钦眼见自己胜算越来越渺茫，为了突出重围，他终于使出了自己的撒手锏，派遣曹铉集中一百多名骑兵，向包围圈发动了最后的进攻。成败在此一搏！官军立即呈现败相。孙镗看到士兵逃窜，忙将逃命者见一个杀一个，局势才慢慢扭转过来。于是，孙镗开始安排弓箭手站在队伍前列，对纵马冲锋者疯狂射杀：“铉以百余骑往来驰突者三，官军环结自溃，镗执斩溃者以徇，发神臂弓以射之，遂追斩铉。”

气急败坏的曹钦怕了，但他的心里还抱有一线希望。于是，精疲力竭的曹钦作出了最后的一个决定：率骑兵绕道攻朝阳门，继续攻打。攻不下，再绕到安定门、东直门、齐化诸门。围绕着北京城走了整整一圈，他悲哀地发现，所有的城门已经通通关闭了。此时，尚书马昂以及会昌侯孙继宗也陆续带兵到来。曹钦的手下被杀死过半，曹钦的几个弟弟也当场被击毙。

曹钦知道败局已定，狼狈地往回跑，没想到这时候，连老天爷都与他过不去。忽然间大雨倾盆。曹钦退无可退，躲无可躲，情急之下看到路边一口水井，直接跳井而亡了！

曹钦虽然死了，但是官兵丝毫没有就此了事的意思。他们一齐追上，将曹钦从井中捞出邀功。其他人冲入曹钦家，见人就砍，见东西就抢，“亲党同谋，一时尽死”。而曹钦的几个妻妾此时还在家中做着当后妃的美梦呢！

曹钦、曹吉祥谋反案已经平定，明英宗召开朝会，宣布判决：“捷闻，上以是夕御午门，下吉祥都察院狱，明日磔于市。且追磔钦、铎、旋、铉，伯颜也先、冯益、汤序伏诛，余并流岭南。”将曹吉祥凌迟处死，已经死去的曹钦兄弟四人的尸首受万剐凌迟之刑，所有曹氏的亲党全部问成死罪。

曹吉祥和曹钦的阴谋被彻底粉碎了。这一战，孙镗和吴瑾发挥了决定性的作用，朝廷将孙镗晋封为侯，力战而死的吴瑾被追封为梁国公。

第三章　成化，一个哭笑不得的时代

我爱你，就像老鼠爱大米

天顺八年（1464年）正月，明英宗朱祁镇病死，太子朱见深继位，是为明宪宗。随着朱见深的即位，中国历史上一场最离奇的恋爱也正式走上了舞台。

朱见深的童年生活，用“水深火热”来形容，真是一点儿都不为过。他出生于正统十二年（公元1447年），一生下来，就理所应当地过着锦衣玉食的富贵生活。如果没有那件事情的发生，朱见深应该是一个很幸福的孩子。

正统十四年（1449年），发生了土木堡之变。朱见深的幸福生活正式宣告结束。父亲朱祁镇带兵亲征，沦为瓦剌军的俘虏。国不可一日无君，经朝廷商议，由朱祁镇的弟弟朱祁钰顶替他哥哥的位置，待到朱祁镇还朝，再将皇位归还。为了遏制朱祁钰的野心，老谋深算的孙太后还联合群臣，力荐年仅两岁的朱见深为皇太子，以此作为支持朱祁钰登基的交换条件。

朱见深做了皇太子，但他的地位并不稳固，而且充满了凶险。朱祁钰的眼睛时时刻刻在盯着他，恨不得将他斩草除根。为了保护年幼的小孙子，孙太后将一个叫万贞儿的宫女派到了朱见深身边。这个万贞儿，聪明乖巧，惹人喜欢，从小跟随孙太后的身边，颇通书画文墨，是孙太后的心腹。

让万贞儿承担照顾和保护这位小皇子的职责，孙太后终于放心了。但是，孙太后当时恐怕万万没有想到，就是这个并不起眼的宫女，有朝一日将成为历史上赫赫有名的万贵妃，把大明宫廷搅得天翻地覆。而此时，一切才刚刚开始。

那一年，万贞儿十九岁，朱见深两岁。

年幼的朱见深自然不知道外面的世界已经天翻地覆，他只知道每日在宫廷里游荡玩耍。由于他地位特殊，大家都知道他被废是迟早的事情，没有谁愿意去接近他。可怜的他，亲生父母被囚禁在南宫；疼爱他的皇太后奶奶也是顾了这头顾不了那头，宫里宫外处处是景泰帝的眼线，朱见深十分孤独。这时，只有一个人，无微不至地照顾朱见深，寸步不离地守护在他的身边，给他照顾和安慰。这个人，就是孩子心中最敬爱的万姑姑。

孙太后的直觉是相当精准的。朱祁钰即位不久，就开始谋划永坐皇位。景泰三年（1452年），他联合一部分大臣，一举废除了朱见深的太子地位，改封为沂王，又立了自己的儿子朱见济为太子。此时，朱见深五岁。

从此，朱见深流落皇宫之外。父亲被囚禁在南宫，母亲周贵妃也无法出宫来看他，他的身边遍布着朱祁钰的手下。朱见深就这样过着今日不知明日事的生活，随时可能突然死去。这样的生活，持续了整整五年。

这五年里，朱见深的身边，始终只有万贞儿一个人，不仅是他的保姆，更是他的母亲、老师、朋友，是他能够活下去的勇气。天顺元年（1457年）正月，朱见深悲苦的日子终于结束。朱祁镇重新夺得皇位，朱见深可以回到宫中，太子的身份得以恢复。

就这样，在万贞儿的陪伴下，十岁的朱见深回到紫禁城。这一次，自己的父亲是当今的皇帝，他可是名正言顺的皇储了。于是，许许多多溜须拍马的官僚开始围绕在朱见深的身边讨好他，身边也多出了许多各种各样新选进的宫女。但是，五年的废太子生涯，已经使他和万贞儿一时一刻也分不开了。任凭谁，也无法取代万贞儿在他心中的分量。随着朱见深的长大，情窦初开，他和万贞儿的关系也渐渐改变了性质，虽然这个时候万贞儿已经三十出头。

天顺七年（1463年），朱见深十五岁，到了成婚的年龄。明英宗开始在全国范围内为太子选择太子妃。按照礼制规定，这次将为朱见深选择一位正妻，两位妃子。经过层层筛选，最后留下三人，分别为：顺天吴氏、上元王氏以及一位柏氏。就在明英宗为选择谁做正妻而犹豫的时候，他病倒了，半个月后撒手人寰，十六岁的朱见深成为了大明帝国新一任的皇帝。他册封自己的嫡母钱氏为慈懿皇太后，生母周贵妃为皇太后。在这两位太后的策划下，天顺八年（1464年）七月二十一，紫禁城举行了隆重的大婚典礼，和朱见深同年的吴氏成为了宪宗朝的第一任皇后。

吴氏成为皇后，虽然得到的宠幸远远不及万贞儿，但仍是让万贞儿妒火中烧。她时常在小皇帝面前耀武扬威，根本不把皇后放在眼里，甚至还有意无意地激怒她。“先是，宪宗居东宫，万贵妃已擅宠。后既立，摘其过，杖之。”（《明史》）也就是说，当时万氏专宠，吴皇后凭借着自己的皇后地位，指责万氏的过错，并亲手杖打了她。万氏哭哭啼啼地跑到朱见深面前倾诉，并趁机讲了许多吴皇后的坏话。宪宗朱见深听了，勃然大怒。一气之下将吴皇后打入了冷宫，还下令也对吴皇后处以杖刑，为万氏出气。

八月，明宪宗朱见深下诏：“先帝为朕简求贤淑，已定王氏，育于别宫待期。太监牛玉辄以选退吴氏于太后前复选。册立礼成之后，朕见举动轻佻，礼度率略，德不称位，因察其实，始知非预立者。用是不得已，请命太后，废吴氏别宫。”意思是，当初明英宗中意的太子妃人选其实是王氏，由于吴氏的父亲吴俊打通了太监吴熹的关节，送了大笔银两，在两宫太后复选之时，假造英宗遗言，使得吴氏成为皇后。可怜的吴氏，才做了一个月的皇后就被废掉，十六岁的她只能在冷宫里度过自己漫长的人生了。

吴皇后被废后，王氏成为皇后。王皇后知道万贞儿的厉害，一直对她忍气吞声。其实，在朱见深心里，只恋着万氏一人，他何尝不想册立万贞儿为皇后？但是，万氏年龄比他大十七岁，又是微贱的宫女之身，想坐上皇后宝座，实在是万万不可能的。迫于礼制，也迫于两位太后的压力，宪宗也只得给她一个小小的妃嫔名号。

成化二年（1466年），万妃生下了皇长子，大喜过望的朱见深立即趁势将万氏加封为贵妃，又派出使者祭祀山川诸神。谁知天不从人愿，这位小皇子不及满月就夭折了，更令万贵妃伤心的是，从此之后，她再也没有怀上过孩子。

“母以子贵”的梦想破灭了。但是，万氏并未放弃夺取皇后之位的野心，而朱见深对他的宠爱也并未因此而减少丝毫。万贵妃不但宠冠六宫，而且还将势力扩展到了朝堂，内连宦官，外结权臣，一时间威行朝野，连朱见深也无法制掣她，他还将万贵妃的弟弟万通封为锦衣卫指挥使；其兄万喜封为指挥使；其弟万达封为指挥佥事。万贵妃还指使太监梁芳、郑忠、汪直、钱能等，以宫廷采办为名，大肆搜刮百姓财产，动用内帑无数。而对此，宪宗却没有提出过任何异议。

但是，失去孩子之后的万贵妃虽然万千宠爱集一身，心肠却更加狠毒。每当得知宫中其他嫔妃诞下龙子，就恨得牙痒痒。她买通太监，每当他知道哪个妃嫔已有身孕，就马上送去打胎药，逼迫她们喝下去。迫于万贵妃在宫中的权势，妃嫔们只好含泪相从，导致"掖廷御幸有身，饮药伤坠者无数"。

几年过去了，朱见深一直没有子嗣。朝野内外，一片忧心。大臣们屡屡奏请，希望皇帝广施恩泽。虽然明宪宗也愁眉不展，但仍是很少出入万贵妃之外其他宫人的住所。直到成化五年（1469年），柏贤妃生下皇子，宪宗大事庆贺，将其立为皇太子。但不到一年，这个孩子也不明不白地夭折了。朱见深痛苦极了。宫人太监们觉得太子病得奇怪，偷偷查访，得知果然是万贵妃派人毒死了太子，却没有一个人敢去告发。在明宪宗的眼里，万贵妃永远是那个世界上唯一可以相信、可以依靠的善良的女人。

有一天，太监张敏正在给朱见深梳理头发。百无聊赖中，朱见深又想起了自己已经死去的儿子。他对镜自照，看到自己头上的数根白发，不由得长声叹息："老将至而无子！"张敏听到了皇帝的自言自语，酝酿斟酌良久，终于鼓起勇气，伏倒在地，连连磕头，用颤颤巍巍的语调，告诉了皇帝一个惊人的消息："死罪，万岁已有子也。"

纪姑娘的肚子

自己有一个儿子，而且已经六岁了，却从来不知道，从来没见过。张敏的回答让明宪宗大吃了一惊。激动之余，也不待细问这个儿子是从哪儿冒出来的，便急急忙忙地传旨摆驾至西内，派张敏去领皇子来与自己见面。

这个皇子究竟是谁呢？他又是怎样逃脱了万贵妃的魔爪，在六岁时终于得以与父亲相认的？

一切还得从成化元年（1465年）说起。

这一年，西南作乱，朝廷任都察院都御史韩雍为远征军指挥官前去征讨，不久便将其全部歼灭。这次平定叛乱，俘获了很多当地的土著居民。他在这些俘虏中挑选了一些年轻男女，带回京城，准备送进王府或是宫廷。

在这批人里，有一位年轻女子。她姓纪，名字不详，是当地贺县一名土官之女，长得漂亮，人也聪明，于是便被送进了宫，充入掖庭。宫中见她性情贤淑，又通晓文墨，不久便升她为女史，继而被王皇后看中，命她管理内藏。所谓内藏，其实就是内府的钱库。在明代，国库里的钱，是由户部管理的，内藏库里的钱，则是皇帝的私人财产，由皇帝亲自掌管。

一天，朱见深闲来无事，来到了内藏，想问问内藏现在还有多少金银钱钞。当时，正是纪姑娘值班。皇帝见她口齿伶俐，对答如流，十分喜欢，又见她生得美貌如花，明艳动人，当即在纪氏住处召幸了她。

虽然得到了皇帝的宠幸，但纪姑娘的日子并没有好过起来。皇帝只是一时兴起，离开内藏后，明宪宗马上便把纪姑娘抛在脑后，一颗心又回到了万贵妃身上。纪姑娘就这样等待着，但她没有等到皇帝的到来，却等来了自己怀孕的征兆。

纪姑娘马上意识到了自己的危险，连后宫诸多嫔妃都保护不了自己的孩子，何况以自己的人微言轻，又怎是万贵妃的对手？

果然没过多久，事情便传到了万贵妃的耳中。万贵妃恼怒异常，派了一名宫婢前去内藏，打听实情。那宫婢发现纪氏是真的怀孕了。她也知道，这事如果告诉万贵妃，纪氏和孩子通通都没命了。她动了恻隐之心，实在不忍皇帝的子嗣再遭杀害，于是，回去禀报万贵妃，说纪氏只是肚子里长了个瘤块。

几个月过去了，纪氏生下了一个男孩。对这样的喜事，纪氏却痛苦万分。她知道，儿子一定无法逃脱被万贵妃害死的命运，没过多久，万贵妃就得知了这一消息，她命太监张敏将孩子溺死。

张敏看到小皇子甚是可爱，把他弄死，实在是于心不忍。又想到皇上年纪越来越大了，天天盼望的就是能有皇位的继承人。而他的几个儿子不是莫名其妙地胎死腹中，就是急病夭亡，至今连一个子嗣都没有。如果这个孩子再死了，那社稷怎么办？

张敏越想越是不忍，终于，冒着杀头的危险，把皇子偷偷地藏在了密室，还和宫中的其他太监商议，从他们少得可怜的收入中挤出一些钱，每天就拿些蜜糖、粉饵之类的食物喂养他。由于张敏行事小心，小皇子一次又一次地躲过了万贵妃的耳目。这个孩子也就一天天长大了。

这个孩子得到了宫中太监群体的一致喜爱。在这冰冷的宫墙内，孩子的存在给他们带来了无数的欢乐。但是，张敏毕竟是一个普通的太监，而与他相熟的那些知情的太监宫女们，也都生活在这个宫殿的最底层，除了每月自己的花销，根本没有什么剩余财产。虽然养这个孩子并不需要花费太多费用，只要有口饭吃也就够了，但即使如此，这些太监宫女们，仍是供应不起。而作为孩子的生母，纪氏虽然曾经掌管宫廷内藏，但就收入来说，和这些宫女太监，其实并不相上下。

就在大家一筹莫展之时，事情突然有了转机——废皇后吴氏知道这件事了。她十分真诚地愿意把皇子接到自己居住的西内，加以照料。虽然吴氏已是废后，但毕竟曾经风光一时，有些家底。于是，他们欣然将孩子交给了吴皇后。从此，孩子开始了与吴皇后共同生活的日子，“时吴后废居西内，近安乐堂，密知其事，往来哺养，帝不知也”。直到这一天，张敏终于找到机会，将孩子的事情对朱见深和盘托出。

皇帝在西内焦急地等待着儿子的到来，而此时接到消息的纪氏却已是泪流满面，她将孩子拉到自己面前，对他说：“儿去，吾不得生。儿见黄袍有须者，即儿父也。”你今天去了，做母亲的我也就活不成了。你看到穿着黄袍、留着长胡须的人，就过去吧，他就是你的父亲。说完，给孩子穿上一件小红袍，将他抱上小轿，由张敏等护送着，向西内而去。

朱见深忽然看见宫门前一顶小轿停下，一个穿着小红袍，连胎发都没剃过，长发几乎已经垂到地上的孩子扑到自己怀里。他激动极了，马上将他抱起，放到自己腿上，凝视了半天，发现孩子和自己长得很像，不禁喜极而泣，遂向群臣传递喜讯，并讲述原委。大臣们听了，也是欢喜不已，第二天一早齐来向宪宗道贺。朱见深命内阁起草诏书，颁行天下，又命礼部召开会议，替皇子定名叫祐樘。这个孩子长到六岁，终于有了自己的名字。

随后，大学士商辂率众群臣上疏：皇子为国本之所在，教养之事仍以其生母纪氏主持为好。朱见深欣然准奏，纪氏被明宪宗封为淑妃，移居永寿宫，之后又临幸了数次。但是，正如同她对自己命运的判断，朱祐樘进宫一个月后，纪妃在后宫住所忽然死亡，死因不详。有人说她是被万贵妃毒害致死，有人说她是上吊自杀，至今仍无定论。直到朱祐樘即位后，淑妃才被追谥为孝穆慈慧恭恪庄僖崇天承圣纯皇后，迁葬茂陵，别祀奉慈殿。

听到纪妃去世的消息，宦官张敏明白，自己的死期也已经到了。不等万贵妃下手，自己就在后宫中吞金自尽了。张敏，在宫中只是一个普通的门监，也就是门卫，他用自己的死亡换得了朱祐樘的生存。如果他知道，这个孩子在即位之后，恭敬勤勉，为百姓宵衣旰食，终于作为中国历史上著名的有道明君而永垂史册的话，相信张敏一定会含笑九泉的。

纪氏死了，张敏也死了，但是，他们的死并未给大明皇宫带来哀伤的气氛，举国上下沉浸在皇帝得子的喜悦之中。唯有一个人，恨得咬牙切齿。她发现，自己被彻头彻尾地骗了。她日夜怨泣，发誓要将这个尚未长大成人的朱祐樘置于死地。

嫉妒的女人最可怕

纪妃的死，让朱见深下定了立朱祐樘为太子的决心。成化十二年（1476年），就在纪淑妃死后的第五个月，在群臣的一致拥戴下，朱祐樘被正式立为皇太子。这一下，万贵妃彻底慌了。

十几年来，压在心头的不祥预感终于成为了现实。这个太子，与自己有着深仇大恨。虽然年纪尚小，但终有一天会知道自己对她母亲的所作所为。现在虽然明宪宗的心在自己的身上，将来皇帝一旦殡天，那我在后宫之中的地位，难道还能保全吗？万贵妃思来想去，开始策划一桩又一桩谋害太子的行动。

对于万贵妃的这一想法，当时的太皇太后，明宪宗生母孝肃周太后早就有所提防。为了保护自己的小孙子，防止年幼的朱祐樘遭到陷害，周太后主动提出，要将朱祐樘接到仁寿宫，和自己共同生活。好不容易有了这么个儿子，也生怕他遭遇不测，交给母亲照顾，宪宗自然放心很多。于是，他欣然应允。

周太后对朱祐樘可谓是呵护备至，虽然仁寿宫并不大，但朱祐樘不管走到哪里，身边都有人紧紧跟随，万贵妃一时感到棘手极了。眼看暗地里下手实在是没有机会了，她决定光明正大地邀请朱祐樘。

这一天，皇太子接到万贵妃的邀请，去她的宫中参加宴会。皇妃设宴款待，于礼数上，朱祐樘是非去不可的。连周太后都没有办法阻拦，无奈之下，只好为他打点准备，并叮嘱朱祐樘“儿去，无食也”。年轻的太子这时没有意识到自己可能会有危险，但想了想，还是问自己的祖母，如果万贵妃非要让自己吃，那该怎么办。周太后嘱咐他，如果这样的话，就说自己已经吃饱了。

朱祐樘如约来到了万贵妃宫中，万贵妃百般热情，拿出各种先前准备好的糕点让朱佑樘吃。朱祐樘想起周太后的话，任凭万贵妃怎么劝，就是不吃东西，只是不停地回答说自己已经饱了。万贵妃无奈，又拿出粥来给他喝，谁知朱祐樘却语出惊人，说害怕有人在粥中下毒。事情已经挑明，万贵妃哭笑不得，只好放朱祐樘回去了，于是宴会不欢而散。

其实，自从朱祐樘与宪宗父子相认，纪妃莫名其妙地突然死亡之后，皇宫内外传言纷纷，再加上太子已立，一天天长大，势力如日东升，万贵妃怕事情败露，也怕太子万一真的即位后报复自己，收敛了许多。既然皇帝已经立了太子，自己又无法再生育了，那么，最好的办法就是让皇帝再添几个孩子，说不定还能与太子一争高下。于是，万氏逐渐抛弃了谋害产妇幼儿的一贯兴趣，后宫中接连地添了十余位皇子。

经过万贵妃的细心观察，她将目标锁定在了邵宸妃的儿子兴王朱祐杬身上，想扶持朱祐杬继承大位。只要一有机会，她就跟朱见深又哭又闹，要求废掉皇太子朱祐樘，另立朱祐杬。尽管这时候的万贵妃年岁已长，可朱见深仍是对她又爱又怕，根本离不开她，虽是心中不愿，却也不由得动摇了几分。而太监梁芳等万贵妃的党羽，曾经依靠着万贵妃的势力大肆侵吞内府钱财，他们害怕将来太子即位后会遭到惩治，也就帮着万贵妃一起攻击太子。

时间长了，朱见深终于答应了万贵妃的要求。于是，他找来司礼太监怀恩商量太子废立事宜。但怀恩一听，连连说不可，朱见深一怒之下，把怀恩贬到凤阳守皇陵去了。眼看着万贵妃以其不可思议的魅力和手段正在步步接近胜利，宫廷斗争的天平却被一场千里之外的灾难打翻了。

就在朱见深正要召集群臣们商议之时，忽然接到奏报，东岳泰山发生地震。钦天监正顺水推舟，对皇帝说，据天象所测，此兆应在东宫。明宪宗怕废太子会惹怒天意，也就不再提易储之事，太子的地位这才得到了保全。

万贵妃的美梦到此时终于破灭了。任凭她怎么披散着花白的头发又哭又闹、老泪纵横，皇帝再也没有提过改立太子之事。万贵妃心如死灰，终于发现，自己已经彻底衰老了。在前方等待她的，是寂寂深宫里苟延残喘的最后时光。但是，她连这最后的时光也熬不过去了。

成化二十三年（1487年）春天，风光一世的万贵妃因肝病死去，时年58岁。这场宫廷争斗最终以太子朱祐樘的全面胜利而告终。

万贵妃死了，群臣松了一口气，朱祐樘也松了一口气。但是，深深恋着万贵妃的朱见深却伤心极了。万贵妃的死似乎让他丧失了对这个世界的所有希望。他为万贵妃辍朝七天，并赐谥“恭肃端慎荣靖皇贵妃”，按照皇后之礼将万贵妃葬在天寿山，并怅然而叹道：“贵妃一去，朕亦不久于人世了！”果然，同年八月，郁郁寡欢的明宪宗一病不起。十天后，服从、纵容了万贵妃一生的成化皇帝便追随她而去了。时年41岁。

万氏以一个卑微的宫女出身，竟宠冠后宫二十多年。这个比朱见深大17岁的半老徐娘，名为贵妃，实为皇后。她曾经为了自己的独宠，残害生灵，不择手段，甚至到了惨绝人寰的地步，遭来后人的无数非议。但是，他们不知道，在朱见深那孤独无助的幼年岁月里，只有万氏守护在身边，陪伴着他走过无数的风雨，始终不离不弃。即使是朱见深对她的所作所为了然于心，也是百般顺从，不忍苛责。这份感情，应该是任何人、任何事物都无法取代的。

卓越的保健用品制造者

明宪宗成化二十一年（1485年）三月，朱见深来到曾经邂逅纪妃的内藏，查看他的内藏存银。由于多年来一心放在炼丹上，他已经很久没有到这里来了。可是，当他打开内藏库的大门时，不禁大吃一惊。十余年前纪氏在此掌管时，库房里堆满了各种各样的金银财宝，而此时大明朝七座窖藏，全部空荡荡的，一片寥落景象。朱见深勃然大怒，马上喝令梁芳前来问话。

这个梁芳是谁？为什么才短短十余年，内藏存银就通通被人花光了呢？

对于这个局面的形成，万贵妃有着不可推卸的责任。

明宪宗成化朝，存在着两股不可小觑的力量。其一是宦官势力，这个不言自明。自古以来，皇帝和太监就有着剪不断理还乱的关系。至明朝，宦官势力坐大到不可思议的地步。不管是在宫里还是宫外，均有宦官的插足。而朱见深由于从小被人冷落，在孤单和寂寞中度过了自己的童年，只有万氏一人始终陪伴在他的身边，所以极其不擅长与人交流。再者，成化皇帝还有着口吃的毛病，怕遭到大臣的嘲笑，所以话能少说就少说。但有时候实在需要交流，就将事情委托给身边的宦官。于是，成化朝的宦官势力愈加猖獗。

其二是外戚势力。成化年间，得宠的唯万贵妃一人，所以成化年间的外戚势力，说白了就是指万贵妃集团。这两股势力从中国进入封建社会以来，就在不断地进行着你死我活的斗争，几千年来，从未消停过。然而在成化朝，他们却停止了斗争，走上了一条相互合作、共同发展的道路。这个梁芳，就是这一时期最著名的太监之一。而梁芳走上发达之路的第一步，就是贿赂万贵妃。

梁芳知道，只要得到万贵妃的信任，得宠于明宪宗就是指日可待的事了。于是，他联合自己的亲信韦兴，不断地将各种各样的珍珠、奇货、宝物献给万贵妃。而他的党羽钱能、韦眷、王敬等人，也纷纷借着给皇帝采办的名义，被派任到各大镇当镇守太监，滋扰生事，搜刮财物。因为万贵妃的关系，明宪宗对这些事情全然不加过问。

为了以更快的速度搜刮到更多钱财，梁芳还推荐了李孜省和僧继晓，两人互相勾结，用各种不正当的手段谋取私利。其中有一种最为著名，就是设立传奉官。这些传奉官，不需要经过吏部的审核，也不进行选拔、廷推和部议等选官的基本程序，就由皇帝直接任命。在万贵妃的参与下，梁芳等人拿着皇帝的圣旨直接给自己的党羽封官，已经当官的，就再加提拔。前前后后累计下来，传奉官竟达到了千人之多。其中有些人甚至从毫无功名的平民百姓被一举提拔为太常卿。

得到皇帝的如此看重和信任，只凭借依附万贵妃的势力，是远远不够的。梁芳除了善于巴结，还有着另外一项特殊技能。这项技能决定了他能够在大明后宫中翻手为云，覆手为雨。这就是制造金丹和春药。

凭借着自己为皇宫采办日常用品的职位，梁芳一方面不断地从宫外引进一下新奇的小玩意儿哄皇帝和万贵妃高兴，另一方面引进原材料加工制造金丹、春药给明宪宗和万贵妃，有时也直接将集市上所售的春药进献。不仅如此，万贵妃杀溺宫中嫔妃所生的婴儿，绝大多数也都是梁芳操作的。

梁芳曾经引荐进宫的李孜省和僧继晓，也随着他的发迹而得宠。李孜省原是江西布政司的一位吏员，因贪赃罪而被削职为民。由于他懂得五雷法这样的奇巧方术，被梁芳看中，引荐入宫，受到了明宪宗的宠幸。而僧继晓原是娼妓之子，因为懂得所谓的“秘术”，靠着梁芳的引荐步步高升，连皇帝都经常将宫女赐给继晓，供他淫乐，直至猖獗到公然请求皇帝旌表他的母亲。而皇帝想也没多想，直接就为他的母亲立了牌坊。

宪宗朝的宫廷就在这样乌烟瘴气的气氛中，持续了很多个年头。大臣实在看不下去，他们决定反攻。一天，陕西巡抚郑时上奏，揭发梁芳的恶行。郑时的上奏丝毫没有撼动梁芳的地位，反而被罢官。由于郑时正直清廉，深得民心，陕西百姓得知后，纷纷沿路痛哭，为他送行。这件事传到明宪宗耳中，他为自己的做法感到有些后悔，于是罢黜了十个传奉官，还将六个传奉官下狱，并下诏从今以后，凡是因传圣旨而授予官职的，都要复奏。但是，对于梁芳，皇帝却没有给予任何的处罚。不久，刑部员外郎林俊又弹劾芳及继晓，皇帝二话没说，直接将林俊投进了监狱。

梁芳的母亲一直以来住在老家广东，于是他便向皇帝请示，借着供奉老母的名义，让他的弟弟锦衣卫镇抚梁德经常往来于京师和新会之间，乘机在广东到处搜罗奇花异鸟，以个人的身份进贡给皇帝。而梁德来往所用船只、车辆、脚夫、口粮包装等费用，则均由政府供给。他还请皇帝让他承袭广平侯，宪宗也答应了。

就在梁芳这样没边没际的挥霍之下，内藏的存银越来越少。终于到了这一天，皇帝发现，自大明朝建国以来至今，几代人辛辛苦苦存下的七窖银钱竟全部用光了。皇帝看着跪在自己面前哆哆嗦嗦的梁芳和韦兴，说道："糜费帑藏，实由汝二人。"

韦兴不敢回答，而梁芳却仗着自己受宠，狡辩道："建显灵宫及诸祠庙，为陛下祈万年福耳。"将所有的责任都推脱到兴建显灵宫和各处祠庙上，说是为了给皇帝祈求万年福泽。明宪宗虽然十分恼怒，知道梁芳所说的都是在撒谎，但想到梁芳的好处，却也没有苛责他，而是说道："吾不汝瑕，后之人将与汝计矣。"说完，皇帝便甩手而去了。

梁芳回想着皇帝的话，越想越怕。忽然，他灵机一动，想到万贵妃对太子一直恨得咬牙切齿。如果联合万贵妃废掉朱祐樘，重新拥立一个新太子，那么她看在自己拥立之功的份上，说不定可以帮忙搪塞过去。于是便千方百计游说万贵妃，让她劝说皇帝废了朱祐樘，改立兴王为太子。但最终，二人的奸计未能得逞。

成化二十一年（1485年），"有流星，声如雷"。明宪宗担心是上天对自己的惩戒，下诏求直言。于是，科道官纷纷上奏弹劾梁芳等人。但是，明宪宗仍旧没有惩处他。

成化二十三年（1487年），太子朱祐樘承继大统。他即位后所做的第一件事情，就是纠正成化朝政的弊病，赶走了宫中所有的法师、道士、禅师等人，贬斥了那些不可一世的宦官，朝政为之一清。而梁芳则被降为南京御用监少监，退居家中，后来也一直没有被重新起用。

李孜省修道成仙糊弄上司

皇宫，内廷。

一个身着道袍、手持拂尘的中年男子正在为成化皇帝朱见深表演扶鸾大法。据皇帝的亲信梁芳所说，这个人不仅上通神灵，下知世事，而且还知晓炼制长生不老丹药之术，是上天派来为朱见深延年益寿、消灾解祸的大法师。

这个人名叫李孜省。

李孜省是江西南昌人，他曾经作为布政司吏待选京职，后来因为贪污藏匿之罪而被免职。正无所事事一筹莫展之际，李孜省结识了梁芳。此时的梁芳在大明宫廷中正是炙手可热，他看到李孜省，可能是发现这个人是个可培养的人才，于是将他一举提拔为传奉官。而这位传奉官最主要的职责，就是为成化帝炼制长生不老丹药，同时也开发一些春药等附属物品。

如果说春药制作还算是一项古老而又传统的技能，有一定的理论依据，那么研究长生不老丹药就只能说是荒谬绝伦了。曾经有过多少皇帝因为服食了丹药中过多的铅、汞、金、银等化学物质而一命呜呼。但是，这些抵挡不住修仙成道的决心。李孜省凭借着自己的一张伶牙俐齿，将自己的本事吹嘘的天花乱坠，各种奇怪的丹药不停地往明宪宗嘴里送，终于一步步地成为了明宪宗身边的宠臣。

不仅如此，李孜省还懂得一项特殊的技能，就是五雷法。

五雷法是道教方术中的一种。具体操作方法是用自己精血做引，借天庭的天、神、龙、水、社五位雷部正神之令，得到雷公墨篆，引九天之上的雷公五子下凡。使用五雷法，不仅可以求来雷雨，还能祛除疾病，立功救人。据史料所载，在五雷法的操作历史上，只有宋代的林灵素对此略有造诣，曾经召呼风雷，立台求雨，但只是有一点小小的应验而已。而李孜省却号称得到了五雷法的真传，在朝廷中兴风作浪。

不管是炼制仙丹，还是制作春药，还是掩饰五雷法，这些统统都不是李孜省的最终目的。李孜省毕竟是曾经做过京官待选的。因此，地位稍一稳固，他便暴露出了自己的真实所求，那就是插手朝政。

“成化十五年（1479年）特旨授太常丞。御史杨守随、给事中李俊等劾孜省赃吏，不宜典祭祀，乃改上林苑监丞。日宠幸，赐金冠、法剑及印章二，许密封奏请。益献淫邪方术，与芳等表里为奸，渐干预政事。十七年（1481年），擢右通政，寄俸本司，仍掌监事。同官王昶轻之，不加礼。孜省谮昶，左迁太仆少卿。故事，寄俸官不得预郊坛分献，帝特以命孜省。廷臣愆昶事，无敢执奏者。”（《明史》）

只用了两三年时间，李孜省就凭借着炼丹药、进献淫邪方术的谄媚功夫，顺手向皇帝索要权力。由于李孜省的荒唐行为早已被朝臣所知，所以他们坚决反对，但这些仍未挡住李孜省升迁的步伐。虽然有种种礼制规定，但李孜省仍是凭借着成化皇帝的宠爱，一步步地达到目的。

虽说朝中的大臣都知道李孜省的真面目，大多不愿与他交往，但总有一些趋炎附势之徒为了能够走捷径升官来巴结李孜省。内阁大学士彭华和刘吉就都是李孜省的忠实走狗。他们串通一气，以权谋私，买官卖官，使得成化朝本就乌烟瘴气的局面更加黑暗。

成化二十一年（1485年）正月，天象有异，于是成化皇帝向群臣请求进一些直言，免遭上天惩戒，“九卿大臣、给事御史皆极论传奉官之弊，首及孜省、常恩等”。成化皇帝于是贬了李孜省的上林监丞职位，并下令吏部，查录官员名单，发现有“冗滥者名凡五百余人”，裁撤了一部分之后，只留下六十七人，朝廷内外，都十分高兴。

也正是因为这件事，让李孜省对廷臣更加愤恨。他制造事端，驱逐了主事张吉和员外郎彭纲，更加利用自己旁门左道的功夫，左右皇帝的意图。由于朱见深从小受了很多苦，内心深处非常空虚，除了万贵妃，唯一的精神寄托就是崇信宗教，而且信仰极其广泛，佛也信，道也信，民间巫术也信。为了犒劳这些助他修行的人们，就大肆地给官做，不管是道士、和尚还是巫师，都可以通过这个途径封官加爵。李孜省便是死死抓住成化皇帝的这个软肋，不到一年，便重新得宠。

同年十月，李孜省再次官复左通政，开始歇斯底里地作威作福起来。他一想到那些朝臣整天和自己过不去，便下定决心狠狠地整治他们。他先是进谗言，捏造罪名罢黜了和他不和的吏部尚书尹旻及其儿子侍讲尹龙，然后趁势在皇帝面前表演扶鸾大法，一阵哼哼唧唧地折腾之后，告诉皇帝说，江西人赤心报国，让皇帝多在江西选拔官吏。于是，李孜省已经致仕的党羽副都御史刘敷、礼部郎中黄景、南京兵部侍郎尹直、工部尚书李裕、礼部侍郎谢一夔，都因此而重新得官。

从此，李孜省一发不可收。在为皇帝采办货物的同时，他趁机引进自己的亲信，“间采时望，若学士杨守陈、倪岳，少詹事刘健，都御史余子俊，李敏诸名臣，悉密封推荐”。直至发展到官吏的升迁，大多只是李孜省一句话的事。而执政大臣万安、刘吉、彭华紧随其后。他所排挤的江西巡抚闵珪、洗马罗璟、兵部尚书马文升、顺天府丞杨守随，通通被遣，朝野为之侧目。

按说大明朝廷的局势发展到现在的状况，李孜省应该已经满意了。但是，他似乎觉得这些还远远不够。他开始把自己的触角伸到了特务行业。

明代的特务系统是中国封建社会所有朝代中最为发达的。他们专门负责为皇帝监督臣子的一言一行。负责这项工作的，主要是东厂和西厂。而李孜省一插手，直接向皇帝提供秘密情报，将东厂、西厂直接架空，这让他们都感到十分不满。李孜省决定先下手为强，马上联络了尚铭，先将西厂头目汪直一举打垮，然后又联合言官，铲除了和他精诚合作的尚铭。

此后，梁芳继续肆无忌惮地贪污纳贿，李孜省继续为所欲为地安插亲信。成化皇帝继续炼丹制药，宠幸贵妃。大明朝廷虽然已变得黑暗不堪，但依然风平浪静，相安无事。终于到了那一天，成化二十三年（1487年），明宪宗朱见深驾崩。

明宪宗的死宣告了他们这些所谓的神仙道士的好日子正式完结。朱祐樘即位第六天，就将李孜省赶出皇宫：“宪宗崩，孝宗嗣位，始用科道言，尽汰传奉官，谪孜省、常恩、玉芝、玒、中、经戍边卫。又以中官蒋琮言，逮孜省、常恩、玉芝等下诏狱，坐交结近侍律斩，妻子流二千里。诏免死，仍戍边。孜省不胜搒掠，瘐死。”

李孜省倒台了。但是，距辉煌盛世的重新到来，朱祐樘还有很艰难的路要走。

朝廷的规矩

正统十三年（1448年），由朝廷举办的进士科考试已经放榜了。中试的举子们正列队站在空旷的大殿里，等待着皇帝的召见。在队伍里，有一个身材挺拔、肩膀宽阔、眉目如刻画、脸部轮廓如刀削的美男子正在好奇地打量着周围的一切。

这个人名叫万安，此科他位居二甲第一。中国古代的科举制度中，通过最后的殿试者，称为进士。而进士又分为三甲。其中一甲三人，赐进士及第，第一名称为状元，第二名榜眼，第三名探花。二甲、三甲，分别赐进士出身、同进士出身。万安考中二甲第一名，也就是全国第四名。这种感觉应该就像是现在的运动员在比赛中得了第四名一样，看着带上奖牌的前三名，心里一定总有些不是滋味。

但这些对于万安来说，并不要紧。因为，用不了多久，万安便会用事实向世人说明，会考试的，并不一定就是会在官场混的。

万安中进士后，被任命为庶吉士，授翰林院编修。到了明宪宗成化元年（1465年），又被升为礼部左侍郎。在进入官场的最初几年中，万安并没有做出任何的实事，而是将所有的精力都用在了搞关系和巴结之上。他先是与宦官们拉拢关系，然后以此作为他的内援，巴结他的主要目标——万贵妃。

当时，万贵妃正深受明宪宗的宠爱。万安大献殷勤，极力投其所好。为了得到万贵妃的帮助，他还利用自己和万贵妃都姓万这一有利条件，千方百计地和万贵妃攀上了亲戚关系，自称是她的子侄辈。一开始，万贵妃并没将万安的话放在心上，但说的多了，万贵妃也就渐渐地真把他当做了自己的娘家人。于是，万贵妃开始介绍自己的弟弟，锦衣卫指挥使万通和万安认识，让他们互相当成本家来往。一来往，又发现万通的妻子王氏竟然是万安妻子的妹妹！于是，万贵妃以及万通和万安的来往便更加亲近了。

万安利用这层关系，让自己的妻子随时到后宫走动，同时替他打探宫中的情况。在精心谋划下，万安很快得到了提拔。成化五年（1469年），万安进入内阁，开始参与处理国家最高政务，同时仍兼翰林学士。但是，进入内阁后的万安，并没有改变自己拉关系搞钻营的本质。阁臣们都知道万安是靠巴结万贵妃而进入的内阁，对他都十分轻视。

同僚的小觑和风传的流言并没影响到万安的心情，他依然我行我素，在处理公务上，只坚守着一个原则，那就是混事。

成化七年（1471年）冬天，天上出现彗星。朝中大臣以此为借口，说彗星的出现是上天对皇帝多日未见大臣的警示，纷纷上疏要求皇帝到朝堂议事。在大学士彭时和商辂的强烈要求下，明宪宗终于答应了与朝臣相见。但是，司礼监宦官却吩咐道："初见，情未洽，勿多言，姑俟他日。"意思是说，你们第一次和皇上见面，彼此之间都不太熟悉，因此气氛也不一定融洽，所以你们不要说太多，不重要的话就以后再说吧。

见到皇帝后，彭时等大臣刚要向皇帝陈述国家政务，万安冷不防双膝跪地，连连叩头，山呼万岁请求告辞。这一突然的变故让彭时和商辂顿时丈二和尚摸不着头脑，不知道该怎么办了，于是也只好叩头告退。从此，大家开始戏称万安为"万岁阁老"。但是，万安才不管别人怎么笑话自己，只知道这件事以后，皇帝就更不召见大臣了，自己正好乐得清闲自在。

成化九年（1473年），万安升任礼部尚书，成化十三年（1477年）改任户部尚书，加封太子少保，授文渊阁大学士。成化十四年（1478年），迁吏部尚书，进封为太子太保，谨身殿大学士。此时彭时已经死了，商辂因为受到宦官汪直的排挤，也被免官。因此当时的内阁主要由万安、刘祐、刘吉组成。

这三个人，互相争权夺势。以万安为首，联合李孜省、邓常和彭华等南方的官员结成的朋党，与以刘珝为首，联合尚书尹旻、王越则所组成的北方的官员党开始进行你死我活的较量："在内阁者刘珝、刘吉。而安为首辅，与南人相党附；珝与尚书尹旻、王越又以北人为党，互相倾轧。然珝疏浅而安深鸷，故珝卒不能胜安。"

这场斗争以万安的全面胜出而宣告结束。刘珝及王恕、马文升、秦纮、耿裕等诸大臣相继被放逐，而万安的死党彭华则由詹事升迁为吏部侍郎，进入内阁。此时的明宪宗，已经深陷道教不能自拔了。他加封"金阙真君"、"玉阙真君"为上帝。每天能见到皇帝的，只有李孜省、邓常恩等人。眼看国家社稷千疮百孔、四处遭灾，作为内阁首辅的万安却全然不加过问，对皇帝的行为听之任之。当时社会上流传着"纸糊三阁老，泥塑六尚书"的说法，可以说是对这届内阁最为形象的讽刺。

成化十八年（1482年），万安由于上疏请罢西厂，而受到朝臣的称赞，被加授太子太傅，升华盖殿大学士。万安走到了自己官宦生涯的顶峰，朝臣中无一人能与他相抗衡。而在万安执政的二十年中，每逢科举考试，他都必定让自己的门生担任考官。于是，儿子万翼官拜南京礼部侍郎，孙子万弘璧担任翰林院编修。其他侄子外甥女婿等诸多亲戚，也大多都取得了功名。

然而好景不长，成化二十三年（1487年），明宪宗驾崩，朱祐樘登极，由万安负责为新皇帝起草即位诏书。万安以为，新皇帝即位，年轻而且经验不足，并不太放在眼里。于是，他趁机下令禁止谏官进言，朝野上下，一片哗然。

御史汤鼐十分不满，怒气冲冲地跑到内阁去讨说法，但万安却不动声色，只说是皇帝的意思。万安没有想到，此刻坐在龙椅上的皇帝，已经不是那个只会炼丹说法的明宪宗了。很快，汤鼐便把万安的话原封不动地上奏皇上，弹劾万安堵塞言路，独揽大权，蛮横嚣张，却把责任推给皇帝，有失人臣之礼。奏折一上，庶吉士邹智，御史文贵、姜洪等人也纷纷跟着弹劾万安。

其实，刚刚登极的明孝宗朱祐樘此时还并不想整治万安。大明皇宫中诸多神仙道士刚刚被清理走，朱祐樘想，这件事就到此为止吧。直到有一天，他无意中发现了一件让自己十分恼火的事情。

这天，朱祐樘在一个旧抽屉中找到一本小书，包装十分精美。于是，他便随手翻了翻。没想到，这本书中通篇充斥着房中术的内容，而且图文并茂，内容十分不堪。朱祐樘按捺不住了，居然有人将这样粗俗的东西传入后宫。他正准备派人去追查，蓦地发现书的封底赫然署着三个大字“臣安进”。孝宗立即命令太监怀恩拿着这本书到内阁去质问万安：“此大臣所为耶？”

万安吓得大汗淋漓，跪在地上一声都不敢吭。原来，万安做内阁首辅的时候，有一个叫倪进贤的人，读书不多，品行也不好，为了混个官做，拼命巴结万安，常常为他讲解房中术，而明宪宗恰巧又对这个很热衷，于是万安就将从倪进贤那里学来的东西写成文字，配上插图送到明宪宗手里。倪进贤也因此而考中进士，授庶吉士，在朝中担任御史。但偏偏明孝宗朱祐樘对这些东西十分反感，再加上此时大臣们弹劾万安的奏章越来越多，朱祐樘决定好好羞辱万安一番。

他命令太监怀恩拿着这本书到万安面前朗读。万安羞愧得无地自容，苦苦哀求，希望朱祐樘原谅自己，却丝毫没有辞去内阁首辅之职的意思。“及诸臣弹章入，复令恩就安读之。安数跪起求哀，无去意。恩直前摘其牙牌曰：‘可出矣。’始惶遽索马归第，乞休去。时年已七十余。”（《明史》）

就这样，已经七十多岁的混混万安百般不情愿地辞去了职务。在回家的途中，他还不时地回头张望，希望皇帝回心转意，召他回京。但是，朱祐樘已经下定决心，永远不想再见到万安。万安回老家一年后，即病死。朱祐樘为他赐谥文康，赠太师称号。

第四章　汪直：什么都是浮云

汪直与他的新型整人企业

成化年间的一天，明宪宗朱见深与往常一样，带着几个近侍随从在御花园中散步。疲惫了一天的他只想好好地欣赏一下这幽静的美景。谁知忽然间，一阵叫骂之声传入了他的耳中。

朱见深拧了拧眉，正准备喝问是什么人竟如此大胆，只见一个小太监踉踉跄跄地跑到近前，坐在地上，仍是叫骂不停。于是，一个近臣走到他耳边，对他说圣上在此，不得放肆。这个小太监不知道是喝多了还是怎么回事，丝毫不加理会。近臣此时喊了一声"汪太监来了"，这下小太监听了，拔腿就跑。明宪宗顿时感到心底冒上来一股寒气：难道现在天下人真的只知道有汪太监，不知有天子了吗？

其实，这一幕是当时东厂提督尚铭为朱见深刻意安插的一出好戏。而这场戏的矛头，直接指向了当时权倾天下、炙手可热的大宦官——汪直。

汪直是广西瑶族人。成化元年（1465年），广西桂平西北大藤峡有部落作乱，明廷派兵镇压，不久即将叛乱平定。前文曾提到过，这场战役之后，远征军指挥官韩雍俘获了很多当地的土著居民，并在其中挑选了一些年轻男女，带回京城。这批人中，有两个人后来改变了大明王朝的命运，其中一个是明孝宗朱祐樘的生母纪贵妃，另一个就是这位著名的大宦官汪直。

汪直被阉割送入宫后，被派到了万贵妃所住的昭德宫中服役。由于汪直为人机敏，事事小心，处处讨好，深得万贵妃和明宪宗的欢心。再加上常年在万贵妃身边当差，耳濡目染，更加掌握了一套在宫中生存的斗争技巧，没过多久就被提拔为御马监太监。

明朝的宦官机构统称二十四衙门。其中，司礼监是二十四衙门之首，其余各衙门凡有所奏之事，都要先向司礼监请示。御马监太监虽然只有七品，但做到这个职位，已经相当不简单了。因为御马监虽然从属于司礼监之下，但它的所管绝不是只是宫廷御马这样的小事，而是掌管朝廷御用的兵符。它与司礼监一文一武，都是太监机构中最有权力的部门。

成化十二年（1476年），宫中发生了一件让朱见深很不愉快的事情。事件的主人公叫李子龙。他本名侯得权，原是山西的一个僧人，二十多岁，长得眉清目秀。他曾经游历到陕西，遇到一道士，在这个道士的点化下，他留起头发，改名李子龙。后来，听说朱见深喜好道家成仙炼道之法，便到处吹嘘自己有不凡的本领，得到少监韦舍的信任，混入内宫，在朝中逐渐有了不少的亲信。“引杂宦竖入内，或登万岁山上殿中，憩息御床上，而莫之禁。久而，执盖司扇诸宦侍不得志者，皆佯礼为佛，叩头旁坐，颇有非分之冀。”

韦舍私自带李子龙入宫，并且李子龙到万岁山等地观察的事情被明宪宗知道了。万岁山，也就是现在的景山。在那里，可以俯瞰到皇宫各处。虽然并未查明李子龙的真正用意，但据发现此事的锦衣卫校尉所说，李子龙有弑君之意。

自己身边的太监竟能随随便便地带外人在宫中出入自如，这唤起了朱见深从小以来一直潜藏在心底的不安全感。他大为紧张，开始认为宫中到处都布满危险。于是，疑神疑鬼的他决定，一定要加强防范，及时了解这些当官的每天都在做什么，免得哪一天自己就不明不白地被人害了。

他想来想去，最终将这个当卧底特务的重任交给了汪直，让他组织一批人，乔装打扮成老百姓的模样，四处侦查官员们的一举一动。这个工作持续了整整一年。汪直行动诡谲，侦察细密，京城内外到处都是他的眼线。而且上自朝廷大臣，下至平民百姓；上自国家大事，下至街谈巷议，通通被他收入情报，直接向朱见深密奏。而他所做的一切，只有一个目的——挤掉东厂的掌印太监尚铭，自己提督东厂。

朱见深对汪直的卖力表现固然赞赏，却并不打算撤换尚铭。尚铭在东厂办事利落谨慎，东厂在他的带领下，不仅抓到了很多所谓的“嫌疑犯”，而且尚铭对犯人的敲诈勒索，也给朝廷每年带来了巨额的收入。对于这样一个人，朱见深是不想动的。

但是，汪直实在城府极深。不久，他便想出了一个新的计谋。那就是在东厂之外，设立一个新的特务机构，慢慢地打破特务组织东厂的垄断地位。在他的反复要求下，成化十三年（1477年），宪宗设立了西厂，也叫西缉事厂，由汪直主管。“明年设西厂，以直领之，列官校刺事。”西厂的军官主要来自禁卫军中，而成员大都从锦衣卫中选拔，短短的几个月内，西厂所领的缇骑（也就是锦衣卫校尉）人数就比东厂多出了一倍。

汪直当上了西厂特务头子，为了向朱见深表达忠心以取得更大的信任，他变本加厉，用比东厂更为毒辣的手段，到处捕风捉影。其办案数量之多、速度之快、牵扯人员之广，都远远超过了东厂和锦衣卫。他们事先并不向皇帝奏请，就开始严刑逼供，甚至连普通百姓一有不慎，也会被西厂以妖言惑众的罪名而逮捕，造成了大量冤假错案。一时间，京城上下人心惶惶，对西厂谈虎色变。提到西厂就像提到了鬼门关，只要进去，就根本别想活着出来。

西厂就这样日复一日地随意杀生，践踏国法。但是，由于东厂创办年代久远，体系已经十分完善，所以无论汪直怎么绞尽脑汁，西厂都实在难以望其项背。汪直十分不服气，一看到尚铭就气不打一处来。于是，他打算罗织几件大案要案来提高自己的威望。

汪直选中的第一个目标，叫覃力鹏。覃力鹏当时任南京镇守太监。虽然此时明廷已经迁都北京，但南京作为留都，仍然有一整套的官员系统。南京镇守太监虽然不在皇帝身边，但覃力鹏在朝中的地位，也算是仅次于汪直及司礼太监怀恩、东厂太监尚铭的人物。而且覃力鹏也有着一定的家庭背景，和许多皇亲国戚都有私人来往。这么多年来，从未有人敢找他的麻烦。

但是，汪直敢。

他出动了手头所有的人马，大肆收罗覃力鹏的罪证。正巧此时覃力鹏因贩运私盐路过武城县，肆意妄为。当地典吏出面阻止，被覃力鹏殴打得牙齿都掉了，还杀了人，激起了当地的民愤。汪直一听，拍手叫好。当即下令逮捕覃力鹏，并充分发挥想象力和创造力，东扯西拉，到最后竟给覃力鹏捏造出一个应当斩首的罪名。覃力鹏知道后，急忙连夜派人赶赴京城，到处拉关系求救，才保住了一条命，大事化小，小事化了。

汪直这一次虽然没有打垮覃力鹏，但是，这件事却让汪直名声大振，也给西厂起到了很大的宣传作用，让世人更加认识到了西厂的厉害。汪直也因此得到了明宪宗的表扬，称赞他大公无私，敢作敢为。这一来，汪直更加精神抖擞，再接再厉，又接连搞出了几件莫名其妙的大案。史载：“直乃任锦衣百户韦瑛为心腹，屡兴大狱。”

看着覃力鹏狼狈的样子，汪直笑了。覃力鹏只是自己真正下手之前的一个热身而已，而这一切，才刚刚开始。

成功？我才刚上路哎

西厂诏狱。

杨晔满身鲜血淋漓，痛苦地躺在地板上，还在不断痉挛着。他的每一根手指都已断成了三截，让人目不忍视。

杨晔至今仍不明白，是什么样的罪过，让他遭受了这样残忍的对待。此时的他担任建宁卫指挥，还是曾经在明代朝廷上显赫一时的少师杨荣的曾孙。因为父亲杨泰在家乡被仇人上告，无奈之下带着他逃到京城，躲藏在妹夫董祐的住所。这件事早已通过眼线传到了汪直的耳中。虽然杨晔所犯的只是一件如同鸡毛蒜皮般的小事，但在汪直的眼里，则是一个相当宝贵的机会。因为，杨晔正是他的第二个打击目标。

汪直以迅雷不及掩耳之势逮捕了杨晔和董祐，随后被施以西厂最经典的酷刑“弹琵琶”。

当时杨晔已经是“骨节皆寸解，绝而复苏”（《明史》）。实在不胜其苦的杨晔只好承认自己是寄放财物于自己叔父，也就是兵部主事士杨士伟的住处。得到口供后，汪直也没有向朝廷奏请，就将杨晔与杨士伟下狱，并侵占了他的家人和财产。然后“狱具，晔死狱中，泰论斩，士伟等皆谪官，郎中武清、乐章，行人张廷纲，参政刘福等皆无故被收案”。

紧接着是刑部的几个官员，刚刚从外地出差归来，刚一进京城就被西厂的人逮捕，投入大牢一顿猛打，打完之后也没有人审讯，就又被莫名其妙地释放出狱。另外一个外地的布政使进京办事，也是刚一进京，就被西厂的人拉去打了一顿，平白无故地关了几天，又被放出来。这些当然都是汪直的奸计。他终于向天下人证明了自己是真正的大权在握：他可以在任何的时间、任何的地方处决自己想处决的人。至于皇帝，就只是个摆设而已。

此时的汪直，已经是丧心病狂了。他觉得自己的势力还是不够大。于是，他开始拉帮结伙，大力培植自己的亲信，继续铲除异己。御史王越、锦衣卫百户韦瑛等人都是他的心腹。他们聚在一起，策划阴谋、制造冤狱，然后再向那个只知炼丹修道的皇帝邀功请赏。

他们把魔爪伸向了京城之外的全国各地，肆无忌惮地抓人、杀人。他还掀起了全国范围内的“捕妖言”运动，特务们设下圈套，诱使百姓“犯法”，然后再强加以“乱民”、“要犯”的罪名，将他们逮捕入狱，全国上下，鸡犬不宁。“自诸王府边镇及南北河道，所在校尉罗列，民间斗詈鸡狗琐事，辄置重法，人情大扰。”而特务们却以此来邀功领赏、升官晋级。朱见深明明知道汪直所上的请赏奏疏中有很大的弄虚作假成分，却睁一只眼闭一只眼，并不揭穿，也不追究。这就更加纵容了汪直一伙的气焰。

随着地位的上升和权力的扩大，汪直越来越不可一世，他每次出行，都要前呼后拥，排场比皇帝还大。“直每出，随从甚众，公卿皆避道。兵部尚书项忠不避，迫辱之，权焰出东厂上。”只要汪直走在路上，其他行人不管是朝廷命官还是普通百姓，都要下马回避，退居一旁。否则的话，轻者受皮肉之苦，重者性命难保。汪直每到一个府、县，当地的官员都得跪地相迎，竭其所能地予以招待。兵部尚书项忠有一天上早朝的路上遇到汪直没有主动让道，汪直当场破口大骂，让自己的爪牙们当场羞辱他。

汪直的倚势欺人、骄横跋扈，早就激起了朝中大臣的强烈不满。尤其是杨晔案发后，更是一片哗然。虽然杨荣已死，但多年来，他在全体文官的心目中威信犹在，是文官集团的楷模。他的子孙就这样不明不白地冤死狱中，大臣们岂肯善罢甘休？再加上当时一些依附于宦官势力的官员很快得以升迁高位，而不肯向宦官低头的正直官员则纷纷被罗织罪名加以驱逐，甚至陷害致死。文官们纷纷感觉到自己的生存空间越来越小。

忍无可忍之下，文官们公推大学士商辂为首，联名上疏弹劾汪直。奏疏中列举了汪直的十一条大罪。奏疏言道：“陛下委听断于直，直又寄耳目于群小如韦瑛辈。皆自言承密旨，得颛刑杀，擅作威福，贼虐善良。陛下若谓擿奸禁乱，法不得已，则前此数年，何以帖然无事。且曹钦之变，由逯杲刺事激成，可为惩鉴。自直用事，士大夫不安其职，商贾不安于途，庶民不安于业，若不亟去，天下安危未可知也。”（《明史》）

接到这封奏疏的朱见深顿时勃然大怒：“用一内竖，何遽危天下，谁主此奏者？”不就是用一个太监吗，怎么就会天下大乱了？这封奏疏是谁指使的？并下令太监怀恩传旨，狠狠地惩罚他。

怀恩是当时的司礼太监，历经三朝，手握重权。他来到内阁后，正好商辂、刘吉、万安等人都在等待消息。于是，他如实地传达了朱见深的问话。

明知道皇帝已经发火了，但大学士商辂仍是面不改色，毫不服输，只是用镇静而又坚决的口吻说道：“朝臣无大小，有罪皆请旨逮问，直擅抄没三品以上京官。大同、宣府，边城要害，守备俄顷不可缺，直一日械数人。南京，祖宗根本地，留守大臣，直擅收捕。诸近侍在帝左右，直辄易置。直不去，天下安得无危？”意思是朝廷之臣无论官职大小，有罪都要奏请皇帝才能逮捕，而现在连祖宗创业之地南京的留守大臣都被人擅自逮捕，皇帝身边的近臣也由着汪直随意安插，那么，如果汪直不除，天下怎么会不乱？

商辂的话一出口，内阁的成员们也纷纷按捺不住了，你一言我一语，议论纷纷。眼看局面就要控制不住了，怀恩连忙安抚了商辂等人的情绪，立即跑回皇宫面见朱见深，转述了商辂等人的话。

听完了怀恩的回话，朱见深陷入了沉默。联想到近几年来不断有朝臣上书揭露汪直党同伐异、残害忠良，他一直都置之不理。而前不久那场“天下人只知有汪太监，不知有天子”的戏码也在眼前不断地浮现，潜意识在告诉他，商辂是对的，汪直真的已经成为了一个有威胁的对手。现在，必须采取行动了。

“翼日，尚书忠及诸大臣疏亦入”，再一次收到上疏的朱见深没有再犹豫，当即撤除了西厂，让怀恩向汪直宣读他所犯的罪状，将汪直驱逐回御马监，把汪直的心腹干将韦瑛调到边卫。还遣散了诸旗校，让他们回归锦衣卫。这对于内阁来说，是一次了不起的胜利。他们纷纷奔走相告，高兴万分。

西厂被撤，汪直多年来的苦心经营付诸东流。但是，他并没有多么的沮丧，他太了解这位软弱的明宪宗了。汪直相信，用不了多久，自己就会恢复往日的辉煌。

果然，被逐回御马监的汪直并没有失去朱见深的喜爱，依然时常跟随在朱见深的身边。于是，一有机会，他就向皇帝诉苦，说内阁所上的奏疏，都是出司礼监黄赐和陈祖生的谋划，目的就是为杨晔报仇。朱见深又一次地相信了汪直，将黄赐和陈祖生贬到了南京。不到一个月，宪宗下诏，将被撤去的西厂重新恢复，仍委任汪直掌管。

再一次回到西厂，汪直的心理五味聚杂。在他的眼里，朝臣们已经成为了自己的死敌。他对他们恨得咬牙切齿，势不两立。从此，汪直开始变本加厉地打击报复，如同一股卷土重来的阴风，使大明王朝再一次地陷入到了一片恐怖的气氛中。

皇帝不高兴，事情很严重

一阵又一阵的笑声接连不断地从后宫传来。原来，此时小中官阿丑正在为朱见深表演着自己拿手的诙谐幽默戏码。只见他手持两把大钺，舞得虎虎生风。这时，配合他表演的人开始问他在干什么，他回答道：“吾将兵，仗此两钺耳。”又问他舞的是什么钺，阿丑回答道：“王越、陈钺也。”王越和陈钺是汪直手下两位最得力的走狗。朱见深听了，微笑不语。

此时的汪直，已经东山再起了。回到西厂后，也愈加权势熏天，出行时随从前呼后拥，甚至到了连公卿见了都要避道的地步。而曾经弹劾过汪直的正直人士也开始一个个相继被罢免。他先是将大学士商辂调任为执掌南京都察院，参赞守备机务；继而令东厂官校诬奏项忠，捏造言官郭镗、冯贯等违法的证据。于是，朱见深命三法司和锦衣卫会审。三法司和锦衣卫迫于汪直的压力，谁都不敢为项忠、郭镗等人说话。最后，项忠被革职为民。

一时间，左都御史李宾褫职，九卿中被罢免的，也有尚书董方、薛远及侍郎滕昭、程万里等数十人，然后汪直安插了自己的心腹王越为兵部尚书兼左都御史，陈钺为右副都御史巡抚辽东。

如果说汪直排挤朝廷官员是为了在朝中拥有更大的权力，那么接下来他所做的几件事，就纯粹是为了泄私愤了。其中第一件便是伙同陈钺诬陷了右副都御史牟俸。

牟俸是景泰元年（1450年）的进士，以左佥都御史巡抚山东。他是个能够体恤民情的好官，到任后，不苛不纵，剖决如流，常常和豪强劣绅作对，极受当地百姓的赞誉。当时，陈钺任布政使。刚正不阿的牟俸与陈钺不和，二人经常发生冲突。于是陈钺便到处说牟俸的坏话，诋毁牟俸。

由于在山东政绩卓著，牟俸被升迁为右副都御史，到苏州、松州地区（今江苏一带）任职。任职期间，他压制世家大族，禁止他们囤积钱粮，收取私家地租，被当地世家大户记恨。而当时汪直正好有事抵达南京。于是，陈钺便向汪直说了很多牟俸的坏话。成化十四年（1478年），牟俸因公事到达京城，汪直便上奏请求皇帝将他逮捕。

一个小小的牟俸，汪直并不十分放在眼里，抓起来之后，他也就忘了这件事。但是，京城的同僚都知道牟俸是被汪直诬陷的，纷纷为牟俸辩白。这下，汪直不满意了。联想到这些朝臣联手对付自己时的不留情面，当即决定致牟俸于死地。于是，他将带头为牟俸说情的巴县人江朝宗和牟俸一起打入监狱，坐牢半年后，牟俸被谪戍到湖广地区，一年后在戍所屈死。可怜牟俸这样一位勤政爱民的好官，就这样不明不白地死去了。

成化十四年（1478年），汪直的官宦生涯中出现了一个小插曲。由于汪直名头实在太响亮，而崇王府有一个叫杨福的家仆长得和汪直非常相像，于是便假冒汪直，打着他的名号开始招摇撞骗。他一路从芜湖、常州、苏州，到杭州、绍兴游历到宁波，每到一处，各地官员都争相奉承，好吃好喝地伺候着。就这样，他一路吃喝玩乐直到福州，才被当地的镇守太监识破，杨福被杀。这件事情轰动一时。虽说汪直因此而有点儿难堪，但他也因此而私下里沾沾自喜，自己的名号，已经大到了让人望而生畏的地步。

也就是在这一年，辽东巡抚陈钺错杀女真贡使，引发了辽东地区的变乱。汪直打算趁机亲自前往平定，以此来立功扬名，于是一次次向皇帝上疏请求。明宪宗同意了。太监怀恩知道，让汪直一个人去平定边陲，一定会造成严重后果，不仅辽东会更加陷入动荡，而且会有更多的人因此而受苦，于是提议派朝中大臣马文升先前往安抚。

马文升的发迹是在成化四年（1468年）。这一年，西北土达满四在距离平凉千里的石城起兵反明，声势很大，响应者甚多。朝廷起用马文升为右副都御史巡抚陕西，协助总督项忠。在马文升的谋划下，满四叛乱很快被平定。而马文升也一路升迁，逐渐成为明代处置边事问题的专家。

成化八年（1472年），蒙古族部落叛乱，马文升生擒平章铁烈孙，战功显赫。但是，汪直却与总制王越互相勾结，将马文升的功劳据为己有，反而诬马文升虚报。不明真相的宪宗皇帝将马文升以“表奏不实”的罪名停俸三个月。马文升至此与汪直结下了梁子。

成化十一年（1475年）十一月，马文升被召回朝中，任兵部右侍郎。此时，汪直的走狗陈钺正担任辽东巡抚，他为人贪婪，对待将士又十分严苛。马文升经常向皇帝上疏言揭发陈钺，陈钺对马文升也是积怨已久。

成化十五年（1479年），在朱见深的授意下，汪直被派去视察辽东，同时巡视九边。明代所谓的九边，是指北部边塞的九个军事重镇。1368年明朝初建之时，天下并没有完全平定，逃亡北部边塞之外的北元仍时不时地侵扰内地，明朝的统治受到很大威胁。虽然朱元璋为了巩固北部边防曾屡次派兵北征，同时又分封了皇子朱棣、朱权等人偕重兵驻守，但北部边塞仍是十分脆弱。到了明成祖时期，朱棣五次亲自率军出征漠北，又在沿线设立九边，派兵严防，才使得北部边陲稍加安定。九边包括初设的辽东、宣府、大同、榆林四镇和后来陆续增设的宁夏、甘肃、蓟州、太原、固原五镇。

汪直以一个太监的身份获得了指挥边镇军队的权力，这在朱见深之前是绝对不可能的。虽说正统以后，宦官权势坐大，监军、镇守、提督京营渐渐成惯例，但赋予九边军事指挥权这样关系到国家安危的大权，汪直还是第一人。

汪直就这样走马上任了。一路上，他威风之极，“率飞骑日驰数百里”，每到一地，“御史、主事等官迎拜马首，箠挞守令。各边都御史畏直，服櫜鞬迎谒，供张百里外”。而汪直和他的随从们一路上也大肆收受贿赂。到达辽东后，陈钺亲自在郊外跪地匍匐迎接，还准备了珍馐佳肴，汪直左右的侍者皆有贿赂可拿。但是，此时已在辽东的马文升却丝毫不买汪直的账，对他十分冷淡。于是，汪直与刑部尚书林聪等捏造事实，将辽东激变说成是马文升禁止边防农器贸易所导致的。马文升百口莫辩，被投入监狱，继而谪戍重庆卫，在此一滞留就是四年。

从辽东归来之后，汪直被封为永封保国公，他的爪牙陈钺晋升为右都御史。又听从王越的建议，骗皇帝说亦思马因也来犯边。朱见深又派了朱永同王越前去征讨，汪直为监军。他们谎奏捷报，冒领军功。归来后，王越被封威宁伯。两次的出征，让汪直的禄米迅速攀升，数额竟达到了正一品文武官员的数倍。然而他们没有想到，成化十七年（1481年），亦思马因真的来进犯了。

亦思马因这一次的目标是大同，伏当加也来凑热闹，派兵进犯辽东。两股人马杀人越货，无所不为。辽东巡抚上疏，请朝廷出兵抵抗。宪宗派人一查，发现原来一切都是汪直搞的鬼，于是二话没说，又把汪直和王越派到宣府迎敌去了。

志得意满的汪直似乎并没有体味到皇帝的深意。虽然他连夜去了宣府，但当汪直抵达那里的时候，人家已经抢完东西走了。汪直便急忙向皇帝报告，说边境上的骚乱已经被平定了，他计划择日返京。

这一次，朱见深真的动怒了。一个太监，居然把皇帝当孩子耍着玩。他转念又想起了前不久小中官阿丑在戏谑中为自己表演的情景。虽然朱见深当时只是笑而不语，但这几天派人到边境秘密查案，一切真相大白之后，他才发现汪直竟然是这样糊弄自己。于是，敌人退兵了，朱见深也不想再见到汪直了。他令与汪直同去出征的其他人回到京城，却把汪直留在了大同。

朱见深决定，这一次要与汪直彻底决裂。

痛打落水狗

屋内，汪直正焦躁地来回走动着。他一会儿抓抓头发，一会儿望望窗外的天色，一会儿又使劲地揉搓着双手，还时不时地咒骂几句。他在大同待的时间越来越久，但却一直未得到皇帝诏自己还朝的消息。此时的汪直心急如焚。他知道再这样下去，皇帝和自己之间只会越来越生分。他像热锅上的蚂蚁一样烦闷之极，但得不到诏书，汪直依然束手无策。

朝臣们看到汪直的情况，知道汪直在明宪宗面前已经失宠了。机不可失，时不再来，他们开始纷纷上疏揭发汪直的罪行。其实，对于朝臣来说，他们与宦官之间的矛盾，是自帝国肇始就存在的。在明宪宗即位之初，就曾有一个叫王徽的都察院官员与同官王渊、朱宽、李翔、李钧联合上奏，在奏章中他们说道："自古宦官贤良者少，奸邪者多。若授以大权，致令败坏，然后加刑，是始爱而终杀之，非所以保全之也。愿法高皇帝旧制，毋令预政典兵，置产立业。家人义子，悉编原籍为民。严禁官吏与之交接，惟厚其赏赉，使得丰足，无复他望。此国家之福，亦宦官之福也。"

宦官中就是贤良的少，奸邪的多，如果授予他们太多权力，他们就会玩弄权势，败坏朝政，拖垮国家。因此一定要延续太祖高皇帝的做法，不让他们大置家产，更不能让他们干预政事，宦官的家人义子，也决不能在朝中做官。

王徽还提出要严禁宦官与大臣相互结交。因为如果一旦内官收下了外臣所送的礼物，就会在皇帝面前对其百般夸奖。而一些刚直不阿的官员，只是因为没有给内官送礼，就招致内官朝夕谗谤，时日一久，皇帝的判断力也就被这些风言风语所蒙蔽了。但是，从小在孤独无依中长大的明宪宗，虽然明白王徽所说的每一句都是实情，但每次他一站在万贵妃面前，就仿佛回到了自己需要关心呵护的孩童时代，不管万贵妃说什么，他都言听计从。于是，这些靠着巴结贪婪的万贵妃而起家的宦官们，势力就这样一天天变大，发展到了不可一世的地步。

但是，明代的宦官专权与汉代和唐代仍大有不同。在汉代和唐代，专权的宦官可以完全把持朝局，连皇帝的废立和生死，也完全地把握在宦官的手里。而明代则不然。在这样一个君主专制已经发展到顶峰的时代里，宦官即使再猖獗，势力再大，是生是死也仅仅是皇帝一句话的事。汪直的命运，恰恰就是这一规律的最好证明。

朝臣们痛斥汪直的上疏源源不断地传到了明宪宗的手里。先是给事御史交章上奏，揭发西厂任意罗织罪名，无恶不作，请求皇帝尽快再次罢除西厂，阁臣万安随即附和。虽然万安任首辅除了向万贵妃献媚，向明宪宗献房中术外一直毫无作为，被人鄙视，但这一次奏请罢置西厂，大家也都对他连连赞赏。

此时，大同巡抚郭镗也开始上疏弹劾汪直。原来，汪直到了大同后，一直与当地总兵许宁不和。成化十九年（1483年）六月，汪直与许宁的矛盾加剧，甚至大打出手。郭镗趁机上奏说如果再这样下去，恐怕会耽误边地战事。消息传到北京，明宪宗召集群臣商讨。兵部认为，应该尽早处分汪直。若是在从前，文臣武将是几乎不敢与镇守太监，尤其是与汪直相抗衡的。即使是发生了争执，皇帝也往往是站在太监的一边。但这次明宪宗却没有保护汪直，而是责备汪直不以“边寄为重”，还一举剥夺了他的兵权，将他又调任到了南京，继续做御马监太监。

汪直垂头丧气地回到了南京，此时的他已经全然没有了当年巡行北边时的威风。可能此时的他，只想着能老老实实地在御马监度过自己的后半生，就已经是不幸之中的万幸了。但是，被压抑了多年的朝臣们是决不会放过他的。

令人哭笑不得的是，最终彻底搞垮汪直的，不是大臣们。这段历史的结局不是所谓的正义压倒邪恶，而是一股邪恶的力量战胜了另外一股邪恶的力量。

压倒汪直的人，一个叫李孜省，另一个叫尚铭。

对于李孜省，我们应该并不陌生了。这位尚铭，也是个非常不简单的角色。作为东厂掌印太监，尚铭入宫很早，最擅长的就是敲诈勒索京城富户以换取钱财。在他提督东厂期间，东厂被治理得有声有色，成为了宪宗皇帝最为依靠和信赖的臂膀。这一切一直延续到汪直的出现。

汪直自发组织特务机构向皇帝打小报告，后来又一手组建西厂。尚铭不能不感觉到，这个人在一步步地威胁着自己的利益，甚至汪直竭尽全力所做的一切，目的就是想把自己挤走，然后取而代之。而一件事情的发生，让尚铭决定，与汪直势不两立。

其实，这只是一件芝麻绿豆般的小事而已。一次，尚铭因抓获逆贼而得到了皇帝的赏赐。按说臣子被皇帝赏赐，是时有发生的事情，但汪直大概是专宠太久了，受赏的又是自己的竞争对手尚铭，嫉妒得不得了。而且尚铭得到赏赐后，也没有告诉汪直。汪直觉得，自己被轻视了，到处数落尚铭的不是。这些话传到尚铭的耳中，他越想越害怕。但转念一想，此时的汪直已经不是当年的汪直了。皇帝已经开始疏远他，那自己何不奋力一拼，说不定能挤垮汪直呢？

尚铭开始寻找能与他合作挤垮汪直的伙伴。最终，他将这个人选锁定在了李孜省身上。找李孜省，尚铭最主要的考虑是他曾经想插手特务行业，直接向皇帝提供秘密情报而遭到汪直的排挤。而李孜省也是宪宗皇帝的宠臣，他们之间，必定有所积怨。恰巧，此时李孜省也正想着为此事联合尚铭。两人一拍即合，并且立即分工合作，着手准备弹劾事宜。尚铭负责搜集汪直的罪证，而李孜省则串通万安上书告状，开始谋划最后的攻击。

汪直在皇帝身边服侍日久，在平时的闲谈中，难免泄露出一些宪宗皇帝所不愿让别人知道的宫廷秘闻。尚铭将这些小道消息通通收集整理，一并报告给皇帝，还尽自己所能揭发了王越不法的所有事宜，他还发动自己所有的关系网，不断大力搜罗。而李孜省则四处联合言官，掀起了一波又一波的攻势。什么妄报功次，侵盗钱粮，擅作威福，交结朋党，屡兴大狱，肆意横行……一时间，如同痛打落水狗一般，弹劾汪直的奏疏飞得漫天都是。很快，汪直便被降为了奉御，随即又被罢官，跌入了他政治生涯的最低谷。

汪直被贬后，他的党羽和爪牙王越、戴缙、吴绶等都被免职。此时陈钺已归家，没有受到牵连。那个丧尽天良的韦瑛也被诛杀，人人拍手称快。而西厂废除后，扳倒汪直的尚铭立刻将西厂收编。尚铭天真地以为，汪直倒台后，自己马上就可以成为新的汪直，继续作威作福。但是，好景不长。由于尚铭贪婪的本性未改，“卖官鬻爵，无所不至”，明宪宗很快地觉察到了这件事。刚刚从被汪直的欺骗中醒悟过来的他这次毫不手软，将尚铭贬谪，充南京净军，籍没了他的家产送归内府。尚铭家里的钱财竟然多到几天几夜都搬运不完的境地。从这以后陈准开始代理东厂。这个陈准一向与怀恩关系要好，取代尚铭之后，他训诫诸校尉说：“有大逆，告我。非是，若勿预也。”从此，大明帝国终于又回归到以往安定的局面。

汪直被罢官，但朱见深并没有要汪直的性命。成化初年进京成为奉御，汪直从宫廷最底层的小太监做起，十余年来，一步步攀到翻手为云、覆手为雨的最高境界，继而一刹那间又被打回原形，这一切对汪直来说，犹如一场梦幻泡影。《明史》中并未确切记载汪直的死亡年限，但是无疑，汪直寿终正寝。这对于被他害死的无数冤魂来说，其实并不公道。汪直和他的主子朱见深对百姓所犯的罪孽如何偿还？这一切都被压在了年幼的朱祐樘身上。

第五章　弘治：活着就是做有意义的事

因为懂得，所以慈悲

万喜手扶着锈迹斑斑的牢门，发出一声长长的叹息。作为万贵妃的弟弟，不久前，自己还是无限风光，前呼后拥，而一转眼间，就变成了坐地等死的阶下囚。

成化二十三年（1487年），明宪宗朱见深追随万贵妃的脚步而去。纵观成化一朝，邪魔歪道横行，政治昏暗无比。内有汪直等人阻塞言路，外有万安等人混吃混喝。这位心地善良、个性温和的朱见深，对于万贵妃，是个难得的好丈夫；对于藩王宗室，是个难得的好兄弟；对于他的朝臣，也是个难得的好上司。然而，也正是他的这份软弱，使得朝廷奸臣当道，百姓备受其苦。可以说，是生在皇室，造成了朱见深一生的悲剧，使他无辜地背上了历史的骂名。但是，朱见深却生了一个难得的好儿子。

成化二十三年（1487年）九月初六，十八岁的朱祐樘正式登基，次年改年号为弘治，是为孝宗。从众人拼死的保护才未遭堕胎的婴儿，到在一群太监宫女中躲躲藏藏才勉强长大的幼童，到六岁才见自己父亲第一面的少年，再到险些被万贵妃害死、又几乎被废的太子，虽然朱祐樘此时只有十八岁，却已经历尽了人生的千难万险。他不会忘了为保护自己而献出生命的母亲、太监张敏和怀恩，以及所有那些为了让他能够活到现在付出代价的人们。他望着跪在脚下的群臣，无数的爱与恨、记忆与梦想、感恩与思念让年轻的朱祐樘热泪盈眶。他发誓要让这个千疮百孔的国家重新恢复以往的荣耀与辉煌。

明宪宗朱见深为自己的儿子留下的，是一个极为复杂的烂摊子：盘根错节的奸党，上蹿下跳的传奉官，毫无效率的内阁，复杂尖锐的社会矛盾。一大堆的麻烦摆在朱祐樘的面前，折腾之大，困难之多，简直无法想象。但是，面对这些，朱祐樘并没有丝毫恐惧。

也许是多灾多难的童年生活增加了他坚忍不拔的品性和抗击磨难的意志，朱祐樘与同龄人相比，显然老成很多。他丧母之时只有六岁，却“哀慕如成人”。他亲眼见到了自己的父亲因为独宠万贵妃而闭目塞听，一切唯万贵妃之命是从，亲眼见到了他为这样一场爱情而付出的惨重代价，造成了成化朝二十三年的混乱。于是，在自己的感情生活中，朱祐樘绝少“千金之子，性习骄佚，万乘之尊，求适意快志，恶闻己过”的习气。他在成化二十三年（1487年）三月结婚，新娘是当时国子监监生张峦的女儿。张氏温柔贤惠，知书达理。就在他们成婚当天，按照惯例，二人一同前去朝见了万贵妃。

当时已是重病缠身的万贵妃虚情假意地接待了他们。此时的万贵妃恐怕没有想到，眼前的这个女人，朱祐樘的新婚妻子张氏，将成为中国历史上最幸福的皇后。而这一切，正是她拚命一生、算计一生甚至为此丧尽天良也没有得到的。所不同的是，张皇后与朱祐樘相敬如宾，二人每天同起同卧，谈古论今，朝夕与共，一生只有一个独生儿子，就是后来的明武宗朱厚照。

即位第六天，朱祐樘就准备动手了。他早已看出，在大明王朝的政坛上上蹿下跳的都是些什么样的垃圾人物。

第一个被解决的就是修道成仙到处瞎糊弄的李孜省。虽然他仍然想继续装神弄鬼地在后宫中瞎混下去，但这位弘治皇帝却丝毫不给他机会，当机立断，让他立即走人。大概是多年苦心操劳从事丹药研制工作把身体累垮了，还没等到司法审判的那一天，李孜省就已经熬不住了，很快死在了狱中。而他手下的喽祐们，也一个都没被放过，通通被赶出皇宫。朱祐樘还耐心地将宫内的外籍和尚、道士们一个一个地遣送回国。他再也不愿看到这帮装神弄鬼、乌烟瘴气的跳梁小丑了。

李孜省解决了。朱祐樘开始着手处理他最为愤恨的一帮人——传奉官。这些传奉官们，个个是劣迹斑斑，民愤极大。而且这些人混进官场，都没有经过正当的程序，都是靠逢迎巴结和行贿送礼所得到的官位，因此根基都不深厚，既是最该收拾的，也是最容易收拾的，更是朱祐樘最想收拾的。

要解决传奉官，首先要扳倒的就是他们的头目梁芳。朱祐樘没有让梁芳等待多久，成化二十三年（1487年）九月即位，十月他就正式拿梁芳开刀了。逮捕梁芳后，树倒猢狲散，两千多名所谓的“传奉官”被一举罢免。

眼看着一场轰轰烈烈的整治运动展开，这下色鬼和尚继晓慌了。他见势不妙，拔腿就跑，一直跑回了自己的老家江夏，还安安稳稳地过了一年的太平日子。可能是看到没有人再来抓捕他，继晓渐渐地放松了警惕，以为风头过了，于是，本性难移的他又操起了自己的老行当——招摇撞骗。

为了显示自己曾经在京城有多威风，他拿了一块黄绸布把自己右手包起来，逢人便吹嘘，说这只手可是当年先帝曾经握过的。但是，他没有想到，此时的北京城里，弹劾他的奏折几乎已经铺满地了。弘治元年（1488年）六月，在吏科给事中林廷玉的执著要求下，朱祐樘下令将继晓捉拿归案由刑部会审，处继晓以死刑，家属全部充军。由于继晓一年前是逃出京城的，刑部、大理寺等部的相关官员也均被牵连，因渎职罪而遭到惩处。

明孝宗大规模的整顿运动中，最为紧张的人就是万喜了。作为万贵妃的弟弟，他仗势欺人，气焰嚣张，罪恶滔天，他心里明白，自己死一万次都死有余辜。况且，自己的姐姐万贵妃曾经害死朱祐樘的母亲纪氏，这份仇恨之深，可以想象。于是，万喜将自己的后事交代好，整理了东西，每天就蹲在监狱里，等待着自己的死讯。

但是，出乎万喜意料的是，这一天却迟迟没有到来，而且过了一段时间万喜竟然被释放了。

万喜不知道，自从自己被免官抄家入狱之后，众大臣曾接连上书，要求明孝宗将他满门抄斩，以报当年杀母之仇。但是，朱祐樘却扣留了所有的奏折，他希望，一切到此结束。

一阵如暴风骤雨般的大清洗，已经罢遣了禅师、真人等240余人，佛子、国师等780

人，革除了传奉官2000余人。而伴随着这场整顿，所有成化朝时代诸如修楼盖庙、做法拜佛之类的荒唐事，都被叫停；已经在建设之中的工程，全部撤除；所强占的民田，均发还农民，而种种有恶行的采办官们，也都被撤职。朱祐樘明白，此时，朝廷内外，所有的牛鬼蛇神都已经再也没有发言权了。万喜即使活着，也永远不会再有卷土重来的余地。他决定，放过万喜的性命，虽然有着刻骨的仇恨。

这就是朱祐樘的胸襟，他宽恕了那些伤害过他的人。而这种宽恕，不同于父亲朱见深的软弱，而是一种慈悲的胸怀。因为他知道，还有更多、更重要的决策，等着他去做。与此相比，万喜实在微不足道。

你们这些臭虫，死去

紫禁城的宫门外，年轻的朱祐樘正在着急地望着远方，等待着一个人的归来，朱祐樘为他准备了盛大的欢迎仪式。终于，随着一阵吱吱呀呀的车轮响声，怀恩的轮廓渐渐在他的眼前清晰起来。

曾经是他，为了保护与汪直作对的商辂等大臣，而在皇帝面前百般周旋；也是他，为了保住朱祐樘的太子地位，不惜直言犯上，与明宪宗据理力争而被发配至凤阳做苦役。

怀恩一下车，明孝宗就连忙上前握起他的手。已经年过七十、头发花白的怀恩老泪纵横，连连推辞。但是，明孝宗却毫不犹豫，亲自搀着他一起走进了宫门。怀恩被召回之后，恢复了司礼监的原职，成为了太监中的第一把手。而他的亲信陈准、萧敬等人也相继执掌了大权。

在请怀恩还京的同时，朱祐樘还妥善安顿了抚养自己长大的吴皇后。

虽然在自己与父亲相认后不久，生母纪妃就已经死了。但是，朱祐樘没有忘记，是谁曾经用自己多年来的微薄积蓄抚养自己长大，教导自己读书明理。虽然，当时的动机并不一定单纯，但多年来的养育之恩，朱祐樘一直感念在心。他将吴皇后从冷宫中接出。此时的她，年华已逝，人老珠黄。只当了几个月的皇后，就被冷落在深宫中的她，被朱祐樘当做自己的母亲来奉养。

现在，僧道势力消灭了，传奉官清除了，成化一朝最荒唐无耻的势力已经被肃清。但是，朱祐樘知道，这些其实都只是所有问题中最容易解决的一部分，真正的困难才刚刚开始。这一切，决不能操之过急。

这个棘手的问题便是内阁。

此时的内阁在万安的统领下，已经完全是一个烂摊子。所谓的“纸糊三阁老，泥塑六尚书”，绝不是徒有虚名。他们不做任何的实事，天天混吃混喝过日子，但是事情如果一旦关系到自己的切实利益，这帮老油条马上又会变得极富斗争经验。就比如说淫僧继晓案，明明皇帝早已下令严惩，但上上下下你推我我推你，部不管，大理寺不管，地方官更不管，没有一个人真正动手，导致继晓回到家乡逍遥了一年多，才在自己的厉声呵斥下被正法。这样的内阁，要之何用？

但是，法不责众。在宪宗皇帝的纵容下，这帮满口仁义道德的官僚大多只知拿钱不知办事，已经逍遥久了。而且他们彼此之间拉帮结派，关系复杂，一旦发动了集体罢工，朝廷的事情就真的没人做了，国家还怎么运转？所以将他们通通赶走是绝对行不通的，一定要想出一个切实可行的办法来。

还没等朱祐樘动手对付他们，这帮人就已经按捺不住了。成化二十三年（1487年）九月二十二日，朱祐樘登基即位仅十五天，以万安为首的内阁以及吏部、户部、礼部、兵部、刑部、工部六部尚书，集体上奏折请求辞职。其实，这只是朝臣们看朱祐樘大规模改革，怕殃及自己的利益，而给皇帝的下马威而已。他们知道，先皇尸骨未寒，朱祐樘年少登基，留下的烂摊子总得有人收拾。如果小皇帝一下子把人全轰走了，新来的人不熟悉工作，谁还能替他干活？

朱祐樘接到奏疏后，冷冷一笑。他将这帮人叫到面前，二话没说，好好地表扬了一番，说他们个个勤勉踏实，都是国家的治世能臣。

在之后的一段时间里，朱祐樘对这帮人也表达出了莫大的信任，不仅时常召见，而且极为虚心，经常出言勉励，还给了他们各种各样的好处。于是，“纸糊三阁老”和“泥塑六尚书”安心了。在他们看来，弘治朝和成化朝没什么两样，他们还是可以这样继续拿着俸禄，安心地混下去。

但是，这样的好事只持续了不到一个月。成化二十三年（1487年）十月，万安向先帝明宪宗呈送房中术书籍，事件爆发，朱祐樘以惊人的速度将万安赶出了内阁。而曾经依附在万安身边的党羽们，无一人为他求情。毕竟，向皇帝呈送这样污秽不堪的东西，传出去也是一件相当丢人的事情。但是，万安倒台后，他们也一个都没落，彭华、尹直等人相继被罢免，万安安插在六部和地方的亲信，无一人漏网。

万安就这么滚了。说到底，他只是个无用的小人而已。

万安走后，“纸糊三阁老”、“泥塑六尚书”一个接一个地离开了中央枢纽。最后，只剩下了一个人。自从万安离去，他就产生了强烈的兔死狐悲之心，整天忐忑不安。这个人就是刘吉。

刘吉是正统十三年（1448年）进士。成化十一年（1475年），他与刘祐同受命兼翰林学士，入阁预机务，时任户部尚书、谨身殿大学士。这么多年来，他追随万安的脚步，与万安狼狈为奸，共同进退，因“多智数，善附会，自缘饰，锐于营私，时为言路所攻”，内阁同僚给他起了一个绰号叫“刘棉花”，“以其耐弹也”。那本献给朱见深的低俗作品，就是他同万安一起杜撰出来的。甚至在当时的官场上，刘吉的名声比万安还坏。自从明孝宗即位后，各类御史言官们抨击他的口水漫天飞，弹劾的奏章更是一封接一封地向他砸来。

他眼看自己的情况不妙，刘吉决定换一副面孔。他将自己平日里的混世嘴脸隐藏得干干净净，开始按时工作，主动评议朝政，直言进谏，勤勉有加，大有一副鞠躬尽瘁死而后已的架势。朱祐樘要封张皇后的弟弟做官，他还故意上奏说太后在上，应该先封太后的亲戚才符合礼数，颇有一副直臣的风范。

很快，刘吉便迎来了明孝宗对他的裁决：升任内阁首辅，总领百官。一夜之间成为了一人之下、万人之上的人物，这下不光朝臣们呆了，连刘吉也呆了。万安下台，彭华被逐，梁芳下狱，和他们一伙的刘吉能保住性命就不错了，这下反而升官，小人居高位，这不是更大的祸害吗？到底是怎么一回事？

其实，自小在斗争中长大的朱祐樘，早就知道了刘吉是什么样的本性。他之所以提升刘吉，背后有着更为深远的考虑。

刘吉虽然说只是个混事的，但他在内阁多年，对于处理政务方面的经验也积累了很多，而且办事能力也强于万安之流，还有一套自己的人际关系网。现在上一届内阁的成员已经纷纷出局，如果连一个都不留下而是彻底更换内阁班子，在交接方面会有极大的难度。因为熟悉新的工作环境毕竟需要时间。而且，明孝宗也没有让刘吉独当一面，继续作威作福。

就在提升刘吉为内阁首辅的同时，朱祐樘还暗地里做了另外两件事，这就是令吏部右侍郎徐溥和礼部右侍郎刘健入阁。他们二人与刘吉，一同组成这新一届的政府。而刘健与徐溥，都是朱祐樘从太子时代开始就十分倚重的能臣。从此以后，内阁的政务大事，基本都处于这两人之手，内阁首辅刘吉虽然在高位，但已经完全被架空了。

果不其然，刘吉对于新加入的两位内阁成员表现出了充分的热情，一心一意地指导工作，凡事也从不自作主张，而是与这两位新人商量决定。他只希望自己能够在明孝宗的手下安安分分地过好日子就万事大吉了。于是，新一届的大明政府在极为和谐的气氛中开始了新的工作。

为了表现自己悔改的诚意，刘吉还揭发了一大批成化时代劣迹斑斑的官员。于是，一大批冤假错案得到了纠正，一大批曾经遭排挤陷害，甚至包括被刘吉本人陷害的忠臣良臣也得以官复原职。最倒霉的是山东、河北、江苏的几位官员，他们本来都是刘吉多年来的亲信，却一股脑儿全被刘吉出卖了，不仅如此，在刘吉的配合下朝廷还追回了大量赃款。

刘吉清楚地知道皇帝的心思。虽然朱祐樘是一心要为这些人平反的，但这一平反，一定会涉及一个问题，那就是怎么样在给官员平反的同时保住父亲明宪宗的面子。这让朱祐樘一度感到十分棘手。比如说成化朝一个叫贺钦的给事中，就因为阻止朱见深“弘扬佛法”，而被革职免冠。对于这样的问题，刘吉早就想好了主意，他提示朱祐樘，诸如贺钦之类的人物，可以公布天下说当年先帝其实也很欣赏他们，革职免官只是为了能让他多加历练，经受磨难，将来才能予以重任。现在请皇上重新启用他们，也是为了不负先皇的苦心。

刘吉的这个马屁拍得朱祐樘满心欢喜，但依然没有蒙蔽了朱祐樘的耳目。没过多久，朝政已经基本稳定，国家机器开始正常运转。而此时庶子张升、御史曹祐、御史欧阳旦、南京给事中方向、御史陈嵩等又开始相继弹劾刘吉。于是，一怒之下，“中升逐之。数兴大狱，智、向囚击远贬，洪亦谪官”。朱祐樘也就趁机将刘吉赶回了老家。

事情至此，成化一朝的腐朽内阁已经被清理一新。朱祐樘望着自己苦心经营的成果，满心欢喜。他已经准备好在这个全新的平台上，迎接更多的挑战。

两位前辈的猛药

弘治元年（1488年），吏部衙门外，一位年过古稀的老人正用颤颤巍巍的手在门柱上贴着对联。只见对联上写道：“仕于朝者，以馈遗及门为耻；仕于外者，以苞苴入都为羞。”围观的人议论纷纷，这样一个不起眼的老头，能整顿好已经腐朽不堪的吏部吗？

他的名字叫王恕。

说起王恕，在当时的大明官场上，可是一个名头相当响亮的人物。他是陕西三原县人，正统十三年（1448年）进士。曾经历任扬州知府、江西布政使，后来又相继在河南、云南、南京等地做官，名声颇佳。由于他为官清正廉明，在成化和弘治两朝，始终都是朝廷为官员们所树立的学习楷模。

当时的民间流传着这样一句民谣，“两京十二部，独有一王恕”，可见其威信之高。他除了刚直不阿、清正廉洁，还有一个很大的特点，那就是：别人不敢管事情，他敢管；别人不敢干的事情，他敢干；别人不敢惹的人，他敢惹。

王恕考取进士的那一年33岁，由于他的文章见解独到，很受主考官员赏识，于是便被留在京城担任大理寺审案笔录。初生牛犊不怕虎，正直的王恕在大理寺待的时间越长，越觉得大理寺所审案件漏洞百出，简直就是在草菅人命，践踏王法，让人忍无可忍。于是他向皇帝上奏，揭发大理寺内种种不法之事，大理寺主审官、吏部尚书等人通通没有被放过。这份奏章传到皇帝面前，举朝震动。于是大理寺被改组，吏部尚书被撤换，王恕也因此以敢于直谏而名震朝野。

也是因为此事，那些被王恕参奏的官员对他记恨在心，将他排挤出京城，外放扬州知府。扬州属于江南最繁华富庶之地，也是盐税最多县府之一，而推荐他出任扬州知府的，正是被撤了职的吏部尚书。为什么他会这么做？原来，扬州美女天下闻名，歌妓舞妓誉满全国，皇帝每年所选的美女，大部分出自扬州。若是王恕摆起清官的架子，不给皇宫进献美女，就一定会遭到皇帝的记恨。而且，在这样的富贵之乡，大家纷纷预言，不到一年，王恕绝对会堕落得连自己都不认得自己了。

王恕丝毫没有为其所动。他一到扬州，便开始着手治理盐运中的腐败，严惩失职官员，禁止向京官选送美女和贿赂。好色的明宪宗皇帝不见扬州美女进京，果然龙颜大怒，要将王恕捉拿问罪。但翻案一查，发现王恕到任才一年多，扬州上交国库的税银就比前任翻了一倍。于是，宪宗皇帝才强忍怒火，将王恕调到了南阳、荆襄两地上任。

这一地区此时恰逢流民聚众造反。王恕二话不说，立即着手治乱，雷厉风行地抓了几个贪官和恶霸就地正法，很快便将暴乱平息下去。从此以后，王恕成为了平乱专业户，终成化一朝，他做过的地方官是最多的。所在之地，大部分都是边远郊区，穷山恶水，恶霸横行，民不聊生。这种地方，如果换成其他官员，都得四处送礼请托寻求调动，但王恕则欣然收拾行装前去赴任，到了任上，便大刀阔斧地实行改革，铲奸除恶，然后大兴农业，发展教育，硬是将刁蛮难治的不毛之地发展成为欣欣向荣的世外桃源。

王恕得到了百姓的普遍爱戴，得罪的人却也越来越多，尤其是朝里朝外的重量级权贵。王恕辛辛苦苦工作三十多年，就是回不了中央。直到明孝宗即位，才在弘治元年（1488年），将七十三岁高龄、大名鼎鼎的王恕重新起用，任命为六部第一重臣——吏部尚书。

虽然年纪大了，但王恕的品性一点儿都没改，一回到京城，便以古稀之高龄夜以继日、兢兢业业地工作，选拔贤良官员，严惩贪污腐败，还创建了一套完善的官员考核和选拔系统。在他的努力下，官员们都老老实实干活，政府效率大大提高，一大批人才得到了重用。

作为掌管官员任命大权的吏部尚书，不论谁当此职位，家门前都少不了逢迎巴结、想托关系送礼走后门以求升迁或外放肥缺之人。由于此时明王朝贪污受贿、向上司送礼的风气已经极其严重，官吏腐败成风，王恕家自然也是门庭若市。但他自知责任重大，从未收受过任何贿赂。在六部大臣中，人人上任都带着家眷，只有王恕一人，只带领一个老仆、一个箩筐、一些换洗衣物便来了，吃的也只是粗茶淡饭而已，他为朝廷带来了一股廉风，起到了极大的表率作用。

明孝宗重用的第二个人是马文升。

对于马文升，前文已经有所提及。他因在辽东时接待汪直态度冷淡，被汪直诬陷为诱发辽东激变的罪魁祸首而被谪戍重庆卫，足足滞留了四年。直到汪直失宠，马文升才官复原职。

明孝宗朱祐樘很清楚马文升的能力和价值，也知道在成化朝二十多中，马文升因为汪直而背了多少黑锅，但他却始终忍辱负重，无怨无悔。朱祐樘认定，这是一个可造之材。于是朱祐樘一即位，马文升便开始得到重用，出任左都御史。而马文升也毫不含糊，一回来就“上边计十五事”，朱祐樘二话没说，全部照准，又升任他为兵部尚书。新官上任三把火，马文升刚到兵部，便开始了他的军事改革。

他的改革风声一放出来，军队里立即开始人心惶惶。许多兵油子怕再也过不上清闲日子，天天带着武器在马文升家门口溜达，准备行刺，吓得朱祐樘连忙派金吾骑士十二人，专程保护马文升的安全。但是，马文升毫不在意，依然是神情自若，谈笑风生。在明孝宗的支持下，军事改革照常进行。

经过马文升的整顿，大明朝的御林军团营中的老弱残兵被清退，补充进了青年精壮力量，并制定了一套全新的军事训练制度、考核制度及军官选拔制度。马文升还提出，蓟州、宣府、大同三镇已有镇守太监，但是，蓟州城内却有内臣九员，宣府有内臣八员，大同有内臣六员，“每员占用军人，少则二三百名，多则四五百名，通计侵占已有数千”，这些对于边地驻防不仅完全没有必要，还会给边地增添新的不安定因素，应立即予以裁革。孝宗依其议办理，大明军队的气象随之焕然一新。

弘治元年（1488年），吐蕃爆发动乱，朝廷所封的忠顺王罕慎被杀。弘治六年（1493年），另一个忠顺王陕巴也被另一部落首领阿黑麻刺杀，阿黑麻自封可汗，侵略边疆。弘治八年（1495年），马文升调罕东等部兵夜袭哈密城。陕西巡抚许进等随后行进，很快明军便进入哈密。这是自明代初期以来，朝廷第一次深入哈密内地，也是马文升任兵部尚书以来所处置的最重大的边事。举国上下都兴奋不已。

在马文升和王恕的带领下，弘治初期朝廷政治清明，经济恢复，他们二人也是众望所归，不但以人品服众，而且对朝廷贡献也极大。但是，时间一长，明孝宗就有点儿受不了这个王恕了。

王恕不仅惹贪官、惹污吏、惹太监、惹外戚，而且胆子实在是极大，连皇帝都要时不时地惹一惹。这正是王恕与其他人的不同之处：别人不敢惹的人，他敢惹。他要么时不时地进谏朱祐樘，让他放弃各种休息时间来读书或是召集大臣进行经筵讲学，把朱祐樘累得够呛；要么就是向皇帝推荐官员人选时，只要朱祐樘驳斥了他的建议，就以辞职相威胁。由于这些都是公事，朱祐樘只是发发牢骚，最后也就忍了。但王恕连皇帝的私事也不放过。朱祐樘要赐自己的叔叔庄田，他就说现在好多老百姓还都没地种，坚决不同意皇帝赐地。更让皇帝接受不了的是，他竟然提议说朱祐樘只有皇后一个老婆，这会影响到皇室子嗣的繁衍，提议皇帝再多娶几个。

在工作上，王恕也是一和别人有冲突，就立刻闹罢工要辞职；说话办事从不考虑是不是会得罪人，经常口无遮拦，破口大骂。他在当吏部尚书这几年，干的最多的事情就是吵架，跟同僚吵，跟下级吵，跟内阁也吵，搞得众怨沸腾。虽然朱祐樘心里明白，他所做的一切，都不是为了自己，但无奈朝臣的意见实在太大。偌大的国家，不是只有一个王恕就能运转起来的。无奈之下，朱祐樘只好将王恕打发走了。

其实，在王恕和马文升的共同努力下，成化朝时代的庸臣已经一扫而空了，新的官员选拔和监察制度也已经开始运转，此时王恕的价值本来就已发挥到头，接下来，就该是大刀阔斧整顿经济的时候。王恕回家了，对朱祐樘来说，也并无太大损失。

王恕就这样离开了官场。告老还乡之后，他将所有的精力都投入到治学上，开辟了明代著名的理学流派三原学派，直到正德三年（1508年）以九十三岁高龄辞世。

弘治十四年（1501年），马文升继任吏部尚书。他进一步完善了王恕订下的官吏考核制度，一样的正直无私，完成了王恕想做却没有做完的事。

弘治初期的大明朝，文有王恕，武有马文升。经过一番彻头彻尾的大整顿，官场吏治清明，军队士气高昂，在黑暗中沉浸多年的明朝，终于又迎来了盛世气象。这一切，二人当然功不可没。但是比起下面将要出场的三个人来说，他们，还只是引子。

三人团，好男儿

弘治十一年（1493年），一个叫江祐的国子监学生上疏，弹劾刘健、李东阳阻塞言路，独断专权，请求明孝宗严加处理。奏疏刚一递上去，孝宗朱祐樘便勃然大怒，当即将江瑢逮捕，并亲自安慰刘健、李东阳，让他们安心继续工作。而刘健和李东阳也不计前嫌，欣然为江瑢求情，使他免去了牢狱之苦。

是什么让这两个人取得了明孝宗如此的信任？

其实，在孝宗朝，这是一个三人的团队。这个团队中，有刘健、李东阳，还有谢迁。他们是三个非同小可的人物。他们各有所长，正是三人各自的努力和相互的配合，最终实现了一个盛世的理想。

刘健是河南洛阳人。他从小勤奋好学，可能是天资并不聪颖，所以纵然拼命刻苦，学习成绩却并不算好。几次参加科举考试，都屡战屡败。于是，他谢绝了所有的人际交往，天天把自己关在屋子里，玩命地读书。邻居们知道了，给他起了个绰号，叫做“木头”。他就这样读啊读，一直到了二十二岁那年，他终于走出了书斋，开始出门交游，目的地是山西河津。也就是在这次出游中，刘健遇到了改变他一生命运的贵人——薛祐。

薛瑄在当时，可是社会上鼎鼎有名的大人物。他不仅是朝廷里以直言敢谏出名的正直大臣，而且还是著名的理学学派——河东学派的创始人，“其清修笃学，海内宗焉”。刘健到达河津后，恰逢薛瑄因为得罪大宦官王振而被贬在此。兴奋之下，刘健立即上门求教。由于薛瑄实在名气太大，不远万里跑来求学的学生不计其数。而刘健在此人生地不熟，怎么可能见得着薛瑄？但是，不聪明的学生往往有一股执著的拼劲儿。

在长时间的等待中，刘健终于熬到了薛瑄的召见。谁知还没说几句话，薛瑄便当即拍板收刘健为徒。在薛瑄的悉心教导下，刘健得到了河东学派的真传，以前读书时期不明白的疑点，一点一点地豁然开朗起来。天顺四年（1460年），刘健一举考取进士，继而入翰林院做庶吉士，此时的他36岁。

进入翰林院后，刘健又恢复了本性。他闭门读书，和谁也不来往，于是，“木头”的绰号又流传开来，但是，他毫不在意。拉关系、送礼、请客这些官场应酬通通和他没关系。也就是凭着这一股执著劲儿，刘健被当时的大学士李贤看重，邀请他一起参与

《明英宗实录》的编修工作。当时刘健的父亲刚刚去世，依礼制应守孝三年，但似乎李贤看出了这个人是个可造之才，就是不让他走。编修工作圆满完成之后，刘健因表现突出而“进修撰，三迁至少詹事，充东宫讲官，受知于孝宗”。充东宫讲官，也就是说成为了太子朱祐樘的老师。

“健学问深粹，正色敢言，以身任天下之重”，但是也有一个很大的特点——脾气极差。太子一有偷懒或者是文章没写好，一定会挨刘健老师的一顿臭骂。所以，虽然刘健说话不多，太子却对他的人品和学识打心眼儿里佩服。别人啰啰唆唆半天才能说明白的事情，刘健往往一语中的。也就是在这时，朱祐樘就已经下定重用刘健的决心了。

弘治元年（1488年），朱祐樘登基。刘健入阁，是为礼部侍郎。在任上，刘健终于发挥出来他的真正才能，那就是，他有着惊人的决断能力。在国家的各项大政方针政策上，什么宜急，什么宜缓，什么可为，什么不可为，只要有刘健在身边，朱祐樘都能得到最精准的答案。比如说弘治初，国家发生了很多自然灾害，朱祐樘问刘健应该如何应对，他脱口而出：“赈济当以防患为要务，防患当以治水为先。”在这一方针的指导下，很快各种赈灾工作都有条不紊地展开了。因此，朱祐樘对刘健言听计从。

“当是时，健等三人同心辅政，竭情尽虑，知无不言。初或有从有不从，既乃益见信，所奏请无不纳，呼为先生而不名。每进见，帝辄屏左右。左右间从屏间窃听，但闻帝数数称善。”（《明史》）可见朱祐樘心目中刘健的地位之高。

虽然如此，刘健也有着自己都无法克服的坏毛病，那就是固执，而且脾气暴躁。只要是他作出的判断，就一定要执行到底，无论谁敢反对，他都丝毫不肯相让。于是没过多久，他便又得了一个新的绰号“炮仗”。

脾气差到这个地步，怎么能不招人恨？但是，同僚们对于刘健却都只敢私下里骂几句，很少有人敢上奏章弹劾他。这实在是因为大家太怕他了，何况刘健虽然脾气差，为官却十分清正，没有任何把柄可抓。

这就是明初著名的阁臣刘健。但是，只有他是不够的。在另外两个人的配合下，大明王朝才最终恢复了它往日的繁荣。而他们三人也因此成为中国历史上最具特色，也是最为后人所称道的内阁政府，“天下称贤相”，赞之为“李公谋，刘公断，谢公尤侃侃”。

这里所说的李公和谢公，就是指李东阳和谢迁。

谢迁，弘治八年（1495年）入阁，担任兵部尚书兼东阁大学士。此时的谢迁年已四十有余，但依然英俊潇洒，风度翩翩，是个难得的美男子。如果说朱祐樘从小对于刘健的感觉用一个字形容就是“怕”的话，那对于谢迁，则是打心眼里迷恋。

谢迁刚入阁不久，立即又被朱祐樘任命为新一届的太子少保，继续再教自己的儿子。谢阁老与刘阁老虽然都坚持原则，光明磊落，但相比之下，谢迁有着一个很大的特长，就是口才极好，“见事明敏，善持论”。他滔滔不绝，口若悬河，而且善于据理论争，又诙谐幽默。不论遇到了多么难解的纠纷，只要谢迁一出马调节，立即能达到化戾气为祥和的效果。

朝廷里有了新的政策方针，朱祐樘都去找谢迁传达。朝臣中不论谁有了新的见解，也都会先去找谢迁商议。如果得到谢迁支持，经他一摇旗呐喊，很快就能得到上至朱祐樘、下至文武百姓的支持。所以，谢迁在朝中的人际关系也极好，左右逢源，满朝文武，很少有不喜欢谢迁的。

但是，谢迁绝对不是一个没有原则的人，他所为之摇旗呐喊的对象，都是他所认同的善政，而且从不收受贿赂。最难得的是，刘健这个暴脾气到处招惹是非，谢迁就到处跑着给他圆场。刘健曾经几次与李东阳发生冲突，差点大打出手，都是谢迁出面调停，方才化干戈为玉帛。可见谢迁的作用之大，也可见明孝宗朱祐樘用人之能。

谢迁与刘健的配合，可谓是滴水不漏。但纵使一个人拍板决断，一个人大搞宣传，但在具体问题的处理上，总还是缺少些什么。因此，第三个人的出场，起到了让这个团队锦上添花的效果。

李东阳，人称“李公谋”，他“四岁能作径尺书”，从小就是远近闻名的神童，十八岁就考中进士，弘治八年（1495年）入阁，任礼部尚书。他不仅在政治方面才华横溢，更是出色的书法家和文学家。在他的引领下，还形成了明代著名的诗歌流派茶陵诗派。而在朱祐樘的这个新班子里，他扮演的主要角色，就是谋划。

李东阳得到明孝宗的赏识，是在弘治五年（1492年）。这一年，旱灾求言。“东阳条摘《孟子》七篇大义，附以时政得失，累数千言，上之。帝称善。阁臣徐溥等以诏敕繁，请如先朝王直故事，设官专领。乃擢东阳礼部右侍郎兼侍读学士，内阁专典诰敕。”山西、山西、四川等地发生了旱灾，明孝宗下旨让朝臣提出解决的意见。朝臣所奏大都不合朱祐樘的心意，这时，他无意中发现了李东阳的奏折。这封奏折不仅文采飞扬，而且旁征博引，见解独到，切实可行。于是“帝嘉叹，悉付所司”。

此后不久，李东阳就被擢升为内阁侍读学士。弘治八年（1495年）邱浚病逝后，在徐溥的尽心提拔下，李东阳正式进入了内阁。他参照前辈邱浚所著《大学衍义补》中关于经世治世的论断，精心谋划国家军事、政治、税收等各方面的处理事宜。“是时，帝数召阁臣面议政事。东阳与首辅刘健等竭心献纳，时政阙失必尽言极谏。”（《明史》）可见，李东阳与刘健的配合其实是很默契的。即使会发生正面冲突，有谢迁从中斡旋，也很快便能风平浪静了。

这三位阁老发挥各自的特长，分工明确，密切配合，在引领明王朝走上繁荣的同时，也成就了一段政坛佳话。

祖宗之法也得变

弘治十三年（1500年）二月，明孝宗听从给事中杨廉的建议，更定刑部条例，首开以例代律的先例。

明朝建立后，明太祖朱元璋以《唐律》为基础，斟酌损益，一部明朝各代都要遵循的《大明律》便制定了出来。由于朱元璋规定《大明律》不能更改，所以随着时间的推移，以后的各朝或律外起例，或因律起例，或者因例生例，从而使断狱的条例愈来愈多。条例多了，官吏不仅难以掌握，而且难以操作，这就使得在断狱过程中，处理不公现象很多，许多奸官甚至以此谋权夺利，为自己判案提供有利的依据。

时至明朝中期，由法律而产生的弊端日渐突出，以至于到了非改革不可的地步。事实上，明孝宗对这一点也看得非常清楚，所以他常常针对“情重律轻”或“情轻律重”的现实，实施变通的办法，尽力使情法适中。不过，这并不是长久之计，比较完善的是从制度上确定律例并行，以例辅律，以例补律。

弘治四年（1491年）二月，刑科给事中韩佑上疏孝宗皇帝，请求将成化元年（1465

年）以后现行断案事例斟酌轻重，选取其中好的条例，分为六目，与《大明律》并行于世，以便天下百姓共同遵循。弘治五年（1492年）七月，南京户科给事中杨廉以灾异上疏言六事，疏中也说："这些年来，条例过多，导致判官对条例不知或不明白，或任意作出判决，虽然条例是相同的，但处罚却有很大出入。"故此他建议孝宗皇帝命令"三法司与衙门共同商讨，将旧例的律条取其十分之一，并与《大明律》一同实行"。他的建议被明孝宗所采纳，他命刑部尚书彭韶删定了《问刑条例》。

可是，官吏在断案过程中的酷暴之举并没有因孝宗皇帝的努力而终止。弘治六年（1493年），太常寺少卿李东阳在给孝宗的奏疏中说："在衙门里，往往很轻的罪，也会置人于死地，即使事情暴露了，他们也会用法律之名来抵过。他们杀了数十人，甚至上百人，尸体遍地都是，让人很是伤心。"弘治十三年（1500年），杨廉再次上疏孝宗皇帝说，"从洪武年间到现在一百三十年来，《大明律》已经实施很久，其中条例也渐渐增多。近令法司详议，汰其繁琐"，鉴于"只有懂法的人才可以议论法律，清楚的人可以拟写律条"，他又建议孝宗"将明白事理之人来打理律事，以简便为主，去除一些冗杂的东西，补充法律的不足，让官员们能够有法可依"。明孝宗再次接受了他的建议，令刑部尚书白昂会同部院大臣共同商讨后，选择了历年问刑条例中经久可行的二百七十九条条例，并向孝宗皇上说明。孝宗表示同意，下诏令与律并行。从而确立了以例辅律、律例并行的制度。

《问刑条例》经过删改修订，不仅避免了问刑之官不熟知条例、罪同罚异的现象，而且使情法适中，避免重蹈历代"情轻律重"或"情重律轻"的覆辙。

《大明会典》更实用

弘治十五年（1502年），一部历时6年之久、洋洋180卷的《大明会典》修定而成。

时至弘治十年（1497年），大明王朝自朱元璋建立之后，已经走过了一百多年的历程。在这一百多年间，它的各项典章制度日趋完备，《宪纲》、《诸司职掌》、《御制官箴》等相继颁布，但这些典章制度还不够完善，并且也比较分散，没有形成一个完整的体系。在这种情况下，一项重大决定在明孝宗即位后十年应运而生。

明孝宗于弘治十年（1497年）三月初六日，给少傅兼太子太傅吏部尚书谨身殿大学士徐溥、太子太保礼部尚书兼武英殿大学士刘健、礼部右侍郎兼翰林院侍读学士李东阳、詹事府詹事兼翰林院侍读学士谢迁分别下了一道命令，在命令中他以"朕嗣丕绪，以君万邦，远稽古典，近守祖宗成法，夙夜祇惧，罔敢违越。唯我太祖高皇帝创业定制，所以为子孙计者至矣。御制之书连篇累牍，宏纲众目，极大而精，随制随改，靡有宁岁。迨我太宗文皇帝继正大统，益弘远图。列圣相承，至于皇考，皆因时制宜，或损或益，盖有不得不然者，期不失乎圣祖之意而已。顾其条贯散见于简册卷牍之间凡百，有司艰于考据，下至闾里，或未悉知。皇祖英宗睿皇帝尝有志纂述，事弗克"为理由，令徐溥、刘健、李东阳等人"编稽国史，以本朝官职、制度为纲，事物、名数、仪文、等级为目，一以祖宗旧制为主，而凡损益同异，据事系年，汇列于后，梓而为书，以成一代之典"，"各殚心力，详录而谨书之，务使文质适中，事理兼备，行诸今而无弊，传诸后而可徵"，即让徐溥、刘健、李东阳等人编一部关于明朝典章制度方面的书。为了明确这部书的编写责任，明孝宗又任命吏部尚书谨身殿大学士徐溥、礼部尚书兼武英殿大学士刘健、礼部右侍郎兼翰林院侍读学士李东阳为总裁官，太常寺卿兼翰林院侍讲学士程敏政、翰林院侍读学士王鏊、翰林院侍读学士杨守祐为副总裁官，负责编写这部典籍。

总裁官徐溥领命后又以“奉敕纂修书籍，必须继自宸衷，赐以名目，使中外有司晓然知圣意所在，纂修者有所依据，承行者易于遵奉”为理由，上奏孝宗皇帝，请求给这部书赐一个书名，明孝宗非常高兴地答应了，立即下令定书名为《大明会典》。

徐溥、刘健、李东阳在明孝宗的授意下，组织了一大批官员开始编纂《大明会典》，他们以洪武二十六年（1393年）颁布的《诸司职掌》为主要资料，又参考了《皇明祖训》、《大诰》、《大明集礼》、《大明令》、《洪武礼仪定式》等典章制度方面的书籍，以吏、户、礼、兵、刑、工六部作为全书的总纲，分别对明朝各行政机构的职责、事例、沿革加以记述。他们针对明朝实行两京制，又将南京的行政机构附在北京同一行政机构之后，不单列出加以叙述，对南京与北京名称前后不一致的行政机构，则详述它的建立与变革情况。在各纂修官一致努力下，这部历时6年、共计180卷的《大明会典》于弘治十五年（1502年）编撰完成。

明孝宗于弘治十五年（1502年）十二月十一日，在奉先殿隆重举行了《大明会典》的进呈仪式，明孝宗亲自接见负责修纂《大明会典》的总裁官徐溥、刘健、李东阳和副总裁官程敏政、王鏊、杨守祐，随后，他又在礼部召开盛大的宴会，招待刘健、徐溥、李东阳等人，并命英国公张辅作陪，宴会结束后，明孝宗和他们又进行了亲切交谈。

同一天，明孝宗为《大明会典》写了一篇序言。在这篇序言里，他首先指出从古至今，帝王君临天下，必定有一代的典制。在唐虞尧舜时代，这种典制比较完备，是后世所赶不上的，而从秦以后的汉、唐、宋典制则不甚完善，“因陋就简，杂以人为而未尽天理”。接着，谈到对明代典制的制定曾作出过贡献的明太祖、明太宗，继而表明他修纂《大明会典》的原因。

与此同时，明孝宗还对《大明会典》给予了很高的评价。他在序言里写道：“朕翻看之，见提纲要领，条目清晰，如日月之丽天，群星分布，我大明朝廷有百余年的典制，看看今世，却没有留下遗憾。”并进一步说如果以后的明朝各代“世守之，不迁于异说，不急于近利”，那么长此以往明朝的大业定能繁荣稳定，可以并唐虞，轶三代。

在明代典章制度的建立过程中，《大明会典》占据着很重要的地位。之后明孝宗又下令工部将它刻版刊行，昭示天下。

整顿盐法为哪般

弘治十六年（1503年），孝宗皇帝将代支盐的范围予以扩大，而在此之前，明朝已对盐法进行了多次的改革。

我国井盐生产历史悠久，从战国时开始，历代相承，不断发展。在实际生产中，如开凿深井、天然气煮盐等技术也不断向前发展。

明朝从初建时起就对盐实行专卖，并制定了较为严密的法规。在盐的销售过程中，开中是一个很重要的办法，即明朝政府利用手中掌握的食盐，吸引商人先把粮食运往边境地区，然后用交粮证据到指定地点领取食盐，再销往指定地区。开中办法的实行促进了边境地区的开发，增加了明政府的财政收入。

可是，开中法实行不久即遭到破坏，一方面是盐商为了牟取暴利不照法办事，在卖完官盐后不及时把盐款账目单交回，而把这些账目留作私盐的护身符；另一方面王府、宦官大量地奏讨盐引，公差人员也私自带运食盐，从中牟取利益。时至弘治年间，盐法的破坏已到了很严重的地步。为改变这种现状，明孝宗朱祐樘曾多次整顿盐法。

弘治元年（1488年）七月，明孝宗命户部右侍郎李嗣兼都察院左佥都御史往两淮，刑部右侍郎彭韶兼都察院左佥都御史往两浙，清理盐法，并告诉他们说："食盐一项每年都经费不足，盐商常常不肯报税给朝廷，这主要原因是他们的生产亏本，无利可图，因此各省的人员缺失比较多，没有补充；山场、草荡等很多地方都被富人占着，仓库也因长期没人整修而坏掉。伙夫们生活困顿，也得不到救济；总催大人们勒索盐市盐商的财物，而且又强征伙夫们的煎制食盐的'无名税'，并私自赏给别人。等到朝廷开始整顿的时候，他们又大出伪证，应付一下就算完事。所以官府盐量不足，私人中却占有很多。再加上运盐官吏的疏心大意，御史不闻不问，盐法便遭破坏，盐储量自然也不足。所以特命你们亲自到各盐场盘查清理，一是禁止官吏富豪强势冒名上报，勾结专管的官员，购买私盐，强行贩卖，如有违反，则将贩卖的人捉住治罪，将他贩的盐没收上缴朝廷。二是不允许拖欠朝廷的盐税，如果有亏欠，就严令总催等官员在预期内追讨。倘若总催当中有胆大妄为、欺压伙夫、强占盐税的，将他自己连同家眷，一起押解到京城治罪充军；三是伙夫们生活太困顿的话，就对他们进行一定的救济，不许占山场、草荡，应修理仓库器具；四是应发给盐商的盐如数发给他们，不许对其百般刁难；五是禁止越境卖盐和贩卖私盐；六是官吏军人中凡是有从中渔利的，除了三品官以上奏报朝廷处置外，其他的全部当场法办，对廉洁的官员，也要适当地奖励。"

李嗣和彭韶领命后即开始着手清理盐法。在两淮李嗣实施的一个重要办法就是令商人买余盐来补充官引，以便商人摆脱支盐艰苦的困境。孝宗皇帝非常赞同这一方法，他于弘治二年（1489年）下令："两淮运司守支的客商，自成化十五年以前无盐支给者，许收买灶丁余盐以补官引，免其劝借米麦，其成化十六年以后至二十年以前正支不敷者，也允许买补，该劝借赈济米麦，照支盐多少上纳。二十一年至二十三年未支者，将盐课严限追补完足，支与客商，不许收买余盐。"同一年，他又下令，规定各地官员在所发的盐被售完后，把全部引目收上来，并且规定盐运司及盐课提举司每年都必须登记商人的籍贯、住址和违限日期，并将其装订成册上交到户部，再由户部转发该管布政司、府、卫所提问，限期追销。在经过一系列的整治之后，盐法又以崭新的面目呈现出来。

对盐法的最大变革是户部尚书叶淇提出的召商纳银中盐的方法。

户部尚书叶淇于弘治五年（1492年）十月上书孝宗皇帝，请求他采用召商纳银中盐的方法。他的这一建议完全是针对当时商人们为守支所困扰，不愿报中，造成边储匮乏的状况提出的，是顺应当时的历史发展趋势的明智之举。随着商品经济的发展，仅靠商人运粮解决边储只是权宜之计，更何况商人运来的粮食常常由于数量不足而无法满足边储的迫切需求。可见，改纳粮为纳银中盐是大势所趋。同时，改纳银中盐反映了多数盐商的心声，也减少了有权势的官商限制他们行盐的环节。当然，这一制度也有自身的缺失，但在当时的情势之下，仍不失为革除弊端的良策。

虽然也有人反对这一变革，但改革的实施确实收到了一些好的效果，一方面它免去了商人们的守支之苦；另一方面，它也调动了商人报中的积极性。于是国库日益充沛，太仓也积攒了100多万银两。然而，这项措施使商人不再运粮到边开中，也不在边境屯田开中，致使明朝的边储日益紧缺。

此外，孝宗皇帝又多次于弘治十四、十六年改善盐法。十四年（1501年）四月，他任王阤为都察院右佥都御史，赴两淮清理盐法。王阤到任后为了消除长年累积的弊端，采取了抚恤小灶、抑制豪强、缉捕私贩、备查历年盐课、追究侵夺亏损、禁势要占中、按期支盐给守支商人、依法查办贩卖私盐的公差人员等办法。同年，王祐再次清理引目，规定州县要于每月末把卖过的引目上交到府，然后由府于季末上交布政司，再由布政司于年底上交户部。同时由户部对那些收缴不力的府、州、县的有关负责人员问罪。弘治十六年，他又扩大代支盐的范围，规定商人中盐只要在支盐前不幸去世而无法支盐的，除其妻、子可以代替他支盐外，他的父母、祖、孙，或在一起的兄弟都有权代支，由巡盐御史通知运司，核实其身份后，不须再作禀奏，即可支盐。

孝宗皇帝多次整顿盐法，的确收到了一定的成效，充裕了政府的国库。但值得一提的是，它的这些整顿只是对原有盐法的修补，根本没有解决其中有关的实质性问题，因而他的改革在有些方面显得软弱无力，致使弘治时期官商勾结私贩食盐等恶劣的现象一直未被消除。

这是我的兴趣爱好

弘治十七年（1504年），孝宗皇帝决定在朝阳门外修建一座正寿塔，这是孝宗笃信佛老之术的典型表现之一。

在国家长治久安的大好局势下，统治者中奢侈之风日渐滋长。明孝宗在这种不良风气的腐蚀下，也逐渐过上了奢华的生活。弘治末年，在司设监太监的提议下，他下令制造了一百多件龙毯和素毯。工部尚书曾鉴反对此举，说“毯虽一物，然征毳于山、陕，采棉花诸料于河南，召工匠于苏、松，经累岁，劳累万端”，方被织成，可见这是多么劳民伤财的事情，因此曾鉴竭力主张不要这样做，但明孝宗却置之不理。由于朝廷中奢华之风日盛，到弘治十七年（1504年）明朝便出现了严重的经济匮竭。而孝宗皇帝不但未引以为鉴，反而在宦官李广等人的诱导下，开始热衷于烧炼、斋醮之术，以至于愈加笃信佛老，大有仿效其父迷信方术、佛道的趋势。

明孝宗朱祐樘迷恋烧炼、斋醮并非完全出于李广等人的引诱。事实上，早在幼年之时，他就颇受佛教的影响。那时的明孝宗为了免受万贵妃的谋害，一直躲在宫中最不为人所知的地方。由于先天及后天的营养不良，他从小体弱多病，时常忍受病痛之苦的他，把佛法和道术中那种超然的神力使当做忍受病痛之苦的精神支柱。

另外，明孝宗年幼时还受到废后吴氏和王皇后的影响。在他躲难于西宫内时，得到了废后吴氏的悉心照料，把他当亲生儿子一般看待，关爱有加。吴后原为明宪宗结发之妻，因得罪万贵妃被废。后来迁到偏僻冷清的西宫内，过着孤寂清苦的生活。为排遣时日，寻求寄托，吴后开始信佛。当时明孝宗虽然年纪尚小，但天长日久耳濡目染，不免会对佛经产生好感。

明孝宗离开西宫内，与明宪宗相认后，被封为皇太子。为躲开万贵妃的陷害，他被寄养至祖母周太后的寝宫即仁寿宫中。在那里，他遇到了王皇后，她是宪宗在吴后被废后，册立的第二位皇后。王皇后对万贵妃的专横阴毒深有体会，所以她平日处处小心谨慎，唯恐触犯她。王皇后生性软弱，却极守孝道，深得周太后喜爱，她每天都到仁寿宫去看望周太后，而且经常帮着周太后照顾、保护年幼的朱璟樘，才使他能够逃脱万贵妃的毒手。明孝宗朱璟樘身在后宫，受到王皇后及宫女、内监信佛的影响，自小便诵读佛经，渐渐被其中的教导所吸引。

由于受童年时代佛教学说的影响，明孝宗朱祐樘入学后对佛经的兴趣丝毫不减，老太监覃吉教授他诵读《四书章句》和《古今政典》，他却常常把佛经夹在所读的经书中悄悄地偷看。有一次，老太监覃吉出去办事，朱祐樘就借机偷读佛经，正当他读得津津有味时，有人大喊“老头子来了”，朱祐樘立刻换上《孝经》大声诵读。其实老太监覃吉早就知道朱祐樘的把戏，所以一进门就不露声色地走到朱祐樘跟前，故意大声问道：“太子读的是佛经么？”朱祐樘立刻放下手中正在装模作样朗读的书说：“我读的是《孝经》。”覃吉颇有深意地说：“很好，佛书尽是胡言乱语，以少读或不读为妙。”可见，明孝宗的少年时代便酷爱佛经。

明孝宗朱祐樘成年之后，仍然喜欢读佛经，当他累的时候便以读佛书自慰。李广是他身边的太监，看出他爱佛的心态后便投其所好，换取晋升的机会。李广不断鼓动孝宗皇帝建坛设醮，大兴佛事，并趁机大肆索取贿赂。孝宗没能看破李广的诡计，反而将其委以重任，到了所言必听的地步。直到李广死后，明孝宗向佛之心却未改变，依然按照李广生前所言行事，李广生前任用的佛事官员也照常支俸。

弘治十二年（1499年）九月，被焚的清宁宫已修复完工。孝宗为示祝贺，传谕灌顶国师立法坛，并在各地建醮，进神炮给泰山的寺院，至于在市里散灯就更是随处可见。对明孝宗这种过分礼佛敬道的行为，朝中也有人反对。大学士刘健等人都曾力劝明孝宗，可孝宗皇帝把这些事情都推到了两宫太后身上，说这是两宫皇太后的意思。但是，主张以孝治天下的刘健等人还是阻止了明孝宗的几次佛事活动。一次是弘治十七年（1504年）二月，明孝宗要给道士杜永祺等五人以真人的封号，下诏建一座正寿塔；一次是弘治十五年（1502年）六月，明孝宗准备命阁匠们拟作一篇释迦哑塔像赞。

明孝宗后期对佛道的笃信，看似与其父宪宗有所不同，但其实质是一样的，是明宪宗礼佛敬道的继续，严重危害了明朝的中央政权。

第六章　正德朝的光荣败家史

我的爱好是娱乐

正德元年（1506年），朝堂之上。

弘治时期叱咤风云的三位阁老面对面站着，双方都瞪着眼睛，满脸通红。很显然，他们之间刚刚发生了很大的争执。

弘治十八年（1505年）五月初七日，为国为民操劳一生的明孝宗终于走到了生命的尽头。在死前，他望着跪在脚边、满面泪痕的三位大臣刘健、谢迁和李东阳，用尽自己毕生最后一点力气，嘱咐道，“东宫年幼，好逸乐，先生辈善辅之”，说完便溘然辞世，时年三十六岁。

“明有天下，传世十六，太祖、成祖而外，可称者仁宗、宣宗、孝宗而已。仁、宣之际，国势初张，纲纪修立，淳朴未漓。至成化以来，号为太平无事，而晏安则易耽怠玩，富盛则渐启骄奢。孝宗独能恭俭有制，勤政爱民，兢兢于保泰持盈之道，用使朝序清宁，民物康阜。”（《明史》）可见他在人们心目中地位之崇高。

明孝宗因用自己短暂的一生中所建立的辉煌功绩而流芳千古。在他的带领下，明朝已经进入了最鼎盛的时期，国库充盈，百姓安康。但是，临死之时，仍有一件事情实在是让他放心不下，这就是他的儿子，后来的明武宗朱厚照。

朱厚照生于弘治四年（1491年），是明孝宗的长子。

朱祐樘一生只宠爱张皇后一人，这一直是满朝文武的一个心结。他们结婚多年，仍无子嗣，这可是关系到国家将来的命运的大事。为了江山社稷，朝臣们如雪花般的奏折不断地往朱祐樘案前送，希望朱祐樘多纳嫔妃。但这个朱祐樘还就是死心塌地只要张皇后一人，朝臣们好说歹说，就是不再娶。这次张皇后得子，终于了却了朝臣们的心结，从此他们不再烦着朱祐樘纳妃，而朱祐樘也正好可以和张皇后安安稳稳地过日子。

朱祐樘给这个儿子取名为“照”，寓意为“四海虽广，兆民虽众，无不在于照临之下”。后来朱祐樘再次得子，取名朱厚炜，却很早就夭折了。朱厚照便成为了明孝宗夫妇二人的独生儿子。最重要的是，他还是大明王朝迄今为止九代人中，唯一一个由正妻所生的嫡长子。在他之前从建文帝朱允炆、成祖朱棣直到孝宗朱祐樘，都是嫔妃所生。这下，大明王朝终于有了一个绝对名正言顺的皇位继承人，朱祐樘心里怎能不乐开花?

朱厚照理所当然地成为了孝宗和张皇后的掌中宝，从小娇惯异常，真是含在嘴里怕化了，捧在手里怕摔了。才两岁的时候，就被自己的父亲迫不及待地加封为了皇太子。

令朱祐樘和张皇后感到欣慰的是，这个孩子十分聪明。他双眼炯炯有神，怎么看怎么透着一股灵气，“粹质比冰玉，神采焕发”。从小不管别人教什么，都是一点就通。于是，在他8岁的时候，朝臣们就建议明孝宗让太子出阁读书。

每天，朱厚照的身边都会有十几位官员陪伴他读书，这些人都来自翰林院，其中还包括了著名的三人团队刘健、谢迁和李东阳。朱厚照也不负众望，前一天讲官教给他的东西，第二天就能倒背如流。只用了几个月，宫廷中的各项繁文缛节、礼法家规就全部掌握了。明孝宗前来检查他的学业，他率领文武官员迎送，没有任何失礼的地方。不管是朱祐樘还是当时的文武百官都相信，有朝一日，这个孩子会像他的父亲一样，成为一位有道明君。

令人大跌眼镜的是，随着朱厚照的渐渐长大，他们发现，这个太子距离他们心目中的有道君王，开始越来越远。

朱厚照的父亲朱祐樘，是一个从小在孤独中长大的人。他习惯了压抑自己内心的感受，喜怒从不形于色，从不让别人知道自己到底在想些什么，而对于身边的大臣们，表现出的则是发自内心的尊敬。他用一个有道明君的标准严格地克制着自己的行为，无论他们说什么，怎样说，他的反应永远是恭敬而谦和的。他深知自己曾经受过怎么样的苦难，所以希望自己的孩子永远远离这些苦难。因此，他不仅对朝臣宽容，对待自己的独生儿子，更是前所未有的宽容。

朱祐樘并不干预未来帝国的继承者自由玩乐的时光，也从不板着脸逼他读书习字，只有在每次与朱厚照单独在一起的时候，才会悉心地劝导他什么该做什么不该做，如果一旦做了不该做的事情，就会被言官们纠劾。朱厚照不解，他认为六科官员都是父亲的臣下，为什么父亲还要怕他们呢？每到这时，明孝宗都会轻声告诉朱厚照，一旦当皇帝的不能谨言慎行，大臣们纠正的奏章就会压得人喘不过气来。

朱祐樘的本意，其实是想让朱厚照明白，怎样用一个君王的标准来约束自己，但是在年幼的朱厚照心理，却产生了另外一种直觉，就是对大臣的反感。正是这些讨厌的大臣们，让自己不能够自由自在地生活。

朱厚照虽然很聪明，但他却丝毫不喜欢读书，尤其不喜欢什么圣贤之道。他的爱好极其广泛，什么蹋球、音乐、字画无一不钻研。大臣们开始上疏，要求太子回归正道，不要让这些杂七杂八、不务正业的瞎折腾把太子的学业耽误了。这一切让朱厚照知道了，更加加深了他对大臣们的反感。

与之相反，在朱厚照的童年生活中，太监们则扮演了一种非常令他愉快的角色。他们不会阻止朱厚照做任何事情，无论什么，都顺着他的心意，陪着他玩不说，更不会逼着他去学什么所谓的圣贤之道。久而久之，朱厚照慢慢地和他们打成了一片。

弘治十八年（1505年），孝宗皇帝死了。年仅十五岁的朱厚照从贪玩的皇太子一下变成了肩负重任的一国之君。五月十八日，朱厚照正式即位，改年号为正德。

这两个字用在朱厚照身上，可谓是有极大的讽刺效果。他的一生，与“正”和“德”简直是一点儿都不沾边。不过此时，事情才刚刚开始。甫一即位的朱厚照心中一片茫然，根本不知道皇帝是怎么当的。但是没关系，当年的三位重臣阁老此刻都围绕在他身边。他们会一步一步地告诉这个小皇帝，一切应该怎么做。而这时的正德皇帝也并未表现出怎样的反叛，一切都在中规中矩中运转。

朱厚照对于当时颇具美名的三位遗老大臣，可谓是言听计从。但是，没有过多久，他们之间的问题便接二连三地爆发出来了。由于这三个人习惯了弘治皇帝的办事方式，于是便将这套理论原封不动地加在了年轻的正德皇帝身上，不论大事小事，总是咄咄逼人。朱厚照对于大臣们本来就有反感心理，这样一来，更是对他们不满之极。而最让朱厚照受不了的，就是定期举行的经筵。

明朝所谓的经筵，常常是在文华殿举行。这个活动一般都是群臣向皇帝进行说教和讲学，告诉他什么该做什么不该做。正德皇帝对于这个无聊又没有实际意义的活动大是反感。再加上年轻又贪玩，能勉强做到每天按时上早朝就已经是难得的了，于是他便经常找寻各种借口不去参加经筵。

朝臣们对皇帝的行为十分不满，各种各样的劝谏书不停地往朱厚照眼前飞，三位顾命大臣也是苦口婆心地一遍又一遍坚持力请。这一次，朱厚照终于认识到了大臣们的厉害。但是由于从小娇宠惯了，他虽然重开了经筵，却也产生了强烈的逆反心理。相比之下，宦官们就可爱多了。从此，他暗下决心，要和这帮老顽固们作对到底。

正德元年（1506年）九月，朱厚照和大臣的矛盾终于正式爆发了。

这一天，被派往江南督造朱厚照日常生活衣装的太监崔杲以筹措经费为理由，向户部追讨往年支剩的盐12000引，但户部却没有批复。理由是按照先例，盐税收入只能用于军饷，不能挪为他用。朱厚照知道后，站在了崔杲一方，要求户部拨款。但户部却坚决不给，还以此为理由，开始了一场大规模讨伐朱厚照的行动。从六科十三道直到都察院，几乎所有的言官都参与了进来。三位内阁大臣甚至以辞职相威胁，让朱厚照大丢面子。而朱厚照看着一封又一封的讨伐书，态度反而更加强硬，就是不同意收回成命。就这样僵持了许久，终于以折中的办法，批给了崔杲盐引的一半，也就是6000引。

盐引的事情过去了，正德皇帝中规中矩做皇帝的日子也正式宣告结束了。从此，他对于当一个有道明君彻底失去了兴趣。不管是大臣们和他商量什么事情，他都毫不理会，凡事都只说知道了。他开始我行我素，所有的时间都花费在了游戏和享乐之上，大臣们对于这个顽劣的小皇帝也终于无可奈何。而聪明的朱厚照，越来越花样百出，渐渐地发明出了一个又一个令人匪夷所思的玩乐之法。

豹房是个“好地方”

正德元年（1506年）八月，按照大明皇室的礼节，新皇帝朱厚照举行大婚典礼。他的皇后姓夏，是一位文雅端庄、温柔贤淑的民间女子。婚后的朱厚照对这位新娘似乎并没有太大的兴趣，不久之后，他又陆续纳了两位嫔妃。不过，宫廷中的女子显然不符合朱厚照喜欢新鲜刺激的性格。没过多久，这两位妃子也被冷落一旁。此时明武宗的心，已经完全被一个全新的浩大工程所占据了。

这个工程，就是豹房。

按照明代的规矩，皇帝登基后，须住在乾清宫。但是，乾清宫是一个庄严冰冷的所在，爱热闹的他对于这个地方，真是一点儿都不喜欢。在这位皇帝的眼里，乾清宫就像一座巨大笼子，在这里整天面对的不是三位大臣没完没了的唠叨，就是夏皇后冷冰冰的脸庞。而且乾清宫戒备森严，连侍奉在身边的太监宫女都不能随便进出，何况是他所喜欢的各种游伴和艺人呢？

乾清宫既束缚着他的四肢，也束缚着他的思想。因此，做了皇帝还没几天，朱厚照就开始酝酿着建造一个全新的、可以充分满足他身心要求的所在。

经过朱厚照的亲自调查和选址，他决定将新的游乐地建在西华门外的太液池。这个地方曾经是皇宫饲养一些珍禽猛兽之地，皇帝打理朝政累了，就来这里参观赏玩，到了朱厚照时期，动物已经都没有了。他看这里据上朝的地方路途并不远，便再次破土动工，整修扩建成为一个新的别院，盖好后命名为豹房。从此，乾清宫形同虚设。明武宗不仅在此生活居住，游乐嬉戏，甚至还在这儿批阅奏章，召见臣工，俨然已经将明代的政治中心移到了豹房。

豹房的建设耗费了国库存银24万两之多，朱厚照亲自精心设计了豹房的建筑格局和陈设。豹房中，不仅有华美的娱乐之地，还有佛寺、校场甚至许多密室。

除了在豹房中养着各种歌妓、伶官、乐户、道士、僧人、演员小丑等人之外。无论是什么样的三教九流，只要能投武宗所好，都被他送进了豹房。朱厚照对音乐很着很强的感悟力，在他的带领下，这些乐师们组成了一个庞大的乐队，时常排练歌戏。由朱厚照亲自作词谱曲的《杀边乐》，后来在明代的教坊司流行了相当长的一段时间。

明武宗还将他所收养的义子们通通藏纳在豹房之中。在即位的短短十几年中，明武宗共收养了一百二十多个义子，并且在正德七年（1512年），一次性将这些人全部改赐朱姓。他们虽然来路不同，但无一例外，都是奸佞之徒。其中最受朱厚照喜爱的就是江彬。

江彬原为边关将领，曾在蓟州杀了一家二十余口人，还诬陷他们为贼寇，换得了重赏。后来在一次镇压反贼的过程中，他独当一面，身中三箭仍然毫无惧色，其中一支射中他的脸，他拔下来继续战斗。虽然如此神勇，但江彬仍是一个无耻小人。这件事被崇尚武力的朱厚照知道后，十分佩服江彬的勇气，专门召见了他，相谈之后，朱厚照发现这个江彬深合自己的心意，便把他留在了身边。这样的人，在豹房中多不胜数。

说到朱厚照的崇尚武力，还有一事不能不提，那就是他有着一项极为特殊的爱好——与各种动物搏斗。即使身受重伤也毫不在意。有一次，他正在豹房中戏弄老虎，谁知这一头平日里极温顺的动物忽然兽性大发，直向朱厚照扑来，慌忙之中他连忙向周围的人大呼救命。但周围的人却谁都不敢上前帮忙。情急之下，江彬英勇而出，才救了明武宗一条命。虽然每次想起都心有余悸，但这次教训依然没有让他对这种爱好有多大收敛，仍然是自吹自擂，到处逞能。

受到之前列位先祖的影响，朱厚照还十分崇信佛教，在全国大兴佛事的同时，他在豹房内召集了一帮僧人，天天演经诵法。由于朱厚照的个性随和、平易近人，他很反感所谓的尊卑之分，对所有的人都像普通人家的好朋友一样，一起吃酒谈笑，常常一聊到深夜，就相互依偎着睡着了。

朱厚照就这样每日每夜地待在豹房，广招乐妓，夜夜笙歌，荒淫无度。有一年元宵节放烟花，一个不慎烧着了乾清宫，火势迅速蔓延。作为一国之君的朱厚照竟然匆匆忙忙地跑到了豹房的高处，带着几位美女观看，边看边谈笑风生，赞叹这一壮观的景象。

自从有了豹房，朱厚照对后宫嫔妃几乎丧失了所有的兴趣，他很少出现在后宫，而是将所有他亲自挑选的、为他所爱的女子送进豹房。一时间豹房美女如云，不仅有中原美女，更有一大批异邦美女，连寡妇、妓女等只要满足朱厚照的审美，也一样被养在豹房。但是时间长了，明武宗也开始渐渐腻烦起来。江彬猜到了朱厚照的这一心思，于是想出了一个新的招数来哄皇帝开心。

夜里，他与朱厚照都换上便装，悄悄溜出了皇宫，来到京城的繁华之地，吃酒听戏，还逛了妓院。趁朱厚照高兴，江彬附在他的耳边，告诉他后军都督府右都督马昂有一个妹妹，生得美若天仙，不仅会演奏胡乐，而且擅长骑射，懂得外邦语，但她已经嫁给了一个叫毕春的人，并且怀有身孕。

色胆包天的朱厚照毫不在意，马上下诏让这位孕妇进宫。谁知江彬见她风姿秀美，竟先占为己有，多日之后才送入宫中。但朱厚照权当不知，依然喜爱备至，还给已经被革职的马昂升了官。

这件事很快传到了朝臣耳中，举朝震惊。朱厚照再怎么胡闹，他们都忍了，但带一个有身孕的女人回宫，这可是关系到皇室血统纯正问题的国家大事。批评的奏折又开始一篇连着一篇地往朱厚照眼前送。这件事，朱厚照心里也明白自己是做错了。而带回这个孕妇之后，没过多久他也就厌倦了，所以在大臣的执著进谏下，将马昂的妹妹送出了豹房。这下朝野上下终于算松了口气，但好景不长，朱厚照又带回来了让大臣们无法忍耐的女人。

正德十三年（1518年），朱厚照在江彬的带领下到大同游玩。回京的途中下榻太原，又征集了一大批美女和乐师。当时，晋府有一个乐师叫做杨腾，他的妻子刘氏被朱厚照一眼看中，当即便带回京城，并将她安置在豹房的腾沼殿中，“与诸近幸皆母事之，称曰刘娘娘”。武宗对这个刘娘娘表现出了前所未有的热情，关怀体贴备至。不论宫中谁犯了错，只要刘氏一说情，朱厚照便立即免除他的罪责。

正德十四年（1519年），朱厚照筹划南巡，打算把她带在身边，但恰巧此时刘娘娘生病，朱厚照只好先行出发。两人约定，以一只玉簪为信物，待刘娘娘病好后，朱厚照派人来接她。谁知朱厚照在路上不小心将玉簪掉在了河里。

抵达山东临清后，他便派使者回去接刘娘娘，虽然信物没了，他想自己都已派出了最亲近的使者，刘氏见了也会跟着来。谁知这个刘氏极其固执，见没有信物，死活不肯走。明武宗果然是不同于一般的人物，接到这个消息，立即起身返京，前后花了一个月的工夫，才将刘氏接回来。而且自从有了刘氏之后，这个风流好色的明武宗似乎也开始专情起来，二人不论早晚都是同出同入，刘氏也因此成为了正德皇帝一生中最为宠爱的女子。

朱厚照沉溺在声色犬马之中，大臣们甚至很多年都难见他一面。正德十一年（1516年）元旦举行庆贺大典，文武百官和外藩使臣一大早便冒着寒风在宫外等着向皇帝朝贺，而明武宗却一直睡到下午才懒洋洋地起了床，“日晡礼始成。及散朝，已昏夜”。在宫外站了一天的文武百官饥寒交迫，散朝后个个如临大赦，“众奔趋而出，颠仆相践踏”。将军赵朗因为站了一天，力气耗尽，慌乱之中被人挤倒，竟活活被踩死在禁门之内。

武宗皇帝就这样一天一天地混着日子。终于，他对这些玩法也都渐渐地腻烦了。他决定一个人偷偷溜到宫外去看看，说不定有什么新的收获。

皇帝要出关

正德十二年（1517年）八月的一天，北京城里烈日炎炎，大街小巷一片宁静，而紫禁城里却如同炸开了锅。大臣们有的捶胸顿足，有的唉声叹气，有的甚至老泪纵横。原来，明武宗突然间不见了。

皇帝不见了，这可是关乎国体的大事。他们急得到处打听，终于在朱厚照的贴身侍卫那里得知，皇上昨晚出宫了。

朱厚照的这次出逃，其实已经酝酿已久。他早就想去北边看看边塞的壮观景象。依照明武宗好武的性格，他更想亲自上战场，与北方的鞑靼、瓦剌等搅得明王朝日夜不安的敌人拼个你死我活。但是要让这帮老顽固同意自己离开北京，那简直是痴人说梦。

在一番思量后，他在自己的宫中偷偷选了一批人，排兵布阵，日日操练。在正德五年（1510年）平定刘六、刘七起义时，朱厚照发现驻守内地的军队的战斗力比起边防军来，实在是不堪一击，于是，他暗地里把边防军中的一部分调到京城，以增强京军的战斗力，再将一部分京军调到边地加以磨炼。

这些边军到京后，成为了朱厚照自己指挥的私人军队，经常在他的带领下互相击杀，如同军事演习一般，由此也可见朱厚照对军事的狂热兴趣。但是，现在的明朝边关安定，实在没有朱厚照的用武之地。

正德十二年（1517年），鞑靼部落赫赫有名的小王子入侵。这个小王子在成化和正德年间，是让上至皇帝下至朝臣都十分头疼的人物。只要他一来，烧杀劫掠，无恶不作，每次都要搅得边关诸地鸡犬不宁，东西抢够了，才策马返回。

好武的朱厚照早就想见识见识这个小王子了。这一次小王子来了，他定不能错过这个和他短兵相接的机会。但他知道，朝廷里那帮固执的大臣们是肯定不会同意他去的，于是在江彬的蛊惑下，两人轻装简行，趁着月黑风高，就这样出发了。

皇帝跑了，朝臣们心急得不得了。万一出了什么事如何了得？内阁大臣梁储、毛纪和蒋冕知道后，不敢迟疑，上马便追。好在人并没有走多远，才到昌平，他们便和朱厚照相遇了。

一看到皇帝，三人下马就拜，劝朱厚照赶快还朝。然而朱厚照见小王子的愿望实在是太迫切了，倘若就这样回去了，实在是不甘心。于是，任凭几位老臣跪在地上好说歹说，他就是不听，策马扬鞭，一直跑到了居庸关。三位大臣立即派人火速前往居庸关，将朱厚照的行程告诉当地守军，他们觉得或许还可以有一丝拦住皇帝的希望。

果然，大臣这一关虽然过了，居庸关这一道门坎朱厚照却无论如何过不去。

朱厚照抵达城门之下后，喝令巡官御史立即开门。当时的巡官御史名叫张钦。他看皇上来了，下令让指挥官孙玺将城门紧闭，还将城门钥匙藏起来，谁都不准放行。

原来，这个张钦早就向朱厚照呈递过奏折，劝他不要贸然出关。

张钦在奏疏中写道："臣闻明主不恶切直之言以纳忠，烈士不惮死亡之诛以极谏。比者，人言纷纷，谓车驾欲度居庸，远游边塞。臣度陛下非漫游，盖欲亲征北寇也。不知北寇猖獗，但可遣将徂征，岂宜亲劳万乘。英宗不听大臣言，六师远驾，遂成己巳之变。且匹夫犹不自轻，陛下奈何以宗庙社稷之身蹈不测之险。今内无亲王监国，又无太子临朝。外之甘肃有土番之患，江右有祐贼之扰，淮南有漕运之艰，巴蜀有采办之困。京畿诸郡夏麦少收，秋潦为祐。而陛下不虞祸变，欲纵辔长驱，观兵绝塞，臣窃危之。"

张钦为了说服朱厚照，连明代帝王们最不愿提及的土木堡之变都搬出来了，可见他是下了很大决心，冒着罢官危险竭力进谏。谁知明武宗接到奏折便丢到一旁，不再理睬。张钦见奏折石沉大海，没有善罢甘休，又递上了一封："臣愚以为乘舆不可出者有三：人心摇动，供亿浩繁，一也；远涉险阻，两宫悬念，二也；北寇方张，难与之角，三也。臣职居言路，奉诏巡关，分当效死，不敢爱身以负陛下。"

朱厚照看了，又是置之不理。他心意已决，任凭谁，都别想让他放弃出关的念头。

终于，朱厚照与张钦狭路相逢了。

张钦任凭朱厚照在城门下大呼小叫，就是不予理睬。这时，一个名叫刘嵩的分守中官说话了，他委婉地劝诱张钦说好歹也应该去朝拜一下皇上，但张钦立即阻止他道："车驾将出关，是我与君今日死生之会也。"

张钦的考虑是，依照现在的局面，如果他不开门，这就违背了天子的命令，照礼，他一定是死罪；但是如果开了门，武宗的车驾出居庸关，那可就世事难测了。万一再发生土木堡之变这样的事情，那就是千古罪人了。左右也是死，还不如不开门，宁愿就这样死了，还能够得到一个永垂不朽的声名。

张钦令手下人看好城门，自己手持一把刻有敕印的长剑，索性就坐在了居庸关的城门下，还义正词严地对朱厚照说："敢言开关者，斩。"朱厚照拿他没办法，只好软磨硬泡地求情。而张钦不为所动，到了夜里见皇帝还是不肯走，连夜草草写了一封奏疏递到城门下，上面写着："臣闻天子将有亲征之事，必先期下诏廷臣集议。其行也，六军翼卫，百官扈从，而后有车马之音，羽旄之美。今寂然一不闻，辄云'车驾即日过关'，此必有假陛下名出边勾贼者，臣请捕其人，明正典刑。若陛下果欲出关，必两宫用宝，臣乃敢开，不然万死不奉诏。"奏疏还没递出，朱厚照派来谈判的使者已经走到张钦面前了。张钦也没和他啰嗦，大吼一声："此诈也。"吓得使者屁滚尿流地逃跑了。

朱厚照真的生气了。他回头告诉身边的随从朱宁，马上把这个不知天高地厚的御史给杀了！

眼看张钦的命即将不保，救星从天而降，追赶朱厚照的文武官员已经抵达了居庸关。朱厚照原本就自知理亏，在群臣的百般劝说之下，终于怏怏不乐地回到了皇宫。

回到北京后，朱厚照在大臣的簇拥下回朝主事。由于多日没有办理公务，他的桌前奏折堆积如山，让这位皇帝整天怨声载道。但是，朱厚照似乎已经迷恋上了这种溜出宫的刺激感觉。他决定再这样来一次，只是这一次，要做得更加隐秘才行。

在宣府耍无赖

依然是正德十二年（1517年），依然是一个月黑风高的晚上。朱厚照身穿夜行衣，顺着皇宫的暗红色城墙，正蹑手蹑脚地向前移动。在他的身后还有几个随从，正左顾右盼，打量着周围的动静。

这次行动距离上一次的出逃还不到一个月，这一次，他吸取教训，进行了精心的策划。他知道，只要张钦在居庸关，自己就绝对不可能出得去。于是，朱厚照暗自派人打探，得知了张钦将外出巡视，不在居庸关的准确日期。

八月二十三日，一切准备就绪。朱厚照再一次轻装简行，像做贼一样地偷偷溜出了德胜门。一出城门，只用了五天的时间便抵达了居庸关。为了不让大臣抓到，这一次朱厚照可是做了详细的准备。他知道梁储、蒋冕等大臣们发现自己不在皇宫，一定会立即向居庸关方向追赶。于是，他赶到居庸关之后，立即躲藏在当地的农家，确认了张钦绝对不在居庸关中，才直冲出城，为了确保万无一失，他还把谷大用留下守住居庸关的入口，不准其他任何官员出关。

来到宣府，站在居庸关外，朱厚照一阵心潮澎湃。这一次，他终于实现了自己的夙愿，见到了辽阔的关外草原。

激动归激动，朱厚照没有忘记，这一次出逃，真正的目的究竟是什么。于是他立即下旨，命令内阁立即调集军队，准备粮草，支援“总督军务威武大将军总兵官朱寿”对鞑靼的战役。

收到这道圣旨的大臣们傻眼了。这个朱寿是什么人？按说总督军务威武大将军总兵官这个职务和封号，可不是一个小的官职，但大家你看我，我看你，没有一个人认得。无奈之下，大家又是调查又是猜测，直到最后才猛然间醒悟，这个朱寿，就是明武宗自己。

皇帝竟然随随便便给自己另取名字，还加封了这样一个不伦不类的官职，这简直太不可思议也不合常理了。忍无可忍的大臣们开始上疏，指责皇帝这么做是置江山社稷于不顾，朱厚照权当没听见。这个威武大将军，他是非做不可了。

就这样在宣府住了一段日子之后，朱厚照开始寂寞起来，他寻找的小王子依然没有出现，而宣府这个地方，又不像豹房一样娱乐设施齐备，日子一天天过去，他的眉头越皱越紧。江彬本是宣府人。他看到皇帝这个样子，马上便揣摩透了他的心思，立刻发动人力物力，开始在宣府四处搜罗美女。不仅如此，他还常常和朱厚照一起穿着便装到宣府的集市上游玩，酒店、戏院、青楼，一个都不放过。

这种无拘无束的感觉深合朱厚照的心意，他越来越觉得宣府是个好地方，简直就像是自己的家。而小王子也没有让他失望，九月，鞑靼五万兵马开始活动，策划再一次侵犯明朝的边境。

朱厚照得知这一消息，兴奋不已。他亲自指挥了战斗。皇帝亲临战场让士兵们受到强烈鼓舞，士气大盛，不但英勇神武，而且有条不紊。短兵相接后不久，小王子看势难以取胜，便撤军而返。这一战让朱厚照过了一把将军瘾。他所率的部队一共杀死了敌军十六人，自己一方死亡五十二人，重伤五百余人，实在说不清楚这一仗到底是胜是败。朱厚照不管这些，他只知道自己把小王子打跑了。而且最令朱厚照自豪的是，他自己亲手砍杀了一名鞑靼兵。

战斗结束后，朱厚照返回了宣府，而在宣府迎驾的江彬早已准备了大量的美女和佳肴迎接皇帝的凯旋。武宗一时间又在此流连忘返，迟迟不肯回京。冬至日到，文武大臣只得在京城向着北方行遥贺礼。

一个月过去了，朱厚照对接下来的作战方略进行了部署，一切交代完结，才开始准备起身回京城。临行之时，又带走了一大批的宣府美女。就在回京的路上，他别出心裁，想出了一个新的花招。他下令让文武百官穿上盛装，配上鸾带，再准备好五彩斑斓的彩帐和欢迎文字，齐齐地站在德胜门外，迎接威武大将军朱寿，谁也不许称他为皇上。大臣们只好照办。

只见他全身重甲，手持配剑，还真有几分大将军的神勇。大臣们磕头表示祝贺，但是由于不能称皇上，也不好意思称大将军，只好一个个傻站在那里，谁也不好说话，气氛十分尴尬。而朱厚照看着他们难为情的样子，反而哈哈大笑，觉得滑稽极了。谁知，还没到庆功宴会结束，天公不作美，忽然间下起了雨夹雪，大家狼狈不堪，只好纷纷逃窜。威武大将军朱寿的接风宴就在这样混乱的场面中宣告结束。

在宣府的成功更加刺激了朱厚照的军事欲望，正德十三年（1518年）年初，他故伎重演，带了些随从，又一次地跑到了宣府。连正月初一，明武宗都是在宣府过的。大臣们只得又一次在京城举行了遥贺礼。估计经过这么多次的折腾，他们对朱厚照的这一伎俩已经是见怪不怪了。

这一次，朱厚照给大学士杨廷和留下了敕谕，说自己要去三边巡视，之后，从容上路。明武宗虽然放出了这样的话，但大臣们的奏疏，大部分还是要快马加鞭送至宣府由他亲自审阅的。因此，巡行西北，对于朱厚照来说，也是一个极其耗费心力的过程，换做一个没有毅力的人，根本就无法坚持。

这一次他到了宣府，同样要求文武官员禁止踏出居庸关。在宣府，他一边带领军队巡边布防，一边享受声色犬马之娱。江彬为了满足朱厚照的贪欲，经常半夜三更在宣府各户人家搜罗，除了抢夺来大批美女佳人，还趁火打劫，所掠金银财宝不计其数，使得宣府百姓人人自危，每天关窗闭户，不敢出门。

在宣府，朱厚照因军功而加封自己为“镇国公”，敕书曰：“总督军务威武大将军总兵官朱寿亲统六师，肃清边境，特加封镇国公，岁支禄米五千石。吏部如敕奉行。”他不仅修建了自己的府邸，取名“镇国府”，连来往的一切公文，他都用“总督天下军务威武大将军总兵官”的名号加以处理。他还将朱寿这个名字编入军籍，由户部按月发给俸禄。

谁知好景不长，朱厚照在宣府还没有待过瘾，他便得到了京城传来的消息，太皇太后，也就是他的祖母去世了。这一次，朱厚照无论如何都必须赶回京城。谁知葬礼举行的当天，正好遇上下雨，地面上到处都是积水和淤泥。大臣们正要跪拜，朱厚照忙下旨让大臣免去礼节，心尽到了也就罢了。朱厚照这话虽然是为群臣着想，但作为读四书五经长大的臣子三纲五常，君臣之道，时刻牢牢记在心中。他们岂能容忍朱厚照这种不孝行径？何况跪在泥中，正好可以表现自己的忠贞之心。皇帝这样一来，他们可就平白无故地失去了一个好机会。于是对于皇帝的关怀，他们没有丝毫的感激，反而一个个牢骚满腹，怨言纷纷。

朱厚照自找没趣，心里很是憋屈。葬礼结束后，他护送太皇太后的灵柩去昌平与明宪宗合葬，祭告诸陵之后，顺便就在昌平停留下来，还游玩了黄花、密云等地。随行的江彬顺势掳掠良家女子数十车之多，有的在带回京城的路上便死去了。

当时的状元舒芬见势，终于忍无可忍，写了一篇奏疏，想借此指正皇帝的失职。他写道：“陛下三年之内当深居不出，虽释服之后，固俨然茕疚也。且自古万乘之重，非奔窜逃匿，未有不严侍卫者。又等威莫大于车服，以天子之尊下同庶人，舍大辂衮冕而羸车亵服是御，非所以辨上下，定礼仪。”（《隆圣孝以答人心书》）

可是刚刚进入官场的舒芬哪里知道，明武宗对于这些所谓的奏疏，早已是见怪不怪了。虽然舒芬的文章言辞优美，语义恳切，推理严密，是一篇难得的好文章，甚至在当时轰动京城，人人争相传阅，但对于朱厚照来说，就是废纸一张，瞟了几眼就扔进了垃圾桶。

太皇太后的葬礼办完了，朱厚照的心也早已飞到了北方。此刻在他的心里，宣府才是自己真正的家。他太想回到这个家了。

跟小王子干上了

正德十二年（1517年）十月二十一日。明军与小王子统率的鞑靼部队的战役已经到了白热化阶段，双方你来我往，僵持不下。这时，只见远处一匹高头大马飞驰而来，马背上坐的是一个戎装重甲的男子，他手持一柄长剑冲入人群之中，当即砍死一名鞑靼兵，战场上的局面也随之发生了逆转。

这个人，便是明武宗朱厚照。其实，朱厚照与小王子的恩怨从他登基的第一天就已经开始了。

说到小王子，在历史上可是威名赫赫，但其实小王子并不是一个人，而是一群人，只是他的祖祖辈辈在明代的官方史书上，都被称为小王子而已。关于小王子，最早可以追溯到宣德时期。土木堡之变后，也先的势力大不如前，不久就被自己的部下阿剌知院杀掉。后来“鞑靼部长孛来复攻破阿剌，求脱脱不花子麻儿可儿立之，号小王子。阿剌死了，而孛来与其属毛里孩等皆雄视部中，鞑靼部落开始重新兴盛起来。

明英宗复辟之后，他们又对明朝发起过一些进攻，都以明朝落败告终。到了天顺五年（1461年），“寇入平虏城。时麻儿可儿复与孛来相仇杀。麻儿可儿死，众共立马古可儿吉思，亦号小王子”。从此以后鞑靼部落的各位首领各自掌控本部落大权，“稀通中国，传世次，多莫可考”。到了正德年间，愈发强大起来，时常出现在边境，烧杀抢掠。随手翻开《明史》，都可以看到关于这位小王子的记载。成化十九年（1483年），“迤北小王子犯大同。癸卯，总兵官许宁御之，败绩。”成化二十二年（1486年）秋，“小王子犯甘州，指挥姚英等战死。”弘治十三年（1500年），“小王子以十万骑从花马池、盐池入，散掠固原、宁夏境，三辅震动，戕杀残酷。”正德四年（1509年），“小王子犯延绥，围总兵官吴江于陇州城。”嘉靖十六年（1537年），“小王子犯庄浪”。

这些“丰功伟绩”可谓是数不胜数，但是，大臣们头疼，祖先和后人头疼，朱厚照可不头疼。他为自己能与这样一位杰出的军事人才狭路相逢而欢欣雀跃，他认为只有生在这样的时局下，才能展现出自己的真正军事天才和战场雄风。

朱厚照即位之初，他派兵与小王子作战，大败。“指挥刘经死之。复自花马池毁垣入，掠隆德、静宁、会宁诸处，关中大扰。”正德四年（1509年），又派总兵马昂与小王子的一个别部亦孛来在木瓜山作战，小胜。“斩三百六十五级，获马畜六百余，军器二千九百余。”正德五年（1510年），“北部亦卜剌与小王子仇杀”。“亦卜剌窜西海，阿尔秃厮与合，逼胁洮西属番，屡入寇。”

鞑靼大军渐渐深入明朝内地，百姓不堪其苦。直到正德八年（1513年），“拥众来川，遣使诣翼所”，他们向明朝廷提出，要求在边地放牧。眼看着洮、岷、松潘等地，常年没有安宁之日。

到了正德十年（1515年）八月，小王子又集结十万大军进攻明朝边境，气势汹汹。他们在明军的驻地附近安营扎寨，然后边走边抢边杀。而明军则吓得连连后退，不敢抵抗。

这次事件对朱厚照产生了极大的刺激，而此时的他，也已经不是那个刚即位时在大臣面前畏畏缩缩的小皇帝了。他我行我素，再也不愿意忍气吞声，而要自己决定自己想做的事情。于是，便有了正德十二年（公元1517年）的第一次出逃。前文已述。这一次的逃跑以朱厚照全面失败而告终，却并没有浇灭他的与小王子较量的热情，不久他便再一次出逃。这一次，朱厚照终于躲过边关守将张钦，以“总督军务威武大将军总兵官朱寿”的身份，投入了他向往已久的战斗中。

正德十二年（1517年）十月，小王子终于来了。朱厚照得知这一消息，立即召集手下将领，开始了着手迎接小王子的准备工作。经过激烈的讨论，由朱厚照拍板订出了最终的进攻计划。他首先将大同定位为这次军事行动的核心，然后在大同四周重要的据点聚落堡、天成卫、阳和卫、平虏卫、威远卫布置兵力，分别派遣辽东参将萧滓、宣府游击时春、副总兵陶杰，副总兵朱銮、游击周政等牢牢把守。而大同地区则由总兵官王勋统一领导，副总兵张税和游击孙镇作为协助。

一些准备就绪后，朱厚照集结了六万明军，下诏令“总督军务威武大将军总兵官朱寿统率六军”，而随行的江彬则被任命为威武副将军。他亲自来到了位于宣府和大同之间的顺圣川，严阵以待这五万鞑靼骑兵的到来。

十月十五日，鞑靼各部分道南下。这是出乎朱厚照意料的。他考虑到朱銮和周政的北边防御比较薄弱，便命令时春和萧滓火速带兵前去增援。同时令大同参将麻循带领一支部队绕道鞑靼骑兵身后伏击，牵制他们南下的速度。小王子得知明武宗亲自到来，便重点攻击了他所在的应州。十月十八日，驻扎在应州西北，王勋所统帅的明军与鞑靼骑兵相遇，双方展开了激烈的战斗。

按照小王子的设计，他们准备在这一战得胜后，攻破雁门关与宁武关之间的长城，南下进入中原。朱厚照识破了小王子的阴谋，火速调集了其他各处的明军前来增援，不到一天即与王勋的主力会合了。由于明朝军队的指挥官是当今皇帝，他的出现让士兵们受到极大激励，他们突然间产生了前所未有的勇气，一个个拼死杀敌。小王子见势不妙，只好暂时撤军。

小王子的暂时撤军并没有让朱厚照满意。到了十月二十一日，他亲自带领明军边境上最有战斗力的军队与鞑靼小王子展开了决战。双方的总兵力相加已经超过了十万。朱厚照一马当先，明军奋勇杀敌，战斗进入到了空前激烈的状态。这场战争持续了整整一天。到了夜里，小王子实在坚持不住，仓皇而逃。朱厚照亲自率军前去追击，但因兵士疲累，而且天上也刮起了沙尘暴，不利于作战，只得撤回了大同。

这一战后，除了给自己大加封赏外，朱厚照还给威武副将军江彬的子孙都封了官。“录应州功，封彬平虏伯；子三人，锦衣卫指挥”，其余“升赏内外官九千五百五十余人，赏赐亿万计”。

在大臣们的眼中，尽管朱厚照出征西北是一件荒谬绝伦的事情，而且在史书里也把这次行动写成了他一时兴起所玩的一个把戏。但是不可否认，在朱厚照的这次亲征之后，终正德一朝，鞑靼小王子再也没有南下侵犯过明朝的边境。可见，朱厚照的这次行动确实对小王子起到了不小的震慑作用。

正德十三年（1518年），在江彬的引导下，朱厚照从大同出发，渡过黄河，先后游历了榆林、绥德等地。一路游玩，一路搜寻美貌女子。他在总兵官戴钦的府第看到人家的女儿长得漂亮，便立刻开口索要，然后带在身边。九月初二，朱厚照到达偏头关，停留了近一个月之久，在饱览了边关壮丽景色的同时，在太原“大征女乐”，得到了后来让他宠爱之极的刘娘娘。

正德十四年（1519年），在办完祖母的丧事后，朱厚照第四次回到了他在宣府的家——“镇国府”。还来不及歇脚，他便任命江彬提督十二团营，自己则立即带领了一个多达一万七千人的军队开始巡边。由于朱厚照几次出巡都是偷偷溜出来的，身边没有文臣也没有史官，所以对他在北边究竟都做了什么，史料中很少有记载。

可以确定的是，这一次的出行，一共持续了五个月之久，走了一千多公里的路程。在这段行程中，朱厚照很少乘车，而是骑着马匹，挎着弓箭，冒着狂风暴雪历尽千难万险才走完全程。一路上他的随行人员一个接一个地病倒，朱厚照却凭借超凡的毅力和勇气，一直坚持到了最后。

这是朱厚照一生中最光彩夺目的岁月，不过回京之后，他对于北方的兴趣逐渐丧失了，再也没有产生过北上的念头。随着时间的推移，大臣们渐渐放心了，一个个满心欢喜，这个爱折腾的皇帝终于安分下来。谁知，这种安分只是暂时的，没过多久，朱厚照就向他们宣布了自己的最新决定——北方玩够了，下一次，要去南方。

把命玩丢了

正德十四年（1519年）二月二十五日，明武宗朱厚照忽然发下诏书，宣布他即将派遣总督军务威武大将军朱寿南巡，而且要“登泰山，历东京，临浙东，登武当山，遍游中原”。这下子大臣们傻眼了。他们的忍耐已经到了极限，忍无可忍之下，一场联名规劝朱厚照安于本分、别再闹事的好戏正式上演。

在大学士杨廷的带领下，从六科言官到十三道御史，从京城官员到地方官吏，纷纷上疏阻止朱厚照出京。不仅如此，他们还把朱厚照多年以来所积累的恶习一个一个拿出来加以批驳，甚至把朱厚照说得极为不堪，大有一副明王朝再这样下去就要亡国的意味。可是，在北方的一番游历之后，朱厚照已经再也不能安安分分地在皇宫这个牢笼里待下去了。

为了让朱厚照打消出游的念头，大臣们有的在他面前长跪不起，有的一封接一封地上疏，更有的就在朱厚照面前号啕大哭，一把鼻涕一把泪。但不管周围的人怎么说，他就是不听。到了三月二十日，朱厚照的脾气终于爆发了。

这一天，一百多名朝廷官员齐聚午门，密密麻麻地跪了一地。原来，这些人都是上疏阻止朱厚照南巡的官员们。在江彬的挑唆下，这些朝臣们不仅被罚跪长达六个时辰，在这之后还被朱厚照“各廷杖五十或三十”，再押入大牢。因为此事被打死的官员竟有11人之多，被贬谪者也有上百人。

这场闹剧结束了，朱厚照却犹豫了。他心中其实明白，这些人是对的。他们的所作所为，没有一个是为了自己。思考再三之后，朱厚照终于痛下决心，表示自己放弃去南方的念头。

但是，大臣们用血的代价换来的朱厚照的悔改之心只持续了两个多月。到这一年的七月，江西传来消息，宁王朱宸濠叛乱了。

宁王朱宸濠是明太祖朱元璋的五世孙。他见当朝皇帝即位以来一直荒淫无道，只知寻欢作乐，不理朝政，心中早就有了反叛之心。正德九年（1514年）开始，朱宸濠不断地向朱厚照身边的太监刘瑾以及近臣钱宁等人输送大量金银财宝将他们买通，时刻关注着朱厚照的一言一行。而且，他在自己封地江西为这次反叛做好了充足的准备。

在江西，朱宸濠作威作福。“尽夺诸附王府民庐，责民间子钱，强夺田宅子女，养群盗，劫财江、湖间，有司不敢问。”还擅自杀害了朝廷官员都指挥戴宣，驱逐了当地的布政使郑岳、御史范辂以及幽知府郑巇和宋以方，当地的副使胡世宁看不下去，一纸上疏，请求明武宗把宁王裁撤。谁知宁王恶人先告状，抢先一步向朝廷告发胡士宁。胡士宁被贬后，江西各官员再也没有人敢和宁王作对了。

正德十二年（1517年），内官陈宣和刘良上奏明武宗，说朱宸濠有谋反之心，但已经被他收买的钱宁等人一直在朱厚照耳边给宁王说好话，武宗也就没有再过问。朱宸濠怀疑这件事情是周仪说出去的，当即派人杀了周仪及其家属，可见朱宸濠心地的狠毒。

到了正德十四年（1519年），又有一名叫萧淮的御史上疏弹劾朱宸濠，“谓不早制，将来之患有不可胜言者”。内阁大臣看到奏疏之后，大学士杨廷和决定这件事参照明宣宗时期的先例，“命驸马都尉崔元、都御史颜颐寿、太监赖义持谕往，收其护卫，令还所夺官民田”，勒令宁王改过自新。朱宸濠提前听说了这些勋戚大臣将到的消息，觉得事不宜迟，当即选定自己生日那天在宁王府邸宴请当地土司和心腹大臣。

宴会上，酒过三巡，趁这些土司、大臣们已微有醉意，朱宸濠忽然间命军士牢牢地围住了他们，并高声宣称自己已得到太后密旨，命他带兵入朝。宴席间顿时一片窃窃私语。席间有两个人，一个叫孙燧，另一个是副使许逵。他们高声表示抗议，坚决不与朱宸濠同流合污。朱宸濠二话没说，拔起剑来便砍下他们的人头。其余不服之人如执御史王金、主事马思聪、参议黄宏、布政使胡廉、参政陈杲、指挥许金等也都被丢进了监狱。

正德十四年（1519年）六月十四日，一切准备就绪的朱宸打着讨伐荒淫无道的暴君明武宗的旗号，开始正式起兵。“参政王纶、季敩，佥事潘鹏、师夔，布政使梁宸，按察使杨璋，副使唐锦皆从逆。以李士实、刘养正为左、右丞相，王纶为兵部尚书，集兵号十万”，大举向中原挺进，一路所向披靡。“命其承奉涂钦与素所蓄群盗闵念四等，略九江、南康，破之。驰檄指斥朝廷。七月壬辰朔，宸濠出江西，留其党宜春王拱樤；内官万锐等守城，自帅舟师蔽江下，攻安庆。”

消息终于传到了京城。朱厚照听了，不但没有丝毫的忧虑，反而立即拍手称快。这一次，他终于找到南巡的最佳借口了。

他立即将文武百官召集到左顺门，商讨平叛方略。众人商议的结果，自然是要派人带兵出征。但带兵的人选递上去之后，大臣们迟迟都没有得到皇帝的答复。他们足足等了三天，才收到消息——朱厚照要亲自带兵上阵。其实，就在明武宗发布这道旨意的当天，朱宸濠叛乱已经被汀赣巡抚佥都御史王守仁和吉安知府伍文定二人平定了。

朱厚照并不知道这件事。他已经完全沉浸在了将要去往南方的喜悦之中。八月二十二日，他开始率领京师精锐部队数万人出发，一天后到达涿州，住在一个叫张忠的太监家里。就在这时，王守仁的捷报传来。明武宗看到捷报，心中五味翻腾。

朱厚照亲手抓获朱宸濠的愿望就这样破灭了。大臣们开始委婉地劝诱明武宗立即还朝。但是，在朱厚照看来，好不容易出来了，哪有轻易回去的道理？依然执著地要求继续南征，还给王阳明发布诏谕，禁止他押送朱宸濠到京城，而是留在原地耐心等待自己的到来。

走了将近一个月的时间，明武宗抵达临清。这时发生了刘娘娘事件，朱厚照不辞辛苦，又花了一个月的时间亲自将美人接到身边，再继续前行。这一路上，朱厚照虽然身披铠甲，却游山玩水，赏花观鸟，一边走还一边要求臣下为自己搜罗金银财物，没有丝毫要打仗的样子。这样一直到了十二月初一，他才了抵达扬州府。

到达扬州的第二天，朱厚照带领随从们一起去城外打猎，尽兴而归。从此开始迷上打猎，每天的生活几乎都是在打猎中度过。对于群臣的劝说，从不加以理会。众臣无奈，只好去恳求刘娘娘。刘氏出面，才终于劝住了这位无法无天的皇帝。

在扬州，朱厚照还做了一件令人匪夷所思的事情。他竟然亲自前往各大妓院去慰问妓女，扬州妓女也因此而身价倍增。

朱厚照就这样一直在南京附近游玩。到了正德十五年（1520年）二月，他接到奏报，张永已经将朱宸濠押到了南京江口。为了弥补自己没能亲手抓获朱宸濠的遗憾，他下令手下人等在自己的住处布下阵势，然后给朱宸濠松绑，自己则跨上马背，重新表演了一出活捉宁王的好戏。而此时众位军事大声呼喊皇上神勇。朱厚照则得意扬扬，就好像朱宸濠是真的被他亲手抓获一样。

八月，在众位大臣和刘娘娘的苦心劝导之下，明武宗终于打算返京了。到了九月，浩浩荡荡的大部队抵达清江浦。朱厚照发现，这里的游鱼又多又美。他玩性大起，跳下马车一个人驾了一艘小船就要到河里抓鱼。谁知一个不稳，只听扑通一声，皇帝掉到水中不见了。

随行的众人一个个慌忙地跳入水中前去援救。一阵折腾之后，终于把朱厚照拉上岸。虽然有惊无险，但他也因此而受到惊吓，再加上常年荒淫过度，身体虚弱，开始一病不起。

回到京城之后，他下令朱宸濠自尽，而王守仁和伍文定的平叛功劳则全部被加在了他自己身上，成为了明武宗亲自出征获得大捷。之后，朱厚照的身体江河日下，终于正德十六年（1521年）正月，在豹房一命呜呼，年仅三十一岁。在遗诏中，朱厚照要求“释系囚，还四方所献妇女，停不急工役，收宣府行宫金宝还内库”。临死之前，终于做了一件对百姓有益之事。

“明自正统以来，国势浸弱。毅皇手除逆瑾，躬御边寇，奋然欲以武功自雄。然耽乐嬉游，昵近群小，至自署官号，冠履之分荡然矣。犹幸用人之柄躬自操持，而秉钧诸臣补苴匡救，是以朝纲紊乱，而不底于危亡。假使承孝宗之遗泽，制节谨度，有中主之操，则国泰而名完，岂至重后人之訾议哉。”（《明史》）这一定性，可谓贴切之极。明武宗终其一生，都让他的朝臣们头疼不已。可是，让他们真正头疼的还在后面。那就是，朱厚照死后，没有留下一个孩子。

第七章　刘瑾，一场游戏一场梦

刘瑾，陪我好好玩

正德元年（1506年）正月的一天，皇宫后花园。

刚刚登基的明武宗朱厚照正和一群宫女太监玩耍着。他满脸笑容，显然玩得十分尽兴，而在不远处的角落，一个头发已经有些花白的老人，静静地站在那儿，用慈爱的眼光看着眼前的一切。这个人，就是后来在正德朝权倾一时的大宦官刘瑾。

刘瑾原本姓谈，陕西兴平人。他于景泰年间进宫，在一个叫刘顺的太监手下做事，于是就跟随了他的姓氏，改名为刘瑾。成化时期，刘瑾开始主管教坊司，专门负责宫廷中的演出活动，得到了成化皇帝的信任。但是到了明孝宗弘治年间，他却因为一件事而犯下了死罪。

弘治元年（1488年），明孝宗朱祐樘刚刚即位，按例举行祭祀大典。就在这次庄严的典礼上，为了讨新皇帝的欢心，刘瑾安排了一场别出心裁的演出——让歌伎舞女们在朱祐樘面前表演歌舞杂戏。谁知乐声刚刚响起，御史马文升立刻拍案而起，怒斥道："新天子当使知稼穑艰难，此何为者？"不仅如此，他还在宴会的第二天便以"渎乱圣聪"的罪名上书弹劾刘瑾。

朱祐樘一向勤俭自爱、清心寡欲，对刘瑾的做法本就不满，当即宣判刘瑾死罪，御史徐瑁、贺霖失承旨下狱。但由于新朝刚刚建立，本着慈悲为怀的精神，刘瑾最终被释放，贬到明宪宗朱见深的茂陵，做了一位守陵人。就这样在茂陵耽搁了十年，刘瑾才抓住机会用毕生的积蓄贿赂管事太监，得以分拨入东宫伺候太子。这一年，刘瑾已近五十岁。

再一次回到皇宫的刘瑾已非当初那个初生牛犊不怕虎的刘瑾了。他变得更加狡诈，心机也更加机敏。刘瑾知道，伺候太子这个机会对于他来说，可是一个大好的机会。太子就是将来的皇帝，只要能让他满意，那荣华富贵还不是指日可待？

自从到了东宫，刘瑾终日小心谨慎。他句句留心，步步在意，虽然平日里不动声色，却在暗暗观察着太子的一言一行。没过几天，朱厚照的生活习惯、兴趣爱好、脾气性格，都被刘瑾了解得一清二楚。基本情况掌握在手，刘瑾便开始与太子套近乎了。

他想尽一切办法讨好这位未来的皇帝。知道朱厚照爱玩，就使出各种花样来陪着他玩，知道朱厚照缺什么，就立即想尽办法弄到手。再加上刘瑾知识渊博，口才又好，没过多久，他便得到了这位太子的宠爱，成为了朱厚照身边不可缺少的人物。

弘治十八年（1505年），明孝宗朱祐樘驾崩。随着朱厚照即位，刘瑾得到了掌管钟鼓司的职务。掌管钟鼓司虽然只是内侍中一个比较卑微的官职，但刘瑾对此并没有产生丝毫不满，高高兴兴地上任去了。随刘瑾一起得到职务的，还有其他七名朱厚照太子时代侍奉在身边的太监。他们分别是：谷大用、马永成、魏彬、高凤、邱聚、罗祥和张永。

刘瑾来到钟鼓司。每天除了按时到衙门报到之外，其余的心思全部用在朱厚照身上。他以大宦官王振为崇拜对象和奋斗目标，抓住小皇帝爱玩的特点，整天将各种鹰犬珍禽不停地往朱厚照身边送。与此同时，刘瑾还联合了其余的七位太监，撺掇明武宗骑射打猎，舞枪弄棒，吃酒游乐，摔跤斗鸡，日子过得惬意无比。

当朱厚照玩腻了这些游戏之后，刘瑾便发明新的招数哄皇帝开心。刘瑾曾经在皇宫之中组织了一个模拟的市集，让宫女和太监们扮演小商小贩及来往行人。街市上熙熙攘攘，讨价还价之声不绝于耳，效果十分逼真。朱厚照则扮成各种不同的角色在市集中闲逛，以此来取乐。

刘瑾还经常召集成百上千个小宦官陪着朱厚照玩战争游戏，诸如此类游戏，不胜枚举。读书经筵，大臣奏章，朝廷大事，则一个个都被他抛在了脑后。朱厚照对这位太监很是满意，渐渐授予刘瑾越来越大的权力。没过多久，刘瑾被调到内宫监担任职务，正德元年（1506年）正月，明武宗下令以“神机营中军二司内官太监刘瑾管五千营”，刘瑾正式掌握了北京城中精锐部队的指挥权。

明孝宗临终之时，担心再次出现宦官专权的局面，在遗诏中明确规定，“罢中官监枪及各城门监局”，也就是说不仅剥夺了宦官带兵的权力，而且勒令宦官和军队绝对不可以有丝毫的来往。但是刘瑾的出现，宣布了孝宗的一片苦心全部付诸东流。

就这样，包括刘瑾在内的八位太监的势力一天天坐大。当时朝中的大臣们给他们起了一个别称，叫做“八虎”，而刘瑾，则是“八虎”中的领军人物。他们不仅带着皇帝吃喝玩乐，还将手渐渐伸到了朝堂之上。他向明武宗奏请，“令内臣镇守者各贡万金”，以供享乐之用，继而上奏建议大规模置办皇庄，结果皇庄越置越来越多，很快就增加到了三百多所，京城内官民，不堪其扰。一直到了正德元年（1506年）的六月，一个雷雨交加的夜晚，皇宫中奉天殿以及太庙顶上的兽吻被雷震倒在地，皇宫几个宫殿的柱子也因此而着火，树木纷纷摇晃不止。

这在当时事关重大，它预示着上天对帝王的不满和警示。明武宗这才稍稍收敛，召集群臣廷议，并发下罪己诏书，请求大臣们直言进谏。朝中大臣借机开始上疏劝诫。但是，大臣们的上疏，朱厚照收到后却又置之不理了。先是“大学士刘健、谢迁，李东阳骤谏，不听”，继而“尚书张升，给事中陶谐、胡煜、杨一瑛、张祐，御史王涣、赵祐，南京给事、御史李光翰、陆昆等，交章论谏，亦不听”。

奏疏一封封石沉大海，使大臣们意识到，单凭自己的力量，实在是太过渺小。于是，他们决定，凝结在一起，共同扳倒蛊惑明武宗的罪魁祸首——刘瑾。

正德元年（1506年），恰巧发生了太监崔杲的盐引案，明武宗要求户部给崔杲批款。这件事被大臣们看做了消灭宦官势力的契机。于是，户部大臣联合起来，任凭朱厚照好说歹说，就是坚决不拨款。继而刘健、谢迁、李东阳带头上疏，向皇帝陈述宦官的危害。

“政在于民生国计，则若罔闻知，事涉于近幸贵戚，则牢不可破。臣等叨居重地，徒拥虚衔。或旨从中出，略不与闻；或众所拟议，竟行改易。若以臣言为是，则宜传赐施行；臣等言非，亦宜明加斥责。而往往留中不发，视之若无。臣等因循玩祐，窃禄苟容，既负先帝，又负陛下。”（《明史纪事本末》）归纳言之，这封奏疏就是在劝诫明武宗无离宦官，专心朝政，耐心听取他们意见。否则的话，实在对不起先帝的一片托孤之心。

朱厚照听了，不但没有感动，反而十分生气。在他的内心深处，对于这帮自以为是，总是逼着自己做不喜欢做的事，还处处和自己作对的大臣们，实在是厌烦透顶。而太监们不光百依百顺，还变着花样地哄自己开心。相比之下，当然还是宦官知心。他厉声呵斥了李东阳等人，对于刘瑾等人，却更加信任了。

对于大臣们的反对，聪明的刘瑾心知肚明。他知道，随着自己势力的一天天扩大，遭到朝臣的忌恨当然是早晚都要来的。他早已准备好招数应战了。

刘瑾的第一个应战策略，就是在朝廷中找寻自己的支持者。当然，像刘健、李东阳这样的人物刘瑾是不敢有任何奢望的。他的目标，锁定在一些贪财之徒的身上。很快，刘瑾便物色到了一个最为合适的人选。这个人，名叫焦芳。

焦芳，天顺八年（1464年）进士，时任吏部侍郎，是明代官场上一个极其投机取巧的高手。由于他“粗陋无学识，性阴狠，动辄议讪”，再加上性情不佳，常常诟病他人，与同僚的关系也十分疏远，大家都躲着他。于是，焦芳只好“深结阉宦以自固，日夜谋逐健、迁，代其位”，与刘瑾一拍即合。

正德初年，户部尚书韩文在整理文案时，发现国库存银稀缺，随口抱怨道：“廷议谓理财无奇术，唯劝上节俭。”这句话被有心的焦芳听到，暗记在心，立即跑到武宗面前，为皇帝的奢侈无道开脱，还大言不惭地说：“庶民家尚须用度，况县官耶？”，“今天下逋租匿税何限，不是检索，而但云损上何也？”朱厚照当时正在为朝臣劝诫自己节俭而闷闷不乐。听到焦芳的话，顿时转悲为喜，还将焦芳升为了吏部尚书。

刘瑾选择焦芳为合作伙伴，确实是个极有眼光的选择。焦芳与刘瑾结伙后，凡事都站在刘瑾的立场上与其他大臣作对。而弹劾刘瑾的奏疏递到朝廷，必先经过吏部尚书焦芳之手。焦芳就将这些情况一五一十原原本本地反映给刘瑾，从刘瑾手中换取大笔的钱财。

焦芳的附阉之举让刘健、李东阳等人感受到了前所未有的威胁。他们知道，在焦芳之后，必定会有越来越多的官员尾随他加入到刘瑾大军中。长此以往，后患无穷。他们决定快刀斩乱麻，在最短的时间内，一举除掉刘瑾以及所谓的“八虎”。

“狼狈为奸”是门功夫

京城郊外，李东阳正独自站在风中，望着刘健和谢迁的马车渐渐远去的背影发呆。他的脸上不时地显现出一丝愁苦的神色。就在前不久，朝中刚刚发生了一件明朝建朝以来前所未有的大事。

正德元年（1506年）十月，内阁六部九卿联名上书，对“八虎”发动全力攻击。此前，为了保证计划的万无一失，他们还找到了当时的文坛领袖李梦阳亲自主笔，拟定奏章。

李梦阳是明代中期名噪一时的才子。在他出生前夕，母亲“梦日堕怀”，李梦阳因此而得名。而他长大后，不负众望，“弘治六年（1493年）举陕西乡试第一，明年成进士，授户部主事”（《明史纪事本末》）。

李梦阳不仅在科举考试中独占鳌头，在文学上也是极有造诣。他认为，明代的文人们作诗文，大多萎靡软弱，缺乏震撼人心的作品。因此，他打出“文必秦汉，诗必盛唐，非是者弗道”的口号，在明代文坛上掀起一股飓风，与何景明、徐祯卿、边贡等人并称为“十才子”。他成名后，奔走千里来拜师学艺的儒生不计其数。一直到了嘉靖年间王世贞出现，才终于取代李梦阳文坛领袖的位置。

李梦阳这样的大才子，对于刘瑾这种卑鄙小人，自然是极为不屑。他经常利用各种机会与刘瑾对抗。就在这年冬天的十月，李梦阳看到户部尚书韩文在退朝后，对着自己的属下哭泣，边哭边陈述刘瑾的种种罪行。李梦阳当时只是一位普通的郎中，他见了这一情形，不由得冷冷一笑，讥讽道：“为国大臣，义同休戚，徒泣何益。”国家大臣铲除奸恶是义不容辞的责任，站在这儿哭能有什么用？韩文反问李梦阳：“计安出？”李梦阳当即答道：“比言官章入，交劾诸内侍。章下阁，阁下持劾章甚力。公诚及此时，率诸大臣死争，阁老得诸大臣，持劾章必益坚，去瑾辈易耳”。

韩文听了，深觉有理，便把李梦阳的话转告给内阁元老。他们听了，也连声赞同，继而诸大臣得知，都纷纷要求加入弹劾的队伍。这样，才有了文章开头所述的正德元年（1506年）大臣联名讨伐“八虎”一事。

在这封奏疏中，李梦阳等人严厉斥责了以刘瑾为首的“八虎”诸种不法行径。在文章的最后，李梦阳将“八虎”与汉代和唐代的专权宦官相比，愤然写道：“前古阉宦误国，汉十常侍，唐甘露之变，是其明验。今永成等罪恶既著，若纵而不治，为患非细。伏望陛下将永成等缚送法司，以消祸萌。”

奏疏很快抵达了朱厚照的案前。看到这篇文辞优美，言语恳切，堪称传世佳作的奏章，明武宗的手不由得颤抖起来。他如同被吓坏一般，为此失声痛哭，食不下咽。他所害怕的，不是终日陪在自己身边的人竟有如此不堪，而是这篇文章最后所署的名字——内阁六部九卿。

明代因为宰相被废除，议政归内阁，行政归六部，九卿则是吏、户、礼、兵、刑、工六部再加上大理寺、都察院、通政司的全体最高长官。换言之，就是中央全体部门联名要求处置刘瑾，而如果内阁六部九卿联名辞职，整个国家的机器就全部瘫痪了。

无奈之下，朱厚照只得在心情趋于平稳之后，将群臣召集在一起商量如何解决这一问题。由于朱厚照和刘瑾之辈的感情实在太深，他不忍心将这些人通通处死。于是，“帝不得已，议遣瑾等居南京”。

以刘健为首的大臣们对这个解决方案一点儿都不满意。他们一天之内，连续入朝三次，拼死力谏。这时，朝中有一位尚书许进提醒刘健“过激将有变”，但对这帮太监们已经恨之入骨的刘健根本听不进去，下定决心要对刘瑾杀之而后快。皇帝身边一个叫王岳的太监，是太子东宫的旧臣。他性格刚直，向来痛恨刘瑾等人的做法，也带领着太监范亨、徐智加入到了攻击刘瑾等人的队伍中，为诸位大臣说话。这样，就形成了外朝和内廷联合起来对付“八虎”的阵势。

朱厚照实在是下不了决心杀掉这些对自己百般顺从的心腹们，但如果不能让大臣们满意，万一集体请辞，他这个皇帝还怎么当？于是，斗争的局面开始僵持下来。刘健担心夜长梦多，准备再召集更多的京城官员继续弹劾刘瑾，甚至动了绕过皇帝，直接处死“八虎”、先斩后奏的念头。就在这时，刘瑾在朝中布置的眼线焦芳开始发挥作用了。他连夜跑到刘瑾的府邸，将宫中所发生的事情全部告诉了他。

得到消息的刘瑾和其他“八虎”成员顿时大惊失色，虽然他们知道朝臣对自己的不满，但万万没想到会产生联名弹劾的局面。对于现在的情形，如果真的能够顺利到南京去养老，“八虎”其实也就认命了。但听说大臣一定要置他们于死地才罢休，反而激起了这帮人的反抗意志。他们决定铤而走险，反扑一把，说不定可以为自己拼出一条活路。

“八虎”赶到宫中，趁朱厚照还没反应过来，扑通扑通全部跪倒在地，牢牢地把皇帝围在中间，放声大哭起来。一边哭一边说道：“害奴等者王岳。岳结阁臣欲制上出入，故先去所忌耳。”

措手不及的朱厚照也来不及深思熟虑，看到跪在地上的这群心腹玩伴，一个个满面泪痕，心中很是不忍。刘瑾趁朱厚照犹豫之际，抓住机会开始向皇帝编造王岳与外臣联手准备牵制皇帝的谎话。朱厚照本来就认为大臣们对几个太监不依不饶，实在是逼人太甚，听了刘瑾的话，顿时恍然大悟，不由得怒气冲天。

第二天，大臣们再一次地来到皇宫。他们丝毫不知道昨天夜里发生了什么。一个个精神饱满，坚信就在这一天，刘瑾等“八虎”将被彻底解决。然而出乎他们的意料，就在这些大臣们信心百倍地站在皇帝面前时，听到的却是让他们不可思议的宣判结果。

就在当天夜里，明武宗已经下旨，将王岳、范亨、徐智等人关入大牢，随即“充南京净军”，看守祖陵。而刘瑾则一夜之间升任司礼监掌印太监，提督团营。“丘聚、谷大用提督东、西厂，张永督十二团营兼神机营，魏彬督三千营，各据要地。”这一次交锋，刘瑾不仅成功地重新获得明武宗更大的信任，还铲除了劲敌王岳。对于他来说，可谓是一箭双雕的效果。

朝臣们见诛杀“八虎”未成，反而却让这帮太监得到了更大的权力，而且这件事情也已经实在没有办法挽回了，只得相继向明武宗上疏请求告老还乡。刘瑾看到他们的辞呈，伪造朱厚照的圣旨，将所有的辞职申请全部批准，却盛情挽留李东阳。

原来，弹劾刘瑾的当天，刘健等人情绪激动，甚至推翻桌子和朱厚照大闹，宣称与刘瑾势不两立。而李东阳则冷静许多，一直沉默不语。这一切都被刘瑾的眼线们看在眼里并转告于他。因此，这次风波之后，只有李东阳一个人得以留在朝堂。但是，李东阳并不领情。他正色道：“臣等三人，责任一同，而独留臣，将何辞以谢天下！”但是，朝中毕竟不能没有能办实事的大臣。明武宗坚决不肯批准，李东阳也只得勉强留任。

在刘瑾的怂恿之下，“以吏部尚书焦芳兼文渊阁大学士，入阁办事”。事情的发展，大如刘瑾所愿。但是，对于曾经和自己作对的王岳、范亨和徐智，他依然不肯放过。就在他们被流放的途中，刘瑾派人一路追杀。三人中，只有徐智一人幸免于难，但也因此而折断了一只臂膀。

成功铲除这几个最大的敌人之后，刘瑾开始变得猖狂起来。他和焦芳在一起狼狈为奸，“变紊成宪，桎梏臣工，杜塞言路，酷虐军民”，渐渐搅得天下大乱，民不聊生。

得罪我？还要不要小命了

正德元年（1506年）十二月，一场离奇的场面在大明皇宫门口上演了。二十多位大臣正齐齐地趴在长凳之上，接受廷杖之刑。原来，他们在几天前，共同得罪了一个权势熏天的大太监——刘瑾。

刘健、谢迁等老臣告老还乡之后，朝中就几乎没有人敢与刘瑾等“八虎”公然作对了。刘瑾在皇宫中的势力以令人吃惊的速度一天天坐大，终于到了权倾天下、无人能及的地步。

首先是刘瑾顺利地成为了当时司礼监的秉笔太监。作为秉笔太监，他随之而得到了一项特权，那就是协助皇帝掌管章奏文书，甚至代替皇帝“批红”。所谓“批红”，就是内阁将已经审阅好并起草出自己意见的奏折上交给皇帝，皇帝再根据具体情况，用红色的笔在奏章上签署自己的意见，以达到减少皇帝的工作量，提高行政效率的目的。

明朝建国之初，由于朱元璋对太监们没有任何好感，认为他们是专权乱政的罪魁祸首，于是下旨要求所有的宦官一律不准读书识字，更不准干预政事。但是到了明宣宗时期，内阁权力扩大，皇帝为了牵制内阁，于宣德四年（1429年）“特设内书堂，命大学士陈山专授小内使书，而太祖不许识字读书之制，由此而废”。从此以后，皇帝口述的诏谕，大多由司礼监秉笔太监用朱笔记录下来，再颁发给内阁和六部执行。

到了明武宗朱厚照时期，对政务极端厌倦的他索性就将批红大权交给了刘瑾。他自己所下的口谕，也由刘瑾口头传达给大臣们，自己则乐得在豹房尽情玩耍。这样一来，等于说是将国家大事的决定权一手下放给了刘瑾。司礼监因此也由一般的宦官机构，慢慢发展成明王朝的实际掌控者，这一任何人都无法比拟的权力，是刘瑾嚣张跋扈最为重要的资本。

刘瑾一朝得志，对那些曾经使自己陷入危难、无地自容的朝臣们的憎恨与厌恶，也一天天地更加强烈起来。在掌握了朝廷大权之后，刘瑾便开始对他们下手了。他第一个看不顺眼的，就是户部尚书韩文。

他不会忘记，就是因为韩文和李梦阳的撺掇，才会有那么多的大臣联合起来和自己作对。于是，刘瑾派专人日日夜夜盯着韩文，寻找他的过失。终于在内府折银作伪一事上抓住了韩文的把柄，他立即以明武宗的名义下诏，罢去韩文的官职。

在韩文归家的路上，刘瑾依然不依不饶，一路派人伺机暗杀。韩文为了避免杀身之祸，只骑了一头小毛驴，一路住在荒僻的野店，才侥幸逃过一劫。而他的儿子唐州知州韩士聪、刑部主事韩士奇也都被罢黜了。户部有一个叫徐昂的给事中，只为韩文说了一句“文率九卿上疏，忠愤所激，不应停勒”的话，就被刘瑾革职为民。刘瑾心狠手辣、赶尽杀绝，丝毫不留余地的手段，可见一斑。

驱逐韩文，仅仅是刘瑾报复大臣们的第一步。之后，他的真正招数才慢慢施展开来。为了给离去的刘健、谢迁等人求情，给事中吕翀、御史薄彦徽以及南京给事中戴铣等官员开始运用老办法——上疏来给他们求情。这一拨的上疏，有大臣二十一人。奏疏被刘瑾看到，二话不说，立即将这帮官员处以了去衣廷杖的刑罚。

在明武宗以前，像廷杖这样的处罚，是几乎不会加诸在大臣身上的，即所谓的“刑不上大夫”。如果一定要施行，则不需要除去衣物，还可以允许他们用毛毡、毯子等厚物垫在身上。然而，这一次他们却被刘瑾这样的阉人当众责打，对士大夫来说，无疑是人格上的最大侮辱。不仅如此，刘瑾还暗中嘱咐锦衣卫，让他们用尽全力，决不能手下留情。这样一来，群臣一个个身受重伤，其中南京给事中戴铣竟然就这样被活活打死。廷杖之后，李梦阳、吕祐等人皆被罢黜，其他有的致仕，有的削去俸禄，有的革职还乡。

戴铣的死再一次激发了这些文官们的愤怒之情。以修身、齐家、治国、平天下为己任的他们，不惜一死，也要为戴铣讨回公道。于是，没过多久，就有了朝臣们的第二拨集体上疏。无奈的是，明武宗的心，已经完完全全地被刘瑾等“八虎”所蛊惑了。他对于这帮朝臣们没完没了的和几个太监过不去，简直是厌烦透顶。这些奏折，他连翻也没翻，直接扔给了刘瑾，转头就回到豹房中继续享乐去了。

可怜的大臣们又一次地落在了刘瑾的手里。这一次，刘瑾如法炮制，将这些大臣再一次拉到外面处以廷杖之刑。值得一提的是，在这群受刑的大臣当中，有一个名叫王守仁的中年人。当时的他，只是一个小小的主事，在这群大臣中间，实在是渺小得让人留不下任何印象。但是，谁都没有预料到。这个小官用不了多久，便会大放光芒，成为千古流芳的圣贤，受万人景仰。

廷杖之后，又有一大批官员被免官削爵。刘瑾的势力，也变得更加张狂。

正德二年（1507年）三月，刘瑾下诏令群臣全部跪在宫门口金水桥的南边，宣布奸党名单，大学士刘健、谢迁，尚书韩文、杨守随、郎中李梦阳，主事王守仁、给事中汤礼敬、吕翀、戴铣、御史陈琳、贡安甫等海内外著名的忠直之臣五十三人，全部被列入奸党名单张榜公示，昭告天下。刘瑾还把镇守边关的将领，全部换成了他的党羽。一次性就“迁擢官校至一千五百六十余人”，还传旨给几百位官员授予了锦衣卫的官职。

刘瑾知道，那些言官们，就是专门负责向皇帝提意见的，所以对自己的威胁也就最大。于是，他重点打击了言官们。他下令，让言官们“寅入酉出”，也就是说，在早晨寅时（凌晨三点到五点之间）即入朝当值，一直到午后酉时（下午五点到七点之间）才能离开。这样，官员们身心疲累，苦不堪言，就再也没有力气和自己作对了。

这样残酷地对待朝廷大臣，刘瑾仍是不解恨。尤其是对于文人和儒生，只要他们犯了一点小小的过错，就会遭到严厉的处罚。当时朝廷正在编修《通鉴纂要》，书成之后，刘瑾故意借口翰林纂修官誊写不工整，将他们全部罢免，之后再安排亲信文华殿书办宫张骏等重新誊抄，并顺势加封他为礼部尚书。

正德三年（1508年），刘瑾修改朝廷制度，改变了大臣们请假的规定，从此，官员凡是因为丁忧、省亲、养病等事不来当值，则一律按照旷工处理。“三年不赴部者，革为民；未久者，严限赴京听选。”这样一来，又有文武官员一百四十多人被革职查办了。此后“装潢匠役悉授官”，朝局一片混乱。明武宗也丝毫不管不问，任凭刘瑾随意折腾。而刘瑾每次向朱厚照奏事，都专门挑选他玩得最尽兴的时候。朱厚照不耐烦，便常常以“吾用若何事？乃溷我”的理由将刘瑾打发走。渐渐地，即使有了再大的事情，刘瑾也不向皇帝启奏，而是自己做主了。

刘瑾对付朝廷大臣，很有一套招数。除了廷杖之外，他自创了一套枷法。这种枷重达一百五十多斤，为他所不满的大臣只要戴上这种枷，用不了几天就会被活活累死。“给事中吉时，御史王时中，郎中刘绎，张玮，尚宝卿顾璇，副使姚祥，参议吴廷举等，并摭小过，枷濒死，始释而戍之。其余枷死者无数。”（《明史》）

罚俸也是刘瑾经常使用的手段。由于明武宗耽于享乐，花费巨大导致国库空虚，刘瑾便想出了这一招数，既惩罚了官员，也给朝廷增加了收入。所罚内容以米为多，数量大致在一二百石到上千石之间。这样，仅仅在正德三年（1508年）一年间，被罚米的官员就达到了一百八十二人之多，一大批清正廉洁的官员因此倾家荡产，而刘瑾则因此而一方面得到皇帝欢心，一方面大发横财，一举两得。

在京城各地、边境各地以及内阁的官员都通通换血之后，刘瑾又开始插手六部。“府部等衙门官禀公事，日候瑾门，自科道部属以下皆长跪。大小官奉命出外及还京者，朝见毕，必赴瑾见辞以为常。”（《明史纪事本末》）刘瑾想安排人做官，只要写在纸条上递给六部，马上六部官员就会按照他的意思予以安排。

刘瑾虽然控制了六部，不过，他的文化程度毕竟有限。有的奏折，他根本看不懂。刚开始的时候，他还把这些奏折拿到内阁，让内阁大臣拟制。但内阁大臣的抉择常常并不能让刘瑾满意，于是，他便把这些奏章通通拿回自己家中，让一个叫张文冕的人帮他代写。

这个张文冕，其实只是个市侩而已，他“尝犯法，南京兵部尚书何鉴捕置之理，亡匿附瑾，瑾倚之”。张文冕写好后，刘瑾再拿到内阁，让焦芳帮忙修改润色。自此，刘瑾逐渐成为了“内相”，朝廷大事全部由他抉择。时人给刘瑾起了一个绰号，叫做“立皇帝”，权倾天下。

在掌控了文官系统后，刘瑾开始将手伸向军政大权。他利用东厂和西厂的势力四处打探消息还嫌不够，于正德三年（1508年）又设立了内行厂并亲自督管，随意刺探官员的隐私，“尤酷烈，中人以微法，无得全者”。甚至还“悉逐京师客佣，令寡妇尽嫁，丧不葬者焚之，辇下汹汹几致乱”。荒唐事干尽，百姓也因此而惶惶不能终日。

对于刘瑾的肆意妄为，明武宗朱厚照不可能全然不知。但是，他实在太离不开刘瑾等“八虎”这帮忠实的玩伴了，也太厌恶那帮终日板着脸训诫他的大臣。因此，从未对刘瑾有任何苛责。即使朝臣们攻击刘瑾的奏折如雪花般飞到他的面前，他仍是不闻不问，护刘瑾护到底。站在权力顶峰的刘瑾看着人们站在他面前一个个战战兢兢的样子，得意扬扬地笑了。

李东阳，忍辱负重的楷模

正德三年（1508年），奉天门外。

文武百官齐齐地跪在奉天门外。这一天的北京烈日当空，他们一个个汗流浃背，神情凝重，让人目不忍视。原来，这是明武宗为惩罚匿名弹劾刘瑾的宦官而设计的一场新戏码。

刘瑾窃取军政大权后，翻手为云，覆手为雨。一边是对大臣们的肆意报复和杀戮，一边是疯狂地贪污和敛财，给大明王朝带来了极大的灾难。但是纵然如此，鉴于刘瑾在朝中的势力以及以前弹劾过刘瑾的朝臣的惨痛下场，依然没有人敢于和刘瑾作对。一个叫做许天锡的都给事中想弹劾刘瑾，写好奏疏后左思右想，就是不敢递交上去。结果，他越想越矛盾，越想越害怕，竟然把奏疏揣在怀中，投梁自尽了。

就这样，明朝的国家机器在刘瑾的操控下一天又一天不停地运转着。不管是公侯贵戚还是大小官员，都对他毕恭毕敬，唯命是从。而这其中，还包括了曾经和刘健、谢迁一同辅佐弘治皇帝，当年“众正盈朝”时期号称“李公谋”的李东阳。

李东阳在朝臣联名弹劾刘瑾之时，较之刘健、谢迁等阁老，沉默冷静得多，也没有对刘瑾公然威逼和谩骂，刘瑾掌权后得以留任原职。但是，他也因此而受到了众位被贬朝臣的鄙夷。就在他送别刘健和谢迁的时候，他潸然泪下，但刘健却以一副不屑的神情正色对他说道：“何用今日哭为！使当日出一语，则与我辈同去耳。”李东阳知道谢迁的训诫是对的，也没有为自己辩解，就默默地回去了。从此，他挥别正直的同僚们，开始与刘瑾、焦芳共事。

再一次回到内阁，李东阳就像变了一个人，凡事都顺着刘瑾的意思而行，甚至不惜对刘瑾溜须拍马。当时，刘瑾常常将奏折拿回家亲自批阅，拿定主意之后再送去内阁拟旨。而李东阳每次看到刘瑾和焦芳撺弄出来的旨意，几乎从没有提出过异议，而是称赞不绝，还经常用“尔刚明正直，为国除弊”等言语夸赞刘瑾。这样一来，李东阳的名声也随之越来越坏，他原来的同僚和旧友，因为鄙视他的为人，也开始逐渐与李东阳疏远了。

李东阳所做的一切，似乎都在逢迎刘瑾的意思。有这样一位前朝重臣向着自己，对刘瑾来说也是一件得意之事。然而对李东阳，刘瑾仍然不能放心。他毕竟也参与过弹劾自己的，而且当时也曾坚决要求辞职，只是因为皇帝迫切的挽留才勉强留任。于是刘瑾仍然是死死把持住六部和内阁的大权，从不让决定权落入李东阳之手。

李东阳对于刘瑾，当然不可能是全心全意为其效劳。事实上，李东阳的忍辱留任，也只有一个目的，那就是——除去刘瑾。

依刘瑾如日中天的势力，要除掉他何止千难万难。为了达到最终的目的，李东阳只得屈居人下，与刘瑾虚与委蛇。当时朝廷中的大臣们都知道，在大明朝堂之上，最有发言权的，就是刘健、谢迁、李东阳三位托孤大臣。现在刘健和谢迁辞职还乡，如果连李东阳也被罢免，那整个局势就再也没有转圜的余地，无数受冤屈而惨遭罢免或者因此而送命的官员，沉冤也永远不能昭雪。因此，李东阳毅然留任。只要有他在，刘瑾就是再猖狂，也会有所顾忌。而他也正好可以伺机搜寻刘瑾的罪证，找到机会将他一举打垮。

一切都在李东阳的预料之中。刘瑾虽“凶暴日甚，无所不讪侮”，却“于东阳犹礼敬”。刘瑾所做的乱政之事，李东阳都会暗暗地在其间奔走补救，起到了一定的作用。而李东阳所做的最多也是贡献最大事情，就是暗地里救下了许多被刘瑾肆意迫害的官员。

正德二年（1507年）春正月，刘瑾伪造圣旨，将尚宝卿顾璇、副使姚祥用他所发明的枷锁枷在长安左右门外。而事情的起因则是刘瑾追杀韩文没有得手，正好遇到了顾璇等人，便将满腔怒气撒在了他们身上，编造罪名说东厂发现了他们违例乘轿，需要制裁。就在这几个人被枷锁枷得奄奄一息之际，李东阳竭力上疏营救，终于使得刘瑾迫不得已，将已经濒临死亡的这些官员们释放，改为谪戍之罪。

正德三年（1508年）六月二十六日，这天退朝之后，突然间一封匿名奏疏出现在皇宫御道之上，朱厚照派人将其拾起。他翻开一看，奏疏中历数刘瑾罪状，直言不讳地提出应当将刘瑾公开正法。

在明代，出现这样的上疏方式其实是一个不正常的现象。因为当时即使是上密奏，也理应先得到皇帝的许可。所以，朱厚照对此事的出现表现出了极大的反感。他匆匆翻阅之后，觉得这封奏折的作者既然连名字都不敢留下，所说的话肯定也不值得信任。于是，将处决权又交给了刘瑾，自己则转身又去了豹房。

刘瑾震怒了，他没想到这帮官员到现在依然敢有如此行径。在经过朱厚照的允许后，他下旨“诏百官悉跪奉天门外”，随后便展开了大规模的调查和搜检。这一天，北京烈日炎炎，而这帮臣子们就这样一个个跪在门外，其惨状让人目不忍视。但是，随着时间一点点过去，就是没有人承认这件事是自己所为。

监管这帮大臣的太监李荣见他们跪着实在可怜，便趁刘瑾不在，授意他们可以躺下或者坐下，还给他们分发了一些水果食物。太监黄伟十分激愤，悄悄对这些大臣们说："书所言皆为国为民事，挺身自承，虽死不失为好男子，奈何枉累他人。"但不巧此事恰恰被刘瑾发现，二话没说就将李荣革职，黄伟发配到南京。

局面就这样一直僵持不下，最后刘瑾耐不住，只好挑出一些自己认为有嫌疑的人到锦衣卫去调查。于是，"顷之，执庶僚三百余人下诏狱"。事发第二天，李东阳开始一边上疏，一边四处奔走营救被罚的官员。由于刘瑾对李东阳这个内阁首辅一直以来还是有些尊重和敬畏的，而此时刘瑾也查到了奏疏作者的嫌疑分子，是个内廷中与他有仇的人，于是，这三百多人才得以被释放，而主事何钺、顺天推官周臣、进士陆伸已经被前一天的一番折腾，活活折磨死了。

同年，刘瑾再次发难，提出国家目前盗贼丛生，为了避免灾祸，应该立即将这些盗贼的家属和邻居一并发配到边疆，现在正好刚刚捕获了七十多名盗贼。那么就从这些人下手，按照新的规矩予以处罚。李东阳知道后，上疏言"如是则百年之案皆可追论也"，才没有让这一荒唐的决策流毒于众。

一次次与刘瑾作对，李东阳知道这必然会引起刘瑾的疑心。于是，这件事之后，李东阳的行为开始有了一定的收敛，态度也更加缓和而恭敬。刘瑾要在朝阳门外建造一个玄真观，李东阳立即举双手赞成，还亲自为他撰写了碑文，极力称颂刘瑾的"美德"，终于再一次地打消了刘瑾对自己的疑虑。但从这件事中也可以看出，李东阳对刘瑾的妥协，大多是一些不伤国体的小事，而在国家大事方面，李东阳则毫不手软，毫不妥协，在无形中将弊政的影响一点一点地降低到最少的程度，甚至消于无形。

但是，李东阳的做法无疑是得不到时人的理解的，常常有人用各种各样的方式对他进行漫骂和嘲讽。当时有人画了一幅画，内容是一个相貌极丑的老妇人骑在一头牛上吹笛子，画上的落款是"此李西涯相业"。西涯是李东阳的号，这分明是对李东阳赤裸裸的嘲讽。看到这幅画的李东阳并没有生气，而是苦笑一声，便将其放在一边，随即题了一首诗自嘲："杨妃身死马嵬坡，出塞昭君怨恨多。争似阿婆骑牛背，春风一曲太平歌。"

在这样的节骨眼上，李东阳不需要别人的理解，不需要别人的同情。他只知道，现在他生命的全部，就是除去刘瑾这个毒瘤。为了这个目标，他可以做出一切连自己都不齿的事情。对于别人的白眼，他只能隐忍。而真相，迟早会有大白于天下的一天。

正德五年（1510年），北京发生罕见的旱灾。大理寺右评事罗侨冒死上疏，称："顷因京师久旱，陛下特沛德音，释逋戍之囚，弛株连之禁，而齐祷经旬，雨泽尚滞。臣窃以为天心仁爱未已也。陛下视朝，或至日昃，狎侮群小，号呶达旦，其何以承天心基大业乎！"规劝明武宗不要再沉迷于享乐而置天下人生死于不顾，要求严办刘瑾，远离小人。

罗侨明知此疏一上，自己就是死路一条，因此连棺材都准备好了，在朝房默默等待着对自己的宣判，刘瑾看到奏折，果然气得咬牙切齿，当即草拟诏书，让廷臣治罪。李东阳知道后，再一次出面力救，罗侨竟然侥幸免除死罪，只是降回江西原籍教职。这件事让朝中大臣们为之啧啧称奇，却没有人想到，这一切全都是李东阳的功劳。

就这样，李东阳不断进行着一轮又一轮拯救大臣的行动。"刘健、谢迁、刘大夏、杨一清及平江伯陈熊辈几得危祸，皆赖东阳而解。"但是，虽然李东阳"其潜移默夺，保全善类，天下阴受此庇”（《明史》），但仍然是“气节之士多非之”。还曾经有过多位同僚劝他不如早日隐退，甚至连他的门生也耻于有这样一位老师，写信给他请求“削门生籍”，而“东阳得书，俯首长叹而已”。

李东阳一天天地忍耐下去，刘瑾也一天天地登上了自己权力的最高峰。但是，刘瑾的所作所为，激怒了外朝，激怒了内廷，也激怒了黎民百姓。社会上讨伐刘瑾的文章和标语等各种出版物屡禁不绝。刘瑾派人严办，却最终因为太多而无从下手。终于有一天，李东阳惊喜地发现，刘瑾的死期，已经不远了。

搞不定的杨廷和，整不死的杨一清

正德五年（1510年）五月，杨一清带着简易的行装，匆匆踏上了回京的道路，已经五十多岁的他神色凝重。李东阳知道，杨一清重出江湖，背负着两个重要的使命，一个是为朝廷镇压安化王叛乱，另一个，也是最重要的任务，就是配合李东阳和杨廷和，除去刘瑾这个奸佞小人。

李东阳为了这个目标，已经隐忍了多年，而杨廷和，则与李东阳和杨一清一样，也是一个让刘瑾又恨又怕又无能为力的狠角色。

杨廷和，字介夫，出生于四川新都，是一位从小就大名鼎鼎的神童。成化七年（1471年），刚满十二岁的杨廷和参加乡试，便一举考中举人。中举后进京赶考，没有中榜，他便留在北京国子监继续读书。在读书期间，他和国子监中监丞黄明之女结了婚。到了成化十四年（1478年），杨廷和考中进士，时年十九岁。他也因此而成为成化年间年龄最小的一名进士，甚至比他的父亲中举年份还要早。

杨廷和“为人美风姿，性沉静、详审。为文简畅有法，好考究掌故、民瘼、边事，及一切法家言，郁然负公辅望”（《明史》）。可见，他不仅仅是考试成绩好，从相貌、品性、学识等各方面来说，都有着极其优越的自身条件。

凭借着这些优越条件，杨廷和中进士之后，升官的速度极快，二十岁时就进入翰林院继续深造。到了弘治二年（1489年），杨廷和升任修纂，编写《明孝宗实录》。完稿之后，他便“以预纂修进侍读改左春坊左中允，侍皇太子讲读”，给皇太子讲课没几天，又“超拜左春坊大学士，充日讲官”，专门负责给皇帝授课。

明武宗即位后，杨廷和作为前朝重臣，受到皇帝的青睐。正德二年（1507年），他“由詹事入东阁，专典诰敕”。在一次给明武宗讲课的时候，他教导明武宗，要亲近贤明之人，远离奸邪小人。按理说，这是任何一个帝师都会终其一生孜孜不倦地教导皇帝的话，但是杨廷和没有想到，此时刘瑾正站在明武宗的身后，心量狭小又爱多疑的刘瑾马上将他这句话与自己联系起来，认为杨廷和所说的一切，都是针对他的，由此对杨廷和产生了很大的偏见和反感。没过几天，杨廷和便被赶到南京吏部，充任左侍郎。

当时的南京政府班子，虽然有一套六部九卿的人马，但实际上已经是名存实亡，如同清水衙门，被贬至南京，其实就等于是断了杨廷和的仕途之路。但是杨廷和接到刘瑾以皇帝名义发来的诏书以后，也没有抱怨一句，当即收拾行李准备上路。在出发前，杨廷和特意找到刘瑾，送了他一匹珍贵的蜀锦。

这下刘瑾有点儿摸不着头脑了。他心里当然清楚，这些所谓的文人们，极为憎恶自己。杨廷和这么做，该不会是在暗中酝酿什么阴谋吧？刘瑾派出了一队人马，一路跟着杨廷和，看他到底要什么花招，并随时回来向自己报告。谁知一路跟到南京，杨廷和也没有任何异常的举动。刘瑾终于放下心来，没几天就把杨廷和这个人远远抛之脑后了。

刘瑾赶走杨廷和，并未事先向皇帝禀告。在他看来，区区一个杨廷和，走了也就走了，再重新派一个人侍讲经筵，明武宗应该也不会太在意。谁知，朱厚照见杨廷和不见了，急得到处寻找。得知刘瑾把他发配到南京后，大怒，马上下令将杨廷和请回来。

原来，这位杨廷和可是曾经出任过詹事府詹事的，在明武宗很小的时候，杨廷和就已经是他的启蒙老师了。年幼的朱厚照对杨廷和，也从来都是毕恭毕敬，以“杨师傅”称呼他。两人之间，一直有着很深厚的感情。

杨廷和就这样回到了北京，“进兼文渊阁大学士，参预机务”。而他在回到北京之前，已经升任为南京的户部尚书。刘瑾吃了这一堑，对杨廷和也增加了几分敬畏。第二年，杨廷和加封少保兼太子太保，刘瑾又找出几处杨廷和所编《会曲》中的小差错，以此为借口将他和大学士李东阳罚俸二级，以此来威胁他。但出乎刘瑾意料，没过多久，《明孝宗实录》编成，杨廷和又因功而官复原职。

看到这个杨廷和如此难对付，对自己的威胁也并不算太大，刘瑾于是收敛了许多，不太敢再找杨廷和的麻烦。杨廷和虽然表面上与刘瑾还算过得去，但是，发配南京事件其实已经让他深切地体会到了刘瑾流毒之广。不除刘瑾，难解心头之恨。于是，他与李东阳一样，也开始暗暗策划着除去刘瑾的计谋。

另外一个让刘瑾束手无策的人叫杨一清。杨一清是当年明宪宗亲自在内阁中挑选老师，花大力气培养成才的神童。他“年十四举乡试，登成化八年进士”。就在中进士那一年，杨一清的父亲去世，他只得回家守孝。三年之后还朝。任中书舍人，后来又“迁山西按察佥事，以副使督学陕西”。

杨一清个性机警灵活，喜欢谈论国家大事。他在陕西待了整整八年，只要一有闲暇时间，他便研究边疆经略，还经常亲自去考察山川河流的走势，因此杨一清对边疆防御问题十分精通。弘治十五年（1502年），杨一清在刘大夏的推荐下，升任都察院左副都御史，专门负责督管陕西马政。

他禁止商人进行非法的茶马垄断交易，改为官方派专人负责茶马贸易。经过他的一手整顿，陕西马政管理上积压多年的弊政都被革除，“番马大集”。后来，杨一清升任陕西巡抚，日日选练精兵，加强边防，“创平虏、红古二城以援固原，筑垣濒河以捍靖虏，劾罢贪庸总兵武安侯郑宏，裁镇守中官冗费”，使得陕西军事防守固若金汤，军威大振。

正德元年（1506年），“寇数万骑抵固原”，明军损失惨重。又是在刘大夏的推荐下，杨一清开始升任右都御使，总制甘肃、宁夏和延绥三省军务。

杨一清地位的渐渐上升引起了刘瑾的注意。像杨一清这样的人才，刘瑾实在是太想把他拉拢到身边为自己服务了。但是任凭刘瑾送财送物，威胁暗示，使尽各种方法，杨一清就是不肯动摇。不仅如此，他还用各种方法与刘瑾作对。史载：“一清于时政最通练，而性阔大，爱乐贤士大夫，与共功名。凡为瑾所构陷者，率见甄录。朝有所知，夕即登荐，门生遍天下。”这让刘瑾大大地丢了面子。他开始寻找突破口，准备整治杨一清。

杨一清当时不仅负责陕西的马政，还包揽了修筑长城这一重要的工程项目。就在他费尽心力加紧筑城之时，天公不作美，忽然下起了大雪。雪天没有办法施工，工程就这样耽搁下来。当时有几个工人，实在受不了天气的寒冷，策划着起事逃跑，被杨一清发现，立即镇压下去。

这件事被刘瑾知道后，他抓住杨一清这个小辫子，将陕西发生的事添油加醋地转告了明武宗。事情闹大了，杨一清只好主动向朝廷上书，以疾病为借口，请求辞职。在上疏的同时，他还提出了一个额外的请求，那就是希望朝廷命张彩接任自己的职位。

这件事让刘瑾耿耿于怀了很久，因为这个张彩同焦芳一样，都是刘瑾的死党。他第一次拜会刘瑾之时，“高冠鲜衣，貌白皙修伟，须眉蔚然，词辩泉涌”，当即得到了刘瑾的喜爱。之后，饱读诗书的他成为刘瑾的走狗，也是刘瑾身边不可或缺的“军师”。在刘瑾的帮助下，张彩平步青云。这一次杨一清的推荐，让刘瑾第一次对他产生了疑心。而这，正是杨一清反击刘瑾的第一步——刘瑾和张彩之间的关系已经开始产生裂痕了。

刘瑾此时还没有考虑那么多，他的精力已完全放在杨一清身上。正德三年（1508年），刘瑾诬陷杨一清冒领边费，贪污朝廷钱财，将杨一清关入锦衣卫大狱。眼看杨一清即将性命不保，李东阳和王鏊在朝中极力为他求情，终于使杨一清免于处罚，改为归家，“先后罚米六百石”。

到了正德五年（1510年），杨一清已经在家中赋闲两年了。这两年，他养花种树，读书练剑，过得极其闲雅。不过，这一年的五月，这份平静终于被打破了。一帮锦衣卫亲自上门宣旨，杨一清又恢复了三边总制的官职。就在他丈二和尚摸不着头脑之时，锦衣卫告诉了杨一清请他回去的理由，原来，安化王起兵叛乱了。

刘瑾，你早点死吧

正德五年（1510年）八月，京城百姓鱼贯而出，齐聚刑场观看刘瑾行刑。刑场四周，唾骂之声，欢呼之声不绝于耳。是什么让这位“立皇帝”落到了如此下场？事情还得从这一年四月的安化王叛乱开始说起。

当时的安化王名叫朱寘鐇。明朝的安化，大致在今陕西庆阳县附近。在杨一清离职后，西北地区又恢复了从前战乱不断、民不聊生的状况。刘瑾派遣大理寺少卿周东度到宁夏屯田，他不仅增加了田地的租税，还用极为粗暴的方式在当地征马屯租，顺带着敲诈勒索，遭到了当地兵民的一致怨恨。

刘瑾派去陕西的官员，在陕西按照他所制定的新税率征收田税，这个税率要比原先高得多。对于欠税的人，他则动辄打骂，导致陕西当地死伤无数。而当时欠税的往往是驻扎在陕西的戍军士兵，更容易聚众闹事。朱寘鐇看此时正是起兵反叛朝廷的最佳时机，便开始着手准备，妄图一举冲进皇宫，取朱厚照而代之。

对于这次起兵，朱寘鐇其实已经酝酿多年。这一次眼见时机已经成熟，便在五月十二日夜里，聚集了陕西当地所有早已被他收买的、位高权重的官员到自己家中。这其中包括了都指挥何锦、周昂，指挥丁广等人，一起商量起兵大计。宴会上，朱寘鐇果断地杀死了不服从自己的几个官兵和镇守太监，与众人歃血为盟，宣称“即事不就，死无恨”，并发表檄文，洗劫当地拒绝与他合作的官员府邸，正式起兵。

在檄文中，朱寘鐇宣称：“张彩、刘玑、曹雄、毛伦文臣武将，内外交结，谋不轨。今特举义兵，清除君侧。凡我同心，并宜响应。”随后，“传布边镇”。“以锦为讨贼大将军，昂、广左右副将军，景文为军师，钦先锋将军，魏镇等七人都护，朱霞等十一人总管。关中大震。”

刘瑾得知朱寘鐇起兵之时，十分慌乱。刘瑾立即想办法将这篇檄文隐瞒朱厚照，并发布圣谕：“诏起一清总制军务，与总兵官神英西讨，中官张永监其军。”

杨一清收到让自己官复原职的消息后，立即动身前去赴任。还没赶到陕西，他便收到部下传来的消息，暴乱已经被平定了。原来，杨一清在陕西的部下总兵曹雄得知安化王叛乱，立即率兵在河岸边围追堵截。在宁夏游击将军仇钺等人的配合下，拼死力战，终于在叛乱的第十八天将朱寘鐇一举擒获。杨一清和张永先后赶到，见朱寘鐇已俯首投降，便发榜安抚当地军民，称“大贼已擒，地方无事。天子遣二王重臣来抚定尔辈”，然后便一起押着朱寘鐇回京复命去了。

杨一清明知张永是“八虎”之一，一路上却与他相谈甚欢。他利用张永和刘瑾平日里的不和，趁机拉着张永的手，对他说：“赖公力定反侧，然此易除也，如国家内患何？”如果借助你的力量，一定能除去皇上身边的小人，解除国家的为难。张永听了，摆出一副不知其所以然的样子看着杨一清。于是，杨一清便在地上写了一个“瑾”字。

张永觉得很为难。刘瑾现在在朝中的势力实在太大了，他的耳目遍及全国各处。只要一招不慎，性命难保。杨一清看出了张永的犹豫，进一步劝道：“公亦上信臣，讨贼不付他人而付公，意可知。今功成奏捷，请间论军事，因发瑾奸，极陈海内愁怨，惧变起心腹。上英武，必听公诛瑾。瑾诛，公益柄用，悉矫前弊，收天下心。吕强、张承业暨公，千载三人耳。”

张永依然很犹豫。于是，杨一清耐心为他分析了当前朝中的局势，并向他担保，只要张永跪地苦劝，“剖心以明不妄”，那么，他们一定可以达到目的。而且，以现在的形势，刘瑾很快便会发动叛乱，到时候，张永本身也会面临危险。张永思索再三，终于振臂高呼一声：“老奴何惜余年不以报主哉！”答应了杨一清的请求。

此时的刘瑾，正沉浸在叛乱被平定的无限喜悦中。他立刻向朱厚照传达了这一喜讯，同时也没有忘记将平叛的功劳全部加在自己的头上。然而此时，却发生了一件让刘瑾乐极生悲的事情——他的哥哥景祥死了。刘瑾追封景祥为都督同知，并决定为他办一场规模宏大的葬礼。

经过刘瑾的反复测算，下葬的日子定在这一年的八月十六日，随后便开始派人着手为葬礼做准备。八月十五夜里，刘瑾将全城戒严，他知道，第二天会有成百上千的官员前来送葬。到了深夜，四周街道一片安静，但是“有窃听者，中夜闻兵甲声铮然，里巷私语籍籍，谓倾朝送葬，瑾且因为乱”（《明史》）。也就是说，刘瑾是在打着送葬的幌子策划谋反。

对于史料记载是否真实，这一点还有待商榷。但可以确定的是，第二天恰恰是杨一清和张永还朝的日子。因此，刘瑾的做法正好可以为张永和杨一清提供弹劾他的口实——刘瑾害怕二人回来揭露自己在陕西的种种不法行径，狗急跳墙，举兵谋反。

八月十六日，杨一清和张永正式还朝献俘。为了防止情况有变，张永早已在几天之前便回到了宫中。献上朱寘鐇之后，明武宗置办了丰盛的宴会招待张永，而刘瑾则一直在皇帝身边陪侍。直到夜幕降临，刘瑾才退出朝中，回去准备送葬仪式。张永抓紧时机，拿出了在陕西所搜集到的朱寘鐇起兵檄文给朱厚照看，还一并递交了杨一清所写的弹劾文书。

在这封奏疏中，杨一清详细列举了刘瑾的十七条罪状，证据确凿，句句置刘瑾于死地。谁知朱厚照看了奏疏，竟丝毫不以为意，又端起酒杯，说了一句“罢矣！且饮酒”。张永一看，慌了。如果这件事情现在不能得到解决，一旦拖到第二天，可就是他和杨一清等人的死期了。于是，张永当机立断，高声说道：“离此一步，臣不复见陛下也。”朱厚照一愣，问道：“瑾且何为？”张永回答：“取天下。”这时，半醉半醒的明武宗说出了一句贻笑大方的话：“天下任彼取之！”张永立即反问道：“置陛下何地？”

被这一问，朱厚照顿时清醒了一半，下令立即将刘瑾捉拿归案。当时已是夜里三更，刘瑾已经睡下，忽然看到张永带着兵包围了自己的住所，心中已经猜到了几分，不慌不忙地披上衣服，询问皇帝现在何处。知道明武宗此时正在豹房，无奈之下只好跟着官兵，进了诏狱。

刘瑾虽然下狱，然而，朱厚照和刘瑾之间的感情，实在是太深厚了。他越想越觉得仅凭着张永的一张嘴便将尽心伺候自己多年的刘瑾关入监狱，实在是不厚道。于是便在当天夜里，给刘瑾送去了御寒的衣物。第二天一早，朱厚照召集群臣商议对刘瑾的处罚办法。他不想要刘瑾的命，于是他将张永告发刘瑾的事情公之于众，命大臣起草诏书，将刘瑾降为奉御，贬斥到南京，废除刘瑾设立的新税法和各项改革措施。然后，这件事情就此结束。

朱厚照想放过他，群臣却不想放过他。就在这个时候，李东阳出手了。他联合六部和十三道御史，同时上疏，众口一词，非杀刘瑾不可。朱厚照的案前，再一次被雪花般的奏章所淹没。他们还强烈要求皇帝亲自出马去抄刘瑾的家。

对于这个建议，爱玩爱热闹的朱厚照没有推辞。谁知，他竟意外地在其中发现“伪玺一，穿宫牌五百及衣甲、弓弩、衮衣、玉带诸违禁物。又所常持扇，内藏利匕首二”。朱厚照这才恍然大悟，刘瑾果然要造反。

看着地上堆积的杂物，明武宗反反复复地只说着一句话：“瑾负我！瑾负我！”最后，他终于下定决心，下旨将刘瑾凌迟处死。刘瑾的“族人、逆党皆伏诛”。“张彩狱毙，磔其尸。阁臣焦芳、刘宇、曹元而下，尚书毕亨、朱恩等，共六十余人，皆降谪，已，廷臣奏瑾所变法，吏部二十四事，户部三十余事，兵部十八事，工部十三事，诏悉厘正如旧制。”

明朝的法律规定，死刑的犯人应在秋后处斩，也就是在霜降之后，冬至之前统一执行死刑。但是，刘瑾属于大罪，不受这一规定的限制。曾经被刘瑾谋害过的官员和百姓的家人，纷纷走到街上观看，很多人还用一文钱的代价买下刘瑾身上割下来的肉吃掉，表达愤恨之情。

刘瑾死了，但是他所带来的灾难在短时间内，根本无法消除。刘瑾死后不久，就爆发了刘六、刘七领导的武装起义。朝廷慌忙镇压，再一次元气大伤。刘瑾虽然倒台，明朝宦官专权的局面却没有因此而得到改变。夏燮曾评价道：“瑾虽诛，而张永用事，政仍在内，魏斌、马永成等擅窃威柄，阁部仍敛手而已。”（《明通鉴》）明朝的政局，仍然在岌岌可危中一天又一天地得过且过着。

第八章 仪礼之争，不蒸馒头争口气

不让我进去，我还不干了

时间退回到正德二年（1507年），湖北有一位世子“遵循神意”出世、必有吉兆的“传统”降生。传说这年的八月，他的父亲兴献王朱祐杬于读书疲乏时梦见一位道士飘然而来，堂而皇之地直奔王妃的寝宫而去。一个道士，胆敢跑进王妃的寝宫，兴献王大怒而惊醒，却听得一位侍女禀报世子降生的喜讯。

这个消息带给三十而立的兴献王爷莫大的兴奋，他与妻子结婚多年，只有一子，却在出生后五日便夭折了，而就在几天前，北方黄河水清，有道士宽慰他说：“天降世子，必择黄道良辰，何以忧虑哉？”

这一天降的世子就是朱厚熜，十多年后成了大明王朝的皇帝。

正德十六年（1521年）四月，“壮志”未酬的明武宗朱厚照驾崩。武宗皇帝荒淫无度，却没能给大明江山留下一个男丁。

皇帝无子，而国不可一日无君。早在百年之前，有远见的太祖皇帝朱元璋留下了一本《皇明祖训》，这是一本怎样当皇帝的百科全书，内阁首辅杨廷和找出这本连皇帝本人都不太信奉的书，并遵照历代中原王朝在面对这种事情上的传统——“兄终弟及”，细细思量：皇帝无子，应找皇帝的同父弟弟即位，可武宗的兄弟早就不在人世，就只能再追溯到武宗的父辈，去找孝宗皇帝的兄弟来即位，不巧的是孝宗的兄弟们不是早死便是已经正常死亡，在这山穷水尽的情形下，杨廷和想起了一个人，孝宗的四弟朱祐杬留下了一个儿子！为了保证皇帝血统的纯洁性，寻寻觅觅了半天只找到了这一个跟死掉的正德皇帝关系最近的人，皇帝的宝座就这么“顺理成章”地落到了朱祐杬的儿子——朱厚熜的头上。

就在两年前，朱厚熜的父亲兴献王薨，按照明朝制度规定，藩王去世后，王世子不能即刻袭封，须持守孝三年期满后，奏请朝廷批准方可。如此这般，朱厚熜只能以王世子的身份掌管府事了。父王英年早逝时，朱厚熜年仅12岁，可他少年老成，以“孝道”管理王府诸事务，使得“事皆有纪，府中肃然”。杨廷和最初的考量，一来朱厚熜在血亲上跟武宗最为亲近，二来大概是年纪轻轻的朱厚熜似乎可以担当大任。

于是这年三月十五日，内阁派定国公徐光祚、寿宁侯张鹤龄、驸马都尉崔元、大学士梁储、礼部尚书毛澄、太监谷大用等前往湖北安陆迎接朱厚熜，到京师即皇帝位。三月二十六日，徐光祚等抵达安陆。据传当时消息很快传到安陆的黎庶百姓耳中，那些老百姓也扶老携幼拥至兴王府外，夹道跪地而呼。

宣遗诏的行礼仪式在兴王府承运殿举行。司礼监谷大用宣武宗皇帝遗诏说："朕绍承宗丕业，十有七年，深惟有孤先帝付托，惟在继统有人，宗社生民有赖。皇考孝宗敬皇帝亲弟兴献王长子，聪明仁孝，德器夙成，伦序当立，已遵奉祖训兄终弟及之文，告于宗庙，请于慈寿皇太后，与内外文武群臣合谋同词，即日遣官迎取来京，嗣皇帝位。"遗诏是杨廷和以正德皇帝的口吻写的，"兄终弟及"四个字写得明明白白。

四月初一，朱厚熜拜别其父陵墓，次日辞别母妃启程。四月廿二，朱厚熜抵京师，止于郊外。

在交通并不发达的古代，从湖北走到北京，用了二十天，可以说是正常的速度了。何况新皇帝在路上，排场肯定不少，朱厚熜已经努力提高速度了。

我们无从知晓得到遗诏后的朱厚熜是一 种怎样的心情，但是一个情商正常的人肯定都因幻想过君临天下万人之上的情景而兴奋异常，但是这兴奋就在他已经能看到紫禁城的红墙黄瓦后急转直下。

史书上说得很明白，这位未来的皇帝"止于郊外"。

没有人规定皇帝要先在郊外待一会儿再进宫登基，除非是皇帝不能走了，皇帝不想走了。事实也正是如此。

在武宗死后，朱厚熜还在路上奔波的日子里，内阁杨廷和独榄朝政三十七天。废除丞相制度的明朝却给了内阁学士几乎等同于丞相的权利。皇帝的人选选好了，问题就又来了，究竟是用什么礼仪迎接这位未来的主子，特别是这位主子还不是皇帝的儿子。朝廷官员陷入了争论，而主管礼仪的礼部尚书毛澄根据杨廷和的授意，定议以皇太子即位的仪式。

潜台词是，朱厚熜，你首先要当你哥哥武宗的儿子。

当一路风尘赶来当皇帝的朱厚熜看见来迎接他的大臣，大臣也是这么说的："由东安门入居文华殿，择日登极！"如此轻描淡写的一句话，估计已经让朱厚熜出离愤怒了。

由东安门入居文华殿，是皇太子即位的路线，话里的意思已经非常明显，我们迎接的，是武宗皇帝的皇太子，即将登上皇帝宝座的也是武宗皇帝的皇太子。

可能你觉得认谁当爸爸没什么，反正都要当皇帝了，谁是爸爸已经不重要了。但是朱厚熜是一个有原则的人，何况一个帝王，认谁当爸爸应该自己说了算。如果再考虑朱厚熜的出身更不难理解他的愤怒，他从藩王的府邸出来做皇帝，朝廷中一个自己的人马都没有，倘若尚未登基就被人牵着鼻子走，日后说话能算数么，这皇帝还怎么做？于是朱厚熜的回答是："遗诏以我嗣皇帝位，非皇子也。"

这意思就是，遗照里面说了，是让我来当皇帝，不是让皇帝的儿子来当皇帝。你不是说"兄终弟及"么，那我就是"兄终弟及"！我是来当皇帝不是来当儿子的。

准皇帝的话已经说得很明确了，但是这些朝中大臣也明确地不同意。双方陷入了僵局。

朱厚熜这时候使出了撒手锏，那意思就是，你既然不同意，我还是回湖北当王爷过逍遥日子好了。

此时正好皇太后率领百官劝进，朱厚熜索性继续以不登基为要挟：劝进可以，我就在郊外受劝进表。

这下把大臣给吓傻了，郊外受表就是要郊外登基。毕竟国不可一日无君，毕竟选了半天只有这一个人是武宗的亲密兄弟。

后来太后也发话了，大臣们不敢不从，只好答应朱厚熜的要求，从大明门进宫，进入奉先殿——这是一般皇帝即位的法定路线。

独揽朝政三十七日的杨廷和没有想到，他苦心选择的黄口小儿竟然不是一个省油的灯，竟然跟他的哥哥武宗皇帝不一样。新皇帝赢得了进宫路线，然而一切只是开始而已。而这一小插曲，却展现了朱厚熜的乾坤在胸，只是在众多的大臣眼中，尤其是杨廷和的眼中，他还只是个孩子。

管谁叫爹还能强行摊派啊

正德十六年（1521年）四月二十二日，朱厚熜从大明门进入紫禁城，正式坐上了龙椅，大明王朝又开启了一个新的时代。大明门，是只有皇帝在祭天、出征、登基、大婚时才可以正式走过，这个皇帝专用门，第一次对一个尚未穿上龙袍的人开启，走进这扇门，就等于走进了他四十五年的帝王生涯。

经过一系列繁琐的劝进、告祭礼仪后，首辅杨廷和给朱厚熜送上了即位诏书。这本是一道程序性的事情，百官也在静静地拜皇帝的首肯。心思缜密的朱厚熜并没有对些等闲视之，在良久思量之后，第一次拿起御笔，修改了他平生的第一道诏书，他抹去了内阁为拟定的新年号："绍治"，在上面写上了心中早已准备好的——"嘉靖"。

古代帝王的年号不仅用来纪年，也是一个政权的象征，甚至是正统王朝的象征。"绍治"的"绍"为继续、继承之意，意思是让新皇帝继承弘治皇帝的正统，放弃自己本来兴献王后嗣的背景，而弘治皇帝正是朱厚熜堂兄武宗正德皇帝的父亲。字面的意思不难理解，新皇帝首先是作为弘治皇帝的后嗣来治理国家的，可能内阁朝臣考虑了新皇帝既然不愿意当已故皇帝的太子，那就顺应"天意"当已故皇帝父亲的儿子吧。但这在朱厚熜看来无疑是对皇帝权威的极大冒犯。

如此看来，就能理解为何少年天子朱厚熜面对这样的一封走过场似的诏书需要较长时间的思量，以至到内官太监来催要诏书才能落笔。朱厚熜将年号改为自己中意的"嘉靖"，"嘉"寓意美好，"靖"为太平的意思，"嘉靖"取义于商代的高宗喜靖殷邦。

嘉靖皇帝登基的过程并不一帆风顺，从哪个宫门进宫，取什么年号这些事，都需要皇帝奋力争取，如果这些都还算小事，那么大事才正要登场。

即位后的第三天，嘉靖皇帝立即向大臣提出希望能迎接自己的母亲来北京母子团聚。中国历代王朝几乎都以"孝"为所有品德之首，皇帝本人提出的要求也是合情合理，自然无法反对。但尴尬的是，皇帝的母亲目前的身份还只是"兴献王妃"。新皇帝或许还没有正视这个问题，他甚至亲自去送迎接母亲的使臣，嘉靖皇帝的孝心可见一斑。

两天后召开了一次君臣大会，主要内容是讨论正德皇帝的谥号，最后决定为"承天达道英肃睿哲昭德显功弘文思孝毅皇帝"，庙号"武宗"。这无疑没什么需要争论的，臣下拟定好皇帝直接拍板就行。之后皇帝提出了自己真正在乎的事情，他希望能为自己的亲生父亲，已故的兴献王朱祐杬确定主祀和封号。

嘉靖皇帝是一个孝心很重的人，何况即位的皇帝为自己的父亲上封号，也是完全合理的要求。本来很简单的事情却还是出现了波折，一切还是归结为嘉靖皇帝的出身：他不是先皇的儿子，只是堂弟，父亲是王，儿子是皇帝，的确很尴尬。

为了避免这样尴尬的事情再次出现，皇帝本人跟臣子都认为这一问题亟待解决。大学士杨廷和是官场老人，熟谙史籍，对礼部尚书毛澄说："此事以汉代定陶王、宋代濮王二事为依据，敢有异议者皆为谀奸小人，依法当诛！"

这两个例子分别是汉代定陶王和宋代濮王的故事。汉成帝一直都没有儿子，于是他在宗亲中选择了共王的儿子定陶王立为皇太子，并将其作为自己的儿子养在身边一直到其继位成为汉哀帝。为了延续共王的子嗣，又从楚孝王那里选择了一个孙子以作为共王的子嗣。宋代的宋仁宗也没有儿子，于是从濮王那里找了个孩子养在宫中，改名后变成自己的孩子以备继承皇位，这个孩子后来成为了宋英宗。

也就是说，根据前代外藩王入继大统的事例，嘉靖皇帝应以明武宗为皇兄，以明武宗之父明孝宗（嘉靖的伯父）为皇考。这样一来，就只能让新帝以其生父生母为皇叔父、皇叔母。大臣们又十分"贴心"地考虑到了皇帝的孝心，因为兴献王只有嘉靖皇帝一位儿子，为了弥补兴献王"无后"的"缺憾"，廷臣们建议让益王的儿子朱崇仁代替嘉靖，过继给死去的兴献王，杨廷和将此称之为"濮议论"。

四朝老臣杨廷和的话说得极端坚决，"敢有异议者，当诛"。而首先有"异议"的正是嘉靖皇帝本人。看到这种强行摊派的结果，有原则且至孝的嘉靖皇帝决然不同意，尤其是杨廷和拟定的武宗遗诏已经清楚明白地说过，是"兄终弟及"，这种匪夷所思的归宗行为让他大怒，不禁大呼："父母可更若是耶！"但是新皇即位，初来乍到，他强压着怒火，无奈地在奏疏做批复：驳回，再议。之后又加了一句，"请博考前代典礼"。

皇帝婉转地表达了希望能找到不同案例的希望，但一切当然尽在那群政治老手的掌握之中，毛澄装模作样等待了几天，表示自己确实是在礼部召集了群臣议论之后，再一次把几乎相同的奏疏送到了皇帝面前，并大加阐述这样一个决定如何符合古礼，如何最能体现兼顾，如何最能体现对兴献王的尊崇。

杨廷和等大臣六十多人上疏力谏，希望新帝以大局出发，兼顾"天理"与"人情"。大多数的朝臣都支持杨廷和"濮议论"，更有一百九十余人先后抗旨上奏，要求嘉靖皇帝接受礼部的安排，朝廷呈现一面倒的现象。

此时的皇帝，不仅放下了帝王的架子，甚至转变了对大臣们的进攻态度，他开始用优渥的待遇拉拢杨廷和。有明一朝太师这样文官的最高职位，只有三个人享有过，嘉靖曾经试图给杨廷和加过太师的衔，不料杨大人将臣子的礼节尽数做到，赏赐固辞不受，原则问题则没得商量。

杨廷和这个人，四朝的老臣，嘉靖即位，杨廷和对他抱有很大希望，"自信可辅太平"，重振大明王朝。按说这样的人辅佐嘉靖本应谱写君臣佳话，但是他办事勇于负责，敢于坚持己见，对待嘉靖这样一位主见颇多的帝王，却"事事有所持诤"。他多次上疏，劝世宗"务民义，勤学问，慎命令，明赏罚，专委任，纳谏诤，亲善人，节财用。语多剀切"。在今天看来毫无意义的争论却断送了他的政治生命，他的宏伟抱负也顿时化为泡影，但在当年的杨首辅眼中，皇帝归宗，乃是一国之本的大事。

而新皇帝嘉靖，尽管只有十五岁，却是一个对于原则问题极端固执的人。

这个强行摊派的爹，真的不认不行了么？

第一回合，杨廷和先生胜

礼部尚书毛澄没有想到，皇帝派来的太监居然对他行跪拜礼。

太监这类人，按道理讲是没什么地位的，但是要看负责的是什么工作。倘若是皇帝身边的亲近太监，干的又是传旨这样的重大事情，按照规定，接旨的大臣务必要穿戴整齐下跪听旨，跪拜的对象看上去是太监，实则是太监所代表的皇帝。

毛尚书听得府中来了一位不速之客，却是皇帝派来的传旨太监，当然是按照规定一番整理，正要跪拜接旨，结果这位太监一进门就不停地给毛大人磕头，直接搞得毛澄丈二的和尚摸不着头脑，又惊又吓，太监拜他，无疑等于皇帝拜他啊，连忙询问所为何事。太监几乎带着哭腔表示，这完全是皇帝的意思，说皇上请尚书大人体谅自己的感情，“人孰无父母，奈何使我不获伸”，说罢从怀里拿出些黄金，说这是给皇帝给大人您的，希望笑纳云云。

几乎走投无路的嘉靖皇帝想出的招数是，给大臣送礼。

偏巧这位毛大人是书生意气，不仅不领情，反而认为这是皇帝对他读书人的侮辱，愤然拒绝。同时嘉靖也尝试过给杨廷和送礼，送的是杨廷和爱吃但经常吃不着的皇家贡品——荔枝，别看这玩意在今天很常见，但是在古代，一般人还真是无福享受，杨廷和收下了荔枝，却有点儿耍无赖，还是继续反对。明朝读书人的气节在这里得到了很好的展现，皇帝的拉拢甚至送礼都没能换来杨大人、毛尚书的通融，嘉靖这个皇帝当得也真是“窝囊”。

明朝内阁的权力经过数代的发展到嘉靖时期变得越发强大，皇帝也不能独断专行，此事一直僵持不下，直到一天，一个人的出现，让嘉靖仿佛找到了一棵救命稻草。

礼部有一个小官观政进士张璁，上了一份《正典疏》。张璁是正德十六年（1521年）的进士，擅长“三礼”，就是对《周礼》、《仪礼》、《礼记》这三本书烂熟于胸，他在此时利用自己的所长，对杨廷和的观点进行了理论上强有力的辩驳，是为“人情论”。

张璁认为汉哀帝、宋英宗都是早就被选作皇帝的人选寄养在宫中的，是先过继后做的皇帝，而陛下您不同，是先皇死后按照祖训即位，主张“继统不继嗣，请尊崇所生”。最后则强调“非天子不议礼”，请求嘉靖皇帝应乾纲独断，不应采用阁臣们建议的“濮议论”，否则天下臣民将批评嘉靖皇帝“为利而自遗其父母”。

可以想见郁闷了多时的嘉靖看见这样的奏疏是多么兴奋，他不禁大呼：“此论出，吾父子获全矣！”于是立即将张璁的奏疏交给杨廷和讨论按照这个办理。

杨廷和看见这封奏疏是异样的气愤，指责“秀才安知国家事体”，毕竟张璁这个小人物，大人物杨廷和还是很鄙视的。有了底气的嘉靖不理会杨廷和的反对，降手敕给阁臣：“卿等所言，俱有见识，但至亲莫过于父母，今尊父为兴献皇帝，母为兴献皇后，祖母为康寿皇太后。”

杨廷和身为首辅，很是坚持原则，封还皇帝的手敕，尽管明朝给予了内阁奉还的权力，但是内阁的大臣还是很少使用的，毕竟一个皇帝的诏令被当臣子的拒绝，就等于完全无视皇帝的存在。前面说过，杨廷和是一个对于原则不断诤言的人，他说“臣等不敢阿谀顺旨”。接着，几位御史、给事中等言官也交谏张璁议疏的褊狭，希望嘉靖皇帝“戒谕”张璁这等躁进之人。

过了些天，嘉靖皇帝的母亲已经走到了通州，听说自己的儿子不能认亲生的父母亲，顿时大怒，上演了与朱厚熜一样的戏码：拒绝进城。至孝的嘉靖皇帝闻此，涕泣不止，忙入内宫对明武宗生母慈圣太后张后表示“愿避位奉母归养”，以撂皇帝挑子来软威胁，众臣有些惶惧不安。

见施压起到了作用，少年皇帝独断“本生父兴献王宜称兴献帝，生母宜称兴献后”，并诏示大臣开大明中门奉迎他的生母蒋氏。当然，嘉靖帝也做了稍许退让，没敢再坚持让生母谒太庙。本来明廷有祖制：妇人无谒太庙之礼。

朝臣之中，如兵部主事霍韬等人，见张璁这么一个新科进士因巧言得达帝听，也思奉谀升官，开始上疏附和张璁疏奏。嘉靖皇帝观此，追尊本生父母的决心日益坚固。但是首辅杨廷和很讨厌张璁这样的幸进小人，便外放他为南京刑部主事。张璁不得已怏怏而去，嘉靖唯一的斗士远离了权力斗争的中心。

嘉靖此后又“复申谕欲加称兴献帝后为‘皇’”，但是这一举动立即迎来了大臣的反对，杨廷和与诸多大臣使出了他们最厉害的一招，“自请罢斥”。“自请罢斥”，原是久已有之的做法，到了明代，君臣之间如果发生了深刻的分歧，大臣自请罢斥则表示激烈坚持，并不是真的要摘掉乌纱帽，皇帝一般也受限于舆论，不会同意大臣的这种请求。

杨廷和的这一招，打得嘉靖只有妥协的份，同时朝堂之上因为这一消息引起了很大的震动，一时上疏请留的人竟然多达一百多人，疏中都说皇帝不是，杨廷和必须慰留，才刚刚取得一点点甜头的皇帝马上被打回了深渊。而那些在争论当中敢于站在皇帝一边说话的人，一个个都像过街老鼠一样，被整得灰头土脸，遭到了众人的唾弃。

恰巧，嘉靖元年（1522年）春正月，清宁宫发生火灾，杨廷和等人上言，认为这是“天意示警”，小皇帝心动，古代帝王对于鬼神之事即便是不迷信，也是不能公然反对的，另外，嘉靖皇帝一生几乎迷恋道教，一时间他不敢再有进一步举动。

百般无奈的嘉靖皇帝只能放弃给自己的父母前面加上表示皇帝直系亲属的“皇”字，并且申明以孝宗为“皇考”，慈圣皇太后（孝宗皇后）为“圣母”。

看上去似乎是一个对大家都好的结局，实际上真正的赢家是杨廷和，对于一个帝王，嘉靖的反抗换来的成效实在太少。

挂印而去，不干了

张璁的离去使得小皇帝陷入了四面楚歌、孤立无援的境地。在张璁之后，其他几个支持嘉靖的大臣被相继调任外地为官，嘉靖身边的参谋越来越少，但是很多人大概忽略了一个事实，这位皇帝宝座尚未坐热的嘉靖却变得越来越成熟。

客观地说，嘉靖这些争取皇权的举动，在理论上确实是占有一定优势，况且此时的天子只有十几岁，就知道争取自己的权利，维护自己的至亲，并且敢于同满朝文武群臣较量，心智的成熟不可小觑。

皇帝发展自己羽翼的第一步就是争取群臣。鉴于曾经的拉拢法、送礼法均以失败告终，从藩王府邸而来的皇帝又着实孤立，摆在嘉靖面前的路只有一条，就是等待时机，将这个反对派占多数的朝堂大换血，让支持自己的人能够成为王朝的高官，从而让两派大臣相斗，皇帝本人坐收渔翁之利，年仅十几岁的嘉靖此时就把握了统治一个幅员广袤帝国的不二法门，这也成为他日后四十余年统治的成功经验。

嘉靖的运气似乎来了，那个不肯“受贿”的礼部尚书毛澄因重病请求归养，皇帝很欣然地做了一个顺水人情。不久，刑、户、兵三部的尚书相继因为各种原因致仕，皇帝顺利调整了诸多人马，除了一个地方——内阁。

羽翼渐渐丰满的皇帝等待着爆发的时机，他需要导火索，曾经宛如他救命稻草的张璁再次发挥了关键的作用。

嘉靖二年（1523年），这位青春期的皇帝不顾群臣反对，在安陆的兴献帝庙祭祀时行用太庙祭祀皇帝一样的“八潏”大礼，等于在礼仪的事实上承认了生父的“皇考”地位。

身在南京的张璁一直没有放弃对于自己主张的坚持，他积攒了一些中下层官吏的支持，如霍韬、方献夫、黄宗明等人，还有极个别的曾经的高级官吏，如杨一清，还有一个人，就是桂萼。这些人在南京钻研了两年，阅读了很多史籍，在理论上作了大量的准备工作，因此被看做是政治的投机倒把者，一开始就受到冲击，被当成逢君干进的小人。十一月，张璁等从南京向内阁发难，再次要求讨论皇帝归宗的大礼，重申“继统不继嗣”的主张。

紫禁城内的皇帝自然难以抑制激动的心情，他览之大喜，大言：“此事关系天理纲常，文武大臣集议之！”皇帝的要求是内阁要议论此事，开展一次全朝堂范围内的大讨论。同年十二月，嘉靖指示内阁拟定诏书，将一些太监派到江南去提督织造事宜，首辅杨廷和以扰民的理由拒绝了，嘉靖一再要求，也没有得到内阁任何人对于拟定诏书的同意，纵使他大发雷霆也没有内阁的官员卖他一个面子。

皇帝对于自己堂兄留下的这一内阁班底极端不满。在嘉靖即位的短短两年时间内，杨廷和屡屡封还皇帝的诏书，尽管是出于公心，但是已让天子“常忽忽有所恨”，明显流露出对于这个在重大事情上永远不给自己面子的首辅的厌恶。皇帝左右的人便因此挑拨离间说杨廷和这个人有失臣子身份，朝堂上也开始不断出现弹劾杨廷和的奏疏。

处于舆论中心与权力中心的杨廷和对这些流言的反应是请求致仕。与上次用自请罢黜威胁嘉靖不同，这次杨首辅是真的请求退休安享晚年。

关于杨廷和致仕的原因，有不同的理解，有人认为杨廷和累了，觉得中兴的任务即将完成，可以终老山林；有的认为是不想继续祐皇帝认祖的浑水，事情进展到今天，杨廷和理论上的确是诸多漏洞站不住脚，加之皇帝的一再坚持，臣子终究抗不过天子，不如赶紧一走了之；还有的说杨廷和后悔了，可能在几番的较量中感受到了嘉靖的强大气场，但是对于过去的固执却无力挽救，不如早点退休在最后一步上支持一下这个自己一手挑选的明王朝继承人。

不论哪种原因，都有一个背景，事实上杨廷和已经处于在皇帝身边待不下去的状态，君臣失和还不是最糟糕的，旁人弹劾其有失臣子之道，这几乎等于变相地说杨廷和目无君上图谋不轨。数年后嘉靖皇帝在给杨廷和的降敕中还称他“以定策国老自居，门生天子视朕”，随着时间的推移，皇帝的言辞中竟仍有些旧怨未消的酸溜溜的味道。任何一个臣子面对这样不清不楚的罪名，面对皇帝对自己的极端不信任，最佳的选择就是挂印而去。

对杨廷和的请求嘉靖还是进行了挽留，无论是假意或是真心，但是杨廷和的态度很是坚决，小皇帝索性也不再拒绝，场面上指责了一句“因辞归咎，非大臣道”后还是给了杨廷和极大的荣耀，批准了他的退休请求。

杨廷和退出了这场争论的大舞台，但是反对皇帝的势力却没有因为一个人的离去而消弭。事实上，反对的声音不是因为杨廷和的存在才存在，古代的知识分子对于前代的规章制度总是有一种复杂的崇拜情结，尤其是对周代的礼仪。周代是一个讲究宗法的时期，行的是嫡长子继承制，这也几乎成了之后历代中原王朝选立继承者理所当然的规定。朝臣们希望明王朝的皇帝世世代代都是太祖的一支血统，希望嘉靖皇帝归附孝宗的血脉，尽管在今天听上去很是费解，但是时光倒退几百年，只是稍微有点不近人情，却是也有理可循。处于讲究人伦纲常的大明王朝的官员们，对于维护制度有着一种几乎痴狂的宿命感，即使不遵守这套制度的人是皇帝，他们也不会放弃在自身能力之内的反抗。

内阁的最后反击

杨廷和去享受含饴弄孙的晚年时光了，但仍有礼部尚书汪俊等朝中大小臣二百五十多人独署或联署八十多篇奏章扑面而来，请求嘉靖帝依部议行事，反对皇帝对兴献王夫妻的一再尊崇。嘉靖无疑再次品尝了胜利在望却只得继续失败的愤懑。

不久，楚王朱荣诚及锦衣卫千户聂能迁等人想通过支持皇帝讨个官做。他们想了一个捷径，抓住了皇帝迫切想要追认亲生父亲的躁动心理，上书附和张璁。嘉靖帝感觉到了这股“支持”力量似乎可以指望，下诏调桂萼、张璁二人由南京来北京。

皇帝还是想通过一场集体辩论的形式来确立自己父母亲及自己的权威。

尚书汪俊明显感到了事态的严重，张璁、桂萼准备数年的理论功底只怕无人能敌，最要命的是杨廷和起初提出的论点在人情上又有着不可克服的缺陷，于是妄想以退为进，连忙召集群臣于内阁，商议在世宗的亲生父母亲的尊号上加“皇”字，称之为“本生皇考恭穆献皇帝”及“本生圣母章圣皇太后”，之后诏令张璁、桂萼等不必来京。

由南京而来的张璁、桂萼二人行至半途，见到诏书后，又起新点子，认为诏书内有“本生”的字眼是礼部官员阴谋，佯为亲尊，实则疏远，应该直接称嘉靖帝生父为“皇考”，前面不宜带“本生”二字。这两个人在路上帮皇帝做了一件他最最希望达成的事情，在“皇”字的基础上，进一步论“考”。

之前的“帝”、“皇”都是为了这个“考”字设下的前提，如果不能成考，即便是前面有再多的称谓，也不能让自己的父亲成为真正的父亲。

走到安徽凤阳的张璁等提醒嘉靖，“孝不在皇不皇，惟在考不考”，告诉皇帝现在最要紧的是一定不要被表面的胜利迷惑，避免冲昏头脑上了这帮大臣的当。“礼官惧臣等面质，故先为此术，求遂其私。若不亟去本生之称，天下后世终以陛下为孝宗之子，堕礼官欺弊中矣。”这番话，将大臣的私心剖析给皇帝看，顿时让嘉靖醒悟。

在这之前，嘉靖皇帝因为不能追认自己的亲生父亲，在亲情上，受到了很大的打击。在他即位后不久死去的祖母邵氏，嘉靖也不能称之为嫡祖母只能降格成为庶祖母，一个字的差别在死后的丧葬规格上有着巨大的差别，身为爱孙的皇帝朱厚熜甚至无权昭告天下自己的奶奶死掉了。

嘉靖的奶奶邵氏，对嘉靖很是宠爱。晚年得了眼疾，得知最为疼爱的孙子成了真龙天子，登上了皇帝的宝座，兴奋得将嘉靖从头到脚抚摸了一遍，难以抑制的激动心情可见一斑。不过老太太的这个举动，套用反对派的观点看，是完全没必要的，皇帝虽然血缘是你的孙子，但是在名义上不是。不知道邵氏倘若得知这样的理论会作何感想。

极重孝的嘉靖皇帝没有忍气吞声，而是按照自己嫡祖母的规格哭丧服孝，当他穿着孝服坐在皇帝宝座上看着眼中这些不顾自己亲情的大臣，心里满满的不仅是仇恨，更是他不断奋斗壮大自己力量的强大动力。只能在行动上表示不满的皇帝显然已经不满足仅仅限于行动了，他希望通过旷日持久的坚持，能在帝国的范围内，实现真正的胜利。

内阁的官员像杨廷和一般拿出了“撒手锏”，拒绝草诏并提出总辞职，科道无数的言官上书表示强烈反对，嘉靖在这个时候表现出了前所未有的强硬姿态，他将反对的奏疏置之不理，即便是全国的官员因为指责自己统统要求辞职，也坚持要把自己的这一道旨意给贯彻下去。

朝臣们对皇帝称呼自己的父亲为“本生考”意见并不是很大，但是当张璁等人进一步的提出两考并尊是一种非常荒谬的行为，要求称呼孝宗为“皇伯考”时，很多怀念孝宗的臣子等于已经被逼到了底线，他们无法容忍孝宗这一受人敬仰爱戴的君主会没有后嗣的悲惨境地。

明王朝的第九代皇帝明孝宗朱祐樘，创造了历代史家颇为称赞的“弘治中兴”。《明史》对孝宗的评价也很高，主要有八字，即“恭俭有制，勤政爱民”。孝宗是一个温和的人，极为难得地守着自己的皇后张氏过着一般帝王不能忍受的一夫一妻制的神话一般的生活。

嘉靖即位之初对张氏还算礼遇，但是日子一久，对张太后的淡薄态度就慢慢展露出来。他尊封自己生母祖母，但是对没有血缘亲情的张太后就不似那般的重感情了。人家毕竟是武宗的母亲，如有臣子为此上奏劝他对张太后好一点儿，嘉靖不仅不听还给上奏多管闲事的大臣降罪，又改称圣母为伯母。一次张太后的弟弟犯罪，张太后苦跪求情，嘉靖都没有动容，丝毫不讲情面，以致张太后因此一病不起。

大臣们对孝宗有着深深的怀念，武宗正德皇帝呢，虽然荒唐，但是毕竟也是皇帝，故而也有感情，他们无法嗔怪自己现在的皇帝什么，但是对张璁等人的积怨开始在京城很多官员中蔓延，四处都在酝酿着新一轮的反抗。

左顺门殴打事件

五月抵京的张璁、桂萼，冒着生命危险来到了皇帝身边。

内阁的辞职反击法被皇帝按住，既然事情通过理智的途径已经无法解决，计上心来的朝中大臣决定采用一种合法的武力方式达到自己的目的——打死张璁、桂萼。

但此种类似的暴力行动的合法性是有条件的：一定只限于在左顺门施行。

相信很多人听到这里会觉得这的确是一个无比荒唐的决定，堂堂国家公务员要用打群架的方式解决国家大事，简直是荒唐透顶。可如果细说起来，只因左顺门有一个打人的传统，偏好崇尚传统的士大夫想用一种集体暴力的方式向传统致敬。

左顺门，建于明永乐十八年（1420年），东与东华门相望，今北京故宫协和门。

时间轴向过去回拨，在明朝英宗正统年间曾经发生过明朝历史上第一起左顺门事件。

当年的英宗皇帝宠信宦官王振，在正统十四年（1449年），正是受王振的蛊惑，亲率大军出师北伐，原本的计划是荡除漠北草原的敌对势力，重建大明王朝在明成祖时期的强大气场，却不想事情的结果让所有人瞠目结舌，英宗因此做了蒙古族人的俘虏。

皇帝被俘的消息传入京城，可想文武群臣是何等的惊诧，失去了国家象征的大明王朝，朝堂上直接陷入一片混乱。太后懿旨立英宗的长子朱见深为皇太子，但此时的朱见深只是一个区区两岁的孩童，显然无法接过皇帝老爸的接力棒，于是又让英宗的弟弟郕王朱祁钰代理国政。一些愤恨难当的官员，如左副都御使陈镒，上奏章请朝廷诛杀王振。有了这第一枪，众怒如潮水一般涌上朝堂，当时认为王振罪该万死的，不止一人，弹劾的奏折像雪片一般递上。

当时郕王临午门听政，大臣们依次宣读抨击王振的奏章，请抄灭其族，以安定人心，这些饱读诗书的知识分子一边读一边不能自禁地激动，开始断断续续地啜泣，进而发展成哭声震天。当时的郕王只是代理国事，被代理者英宗皇帝远在俘虏营，究竟怎么当好这个代理人，郕王心里也没谱，一时不敢做主，只传谕让大臣先出宫等着，说这事以后再说吧，得到这等意回复的百官大失所望。

皇帝成了俘虏，太子还太小，郕王又不能指望他亲贤臣远小人，大明的官员面临前所未有的信仰危机。

锦衣卫有一个叫马顺的人，是王振的死党，听说大臣请求诛杀自己的老板就怒不可遏，竟然对上奏的官员厉声呵斥，声称要把众人强行轰出宫外。已经是万念俱灰的群臣受此侮辱，一时纷纷爆发了小宇宙，有的甚至顾不得年高体弱，扑向马顺，好一顿拳打脚踢，登时将马顺活活打死。失去理智的大臣又将王振余党宦官毛贵、王长随乱拳打死，悬尸于东安门外。

除了这三个死掉的王振的党羽，王振的侄子王山也被打死，恰好王振在前线就已经被人打死了，王山算是替王振又死了一回，事实证明打人这一原始的方案在关键时刻或许可以解决问题。

这时的左顺门，成了一个临时性的演武场。朝班大乱，警戒宫门的锦衣卫亦拔拳相向，预备替他们的长官马顺报仇。皇帝代言人郕王一看这情形，估计也是被吓傻了，打算溜入后宫。如果郕王真的一走，锦衣卫更加肆无忌惮动起手来，平均年龄较高的文武大臣毕竟打架能力有限，业余的打不过专业选手锦衣卫。就在这关键时刻，英宗朝的顶梁柱于谦站了出来，拉着郕王的衣袖向他苦口婆心地解释：大臣并不是冲着您来的，您不用担心被人打，只要能够惩治王振的党羽，群臣愿意辅佐郕王供图大业。

于谦开出的条件很是诱人，哥哥远在天边，自己的侄子还小，面对只差一步之遥的皇帝宝座，谁能不动心。郕王选择了安抚百官，一幕喋血宫门的惨剧就在这片言中消弭于无形。后来的郕王朱祁钰也的确当了几年的皇帝。

左顺门这个打人事件，日后形成了一种明朝的传统，每当朝堂上出现了混淆圣听的小人，就有当朝官员不顾个人形象来此骂街甚或打人，刑部本着法不责众的原则对此也是睁一只眼闭一只眼，默许了左顺门官方打人场所的合法地位。郕王因为左顺门事件得到了当皇帝的众多支持力量，对左顺门的情况也便不去干预。皇帝的纵容，司法部门的默许，大臣的推崇，使得左顺门成了地位极其特殊的一扇门，虽说暴力的手段不值得提倡，但是对于小人的众怒也需发泄的途径。

反对派想到打死张璁的方法，实在是为了向前代大臣亲手株恶的作风学习与致敬。

等待张璁一行人的是瞪红了双眼“欲扑杀之”的满朝文武。

但是除了人数众多之外，这只打人的队伍战斗力很有限，多是头发斑白、胡子一把的老头子，他们对准的目标张璁，尽管登上舞台的年头有限，却也已经是一位花甲之年的人了。

张璁（1475~1539年），字秉用，号罗峰。因为名字跟嘉靖皇帝的“璁”相冲，后来主动跟皇帝说臣下不敢跟皇帝您用同一个字，表示了一种迫切的改名愿望，世宗皇帝也爽快，当即御赐张璁新名“孚敬”，但是为了叙述方便，我们还是称呼他张璁。据记载，他少怀大志，13岁即以“龙未蟠、豹未斑，潜于水、隐于山”自喻，有拯救天下的“清风明月只在动静间，肯使天下苍生苦炎热”的抱负和“春来我不先开口，那个虫儿敢作声”的气魄。

但是张璁这个少年才子，基本上可以算是“复读生”的代表，20岁中秀才，24岁中举人，都还算顺利，但是在考进士的路上，运气突然就变得超级差劲，“复读”了七次，直到第八次的时候，才登进士录，那时候的张璁，已经是47岁的中年人了，才在礼部混了一个小官。

按照明朝官员的考核升迁政策，47岁开始做官的张璁，只能在礼部这个相对闲散的部门喝喝茶，看看报，升到一个普通的县令级别的小干部就必须退休回家抱孙子了。因为出身不好，晋升后不仅当年很多同僚们对他不服气，也引起了后人长期争议。有人认为他只是一个投机钻营的小人；也有人认为，张璁敢第一个站出来公开支持刚刚坐上龙椅的嘉靖皇帝，表明他是栋梁之材，慧眼识人。

早已得罪众人的张璁，在众多大臣的心中完全符合拉去左顺门挨打的两个条件。古代的臣子都有一种明君情结，认为皇帝本身是好的，是天潢贵胄，只是受了小人的蒙蔽才办了错事，如果清君侧将小人统统赶跑，那么天下太平就指日可待了。在嘉靖初期，做了错事的皇帝是世宗嘉靖皇帝，那个遭世人唾弃的蒙蔽圣听的小人自然是张璁。

于是一场计划性的群体性暴力事件即将展开。

这件事情说来容易，做着却难，因群殴必须聚众，而且时间难定，大臣们不能天天什么事情都不干，集体在左顺门蹲点儿等着张璁恰好经过。涉及这么多人的群体性事件，想要消息对外密不透风，也绝非易事。另一方面，张璁、桂萼毕竟不是傻子，很快便知道自己上了挨打黑名单。二人没有同时进京的，张璁先到，他悄悄进京，暗自先躲了好几天，然后伺机入宫。桂萼到得稍晚，被几位大臣逮着，几乎陷入了重围，幸亏自己跑得比较快，又有人临时指点，让他逃入武定侯郭勋的府中，躲藏了几天，终于得以平安见了嘉靖。

打人不成，却惹恼了皇帝，嘉靖认为这些号称要动手的大臣都是冲着他来的，更加痛恨反对派。

没能成功在肉体上消灭对手的大臣又纷纷上言，干脆直接要求皇帝罢免张璁、桂萼二人以平息“邪说”，结果，有性格的皇帝反其道而行之，趁机给张璁等人升官，任张、桂二人为翰林学士，切责上书言事的官员。张璁、桂萼二人得到新官职后，忙不迭上疏用实际行动感激皇帝的知遇之恩，极短的时间便提出了十三条意见，均为嘉靖帝采纳，并命礼部官员施行。

就这样，群殴的计划全面宣告失败。

为亲生父母正名

嘉靖三年（1524年）七月，一天中午，嘉靖皇帝在文华殿里优哉游哉地喝着茶，惬意无比地享受美好的下午茶时光，突然因为一阵嘈杂的呼天抢地声惊诧不已。

这天早上，嘉靖皇帝决定不再犹豫，听从张璁的意见强制推行自己的意见。他在左顺门接见各位大臣，当众宣布手敕，决定给自己的亲生父母的尊号去掉“本生”二字。这个消息来得极其突然，犹如一颗巨大的炸弹爆炸在大殿上。事先大臣们谁都没听说，第一时间只顾得上面面相觑。就在这时，张璁、桂萼等胸有成竹地站出来支持皇帝的决定，并且罗列礼官欺君罔上的罪名，指责朝臣为了一己私利不顾皇帝感情，结党营私。

这出皇帝与张璁联袂演出的戏让群臣激愤难当。

九卿、詹事、翰林、给事、御史、六部、大理、行人诸司，先后递交疏章进行抗辩，皇帝连理都不理。大臣们疑虑难消，早朝后久久不能离去，聚集在一起分析形势，他们不约而同地想到了一直不希望发生的最坏的事情：怕是皇帝要称呼孝宗为“皇伯考”了吧。这个头顶上的阴云让众人不寒而栗，吏部右侍郎何孟春首先提出让大家一同起来抗争。杨廷和的儿子、翰林编修杨慎激愤大呼：“国家养士百五十年，杖节死义，正在今日！”编修王元正、给事中张翀等则以“万世瞻仰，在此一举！有不力争者，共击之”为由威胁官员集体上奏章。

于是，或出于义愤或出于无奈的众臣纷纷响应，数百名朝廷官员一齐跪伏于左顺门。跪伏的人群中，有九卿二十三人、翰林二十二人、给事二十人、御史三十人；诸司郎官，吏部十二人，户部三十六人，礼部十二人，兵部二十人，刑部二十七人，工部十五人，大理寺属十二人。这二百多人在左顺门外跪成一片，开始集体大哭，语声嘈杂，喧声直传入嘉靖的所处的文华殿，有的臣子一边痛哭一边还高呼被人无限追忆的“高皇帝孝宗皇帝”。

嘉靖皇帝最初对这种几百号人集体喊他大爷爷的情形颇为吃惊，拿着茶杯的手也在发抖，大惊失色。满朝文武全跑来紫禁城哭一个早已作古的先帝，无异于表示对嘉靖的极端不认可。皇帝急忙派太监传旨劝退，甚至表示事情如何，自有后命。大臣们正在气头上，仍是继续跪伏大哭，豁出去的大臣逼迫说一定要世宗给他们一个满意的答复，否则群臣长跪不起，绝不退让。嘉靖估计从来没见过这等场面，一时没了主意，只能不断地让身边的太监去当说客，希望大臣能集体卖皇帝一个面子，给个台阶让大家都好商量。

明朝的大臣表现很是强硬，丝毫不买皇帝的账。

倔强的臣子与倔强的皇帝，双方各自坚持，往返多次，不觉日已过午。皇帝的耐性毕竟有限，放下皇帝架子不断服软的皇帝终于决定不再隐忍。

得罪了皇帝，后果很严重。本来法不责众，受威胁的皇帝可能也只有答应的份，但是他们显然忘记了自己面对的是一个有着怎样强烈原则性的皇帝，他从接到遗诏起对于自己坚持的事情就从没有过“退让”二字。嘉靖派锦衣卫将为首的张翀等八人逮捕入狱，杨慎、王元正见皇帝居然如此不顾众怒，撼门大哭，其余的大臣有如听见了指令般放声大哭。这一拨更加惨烈的哭声让世宗更加恼怒，他传令司礼监太监把跪伏的官员名字一一记录下来，随后，将左顺门外跪伏的一百多人下狱。职位高一些的，如何孟春等八十六人，则勒令等候判决。

几天后，皇帝下达了最终的处理意见，杨慎等人皆戍边，四品以上的有关官员均夺去俸禄，五品以下官吏一百八十人处以杖刑，其中王相等十余人受刑太重被活活打死。这就是轰动一时的“左顺门事件”。

九月十五日，嘉靖正式昭告天下，称孝宗为“皇伯考”，父亲兴献皇帝为“皇考”，母亲为“圣母”，不满二十岁的皇帝终于实现了他为之奋斗了数年的心愿。

嘉靖还准备把他生父兴献帝的灵寝迁入北京，有官员劝说“帝魄不可轻动”，这才没有搬动死人入京。

事情记叙到此，回顾一下嘉靖元年（1522年）到嘉靖三年（1524年）发生的针对嘉靖皇帝亲生父母亲尊号一系列事件，历史上有一个统称的名字叫“大礼议”。上尊号本是礼仪之事，而与皇帝有关的礼仪是朝廷礼法之至大者，故名“大礼议”。

事件的过程给人的总体的感觉是，明代似乎形成了大臣对皇帝的一种较好的监督机制，皇帝不能为所欲为，至少要在精神上承受一定的压力。嘉靖皇帝对宦官的厌恶使得内阁频频出现把持朝政的大臣，造成了嘉靖朝权臣多的情形。但是作为一位情商很高、政治手腕早熟的帝王，他的用人之道，治国之法深得帝王之道的精髓，对于不肯放松的事情，丝毫不放松，皇权始终是凌驾于内阁之上的，即便是臣子用集体性事件相要挟终究不能避免“衣冠丧气”的下场，毕竟胳膊拧不过大腿，此言不虚。

“大礼议”涉及的诸多官员，很难用简单的“好”与“坏”相区分。杨廷和等几位“皆卓然有古大臣风”的大臣，早在清代就有人对其主张表示过不能苟同，而左顺门事件，亦有人提出过否定的评价，想来臣子用集体痛哭要挟皇帝，在后世许多忠君的读书人眼中，确实是不能提倡。至于张璁，在成功晋身中央高端官吏后有许多的善举，但是毕竟提供了一条以迎合皇帝达到个人目的的仕途捷径，也不是全然的私德无亏。

另一方面，嘉靖皇帝可以说这些事件中最大的赢家，作为最高权力的所有者，也换来了最高的斗争利益。他不仅成功地为亲生父母正名，用政治手腕坐稳了皇帝的宝座，还更换了武宗朝的大部分官吏，可谓是全方位地加强了自己的权力。

杨名士下岗了

“滚滚长江东逝水，浪花淘尽英雄，是非成败转头空，青山依旧在，几度夕阳红。白发渔樵江渚上，惯看秋月春风。一壶浊酒喜相逢。古今多少事，都付笑谈中！”这首《临江仙》被谱曲后成了家喻户晓的《三国演义》主题曲。一首20世纪的影视作品歌曲，真正的词作者却是五百年前的杨慎。就是那个在上一节振臂高呼“国家养士百五十年，杖节死义，正在今日”的左顺门“义士”杨慎。

杨慎（1488~1559），字用修，号升庵，祖籍庐陵。

按照今天的话说，杨慎是名副其实的“高干子弟”，是大学士杨廷和的儿子。出身良好，天资极佳，人称“神童”。良好的生长环境使得杨慎从小就受到很好的家庭教育，杨神童自己也是一个好好学习的有为青年。七岁时，他母亲教他句读和唐代绝句，学过即能背诵。十一岁时，就会写近体诗。十二岁时，拟作《吊古战场文》，有“青楼断红粉之魂，白日照翠苔之骨”的警句。头角峥嵘的才华深得“文坛七子”首领李东阳赏识，欣然将杨慎收为入室弟子。杨慎不负众望，在科举考试上连创佳绩，他乡试考中第三，会试第二，殿试更是拔得状元的头衔。时年24岁，授翰林修撰，比之47岁才中了进士的张璁，可谓是顺风顺水。

杨状元不愧是首辅杨廷和的儿子，二人的性格也是极为相似。史籍说他为人正直，“不避斧钺，敢于犯颜直谏”。当时武宗昏庸，杨慎修《实录》时，不畏权势，秉笔直书。正德十二年（1517年），武宗又要微服出游，杨慎上疏指责武宗“轻举妄动，非事而游”。玩心深重的正德皇帝哪里理睬，依然到处寻欢作乐，甚至经常跑去妓院里通宵酣饮，对此，杨慎愤然写下“紫塞朝朝烽火，青楼夜夜弦歌”，以自己有病为由，索性回家读书。

待到世宗嘉靖皇帝即位，杨慎被召回京，作为皇帝个人的家庭老师。嘉靖三年（1524年），世宗重用桂萼、张璁，召杨慎为翰林学士，性格刚烈的杨慎偕同列三十六人上言：“臣等与萼辈学术不同，议论亦异，今陛下既超擢萼辈，不以臣等言为是，臣等不能与同列，愿赐罢斥。”可想而知，杨慎遭到了嘉靖的严厉斥责。

待到“左顺门事件”中，杨慎是作为“首恶”被惩处的对象，两次领教完皇帝御赐的一顿板子之后，杨慎已是满身伤痕，体无完肤。三十岁的天之骄子，就这样被充军云南。

倒霉的杨慎有一个性格刚烈的父亲，正是他的父亲推出的诸多改革措施，伤害了既得利益者，这些怀恨在心的人听说杨慎虎落平阳走在充军的路上，便派出杀手埋伏在途中。幸亏杨慎有所准备，处处小心，加上其夫人黄峨亲自护送，经过两个多月的长途跋涉，二人来到了湖北江陵。

杨慎跟他妻子的感情极好，到达湖北之后，杨慎不愿爱妻与他同去边地受苦，同时在家的杨廷和又需要家人照顾，二人只能无奈分开，杨慎一人前往云南。二人在分离的日子里写了许多情意绵绵的诗篇，也算是一段情感佳话，有些诗句甚至被广为传颂。

嘉靖五年（1526年），杨廷和重病，杨慎告假省亲。父亲病好后黄峨坚决要求陪丈夫去云南，他们在云南共同生活到直到嘉靖八年（公元1529年），杨廷和病故。处理完父亲的丧事，杨慎独返戍所，这一去竟达35年之久，此后的杨慎，潜心著书，研习学问。

嘉靖皇帝对杨廷和、杨慎父子心有愤恨，闲来无事便向人打听杨慎在云南蛮荒之地的现状，朝中大臣同情杨慎，每次都小心回答杨慎“老病”，麻痹嘉靖。事实上杨慎在贬所过的是无忧无虑、寄情山水的生活。“暇时红粉傅面，作双丫髻插花，令诸妓扶觞游行，了不为愧。”（《乐府纪闻》）

嘉靖当了四十五年的皇帝，四十五年里一共施行了六次大赦天下，但是杨慎作为特殊对象，至死未能享受大赦的待遇。待到嘉靖三十七年（1558年），71岁的杨慎按照惯例“归休”回家，后竟然被强行遣送回云南。杨慎此时有感自身的遭遇，写了一首极为凄惨的《六月十四日病中感怀诗》：“七十余生已白头，明明律例许归休。归休已作巴江叟，重到翻为滇海囚。迁谪本非明主意，网罗巧中细人谋。故园先陇痴儿女，泉下伤心也泪流。”

写下这首诗的第二年七月六日，杨慎含恨病逝于永昌，享年72岁。临终前，他留下几句《自赞》诗：“临利不敢先人，见义不敢后身。虽无补于事业，求不负乎君亲。”可怜被皇帝憎恨了一辈子的杨慎，追求一生的竟是“不负君亲”。稍微安慰的是，这时候，杨慎这个人，已是名扬天下的大文豪。

难能可贵的是，杨慎在流放的三十多年里，一直不忘关心国事。当他发现昆明一带豪绅以修治海口为名，勾结地方官吏强占民田，坑害百姓时，专门写信给云南巡抚赵剑门，力言此役“乃二三武弁投闲置散者，欲谋利自肥而倡此议”。可以说他刚烈的性格，一如当年在左顺门呐喊时的杨慎。

在杨慎南国落魄的日子里，竟然能得到大多数地方官的善待，也从侧面反映了众人对这样一位苦命书生的同情。待到明穆宗隆庆元年（1567年），朝廷追赠他光禄寺少卿，明熹宗天启时追谥文宪。《明史》中也有他的传记，也算是赢得了身后的令名。

争斗还在继续

关于嘉靖初期的大礼之争，当时北京城中传出一首童谣：“太庙香炉跳，午门石狮叫。好群黑头虫，一半变蛤蚧，一半变人龙。”

八月份，就在杨慎被押解离京前往云南永昌时，张璁骤升为二品大臣。

取得全面胜利的嘉靖皇帝很想将内阁这块讨厌的骨头抹上一股自己人的色彩，同时也想好好奖励奖励一路陪伴他奋斗的张璁等人，嘉靖很想给这两位一个进入内阁的机会，一是奖励奖励亲密战友，二是将一直没能拿下的内阁变为自己的发声筒。接到遗诏就不断在奋斗的嘉靖皇帝太清楚权力的作用了，但是怎奈他的同盟者，实在是没什么资历，张璁是一个“复读”了七次的半大老头，桂萼就更没有什么先进事迹可以介绍。

皇帝本人是可以降旨安插几个亲信去内阁，一般将此称为中旨，只是皇帝也不会轻易使用这种方式，一是中旨进阁就等于承认选中的对象不得人心，二是内阁有权退回皇帝的中旨，一旦被退回，酷爱面子的嘉靖皇帝又要丢人一次。

张璁等人也清楚自己口碑太差，势单力薄，可二人也已是黄土埋了半截的人，如果不奋力争取，恐怕这辈子都没有机会入阁了。

皇帝在他们的怂恿下还是给内阁下了中旨，介绍了二人的“先进事迹”，表达了自己渴望重用二人的心情。类似的中旨下了三道，每道都被内阁送了回来，嘉靖真的又丢人了。

时任首辅费宏可以说是阻碍二人入阁的第一个绊脚石。费宏在“大礼仪”事件中奉行沉默是金的原则，倘若劝谏，也是比较委婉温和的，但是他对张、桂二人，却是处处针锋相对。在“大礼议”中没有支持嘉靖的费宏自然也得不到皇帝的喜欢，张璁等人再次发挥了不息的战斗精神，费宏因为自己的儿子在家乡犯了事被逼走。费宏一走，首辅的位置空了，张、桂二人极力举荐当年除掉大太监刘谨的功臣杨一清来担当首辅。

二人的如意算盘打得很巧妙，想通过杨一清的举荐，坐上内阁的椅子。果然，没过多久，张璁、桂萼这两个在朝中臭名昭著的“大人物”终于顺利进入了内阁，这条旁人需要几十年辛勤耕耘才能收获的道路，张璁只用了六七年的工夫，桂萼作为张璁的追随者，也搭了个顺风车。只是杨一清没有料到自己不但没能得到“滴水之恩当涌泉相报”的待遇，反而差点断送了自己的一世英名。

杨一清的履历十分风光，为明朝名臣，做官期间多有建树。历任孝宗、武宗、世宗三朝，又因智杀武宗朝的大宦官刘瑾名声大噪。遇见张璁恐怕是他一生唯一的失误。

细说张璁此前也没干过什么伤天害理的事情，帮助自己的皇帝认回亲生的爸爸，放到哪里也不算什么罪过，但是此人就是处处被人唾弃，几乎数年都生活在众人的谩骂声中，只因他一登场就作为集体的对立面存在。长年的战斗生活让他染上一种战斗的癖好，就是不能容人，即便是一心帮助自己的杨一清。

幸亏杨一清的命也算不错，他的崇拜者很多，其中一个尤其的有分量，就是嘉靖皇帝朱厚熜。兴献王在世的时候曾对年少的朱厚熜讲，朝中只要有三个人在天下就能太平，而这其中一个就是杨一清。

张璁没能看到这一点，弹劾杨一清的行为无异于搬起石头砸自己的脚，嘉靖帝盛怒之下将他削职查办。

不过，曾经的患难与共还是很有效的，嘉靖皇帝有时候也比较重感情，张璁刚走，嘉靖就后悔了，于是下了一道召书，把张璁又叫了回来，继续在内阁当他的官。险些断送前程的张璁更是无法原谅杨一清，便想方设法排挤走了杨一清，最后，给杨一清定了个贪污罪，杨一清一激动，大病一场，再也没有好起来。

杨一清被成功整倒，一个新的目标出现了。这个人就是后来的继任首辅夏言。

夏言（1482~1548年），字公谨，江西贵溪人。此人生性机敏，谈吐不凡，而且史书说他“眉目疏朗”，说白了就是帅哥一枚。夏帅哥唯一不如张璁的地方大概就是考试，他的考试成绩比张璁还差，尽管张璁复读了七次，但是最后在全国范围内的名次，要比夏帅哥略好一些。

夏言有一个可以让他光荣几百年的荣誉，他被皇帝赐予过文官的最高荣誉“上柱国”，这一称号明朝历史上只有他一个人享受过。

早在“大礼议”时，夏言曾对嘉靖表示过支持，深得嘉靖喜爱。此时的嘉靖由于怨恨与他对着干的群臣，很想彻底地变革礼仪制度，将礼仪全面为他所用。夏言瞅准时机，建议改变祖宗旧制，分别祭祀天、地、日、月，正中嘉靖下怀，嘉靖把夏言的奏折交给张璁让他回去仔细拜读，并提出自己的意见。

以支持皇帝上位的张璁忘记了自己是怎么一步步走到今天的，他第一个出来反对，劝诫皇帝没必要分祀。

原因很简单，张璁认为夏言此举是为了跟自己争宠。于是，他命手下写了一封奏折，对夏言进行最歹毒的咒骂与攻击。皇帝看到后，在朝堂上问，这封奏折是谁写的。写奏折的人本以为皇帝会奖赏他，谁知皇帝将他逮捕下狱。计谋没能得逞的张璁一头雾水，全然不懂皇帝在唱哪一出。

已经进入内阁的张阁老看来是希望做皇帝唯一的礼仪顾问，甚至是礼仪导师。更为要命的是他没能揣度出皇帝的心理，嘉靖让张璁看奏折，就等于暗示张璁要支持夏言的观点，没料想张阁老不仅不支持，还直接出来反对。他大概忘了嘉靖是一位情商极高的皇帝，怎么可能一直依靠一个人，于是因此趁机将夏言提升为四品官员。

张阁老的斗争欲望再次被激发，此时有一个机会恰好送到了他的面前。

有一位叫薛侃的人，写了一封关于早立太子的奏折。头脑简单的薛侃本是出于社稷大计考虑，但是他说话的时机不对，因为当今皇帝此时还没有儿子。薛侃不仅不避讳，甚至直接给皇帝出主意，他认为皇帝可以从宗室后代中挑选一个作为义子先行培养。嘉靖此时正值壮年，这等于说他不仅可能早死没准还一辈子没儿子。嘉靖有多郁闷，就有多气愤。

薛侃写好奏折后，为稳妥起见，专门找到自己的老乡、十多年的同学彭泽征求意见。彭泽不傻，看出了端倪，却对薛侃的做法表示支持。原因是，薛侃是夏言的同党，而彭泽是张璁的同党。

看完奏折的皇帝立即下旨把薛侃投到监狱里面暴打。在审讯过程中，头脑简单的薛侃显示出一人做事一人当的气魄。彭泽在张璁的授意下在狱中威逼利诱薛侃，让他栽赃陷害夏言。之前一直表现得白痴的薛侃终于聪明了一回，在庭堂上大骂彭泽，说是彭泽指使他做的，彭泽见状反咬一口说是夏言指使他干的。事情到了十分尴尬的境地，审讯的官员上报给皇帝的结果是，薛侃一个人写了奏折，而彭泽的指控纯属诬陷。

这对张璁而言无疑是致命一击，聪明的嘉靖看透了一切，把张璁之前上交的污蔑夏言的奏折，又还给了他。

之前“大礼议”事件，张璁几乎已经得罪了除了皇帝之外的所有人，现在又把皇帝得罪了。而夏言本是讨巧的礼仪建议成功，因此张璁失去了皇帝的信任，夏言则博得了众臣的好感，得到了不断提拔。伴随着张璁的离去，夏言成了新一届的胜利者，前景一片美好。

但是之前的故事已经告诉我们，哪里有权力，哪里就有斗争。

第九章　严嵩：一半是海水，一半是火焰

最阴险的人物登场

铃山，风雨夜。

手握书卷的严嵩，听着窗外淅沥的雨声，心里很是感慨。几年前，当自己还是翰林院的一名编修时，那时人们对他的评价是“年轻有为，前程似锦”。的确，二十七岁进入权力中心，这对于任何人来说，都意味着光明的未来。可谁又能想到，而今，自己只能独处书房，在远离京城的铃山暗自慨叹。严嵩不甘心，却也无可奈何。

而实际上，上天不会错过任何一个有可能改变历史的人，尤其是像严嵩这样，能够左右一个朝代的人。

严嵩这个人，出身一般，既不是穷得掉渣，也不是泼天的富贵，一家人在一起，踏踏实实地过日子。虽然没有显赫的背景，但严嵩有一项人所不及的优势，那就是聪明。

聪明的严嵩小小年纪就博览群书，作文吟诗，深得乡里的赞叹，博得了“神童”的美名。不过这个神童并没有像王安石《伤仲永》里的那个小神童一样，仗着自己聪明就不努力学习。事实证明，有的时候，越是神童，越要勤奋读书，毕竟，保住“神童”这个头衔也不是一件容易的事。

在父母的辛苦栽培和本人的勤奋用功之下，严嵩终于没有辜负自己的天资。小小年纪进入县学，跟着一群能当自己叔叔大爷的人一起学习，准备迎接考试。

就在严嵩踌躇满志、收拾行李准备去参加乡试时，他的父亲严淮，去世了。

这对严嵩来说简直是晴天霹雳，不仅因为父亲在他人生中所占的重要地位，更重要的是，按照明朝的规定，父亲去世，儿子必须守孝三年，这三年里很多事情都不许做，包括参加科举。

至此，严嵩风生水起的日子算是到了一个节点，但他并没有因此而放弃考取功名的愿望。三年守制一满，他立刻奔赴省里参加乡试。事实证明，神童严嵩名副其实，他顺利通过乡试，信心满满地等待着来年的会试。

不过，好像上天要对这个年轻人施与一些磨砺，严嵩接连考了两次，都名落孙山，不过有能耐的人，就算明珠蒙尘，早晚也有发光的一天。弘治十八年（1505年），严嵩终于金榜题名，进入了翰林院，成为了一名编修。

看样子，严嵩的好日子就要开始了，虽然翰林院编修并不是什么大官，但毕竟是在

皇帝身边，单凭这一点，就能让多少人羡慕得直流口水。

可惜，严嵩还没高兴上几天，老天的考验就又来了。正德四年（1509年），严嵩的母亲去世。按照规定，严嵩又要回乡丁忧三年，这对于一个刚刚开始政治生涯的人来说，实在是天大的不顺。很多人为了保住在朝中的地位，或是能够积攒人脉，都会寻找理由尽量缩短丁忧的时间，著名的张居正，甚至几次三番"夺情"，取消丁忧，留在权位上，不肯挪动一步。相比这些人，严嵩实在是一个值得赞颂的孝子，面对母亲的离世，严嵩悲痛欲绝，二话不说，收拾包袱回了家，丁忧去了。

让人感到费解的是，丁忧期满，严嵩却没有丝毫想要回京的迹象，反而称病请假，来到自己家乡的钤山，开始了十年的读书生涯。

很多人对严嵩的这一举动都表示不理解，三年过去了，一般人还不早就飞回京城，赶紧疏通濒临断绝的人际关系，哪有严嵩这样的，不但不着急，反而索性连官都不要了，他这葫芦里到底卖的是什么药?

这个时候的严嵩，并不是后来史书中所记载的那个大奸大恶的乱臣。他还有着坚守的原则，还有着不折的气节。而此时，他拒不还朝的理由，是因为他觉得现在朝中并不清明，他不愿与奸人为伍。

严嵩口中的奸人，就是当时十分得宠的钱宁和江彬。这两个佞臣当道，搅得大明朝不得安宁。而年轻气盛的严嵩，看不惯这两个人，所以宁愿隐居读书，也不愿回朝做官。

由此看来，没有人是生来的忠臣，也没有人是天生的奸佞，年轻的严嵩就是最好的佐证。在钤山读书的十年，严嵩建立了颇高的清名，"为诗古文辞，颇著清誉"（《明史》）。如果严嵩最终选择一辈子著书立说，或许奸臣传中会少了他的名字，文学史中就会多了一个大文豪。

只可惜，历史让严嵩的人生道路，最终改变了方向。

严嵩没有顺着文豪的路走下去，他回到了朝廷。可惜将近十年的时间过去，没有多少人还记得严嵩这个人，翰林院已没有了他的位置。

南京，明朝的旧都，说白了就是个吃闲饭的地方，多少官员老死于此，严嵩到了这里，无非就是大好的年华浪费一空。如果真是这样，那严嵩就不可能被历史所记住了。

经历了如此多苦难的严嵩，终于盼来了人生的转折。没多久，他就开始升官，"召为国子祭酒。嘉靖七年（1528年）历礼部右侍郎，奉世宗命祭告显陵……迁吏部左侍郎，进南京礼部尚书，改吏部"。连升三级这个词用在严嵩身上都不能形容他此时升官的迅速，回到京城的严嵩，觉得大展拳脚的时候终于来了，但他并不知道，他伺候的，是一位怎样的君主。

在经过"大礼议"之后，嘉靖皇帝并不想就此消停，他左思右想，觉得自己当了皇帝还不够，自己的老爹也要被追认为皇帝，并且进入太庙。消息一出，所有的大臣都反对。这些反对的人当中，也有严嵩的身影。

其实嘉靖的想法并不是无理取闹，而是当皇帝人的通病，那就是正统。嘉靖想追认自己的父亲为先皇，无非是想说明自己的皇位是从自己的父亲那里接过来的，自己是正宗的真龙天子，想把自己的皇位合法化。

但大臣们不理解，一时之间，所有的人都把目光对准了时任礼部尚书的严嵩。

严嵩知道这不符礼制，一开始他并不同意，并且上疏说明自己的意见，不过，他面对的是皇帝，是手握生杀大权的天下之主，一句话就能让严嵩失去所有。面对群臣的反对，“帝不悦，著《明堂或问》示廷臣”（《明史》）。皇帝不仅不高兴，还写了文章怒斥群臣。这一下，严嵩害怕了，他发现，无论自己多么正确，多么坚持原则，在皇帝面前，都一无是处。皇帝高兴了，自己就有好处，皇帝不高兴，自己可能明天连吃饭的家伙都没了。严嵩确实有些原则，有些气节，不过很可惜，他还没刚烈到视生命如无物的地步。

严嵩妥协了，在强大的权力面前，在苟且偷生面前，放弃了立场。

嘉靖十七年（1538年），这时的严嵩已是五十八岁的老人了，他不想也没有力气再坚持自己曾经的坚持了，他老了，今天的一切来之不易，他一丝一毫都不想失去。严嵩终于知道，只要讨得皇帝的欢心，得到皇帝的宠爱，他就可以无所不能。价值的天平一旦倾斜，再想恢复平衡，很难。

嘉靖十八年（1539年），严嵩作《庆云赋》、《大礼告成颂》两篇文章，朝贺嘉靖皇帝的父亲得以入主太庙。嘉靖皇帝很高兴，他发现，这个叫严嵩的人，似乎可以为他所用，而在经过大礼议和这次斗争之后，嘉靖和群臣的关系更加紧张，他也需要一个人为他跑腿办事，而严嵩，是个不错的选择。

终于，五十九岁的严嵩，进入皇帝的视野，开始了他兴风作浪的政治人生。

曾经，严嵩也是一个有气节、有原则的读书人。他曾相信，凭借自己的努力，一定能够将毕生所学尽数报与社稷。可惜，就在他想要大展拳脚的时候，命运和他开了玩笑，让他在最美好的年华，告别人生的舞台，来到山里隐居读书。一盏孤灯，燃烧的不仅是灯油，还有年轻的严嵩所有的锐气。当他重回朝野，一点点的挫折就让他马上抛弃了所有的坚持和信仰，选择了为人所不齿的道路。这并不是他想要的，只是，苦难并没有成为严嵩的财富，反而成了他的警钟，时时提醒自己不要再过那样的生活。

苦难，并不一定都是醍醐灌顶的良药，有时，它反而会成为恶人作恶的理由。能不能把握住这个方向，就看是不是坚定而又勇敢。

可惜，严嵩既不坚定，也不勇敢。他选择了一条容易的道路，也选择了一条不能回头的道路。

得到了皇帝宠信的严嵩似乎可以为所欲为了，可实际上，他并不敢太过张狂，因为还有一个人，他的存在，让严嵩深深忌惮，欲除之而后快。

整的就是你，不用再怀疑

金銮殿上，文武大臣分列两班，等待着皇帝的驾临。

伴随着一声“万岁驾到”，嘉靖皇帝缓缓地走上玉阶，坐在龙椅之上。奇怪的是，皇帝头上戴的并不是什么金冠，而是一顶道士所用的香叶冠。不过，所有的人都没有反应，因为他们习惯了。

嘉靖皇帝信道，已经信得有点儿走火入魔了。他亲手制作了五顶香叶冠，赐给身边亲信的臣子。夏言得到了一顶，严嵩也得到了一顶。

不过这两个人对待这顶帽子的态度却是截然相反，夏言从来不戴，不但不戴，还跟皇上说：“非人臣法服，不敢当。”（《明史纪事本末》）把嘉靖皇帝气得直哆嗦，古往今来，皇帝赏赐的东西，哪有大臣敢用这个态度对待？可夏言说得又没有什么错，嘉靖皇帝实在不好发作，憋了一肚子的火。

转过头来再看严嵩，就完全是另外一个情况了，他不仅每天都戴着香叶冠上朝，还在帽子外面罩了一层轻纱，对这帽子崇敬得是无以复加。嘉靖皇帝看到了，自然是十分开心。

嘉靖很高兴，夏言很不屑。

对于严嵩，夏言的态度只有两个字：不齿。性情刚烈的夏言，根本看不惯严嵩上下打点、左右逢源的嘴脸。虽然这个人对他尊敬有加，并且面对自己的冷脸丝毫不退却，反而鼓着劲地向前示好。夏言冷眼看着严嵩的表演，越加鄙视这个小人。

小人是应该鄙视，可是更应该提防，因为有多少正人君子、忠臣孝子，是毁在小人手里。夏言忘记了这一点，而这却是最为致命的一点。

有一次，严嵩想请夏言吃饭，夏言“言辞不见”。面对夏言的反应，严嵩似乎早就料到了，他不慌不忙地把酒席布置妥当，然后做了一个让众人惊讶的事情，“展所具启，跽读”（《明史》）。他跪在地上，打开请柬，把上面的内容又重复了一遍，然后站起身，宣布开席。

受尽了夏言白眼的严嵩决定开始反击，他要报复，不把这个人拖进地狱永不超生，严嵩睡觉都不会踏实。

可没过多久严嵩就发现，想要整倒夏言不是一件容易的事。虽然在香叶冠这件事上皇帝很不高兴，但怎么能让皇帝的怒火成为焚烧夏言的炽焰呢？严嵩决定告状。

告状其实是一门学问，因为你既要达到自己的目的，又不能让人看出你的目的。这门学问，严嵩掌握得很不错。

一天，皇帝下了朝，严嵩并没有马上离去，而是要求面见皇上。到了皇帝跟前，严嵩跪倒在地，号啕大哭，说夏言怎么怎么欺负老臣，皇帝要给臣做主之类的话。

嘉靖倒是十分冷静，“帝使悉陈言罪”（《明史》）。严嵩一听，立刻开始了倾诉，皇帝就像个知心姐姐一样，坐在那儿听。严嵩一看，皇帝似乎并没有动心，没办法，只能祭出撒手锏了。臣子之间的争斗，皇帝一般不会过问，因为他要坐收渔翁之利，可一旦争斗的结果影响到皇帝的利益，皇帝想要不管也不行了。

史书记载，严嵩“因振暴其短”。夏言有什么短的？无非就是香叶冠一事，然而，这事说重了，能算得上欺君。果然，严嵩这一状告完，皇帝即刻火了，下了一封责骂夏言的敕书。“言官为朝廷耳目，专听言主使。朕不早朝，言亦不入阁。军国重事，取裁私家。王言要密，视等戏玩。言官不一言，徒欺谤君上，致神鬼怒，雨甚伤禾。”（《明史》）意思就是，这朝中的言官都不听朕的了，就听夏言一个人的。我不上朝也就算了，你就不能进宫来跟我说说军国大事么？国家的事都成了你的一言堂了，这欺君之罪你算是逃不了了。

敕书一下，夏言慌了，连忙上疏请罪，怎奈皇帝新账老账一块儿算，一定要算个清楚，夏言纵是浑身是嘴，也开脱不了自己。半个多月后，夏言离职，严嵩正式总揽朝政。

到此为止，严嵩总算是达到了自己的目的。如果说夏言的独断专行，其目的是为了江山社稷，那么即将到来的严嵩的一言堂，对整个国家恐怕没什么裨益。

严嵩很明白，像夏言这种人，仗着自己本事大，天天一副“天老大，地老二，我老三”的样子，逮谁跟谁拧，只要自己说的是对的，不管什么人都得听，连皇帝也不例外。可是夏言忽略了一点，那就是这世上的聪明人不止他一个，龙椅上坐的那位不比你笨，什么道理他不明白？有的时候，并不是正确的就是最好的，皇帝也有很多无奈，如果做臣子的不能替皇帝分忧，那要你何用？不能分忧也就算了，还一天到晚地在耳朵边上教育自己，这个不能做，那个有失体统，是个人都会烦，更何况皇帝要是烦了，一道文书下来，今天你还是万人之上的宰相，明天就可能是流落街头的乞丐。夏言是聪明，是正义，但是他却不懂得为官之道，也不懂得揣摩皇帝的心理，而且最可怕的是，他不懂的，他的对手全懂得。

都说严嵩会拍马屁，但是他拍的对象都是经过深思熟虑的。他拍夏言，那是因为夏言比他强，想要挤走他就必须先麻痹他；他拍皇上，不用说，那是因为他要是想过好日子，全仰仗这位整天焚香打坐、炼丹修道的业余道士。夏言是强大，是可怕，可是有时候，越是这种可怕的人，他的弱点也越明显，只要抓住了他的七寸，动起手来就是事半功倍。

严嵩很清楚，把夏言挤走了，并不代表万事大吉。嘉靖皇帝看上去不务正业，心里却比谁都清楚，自己要想得到他完全的信任，并不是一件容易的事。

于是，严嵩工作更为“勤勉”。据史料记载，他曾经“朝夕直西苑板房，未尝一归洗沐”，天天在西苑值班，也不回家洗个澡什么的。严嵩是要干什么？真的要做个勤勉政事的忠臣？有这样勤奋工作的大臣，大明朝应该什么事务都不会被挤压下来。

可事实果真如此么，不是，严嵩天天待在西苑，谁也不知道他在干什么，没关系，就是什么都不干，只要皇帝知道自己一时一刻都没有离开过就够了。果然，皇帝对于严嵩这样的精神感到十分感动，派人赐给他一方银记，上面刻着“忠勤敏达”四个大字，并且给了他太子太傅的官职。

得到了皇帝宠信的严嵩并没有停下他的脚步，想要真正总揽朝政，有那么几个人是不能让他们说话的，比如，同在内阁的，资历比他老得多的翟銮，以及吏部尚书许赞和礼部尚书张璧。

不过没关系，在打压同事这方面，严嵩做得也十分到位，他先是指使言官把翟銮生生骂走，然后又剥夺了许赞和张璧的票拟权，气得张璧长叹：“何夺我吏部，使我旁睨人。”

朝政实质上已经归严嵩一人把持，可面子功夫总是要做的，每次有点儿什么事，严嵩总是“乞与成国公朱希忠、京山侯崔元及赞、璧偕入”，还跟皇上提议要多选人才进入内阁。皇帝听了很高兴，虽然没有采纳严嵩的建议，却给了他吏部尚书、谨身殿大学士、少傅兼太子太师一系列官职。

身处高位的严嵩开始飘飘欲仙了，属于他的时代，终于来临。可惜，严嵩想得太美好，以至于行为上终于出现了偏差，过于独断专行的他招来了皇帝的不满。

嘉靖皇帝是一个很复杂的人，他的行为和他的心智完全不对等，他虽然疏于朝政，却一时一刻没有挪开眼睛，所有的事情他都清楚得很，严嵩那点小伎俩，根本瞒不过他。

当严嵩终于露出了狐狸尾巴，嘉靖皇帝明白，该找个人镇镇他了。

一天，皇帝把严嵩叫到跟前，指着一个人跟他说，从今天起，这个人就是你的上级，你要多听他的意见，一同把工作做好。

严嵩看着眼前的人，心里明白，当初自己做得还是不够狠，这个人不能留，他不死，自己将永无安宁的那天。

这个人，就是夏言。

重回内阁的夏言这次终于擦亮了双眼，严嵩是个小人，并且是个不容易对付的小人。他们之间的争斗，从这一刻起，才算正式开始。

几头虎狼的死斗

是夜，内阁首辅的官邸，一份名单摆在夏言的眼前，这是为了东宫挑选工作人员而遴选出来的名单。上面的每一个人名，背后都是一双殷切期盼的眼睛，只要夏大人的毛笔在上面一勾，就是无尽的荣华。为了这个肥缺，不知有多少人拿着礼物前来拜谒，只求夏言能格外垂青。可这些人，也无一例外地被夏言拒绝。只有一个人，夏言的笔在他的名字上停留了很久，最终落了下来，确定了他入选的资格。

这个人，就是徐阶。

虽然在当时，徐阶还是一个不起眼的小人物，并且在地方任职期间还和夏首辅有过矛盾，但正是因为夏言的秉公无私，才没有让一代英才没于尘土。正是这个人，在最后的关键时刻力挽狂澜，给了这个命悬一线的国家无尽的希望。

回到京城的徐阶，被授予司经局洗马兼翰林院侍讲的官职，但没过多久，徐阶的母亲去世，他只得回乡丁忧三年。再回到京城时，他被任命为国子监祭酒，后又迁礼部右侍郎，又改吏部。

吏部，也就是人事部长。自古以来，人事部门的人都不好惹，任凭你在外面干得风生水起，到了人事部长面前，照样还得低声下气。可是自从徐阶上任，这种风气就为之一转。史书记载："阶折节下之。见必深坐，咨边腹要害，吏治民瘼。皆自喜得阶意，愿为用。"下面的官来了先跟人谈心，关怀备至。弄得所有回京述职的官员都对徐阶有非常大的好感。这样一来，徐阶就在官场中落下了个好名声，铺垫下了极佳的群众基础。这些对于徐阶来说都非常重要。

但是，徐阶的好日子还没过多久，朝廷就变了天，因为夏言死了。

夏言的死，完完全全是和严嵩斗争失败的结果。可怜老首辅为国家赤胆忠心一辈子，最后却死在奸佞手里，实在是令人不甘。而夏言一死，徐阶的日子就不好过了，谁都知道徐阶能有今天，都是夏言提拔所致。但在夏言死后，徐阶却表现得出奇镇定和冷漠，他没有在夏言之死这件事上发表过一字一句的评论，也没有像其他官员那样上疏鸣不平。他依旧每天准时上下班，依旧耐心地办理公务，和平日无异。但就是这种事不关己高高挂起的态度，让所有人都对徐阶嗤之以鼻，徐阶被孤立，但他却一直没有采取任何补救的行动。

宦海沉浮过的徐阶，深知自己的恩人败在哪里，所以他不能再犯同样的错误。夏言为人孤傲耿直，从不主动亲近同僚，这样的性格使得他在朝中几乎没有同道。因此，势单力薄的夏言，怎么可能敌得过人多势众的严党？徐阶明白，只有除掉严嵩，才有可能为夏言平反，大明朝才有安定的那一天。但现在，还不是时候。徐阶知道自己还没有那个能力，他在忍受，忍受着所有人的不理解，忍受着忠良被害的愤恨。他在等待一个机会，一个能让自己强大的机会。

但是在机会来临之前，徐阶又经受了一次挑战。

嘉靖二十六年（1547年）十一月十八日，孝烈皇后去世，嘉靖皇帝再次突发奇想，想让自己的妻子也能进入宗庙。这是不合礼制的，身为礼部侍郎的徐阶自然不能同意。于是他上疏恳请皇帝收回成命。没想到，看完奏折的嘉靖大怒，把徐阶叫来痛斥一番。跪在阶下的徐阶静静地听着皇帝的训斥，然后作出了决定，放弃了自己最初的坚持，同意了皇帝的任意妄为。

徐阶明白，如果像夏言那样和皇帝对着干，是不会有好果子吃的，夏言的血还没干，他徐阶不能再犯同样的错误。原则这个东西，在皇帝面前是没有用的。他要想为夏言报仇，想除掉严嵩，只能放弃原则。

但徐阶从来没有放弃过正义，他等待的那个机会，已经来临。

嘉靖二十九年（1550年）六月，俺答集结大军，南下入侵。说是入侵，其实就是抢劫，他们的第一个目的地，就是大同。

当时任大同总兵的是仇鸾，这个人是严嵩害死夏言的帮凶之一，本人什么本事都没有，靠着贿赂才当上了这个总兵，自然也不可能真刀真枪地和俺答兵对打。怎么办？仇鸾想出了一个自认为不错的方法，既然对方是冲着财物来的，那就给他钱。

拿了钱的俺答大军很守承诺，真的从大同撤军了，只不过，仇鸾没想到的是，俺答不打大同，直接冲着京城去了。这一下情况变得严重了，当时京城的守卫根本不足以应付俺答的来袭。俺答大军在京城周围来了个三光政策，然后虎视眈眈地看着这座城池，好东西都在这里，不抢白不抢。

坐在皇城里的皇帝慌了，这可怎么办？这个时候，俺答派人送来贡书，要求入贡。入贡，其实就是明目张胆、合理合法地提要求、拿东西，是变相的抢劫。这种有失国体的事，嘉靖皇帝怎么能答应。可是兵临城下，不答应又能怎么办？

皇帝没主意了，就得问大臣。嘉靖把严嵩、徐阶等人叫到跟前，问他们有什么办法。这时，严嵩说出了古往今来最无耻的解决办法："饥贼耳，不足患。"（《明史》）这些俺答兵都是一群没饭吃的人，抢够了他们就会走的。

站在一旁的徐阶愤怒了，在这样的紧要关头，身为首辅大臣，不但不想尽办法保护京城，反击敌人，反而说出如此肮脏懦弱的言论。一直隐忍的徐阶再也忍不了了，他走上前，说道："傅城而军，杀人若刈菅，何谓饥贼？"俺答大军围困我京城，杀害我百姓，这样的也能叫做饥贼么？

皇帝听了，深以为然，转身问严嵩，那份贡书在哪儿。严嵩此时从徐阶敢和自己唱反调的震惊中平静了下来，从袖子中拿出贡书，并说道："礼部事也。"这是礼部的事情，应该问问徐大人怎么办。

没想到徐阶镇定自若地说："寇深矣，不许恐激之怒，许则彼厚要我。请遣译者给缓之，我得益为备。援兵集，寇且走。"这个时候，不答应就会面临屠城的危险，答应了他们又会贪得无厌的索取无度。因此，这个时候，只能拖延。就从贡书上入手，等到援军来了，他们自然会退兵。

这是个好办法，而事实证明，也确实起了作用。只可惜，当援军来到京城时，却在严嵩的命令下不得出击，眼睁睁看着俺答大军烧杀抢掠后，扬长而去。

而史书将这次的耻辱，原原本本记录了下来，史称庚戌之变。

就是这次事件，让徐阶在皇帝心里留下了很好的印象，但也让严嵩发现，这个小小的侍郎，似乎有着他不为所知的目的和力量。

一天，皇帝召见严嵩，君臣二人说着说着，就把话题转移到了徐阶的身上。没想到，严嵩对徐阶赞颂有加，“阶所乏非才”。皇帝听了，刚想表达同意，没想到严嵩又幽幽地补了一句“但多二心耳”（《明史》）。这二心，指的就是徐阶曾上书要求早立太子。

立太子是皇帝的家事，一个外臣多什么嘴。再说，所有的皇帝最担心的就是不能长命百岁，皇帝还没死呢，就赶着确立接班人，居心何在?

严嵩一句轻飘飘的话，让徐阶在皇帝心目中刚刚树立起来的美好形象彻底粉碎。从此，皇帝开始冷落徐阶。而徐阶也觉察到了这种冷落，不用想，也知道是严嵩搞的鬼，徐阶只能从头再来。

史书记载：“阶危甚，度未可与争，乃谨事嵩，而益精治斋词迎帝意，左右亦多为地者。帝怒渐解。未几，加少保，寻进兼文渊阁大学士，参预机务。”徐阶知道自己还没有足够的能量和严嵩抗衡，严嵩随便一句话都能让自己失去皇帝的宠信。于是，徐阶改变了态度，更加逢迎严嵩，并且专心致志地在家写青词，而皇帝身边的太监因为和徐阶关系好，拼命地在皇帝面前说徐阶的好话。渐渐地，皇帝对徐阶的印象开始好起来，又让他参与到重大事务的处理当中。

这一次，徐阶知道，自己不能盲目地采取行动，必须找到一个一击即中的目标，很快，他就找到了再次出击的突破点。

庚戌之变后，罪魁祸首仇鸾不但没有受到责罚，反而加官晋爵，好不风光。但事实证明，这个人没本事，早晚有一天会坏大事。回到边界的仇鸾，不但没能抑制住来犯的俺答军队，反而让边界越来越乱。没多久，仇鸾就收到了来自京城的诏书，命令他交出兵权，回京领罪。

告发仇鸾的，正是徐阶。

正所谓墙倒众人推，看到失势的仇鸾，严嵩也没闲着，他立刻派人把仇鸾的家底都翻出来上报皇上，就在皇帝看后气急败坏的时候，严嵩加了一句，要皇帝把徐阶也算上，希望皇帝能够连徐阶一起惩治。

没想到，听到严嵩的话，嘉靖一下子怒气全消，反而若有所思地看着严嵩，并且把徐阶那份告发仇鸾的奏折递给严嵩。当严嵩看到奏折上徐阶的名字时，心一下子凉了半截。他终于知道，这个徐阶，不再是平日里对他尊敬有加的小侍郎，而是一个真正的对手。

上天派来徐阶，就是要和严嵩斗个你死我活。

但严嵩也不是吃素的，他有办法对付徐阶。只可惜，他的办法，并不是一劳永逸的灵丹妙药。

杀人，很好玩，很刺激

官道上，一辆马车缓缓前行。这时，身后不远处一人一马绝尘而来，叫住了马车的前行。夏言端坐在车上，平静地看着来人。他知道，自己不可能全身而退，这一天迟早要来。但当他听到了来者带来的消息，终于不能再保持镇静，大呼一声“噫！吾死矣”（《明史》），就从车上摔了下来。

夏言怎么也没想到，自己终于还是败在了严嵩的手里。

按说严嵩和夏言的实力是不可相提并论的，虽然夏言群众关系不好，但那是因为老头子实在是太高傲和不近人情，倒并不是为了个人利益和人斗得你死我活。所以，即便朝中大臣不喜欢他，却也没有人憋着要害他。再加上老头子为人坦荡磊落，行事滴水不漏，实在没有什么把柄落在人手里，这样的人，想要除掉他，实在不容易。

但世界上的事，只要敢想，就一定能找到解决方法。严嵩虽然不算聪明，但他有一个绝顶聪明的儿子，严世蕃。当严嵩向儿子表明了自己的郁闷后，严世蕃淡淡一笑，表示夏言根本不足为虑，只要有两个人站在自己这边，就一定能够把这个老头拉下马。

这两个人中，一个就是严世蕃自己。而另一个，则是一个并不坏的人，陆炳。严世蕃之所以会认为陆炳一定能够帮助他们，是因为不久前发生的一件事。

陆炳这个人虽然不是坏人，但也不是完全意义上的好人，身为锦衣卫的首领，总是免不了吃些回扣，搞点外快。但这种事毕竟不光彩，藏着掖着也就算了，没想到这位仁兄越搞越大，到最后，御史一道折子，把事情告诉了夏言。

夏言虽然和陆炳关系不错，但夏大人一向做人的原则是严于律己，严以待人，二话不说就要把事情告诉皇帝。陆炳听说了，十分害怕，连忙带着三千两银子登门求情。

没想到夏言一点儿都不领情，视三千两白银于无物。到最后，陆炳实在没辙了，只能跪在地上，痛哭流涕，苦苦哀求。夏言虽说是铁面判官，但为人却十分仁慈，看着堂堂锦衣卫首领跪倒在地，他只得高抬贵手，放了陆炳这一回。

没想到逃过一劫的陆炳不但不心存感激，反而将此视为奇耻大辱，怀恨在心。而他的怨恨，则成为了严氏父子打击夏言的利器。

但光有人还不行，总得有个由头，很快，一个冲动的武将送了严嵩一份大礼。

嘉靖二十五年（1546年），兵部侍郎兼总督三边军务曾铣上疏嘉靖，要求收复河套地区。刚看到这份奏疏的嘉靖着实激动了一番，马上将这道折子发给内阁，让大臣们商议。

夏言看到折子也激动了，立刻表示同意，然后马上行文，打算和皇帝详细讨论出军的事宜。可是，兴奋过头的夏言没有看到，坐在一旁的严嵩，正冷冷地看着他笑。

夏言是很聪明，可是智者千虑必有一失，嘉靖是什么人，他怎么可能真的下定决心去收复河套。虽然贵为一国之主，但他早已失去了重振河山的心气，只要皇位还在，没人干涉他修道炼丹，蒙古族人想抢点儿东西就让他们抢呗，只要不抢到京城来，就不劳自己费心。

来到皇帝面前的夏言，力陈收复河套的必要，却没想到没有收到预期的回应，皇帝静静地听着，但总是不发一言，这让夏言摸不着头脑。此时，严嵩站出来了，他只说了一件事，那就是现在不能收复河套，原因很简单，如果兵败，残局怎么收拾？

嘉靖听了深以为然，站在一旁的夏言声色俱厉地质问严嵩：“嵩未尝异议，今乃尽诿于臣！”

夏言还想再为自己申辩几句，没想到，却被皇帝制止了他，并冷冰冰地甩下四个字，“强君胁众”（《明史》）。和朕对着干的是你，不带朕做的香叶冠的是你，欺负朕身边的人的还是你，夏言，你实在是太可恶了！

听到皇帝的这句话，夏言傻了，他明白，自己终于失去了皇帝所有的信任。好在皇帝还念旧情，没有对夏言赶尽杀绝，让他回乡养老去了。

嘉靖二十七年（1548年）正月，夏言离开京城。可是严嵩并不肯善罢甘休，他对夏言可谓恨之入骨，必除之而后快。他的儿子为了完成父亲的这个宏愿，可谓煞费苦心。

现在，陆炳可以出场了。严世蕃和陆炳知道，想直接编排罪名除掉夏言不是他们能做到的，但他们有另一个目标，那就是曾铣。

相比夏言，曾铣就是个小人物，但小人物有时候却能把重要人物拉下水。严世蕃和陆炳找到了当时关在诏狱里的仇鸾，让他写了一份陷害曾铣的供词，在供词的最后，仇鸾写了四个字，交结近侍。就是这四个字，成为了夏言的催命符。

结交近侍，对皇帝来说，是万万不能碰的老虎须子，只要碰了，无论你是谁，只有死路一条。“嘉靖二十七年（1548年）十月，夏言，弃市。妻流广西，从子主事克承、从孙尚宝丞朝庆，削籍为民。”（《明史》）

夏言死了，再也没有人和严嵩作对，他终于可以一揽朝政，覆雨翻云了。

邪恶变得强大，正义开始弱小，但弱小的正义，依然是正义。

就在严嵩以为自己可以只手蔽日，再没有人敢反对自己时，一个小小的锦衣卫，却站出来公开弹劾他的罪状。这个人，就是沈链。

沈链算是锦衣卫里比较特别的一个，这个平日里默默无闻的小人物，既没有什么特长，也没有什么背景，但就是这样一个人，却得到了总管陆炳的重用。因为陆炳在沈链身上看到了一种品质，那是他从和严党合作那天起，就丢失了的品质——正直。

本来沈链就对严嵩父子看不顺眼，在亲眼目睹了“庚戌之变”之后，这种气愤达到了顶点，于是，沈链写下了一道奏疏，历数严嵩的十大罪状。

而这一道奏疏，却丝毫没有起到任何作用，反而把沈链自己发配到了遥远的保安。到了流放地的沈链依然没有停止和严嵩的斗争。在保安，宣大总督杨顺不仅不发兵出击虏寇，反而纵容士兵欺压百姓。沈链看不过去，上疏痛斥他的这种行为，杨顺怀恨在心，后来，在严嵩的授意下，杨顺编织罪名，诬告沈链谋反，于嘉靖三十六年（1557年）九月，在宣府，杀害了沈链。

就在严嵩把沈链远远地发配后，又一个人向他发起了攻击，而这一次的攻击，来得比任何一次都震动人心。

在明朝的历史上，有一个号称直谏名臣的人，这个人不是什么大人物，却得到了一个名垂千古的称号。

当严嵩正沉浸在自己的胜利中时，杨继盛的一份奏折打破了他的美梦。

这是一道死劾，上疏弹劾的人是抱定了必死的决心，要置对方于死地，成功则罢，如果失败，就将是死路一条。死谏这种形式太过激烈，因此很少有人会选择这种方法，而杨继盛却义无反顾地走上了这条路。

果不其然，奏折上去没多久，杨继盛就获罪下狱。杨继盛是徐阶的学生，学生获罪，老师自然脱不了关系，但杨继盛奏折上的一句话，救了徐阶。“至如大学士徐阶蒙陛下特擢，乃亦每事依违，不敢持正，不可不谓之负国也。”（《明史》）徐阶蒙皇帝圣恩，但却不敢主持正义，也是有罪之人。

看到这句话的徐阶，长长舒了一口气，他必须保存实力，就算救不了杨继盛，他也是打倒严嵩最后的力量了。虽然不能牵扯到徐阶，但严嵩父子是不会放过杨继盛的。进了诏狱，不死也得扒层皮。而杨继盛面对严刑拷打，表现出来的，是非常人所能想象的坚强。

史载：“及入狱，创甚。夜半而苏，碎磁碗，手割腐肉。肉尽，筋挂膜，复手截去。狱卒执灯颤欲坠，继盛意气自如。”痛醒了的杨继盛，拿着一个破瓷片，把腿上的烂肉悉数割去，却不发一声。这已经不是人类所能忍受的痛楚了，而他，却忍了下来。

恼羞成怒的严嵩终于等不了了，他拿出了一封奏折，上面有两个人的名字，而在这两个人之后，严嵩填上了杨继盛的名字。

这两个人必死无疑，而盛怒之下的皇上，是不会在意多出来的那个人名的，杨继盛，你死定了。

果然，皇帝看到奏折后，立刻作了秋后处决的批示。可怜杨继盛忠肝义胆，最终依然要去赴死神的宴席。

嘉靖三十四年（1555年）十月，杨继盛于西市处决，年仅四十岁。听闻杨继盛死讯的严嵩，露出了满意的笑容。

无论是位居高位的夏言，还是默默无闻的沈錬、杨继盛，他们都用自己的生命做代价，和严嵩拼争到了最后一刻。即使失败，也义无反顾。只可惜，邪恶过于强大，正义一时处于下风。

但永远不要失去希望，因为正义的力量，会在你看不见的地方慢慢地长大，最终，成为改天换地的雷霆。

开始走下坡路

夏言死了，杨继盛死了，沈錬也死了，整个大明朝似乎再也没有反对严嵩的声音了，严嵩知道自己恶行累累，可是他权力倾天，谁都不能把他怎么样。就算是贵为当朝首辅的夏言，还不是让他轻松地斩草除根了？此时的严嵩，终于体验到了什么叫做呼风唤雨，而那个日日坐在炼丹房中的皇帝，对严嵩来说，只不过是个帝国的摆设，毫无用处，而他自己，天下无敌。

只可惜，严嵩错了，还错了两次。那个看上去只知道修道的嘉靖，并不是个木偶，而是心机极为深沉、头脑极其聪明的统治者，他只是太懒，懒得为那些军政大事操心，但谁也不能取代他，更不能轻视他；而严嵩，也并不是没有对手，他的对手一直在暗处观察着他，时刻等待着反击的机会。

一直以来，严嵩能够在朝中如鱼得水，对皇帝的心思领悟得如此到位，有一个人功不可没，那就是他的儿子严世蕃。这个独眼的瘸子有着一个聪明绝顶的脑袋，无论是皇帝的诏书，还是青词的撰写，他都是手到擒来，也正因为如此，严嵩对这个儿子的依赖程度与日俱增，以致到了后来，几乎所有的决定，严嵩都要和这个儿子商讨一番，再作定论。

不过很可惜，没过多久，严世蕃就不能堂而皇之地帮着自己的老爹琢磨皇帝了，因为，严嵩的妻子，严世蕃的母亲，去世了。

按照明朝的规定，父母去世，子女要回乡守制三年，称为丁忧。但对于严嵩来说，他一天都离不开自己的儿子，因此，严嵩连忙上疏皇帝，说自己“臣老无他子，乞留侍”（《明史纪事本末》）。皇帝对这个老臣实在是宠爱有加，就答应了他的请求，找了别人代替严世蕃回乡。

这样一来，严世蕃就留在了严嵩身边，照样可以干预朝政，不过唯一一点不同的就是，他再也不能进入严嵩的值房，第一时间帮助严嵩处理政务了，因此，在面对皇帝犹如天文的诏书面前，严嵩就表现得力不从心，常常是“受诏多不能答，遣使持问世蕃。值其方耽女乐，不以时答。中使相继促嵩，嵩不得已自为之，往往失旨”（《明史》）。自己答不上来，就只好派人去问儿子，谁知道这个败家子正在家里花天酒地，根本就没有那个心思回复老爹，无奈之下，严嵩只好自己揣测圣意，可他哪有他儿子的本事，常常是驴唇不对马嘴。再加上，严世蕃还有另外一个特长是严嵩所不具备的，那就是写青词。这次严世蕃指不上了，自己写的青词又对不上皇帝的口味，可以说，没有了严世蕃的帮助，严嵩那两把刷子，实在不足以应对嘉靖给的任务。

眼看着亲近的大臣处理政务的水平不同往日，交上来的青词又没有了往日的文采，皇帝自然不大高兴，再加上听说严世蕃平日的表现骄奢淫逸，渐渐地，皇帝对严嵩的儿子，也就更没有什么好感了。

不能够妥善地完成皇帝交代的任务，这对严嵩来说是个不小的打击，但实际上，对于严嵩心理承受能力的考验还远远没有结束。

嘉靖四十年（1561年）十一月，宫里着火，烧的恰好是皇帝的寝宫万寿宫。没办法，皇帝只得移驾玉熙宫，可是这也不是长久之计，于是嘉靖招来大臣，商量重建寝宫的事宜。当问到严嵩的时候，不知道这个老头当时脑子里想的是什么，居然一改往日迎合皇帝的线路，不假思索地否定了重建的想法，并且还提议，让皇帝搬到南宫居住。南宫是当年明英宗朱祁镇被自己的弟弟软禁的地方。

看到面露不快的嘉靖，徐阶马上站了出来，表示支持皇帝重建寝宫的想法，并且保证一定会按时完成工期。听了这话的嘉靖很是高兴，觉得徐阶真是个不错的大臣，懂得皇帝的心思，自此越来越亲近徐阶。而对严嵩，也只是在有一些诸如“斋醮符箓”的事时，才问问他的意见。

由此可见，熟知历史，尤其是本朝的历史是多么重要。相比徐阶，严嵩的墨水还是少了点儿。

看到情势对自己不利，严嵩有些慌了手脚，于是，连忙摆下酒席，邀请徐阶。

不同于夏言的冷漠拒绝，徐阶不仅去了，还宾主尽欢。当酒席进行到一半时，严嵩叫出所有的家人，跪在徐阶的面前，眼含热泪，饱含深情地说：“嵩旦夕且死，此曹惟公乳哺之。”（《明史》）我也活不了多久了，我的这些家人，就交给大人照顾了。

身为一个官场老手，严嵩很懂得审时度势，这个时候，什么面子、尊严，都不能要了，就算是对手，只要能保住命，下跪求他又怎么样。

而面对深情表演的严嵩，徐阶心里除了鄙视还是鄙视，当年严嵩也曾跪在夏言面前，乞求他高抬贵手。夏言答应了，可结果却落得个身首异处的下场。如今严嵩又来求徐阶，想要把他当成第二个夏言，但是这回严嵩看错了人，徐阶一时一刻都没有忘记过夏言、杨继盛他们，现在徐阶不动严嵩，可早晚有一天，他会连本带利一起讨回来，替他们，也替自己。

皇帝喜欢严嵩，信任严嵩，这是他们朝夕相处二十余年所建立起来的感情。可是，一旦皇帝不再喜欢信任他，那么他就什么都不是。可是，怎么才能让皇帝不再喜欢严嵩呢？这似乎是个不可能完成的任务。

不过徐阶并没有觉得困难，他知道，有的时候，越是看上去不可能完成的任务，完成起来却是让人难以置信的简单。因为看上去刀枪不入的嘉靖，其实有一个非常明显的缺点，他信鬼神。

嘉靖很少彻底地相信一个人，因为他太聪明了，太聪明的人往往自负，他总以为这世上就没有他不知道的事情，不过很可惜，这世上，还真有他不知道的。比如，自己到底能活到什么时候。

类似这种问题，没有人敢回答，你说皇帝能长命百岁，万一你今天刚说完，明天他就喝水呛死了，皇帝的儿子一定不能放过你。可要是据实回答不知道，皇帝听了也不会太开心。所以这种问题，一般都没人告诉嘉靖答案。

嘉靖自己找到了解决办法，既然问不了人，那就问神。而皇帝问神的方法很独特，叫做扶鸾。

扶鸾是道教的一种占卜术，占卜的时候，要在簸箕里装满沙子，然后把笔捆在绳子上，再把绳子拴在高处，再有人握住笔，当道士把要向神请示的问题烧掉后，这个人就要进入一种被神附体的状态，手中的笔在沙盘上游走，把神的指示写下来。

很显然，在沙子上写些什么明显是受凡人的控制，但嘉靖不管，他就信。而当时，负责皇帝这一神圣任务的，是一个叫蓝道行的道士。而这个道士，是徐阶的人。

有一天，嘉靖突然有了疑问，要请教神仙，于是他把问题写了下来，教给了蓝道行。当然，蓝道行自然不会直接烧掉，他得看看是什么问题，才好替神仙回答。

这一看，发现嘉靖问的是“今天下何以不治？”蓝道行一看，这问题，太好回答了。于是，仪式开始，一番装神弄鬼之后，蓝道行给出了答案：“贤不竟用，不肖不退耳。”（《明史纪事本末》）嘉靖本着虚心好学的品质又问，那谁是贤，谁又是不肖？“神仙”耐心地再次回答说：“贤如徐阶、杨博，不肖如嵩。”（《明史纪事本末》）

事情到此，常理的发展是，皇帝听从神仙的指示，严惩严嵩。但嘉靖不是一般人，虽然他信神仙，但神仙知道的太多也会让人怀疑。于是，嘉靖又问：“果尔，上玄何不殛之？”（《明史纪事本末》）既然是这样，为什么上天不降下灾祸惩罚恶人呢?

不得不佩服蓝道行作为一名资深神职人员所具备的强大的心理素质，面对皇帝这一发问，他不慌不忙地给出了终极答案，“留待皇帝自殛”（《明史纪事本末》）。听到这些话的嘉靖，心里已经埋下了一颗种子，徐阶再给它浇浇水，施施肥，它很快就会破土而出了。

一次道教活动决定的命运

严嵩做梦也没有想到，就凭着几句狗屁不通的神仙的指示，皇帝居然就对自己有了嫌隙。其实谁都知道，什么神谕，全都是那个主持的道士编出来的，可是皇帝信，谁也没办法。严嵩本以为，过了几天，皇帝把这茬儿忘了，还是会照样恩宠自己、重用自己的。

只可惜，他怎么也不能料到，这样千载难逢的机会，徐阶是不会放过的。当年夏言没有痛打落水狗，给了严嵩反败为胜的机会，今天，徐阶是无论如何也不会再犯同样的错误。

宫中传出信来，说神仙说了，严嵩是奸臣，不可用。此时，邹应龙立马趁热打铁，准备上疏弹劾。可是直接弹劾严嵩，一击得中的把握太小，谁知道皇帝心里怎么想的，毕竟君臣二十余年的感情，不是几句神旨就能瓦解的。怎么办，要说邹御史真是日有所思，夜有所梦，一天晚上做的一个梦，帮了他的大忙。

这一天，熟睡中的邹应龙梦见自己“出猎，见一高山，射之不中。东有培垒楼，其下甚壮。楼俯平田，有米草覆其上，一注矢拉然”（《明史纪事本末》）。此时，邹应龙从梦中惊醒，反复琢磨这个梦的含义，高山，高山，高上一个山，正是“嵩”字，直接把矛头对向严嵩，就好像用箭射高山，自然是不能射中。但是，转换目标，瞄准东楼，就可以撼动高山。想到这，邹应龙眼前一亮，他找到了最佳的解决办法。

东楼，就是严嵩的儿子严世蕃的号。既然动不了老爹，那就拿儿子开刀。

解了一番梦，邹应龙立刻上疏弹劾严世蕃，把他从当官以来的种种恶行都数了一遍，然后又捎带说了说严嵩，“植党蔽贤，溺爱恶子”（《明史纪事本末》），结党营私就算了，还阻塞言路，让有才能的人没有报国的渠道，一味地纵容儿子，看到他的恶行也不严加管教。虽然邹应龙并没有直接弹劾严嵩，但养不教父之过，严世蕃的罪行，你严嵩也是有责任的。

最后，邹应龙还写下了这样一句话：“如臣言不实，愿斩臣首悬之藁竿，以谢世蕃父子。”（《明史纪事本末》）皇上，如果我说的话有一句不属实，就请您杀了我，来给严嵩父子赔罪。

一封奏折写得如此杀气腾腾，任凭谁也不能轻视。果然，看到奏折的嘉靖很生气，本来他就不喜欢严世蕃，这个人在家不守礼制、花天酒地的事他早就知道了，再加上，聪明人看聪明人，没一个顺眼的。就算他是严嵩的儿子，也绝不能轻饶。

于是，皇帝立刻下了命令，把严世蕃投入监狱，等候审理。至于严嵩，已经七老八十了，连个儿子都管不好，看来也没什么能量了，干脆，回家养老吧。

嘉靖对这个老臣还是很有感情的，儿子犯了这么大的罪，老爹就只是退休，这样的恩宠，难得一见。

严嵩退休了，严世蕃下狱了，事情到了现在这个地步，看起来徐阶赢了。罪恶得到惩罚，正义终于重见光明。就当所有人打算举杯庆贺时，只有徐阶不这么想，不仅如此，他还跑到严嵩的家，表示慰问。严嵩看到现在自己这个样子，徐大人居然不计前嫌，还来安慰自己，顿时感到无比的感动。就连严世蕃也都觉得，做人做到徐大人这个份上，实在是不易，于是把自己的老婆孩子都一并托付给了徐阶，请他代为照顾。

回到家的徐阶还没坐稳，他的儿子就走过来说：“大人受侮已极，此其时已。”（《明史纪事本末》）父亲您受严氏父子侮辱这么久了，现在该是还击的时候了。没想到徐阶大骂：“非严氏不至此，负心为难，人将不食吾余！”（《明史纪事本末》）我能有今天，都是严大人提拔所致，我怎么能做忘恩负义之人？

谁都知道，这不是徐阶的真心话，可谁都不明白，为什么到现在，徐阶还在忌惮严嵩？只有徐阶自己清楚，严党的势力，不是邹应龙一封奏折就能毁灭的，他们的力量大得可怕，随时都能绝地反攻，现在，还不是最后的时刻，他还要继续隐忍，继续等待。

果然，事情如徐阶所料，开始向着不利于他的方向发展。严世蕃虽然入狱了，可是经过一番审理，居然就给了他个贪污八百两、充军雷州的判决。消息传出，所有人都震惊了，八百两，恐怕再加上四五个零都不够，严世蕃应该判死罪的，居然就让他充军，这算什么判决？

徐阶也很震惊，但他明白，负责审理的，大部分是严党的人，想要保住严世蕃，对他们来说不是难事。

没想到，就连发配充军，严世蕃也要打折执行。走到半路上，他就逃了回来，连着爪牙罗龙文一并跟着逃到了江西。逃就逃了吧，这两位仁兄一点儿都不消停，严世蕃在江西开始大兴土木，修建豪宅，还收了很多市井流氓、江洋大盗，估计是用作护院。那位罗龙文，打从发配那天起就不喘好气，心里把徐阶、邹应龙连同二人的祖宗都问候了个遍。有一次喝多了，居然破口大骂："当取应龙与徐老头，泄此恨！"（《明史纪事本末》）我要是不杀了这两个人，难解我心头之恨。

罗龙文怎么也没想到，就是这句话，成了徐阶反击的利器。

听到罗龙文的威胁，徐阶一改往日的淡定，连忙着手准备，派人严加守卫自己和邹应龙的家，看那架势，好像生怕哪天罗龙文从天而降，害了自己。

大家再一次糊涂了，徐大人这是怎么了，严嵩他都不怕，一个小人物的威胁怎么就让他吓破了胆？

其实，徐阶根本就不怕罗龙文，他真正的目标是严世蕃，小人物登场了，背后的黑手也不会消停太久。

可是让徐阶没想到的是，严世蕃根本就不用什么小人物来暖场，他早早地就在江西折腾开了，并且折腾的动静越来越大。

一天，给严世蕃修豪宅的工匠们没事干，就在路旁歇着。这个时候，一个人走了过来，这帮恶奴们闲得无聊，拿砖头砍人家。没想到这位仁兄挨了砸，还挺镇静，走上前来，要找人理论。结果看门的轻蔑地说："京堂科道官候主人门，叱嗟谁敢动，此何为者？"（《明史纪事本末》）老子我是严大人的家丁，京城的大官见了我都得客客气气的，你算什么东西，还不快滚！

那个人听了，果然乖乖地滚了，但他并没有就此罢休，而是给他的好朋友写了一封哭诉信。这个人叫郭谏臣，是当时的袁州推官，而他的好朋友，叫林润，是朝中的御史大夫。

林润这个人十分厉害，能说会道且刚正不阿，他早就看严嵩父子不顺眼了，这样的好机会怎能错过。

他在奏折中把严世蕃在江西大兴土木、招兵买马、豢养强盗的事一股脑地全告诉了皇帝，末了还不忘意味深长地给了皇帝一句提醒，严世蕃现在应该在雷州啊，怎么会在江西呢，这说明他是半路逃走了啊，并没有按照您的旨意发配充军啊。

果然，嘉靖大怒，立刻派人赶到江西捉拿严世蕃和罗龙文。徐阶知道消息后，连夜派林润提前赶到，将严世蕃缉拿，这样一来，就算严党打算救严世蕃，也晚了一步，他们连严世蕃的影子都没看到，救援也就无从谈起了。

捉到严世蕃的林润打算好人做到底，又起草了一份奏折，陪着严世蕃一起进京。这份奏折上把严世蕃当逃兵、夺人钱财、淫人妻女的累累罪行又给皇帝讲了一遍。好吧，严世蕃，看来不好好修理你一下，我皇帝的威严何在。皇帝震怒，严世蕃再次下狱。可严世蕃似乎并不着急，反而告诉罗龙文，我们过不了多久就能出去，没准儿还能官复原职呢。

罗龙文想不明白了，严世蕃耐心地给他解释，什么贪污啊，占地啊，这些罪名都好说，但是，加在我身上的杀害沈鍊、杨继盛的罪名，却会成为我们救命的稻草。毕竟，最后下旨杀这两个人的是皇上，现在用这个罪名治我，就等于说皇帝做错了。皇帝怎么能认错，他不认错，也就没有理由杀我们，我们迟早能出去。

严世蕃果然聪明，的确，三法司的人确实是将这条罪状写在了奏折里。不过，严世蕃再聪明，他的计谋也早已被徐阶看穿。当三法司的人将奏疏教给徐阶合议时，徐阶意味深长地说："诸君子谓严公子当死乎？生乎？"（《明史纪事本末》）你们这样写，到底是想杀严世蕃，还是想救他？

这一问，所有人都糊涂了，当然是要杀了他，这还有什么疑问么？

徐阶笑了笑，如果把沈、杨二人冤死的罪名报上去，皇帝一定会大怒，被人明白地指出做错了，你让皇帝的颜面何存，所以，这样定罪，是在救严世蕃啊。

大臣们这才明白，连忙请教徐阶该怎么办。徐阶从袖子中掏出一份奏折："拟议久矣。诸公以为何如？"（《明史纪事本末》）就知道你们会上严世蕃的当，早就替你们准备好了。

大臣们打开奏折，满眼看到的只有欺君犯上，勾结倭寇。让你去充军，你自己跑回来了，明显是不听皇上的话啊，不是犯上是什么；罗龙文跟倭寇有勾结，你还和他交好，摆明了是和倭寇纠缠在一起了。皇帝再不理朝政，唯独对犯上和通倭恨之入骨，这样的奏折上去，严世蕃，你死定了。

果然，看到了这样一封奏折，什么君臣之义，什么二十年的恩情，二十年你严嵩就给我培养出这么一个败家的东西，杀，没得商量，一定得杀！

这个时候的严世蕃还在牢里自娱自乐呢，罗龙文看着这个独眼龙，恨不得把他另外一只眼也打瞎了，这都什么时候了，还这么没心没肺。严世蕃还直劝他，别害怕，我们一定能出去。

就这么劝着劝着，严世蕃果然等到了皇帝的旨意：严世蕃、罗龙文，立斩不赦。

这下好了，也别折腾了，严世蕃、罗龙文这两个难兄难弟抱头痛哭，以至于"家人请写遗书谢其父，不能成一字"（《明史纪事本末》）。

嘉靖四十四年（1565年）三月辛酉，严世蕃、罗龙文被押赴刑场，在众多京城百姓的注视下，执行斩刑。

严嵩天才的儿子，总算是走完了他的一生。严世蕃是聪明，可惜都没用到正地上，坏人就是坏人，就算他能风光一时，也改变不了他终将被正义战胜的结局。

好了，严世蕃死了，下一个，该轮到严嵩了。

丧钟为严太师敲响

严世蕃死了，严嵩惊恐地发现，原来一直以来，所谓的严党无非是因为自己的权势才聚结在一起，只有儿子才能知道如何运用这些人，也只有儿子才知道如何靠着又打又拉的方式留住这些人。而从严世蕃人头落地的那一刻起，严党再也不能听从严嵩的安排，成了有名无实的摆设。

严嵩老了，此时的他已经奉命致仕，从权力中心退了出来。本来身边没有了严世蕃这个智囊，他的日子就不好过，这次更彻底，智囊死了，还连累得他也被削去所有官职，贬为庶民，所有家产尽被抄入国库。严嵩绝望地感到，一切都完了。

据史料记载，在查抄严嵩的家时，抄出白银二百五十万五千余两，各类奇珍异宝不计其数，有的就连皇家都没有，这已经是逾矩，是欺君了。当初严嵩备受恩宠，皇帝根本就不在乎。可是此一时彼一时，现在，这些宝贝的存在，只能让皇帝更加生气，让严嵩落魄得更快一些。

家也抄了，官也没了，下一步，所有的人都在等着徐阶再上一道折子，求皇帝杀了严嵩，盛怒之下的皇帝一定会准了这个请求的。

可是徐阶并没有这样做，他不是不想杀了严嵩，为夏言报仇，为沈錬报仇，为杨继盛以及千千万万冤死在严嵩手里的英魂报仇。可是，不行，不能杀了严嵩，并不是徐阶怕严嵩还有后招，只是让严嵩就这样死掉，太便宜他了。

十几年的忍辱负重，十几年的曲意逢迎，有多少个夜晚，他独自难眠，脑海里出现的都是那一张张含冤受屈的面孔。又有多少次，他从梦中惊醒，脸上流满了泪水。徐阶何尝不想尽快除掉严嵩，还国家一个清明乾坤。可是不行，时机还没到。他徐阶还不够强大，他只能保留实力，不和严嵩正面对抗。就为这，他不知道挨了多少骂，受了多少白眼。所有人都可以义愤填膺，逞口舌之快，只有徐阶不行。他明白，痛骂严嵩是很畅快，但痛骂之后，却如过往云烟，不留痕迹。所以他不动声色，所以他暗中部署，当身边的人都认为徐阶是一个懦弱无能之人时，他早已布置好了一张大网，等待着严嵩钻进来；钻进来，就别想再出去。

现在好了，严嵩是真的败了，再没有翻盘的可能，徐阶辛辛苦苦十几年，为的不都是这一天么？当所有人明白过来，知道徐阶的真正意图，看到徐阶取得胜利后，又一股脑地冲上来发表意见时，徐阶再一次保持了冷静，他不能被胜利冲昏了头脑，他要让严嵩真正地尝到众叛亲离、落魄潦倒是什么滋味，他要让严嵩为他所做的付出双倍的代价。

众人这次没有怒骂，只有不解。正因为他们不解，所以他们不是徐阶，他们也成不了徐阶。

失去了一切的严嵩被赶回了老家，迎接他的是所有人的唾骂，这个八十多岁的老人得不到一丝的怜悯与慈悲。当他杀夏言时，他慈悲了吗？当他纵容恶子贪污腐败，逼得人家破人亡时，他慈悲了吗？当他反对抵抗俺答大军，任京城百姓遭铁蹄践踏时，他慈悲了吗？没有，所以现在，他也不配得到慈悲。

饱读诗书十年，本想做个忠臣，可命运终究和他开了个玩笑，一步错，步步错。现在后悔，着实晚矣。无力生活而沿街乞讨的严嵩，最终在贫寒交加中，了结了一生。

严嵩的时代终于过去了，大明朝迎来了一个真正的首辅，徐阶。

如果说明帝国在严嵩手里，只是他敛财夺权的工具，那么在徐阶手里，它将真正按着一个国家应有的路线，走下去。

当嘉靖把当年严嵩所处的直庐赐给徐阶时，这位徐大人第一时间就在墙上挂了一幅字，上写“以威福还主上，以政务还诸司，以用舍刑赏还公论”（《明史》）。这不是做做样子，喊喊口号，徐阶是这么说，也是这么做的。

要论直谏敢言，徐阶比不过沈錬、杨继盛，要论清廉无私，他也比不过海瑞。可是，就算徐阶也黑点儿钱、占点儿地，他和严嵩最大的区别就在于，严嵩所考虑的，永远只是自己，这个国家是好是坏，人民是死是活，和他没有任何关系；而徐阶，却是实实在在为整个国家，所有人民，殚精竭虑。

自从徐阶开始掌权后，整个朝廷的风气为之一新。一度被严嵩阻断的言路重新开启，皇帝又听到了很多不同的声音。但是嘉靖是一个什么人？他听不得反对的意见，尤其是作为一个专心修道的人，他最烦的就是大臣拿着国家大事来烦他。想想严嵩在的时候，自己每天逍遥自在，可现在，没事就得被徐阶叫去听大臣们议事，慢慢地，嘉靖有些不高兴了。

皇帝不高兴的方法就是治人的罪。有一次，嘉靖嫌给事御史说话太过激烈，抨击过当，想要给他点儿颜色瞧瞧，不料徐阶站出来给御史求情，说皇帝哪能听不得不同意见，这个人虽然说得重了点儿，但话糙理不糙，还是从轻发落吧。嘉靖无奈，只得答应。

完了，送走了严嵩，怎么又迎来这么一位？这还是当年那个一看皇帝生气就立刻改口的徐阶么，这还是那个主动为朕修房子、炼丹药的徐阶么，这还是那个甚至说过严嵩好话的徐阶么？难道说，原来的一切，都是假的？

确实是假的，徐阶曾经做过的一切，都只有一个目的，除掉严嵩。而如今，目的达成，他再也没有必要伪装自己，现在，正是他大展拳脚的时候。

没办法，如果这个时候不用徐阶，那么谁来管理国家，嘉靖么？他还指着多修两年道，多吃两年丹，多过两年清净日子呢。再说，徐阶执政以来，国家确实有了改观。也罢，就让他折腾去吧，只要能保住我皇帝的座位，怎么折腾都行。

如今的嘉靖感到自己实在是有些力不从心了，竟然被一个臣子玩得团团转。看来看人的眼力实在是不敢恭维了，竟然把一只张牙舞爪的狼，当做了温顺的绵羊，可耻，可恨！

好在徐阶这只狼，他的利爪尖牙对的都是这个国家的黑暗面，而面对正义，面对人民，他立刻披上羊皮，化身绵羊，是最温顺的动物。一张羊皮，让徐阶舞得风生水起。

这才是真正的政治家，真正的治国者。如果一味地温和妥协，那么即使代表正义，也终会被邪恶压制得动弹不得。徐阶很聪明，几十年的宦海生涯让他成为了一个老谋深算、心机深沉的猎手，他懂得在什么时候出击才能大获全胜，也懂得如何隐忍，伪装自己的实力。他不是完全意义上的好人，但他所做的一切，都是为了保护那些好人，是为了天下人不用再受如严嵩之流的欺压和蹂躏。所以，即使有时做的不是好事，但非常之人，非常之时，非常手段，也无可厚非。

明帝国在徐阶的手里，终于开始向着美好的明天进发了，皇帝在徐首辅的劝说下，也勉为其难地听着来自不同地方的声音。

下卷

日落黄昏——由一哥变成老弟的岁月

第一章　隆庆：让他们玩吧，我是过客

穆宗受伤了

嘉靖四十五年（1566年）十二月中旬某日，朝野沉浸在一片无以言说的氛围之中，明世宗鹤驾西归，有人欢喜有人忧。

嘉靖自正德十六年（1521年）即位，在皇帝的宝座上度过了45个春秋。对于他的评价，历来颇有争议，论及其功过是非，我们可以分两个阶段。

嘉靖在初登大业的几年里，可谓英明神武，其功可与开国皇帝朱元璋相提并论。除采取了历代新君例行的大赦、蠲免、减贡、赈灾等措施外，还整顿朝政，改变内监擅权的局面，使乌烟瘴气的朝廷风气为之一新，对外则是，“凡系冒滥请乞及额外多占者悉还之于民”。

让人惋惜的是，嘉靖终究是新官上任三把火，“壬寅宫变”之后，嘉靖性情大变，真是一朝被蛇咬，十年怕井绳。嘉靖开始潜心于养生修道，求长生不老，宠幸道士不说，更是置朝政于不顾，竟然二十余年不回大内，这在中国历代皇帝中可谓独树一帜，前所未有。长期服用丹药的世宗，身体一日不如一日，最终命丧于此。

虎头蛇尾的规律是众多世人无法逃脱的一道栅栏，那些我们家喻户晓的伟人，依旧如此。当初的雄心伟志遭遇现实这块绊脚石，再加上客观条件的种种限制，于是，一切雄心都显得微不足道，然后无能为力了。

嘉靖离开了，历史没有因他而停滞不前，日子依旧在既定轨道上继续有条不紊地前行。

嘉靖四十五年（1566年）年底，皇宫内，朱载垕的登基仪式正按部就班地进行着。朱载垕被任命为接班人，可以说部分原因是得益于运气。

朱载垕是嘉靖的第三子，其母杜康妃姿色尚浅，又没有强大的后台背景，因此不得嘉靖宠爱。所谓母凭子贵在杜康妃这里并没有得到验证，朱载垕的出生没有引起多大的反响，一说其母不得宠爱，二来嘉靖已有两个皇子，物以稀为贵，皇宫之内这个道理依旧成立。

世事难料，嘉靖的长子朱载基，在刚刚出生不久就夭折了。二子朱载壡，被立为太子，但是在嘉靖二十八年（1549年）也死去。

嘉靖十八年（1539年），朱载垕被封为裕王。嘉靖三十二年（1553年），朱载垕出居裕王邸，开始独立生活。这一年朱载垕16岁，依现在的标准来看，是一个还在父母身边撒娇的年龄。

两个儿子相继离去，可谓白发人送黑发人，嘉靖深受打击。按理说，朱载壡死后，好运将要降临朱载垕。但是，事情并没有按照想象中的程序进行。有些时候，某些人无关紧要的一句话却能够改变一个人的命运。

心灰意冷的嘉靖正值宠幸道士，恰逢在这个时候，一个道士进言“二龙不相见”。这世宗便以此为由不再立太子。距离太子之位只有一步之遥的朱载垕，因为道士的一句话就被拒之门外了，朱载垕有气却只能往肚子里面咽。

外在的危机让朱载垕不敢有丝毫的懈怠，世宗有八个儿子，英年早逝者居多，三子朱载垕和四子朱载圳是硕果仅存的两个。朱载圳的母亲正值受嘉靖宠爱，嘉靖的天秤会偏向四子那也未可知，在这样的未知和惶惑中，朱载垕处处压抑着自己。

长时间的压抑给年幼的朱载垕留下了心灵的阴影。在裕王府的13年里，朱载垕如履薄冰，对父皇嘉靖更是毕恭毕敬，不敢有半点儿忤逆。战战兢兢的朱载垕最害怕的事情就是跟父皇打交道，因为生怕出丁点儿的差错，这种心理上的长久恐惧对他后来的性格形成有着重大的影响。

也许上天对朱载垕有着莫名的偏爱，嘉靖四十四年（1565年），朱载垕的最大竞争对手朱载圳去世，朱载垕终于可以高枕无忧了。毫无疑问，朱载垕这个皇位是坐定了，他现在所能做的就是等待，等待父皇归西的那一天。

历史并没有让朱载垕等太久，这一天终究是来了。嘉靖四十五年（1566年），朱载垕怀着复杂的心情登上觊觎已久的皇位，是为穆宗，年号隆庆。跟多数初登基的皇帝一样，朱载垕怀着一颗雄心壮志，准备大展宏图，一鸣惊人。

纵观穆宗种种，我们不能怀疑他的雄心壮志，《明史·穆宗本纪》也称其为“令主”。穆宗从嘉靖四十五年（1566年）即位到隆庆六年（1572年）去世，在位仅仅六年，被评价为“继体守文，可称令主”，这是非常难能可贵的。张居正也毫不吝啬赞美之词：“上（穆宗）即位，承之以宽厚，躬修玄默，不降阶序而运天下，务在属任大臣，引大体，不烦苛，无为自化，好静自正，故六年之间，海内翕然，称太平天子云。”

登基伊始的穆宗，自然要办些大快人心的事情，第一个开刀的就是道士群体。穆宗自己本身对道士就有着无以言说的憎恶，那句“二龙不相见”让他莫名受了数不清的冤枉苦，此时手握大权的他，便毫不客气地把矛头指向了他们。

这一包含着众多私心因素的举措，受益群却极大。对于朝政来说，一股污秽之气被清除，政治清明了不少，法度也更加修明，另一方面也减轻了百姓的负担。此措深得人心，人人竖起大拇指，穆宗的虚荣心也大大得到了满足。

意气风发的穆宗昂首挺胸，后宫嫔妃突然之间发现他们的夫君原来也可以这么伟岸，对他的敬仰一时之间有如滔滔江水连绵不绝。穆宗的男子汉气概一发不可收拾，当即表示要给后宫拨款犒劳。

穆宗处事一向低调，更是以勤俭节约闻名，平素更是布衣素食，一切从简。皇帝如此，后宫之中哪里敢奢华。此次皇帝既然开了金口，后宫嫔妃个个满怀期望，翘首等待。只怕塞上牛羊空许约，终究是黄粱一梦。

作为一个皇帝，想犒劳一下后宫嫔妃，这本是无可厚非之事。只是这事到了穆宗这里，似乎就不是一件轻而易举的事情了。

原因很简单，穆宗没有钱，这话听起来简直是滑天下之大稽，一国之君，竟然没有钱，这是怎么回事？在明代，皇帝都有自己的私房钱，那就是内库，这部分钱维持着皇室的日常开支，但是到了穆宗时，内库已经被搜刮一空，这大都是世宗的“功劳”。“世宗营建最繁，十五年以前，名为汰省，而经费已六七百万。其后增10数倍，斋宫、秘殿并时而兴。工场二三十处，役匠数万人，军称之，岁费二三百万。”（《明史》卷七八）世宗大兴土木，更是大肆奖赏道士，内库更无分文，简直是一穷二白。

夸下海口的穆宗只得厚着脸皮向户部要钱，此时的户部长官是马森，马森是个铁面无私的人，更不懂得溜须拍马。马森先是对穆宗盘查一番，穆宗支支吾吾说得理不直气不壮，马森一听，三寸不烂之舌马上工作起来，长篇大论说得头头是道，总归一句话，钱是不能给的。

碰了一脸灰的穆宗垂头丧气回去了，一肚子的怨气无处发作。面对着后宫嫔妃期待的眼神，穆宗是怎么也神气不起来了。此时的穆宗严重受挫，一国之君，竟沦落至如此地步，委屈，愤怒，一股脑地涌上心头。唉声叹气，却也无可奈何。

处于心情低谷的穆宗正独自疗伤，一位大臣来凑热闹了。这个人是詹仰庇，关于他的记载史书上不多，此人是嘉靖四十四年（1565年）的进士，如此看来，入仕资历尚浅。

这个詹仰庇没有看到穆宗满脸的忧郁，开口便是一连串的指责。原来，他不知在哪里得到的消息，听闻穆宗与皇后两人闹矛盾，皇后便搬去别院居住了。这本是穆宗的家务事，言官本不该参与，只怪言官太闲，有些人又居心叵测，一心想要出名。

尽管穆宗是出了名的好脾气，此时再也忍不住发作了，老虎不发威，你当我是病猫，况且兔子急了还咬人呢。这詹仰庇还算识时务，看穆宗要发火，灰溜溜地回去了。

是夜，一声声的叹息从穆宗的寝宫传来，一波未平一波又起，穆宗辗转反侧，难以入眠，这皇帝的宝座原来不是这么好坐的，踌躇满志的穆宗受挫了。

算你狠，我们走着瞧

天下没有不漏风的墙，穆宗请求户部拨款的事情在第二日便一传十，十传百地散开了。这种爆炸性的新闻，言官必定会拿来炒作一番。于是，一道道指责的奏章雪片一般飘到穆宗的案几上去，穆宗顿感寒冬袭来，不禁打了一个寒战。

穆宗刚刚平稳的心，再次涌起了波澜，他有些招架不住了。他叹息着，没有人能够体会他内心的痛苦，当踌躇满志的兴致遭遇现实的壁垒，惊慌失措之后的沮丧，然后的无奈，这些无时不一次又一次撞击着穆宗受伤的心灵。

天气很好，秋风清爽，盛期菊花朵朵，开得如此卖力，仿佛要倾尽其生命。这是一个硕果累累的季节，穆宗想象着自己的子民丰收的景象，嘴角上扬，却是一脸的苦笑。自己也多想倾其所能，为这个盛期的国家做点儿事情，可是却是如此的难。一个一个的拦路虎，让自己无路可去。

钻入死胡同的穆宗久久不能从失落中恢复，雄心壮志慢慢萎缩，一遍一遍地问，大明，我拿什么拯救你？这份担子实在是太重，穆宗不想承担了，他想到了推卸责任。那么，谁才是合适的人选呢？穆宗想到了身边的高拱、张居正和陈以勤，他们三人都是东宫官僚。

高拱是穆宗的老师，自穆宗为裕王时就跟随左右，有十三年之久，感情深厚，可谓心腹。张居正是高拱的至交好友，又是徐阶的得意门生，与陈以勤同为穆宗身边的讲官。

翌日，穆宗就令时任礼部尚书的陈以勤和时任吏部左侍郎的张居正同时入阁，这二人的加入为内阁注入了新鲜血液，同时也使得内阁成员斗争矛盾更加复杂化。至此，内阁成员增至六人，由首辅徐阶统领。

正当内阁重组之时，一个不安分的人再次站出来，挑起了是非，此人乃是胡应嘉。胡应嘉我们在前面也提到过，嘉靖三十五年（1556年）进士，祖父胡琏与徐阶是同乡。

胡应嘉的第一次出场是在嘉靖末年，世宗病危之时，时任吏部给事中的胡应嘉向皇帝上书，弹劾高拱“不忠”。在这样一个注重忠义的时代，若是落得一个不忠的罪名，那简直就要遗臭万年，高拱感觉事态严重，似要大祸临头一般，况且他本是个爱面子之人，其忠心不容置疑。

高拱在世宗还未表态之前，立即上书为自己申辩，恰逢世宗昏睡不醒，不省人事，有惊无险，这事就这么被压了下来，此事算是告一段落。

惊出一身冷汗的高拱，冷静下来，将此事前前后后仔细想了一个遍。这胡应嘉平素虽总是笑脸相迎，溜须拍马，却是个笑里藏刀的笑面虎。我与他无冤无仇，他却总是跑来找茬，莫非背后有人主使？

高拱这样想似乎也合情合理，有根有据，前些日子，胡应嘉弹劾了工部左侍郎李登云，这李登云跟高拱有着一层亲戚关系，李登云被罢官，高拱对胡应嘉本就有几分积怨，此次，胡应嘉竟然欺负到自己的头上来了，高拱雷霆大怒，这个梁子算是结大了。

这胡应嘉纵使有再大的胆子也不敢如此妄为。这捕风捉影的诬告，饱含杀意，明明就是想置自己于死地。更让人难以理解的是，高拱自认为在此之前并没有得罪胡应嘉，这胡应嘉没有理由跟自己如此过不去，非要自己的性命不可。

那么，这个背后主使人是谁呢？高拱这样想着，自然而然想到了徐阶，他的头号敌人。徐高矛盾由来已久，这是尽人皆知的事实，一山不容二虎，两人非要斗个你死我活，争出高低。

胡应嘉置自己的生死于不顾，拿这种子虚乌有的诬告，奋起一击，他应该明白这其中不成功便成仁的结局。胡应嘉他没有这么傻，那么唯一的解释就是，他有后台，有强有力的靠山。这个人是徐阶，只能是徐阶。高拱此刻就这么断定了，尽管没有任何的证据。

胡应嘉冒着生死危险，本想给高拱致命一击，只是天不遂人愿，高拱侥幸逃脱。得罪了内阁要员，按理说这胡应嘉本该战战兢兢，夹着尾巴做人，可是他既没有辞职，也没有被罢官，依旧高调处事，越发肆无忌惮，看谁不顺眼，照旧参一本。

胡应嘉种种行为似乎更加印证了高拱的猜测，胡应嘉有强大的后台，所以他才会有恃无恐。纵使高拱心中再怎样愤恨，也不敢轻举妄动，徐阶这个老江湖不是好对付的，搞不好弄巧成拙，满盘皆输。冲动是魔鬼，高拱劝诫自己忍耐，忍耐，再忍耐。

高拱满腹委屈却无处发泄，沮丧之时，胡应嘉自动送上门来，真是天上掉馅饼的好事。高拱精神为之一振，冷哼一声，小样，你就等着瞧吧，该是我出马的时候了。高拱整装待发，跃跃欲试，做好了战斗的准备。

胡应嘉这纯粹是自找麻烦，原来他还是闲不住，弹劾主持京察的吏部尚书杨博。

京察是考核官员的一种制度，明朝京官六年一考，称之为“京察”。考核结束后要上报考核成绩，考核成绩一般分为四种：称职、平常、不称职、贪污阘茸。依据四种不同的考核结果，又制定了不同的处分措施：称职者升职，不称职者降职，平常者不升亦不降，而贪污者将承担法司责任，阘者罢免。更有甚者，永不录用。

此次京察，考核对象为五品及其以下官员。对于这些官员来说，京察非同小可，自然会有众多官员下野。主导此次京察的是吏部尚书杨博。杨博是山西人，在朝中颇有威望，可谓元老级的人物，严世蕃曾将之归为“天下三杰”。内阁成员对他犹礼让三分，毕恭毕敬。

京察结束后，不知天高地厚的胡应嘉竟然上书弹劾了杨博，这在朝野引起了轩然大波，一片哗然，其中不乏看好戏者，也有佩服其勇气者，更有为其捏了一把汗者。敢在老虎眼皮底下拔毛，这还真是胆大妄为。

胡应嘉所说，原来此次京察，罢黜了一批官员，其中还包括两个言官。当中却无一山西人，也就是杨博的老乡没有一个。这就不禁让人联想翩翩，杨博手握大权，凭着这层关系，要放过一个人，罢免一个人，那是轻而易举的事情，“包庇山西同乡”这徇私舞弊的罪名就这样落到了杨博的头上。

只是，胡应嘉现下得意扬扬为时过早，他忽略了一个问题。胡应嘉本人作为杨博助手，也曾参与了京察，按说，他本该在京察中就提出这个问题，如今却拿出来大做文章，不免有失职之嫌。

在旁等候多时的高拱敏锐地抓住了这样一个漏洞，于是，舆论的矛头转移了，胡应嘉片刻间成为众矢之的。在官场摸爬滚打了多年的官员，自然识得时务，一边是政界元老，外加一个高拱，都不是好惹的人物，另一边是一个整日惹是生非的言官。“正义”的天平从一开始就不能平衡，结局已经注定。

没有任何疑问地，“胡应嘉党护同官，挟私妄奏，首犯禁例，罢黜为民”。胡应嘉搬起石头砸了自己的脚，一步一回头地卷铺盖走人，徐阶，那个在背后一直力挺他的人，依旧一副泰然，自始至终没有任何表示。胡应嘉彻底失望了，官场上没有真正的情谊，无非是相互利用罢了。罢了，罢了，胡应嘉叹息着，不再迟疑，决然离去。

高拱出了一口恶气，满心欢喜，可是高拱未免高兴得太早，所谓螳螂捕蝉黄雀在后，一场暴风骤雨即将来临。

胡应嘉被罢免的事情散布开来，传言一波高于一波。胡应嘉作为言官的一个代表被革职，这对于言官来说，似乎是一个杀一儆百的征兆，言官敏感的神经被调动起来了。而可怜的高拱因为在胡应嘉罢黜事件中起着煽风点火、推波助澜的作用，于是成为言官群攻的一个对象。

言官纷纷上书，弹劾高拱滥用职权，压制言论，阻塞言路。高拱不紧不慢，几个小喽罗，成不了什么大气候，事情还在高拱的控制范围内。

最后，此事惊动了兵部给事中欧阳一敬，高拱紧张了，感觉事情已经失控。高拱的担心不是杞人忧天，欧阳一敬不是简单人物，人称“骂神”，在他的弹劾之下下野的人可谓如过江之鲫，数不胜数。

欧阳一敬一出，事态立即升级，战争的火药味更加浓烈，气氛更加紧张。言官有了领导，立即团结起来，将弹劾高拱之事推向高潮，令高拱防不胜防。

有仇的报仇，有冤的报冤，压力越来越大，高拱招架不住了，纵使有穆宗的庇护，这以后在朝廷之中也无立足之地。高拱无可奈何，迫不得已卷铺盖走人了，步了胡应嘉的后尘。

徐阶这一辈子

高拱，这个叱咤一时的风云人物，在历史的舞台上落下帷幕。他这一路，从严嵩下台以后，一路高升，至嘉靖四十五年（1566年），经徐阶推荐入内阁，手掌大权。

沧海尚能成为桑田，世事难料，正处于事业顶峰的高拱云霄飞车一般到了人生的低谷。这与高拱的性格不无关系，高拱为人骄傲，自视清高，又禀性直爽，经常会出言不逊，无意之中得罪了不少官员。

对于于他有恩的徐阶，高拱不以长辈相待，更不知感恩戴德，又多次使其处于尴尬情境。徐阶本想使高拱为己所用，但是种种迹象都让他很失望，高拱是一匹不能驾驭的野马，凡事有自己的主见，这种锋芒毕露的个性，使其必定不会依附于徐阶。纵使在怎样赏识高拱的才华，徐阶也不得不为养虎为患而后悔。

权力如此诱人，又如此让人陶醉，对于权势的追求，让徐、高二人置师徒情谊于不顾，各结党羽，相互倾轧，展开一场惊心动魄的权力之争。高拱不敌，败下阵来，所谓胜者为王败者为寇，再多的挣扎都是徒劳，唯有卧薪尝胆，为厚积薄发做准备。

徐阶轻而易举取得了这场战争的胜利，高拱终究是走了，纵使穆宗再怎么伤心也无力阻止，看着亲近的人一个个离去，穆宗的无力让其开始纵情于吃喝玩乐，对黄金珠宝的追求到了无以复加的地步，对于物质追求那哪是用一个狂热可以形容，其好色程度在明朝历史上也是罕见。

皇帝如此作为，让人不禁疑问，大明将要走向何方。在徐阶只手遮天的朝野中，幸好还有那么几个正义之士，不然大明的前途让人堪忧。

在世宗堕落的时候，有个人在政坛上活跃起来，此人乃是我们的老熟人，海瑞。此前海瑞因为刚正不阿的批评世宗而入狱，嘉靖四十五年（1566年），明穆宗继位，宣布大赦，把海瑞、何以尚等人释放出狱，官复原职。

刚刚出狱的海瑞仍不安分，给穆宗连上两份奏折，陈述自己的鸿鹄之志，其中夹杂着众多对朝政腐败的不满。海瑞的奏折犹如给平静的湖水出其不意地投下了一块巨石，激起了层层波澜。

海瑞之名始入穆宗法眼，穆宗对朝政虽越发懈怠，但还算慧眼识人，对海瑞十分赏识。那些善于揣摩皇帝心思的人，立即明白了穆宗的意思。

于是，海瑞的官运便顺利得一发不可收拾，官复原职不说，后又调任南京通政司，不久，被调回京师在通政司衙门担任要职。穆宗对此仍不满意，海瑞又当上了大理寺丞，专门审理案件。

这大理寺丞是正五品的官员，以如此快的速度被提拔，这按照常理来讲实属罕见。海瑞一鼓作气，在这意气风发之际，一举将自己推向了另一个高峰，担任了都察院右佥都御史，总管粮道，巡抚最富庶的应天府。

由当初的一个芝麻官大小的教谕，成为名副其实的高级官员。由阶下囚成为令人敬仰的清官，这不得不让人感叹命运的变化无常，这正印证了一句俗话："祸兮，福之所伏。”

海瑞得以重见天日并且飞黄腾达，一是得益于穆宗的赏识，一是有赖于另一个人的提拔，此人正是徐阶。只是任谁也不能料想，他们日后不仅分道扬镳，还成了水火不容的劲敌。

徐阶这个人，在历史上颇有争议。徐阶在嘉靖二年（1523年）以探花及第，授翰林院编修。后来秘密上书揭发咸宁侯仇鸾的罪行，引起世宗的关注并委以重任。

世宗一代，他是严嵩的政敌，在他的操纵下，严家父子狼狈下台，自己取而代之。嘉靖三十一年（1552年），徐阶入阁，开始了他“辉煌”而又漫长的内阁生涯。众所周知，严嵩权倾天下，是个人人诛之而后快的大奸臣，徐阶联合一些官员将之搬倒，甚得人心，这为他赢得了好名声。可以说，这是徐阶人生中的最大亮点。

徐阶在与严嵩的斗争中，忍辱负重，卧薪尝胆，厚积薄发，最终一举铲除严嵩势力，可谓功成名就，此举可以说将其“忍功”发挥到了极致，有人说他是王守仁心学的完美继承者，这一点极其恰当。

当上首辅的徐阶，以“威福还主上，政务还诸司，用舍刑赏还公论”为己任，一改严嵩作为，改革弊政，给予世人宽松的政治环境。于是，“朝士侃侃，得行其意”，徐阶的主张受到普遍的支持和热烈的欢迎，一时之间徐阶“良相”的美誉不胫而走。

对于有志之士，徐阶也大力提拔，高拱之入内阁，海瑞之免于死罪，皆仰仗徐阶从中调解，当然这里面难免包含着个人私心的成分。

高拱不仅“英锐勃发”更是“负经济才”，在嘉靖四十五年（1566年）三月，经徐阶推荐入内阁。

徐阶提拔高拱主要出于两方面的考虑，一方面，徐阶欣赏高拱才华，高拱于嘉靖四十一年（1562年）在礼部任左侍郎，嘉靖四十二年（1563年）在吏部任左侍郎期间，表现出了卓越才华，这一点我们可以从后人对他的评价中略窥一二，“吏事精核”，“每出一语，奸吏股栗，俗弊以清”。

另一方面，徐阶是出于对自己前途的考虑。高拱是穆宗朱载垕身边的人，从穆宗为裕王的时候就一直追随，十几年的交情，除去君臣身份，他们二人之间必定有深厚的情谊，向高拱示好，无异于是巴结穆宗的一步好棋。

但是，徐阶的如意算盘打得太过于一相情愿，高拱的个性注定了他不会依附于任何人。羽翼丰满的高拱，必定会逃脱控制，越飞越远，空留徐阶独自叹息，养虎为患。矛盾的日益深化，使这两个人渐行渐远。

所谓冰冻三尺非一日之寒，徐高矛盾由来已久，所谓一个巴掌拍不响，两人对于彼此的不满造成覆水难收的局面。徐阶致力于壮大自己的势力，满怀希望地将高拱拉入自己的羽翼之下，而高拱“阶独柄国，拱心不平”。矛盾种种，无非起源于对权力的追求和执著。

穆宗一朝，跟高拱的矛盾始终贯穿着徐阶的政坛生涯，诚如我们前面所说，高拱弹劾胡应嘉反倒是被倒打一耙，所谓塞翁失马焉知非福，高拱被迫辞职，回家种地去了。徐阶凯旋，徐高矛盾至此告一段落。

海瑞几次遇险，也得益于徐阶的相助。世宗时宠幸道士，终日服用“金丹”以求长生不老，结果却惹来一身病。当时任户部主事的海瑞上书，力陈其失，惹得世宗大怒，盛怒之下要杀海瑞，幸得徐阶好言相劝，只是将海瑞打入大牢，海瑞才免得一死。

徐阶对海瑞不仅有知遇之情，更有救命之恩，只是，海瑞刚正不阿的个性让其不可能同流合污，当他发现徐阶大量侵占农田属实的时候，恩怨分明的海瑞对徐阶的印象就大为改观。

海瑞曾经多次对徐阶所作所为提出异议，认为他凡事自居中间，总是力争避免斗争，做事圆滑，又懂得遇风转舵，朝中形成了一种以他为中心的这样一种不良风气，应当及时遏制。

徐阶交出部分土地，仍不能满足海瑞的期望，纵使徐阶对海瑞再怎么赏识，挑战了徐阶底线的海瑞，也免不了大祸临头。在徐阶的操纵下，海瑞被赶出了巡抚衙门。

徐阶再怎么只手遮天，也不能抵挡岁月的流逝，徐阶老了，又跟不少当权宦官不和，穆宗宠信宦官这是众人皆知的事情，这个时候得罪宦官不是明智之举，穆宗对他也有众多怀疑，徐阶地位越来越不稳。

隆庆二年（1568年）徐阶在面临众多压力的情况下，上书乞休，告老还乡。

为了理想，整人是必须的

徐阶走了，在他事业的顶峰悄然隐退。这似乎是徐阶一贯的作风，他一向是将中庸贯彻到底。如此作为需要极大的勇气，也许这里面包含更多的是无可奈何。

有人曾将徐阶比做中药里一味甘草，无论什么样的中药都可以加一味，但是其效果却是可有可无，治不好，也坏不了。

这样的评价似乎有欠妥当，徐阶，在今天，还能够引来如此多的争议，必定有其不可或缺性。

后人的一句话对徐阶的评价再恰当不过，说他“立朝有相度，保全善类。嘉、隆之政多所匡救。间有委蛇，亦不失大节……论者翕然推阶为名相”。

徐阶离去，他的政敌，我们的一个老熟人重登舞台，此人乃是高拱。

隆庆三年（1569年）十二月，在高拱至交好友张居正与宦官李芳的共同努力下，归乡一年多的高拱复出，任大学士兼掌吏部。

高拱复出，有人欢喜有人忧。高拱被罢官，乃因大批言官的弹劾，高拱因此与言官结下了梁子。高拱归来，让这些言官备感不安，一时人心惶惶，人人自危。

两个主犯，胡应嘉和欧阳一敬其结局之惨烈更是让人叹息。胡应嘉自知对于高拱来说，其罪行不可宽恕，对于高拱复出，那是百般阻挠，只是天不遂人愿，终究是徒劳。这对于胡应嘉来说，无异于死到临头，胡应嘉竟然大骇而死。

欧阳一敬听闻高拱复出，非常识相，赶紧卷铺盖走人，只是高拱这个威胁始终存在，欧阳一敬在回家的途中竟然郁郁而死。

这两人都不得善终，其结局不得不让人感叹，当初如此“大义凌然”的两个人竟然胆小如鼠，这似乎更加印证了这两个人本就是蝇头鼠辈，若是没有徐阶这个强大的靠山，哪里会有那样的胆识。

权力之争如此惨烈，高拱之名如此让人畏惧，听其名而杀身。权势是把无形的剑，能杀人于无形之中，无怪乎如此多的人趋之若鹜。

高拱换上官服，精神抖擞，舒畅无比，嘴角带着迷人的微笑，完全一副无害的神态。庭院内，花依旧红，人依旧在，只是今日之花已非昨日之花，今日之人已非昨日之人。

权力让人陶醉，高拱沉浸其中，甚是惬意。高拱突然想起他的老劲敌——徐阶。能够在权力的高峰见好就收，那需要多大的勇气。高拱冷哼一声，嘴角露出诡异的微笑，高拱的时代就要来临。

朝廷因为高拱的到来而人心惶惶，高拱总要表个态，扫除同僚对他的戒备。这日高拱通过门生的口，向朝野递出了橄榄枝，伸出了友好之手。“华亭有旧恩，后小相失，不足为怨。”后来，又自称“拱当洗心涤虑，以与诸君共此治朝”。

如此种种，朝臣的戒备终于解除了。不失有人向其靠拢，更是拍起了马屁，称赞高拱颇有君子之风，能够容人。高拱为自己赢得了声誉的同时，也缓和了与言官的矛盾，一时之间，朝廷一派和乐融融，气象为之一新。

然而不久，高拱就自食其言，过往恩怨，高拱终究是放不下的。于是，历史为我们呈现出一个不一样的高拱，其飞扬跋扈，其负气凌人，终究使他以悲剧收场。

时人说：“（高拱）性迫急，不能容物，又不能藏蓄需忍，有所忤触之立碎。每张目怒视，恶声继之，即左右皆为之辟易。”其言其行，可谓是与先前判若两人。高拱，这只披着羊皮的狼，退去伪装，其仗势欺人的一面终究是暴露出来。

徐阶下台，大权在握，事情便一发不可收拾。高拱“尽反阶所为，凡先朝得罪诸臣以遗诏录用赠恤者，一切报罢”，他的黑手先是伸向了海瑞。

隆庆元年（1567年），徐阶的弟弟和儿子遭到弹劾，其罪名为侵占农田，据为私有，可谓当朝恶霸。

海瑞当时气盛，对徐阶又满怀敬仰，十分信任，便不问青红皂白，在没有弄清是非的情况下，联合朝臣，给穆宗上书，把高拱一顿臭骂，请求将其罢免。高拱可以忽视徐阶对他的提拔之恩，却是个有仇必报之人，所谓君子报仇十年不晚，这份旧怨高拱记下了。

不费吹灰之力，在高拱的操纵下，海瑞于隆庆四年（1570年）从应天巡抚调往南京，后来慑于高拱淫威，被迫称病辞官归田。

在这里有必要说一说海瑞对徐阶和高拱二人的看法，海瑞亲历徐阶与高拱的政治斗争，在斗争中，海瑞的天平一直是偏向徐阶的。对于徐阶，所谓情人眼里出西施，同理，海瑞眼里都是徐阶阳光的一面。与之相反，对于高拱，则是越看越阴暗，越看越不堪。所以，多年以后，当海瑞越来越接近真相的时候，他改变了对二人的看法，不无感慨地说：“一时误听人言，二公心事均为的确。”

高拱归来，徐阶的下属个个倒霉。内阁诰敕房，是专门办理中书事宜的地方，共十人在此供职，均为徐阶亲信。这十人多次通过考核当升迁，但因高拱的干涉，均被晾在一边。这十人无奈便向高拱低头示好，高拱不予理睬不说，还落井下石，不无调侃地说：“吾即有应，必不令若曹有侏儒之羡。”其厚颜无耻可见一斑。

尽管徐阶已不问政事，高拱仍不能对当年往事释怀，背后论人是非，上书给穆宗：“原任大学士徐阶，当阖门自惧、怡静自养可也。夫何自废退以来大治产业，黜货无厌，越数千里开铺店于京师，纵其子揽侵起解钱粮，财货将等于内帑，势焰熏灼于天下。”言语之犀利，足以让人汗颜，纵使经历了大风大浪的徐阶，也支持不住了。

此次高拱将矛头直指徐阶及其子其弟，且证据确凿，搞得像模像样，穆宗对徐阶本就失去信任，更是宠幸高拱，绝对信任那自是不用说。在高拱的授意下，“阶三子皆就系，拟以城旦，革其荫叙，入田四万亩于官”。四万亩，一个如此庞大的数字，如此看来，徐阶纵容其子侵占农田之事也并非空穴来风，人们的同情似乎在刹那间转化成为罪有应得。

高拱的箭，一支一支地射来，徐阶招架不住了，人在屋檐下不得不低头，徐阶必须投降，不然后果只能是更惨烈。大势已去，徐阶叹息着，提笔给高拱写去了那封没有尊严的信，其词之哀，让铁石心肠的高拱也不禁泪湿眼眶，高拱停手了，也许他想到了自己，所谓“兔死狐悲，不无伤类之痛”。于是，两人重修旧好，开始了惺惺相惜的黄金岁月，至少表面上是这样。

徐阶走后，接任其职务的是李春芳，任詹事府詹事的赵贞吉任大学士。所谓“阁臣不理部事，理部事不复予阁务”，但高拱以内阁掌吏部，掌握大权，引起众人的不满，只是敢怒不敢言。赵贞吉禀性耿直，便联合李春芳限制高拱。

高拱凭借其铁腕手段和穆宗的庇护，将赵贞吉逼走，独留李春芳战斗，李春芳得罪了高拱，终日惶惶，更无取胜的把握，遂于隆庆五年（1571年）五月退休，高拱如愿以偿，坐上首辅的位子。

高拱的美好生活来了，位居高位，又得穆宗宠幸，颐指气使，那是自然。古人云居安思危，古人又云，福祸相依，是福是祸还未可知。

胜者为王，败者为寇

明取代蒙古对全国的统治以后，退居北部的蒙古族发生分裂，分裂为鞑靼、瓦剌和兀良哈三大部，鞑靼紧接明朝边境，也最为强大。

所谓胜者为王败者为寇，除实力之外再多的话都是多余。蒙古各部跟明的矛盾虽时有发生，但总的来说，和睦相处的关系仍旧是主流。洪武、永乐年间，蒙古各部不仅与明朝保持朝贡互市的友好关系，其首领还曾接受明朝的册封。

但是到了嘉靖末年和隆庆初年，明蒙关系趋于紧张，一来明朝国力大不如从前，军力衰退，边防松弛不说，在处理与蒙关系上屡屡失当，蒙古鞑靼部首领俺答多次提出互市请求均被拒绝，更难以让人理解的是明廷竟然杀掉了来明使者，还将其头颅延边示众。

两国交往，不杀来使，这一法则在处理民族关系也应当是一个不成文的规定。但是，不知道明朝当权者是出于什么样的考虑，作出如此让人难以费解的决定。这无异于火上浇油，给处于紧张中的明蒙关系有力一击。

另一方面，蒙古各部尤其是最为强大的鞑靼部，数次入犯明朝边境，更是多次入境“打草谷”，致使明朝北部边境兵连祸结。

隆庆五年（1571年），“隆庆和议”的议定是明蒙关系的一个转折点，明蒙关系开始转上高速前进的轨道。“自是边境休息，东起延、水，西抵嘉峪七镇，数千里军民乐业，不用兵革……戎马无南牧之儆，边氓无杀戮之残。”当然，友好关系的促成并不是一蹴而就的，它是各方面不懈努力的结果。

“隆庆和议”包含封王、朝贡和互市等内容。穆宗封鞑靼首领俺答为“顺义王”，其余各支首领及其子侄也分别给予都督、指挥等不同官职。

鞑靼每年可向朝廷进贡马匹一次，贡使和马匹数目都有明确的限制，贡使每次不得超过150人，马匹每次不得超过500匹，这些马匹由朝廷议价，规定朝贡时间为每年的正月上旬。

同时在山西、宣府、大同等地，长城附近开设互市，方便明蒙民众私下里交易。

以我们现在的眼光来看，如此严格的贸易方式，大失大明风度，但是在当时的情况下，却是十分必要的。

首先朝贡这种贸易方式，从一开始就是不等价的。朝贡而来的马匹，其价格对蒙古各部来说，合情合理，只赚不赔。除此之外，明廷还会给予大量的赏赐，这样的美差是蒙古各部都乐意为之的。为维持明蒙关系，明朝每年都需要在这方面有大量的财政支出。

另外，在边防松弛的情况下，开放互市，自身安全必定存在隐患，因此加强防护就成了当务之急。

但是，这种友好关系的维持给明朝带来的实惠也是不容忽视的。“隆庆和议”结束了明蒙长达二百年的战争局面，长城内外出现了空前的兴旺景象，“六十年来，塞上物阜民安，商贾辐辏，无异于中原”。

“隆庆和议”得到了穆宗的点头，同时也离不开当朝权臣高拱和张居正的鼎力支持，但是另一个人我们也不得不提，他站在明蒙交锋的最前端，对改善明蒙关系作出了不容抹灭的贡献，此人乃是王崇古。

王崇古，山西人，历任嘉靖、隆庆、万历三朝，长期担任明朝的封疆大吏，总督陕西、延宁、甘肃军务，履历丰富，对北方防务可谓了若指掌。“具知诸边阨塞，身历行阵，修战守，纳降附，数出兵捣巢。”

隆庆四年（1570年）十月，一个身着华丽蒙服的年轻人率领十几部属匆匆越过明蒙边界向平鲁赶来，看这年轻人的行头不像是普通人，这引起了大同巡抚方逢时的注意。

此时的明蒙并不怎么合拍，战争频频发生，方逢时的戒备心立即被调动起来。方逢时急忙命手下人去调查，手下人带回来的消息让方逢时一时不知如何是好。

原来这年轻人名把汗那吉，是俺答的三儿子铁背台吉的儿子，把汗那吉年幼时父母便去世，其祖母将其养大。把汗那吉想纳兀慎兔扯金的女儿为妾，并下了聘礼。天不遂人愿，正当把汗那吉准备着享受齐人之福的时候，一件事情打断了他的美事。

事情起源于一个女人，钟金。钟金是俺答的外孙女，年轻美貌，号称三娘子。钟金本是已经许配给了鄂尔多斯，但是在其出嫁之前，俺答私心作怪，竟将其据为己有。

也许在我们今天看来，这似乎不可思议，但是蒙古民族本就没有汉族那样严格的伦理观念，这在蒙古部落不足为奇。

鄂尔多斯男人的自尊心备受打击，盛怒之下，准备起兵，北方游牧民族的豪爽一览无余。俺答自知做得确实过分，立即安抚，为平息鄂尔多斯的愤怒，便将兀慎兔扯金的女儿许配给他，此事总算是告一段落。

但是，俺答这是拆了东墙补西墙，那边刚刚平息，这边又起了风波。把汗那吉的愤怒顿时如火山爆发，盛怒之下，携带妻子大成比妓带领十几个人离家出走。

无处可去的把汗那吉听闻明朝招徕降人的政策，便直奔明朝边境而来，只是他们的命运却是个未知数，明廷会接受他们吗?

方逢时踟蹰了，此事重大，不是他一个人能拍板的，于是他想到了他的上司王崇古。方逢时一边派人接待把汗那吉，一边将此事上报王崇古，将这烫手的芋头扔给了王崇古。

关于此事，王崇古想得更为深远，在这千钧一发的时刻，此事处理得恰当与否，直接关系到明朝与蒙古的关系走向。

当此之时，下人来报，俺答已经出兵寻找把汗那吉。如此看来，俺答十分宝贝这个孙子。王崇古灵机一动，这是一个机会，千载难逢的机会，以此为契机，缓和明蒙紧张的局势，重修旧好，不失为一个好办法。

王崇古说干就干，连夜写了一份奏章，洋洋洒洒近万字，快马加鞭送往朝廷。

朝廷一片哗然，朝堂之上分成两大阵营。以兵部尚书郭乾、御史饶仁侃、武尚贤、叶梦熊为首的反对派认为这是俺答的一个阴谋，应慎重。

以高拱、张居正为首的掌权派，则对王崇古的提议非常赏识，于是在他们两人的推动下，王崇古的意见被采纳了，封把汗那吉为指挥使。

王崇古做好两手准备，一方面在边防做好积极的防御工作，以防有诈；另一方面则是妥善安置把汗那吉，并给予优厚的待遇。

俺答听闻把汗那吉投奔明朝，便作好了出兵的打算，准备武力夺回孙子。只是自古没有打笑脸人的道理，俺答看明廷如此善待把汗那吉，在军事上又没有打胜仗的十足把握，便派使者前来议和。

俺答先是将投降鞑靼的叛臣以绳索捆绑，送往王崇古处。王崇古投桃报李，送把汗那吉回俺答处，并设法调解两人矛盾。俺答“遣使致谢，誓不犯大同”。你来我往，明蒙关系逐渐走向正常化。

把汗那吉归附事件为明蒙关系的改善打开了大门，随着经济发展的需要，俺答已经不能满足双方的交往仅仅停留在官方的层面上了，于是他再次派来使臣，请求议和，并要求封贡和互市。

俺答的要求再次在平静的朝堂之上引起波澜，王崇古力排众议，又得高拱和张居正的力挺，“隆庆和议”终得圆满成功。

王崇古在“隆庆和议”中可谓立下汗马功劳，明蒙关系以此为转折点，向着我们期待的方向发展。王崇古之名也声震一时，后人称赞他“身历七镇，功著边陲”。

高拱，下台走人

穆宗，国难之时本该站在最前沿的人，此刻正纵情于“玩好是从，珍宝是聚”，无法自拔。他厌倦政事，唯一热衷的就是吃喝淫乐，这就注定了他庸碌无为，成就不了大气候。后人评价他“浑浑噩噩以在位，醉生梦死以生活”，这再恰当不过。

穆宗懈怠国事，又宠幸高拱，高拱身居高位，专擅国柄，无人能阻。所幸高拱怀有报国之心，在高拱的主持下，边疆友好和平，内乱平定，国内安宁，举国沉浸在一片国泰民安的氛围中，高拱名声大震，走到了事业的顶峰。不论严冬如何难熬，春天终究是来临了。

高拱临高远眺，一览众山小，沐浴着春风，惬意无比。虽无宰相之名却已有宰相之实，高拱回味着这句无意之中听来的话，嘴角的弯度更大了，竟禁不住笑出声来。

众所周知，为防止宰相专擅国权，功高盖主，朱元璋借胡惟庸谋反之机废除了宰相制度，将六部直接归皇帝指挥，如此一来，在中国历史上沿袭了一千多年的宰相制度被废除了。

高拱已实如宰相，仍不满足，对于不依附于他的官员一阻挡二打击，直至隐患消除才肯罢休。

有一个人是高拱心底永远的痛，高拱至今仍无法释怀，此人乃是他的老对手，徐阶。在先前的斗争中，年老的徐阶为保家人安危，委曲求全，向高拱低头乞和，高拱一时心软，高抬贵手，放了徐阶一马。

高拱高估了自己的气量，凡是涉及徐阶事宜，高拱敏感的神经立即就会被扯痛，这是一道过不去的坎，唯有斩草除根，以绝后患，才能解除高拱心底戒备。

偏偏有个人就是这么不识时务，触动了高拱这根神经，大难临头，为时不远。此人乃是殷士瞻。

殷士瞻是山东历城人，嘉靖二十六年（1547年）进士，穆宗为裕王时，殷士瞻曾为其讲侍。

殷士瞻自有山东人的豪爽，豪爽是把双刃剑，若是将之用得恰到好处，这是优点，但是若是一意信口开河，那就会惹来麻烦。但是，在官场中摸爬滚打了这么多年的殷士瞻却不懂得这个道理，殷士瞻坏就坏在一张嘴。凡事情憋不住，总要一吐为快。

因为这张嘴，殷士瞻无形中得罪了不少人。但是，得罪谁不行，偏偏因为徐阶之事把高拱给得罪了。高拱的个性我们知道，睚眦必报，况且此事还牵扯到徐阶，众人不禁为他的前途捏了一把汗。

这把汗捏得确实有道理，有高拱这个挡路虎，纵使你再怎么才华横溢，也爬不高，走不远。殷士瞻左等右等，机会总是擦肩而过，眼看跟自己同时入进士的张居正在内阁乐哉乐哉，殷士瞻那个急啊。

形势逼人，殷士瞻叹息着，高拱这条路是走不通的，唯今之计，就是另寻他途。恰逢这个时候，穆宗宠幸太监，司礼监太监滕祥是穆宗身边的红人，只要他一句话，那入内阁是不是指日可待？殷士瞻灵机一动，目光锁定了滕祥。

大凡太监大都爱财，更何况是穆宗身边的太监，一来上行下效，二来投其所好。滕祥不是个异类，他爱财，贪财，于是一切都变得顺理成章。轻而易举把事情搞定，殷士瞻如愿以偿，入了内阁，不禁为自己的聪明而沾沾自喜，还不忘向高拱送去挑衅的目光。

正当殷士瞻得意扬扬之时，高拱已经做好了反击的准备。对政治缺乏敏感的殷士瞻哪里有反击的能力，在高拱心腹韩楫的授意下，言官们大展神通，尽其所能联合给殷士瞻以致命一击。

殷士瞻清醒了，高拱当政，与他对着干，实力不足，那只有自食恶果。狼狈不堪的殷士瞻是头倔驴，既然明白了其中的道理，那就一走了之得了，可是人家偏偏不。殷士瞻咽不下这口窝囊气，既然已经如此，那就破罐子破摔，索性来个鱼死网破，你死我活，殷士瞻暗下决心。

这日，内阁会议正紧张而激烈地进行着，殷士瞻话锋一转，矛头直指高拱，一番臭骂，众人先是惊呆，然后疑问，殷大学士的口才什么时候练得这么好了，骂人都不带个脏字，却句句直指人心？

高拱的脸上挂不住了，一会儿青一会儿紫，颜面尽失。这殷士瞻也太不按常理出牌了，竟然在这样的公共场合发飙，成何体统！

更出乎高拱意外的是，殷士瞻声嘶力竭喊道："若先逐陈公，再逐赵公，又再逐李公，次逐我。若能长此座耶？”说罢，一撸袖子便扑向高拱，这下众人不能旁观了，任谁也不能眼睁睁看着两个年纪五六十的内阁成员当众打架。

结果可想而知，殷士瞻大发一通脾气，也算是解恨了，收拾一下行囊，归田养老去了。

正当高拱为剪除异己而庆功时，张居正的算盘打起来了。张居正跟高拱近日来合作并不怎么愉快，高拱越来越专断，已经超出了张居正的忍耐范围。

张居正想着，如今已经有太多的人被高拱赶出朝廷，朝廷之中大多已是他的爪牙了，有朝一日，大明还不成为高家的天下，那天下还是否有我的容身之地?

亲眼目睹一个一个的同僚被高拱搞得家破人亡，张居正有些后知后觉，突然惊出了一身的冷汗：一山不容二虎，以高拱不容人的气量，他会允许我的继续存在并壮大吗?张居正摇摇头，他了解高拱，懂得高拱。高拱是不会念旧情的，徐阶就是一个赤裸裸的例子。

高拱与张居正本是至交好友，他们的交情是从张居正出翰林院入国子监为司业的时候开始的。张居正在国子监任职，他的顶头上司就是时任国子监祭酒的高拱，他们二人一见如故，惺惺相惜，“拱亟称居正才”，二人“相期以相业”。在高拱提拔下，张居正入阁，徐阶辞官以后，张居正为高拱请命，在其帮助下高拱复出，并担任要职，二人依旧如故，“拱为首辅，居正肩随之”。

高拱、张居正两人在隆庆初期始终保持着协调的关系，究其原因多是出于他们在政见和学术上有共通之处。

如此铁的关系，在权位交错和冲突中仍不能够维持，对权势的追求，终究摧毁了这种亲密的情谊，以至于他们反目成仇，相互倾轧。

张居正打算先下手为强，但是谁料高拱如此有先见之明，竟然让他抢了先。其实，警觉如高拱，他们二人虽以朋友相称，高拱对张居正却始终存有戒心。张居正不得不佩服，在政治的敏感度上，自己终究是略输一筹。但是，这不能成为放弃的理由。

这日，下朝之后，高拱以小酌为由将张居正拉到家里，张居正不疑有他。但是喝到兴起处，高拱竟然一声声地叹气，遂将事情原委慢慢道来。

此事也并非高拱无事生非，原来，高拱得来小道消息，说是张居正与徐阶往来密切，并收了徐阶的三万两白银，以帮其子复职。

徐阶一直是高拱的伤疤，张居正如此无异于是揭了高拱的伤疤。

张居正跟徐阶的关系，高拱自然明了，张居正为庶吉士时，徐阶为教官，所以从这个层面上讲徐阶为张居正的老师，师生情谊，自是不一般。

张居正慌了，急忙跟徐阶撇清关系，证明自己的清白，把高拱哄高兴了，两人握手言和。其实两人都心知肚明，此次，是两个人大裂痕的一个开始。

张居正越发心急了，高拱必须解决，越快越好，不然寝食难安，出手晚一步就会面临着步后尘的危险，所谓一失足成千古恨。

但是，高拱事业正如日中天，要扳倒他哪里容易，单枪匹马更是难上加难，张居正睁大了眼睛寻找同盟者，还果真被他找到了一位合适人选，此人乃是当时名盛一时的司礼监太监，冯保。

冯保是个不同寻常的太监，他是个有文化的太监，这在那个时代实属罕见。这个冯保跟张居正有个共通之处，那就是他们憎恨高拱，这使得他们能够成为同盟。

此时的冯保是东厂提督太监兼御马监管事太监，这个职务既掌特务又握兵权，其权之重可见一斑。但是冯保并不满足，他的理想是掌印太监，这个职务那更是了得，顾名思义，是手掌盖章的太监，如此一来，朝中大事都逃不过他的法眼了。

张居正与冯保联手，可谓强强联合，但是这都不足以震撼如日中天的高拱，几个回合下来，都败下阵来，他们无可奈何，唯有静静等待时机。

在张居正与冯保里应外合的情况下，高拱下台的路，一步步铺好。

这日，高拱如平常一样去早朝，却不料等待他的是噩梦。高拱已经不记得是什么情况，只听得那份圣旨：高拱专权跋扈，藐视皇帝，即日起，令高拱回籍闲住，不许停留。圣旨如此霸道，不容人辩解。

高拱下台了，这日是隆庆六年（1572年）六月十六日。

与俺答进行的双边会谈

洪武元年（1368年）明军北伐，蒙古贵族在大兵压境的情况下被迫北逃。从此，长城宛如一道鸿沟隔断了蒙、汉两族正常的经济联系。虽然以游牧经济为主的蒙古族非常需要与中原互通往来，但由于军事上的对峙和政治上的敌对，双方仅限于贡节式的往来，并且这一有限的经济联系也常常因为战争而中断。

弘治时期，达延汗统一了蒙古大漠南北，从而暂时结束了蒙古分裂的局面，为蒙古草原的兴旺奠定了基础。

嘉靖八年（1529年），达延汗之孙俺答汗和他的哥哥吉囊进攻明朝的榆林和宁夏，被明陕西三边总督王琼击退。

嘉靖十一年（1532年），蒙古小王子至延绥求贡，总制唐龙请皇帝答应他们的要求，嘉靖帝不听。小王子大怒，于是率兵数十万入侵。此次求贡虽是由小王子发起，但却是代表了俺答的心意。

嘉靖十三年（1534年）三四月间，吉囊、俺答先后两次派人向明朝乞求通贡，嘉靖帝断然拒绝。这下可惹恼了他们，于是，率兵十万攻入延绥，使明军受到重创。

嘉靖二十年（1541年）七月，俺答派石天爵、肯切向明朝请贡。石天爵说：“以前入贡互市，互惠互利。自贡道不通之后，蒙古由于人、畜多疾、衣食紧迫，所以连年内犯。近来卜之神官，谓向天朝纳贡方是出路。如蒙允许，可留一人质，另一归返。今后双方两不相犯。”本来俺答是有诚意的，可嘉靖帝不但没有答应通贡，反而悬赏割取俺答首级。俺答听说这一消息后，一怒之下，与哥哥吉囊分兵两路入侵。其中俺答一路入塞以后，越过太原，南入石州，一路上烧杀抢掠。

自嘉靖二十年（1541年）起，俺答开始独立求贡，而且次数非常频繁。

嘉靖二十一年（1542年），俺答派石天爵等到大同镇边堡，再次向明朝请和。明大同巡抚龙大有竟将石天爵等人押送朝廷，并假称用计擒获。嘉靖帝不但不追究龙的责任，反而升他为兵部侍郎，同时还下令将石天爵在西市斩首示众。俺答得知后发动了空前的进攻，他带兵深入山西，转掠十卫、三十八州县，杀戮20多万人，京师一度处于高度戒备状态中。

虽然明廷杀了俺答的使者，但他从嘉靖二十五年五月至二十六年（1546~1547年）春，曾先后数十次遣使于明，但均被嘉靖帝无理拒绝。

本来明朝两次斩杀对方使者已是过分，而俺答在使者两次被杀后仍求贡如故，可见其诚心。谁知嘉靖帝一意孤行，拒不许贡。俺答在盛怒之下频频发动大规模的攻击，终于导致嘉靖二十九年（1550年）的庚戌之变。

俺答在求贡问题上很执著，即便在大掠京畿、与明对阵之际也念念不忘求和通贡。回师之后俺答又派义子前去求贡。当时任宣大山西总督的苏佑将情况上报朝廷后，咸宁侯仇鸾极力主张答应其求贡。嘉靖帝迫于俺答兵威，加之此时对仇鸾有好感，于是下令在大同、宣府、延绥等地开设马市。

嘉靖三十年（1551年）三月，明廷发银十万两，令兵部侍郎史道前往大同管理互市。刚开始时俺答十分高兴，亲自到马市交易，并向明朝进贡良马九匹。后来，俺答认为明朝所给的马价太低，颇有怨气，双方冲突渐起。为了贫穷牧民得以温饱，俺答曾向明朝请求无马牧民以牛羊换取粮食，明朝则予以拒绝。由于俺答的要求遭到拒绝，加之，从内地逃过去的白莲教徒萧芹等人从中挑拨，所以俺答对部下管教不严，在马市开始之后入掠之事仍时有发生。本来明开市的目的是想换取和平，抢掠之举发生之后，朝中个别的大臣，指责俺答无信、马市难恃。虽然俺答继献马之后又将萧芹等30余名叛明汉人缚献朝廷，但马市仍旧中断了。

嘉靖三十一年（1552年），嘉靖帝以俺答侵犯明境为由，诏罢马市，刚刚恢复的马市又中断了。这次互市明朝并无诚意，而俺答在其要求没有得到满足之后显得耐心不足，终于让明政府抓住了把柄。但总的说来，明朝的责任更大。

马市停罢之后，俺答对互通贡市已彻底失望。在以后的一段时间里，他多次进攻明朝，虽然没有再现庚戌之变那样严重的事件，但也给明朝不小的打击。

嘉靖四十五年（1566年），嘉靖帝死去，隆庆帝继位。不久双方关系出现了新的转机，终于在隆庆五年（1571年）双方达成和议。

双方最终言和，有着经济的和历史的原因。首先，这是双方经济交流的需要。中原的农业经济和蒙古族的游牧经济互相依赖，蒙古族牧民缺少粮食和铁锅等生活必需品，迫切需要与中原进行贸易。如果没有必要的贸易，便难免进行抢掠。贡市将很好地解决这一矛盾。其次，多年的战争给双方的人民带来了深重的灾难，大批蒙古族百姓死于入掠的征途中，如嘉靖二十年（1541年）俺答率兵深入山西石州，死伤数万人。不仅如此，入掠还将天花带到了游牧地区，天花以及瘟疫夺去了无数蒙古牧民的生命。为此，俺答令巫师占卜，请教神灵，结果是：与明通贡则大吉大利。俺答之所以多次诚心求贡，都是入掠所造成的人马减员以及巫师的解释坚定了他的决心。再次，明朝换了皇帝。老皇帝嘉靖是一个刚愎自用、独断专行的人，他对蒙古的态度一向强硬，反对互市。新继位的隆庆帝要开明得多，因此在隆庆五年（1571年）双方议和，俺答被封贡。

然而，促成议和的直接原因则是把汗那吉的降明。

隆庆四年（1570年）十月，把汗那吉至大同败胡堡请降。把汗那吉，俺答第三子铁背台吉的独生子，幼时即父母双亡，由祖母克哈屯抚养，长大以后娶大成比妓为妻，又聘了兀慎兔扯金之女为妾。当时俺答有一个外孙女三娘子长得十分漂亮，又很聪明，但已许嫁鄂尔多斯。而俺答竟将之夺为己有，将把汗那吉所聘之妾送给了鄂尔多斯作为补偿。把汗那吉认为俺答自娶外孙女，又夺孙子之妾送人，简直禽兽不如，发誓与俺答断绝关系，负气出走。把汗那吉一行来到大同后，宣大总督王崇古和大同巡抚方逢时对他十分友好，并将此事奏报朝廷。

把汗那吉走后，祖母爱孙心切，不断埋怨俺答。俺答也很后悔，想以武力迫使明交出孙子。由于高拱、张居正等人的内外努力，明朝决定送还把汗那吉，条件是换回赵全等叛贼。俺答得知爱孙无恙，喜出望外，答应了明朝的要求，并请求贡市。四年（1570年）十二月，双方达成共识，作了交换。

隆庆五年（1571年）三月，明朝封俺答为顺义王，对其子弟也分别作了册封。稍后，根据王崇古的建议，明廷允许俺答遣使入京贡马，每年一次60人。自此，入贡贸易又恢复了。

此外，在沿边一带又设立了马市，每年一次，每次一个月，同时又允许开月市。

隆庆五年（1571年），明朝册封俺答，允许他入贡通市，这件事史称“俺答封贡”，也称为“隆庆和议”。

俺答封贡之后，战乱减少，双方的贸易往来不断增加，长城内外的社会经济也得到发展。万历九年（1581年），顺义王俺答死去，其后子孙继承其位，俺答妻三娘子继续主张尊奉明朝，所以自封贡之后，“四十余年再无用兵之患”，北边得以安宁。

第二章　大明王朝的皇帝改姓张了

老办法新花样

历来，旧皇仙逝、新帝登基之时，乃是朝政大乱之时。于是，一些投机之人，便借此时机，完成了朝廷内部权力的更替与交换，必然有人欢喜有人忧。

权力诱人，欲望永无止境。身居高位者，想方设法排除异己，巩固地位；在下者，则是挤破了头的爬那象牙塔。于是，在这权力争夺之中，鱼龙混杂，却无一例外，皆为“权力”二字。真如那太史公所说，天下熙熙皆为利来，天下攘攘皆为利往。

夏意初来，一切还沉浸在生机盎然的气氛之中。只是，皇宫里却死气沉沉，毫无生气，这日是隆庆六年（1572年）五月二十六日，穆宗驾崩已经是秘而不宣的消息。

穆宗入葬之事，已经无关紧要。一个死人，哪怕这个人生前是怎样的万人瞩目，现在已经掀不起任何风波，当务之急乃是新皇登基之事。

其实新皇人选已经毋庸置疑。穆宗虽颇有艳福，后宫嫔妃无数，却只为他产下屈指可数的儿女。穆宗终其一生有四个儿子，长子五岁而夭折，次子不满周岁而亡，三子朱翊钧，四子朱翊镠，三子四子乃是一母同胞。

按照明朝的长子继承制，朱翊钧已无长兄，顺理成章登上皇位，是为万历皇帝，即明神宗。

穆宗驾崩之时仅三十六岁，在位满打满算才六年而已，他这个现存的最大的儿子朱翊钧也仅有十岁，皇帝如此小，自是不能亲政，当有人为国家前途而叹息之时，一场你死我活的权力阴谋展开了，高拱虽初占优势，毕竟势单力薄，张居正与司礼监太监冯保串通一气，里应外合，终将高拱拉下台。

高拱走了，与往日的风光形成鲜明的对比，高拱走得落魄而凄凉，无一人敢为他送行，自驾牛车狼狈上路。一朝权倾天下，一夕落魄如丧家之犬，如此反差，不得不让人感叹权力沉浮，世事难料。

高拱既走，皇帝尚年幼，权力自然要下放，张居正便毫无疑问地担当起首辅大任，顾命大臣的光荣称号更使他脸上增光。顶着种种闪耀的光环，张居正辅佐幼主，手掌国家大权十年之久。

张居正走向权力的高峰，一览众山小。这十年是张居正的天下，名义上，神宗有着至高无上的地位，但毕竟是个十岁的孩子，贪玩的年纪，对他讲朝政之事，无异于对牛弹琴。张居正集首辅与帝师于一身，神宗都要忌惮他几分。

自古权臣，要么遗臭万年，要么流芳百世。手握大权而不受限制，便成为滋生飞扬跋扈、独断专行的沃土。欲望往往与邪恶相伴而生，为欲望的满足而置天下苍生于不顾者比比皆是。当然历朝历代也不乏手握大权而不忘国家安危、为民为国谋福利者。一念之差，两种结局，所幸，张居正属于后者。

后人给张居正的评价是明朝后期杰出的政治家和理财家，能得如此评价，必有其过人之处，张居正定是做出了一番业绩。

张居正自幼聪慧，被乡人称为“神童”，自嘉靖二十六年（1547年）入仕以来，心怀大志，一心想在朝廷有所作为，只是多次在朝廷崭露头角，都未赢得当权者的重视。目睹朝政腐败，张居正多次上书改革方案，要么被无情退回，要么不予理睬。

心灰意冷的张居正明白，要实现鸿鹄之志，只有一条路可以走，那就是独掌大权。可眼下之势，张居正唯有静静等待，养精蓄锐，等候一鸣惊人之机。

机会来了，张居正把握住了。如愿以偿，那么下一步便是大展身手之时。种种时机都已成熟，张居正振臂一挥，大声一喝，我要改革，改弦更张。

张居正虽习儒家经典，却有着天生的法家思想，其改革思想也渗透着法家精华，这为世俗所难以接受。祖宗之法，国之根本，怎可改变？一遍一遍的疑问，一道一道的上书，阻力很大，压力很大。

商鞅曾有箴言：“治世不一道，便国不法古。故汤武不循古而王，夏殷不易礼而亡。反古者不可非，而循礼者不足。”

想及此，况且多年志向，怎可毁于一旦，张居正抱着一颗誓死之心，力挽狂澜，终究是逆风而行，大刀阔斧地向着目标迈进。纵使满路荆棘，也要毫不犹豫地走下去。

说张居正大刀阔斧那是一点儿都不夸张，张居正的改革围绕边防、吏治、生产、税制，等等，可谓囊括了朝政的大部分内容。

张居正的改革，最为人称道的可谓推行了“一条鞭法”的税收方法，这也是张居正改革的核心内容。所谓“一条鞭法”，就是将一县之赋役，悉归于一条，将丁银归入田赋之下，这样赋和役就合并在一起，统以银两来收取。百姓可以通过银两来抵徭役，履行对国家的义务。从某种程度上来说，徭役被取消了。赋役征收大大简化，土地兼并得到打击，百姓负担也减轻，可以安心从事生产。

“一条鞭法”的实行并非张居正心血来潮，而是基于对社会形势的了解。况且，张居正终究是统治阶级的代表，他的所作所为，无不是为统治阶级服务的。

明中叶以后，资本主义萌芽产生，商品经济得到很大的发展，金钱的魅力一览无余地展现出来。上至皇室、王公大臣，下至平民百姓，对金钱的追求到了无以复加的地步。

穆宗，就是一个视财如命的典型，为追求游幸玩乐和物质财富的享受，他无限地勒索国库银两，以公充私，供自己挥霍，上行下效。皇帝如此，那他手下的大臣必定好不到哪里去。

金钱诱人，皇帝又起了敛财的带头作用，于是官员纷纷利用手中职权，大肆敛财。所谓，羊毛出自羊身上，在农业社会，财富大都由农业创造，于是，对土地的兼并便不可限制地严重起来，对农民的搜刮便理所当然成为谋财之道。

这些敛财者，一味中饱私囊，宛若一个一个的蛀虫，长此以往，终究会有一天引火上身。纵使隐忍如中国农民，他们的忍耐总是会有个限度。一旦触及了他们的底线，他们也会大呼“是可忍孰不可忍”，然后揭竿而起，群起而攻之。

农民起义此起彼伏，小的不说，我们看看那些能在历史上留下名的，山东的唐赛儿起义，浙江的叶留宗起义，福建的邓茂七起义，等等，其势越来越难以抵挡，张居正看到了并且开始反思了。

那些敛财者，若是如此纵容下去，后果不堪设想。张居正站了出来，伸手拦下了那些不知大祸临头的同僚，大呼小叫那是必然。讲道理，张居正是没有这个耐心的，权力在握，谁敢不从。

“一条鞭法”终究是实行开来，赋役折变成银两，更是规定了定额，这是中国税制改革的一个大转折。中国的税制自秦汉以来，一直以征收实物主要手段。“一条鞭法”推行以后，便确定了银两在赋役制度中的不可动摇的地位，并一直延续下去，赋役从实物向货币转换成为不可阻挡的趋势。

然而，愿望是美好的，现实却很残酷，张居正可以管得住眼皮子底下的官员，但是全国各地官员无数，他张居正纵使有三头六臂，纵使有天大的本事也无能为力。

“一条鞭法”触动的是地主阶级的利益，所以这就注定了它的贯彻实施要大打折扣，在一些已经推行“一条鞭法”的地方，官府仍然以各种名义征收赋税，更有甚者，强迫农民从事各种徭役。这大大违背了“一条鞭法”的精神。

尽管如此，瑕不掩瑜，张居正的改革，仍是成功的，对缓和阶级矛盾和民族矛盾、安定社会、发展生产，大有裨益。

改革的悲剧

中国的封建专制主义体制从秦汉以来到明末，已经延续了一千六百多年。它本身不仅有创立和完善的过程，而且在不断地加强和削弱的反复震荡中发展。一个又一个王朝的兴衰成败，一次又一次的江山易主，只不过是旧药换新瓶。封建专制主义体制仍然贯穿起一个又一个朝代，愈到封建社会后期，愈益强化。

到了明朝，政治上的集权达到前所未有的强度，连宰相的权力都被皇帝收入囊中，因此明朝皇帝成为权力的超级集中者。但事情并没有朝皇帝们想象的方向发展，明朝衰败的景象远远超过汉末、唐末和宋末，这样一种权力极度强化和国家极度弱化的势态，共生在同一王朝的始末，是历代王朝从未有过的境遇。看来体制本身已经疾患缠身，倘若没有及时医治，就要暴病而亡。

张居正的改革是在统治机构近乎解体、财政濒于破产的局面下，自上而下发动的一场自救运动。改革是触动社会体制的变革，这虽然是在同一社会制度下的推陈出新、自我完善，却是“变”字当头，改变某些不合时宜的规章、制度和政策。与渐行渐变不同的是，改革是带有矛盾的集中性、突破性和体制性的改变，集中表现为法制的推陈出新，所以又称为变法运动。

作为一个具有雄才大略的政治家，张居正对明王朝所面临的问题有深刻的认识。针对外患问题，他倚重解决了沿海倭寇的抗倭名将戚继光，抵御了北方鞑靼的入侵，此外，他利用鞑靼首领俺答与其孙把汗那吉之间的暗流涌动说服鞑靼称臣。张居正一面和鞑靼通商往来，一面在边境练兵屯田，加强防备，之后二三十年间，明朝和鞑靼之间一直没有发生战争。他还通过俺答汗同西藏建立了关系，北部边防的巩固使张居正可以把注意力转向国内问题。

《红楼梦》中探春在“惑奸谗抄检大观园”时曾说：“可知这样大族人家，若从外头杀来，一时是杀不死的，这是古人曾说的‘百足之虫，死而不僵’；必须先从家里自杀自灭起来，才能一败涂地！”家如此，国亦如此，外患是问题，但内忧是根本。

张居正认为当时国力匮乏和盗贼横行都是由于吏治不清造成的。官吏贪污，地主兼并，引起部分人钱包大鼓，公家却是囊中羞涩；加上皇帝太不像样，挥霍无度，百姓因此吃不饱睡不好，无奈之下上山当了草寇。张居正很高明地把了国家的脉象，政不通，社会问题就得不到解决，本来这些年经济就不好，再加上一群不干正事、中饱私囊的贪污蛀虫，不帮百姓解决问题，还搜刮他们的脂膏，国家能不乱吗？因此，张居正决定从“官”开始逐步清除王朝的肿瘤。

万历元年（1573年）十一月，张居正上疏对官员实施绩效考核，即“考成法”，以便明确职责。针对公文传递过程中“上之督之者虽谆谆，而下之听之者恒藐藐”的弊端，张居正上书皇帝提出公文办理的改革，以六科控制六部，再以内阁控制六科。朝廷的六部、都察院，其奏疏凡得到皇帝批准的事项，转行到各衙门，根据事情的轻重缓急、地方的路途远近，限定办理的期限，每月底清点。事情办得怎样，就靠这条线层层监督，一只眼逐级盯下去，评定官员的一个指标就是办事的效率和质量。

张居正在施行“考成法”时，还将追收逋赋作为考成的标准。万历四年（1576年）规定，地方官征赋试行不足九成者，一律处罚。同年十二月，据户科给事中奏报，地方官因此而受降级处分的，山东有十七名，河南两名；受革职处分的，山东两名，河南九名。这使惧于降罚的各级官员不敢懈怠，督责户主们把当年税粮完纳。由于改变了拖欠税粮的状况，使国库日益充裕。据万历五年（1577年）官方统计全国的钱粮数目，年收入达435万两，比隆庆时同比增长了74%。财政收支相抵，还结余85万两，扭转了长期财政亏虚的状况。正如张居正自己所说的：“近年来，正赋不亏，府库充实，皆以考成法行，征解如期之故。”

绩效考核直接和头顶的乌纱帽挂钩，捕蝉的螳螂后面有黄雀，官员们都得实打实干。官场上，什么都还可以考虑放一边，但官帽最重，不可懈怠。明朝残坏的管理系统，好像得到了有效整修，运转起来快了许多。

然而，对官吏的管理限制势必损害官僚豪强的利益，当改革与制度碰撞时，失败的往往是前者。正如黄时鉴在《中国大百科全书·中国历史》中所说：“张居正在中国封建社会后期矛盾加剧的情况下，为了挽救明王朝的危亡而从事的改革，只是地主阶级内部的改良运动。但改革对扫除积弊，澄清吏治，抑制豪强，减轻农民痛苦，安定人民生活也有一定的好处。由于清丈土地和一条鞭法的实行，政府收入增加，国家财政状况有很大好转，但改革也受到官僚豪强大地主势力的百般顽强阻挠……居正病卒后，除一条鞭法外，其他改革几乎全行废止。”

果不其然，张居正死后的第十四年（1596年），神宗就以疯狂的掠夺，破坏了国家机器的正常运转，给明朝带来了一场空前的灾难。新政被废除以后，国家朝政急遽败落，既有的危机不仅故态复萌，统治机构还出现了自行解体的趋向，各种社会矛盾环环相扣，交错而起，一场更为严重的危机铺天盖地席卷而来。官僚体制被破坏，国家库藏被耗尽，平民百姓生活在水深火热中，终于激发民众起义，此起彼伏多达四十多次，全国各地怨声载道，朝廷动荡不安。

这究竟是张居正的悲哀，还是大明王朝的悲哀，寻根究底，是体制的弊端造成了改革的悲剧。

边境安宁，国泰民安喽

张居正排除万难，力挽狂澜，冒死变法，将个人荣辱置之度外。“不但一时之毁誉不关于虑，即万世之是非，亦所弗计也”。

所幸，皇天不负有心人，变法卓见成效。单从国家储蓄可略窥一二，据史书记载，张居正当政期间，国库积银有六七万两，太仓也储备粮食达到一千三百多万石。

这样的储备已实属不易，要知道，在穆宗一朝，国库空虚，可谓一穷二白，官员俸禄一拖再拖，仍无法按时按量发放。传闻，礼部尚书，因不得俸禄，无法供养家人而上吊自杀。朝廷如此，那平民百姓便可想而知。

仅由此一点，我们就不得不肯定张居正的政绩。行文至此，张居正排异己，要心机种种似乎可一笔勾销。当然，若要做到流芳百世，仅仅依靠这点儿业绩似乎还不足为道。张居正改革囊括种种，可谓包含朝政的各方各面，我们且看张居正对于边防的整饬。

外患是明朝中后期无法避免的一个话题。当时，对明朝造成威胁的主要来自三方面的势力，北方的蒙古、东南沿海的倭寇和东北的女真。倭寇之乱肆起，经抗倭名将戚继光、俞大猷的平定，倭寇再不敢张狂，倭乱告一段落。

北方游牧民族南下仍是个让人一筹莫展的问题。有明一代正处寒冷期，北方尤甚，少数民族为得人畜生存，便极力往南扩展。另一方面，蒙古与女真内部阶级矛盾激烈，各部为扩大实力，也不遗余力扩张地盘。雪上加霜的是，明朝边境不时有焚烧牧场的情况发生，致使“边外野草尽烧，冬春人畜难过”。更为迫切的是，“各边不许开市，衣用全无”。如此一来，明朝跟北方少数民族的冲突便一发不可收拾了。

但是，我们再看明朝的边防情况，却是让人心寒。边防破败不堪，“壕浅墙卑，虏患日涂，边事久废……频年寇犯如蹈坦途”。当时，朝中众大臣对于边防不甚重视，有大臣认为，筑边防乃是“殆所谓运府库之财，以填庐山之壑，百劳而无一益”。如此情境，如何抵挡外族入犯。

北方少数民族以游牧为主要的生活方式，这种出没无常的特征，使得不善于打游击的明朝军队无所适从，多次交锋都处于下风。对方如鬼神出没，根本就见不到踪影，而明军却只有抓耳挠腮的份儿。“我散而守，彼聚而攻，虽称十万之众，当锋不过三千人，一营失守，则二十二营俱为无用之兵；十里溃防，则二千余里尽为难守之地。”兵部尚书刘焘曾上书叙述这里面的苦衷。

防不胜防，战不能战，困难重重，无所适从。明朝统治者没有好的策略，便断绝民族之间的正常交易。岂料，这只会起到适得其反的效果，对于物资的缺乏和追求，逼得少数民族更加肆无忌惮地劫掠，事端越发严重起来。

张居正是个眼里容不得沙子的人，他当权以后，自然不容少数民族如此放肆，他将整饬边防、改善民族关系列为当务之急，并制定了“内修战守，外事羁縻”的方针。

其实，张居正对于边防的重视并非心血来潮，在其还未担当首辅的时候，就对边防巩固表示十分赞同。隆庆四年（1570年），蒙古鞑靼部俺答的孙子把汗那吉携妻投奔明朝，在张居正的支持下，边疆名将王崇古厚礼接待，以此事为契机，穆宗封俺答为顺义王，明蒙关系开始走向正常化发展。

隆庆五年（1571年），经张居正力主，答应俺答的朝贡请求，并在沿边三镇开设马市，边境有十几个互市市场，与蒙古进行正常的贸易，明蒙关系更进一步。

只是，隐藏在貌合神离之下的利益冲突，终究是一个无法让人放心的隐患。随着蒙古实力的增强，兵强马壮之时，便开始不安分了，边境的安危仍是一个亟待解决的大问题。

张居正力图改变这种被动局面，在他的心中已形成一个蓝图，可总结为一句话：人不犯我，我不犯人，人若犯我，我必犯人。其意义乃是，做好万全的防御准备，以和为主，必要时也不放弃使用武力，来犯必战。

防御措施做到位，乃是重中之重。蓟州是北部边防的门户，其地理位置尤为重要，蓟州一失，蒙军便不可抵挡。张居正派遣抗倭名将戚继光担任蓟州总兵，守卫蓟州这个大门。戚继光带领士卒来到蓟州，加紧训练，这些士卒都是抗倭战争中的骨干力量，士卒士气高昂，能以一敌十。

长城是北方少数民族南下难以逾越的一个障碍，长城的作用历朝历代无不重视。戚继光来到蓟州第一件事情，便是修缮长城，在此修建了一千多个敌台，重点区域以砖石堆砌，内填充泥土石块，其结构更加坚固，这大大增强了边防的防御能力。这样一来，“边备修饬，蓟门宴然。继之者踵其成法，数十年得无事”。

针对东北渐渐强大的女真族，张居正派名将王崇古、方逢时主持东北边防军务。这二人均为边防能将。他们在辽东地区修城墙，筑城池，开屯田。边防防御为之一新，战斗力加强了。

西北、东北防务准备就绪，口说无凭，需要接受检验。万历七年（1579年）张居正命兵部侍郎王遴、汪道昆、吴百朋、分工巡视边防工作。九边重镇，一一视察，不得有误。如此一来，边防工作便马虎不得。视察意义重大，一是鼓舞了边境士卒的士气，二是使得中央掌握了更加真实可靠的边防实况。

养兵千日，用兵一时。万历七年（1579年），明蒙战事再起，彪悍的蒙古骑兵从北南下进犯，被戚继光阻挡，不得前进。蒙古骑兵仍不死心，便转移进攻方向，准备从东北进犯，东北的女真也加入到对明战事中，战争升级。

面对联军，张居正以其对边防的充分把握，亲下指令，千里遥控。时人称张居正乃是“数万甲兵藏于胸，而指挥乎千里之外”。如此看来，张居正还是位文武双全的人才。

此时的辽东总兵是李成梁。此人也是一员守边名将，面对联军，毫不畏惧，一次一次将他们的进攻击破，最终打得盟军落花流水，狼狈而逃。

守军凯旋，此时的张居正作出了一个让人匪夷所思的决定，“威行而后可用恩也”，即与蒙古议和，化干戈为玉帛，再建封贡关系。

民族歧视和民族压迫历来根深蒂固，张居正的这一决定在朝廷掀起了轩然大波，况且明军取得胜利，这正是一个乘胜追击的好时机。这得之不易的胜利难道要成为议和的筹码？只是更多人敢怒不敢言，观望，观望，再观望，是他们在官场中学会的生存法则。

与少数民族议和，历来不被看好，被认为是妥协投降的无奈之举，但是张居正的想法迥然不同。张居正有更深层次的考虑，此时明朝正值多事之秋，尽量减少战争那才是明智之举。战争并不是一个永绝后患的好方法。

在张居正的主持下，明蒙关系破镜重圆，继续封贡关系，再开茶马互市。而对于东北的女真，也在清河、抚顺、开原等地开通互市。

当然，议和达成，并不等于可以高枕无忧，张居正深谙其中的道理，因此他下令："桑土之防，戒备之虑，此自吾之常事，不容一日少懈者。岂以虏之贡不贡而有加损乎！"一时之间，北部边疆和睦融融，战事全无。

至此，边境安宁，国内新政初见成效，呈现出国泰民安的繁荣景象。

高拱，你点太背了

所谓一人得道，鸡犬升天，张居正身高势众之时，对他十分忠心的太监冯保也飞黄腾达起来，只是这个冯保是个记仇之人，更是个有仇必报之人。

高拱非常不幸地就碰上了他。嘉靖年间，冯保为司礼监秉笔太监。到了隆庆元年（1567年）冯保升任东厂提督，有着很老的资格。

恰逢这时，司礼监掌印太监之职空缺，冯保一举登上此座。冯保在官场中摸爬滚打了这么多年，当然学得了一些生存之道，跟当朝权贵建立良好关系那是第一步，于是，冯保发挥其左右逢源的手段。

只有一个人——高拱，不愿意理会他。这可非同小可，高拱此时正坐在首辅的位子上，其一言九鼎的气势，连穆宗都要畏惧三分。

高拱久居穆宗身边，自然知道穆宗的心思，穆宗不喜冯保，高拱当然不能逆风而行，自找麻烦。他推荐御用监陈洪为掌印太监，这让冯保非常气愤，他们就此结下冤仇。

冯保憋了一肚子气，却也无可奈何，人在屋檐下，不得不低头。天眷冯保，陈洪上职没多久，就被罢免。冯保的机会来了，只是这次他再次"竹篮子打水，一场空"，白白欢喜了一场，醒来，不过一场白日美梦。

原来，高拱再次舍冯保而力挺孟冲，这个孟冲不论是资历，还是才智，根本无法与冯保相提并论，他只不过是个尚膳监的太监而已。这下冯保已经无法压抑自己的怒气了，是可忍孰不可忍，孟冲一个太监，有什么能耐担此大任。

冯保冲冠一怒，桌子一拍，杀高拱。冯保当然有自知之明，以一己之力，杀一个万人之上、一人之下的权臣，那简直是自不量力，拿生命开玩笑。隐忍，隐忍，再隐忍。

冯保盯上了张居正这个潜力股，张居正正值被高拱猜忌，内心又想把高拱拉下台，自己独揽大权，二人斗得不亦乐乎。张、冯二人，志同道合，一拍即合，成为一条船上的人。可以说，冯保慧眼识人，他下手准且快，张居正也没有让其失望。

在二人的密谋下，一个一个针对高拱的陷阱布阵开来，纵使高拱有天大的本事，也难逃这天罗地网，高拱被罢官了，狼狈回到新郑老家，归田去也。

高拱再起再落，均系张居正的关系，朝廷里的你争我夺，高拱终究是看破了，罢了，罢了。高拱自此不问国事，一心沉浸在自己的小日子里，"闭户却帚下帷著书八十余卷"。

纵观高拱这一生，自有排除异己，飞扬跋扈，但也不枉一个“救世宰相”的美誉。他初任内阁首辅，便开始了悄无声息的新政改革，整顿吏治，选贤任能，等等。在处理民族关系上，高拱也有其独特的想法，与蒙古鞑靼部的封贡关系与互市关系的促成，不能忽视高拱的功劳。北部边境能得多年安宁，这得益于高拱的经营。

高拱罢免后，以闭门著书为乐，这倒也不失是个怡然自乐的好方法。但是天不遂人愿，冯保，这个正得势的太监，仍放不下仇恨，非要置高拱于死地。孰之过，只怪他得罪了小人。

权力诱人，冯保正如鱼得水，但是天生的忧患意识让他明白，必须未雨绸缪，高拱不是一般的人物，他能够一次东山再起，难保不能第二次东山再起。高拱此前重回朝廷种种，一时之间都涌上冯保心头。高拱若能再次踏入朝廷，那就是他冯保的死亡之日。绝对不能让这样的事情发生，为永绝后患，必须斩草除根。

官场之中，政治斗争本就很残酷，刀光剑影之下，本就有着众多的沉浮变幻，一朝升天，一夕失势，乃是家常便饭。夏言、徐阶等就是很好的例子，在权力的顶峰，被打入万丈深渊者不胜枚举。

冯保心里埋下了来自高拱的危机种子，高拱一日不除，便寝食难安。而今，缺乏的只是一个契机，一个能跟高拱扯上关系的契机。历史并没有让冯保等太久，他机关算尽，反倒是搬起石头砸了自己的脚，碰了一鼻子灰，还要他的老战友张居正来给他收拾残局。这不得不让人感叹，虽说防人之心不可无，但害人之心不可有。

这日是万历元年（1573年）正月十五日，元宵佳节，万人欢喜，举国同庆。紫禁城内十岁的神宗小皇帝，嘴角上扬，满脸童真，今儿过节，早朝免去，些许兴奋。洗漱完毕，去慈宁宫给太后请安，小皇帝的喜悦溢于言表，今日必会与往年一样，热闹非凡，听大戏，观烟花，想想就心花怒放。

小皇帝沉浸在自己的世界里，身旁的侍卫倒是尽责。正此时，发现一个鬼鬼祟祟的太监，这个太监从未见过，形迹可疑，多年的职业素养让他们断定，此人必定有问题。虽无甚证据，为皇上的安全着想，还是拿下来盘查一番可靠。

一番搜查，证实了侍卫的判断，此人根本就是个假太监，身上的一把短刀，更证实了其图谋不轨的行径。此事非同小可，在皇帝周围出没，还携带利器，莫非是要行刺皇上？一连串的疑问，几经盘查，仍不得结果，只知此人名叫王大臣。

这可如何是好，此人口风极紧，根本就是一问三不知。正当众评审一筹莫展之时，宫里抓住刺客的事情传到了冯保的耳朵里，冯保一拍桌子，认为此乃大好时机。

冯保的阴谋悄然孕育，他要向高拱进攻了。冯保眼角的杀机一览无余，使这寒冷的隆冬，更加刺骨了。

冯保虽有野心，却实力不足，他又想到了老同盟——张居正。张居正听冯保说明来意，不禁迟疑了，两人毕竟本是至交好友，这份情谊终生难忘，高拱任首辅时，排除异己，独留自己，这份恩情，却换来恩将仇报，自己心中已有几分愧疚。此刻，高拱已落得如此下场，为何还要赶尽杀绝，置他于死地？

张居正的一声声叹息，冯保看在眼里，绝对不能让他迟疑，更不能退缩。冯保用其三寸不烂之舌，将其顾虑种种添油加醋细说一遍，这正对张居正的痛处，他日若高拱再入朝廷，自己将何以自处？

冯保所说，句句属实，句句在理，张居正便抛弃了所谓的情谊，默认了冯保的所作所为。

冯保先是买通了王大臣，允以高官厚禄，指使其一口咬定刺杀皇帝的幕后主使乃是高拱。办好此事，冯保高枕无忧了，幻想着此后一路无阻的官途，可与张居正平起平坐，就忍不住哈哈大笑。

只是，冯保未免高兴得太早。这日，刑部开堂审理王大臣一案，冯保忍不住去凑了个热闹，却不料引火上身。

原来，王大臣狗急跳墙，将冯保反咬一口，死死咬定刺杀皇帝乃是冯保所指使，并将冯保许以高官厚禄的事情全盘抖出，这让冯保惊呆了，他万万没有想到这王大臣会有这么一招，王大臣嘴角那若隐若现的微笑，让他备感讽刺。

冯保无处可逃，就要跌入谷底，在这关键时刻，还是张居正拉了他一把，张居正暗中命人将王大臣变成了哑巴，一个哑巴所有的证词都成了谎言，此事以王大臣被问斩而告终。冯保借此逃过一劫，魂归七窍。

家中的高拱，自是不能安宁，冯保、张居正欺人太甚，高拱却只能欲哭无泪。此时的他，手无缚鸡之力，如何跟他们二人相争？因得天眷得以逃过此劫，那么下次呢？高拱无以承受这样的惊吓了，不日就一病不起。万历六年（1578年）初冬，高拱病逝，享年六十六岁。

令人心痛的是，冯保对于一个已死之人仍无法释怀，只允许给高拱半葬。所幸神宗亲政以后，认为其“担当受降，北虏称臣，功不可泯”，为其翻案，加封太师之职。留得生前身后名，这也是对高拱的一番慰藉。

君子报仇，三十年也不晚

无数的磨难，无数的心血，终于柳暗花明，尽管手染鲜血，尽管高处不胜寒，张居正终于将自己推上了权力的至高峰。往事不堪回首，为何不享受现在？

只是，往事种种，终究不能抹去。我们暂且回到隆庆二年（公元1568年），看看这年的张居正是个什么模样。这年高拱已经下野，徐阶当政，张居正是内阁成员。这一年，对张居正非比寻常，近三十年的隐忍，在这一年爆发，家仇、耻辱，一笔勾销。报仇雪恨之后的快感，让张居正更加迷恋权力在握的安全感。

这日，东方刚刚泛鱼肚白，张居正便醒来，辗转反侧，无法入睡，便早早穿戴整齐，来到宫中，心中有几分欣喜，又有几分紧张。今日穆宗皇帝要当众宣布辽王朱宪𤊨的罪证，多年了，张居正终于盼到这一刻了。

朱宪𤊨罪行种种，已经不重要，掀起张居正情绪的是结局。朱宪𤊨罪本该诛，但因其为皇亲国戚，宽大处理，免其死罪，贬为庶人，另禁锢于高墙之中。张居正忍不住双腿颤抖，表情有些哭笑不得，他太高兴了，禁锢高墙对于朱宪𤊨来说，那简直是生不如死，活受罪。

张居正以其悲、其哀为乐，可见他对朱宪𤊨的憎恨到了无以复加的地步。这事有些历史了，还得从张居正的爷爷说起。

辽王这一支是由朱元璋的第十五子朱植世袭而来，其封地称广宁府，在今辽宁省的北镇市。到嘉靖初年，已是第七代，第七代辽王正妻无子，侧室为其生有一子，乃是后来的辽王朱宪𤊨。

朱宪炜与张居正同岁，又是同乡，张居正的爷爷张镇，在辽王府做护卫，地位极低。年幼时，张居正经常随爷爷出入辽王府，朱宪炜自然认得张居正，两个人还时常一起玩耍。一个平民家的孩子，一个含着金钥匙出生的孩子成了朋友，只是当他们通人情世故以后，这份友情就掺杂了更多的杂质。

两人到了上学的年纪，张居正自幼聪颖，五岁入学，十岁就能通六经大意，成为乡里尽人皆知的“神童”。到了嘉靖十五年（1536年），张居正入荆州赶考，考中秀才，这年张居正十二岁，一时之间，张居正成为乡人津津乐道的人物。

与张居正相比，朱宪炜就略逊一筹，不足为道了。朱宪炜资质无甚过人之处，所谓笨鸟先飞，可这朱宪炜自恃家底丰厚，更不求上进，整日搞一些旁门歪道的偷懒之事，到张居正考中秀才那年，朱宪炜仍不能完整背诵《四书》，此中差距可见一斑。

辽王王妃毛氏望子成龙，多次以张居正为榜样，训诫朱宪炜。这朱宪炜不知见贤思齐，更容不得张居正抢了他的风头，反倒是对张居正有了芥蒂之心，私下里多番羞辱张居正。

张居正人在屋檐下，哪里敢反抗，任凭凌辱，却还要低声下气般的隐忍，这个时候的张居正就下定了决心，一定要出人头地，跟这个恃强凌弱的小霸王争个一二。

两人虽小，但已经暗暗在较劲。一争高下，看谁能够笑到最后。从结局来看，朱宪炜取得了初步的胜利，但是笑到最后的却是张居正。

嘉靖十六年（1537年），辽王归西。朱宪炜更加肆无忌惮，其仗势欺人之势也无人敢管，只等有朝一日能登辽王宝座。

嘉靖十九年（1540年），这年，张居正与朱宪炜都已十六岁，依古代的制度，都已经成年。张居正在这一年入武昌参加乡试，考中举人。朱宪炜则是世袭了其父辽王的位子，成为第八代辽王。

这日，朱宪炜眼珠子一转，顿来一计，不由得冷哼一声。张居正不好对付，可以拿他的爷爷张镇开刀，以泄心头之恨。

朱宪炜命人将正在外边值班的张镇招来，一番好言，张爷爷你是如何如何忠心，为辽王府奉献了一生种种，把张镇夸得满脸堆笑。在这恰到火候的时候，朱宪炜命人端上了美酒，主人赐美酒，哪里有推辞之理，张镇不知其他，便喝开了，一杯接着一杯。

张镇实在是喝不下了，这朱宪炜竟然命人来灌酒，这张镇一下子明白过来，这小辽王是要置自己于死地，只是为时晚矣，现下不喝也由不得自己了。

张居正闻讯赶来，看到的已是奄奄一息的张镇，这张镇竟然被活活醉死了。看着满脸冷笑的朱宪炜，张居正真想让他万箭穿心，只是时机不对。冷静，冷静，再冷静。狠狠瞪着朱宪炜，张居正暗下决心，此仇不报非君子。

朱宪炜没有忽略张居正眼中的恨意，他没有畏惧，心里道，你就放马过来吧，看你有什么本事，能把我怎么着。

嘉靖二十六年（1547年），张居正入京赶考，考中会试，后来又经过殿试，考中探花。考中进士的张居正被安排在翰林院任职。

嘉靖三十四年（1555年），张居正回家养病，亲眼目睹了朱宪炜的仗势欺人。此时老辽王的毛王妃已故，朱宪炜更无人监管，越发荒淫无度起来。坑蒙拐骗，强买强卖，兼并土地，无所不用其极，简直成了当地的霸主。

更为甚者，朱宪炜还到外省去游山玩水、寻花问柳，这可是犯下了滔天大罪。按照律例，宗室藩王是不得离开藩地的，有违背者要贬为庶民。只是旁人慑于朱宪㸅的权威，哪里敢上报。任凭他朱宪㸅逍遥快活，却无人敢管制。有史记载："嗜利刻害，及长，多不法，常出数百里外游戏，有司莫敢止。"

张居正有感而发，便写了一道奏折，叙述其对于宗室藩王的独到政见。当然这也不完全是针对朱宪㸅而作，却也不能排除这里面的个人恩怨。张居正指出，分封在各地的宗室藩王，在自己的小地盘上形成割据状态，他们总揽封地大权，置中央法令于不顾。当"宗繁茂盛"之时，就成了朝廷的一大隐患，若是不能够及时遏制，其后果难以想象。另一方面，宗室的无限制发展，也是中央财政的一个包袱。到嘉靖这一时期，宗室的后代数以万计，这些直系和旁系宗室贵族每年的俸禄是个巨大的数目。若能够削减宗室成员，那就可节省一大笔的财政支出。

其实，张居正所说不无道理，却是冒宗室贵族之大不韪，成为他们厌恶的对象。朱宪㸅更认为其矛头是直指自己，对张居正表面笑脸相迎，背地里却不知道是骂他八辈祖宗多少遍了。此事并没有引起重视，不了了之。

隆庆元年（1567年）至隆庆二年（1568年），湖广巡按陈省与巡按御史郜光先两次上京弹劾朱宪㸅，指其贪赃枉法，横行霸道种种，其罪行竟有十几项。

经核查，种种罪行皆属实。这些朱宪㸅都认为不足以为惧，不过是小菜一碟，毕竟是皇亲国戚，试问哪一个皇族纨绔子弟不是如此？但是，在这风口浪尖上，张居正又来插了一脚，揪出了他的致命弱点。

原来，这朱宪㸅没有嫡生儿子，便以私生子冒充嫡生子，试图瞒天过海，作为继承人。辽王府的监督官王大用想据实以报，不想竟被朱宪㸅害死。

此事一被抖出，朱宪㸅这可是犯的欺君大罪，于是发生了文章开头的那一幕。

张居正在废朱宪㸅的过程中，发挥了极大的作用。这一年，距离张居正的爷爷张镇被朱宪节用酒灌死有二十八年。都说君子报仇，十年不晚，但张居正足足等了二十八年。

只是，此事也为张居正留下了祸患，多年以后，亲政的神宗就捉住了张居正的这个小辫子将其打入万劫不复的境地。这里面的是非，如何能说得清楚。

看不顺眼就要闹

"创始之事似难实易，振蛊之道似易而实难"，关于创业难还是守业难的问题，张居正从其切身经验得出这样的结论。新政步履维艰，张居正面临种种压力，让其不禁发出如此感慨。

张居正执政期间，确实是个多事之秋。新政的实施，因其改革力度甚大，屡次触犯大地主、大官僚等腐朽势力的利益，他们手握权力，屡屡以种种理由站出来阻挠。这些人，不是三言两语、训斥恐吓就能够解决的。

另外，张居正也不是一个完美无瑕、毫无把柄之人。他以公济私的行为，必然成为反对者攻击的对象。随着张居正权势的无限制扩大，他独断专行、刚愎自用的一面也逐渐滋长，再加其生活奢侈，这也授人把柄，引起了同僚的非议与嫉恨。

于是，一场场弹劾张居正的风波让他应接不暇，张居正本就是一个眼里容不得沙子之人，强力打击那是必然。明争暗斗，硝烟四起，朝廷沉浸在一片紧张的氛围之中。

第一场战斗已经悄然拉开帷幕，起因乃是新政。张居正推行了一套严格的官吏考成法，“课吏职，信赏罚”。根据考核后的政绩好坏，分成：称职、平常、不称职，以此体现赏罚分明，作为升职与罢免的依据。

这套官吏考核方法，史书记载，使得朝廷政令“虽万里外，朝下而夕令行”，这种说法虽有言过其实的成分，但其政绩还是应该肯定的。

但是，就是这套考成法，成了攻击的对象。万历三年（1575年），南京户科给事中余懋学上疏议事，种种言辞都直指张居正，先是批评考成法太过苛刻，又非常露骨地讥讽张居正阿谀奉承。

此时的张居正是何等威风，在众人面前对他评头论足，那真是胆大妄为。张居正的怒气一拥而上，你一个小小的给事中是向天借了胆，竟然三番两次不识时务，胆敢在老虎眼皮子底下拔毛。

这余懋学批评考成法之苛刻，却有其合理之处，因考成法要求各个衙门按照衙门事务轻重缓急都要定出一定的期限，然后登记上簿，月终注销，并送内阁考察，这种考核一月一小考，一年一大考。这确实是一项伟大工程，这使得那些懒惰官员和无政绩官员个个叫苦连天，无不愤恨。只是，余懋学上疏张居正阿谀奉承之说，却有些牵强附会，若说其起端，这还要去追溯到上一年的历史。

其实，余懋学与张居正的矛盾在一年前就埋下了种子。万历二年（1574年）初夏，这日，天气晴朗，清风徐吹，鸟语花香，让人无比惬意。内阁成员聚集议事，竟然发现池中莲花含苞怒放，以往年来看，这莲花要到仲夏才开放，此事非比寻常，众人无不惊奇。恰在此时，有人来报，在翰林院发现有白燕，这又是一件稀奇事。

张居正以这两件事为祥瑞之征兆呈现给皇帝，小皇帝亦惊喜万分，只是，这个时候另一个掌权人物冯保发话了，皇帝年幼，唯恐以此取悦皇帝，反而让他玩物丧志。张居正拍马屁没有拍到点子上，支吾不语。

余懋学听闻此事，倒是来了兴致，他连夜写成一本奏折，声称张居正阿谀奉承，大失为臣之道。张居正受冯保一番指责，正无处发泄，他余懋学一个芝麻小官又来凑热闹，惹怒了发威的老虎。

纵使张居正权势熏天，朝堂之上，这么多人看着呢，神宗皇帝总要做个样子。这日，神宗皇帝下诏以此事对张居正予以点名批评。张居正心里那个愤恨，但是在这风口浪尖上，他也不敢有所作为，便将这口气压下了。

兴许是在此次弹劾中尝到了甜头，时隔一年，余懋学再次出击，并且旧事重提。老虎不发威，这余懋学还真当张居正是只病猫，张居正怒了，他这一怒非同小可，后果很严重。次日，余懋学便被革职，并且是永不叙用。只是他的罪名却给得无法让人信服，“贪污受贿”，据史书记载，余懋学为官清廉。

余懋学为一时的冲动付出了惨重的代价，“永不叙用”是多么残酷的惩罚，多年的苦读与基业毁于一旦。而更令人叹息的是，其清廉之高风竟然被莫须有的贪污受贿所玷污。在这政治斗争中，黑与白颠倒的世界里，唯有权力能说服一切。

权力掷地有声，一言九鼎，但是要众人个个言听计从那也未必轻而易举。张居正处置了余懋学，却不料点燃了一个导火索，引发了更大的风暴。真是一波未平，一波又起。张居正眉头紧皱，天予我大任，为何还要经历这么多的苦难。

余懋学含冤而去，河南道试御史傅应祯上疏为其喊冤：“远近臣民不悟，遂谓朝廷讳直言如此，其逐谏官又如此。相与思，相感叹，凡事有关于朝政者，皆畏缩不敢陈矣。”余懋学行使言官职责，竟得永不叙用的报复，那以后谁还敢直言？

傅应祯所言种种，句句在理，引人深思。可是接下来所说，就是引火上身，自找麻烦了。傅应祯不仅将张居正骂得狗血淋头，更是连带着神宗也一并侮辱了。“张居正误国，万历失德”，这两个当朝大人物一并得罪了，傅应祯的好日子到头了。

张居正勃然大怒，当庭失态，不过还未等他发话，神宗就先下手为强了，“廷杖伺候”。傅应祯被打成重伤，险些丧命。然后交给锦衣卫镇抚司处置。这个镇抚司奉旨办案，将其发配边疆充军，此事到此告一段落。

张居正的权威无人能撼，这成为朝廷心照不宣的共识。一个被永不叙用，一个被发配边疆，这两个人的命运被众人看得真真切切。张居正满身刺，谁敢动他，就会被刺伤，重者丧命，轻者赶出朝廷。

只是，飞蛾扑火这样事情在历史上却不少见，此次事情的发生出乎张居正的意料，他万万没有想到，事情的主角竟然是他的学生——刘台。

刘台是张居正考取的进士，一直跟随张居正左右。张居正担任首辅以后，便将其提拔，从原来的刑部主事升任监察御史巡按辽东。这一年，距离刘台考取进士仅仅两年，两年里能如此，实属罕见，全仗于张居正的提拔。刘台将满腔的感激化为死心塌地为张居正效命，可谓知恩图报。

无奈，天有不测风云，人有旦夕祸福。万历四年（1576年），一件事情让这师徒二人反目成仇。

这年秋季是个丰收的季节，明军对蒙古作战也取得了极大胜利。这本是一件喜事，最后却转化成为一场恩仇怨事。

辽东总兵李成梁率军击退鞑靼，取得了辽东大捷的胜利。按照惯例，捷报要由总兵与巡按御史联合上疏传达，但是这个刘台为邀功出众，便抛开总兵，单独奏报，有越俎代庖之嫌。

这事传到张居正的耳朵里，张居正当场发飙。规矩是我定的，你作为我的学生却不按规矩办事，出来捣乱，让我如何向天下人交代？张居正当即给刘台写信将其训斥一番。

这里面有抓典型，做给旁人看的成分。谁知这刘台年轻气盛，哪里服气，受不了这小小的挫折，一时怒气冲冠，竟然上疏弹劾了自己的老师。

学生弹劾老师，这是大明开国以来的首例。专擅国权，作威作福，驱逐高拱，私授王爵，如此等等，把张居正执政以来的专横与不检点之处，一一抖出，并大加鞭挞。刘台言辞之犀利，让在座各位唏嘘不已。张居正被震撼了，随后愤慨之极，忍不住老泪纵横，跪求辞职归田以谢不教之罪：“国朝二百年来，并未有门生排陷师长，而今有之。”

张居正若是一走，这大明将步伐不稳，必将坠入深渊。当务之急，是处置刘台，缓和张居正的怨气。刘台被贬为庶民，驱逐出朝廷，后来又被人弹劾贪污枉法，被发配广西。

神宗一再下诏挽留，又将刘台查办，张居正的怒气终究是被压了下去，半推半就继续上任。

是谁给了你“夺情”的借口

非议风波接踵而来，均被张居正一一化解，异己都已经淡出视野。不愉快总算是过去了，张居正的位置，在后宫和小皇帝的眷顾下，坐得稳如磐石，依旧是令出如山，鲜有阻碍。

这日，张居正独自一人来到山顶，一览众山小。如今终于美梦成真，也算是了却了一桩心愿。呼吸着山顶的冷风，张居正备感清爽，心情大为好转，前几日的阴霾一扫而光。

回想往事种种，真是不堪回首。权力斗争之下，有人沉，有人浮，有人生，有人死。一张张张牙舞爪的脸在张居正的眼前闪过，写满仇恨与冤屈。

叹息一声，张居正喃喃自语，我的辛酸有多少人能够体会？新政，那是无以言说的压力，他张居正想为这个国家做些正事，使这个正逐步陷于危机的国家恢复正常的步伐，难道这还有错吗？一遍一遍地扪心自问，张居正找不到答案。

想到那些手下败将，张居正更是心中万千感慨，人心不可测，就连自己的学生都可以与自己反目成仇，那么还有谁可以信任？张居正感觉自己正慢慢走入一个满是敌人的死胡同，敌人如此之多，想及此，张居正猛然间惊出了一身冷汗，在山上走路的脚步，竟有些踉跄。

所幸，一切都过去了，孑然一身的张居正唯有权力，只相信权力。权力是个如此让人疯狂，又让人着迷的东西，它可以让一切俯首称臣。想着，想着，张居正嘴角的弧度越来越大。

一切尽在掌握之中，张居正伸出手，缓缓将拳头握紧，仿若如此，便是将权力握于手中，将一切操纵于权力之上。走出荆棘，一个满面春光、充满自信的张居正又回来了。

史书记载，经历了大风大浪的张居正“闻谤而不知惧，愤戾怨毒，务快己意”，而面对反对的声音，“思以威权劫之，益无所顾忌”。这巨大的变化，归结于张居正的自信，而他的自信来源于他的权倾天下，清除道路的他似乎无所畏惧了，好日子正向他招手。只可惜，这只是张居正一厢情愿的想当然。他不知一场更大的，几乎致命的风浪正气势汹汹地向他袭来。

万历五年（1577年）初春，万物生盎然，自信满面的张居正正大步流星走向他的梦想花园，却传来他父亲病重的消息，只是张居正正着手准备神宗皇帝大婚事宜，无暇顾及父亲。一念之差，给张居正留下了终生的遗憾，张居正没有见到父亲最后一面。

这年九月，张居正之父去世的噩耗传来，竟被炒得沸沸扬扬，满朝轰动。按说此事乃是人家的家务事，见面安慰几句“节哀顺变”、“保重身体”之类就好，毋关其他，为啥还要把死人拿来爆料一番？

其实不然，此事关系重大。按照惯例，张居正死了父亲，是要行丁忧大礼的。丁忧作为一种祖制，从汉代起流传开来，是指父母丧事期间服丧，后来就多指官员居丧。按照丁忧的传统，父母死后，子女从当日起要居丧三年，在这三年之内，不得沾染吉庆之事，婚嫁之事更不得参与。当官者，要离职归家居丧，丧满后方可回职。另外还规定，若是官员丁忧期间隐匿不上报，一旦查出，将严惩不贷，重者免官为民。

丁忧从西汉产生能够流传至此，当然有其合理之处。古语讲百善孝为先，又说，父母为天，西汉以孝治天下，如此种种，古人将孝放在一个无与伦比的地位。古人常将忠孝相提并论，试想，一个对亲生父母都不能够尽忠尽义的人，若要谈忠，那简直就是天方夜谭。

但是丁忧之说似乎也有欠妥之处，这官做得正风生水起，一下子就要撂挑子走人，手头上的事情放下不是，带着不是，让人无所适从。况且继任者，要善后需要一段时间，这不仅误事还降低了效率。

另外，忠孝不能两全之事，也时有发生，处理不好，落个不忠不义的罪名，授人把柄不说，还骂名留史。

张居正披麻戴孝，满脸倦容，在书房中来回踱步，踟蹰犹豫，犹豫踟蹰，面临抉择的困惑，进退两难，不知如何是好。

此时的张居正沉浸在失去父亲的悲痛中，但是让他更加难以抉择的是，是走还是留的问题。祖制，是一道难以逾越的鸿沟，张居正毕竟是受儒家传统教育出来的儒生，心里的顾忌自是不用说。

但是，这一走，就是三年，纵使朝中爪牙遍布，局势易变，一旦无法掌控，这么多年创立下来的基业也难免会毁于一旦，“恐一旦去，他人且谋己”。况且，新政刚刚起步，本就有万般阻挠，步履维艰，若是手中无权，新政就难以实施，那多年心血就白白浪费掉了。

张居正思前想后，心中已经有了定数，三十年这不是一个小数目，人生能有几个三十年，辛苦了这么多年，不就为今日，一旦离开，一切清零。这话，张居正是不能明目张胆说出口的。

所谓见贤思齐，这话张居正是听说过的，当朝有名的首辅杨廷和就是一个榜样，他的父亲死后，纵使皇帝如何痛哭流涕地百般请求，仍不能挽回他要离职的心。杨廷和名气之大，可谓尽人皆知，在其权势的至高峰，拍拍屁股，甩甩衣袖，不带走一片云彩地回家去了。三年以后，归来的杨廷和依旧满面春风，势如当年。

面观杨廷和，张居正更不敢提留下来的事情。但是张居正种种，都让人心照不宣地明白了他的想法。既然不想走，那就想办法留下来，终究要找出个合情合理的理由来。其亲信户部侍郎李幼滋领了一个头，最先提出了以夺情的名义留下来，此事正合张居正心意，张居正的支持者便围绕此开动起脑筋来。

夺情乃是因特殊情况，国家夺去了尽孝之情，特允许，可不离职，而在朝中以素服办公。但是因夺情有违祖制，明朝明文规定，“内外大小官员丁忧者，不许保奏夺情起复”。明英宗曾下令，“凡官吏匿丧者，俱发原籍为民”。后又反复强调，“内外大小官员丁忧者，不许保奏夺情起复”。那么，张居正真的敢冒天下之大不韪，而提夺情之事吗？事实证明，张居正是有这个胆量的。

在这关键时刻，张居正的老同盟冯保站了出来，振臂一挥，张居正的支持者都归于他的指挥下。在其不遗余力的努力下，朝臣要求张居正夺情，御史曾士楚、吏科给事中陈三谟上疏请留首辅，这两人抛砖引玉，南北各院部官员不甘落后，纷纷上书，大力挽留，一时夺情之风成为一种不可抵挡的潮流。为顺应民意，神宗皇帝一再下旨，不准张居正离职。

可以想象，这种冒天下之大不韪的事情，是不会那么轻而易举的。朝臣之中，基于此事，分成了两大阵营，支持者与反对者。当世人评价：卑劣者附和，高尚者抨击。显而易见，这个当世人是个反对派。

有了神宗皇帝的挽留，张居正留下来的事情似乎已经水到渠成，但是总要做个样子，给旁人看看。张居正再次上书请归守制，其言之悲，让人几近泪湿眼眶，但是，神宗却是铁了心，再一次下旨挽留。如此三番两次，不厌其烦来来回回，走了几遭，张居正便欣然接受了。

消息传开，在群臣中炸开了锅，反对派纷纷站出来，走上舞台，准备大展身手。只是，看着一个一个在舞台上被踢出局，要么遭杖责，要么被发配边疆，反对的声音一浪不如一浪。最后，这些非议，都成云烟，散在空气中，烂在肚子里了。

此番下来，张居正取得大胜利，本是君临天下，大庆功时，张居正却眉头紧锁，陷入深思之中。所谓居安思危，张居正被此次反对的阵容震撼了，上疏一道道展现在眼前，杀气腾腾，私下里的议论四起。一览四周，潜伏着数不尽的定时炸弹，危机重重。张居正手有些颤抖，今日之局面都是自己一手造成的，该如何收场？

第三章　万历：我练的不是贱，是无奈

张居正大人

张居正光芒万丈，神宗皇帝虽君临天下，却要依赖于张居正羽翼的庇护。张居正把持朝政，功高盖主，却也合情合理，只怪神宗年幼，不能亲掌朝政。

但是，张居正的忠心却是毋庸置疑的。帝师，是张居正的另一个身份，他为小皇帝制定了详细的日程安排，包括早朝与讲读各项事宜。张居正的辅导和关怀，可用“无微不至”一词来形容。大到朝廷政事之道，小到宫中细节，张居正无一遗漏，均不耐其烦，一遍一遍细细讲说。

张居正这老师做得可谓称职。“戒游宴以重起居，专精神以广圣嗣，节赏赉以省浮费，却珍玩以端好尚，亲万几以明庶政，勤讲学以资治理。”（《明史·张居正传》）这六条，囊括众多，生活、做人、品行、健康、政事、读书，种种都有提及。

作为皇帝，执政以后，当以政事为重，所以张居正尤其注重神宗的政事教育，他以一己之力，把历朝历代治乱经验教训编纂成《帝鉴图说》，为唤起小皇帝兴趣，他命人配以图解，可谓图文并茂，以此来教导神宗。

在张居正的教导下，神宗皇帝戒除了纨绔子弟铺张浪费的恶习。有史为证，元宵佳节，小皇帝十分开心，一时兴起，便想在宫中办一个元宵灯会。张居正站出来阻拦，口气直白，国家刚刚走入正途，新政初行，财政紧张，灯会铺张浪费，可以免去。小皇帝兴致被打扰，却也懂事，思考片刻说：“朕极知民穷，还是先生说的对。”如此种种不胜枚举。

只可惜，张居正不能为人师表，自己的生活极为奢华，例如，其乘坐的轿子乃是史上罕见的三十六人大轿，其内一应俱全，还有两个仆人在侧侍候。而执政后的神宗，也一改其朴素作风，变得视财如命，极尽其铺张浪费之能，比之张居正那是有过之而无不及。这不得不让人感叹，有其师必有其徒。这两个道貌岸然的师徒，说一套，做一套，终究是露出了其本性面目。这些都是后话，我们回到正题中来。

这小皇帝还算知恩图报，将张居正视为亚父，对他万分尊敬，自始至终称其为“先生”，从不直呼姓名，在诏书中，凡提及张居正处均以“元辅张少师先生”尊称。

神宗皇帝对张居正的尊敬最初是发自内心深处的感激，至于之后因种种嫉恨而对其清算则是另当别论。这种尊敬体现在日常生活中，万历二年（1574年）五月，这日，张居正因腹痛无法在座。在座的各位无不感动。小皇帝听闻张居正的父母健在，便赐予了很多东西，以示关怀。

在刚刚过去的“夺情”事件中，神宗皇帝也表现出了对张居正的特殊照顾。张居正为表其忠孝两全，在夺情之后，提出“辞俸守制”的方法，继续担任内阁首辅职务。三年无俸禄，不是一天两天，张居正如何生存？神宗为他想得周到，命人日日给张居正送去赐食。此番真情，天地可鉴，受宠若惊的张居正感激涕零。

自从神宗皇帝即位以来，朝廷之事均不用插手，张居正是只勤劳的小蜜蜂，均一一办理妥当，神宗倒也是乐得自在。

神宗皇帝身边还有两个人，值得一提，这两个人对神宗成长有极大影响。一是神宗生母慈圣皇太后李氏，一是太监冯保。

穆宗皇后陈氏无子，便视神宗为亲生。神宗登基以后，陈皇后被尊称为仁圣皇太后，李贵妃则被尊称为慈圣皇太后。神宗对两位皇太后一视同仁，都极为孝顺，时人称其“古今帝王之孝所稀有也”。

神宗即位以后住在乾清宫，因其年龄小，慈圣皇太后也搬进来，照顾小皇帝的饮食起居。慈圣皇太后生性淳朴善良，知书达理，对仁圣皇太后非常恭敬，“教帝颇严”，慈圣皇太后在神宗面前是很有威信的。

慈圣皇太后每日五更时分，就把小皇帝唤醒，洗漱完毕，准备上早朝。每日读书也在旁监护，若马虎大意，便命令小皇帝跪在地上，以示惩戒。但是慈圣皇太后毕竟是个女人家，深居后宫，在处理朝政事务上，还需要仰仗张居正和冯保。

冯保此人我们在前面也讲到过，是个有文化的太监，不仅聪明过人，能文能武，琴棋书画也样样精通。冯保被神宗成为“大伴”，在神宗为太子的时候，冯保就照料他读书。神宗登基以后，冯保担任司礼监掌印太监，代替皇帝朱批，朝夕与神宗相处，因此他们的感情是相当亲密的。

在张居正、慈圣皇太后与冯保的共同合作下，大明有条不紊地前进着。只是随着小皇帝年纪的增长，微妙的变化逐渐产生，以至于逐渐滋生仇恨。

这年是万历五年（1577年），神宗皇帝十五岁，一切都按照张居正的部署一步一步井然有序进行着，神宗每日按部就班完成日程表上的安排，就无所事事了，只能坐着发呆。闲来无事，看看奏折，都被张居正跟冯保处理得万无一失。

神宗不禁感慨，日子真是无聊，自己成了别人手中的一颗棋子，任人摆布。越想越心烦，便命人拿来酒，自斟自饮起来。如此三番两次，便一发不可收拾了，神宗爱上了这透明的液体，它能让人忘却世间烦恼，这飘飘欲仙的感觉只能用一个字来形容，那就是“爽”。

神宗沉溺于喝酒的事情传到张居正的耳朵里，张居正二话不说，便给他上起了政治课，今天的讲课内容为《酒告篇》，饮酒过度不仅会损伤身体，更会妨碍政务处理种种，终归一句话，为江山社稷还是少饮酒为好。神宗这么一点儿小小的嗜好，都要被剥夺，看着张居正那满脸严肃的表情，神宗感到前所未有的厌恶。

神宗终究是长大了，翅膀硬了，对张居正也敢有了反抗，他没有戒酒，反倒是愈演愈烈。“陛下每餐必饮，每饮必醉，每醉必怒，左右一言稍违，辄毙杖下，外庭无不知者。”此乃近侍冯保所言，由此看见神宗酗酒之烈。

张居正的训诫神宗置之不理，终究是惹出了事端。这日，是万历八年（1570年）

九月初六，神宗皇帝在太监孙海的陪同下，饮酒作乐，这孙海跟冯保的一个养子有些过节，在其挑拨下，喝醉的神宗就命人将冯保的养子痛打了一顿。这样还没完，更要命的是，醉酒的神宗骑上马就直奔冯保家，去兴师问罪去了。冯保吓得赶紧命人将此事告诉了慈圣皇太后并将神宗以前醉酒打人之事一并抖了出来。

原来，神宗不是初犯了，之前就有一次醉酒打人的经历。有一次，神宗喝酒，酣意正浓之时，要身边的两个小太监唱小曲以助兴，只是，这两个太监自知五音不全，怎么都不肯张口，神宗大怒，将两人鞭笞一顿，还割下两人的头发，以“割发代首”。此事在神宗的淫威下，被隐瞒下来，在此旧事重提。

麻烦惹大了，这边神宗清醒过来，焦急万分，不知该如何处理这棘手的问题。这边慈圣皇太后气愤不已，下决心要好好教训一下神宗。

慈圣皇太后将神宗与张居正唤来，扬言要张居正学习东汉霍光，为天下人除害，废掉这不争气的皇帝，改立神宗一母同胞的弟弟潞王为帝。神宗吓傻了，张居正作为首辅，是有权力废除旧皇重立新帝的。

回神的神宗，一把鼻涕一把泪，赶紧磕头认罪。慈圣皇太后看神宗有悔过之心，威胁生效，便收回了成命，此事以张居正代神宗写了一份《罪己诏》收场。

神宗以敷衍的口气向张居正道谢后，便把自己关进了屋内，陷入沉思之中。此时，张居正这个名字，像个瘟神一样在神宗的脑海中挥之不去，张居正、霍光，这两个名字连在一起，无法分开了。

神宗突然之间，心底涌起了恐惧，那份来源于张居正的恐惧，让他寝食难安。神宗渐渐成熟的心灵，片刻之间，发生巨变。

抄家伙，出气的时候到了

日月如梭，眨眼间十年过去了，神宗已长大成人，到了可以亲政的年纪，也懂得了功高震主一词的含义，只是，内有冯保，外有张居正，他们二人共同把持着朝政，神宗只是个光杆司令。

神宗小小年纪时，自是乐见张居正当政，而今他急于享受手握权力的快感，而张居正却独揽大权，这大权本是他神宗所有。神宗的皇权遭遇了张居正的相权，冲突一触即发。“万历失德”的指责久久回荡，张居正如此蔑视圣上，神宗已将张居正划为敌人的行列。

再者，张居正平日里对神宗甚是严格，让神宗越来越反感，这种不满日益积累，转化成为仇恨。史书记载，一日神宗读书，读至“色勃如也”之时，因走神，将“勃”误读为“背”，而遭张居正严厉训斥，神宗惊惶失措，默不作声，神态宛如遭遇恐吓一般。

仇恨的种子一旦种下，沾水迹则生根，得阳光便发芽。这二人面合心离，已经背道而驰，渐行渐远。当年彼此之间的关怀与敬爱，烟消云散，再也找不回来了。

两年前，神宗因醉酒，被冯保告状，慈圣皇太后震怒之下，差点儿将神宗废掉。张居正上疏进谏，神宗被罚在慈宁宫跪了六个小时，后张居正替神宗写下《罪己诏》才了事。神宗越发厌恶张居正与冯保，视他二人为眼中钉、肉中刺，不拔掉便寝食难安。

张居正的地位正稳如磐石，以神宗之力气，想扳倒他，那简直是天方夜谭。神宗有自知之明，他的目标先是瞄上了冯保，这个陪伴了自己近二十年的大伴。冯保终究是神宗身边的一个奴才，任凭神宗的处处刁难，却也无可奈何。在宫中，唯有小心翼翼，步履维艰地处事，终究是自身难保了。

慈圣皇太后看神宗已经长大成人，便还政于神宗，悄然隐退，不再过问政事。当初的铁三角，如今已经四分五裂，危机正一步步向张居正逼近。

真是屋漏偏逢连夜雨，这年是万历十年（1582年），举国还未从春节的喜气中恢复过来，张居正却病倒了。张居正这病得的突然，乃是痔疮。都说病来如山倒，病去如抽丝，这话一点都不假，张居正一连在床上躺了三个月，仍不见好转。

痔疮在今日看来，实在不算什么大病。依中医学的理论，痔疮的产生，乃是因为“久坐则血脉不行，久行则气血纵横，经络交错。久坐久行，劳累过度，使肠胃受伤，以致浊气淤血，流注肛门而生痔疾”。总归一句话，就是劳累过度所致。再加上朝廷之中众多的不顺心让其“气血侵入大肠，结积成块”，便形成了痔疮。

今日，若是听闻因痔疮而死亡，那足以让人笑掉大牙。就算是在当时的医疗条件下，痔疮也不足以夺去一个人的生命。但是这个人是张居正，不可一世的张居正，就像他说的，权力在握，一切皆有可能。是的，痔疮虽小，却足以致命。这真是一种讽刺，纵使你拥有倾国权势，却奈何不了一个小小的痔疮。

张居正在床上躺了三个月，他心急，他食不甘，寝不寐。这痔疮就是好不了，越好不了，他越急，如此一个恶性循环。

张居正等不得了，太多事情让他放心不下。朝中不能没有他，慈圣皇太后已经隐退，铁搭档冯保也成了众矢之的，自身难保，朝中还有谁可以支撑局面。张居正把朝中亲信细数一遍，没有一个有这样的胆识，没有一个有这样的能力。看看那些蠢蠢欲动、好不安分的反对派，张居正哪里还在床上躺得下去。

听闻神宗日日酗酒，其铺张浪费之本性也渐渐显露，多年的相处让张居正看透了神宗的本质，没有张居正的压制，神宗必定走入极端，张居正再也躺不住了。

更令张居正担忧的是，十年改革，初见成效，大明王朝正生机盎然，大步走入正轨。可是，潜伏的敌人，时刻伺机行动，推翻新政。如此一来，一生的心血就会付诸东流，张居正不允许这样的事情发生。现下，是作决定的时刻了。

这日，宫中御医云集于张居正宅中，眉头紧锁，商量不出一个好的方案。张居正命令他们给自己做割除痔疮的手术，以斩草除根，永绝后患。但是，看众御医紧锁的眉头，我们可以猜测，他们没有十足的把握。成功与否，取决于天意。

张居正把自己的命运交给了上天，只是，上天没有眷顾张居正，手术使他元气大伤，张居正再也起不来了，终究是回天无力。

万历十年（1582年）六月二十日，张居正撒手人寰，与世长辞，这年张居正五十八岁。

张居正的死，有人欢喜，有人忧。在这悲喜交加的时刻，表面上的功夫总是要做的，神宗为之辍朝，并赐谥号“文忠”，赠上柱国和太师的美誉。张居正的葬礼办得极尽奢华，阴间的他仍享受着在世间的一切富贵。

只是，在张居正尸骨未寒之时，一场针对他的风暴袭来了。神宗的报复拉开了帷幕，首先遭殃的是张居正的亲信。张居正重用的一批官员要么被削职，要么被弃市，无一有好下场。

冯保是个重点清算对象，江西道御史李植上疏弹劾冯保十二大罪状，随后，查抄冯保家产，并把他发配到南京孝陵种地。冯保的弟弟冯佑、侄子冯邦宁也受到牵连，这二人都是都督，被削职之后又遭逮捕，最终死于狱中。

张居正的家属当然不能幸免，饿死的，自杀的，流放的，逃亡的，一时之间其悲壮，无不让人心生感慨。一国权臣，生前是何等风光，竟然落得如此可悲的下场。如果张居正泉下有知，他该是怎样的无奈。

张居正的新政是又一个攻击的对象，所谓人亡政息，众多小丑粉墨登场。张居正在万历六年（1578年），以户部颁布的《清丈条例》为依据，开始对全国的大部分土地进行清丈，至万历八年（1580年）清丈完毕。

这一清丈土地的行为，让张居正成为众矢之的。因为此举清丈出大量贵族地主和官僚地主隐匿的兼并土地，如此一来他们要上缴的赋税便会增加，这对于打击大地主豪强、增加国家的财政收入，有着积极的意义。毋庸置疑，张居正的敌人阵营正一日日壮大。群起而攻之，是中国人的一个本性，如今，在这千载难逢的时刻，是落井下石的时候了，有冤的报冤，有仇的报仇，跟一个已经在黄泉路上的人斗争，准保有赢无输。

一生为国任劳任怨，竟然换来如此结局。看黄仁宇的《万历十五年》，里面有一章说，世间已无张居正。正如黄仁宇所说，张居正死后，神宗并没有支撑起庞大的帝国，反而开始长期怠政。庞大的大明朝失去了重心，深一脚，浅一脚，再也站不稳，摇摇欲坠，终究是踏入危机，走向深渊。

神宗的出尔反尔及喜怒无常，一直让人难以理解。手中无权，你叫嚣，大权在握，你怠政。试问，你目的何在？

事情仍旧没有结束，清算还在继续进行。这日，已废辽王的次王妃哭哭啼啼来了，她是喊冤来了，控告张居正欺压陷害王公贵族："庶人金宝万计，悉入居正。"不仅如此，其辽王府也被张居正占为己有，这是隆庆二年（1568年）的事了。

至于张居正到底有没有侵吞辽王府的事情，史学界是众说纷纭，仍无定论。但是这个辽王妃此事一提，由此引发了张居正贪污受贿种种事宜。刚刚平息的弹劾，再次如潮水一般涌起。张居正的罪名里，又多了一项贪污受贿。

世间已无张居正，但是，所谓国哀思良臣，熹宗天启年间，张居正之名重现人间，终得沉冤昭雪，其种种名誉也逐渐恢复。

皇帝休长假

这是一个"物极必反"的时代。在它的初期，本已露出了国家复兴的曙光，然而，却随着帝王的沉沦而露出破败之相。从国家改革之后的繁荣，军事上的大放光辉，变成改革夭折、武事消弭、朝臣沉默、君主怠政，这种前后巨大的落差，让后世之人无法洞悉其中的玄机。

清算了张居正的"遗风"，神宗万历终于长长地呼出一口"恶气"。他可算是不用受人摆布，树立了皇帝自己的权威，开始了亲政的日子。

这时的明朝似乎可以用"四海升平"来形容，毕竟张居正改革的优势还在。不过，几位曾经名扬在外的人物逝去，继他们之后便再也没有一个力挽狂澜的人出现，似乎在昭示着这个国家要灭亡。

张居正死了，万历差点没掘他的坟，鞭他的尸。戚继光也死了，威风八面的他晚景无限凄凉，连妻子也把他抛弃了，他只好随海风而逝。狂书生李贽被万历皇帝以“敢倡乱道，惑世诬民”定罪，他那“反孔子”的《焚书》彻底地被皇帝焚毁了，他自己也在狱中割喉，他那惊世骇俗的思想也就成了时代的绝响。

作家夏坚勇说，这个时代的改革夭折了，武事消弭了，思想自刎了，只剩下几个不识相的文臣在那里吵闹着“立国本”，却被皇帝打烂了屁股，又摘了乌纱帽，发配得远远的，至此皇帝就不用上朝了。

对于明朝的皇帝来说，既要亲政，大臣们就应当无为；皇帝既要无为，大臣们就更应当谦逊地表示顺服。这是明代很多帝王的心态，于是前朝才有那么多“臣子恨”的事件，而万历也不例外。从某种意义上来说，从他的祖父那里隔代遗传下来的，除了自大心理之外，还有乾纲独断的心态。

万历皇帝是一个权力欲极重的人，但是他在早期也不是个平庸的君主，毕竟在其当政的早期，他搞定了三大征，即东北、西北、西南边疆几乎同时开展的三次军事行动：平定蒙古鞑靼哱拜叛乱；援朝抗日战争；平定西南杨应龙叛变。皇帝对于每一次军事行动，似乎都充分认识到其重要性。而且，在战争过程中对于前线将领的充分信任，对于指挥失误的将领的坚决撤换，都显示了他的胆略。

可是，这样一个本应是好皇帝的君主，怎么就沉沦成为后来的昏君了呢？不用后人去总结，皇帝当时的臣子就给他列出来了。

大理寺左评事雒于仁上了一疏，疏中批评神宗纵情于酒、色、财、气，并献“四箴”。这“四箴”可把皇帝气疯了，于是办了雒于仁，但这“四箴”却恰恰可以形容万历帝的后半生。

万历皇帝在处理了张居正、平定三方之后，彻彻底底不理朝政，他整天哼哼唧唧，说自己“一时头昏眼黑，力乏不兴”。礼部主事卢洪春还为此特地上疏，指出“肝虚则头晕目眩，肾虚则腰痛精泄”。不久，神宗又自称“腰痛脚软，行立不便”，病情加剧，于是真的不再上朝，总是召首辅沈一贯入阁嘱托后事。

其实他的这些毛病正被雒于仁说中，都来源于他的贪酒、贪色、贪财、贪享乐。

万历好酒，一则他自己爱喝，二则明末社会好酒成风。清初的学者张履祥记载了明代晚期朝廷上下好酒之习：明代后期对于酒不实行专卖制度，所以民间可以自己制造酒，又不禁止群饮，饮酒成风。喝酒少的能喝几升，多的无限量，日夜不止，朝野上下都是如此。神宗的好酒，不过是这种饮酒之风的体现罢了。

爱美之心人皆有之，万历自己也承认自己很好色。但他对专宠贵妃郑氏，有自己的说法：“朕好色，偏宠贵妃郑氏。朕只因郑氏勤劳，朕每至一宫，她必相随。朝夕间她独小心侍奉，委的勤劳。”这样一个“勤劳”的妃子，把万历迷住了，万历日日宠幸，怎能不肾亏？

至于贪财一事，万历在明代诸帝中可谓最有名了。他说：“朕为天子，富有四海之内，普天之下，莫非王土，天下之财皆朕之财。”在他亲政以后，查抄了冯保、张居正的家产，就让太监张诚全部搬入宫中，归自己支配。为了掠夺钱财，他派出矿监、税监，到各地四处搜刮，他把钱当成命根，恨不得钻进金银堆里。

关于“气”，万历有说：“人孰无气，且如先生每也有僮仆家人，难道更不责治？”看来他认为惩治那些不听他的大臣，便是一种生气。然而，这个皇帝“气”倒是没有生太多，反正他对朝政爱理不理，但是他好鸦片可是不争的事实。

他死时五十八岁，本来并不算老，可是他却未老先衰，更抽上了鸦片。鸦片可能没有缩短他的寿命，却毒害了他的精神。他的贪婪大概是天生的本性，但匪夷所思的懒惰，一定是出于鸦片的影响。

这酒色财气外加一个鸦片，万历的身体能撑到五十八岁，已经是个奇迹。如此倦怠的脾性，他敢在当政后期近三十年不上朝，也没什么稀奇。黄仁宇先生笑称这万历以帝王的身份向臣僚作长期的消极怠工，在历史上也是一个空前绝后的例子。

确实如此，纵览明朝的十几个皇帝中，将先人的统治手段遗传得最彻底的当属万历帝，他既有祖传的愚暴，又有鸦片烟瘾。从一代名臣张居正去世开始，他就很少和大臣见面，直到万历十七年（1589年）的元旦，那是天经地义必须跟群臣见面的大典，万历帝却下令取消。而且从那一天之后，万历帝就像被皇宫吞没了似的，不再出现。他这一隐就是26年，万历四十三年（1615年），他才因“梃击案事件”勉强到金銮殿上亮了一次相。

那一年，一个名叫张差的男子，闯入太子朱常洛所住的慈庆宫，被警卫发现逮捕。政府官员们对该案的看法分为两派，互相攻击。一派认为张差精神不正常，只是一件偶发的案件；另一派认为它涉及夺嫡的阴谋——万历帝最宠爱的郑贵妃生有一个儿子朱常洵，她企图使自己的儿子继承帝位，所以收买张差行凶。万历帝和太子都不愿涉及郑贵妃，为了向官员们保证绝不更换太子，万历帝才在龟缩了26年之后，走出他的寝宫，到相距咫尺的宝座上，亲自解释。

这一次朝会很是有趣。万历皇帝出现时，从没有见过面的宰相方从哲和吴道南，率领文武百官恭候御驾。然后万历和他的太子开始向大臣们表示彼此关系的亲密，以及对太子的信任，并询问诸大臣有何意见。当时方从哲除了叩头外，不敢说一句话，吴道南则更不敢说话。两位内阁大人如此，其他臣僚自没有一人发言。御史刘光复大概想打破这个僵局，开口启奏，可是，一句话没说完，万历帝就大喝一声：“拿下。”几个宦官立即把刘光复抓住痛打，然后摔下台阶，在鲜血淋漓的惨号声中，他被锦衣卫的卫士绑到监狱。对这个突变，方从哲还可以支持，吴道南自从做官以来，从没有瞻仰过皇帝仪容，在过度的惊吓下，他栽倒在地，屎尿一齐排泄而出。万历帝缩回他的深宫后，众人把吴道南扶出，他已吓成了一个木偶，两耳变聋，双目全盲，几日之后方才渐渐恢复。

这就是26年之后唯一的一次朝会，没谈国家大事，只有皇帝那声“拿下”，让大臣们胆战心惊，且后果惨重。从此又是五年不再出现，五年后，万历帝终一命呜呼。

历朝历代，一旦皇帝不愿处置但又不轻易授权于太监或大臣，整个文官政府的运转就可能陷于停顿，万历皇帝就是这么干的。由于年轻时受到太监冯保和权臣张居正束缚的影响，他对太监和大臣没有任何好感，但他又不愿意理朝政，竟导致朝内官员空缺的现象超常严重。

历史好像是一个“天理循环，天公地道”的过程，宋朝走向晚期时，官吏过多的现象尤其严重，然而继他之后汉人统治的明朝，在晚年竟出现了缺官的现象，这简直是历史的“怪圈”。

由于缺少官吏的管理，神宗又委顿于上，万历后期政府运作的效率极低。官僚队伍中党派林立，门户之争日盛一日，互相倾轧。东林党、宣党、昆党、齐党、浙党，名目众多。整个政府陷于半瘫痪状态。正如梁启超说的那样，明末的党争，就好像两群冬烘先生打架，打到明朝亡了，便一起拉倒。所以，张廷玉在《明史》中才有对明神宗万历帝的盖棺论定：“明之亡，实亡于神宗。”

做个老好人不容易

嘉靖四十一年（1562年），申时行入京赶考，几经拼杀，会试夺得第三名。接下来，就是激动人心的时刻了，殿试开始。世宗皇帝亲临考场，并亲自出考题。申时行临场发挥，一气呵成，世宗见其文采飞扬，书法工整，便将其钦点为状元，这年，申时行二十八岁。

申时行曾姓徐，乃因其祖父经过继给徐姓舅舅家，申时行自幼天资聪颖，读书有过目不忘之本事，是乡里尽人皆知的神童。在他中状元以后，认为光耀门楣的时机到了，遂改回原姓。

申时行及第后，被任命为翰林修撰，历任左庶子，掌翰林院事。在职期间无甚作为，及至攀附张居正才崭露头角。

万历五年（1577年），申时行为这年会试的主考官，当时，张居正正值当权，其子张懋修参加此次科举，申时行为迎合张居正，遂将他的儿子内定为榜眼，三年之前，张的另一个儿子以同样的方法中状元。当时非常有名望的汤显祖也参加了此次科举考试，因不屑与张居正同流而名落孙山。时人作诗讥讽：

状元榜眼姓俱张，未必文星照楚邦。
若是相公坚不去，六郎还作探花郎。

申时行在此更是扮演了一个小丑的角色，此事激怒士人，申时行一时备受议论，名声扫地。但因其在官场之中将中庸之道贯彻到底，又跟张居正走得近乎，“蕴藉不立岸异”而得到步步高升。

这年主持会试不久，申时行改任吏部左侍郎。到了第二年，也就是万历六年（1578年），张居正的父亲张文明去世，张居正迫不得已回老家，恰逢内阁缺人，就推荐乖巧、识时务的申时行入阁，任左侍郎兼东阁大学士。

申时行将其委婉与和缓的行事方式一如既往地实行着，他自始至终宛如和风细雨让人不痛不痒。但是，就是因为其无害性，反倒是在官场中备受拉拢，其仕途一路无阻。

入阁不久，申时行又升为礼部尚书兼文渊阁大学士，如此一来，便一发不可收拾，后晋少傅兼太子太傅、武英殿大学士，吏部尚书，建极殿大学士。

张居正死后，张四维成为内阁首辅，但是，天眷申时行，张四维这首辅之位刚坐热，他的父亲归西了，当然，他没有张居正的权势与胆识，纵使百般不乐意，也不敢提夺情的事情。

张四维走后，首辅之位空缺，申时行便坐上了这万人瞩目的位子。这年是万历十一年（1583年），距离其入阁有五年。

申时行也是神宗的老师之一，在神宗的老师中，他不仅担任的功课最多，任课时间也最长，这也应该得益于他温尔的性格。因其鲜少勉强人的特质，神宗很是喜欢这个老师，跟着他学了知识，也学了不少歪门邪道的偷懒本事。

这日，讲课结束，神宗小皇帝突然心血来潮，要书写个大字送申时行，申时行受宠若惊。神宗皇帝小小年纪，却能写得一手好字，这全仗于慈圣皇太后与冯保身体力行的教育。只见神宗蘸饱墨汁，在纸上挥笔写下“责难陈善”四个大字。

“责难陈善”四字意义非凡，神宗意在告诫老师能够训诫他的过失，提出好的建议。在旁的张居正与冯保也无不惊奇，神宗十岁年纪，能有如此觉悟，真是让人欣慰，也不枉费他们平日里的一番心血。

在场的三人，任谁也没有想到，在他们均沉浸在欣慰之中的片刻，神宗将饱含墨汁的毛笔，向冯保身上甩去，冯保那朱红的衣服顿时涂鸦一片。冯保震惊了，张居正震惊了，申时行震惊了。冯保与张居正的脸色立即变得铁青，申时行倒是镇定，神宗一转身，宛若没事人一样，走了。

事出意料，但是从这件事情上，对神宗的喜恶，我们可以略窥一二，十岁的神宗，亲申时行而远张居正与冯保，这似乎已经为他们三人不同的结局埋下了伏笔。

神宗亲政以后，仍要不辍学习，听各个老师讲读经籍。但是，这个时候的神宗，已无旁人压制，哪里还肯老老实实读书，不过，名不正则言不顺，总要找个名正言顺的理由来推脱。

神宗头脑一转，就想到了申时行，申时行是个老狐狸，片刻便来一计，即可让神宗免去学习之苦，又可让各个老师高高兴兴接受。

次日，神宗命各个老师将讲义上交，以供御览，如有不懂之处再请老师讲解。高，真高，这一招，给人的错觉是这神宗可以自学了，众老师终于可以稍得安慰。

但是，若细看神宗起居，就会发现，说和做根本就是两码子事，这神宗日日都在偷懒，那些讲义，他哪里会看。偶尔，起兴时，便把老师唤来，随便问几个问题搪塞了事。

神宗种种微妙暂且不谈，申时行此举毫无为人师表的风度。神宗年轻气盛，掌握一国之命运，若是一味纵容，难保不铸成大错，那遭殃的可是臣民百姓，一时之偷懒，与遗臭万年之间咫尺可及。

申时行任首辅以后，承载着各个方面的希冀，只是，他为求自保的心态必定会让众人失望。朝廷之中谁最大，当然是神宗皇帝，那么一切秉承神宗旨意，必定万无一失。申时行是何等的老奸巨猾，自任首辅一来，他就抓住了这样一根救命草，压力再大，也不在乎。

神宗不喜张居正，那好，我去办，申时行将张居正的新政废弛殆尽。张居正的这个昔日盟友，片刻之间，将张居正十年的心血一举粉碎，灰飞烟灭，不留痕迹。张居正若是泉下有知，该是怎样的心痛。

这日是万历十四年（1586年）六月二十日，太医云集，神宗踱来踱去，焦急等待，今日神宗宠爱的郑贵妃临盆，神宗心情复杂，既心急又欣喜。

几个时辰过去了，婴儿呱呱的哭声传来，嘹亮而动听，神宗悬着的心终于落了下来，满心欢喜，满脸激动，几近泪湿眼眶。

是个皇子，起名朱常洵，乃是神宗第三子。神宗宠爱郑贵妃，所谓爱屋及乌，自然也喜欢这个儿子。

万历十五年（1587年），就是这个刚刚出生的孩子，引发了一连串的问题。神宗已有三个儿子，却迟迟不立太子。这日，内阁多人联名上疏请求神宗立太子，申时行作为首辅，自然要身体力行，起好榜样的作用。申时行看不能推诿，便点头答应，将他的名字列在了首位。

事后，思及此事，申时行不免一惊，知道此次定是闯了大祸。神宗迟迟不立太子，这里面的缘由，申时行自然知道，乃是因为他偏爱三子朱常洵，欲立其为太子，但是按照明朝的祖训，立嫡不立庶，立长不立幼。以此标准，嫡长子朱常洛是不二人选。

违背神宗意愿，这一直是申时行不愿所为的。申时行思前四后，没辙了，非常之时，必用非常之法。在神宗面前，申时行谎称当时正值生病在家，对于此事毫不知情。

但是，天下没有不漏风的墙，也没有包得住火的纸，此事终究是传到了朝臣耳中。申时行首鼠两端，里外不是人，在众人面前哪里还抬得起头。

朝臣对于申时行的胆小怕事、软弱无能本就有众多的不满，此刻又发生了这事，不满情绪大爆发，弹劾他的人也接二连三地站出来，给事中罗大纮说他“阳附群臣之议以请立，而阴缓其事以内交”。一语将申时行的两面性揭穿。中书黄正宾也上疏弹劾申时行如此做法乃是陷害同僚，逃脱其罪行。

申时行在朝中已是树敌众多，再也无颜面待下去了，便力请辞官归田，得神宗批准，这年是万历十九年（1591年），申时行五十七岁，距离他任首辅有九年。在家闲居二十几年，申时行吟咏、畅饮、悠游，又有书法相伴，过的可谓闲云野鹤一般的生活，人生如此，夫复何求。万历四十二年（1614年），申时行八十岁，寿终正寝。

神宗赐申时行“太师”称号，谥号“文定”。

申时行一生不求有功，但求无过，在位无所建树。有句话对他的评价再恰当不过：“其相业无咎无誉，诗文亦如其人。”

你的良心太坏了

张居正死后，神宗已无羁绊，性情大变。首辅申时行不加劝诫，一味纵容，完全辜负了十岁小皇帝赐予的“责难陈善”四个大字。

神宗皇帝在位较长，有四十八年之久，在其前十年，因由治世能臣张居正的辅佐，朝政可谓百事复苏，欣欣向荣。在其亲政以后，便无甚业绩了，有人用四个字来形容他：怠政、敛财。

神宗怠政可谓到了无以复加的地步，竟达三十年之久不上朝。吸食鸦片、沉浸温柔乡、炼丹、敛财成为神宗生活的全部。

皇帝如此，大明王朝的命运让人担忧。如果非要提出一点能让人稍可称道的业绩来，那就是所谓的万历三大征。即万历年间平息叛乱的宁夏之役、播州之役和朝鲜之役。三战皆凯旋，但是，毫无疑问，明朝人力、物力也遭受到巨大损失。

让我们再入历史，听那号角响起，看那硝烟四起，感受那凯旋气息。

宁夏战役，故事的主角是哱拜。哱拜本是蒙古鞑靼部的一个小酋长，嘉靖年间，因得罪了部落酋长英台吉，其父兄皆被杀害，哱拜父子在本族混不下去了，就率领家人部族投奔了明朝。

哱拜投奔的是宁夏守备郑印，被安排在宁夏做事，初到宁夏的哱拜父子还算安分，因作战骁勇，军功闪耀，步步高升，哱拜升至宁夏卫世袭都指挥使，以总兵致仕。万历十七年（1589年），其子哱承恩世袭了其职务。

所谓非我族类，其心必异，哱拜扎下根，站稳脚以后，心思便动了起来，暗地里招纳叛臣降将，吸纳死士，圈养家丁，逐渐形成一支“苍头军”的武装，力量日益膨胀起来，对地方治安形成威胁。

其子哱承恩承袭其职务后，更是有过之而无不及，横行霸道，目无王法，为非作歹，欺压百姓，形成地方上的难以控制的势力团伙。

官府不能驾驭，便采取拉拢之策。宁夏巡抚梁问孟授予哱拜副总兵的头衔，以此为条件，企图让其交出兵权，哱拜狡猾如狐狸，欣然接受副总兵之职，离开军营，转而让其子承袭职务，兵权转了一个弯，又回到了哱家人手中。

兵权没有收回，却让哱拜有了戒备之心。叛逆的种子开始发芽、茁壮成长，终成不可抵挡之势。

万历十九年（1591年），鞑靼火落赤等部西犯，甘肃洮河报警。御史周弘和听闻哱家军英勇骁战，是将才，遂“举承恩及指挥土文秀”，土文秀乃是哱拜的义子。

此时宁夏巡抚乃是刚刚上任的党馨，党馨虽新官上任，但已经听闻了哱家军的臭名。党馨肯定哱家军的战功，但因不信任作怪，便没有答应。

哱拜父子本想以此邀功，来壮大哱家军的实力，没想在此碰了钉子。党馨如此反倒是激起了哱拜的斗志，其倔强的劲头不可阻挡。

话说条条大路通罗马，此路不通，另辟他径，哱拜想到了宁夏经略郑洛，这个郑洛胆小怕事，肯定买自己的账。正如哱拜所料，郑洛这一关轻而易举过了。哱拜不禁冷哼一声，没有你党馨，难道还办不成事？

哱拜高兴得太早，事情还正应了哱拜的一句话，没有党馨，还真不行。魔高一尺，道高一丈，党馨手握军马，没有军马，纵使有天大的本事也是徒劳。

战事在即，党馨与哱拜已经斗得不可开交，战事结束后，二人的恩怨重提。党馨以哱拜虚报粮饷对其清查，并因其子哱承恩行为不检、强抢民女而将其杖责二十。

矛盾升级，哱家父子在宁夏是何等的威风，此时来了个煞星，让其承受莫大的屈辱，仇恨已经长大成树，不可遏制，只等伺机报复。

时机来得真快。这日，哱承恩在军中闲逛，看到一群人鬼鬼祟祟似在商议什么，看他过来，便一哄而散。聪明如哱承恩，在其边哄边利诱下，得到消息，不仅心里一喜，天赐良机，要亡党馨。

原来，这党馨拖欠官兵粮饷，使得士卒食不果腹，士卒已经到了难以忍受的极限，便有下级军官刘东旸站出来，秘密联络士卒，准备起事。

哱承恩立即回家将此事告知哱拜，是夜，一场密谋在悄然进行。党馨沉浸在给哱拜一个下马威的喜悦中，觉睡得无比香浓，浑然不知危机正慢慢逼近。

几十个人的暴动，在哱家父子的煽风点火下，阵容迅速膨胀，情况越发失控。“宁夏镇四营官军、家丁围杀巡抚党馨，副使石继芳，数其侵克残暴二十事，并杀卫官李承恩，供应官陈汉等于市，放狱囚，毁文卷。”暴动如此庞大，出乎哱家父子的意料，注视着此情此景，只能用一个词来形容，那就是“疯狂”。

党馨及其副使石继芳已经命丧黄泉，官府衙门被放火焚烧，化为灰烬，这个时候，谁能站出来阻止灾难？

总兵张惟忠惊慌之余，想到给朝廷发送求救急报。提笔写字之时，却遭遇大刀架在脖子上，战战兢兢写下“党馨扣饷激变”几个字后，官印就被抢夺。上报假情报，张惟忠自知死罪难逃，又不能救百姓于水火之中，张惟忠只有以死谢罪。张惟忠死了，自缢而亡。

刘东旸猴子山上称霸王，自称总兵，哱拜、哱承恩均分以职务，占领了整个宁夏，建立了割据一方的政权。这时，蒙古俺答汗已死，明朝对蒙古的政策失效，蒙古渐渐失去控制。哱拜认为这是个拉拢蒙古的有利时机，便暗中联络河套蒙古首领着力兔，允以土地为诱饵，取得了他的支持，叛军实力越来越大，整个陕西为之动摇。

如此大的阵容，朝廷自然躲不过朝廷的耳目，一来一回，事情的原委就真相大白了。神宗皇帝立即召开紧急会议，商议评判之策。最后，定出了一个以掘黄河之堤以淹宁夏的方案。

神宗以叶梦熊为总指挥，李成梁之子李如松、御史梅国桢一同出征宁夏。宁夏被团团围住，叶梦熊命令众将士在宁夏城周围筑成一道大堤，便将黄河大堤掘开，向城内灌水。一时之间，水灌宁夏城，宁夏城通往外地的通道被截住，城中缺少外援，供给短缺，弹尽粮绝，城中叛军俨然成了瓮中之鳖。

城中叛军仍在做最后的挣扎，他们唯一的希望就是蒙古的支援。他们不知道，李如松已经将蒙古援军拦截在半路，打得蒙古军队落荒而逃，已不敢越雷池一步。

与此同时，朝廷又贴出通告："有能擒献哱拜父子，赏银二万，封龙虎将军；擒献刘东旸、许朝、土文秀，赏银一万两，封都指挥使。"

重赏之下，必有勇夫，这日，有一当地人来揭榜，自称若让其城，定能抵千军万马之势。既然有办法，何妨一试。

此人先是见了哱承恩，许以杀刘东旸可戴罪立功，朝廷将既往不咎，然后又到刘东旸处如法炮制一番。此时，叛军已经无斗志，人心离散，人人自危。这二人抓到了救命稻草，哪肯放弃。

只听城内一番厮杀，不久，哱承恩将刘东旸、许朝、土文秀三人的人头送至叶梦熊。哱承恩挺不住了，要树白旗。但是，叶梦熊哪里给他这个机会，大军一举攻入城内，一把火烧死叛军无数。哱拜见大势已去，自缢而亡，其子哱承恩被朝廷斩首。

平叛军凯旋，神宗率百官亲迎，并大封功臣，宁夏之役圆满结束。

真是个多事之秋

这年是多事之秋，宁夏之役刚刚结束，播州战起。其实，播州杨应龙之叛乱由来已久，一直是朝廷的一大隐患，只因数次围剿均未成功，其剿与抚的政策便举棋不定，任其恶化，终成大患。此次，宁夏之役的胜利，终使神宗下定决心，准备倾全国之力，将杨应龙势力一举斩草除根，永绝后患。

播州，其范围相当于今天的遵义，地处四川、贵州、湖北之间，可谓三省门户，其地理位置之重要可见一斑。播州是杨氏的天下，这事得从唐朝时说起，唐人杨端自从受封于此，杨家就世世代代居住于此地，统治此地。

明以后，杨铿就前来投奔，朱元璋在此设立了播州宣慰司，以杨铿为宣慰司使。隆庆五年（1571年），杨应龙世袭了父亲杨烈的宣慰司使一职，乃是杨氏在播州的第二十九代统治者。

一到播州，即可轻而易举知道杨应龙的住所，其奢华程度不亚于皇城，在此绝无二处，杨应龙在此过着纸醉金迷的逍遥日子。让人称奇的是，这杨应龙有一嗜好，喜用宦官，依常理来看，宦官只存在于皇城之中，如此来看，杨应龙作风俨然一个土皇帝。

这杨应龙骁勇善战，是个将才，在万历十四年（1586年），被升任为都指挥使，加封骠骑将军。只是，杨应龙生性豺狼虎豹，在播州飞扬跋扈，作恶多端，更多的权力只会让其更加恃宠而骄，无所顾忌。

杨应龙的自大，让其无所畏惧。他看准了四川这块黄金地，早就有将其占为己有以割据一方的心思，只是苦于没有实力与时机。

时任四川总督的是李化龙，这二龙争得不可开交。李化龙是个敛财的高手，在四川私自增收国家赋税，这当然跟杨应龙八竿子打不着，但是，这年播州的赋税偏偏也增加了，更为厉害的还在后面，李化龙要求播州年年向其进贡。

杨应龙火暴脾气上来了：欺人太甚。爱子忙来煽风点火，摊牌的时机到了。这个要求绝对不能应允，杨应龙很坚决，很强势。杨应龙的儿子继承了他的胆识，无所畏惧，只身前往四川找李化龙谈判去了。

结局很惨，杨应龙的爱子没有活着回来，头颅被悬挂于城门上，示众。爱子被杀，等于下了战书，不战，那就是窝囊废。杨应龙一拍桌子，大怒，跟他拼了。

杨应龙起兵了，事情因李化龙而起，李化龙不敢向朝廷请求支援。但是川军士气低下，边备松弛，这也是事实，焦头烂额之时，杨应龙自己后院起火，解救李化龙于水火之中，直让李化龙直呼，天助我也。

杨应龙宠爱小妾，听信爱妾谗言，将正妻与岳母大人杀掉，人家的娘家人可不干了，便向朝廷举报了其造反的事实。

这下李化龙师出有名，便可名正言顺地向朝廷请兵支援了。朝廷任李化龙为指挥，增兵平叛，李化龙有了朝廷的援兵，如虎添翼，将杨应龙的叛军团团围住，杨应龙插翅难逃，被捕。

土霸王被捕，该是喊冤报仇的时候了。贵州巡抚叶梦熊上疏，力陈杨应龙种种不法行为，建议立即清查。

在是否立即清查杨应龙问题上，叶梦熊与李化龙产生了分歧。李化龙以大局为重，认为在这多事之秋，播州士卒大有外调防务之用，还是将眼下边疆防务做好为先，杨应龙清查之事可拖延。

清查杨应龙之事拖延了一年，万历二十年（1592年），杨应龙受审，其罪行依法应当立即问斩。天不亡杨应龙，因正值日本侵略朝鲜，朝鲜来朝请兵支援，杨应龙灵机一动，抓住了这样一个机会，请求以重金赎罪，并领兵抗倭，以求将功赎罪。

杨应龙的请求得朝廷应允，但是，继李化龙之后，任四川巡抚的王继光反对朝廷对杨应龙的免罪政策，便与杨应龙起了冲突，以至于兵戎相见。王继光亲自领兵剿杀，但是杨应龙作战灵活，以诈降大败王继光。

王继光实力不足，自讨苦吃，得了个被革职的结局，徒留教训在朝廷。没有实力，便无话语权，硬要站出来说两句，这就是下场。

一波未平，一波又起，杨应龙这下又闯了祸，惹了麻烦。清查之事又重提，审判在万历二十三年（1593年）初春，此次执行审判的是重庆知府，杨应龙故技重施，又以重金抵罪，朝廷不知是看中银子还是出于什么原因考虑，再次应允，只是这次朝廷多了一个心眼，以其长子杨朝栋承袭其职务，以其次子杨可栋在朝廷为人质。

朝廷两次允许杨应龙以重金抵罪，一来因为朝鲜战事分散人力、物力，二来，对平定杨应龙并没有十足的决心。两擒两纵，杨应龙是否已有悔改之意，朝廷难道要学习诸葛亮，留下七擒七纵之美名？且看他们的表现。

总算是平静下来了，杨应龙经历了一次一次的教训，打算不再闹腾，好好居家过日子。但是，这日，杨应龙次子杨可栋被杀的消息传来，杨应龙再次坐不住了。一怒之下，造反了，随意打家劫舍，简直成了土匪头子。四川各地深受其扰，朝廷震怒，不能坐视不管。

万历二十七年（1599年），神宗命贵州巡抚江东之平叛。江东之命任都司的杨国柱率军打前锋，杨应龙率领叛军以游击战跟朝廷军周旋，其弟杨兆龙与子杨朝栋在飞练堡大败杨国柱，杨国柱所率军队全军覆没，无一生还。江东之侥幸保得性命，回京复命，神宗大怒，将其革职。

万历二十八年（1600年），援朝抗倭战事圆满结束，平叛杨应龙之事已经一拖再拖，难免哪一日会养虎为患。神宗打算给杨应龙以致命一击，以永绝后患。

神宗再度请出李化龙，任其为总督兼兵部侍郎，赐予尚方宝剑。李化龙再度出山，承载着神宗的重托，总领四川、贵州、湖北兵力，讨伐杨应龙。朝廷方面也派出了军队，南下支援。如此阵容，可见神宗平叛之决心不可谓不大。

李化龙清点士卒，足有二十四万，将这二十四万兵马兵分八路，每路有三万余人，一齐向播州杨应龙逼近，对其形成包围之势。

娄山关是播州门户，杨应龙重兵于此，以其子杨朝栋领兵把守。明军派出坚守此地的将领是刘珽，刘珽是抗倭名将，骁勇善战，威名远扬，因其善使大刀，人送外号“刘大刀”。

刘珽人一到，叛军士气减半，闻风而丧胆，真可谓是不战而屈人之兵。两军一交战，叛军便溃退而逃。杨朝栋中箭落马，差点儿被捕，幸得手下掩护，才捡回了小命。只是，杨朝栋的项上脑袋已经没那么安稳了，不久，就被刽子手砍下。

娄山关一失，播州门户大开，战争已胜负可分。杨应龙看败局已定，也不做最后的挣扎，大呼“天要亡我”，与爱妾自缢而亡。

杨应龙家属均被俘，后被斩首示众。至此，平叛播州的战争结束，终得永绝后患。

杨氏家族在播州的统治画上一个句号，野心勃勃的杨应龙终究是搬起石头，砸了自己的脚，使得杨家遭遇灭顶之灾。

平叛播州叛乱历时多年，人力、物力多有损伤，但是其积极意义却是毋庸置疑的，西南地区终得安宁，更起了一个杀鸡给猴看的榜样作用，有人称平定播州之乱，乃是“唐宋以来的一大伟绩”，这一点都不为过。

扑朔迷离的梃击案

万历四十三年（1615年）五月初四，这日天气晴朗，风和日丽，宫中后花园内花香四溢。太子朱常洛看着池中游来游去的金鱼，心情低落，声声叹息，这鱼自由自在多么快活，反观自己，却如笼中的鸟儿，在这宫中仅有一席之地，备受父皇冷落，处处看人脸色。

再看远处的高墙，想象着外面的世界，朱常洛嘴角露出浅浅的不易察觉的微笑，任谁都可以读出他眼中的羡慕。朱常洛今年已经三十三岁，却从未踏出过宫门一步，三十三年禁锢在紫禁城中，那是何等的绝望。

朱常洛始终沉浸在自己一生的委屈中，却没有注意到夜幕已开始降临，危机正渐渐逼近。

一阵吵闹，朱常洛的思绪被打断，重回现实。看着一群太监将一名男子拿下，朱常洛一脸茫然，全然不知刚刚发生了什么事情。

听太监说明事端，朱常洛惊恐万分，脸上血色全无。再看那男子手持木棒，近在咫尺，死神刚刚擦肩而过，朱常洛叹一口气，心中的绝望陡增一层，更难以明说。

回到寝宫，朱常洛命太监将此事上报神宗后，便一声不发，将自己关在房间内，独自黯然神伤去了。一生种种眼前飘过，不免潸然泪下。

朱常洛生母王氏，是慈圣皇太后身边的一个小宫女，神宗一时性起，临幸了她。王氏肚子争气，于万历十年（1582年）八月，生了皇子朱常洛。朱常洛此种经历跟他的父亲有异曲同工之处，只是今非昔比，人各不相同，两个人命运大相径庭。

这神宗是个不愿负责的男人，硬是来了个死不认账。逼的慈圣皇太后拿来《起居注》，两相对峙，神宗无言以对，终究是默认了。

神宗不喜欢朱常洛，这成了众人皆知的事实，母子两人备受冷落，朱常洛的日子甚是不好过。只是，更大的苦难降临了，这成了他终生的噩梦。

神宗宠爱郑氏，这年是万历十四年（1586年），郑氏生了皇子朱常洵。神宗的宠爱到了无以复加的地步，视朱常洵为掌上明珠，捧在手心怕碎了，含在嘴里怕化了，而朱常洛只有看着艳羡的份儿。

所谓母凭子贵，朱常洵出生后，郑氏被封为贵妃，而这时，朱常洛的母亲王氏依旧是一个小小的恭妃，这母凭子贵的古训，在他们母子身上失了功效。

张居正死后，神宗亲政，独揽大权，神宗终可以为所欲为。神宗视朱常洛母子为耻辱，看着碍眼，便寻机将王氏打入冷宫。母子分离，王氏不得见儿子，终日以泪洗面，抑郁成疾，双目失明，在冷宫内过得相当凄凉。

朱常洛眼看母亲如此，却也无能为力，唯恐惹父亲心烦，更不敢去请旨探母，直至万历二十九年（1601年）。这年，王氏病重，朱常洛才得见母亲一面。这是母子最后一次见面，不久，王氏归西。

王氏走了，朱常洛孤苦伶仃，孑然一身，在深宫之中，备感孤单，还要时刻面临父亲神宗的刁难。

煎熬中，十几年过去了，朱常洛虽无助，却也倒平安无事。按说已经到了出阁读书的年纪，看着弟弟朱常洵日日去听讲官讲课，朱常洛万分羡慕。幸福是他的，孤独是我的，终有一日，我也可以的。每每如此，朱常洛都如此安慰自己。

神宗一碗水端得太不平，他不允许朱常洛上学读书，理由可想而知。朝中大臣看不下去，纷纷上疏，神宗不问青红皂白，便将人轻者杖责，重者贬职。如此自私，如此不合礼法，神宗却做得大义凛然，毫无愧意。

但是，生在帝王之家，若是个文盲，那也不像话，于祖宗无法交代，朱常洛十五岁终得神宗允许，可以出阁读书。

朱常洛不得宠爱，宫中尽人皆知。在宫中生存久了，人人都学会了势利，那些宫女太监也不拿这个未来的太子当回事。寒冬，朱常洛去听讲师讲课，冻得浑身打战，脸色铁青，那些太监竟然不给他生火取暖，朱常洛的宫中生活之艰难可见一斑。

神宗为所欲为了几年后，他发现有些事情，纵使站在再高的位置，拥有再大的权力也不在控制范围，是什么让神宗有如此感慨？原来这个让神宗苦恼了许久的事情是两个字，祖制，不可更改的祖宗制度。

随着时光的流逝，一个问题被提上了日程，那就是立太子的事情。太子之位至今空虚，这于情于理都不合祖制，早立太子，便可早“定天下之本”。

在中国历代皇朝的礼制中，皇位继承一般都遵循一个原则，那就是：父死子继，有嫡立嫡，无嫡立长，帝无子嗣，兄终弟及。通俗而言，要立皇后所生的嫡长子为太子。神宗皇帝的皇后无子，便应按照传统，立长子为太子。

按照祖制这种逻辑推理，朱常洛纵使再怎么不受欢迎，他仍是合法的继承人，谁让他是神宗的第一个儿子呢。

郑贵妃日日在神宗枕边吹风，神宗心神意会，况且神宗对朱常洛种种，也无异乎告诉世人，他不想立朱常洛为太子，他宠爱的是朱常洵。

这年冬天，朝臣的上疏如同雪片一样纷纷而至，神宗有些应接不暇。上疏千篇一律，坚决要求尽早立皇长子朱常洛为太子，其中尤以东林党言辞最为激烈。

群臣要求合情合理，也名正言顺，神宗自己在六岁时就被立为太子。因为那个众人都晓得的理由，神宗一直不愿意立朱常洛为太子，但是又不能公然说出自己的意愿，这可是欺师灭祖的大不敬之罪。神宗磨磨蹭蹭，支支吾吾，一再拖延，绝口不提立太子之事。

群臣的上疏石沉大海，他们自然不会善罢甘休，发挥再接再厉的精神，一份份奏折再次摞在了神宗的案儿上，神宗头大了，看来不回应，便永无安宁之日。

这日，就寝时间已到，神宗仍在床前踱来踱去，群臣立太子之事，该如何交代，神宗开始动起脑筋来。

次日，神宗将三个儿子，朱常洛、朱常洵和朱常浩同时封王。其实，神宗这点小九九，群臣都看在眼里，他虽嘴里说着日后择其善者封太子，心里还是想把这太子之位给朱常洵。

群臣不从，神宗不让步，立太子之事就这么一直僵持着，足有十五年之久，直到慈圣皇太后出面，朱常洛才被立为太子。这年是万历二十九年（1601年），朱常洛十九岁。

朱常洛被立为太子以后，仍不得安宁，他的弟弟朱常洵虽已封王，仍然被神宗留在宫中，这对于他始终是一种潜在隐患。

万历四十二年（1614年），朱常洵离开皇城到其封地，朱常洛心里的大石头终得以落地，他的太子之位，可以坐得安稳了。

回到正题来，话说，这太子朱常洛差点儿遭遇杖打，这事在朝廷传开，“举国惊骇”。神宗下诏细查，只是结局却不是他乐意所见。

当时朝廷之中，派系林立，比较有影响的政治集团有以顾宪成为首东林党和由浙江人组成的浙党。各个党派不以国事为重，反而相互攻击，形成了历史上非常有名的明末党争。

此次负责审理此案的是浙党官员，经审问，此人名张差，被两个太监蛊惑：“令我打上宫门，打得小爷，有吃有穿。”这两个太监乃是庞保和刘成。

此事了得，这两个太监乃是郑贵妃宫内的人，如此一来，就跟郑贵妃扯上了关系，难不成是郑贵妃指使？浙党素跟郑贵妃走得近，便想以此人疯癫为由草草结案。

东林党这下不干了，他们站在朱常洛一方，坚决要求彻查此事。东窗事发，事情终究是跟郑贵妃扯上了关系，朝廷议论纷纷，郑贵妃捅了这个么大的篓子，哭哭啼啼，去向神宗求救。

神宗也没有办法，解铃还须系铃人，“外廷语不易解，若须自求太子”。神宗亲带郑贵妃去朱常洛处求情，朱常洛性情软弱，不愿得罪父皇与郑贵妃，便息事宁人。

张差被处死，两个太监后被秘密处死，此事算是了结。

女真兴起

嘉靖三十八年（1559年）清晨，建州左卫正沉浸在一片安宁之中，人们就要从睡梦中醒来，新的一天就要开始。一声嘹亮的婴儿啼哭哭打破了这份宁静，惊醒了沉睡中的万物。女真奴隶主贵族塔克世喜得贵子。

这个孩子除声音洪亮之外跟普通的孩子无甚差异，但是，你若知道了他的大名，必定惊叹不已。此儿乃是努尔哈赤，埋葬大明王朝的掘墓人，未来新朝的奠基者。

女真，是一个古老的少数民族，世代生活在东北地区。“金之先，出靺鞨氏。靺鞨本号勿吉。勿吉古肃慎地也。元魏时，勿吉有七部：曰粟末部，曰伯咄部，曰安车骨部，曰拂涅部，曰号室部，曰黑水部，曰白山部。隋称靺鞨，而七部并同。唐初，有黑水靺鞨，粟末靺鞨，其五部无闻。”（《金史》）

根据史书记载，在隋唐时期，女真被称为“黑水靺鞨”，到唐朝末年才改名为“女真”。到了辽，为了避辽兴宗耶律宗真的名讳，而称为“女直”。后又改回女真，此称呼一直到皇太极改女真为满洲而停用。

女真人在历史上多有建树，曾先后建立过金朝、东夏、后金等政权。

言归正传，努尔哈赤的诞生，带女真进入了一个不一样的天地，这还需从李成梁镇守辽东说起。

张居正任首辅以后，“用李成梁镇辽，戚继光镇蓟门”，李成梁镇守辽东有三十年之久，辽东边境有蒙古与女真威胁，但是当时主要威胁来源于蒙古，明朝将矛头全力指向蒙古。加强军事防御以外，还用羁縻政策，与蒙古建立封贡关系。

随着蒙古鞑靼部首领俺答汗的归西，明朝对蒙古的控制就逐渐松弛，蒙古各个部落的矛盾也逐渐激化，明争暗斗，相互倾轧，李成梁利用各部之间的矛盾各个击破，屡战屡胜，蒙古逐步走下坡路。

在打击蒙古的同时，也不忘海西女真的威胁。明代女真分裂为建州女真、海西女真、东海女真和黑龙江女真。当时，真正对明朝构成威胁的是海西女真，海西女真不仅实力最强，且靠近辽东腹地。李成梁多次对海西用兵，大获全胜，致命的打击使其不敢越边界一步。

李成梁一手打蒙古，一手攻海西。一个潜在的危机，悄然兴起而不自知，努尔哈赤领导建州女真乘隙崛起。

话说这李成梁与努尔哈赤可谓关系复杂，不是一句两句就能说清楚的。年少时，努尔哈赤曾在李成梁手下供事，而李成梁的儿子娶了舒尔哈齐之女为妾，这舒尔哈齐不是别人，乃是努尔哈赤的亲弟弟。当时有民谣为证“奴酋女婿作镇守，未知辽东落谁手”。

但是，这李成梁却也是努尔哈赤的杀亲大仇人。这事，还得从努尔哈赤的外祖父说起。

努尔哈赤的父亲塔克世，娶了三个妻子，努尔哈赤的生母喜塔喇氏，乃是建州卫首领王杲的女儿。这王杲足智多谋，又骁勇善战，汉化程度较深，是建州女真部的著名首领。

只是，这喜塔喇氏短命，在努尔哈赤十岁的时候就去世了。努尔哈赤的好日子到此为止，继母对他百般虐待，为生存他只能自求温饱。

十五岁那年，努尔哈赤不堪继母虐待，带领十岁的弟弟舒尔哈齐投奔外祖父王杲去了。

这个王杲，仗着实力雄厚，便常常骚扰边境。万历二年（1574年），王杲以朝廷断绝贡市、生活物资短缺为由大举进犯沈阳。

神宗任命辽东总兵李成梁为总督，剿匪平叛。李成梁六万兵力，围攻王杲营寨。王杲的营寨在山上，地势险要，又有城墙高筑，可谓易守难攻。李成梁先以火攻，营寨漫天大火，守军不攻自破。李成梁“毁其巢穴，斩首一千余级”。

王杲骑马逃跑，因其身穿红袍，甚是好认，追兵穷追不舍，王杲胳膊中箭落马，后与随从换衣而逃。

王杲刚出狼窝又入虎穴，遭遇海西女真哈达部首领王台，这个王台为邀功，将其捆绑，献给朝廷。

王杲被杀，其子阿台侥幸逃脱，其他亲属被流放，投奔外祖父的努尔哈赤兄弟二人也被捕，生死未卜。

努尔哈赤跟随外祖父多年，习得一些汉语，便以汉语对李成梁一番恭维之言，好话谁不爱听，李成梁见其聪明伶俐，便将他们兄弟二人赦免了，还让其在自己的手下供事。

在鬼门关上走了一趟，努尔哈赤又回来了，李成梁不知道，他这么做是在放虎归山，为大明留后患。他当然更不能想象，这个手下的小喽罗，会是大明王朝的掘墓人，一念之差，李成梁成就了一个人，更成就了一个新的王朝。

努尔哈赤毕竟是马背上长的孩子，马术、弓射无不精湛，征战更是骁勇，可谓有勇有谋，是个将才，李成梁对他非常赏识，让其跟随左右。

努尔哈赤对李成梁也是无比恭敬，无限忠诚，但是，这种感情并不单纯，毕竟是杀亲仇人。他始终在报仇与效忠之间犹豫不定，这份徘徊终使他离开李成梁。

这年，努尔哈赤的父亲塔克世来信，让其回家成亲，努尔哈赤借机离开了李成梁。这时距离他入李成梁麾下，有三年之久，努尔哈赤已十九岁。

王杲之子阿台逃出以后，便依山筑城，蓄积力量，以伺时机，为父报仇。还未等其准备妥当，李成梁便带兵打来了。

万历十一年（1583年），李成梁以“阿台未擒，终为祸本”为由，说服神宗，再次围剿阿台。时努尔哈赤的祖父觉昌安、父亲塔克世也在城内。

这年，女真部族矛盾丛生，相互攻讦、互为倾轧之事常常发生。建州女真苏克苏浒河部图伦城的城主堪外兰与阿台素有矛盾，为报仇，便自请带兵攻城。

堪外兰足智多谋，在城外宣扬凡能杀阿台者，便可为此城城主。重赏之下必有勇夫，阿台部下信以为真，将阿台杀掉，树白旗，开城门。

明军破城而入，大开杀戒，不分男女老少，一时之间，血流成河。努尔哈赤的祖父、父亲皆被杀害。

努尔哈赤听闻亲人遇害，悲痛不已，单骑入李成梁营帐，质问：“我祖、父故被害？汝等乃我不共戴天之仇也！汝何为辞？”李成梁无言以对，沉默良久，答：“非有意也，误耳！”如此便把努尔哈赤打发了，努尔哈赤哪里肯善罢甘休，下定决心，这不共戴天之仇，终有一日要连本带利索要回来。

朝廷为示安慰，赐予他“敕书三十道，马三十匹”，加封建州左卫都指挥使。所谓君子报仇，十年不晚，况且如今实力不足，需蓄精养锐，以待时机。努尔哈赤表面上欣然接受，但是仇恨的火苗，已经燃烧成熊熊烈火。努尔哈赤这熊熊烈火将要引燃整个大明，让整个大明葬身火海，这个代价却是够本。

努尔哈赤以父亲遗留的十三副铠甲起兵复仇，第一个目标便是堪外兰，以百余人的兵力将其除掉，这一年努尔哈赤二十五岁。

努尔哈赤下一步的目标便是统一女真各部。这是一个艰难的任务。在统一的过程中，努尔哈赤对明朝的政策也不断随着实力的增强而变化。阎崇年将其归纳为两面政策，即先是只称臣，不称雄；继而明称臣，暗称雄；进而边称臣，边称雄；最后不称臣，只称雄。此种说法，甚是妥当。

努尔哈赤统一女真各部，始终贯彻“顺者以德服，逆者以兵临”的战略方针。工夫不负有心人，用时三十六年后，终大功告成，一个强大的女真兴起了。

第四章　朱常洛的悲催生涯

皇帝很烦恼，皇帝不高兴

在一个炎热的中午，明神宗突然“神”性大发，独自在皇宫踱步。一个人在树荫下走来走去，看着蝴蝶成双成对地飞来飞去，他突然觉得有点儿寂寞。那个时候，明神宗已经有皇后了。可是，皇后的肚子非常不争气，几年都没生一个孩子。想到自己年纪不小了，却还没有皇位的继承人，明神宗越想越闷。

走着走着，抬头一看，明神宗才发现他来到生母慈圣太后的慈宁宫。慈圣太后原本是一个地位卑微的宫女，神宗的老爹穆宗一次偶然的临幸，让她怀了孕。生下神宗后，慈圣太后的生活从此改变，这叫母因子贵。然而，神宗遗传了皇室血脉中的高傲和自负，他总为自己的生母出身卑微而羞愧，有时甚至不想见到慈圣太后。作为疼爱子女的老母亲，慈圣太后的心思非常细腻，一看神宗的脸色，她就知道神宗在想什么。既然神宗嫌弃，不愿见面，慈圣太后也不勉强。因此，几十年下来，神宗同慈圣太后见面的时间并不多，彼此的感情就如山间缥缈的烟雾，若有若无，时多时少。

尽管神宗不愿见到慈圣太后，他自幼受到孝定太后的教育，孝顺父母的心还没有完全泯灭。既然来到生母的住所了，无论如何都要进去逛一圈，否则即使有一千个理由也说不过去。事有凑巧，慈圣太后不在，也就是说神宗可以马上转身就走。可是，神宗觉得走累了，就随便坐下歇歇。

一位姓王的宫女端来茶水时，神宗正怔怔地看着窗外，细想人生。不可否认，神宗是一个多情种子，这从他对郑贵妃的宠爱可以看出。就在转头这一瞬间，神宗突然发现，眼前的宫女有几分姿色。必须强调，这位姓王的宫女只有几分姿色，否则，后来的事就不会发生了。

被皇帝看上，宫女无论如何都不能拒绝，何况这时的神宗还没有生一个儿子。如果这位姓王的宫女的命同慈圣太后的一样好，皇帝一次偶然的临幸就能生出龙种，她的生活将会从此改变。很巧，神宗这次偶然的临幸，这位姓王的宫女真的怀孕了。更为奇特的是，这位宫女生下的孩子，是一个胖嘟嘟的大男孩。

听了这事后，神宗简直不相信自己的耳朵。他同皇后生活了几年，皇后连一个男孩都生不出。可是，一次偶然的临幸竟然使一个地位卑微的宫女为他生了第一个男孩，真的太意外了。为了保全面子和维持傲慢自负的人格，神宗决定否认此事。他是这么想的，堂堂一国之君，竟然同一个地位卑微的宫女生下一个未来的皇帝，传出去岂不让人笑破肚皮。其实，他这位堂堂的一国之君，原本不过是一个地位卑微的宫女的孩子。神宗看不起地位卑微的宫女，有着极其深刻的心理发育不正常的原因。

神宗以临幸宫女为耻，他生母慈圣太后却以宫女生下龙种为荣。听说这位姓王的宫女为她生下第一个孙子后，慈圣太后可乐开花了。听说神宗想否认此事后，慈圣太后气得连地皮都给跳破了。凭着惺惺相惜的感情意气，这位曾经是宫女的慈圣太后决定插手干预，为姓王的宫女讨一个公道。多年以来，这是慈圣太后第一次同神宗叫板。

在进行对质的时候，一个太监的出现彻底击败了神宗的抵赖。对皇帝的生活起居，明朝有一整套严密的监视系统，太监因身份特殊因而被委以监视皇帝的重任。具体来说，皇帝何时起床，夜晚同谁睡觉，白天到哪里逛都有太监监视。这些太监不仅负责监视皇帝的一言一行，还进行记录，即使是皇帝的性生活，也要完完整整、一字不漏地记录。这些关于皇帝言行举止的记录，全部记录在一本名叫《起居注》的书中。

面对铁证如山的白纸黑字，神宗即使有“神”性，也不得不承认，后来追立姓王的宫女为恭妃。心中的大石落地后，慈圣太后和蔼地对神宗说，她年纪一大把，还不知道抱孙子是什么滋味。既然上天通过恭妃的肚子成全她，神宗应该好好地对待恭妃。神宗满口应承，心里却巴不得恭妃母子早死。

在皇宫大院内，有母因子贵，也有子凭母贵。可惜，恭妃母子命苦，神宗没有因为恭妃生了一个儿子而加倍疼爱她，她的儿子朱常洛反而因为母亲出身低微而被神宗轻视。朱常洛生于万历十年（1582年），在之后的岁月里，陪伴他的不是父亲的慈爱，而是父亲的冷漠。一个小小的孩子，天天都要面对冷漠的父亲，并且要极力讨父亲的欢心，这对朱常洛的伤害是何其大。

朱常洛母子等了四年，都没有等到神宗册立长子朱常洛为太子。四年以来，有不少为国家前途担忧的大臣多次上书，奏请神宗早些册立朱常洛为太子。可是，神宗对一切置若罔闻，等闲视之。如果有的大臣的请求册立太子的呼声太高了，过火了，神宗就略微惩罚一下，以示警戒。

四年后的一天，朱常洛母子的生命里出现了两个人，就是大名鼎鼎的郑贵妃母子。与恭妃相比，郑贵妃不仅出身好，人长得漂亮，更为重要的是她能迷住神宗。万历十四年（1586年），郑贵妃成功为神宗生了一个儿子，取名朱常洵。子因母贵的老惯例，在朱常洵身上得到了完美的体现。

利用神宗的宠爱，野心不小的郑贵妃天天在神宗耳边吹风，劝说神宗立朱常洵为太子。这个朱常洵由于处在郑贵妃和神宗的宠爱之中，整天欢蹦乱跳，比一天到晚都闷闷不乐的朱常洛讨人喜欢多了。综观当时的局势，大明朝的下一任皇帝，注定要在这两个同父异母的兄弟中产生。

万历想废长立幼，这从他平常的一举一动中都可以看得出，因为他对待朱常洵母子好得不能再好，对待朱常洛母子却差得不能再差。然而，如果神宗想废长立幼，必须先过文武百官，尤其是不怕死的士大夫那一关。这帮士大夫深受长幼尊卑的影响，即使鬼头刀架在脖子上，他们也不同意废长立幼。

等了几年，头发都等白了，还不见皇帝册立长子朱常洛为太子，反而见到神宗废长立幼的苗头越来越茁壮，户部给事中姜应麟第一个向神宗发难。在奏疏里，他要求神宗早些册立太子，以安定天下。他的原话是“册立元嗣为东宫，以定天下之本”（《明史》）。自古都认为太子是天下之本，因为神宗册立太子一事引发了一系列的矛盾斗争，因而相关一系列的斗争被称为争国本。

姜应麟的这一封奏疏就像投向平静湖面的一块大石，顿时激起千层浪，整个大明朝廷都受到了影响。附和他一起主张册立朱常洛为太子的人有吏部员外郎沈璟和刑部主事孙如法。因为神宗不理不睬，六部尚书和首辅等人相继加入奏请立长子为太子的战斗。从当时的情况看，册立太子之请已经从个人奋斗发展到了群情激愤的状态，使情况更为复杂的是，朝臣内部出现党派之争。如果神宗再不采取措施，事态将会越发严重，后果将不仅仅影响太子的册立。

紧接着，为控制事态，神宗终于以积极镇压的方式对这一事态作了消极的回应。那些呼声最高、号召力最强的官员纷纷被各种罪名贬斥，大部分人被革职查办，不少人被发配充军，有的甚至被问罪入狱。

一封奏疏引发的群体事件

因为神宗皇帝不作为，将一切权力下放给内阁大臣和首辅，使得奸臣当道，民不聊生。在那个年代，凡是稍有良知的知识分子，无不挺身而出，奋笔直书，指摘时政。在这帮忧国忧民的文人当中，数汤显祖的《论辅臣科臣疏》最有攻击力。

汤显祖，字义仍，江西临川人。他的两个在朝为官的同乡友人丁此吕和万国钦都是很有政见且正直敢言的当朝御史。尽管当时的局势非常严峻，百官对作威作福的掌权人物敢怒而不敢言，丁此吕还是大胆挺身而出，揭发科举考试舞弊。万国钦则厉声斥责当局对外妥协，掌权人物申时行害怕事态闹大，先后免除丁此吕和万国钦的职位。汤显祖为忠臣被罢免大为悲痛，立志为他们鸣不平。

说起考试舞弊，大名鼎鼎的张居正就曾邀请汤显祖配合舞弊。想当初，年仅13岁的汤显祖就成了王学子弟。由于王学一派在当时属于异端，不时发出一些世人从未听闻过的精妙言论，使得对王学作了一定程度贡献的汤显祖声名远扬。在王学门下混了8年后，年仅21岁的汤显祖一举考中举人。

尽管汤显祖很有才学，但他的才学与当局的要求不符合，这使得他又等了7年才能进京参加会试。张居正听说大才子汤显祖进京，准备让他的儿子结交。可是，汤显祖很看不起张居正，他一口就拒绝了这位首辅。得罪了权贵，结果可想而知，汤显祖落第。

3年后，汤显祖再次进京考试。一切都很巧，什么都没有改变。张居正仍是掌权人物，仍旧希望他的儿子能够结交汤显祖。然而，决不攀附权贵的汤显祖再次摇手拒绝。结果仍同3年前一样，大才子汤显祖再次落榜。

又是3年后，百折不挠、屡败屡战的汤显祖第三次进京考试。张居正熬不过命，已经死了。这次考试因为没有权贵的阻挠，汤显祖顺利过关。可是，他的骨头太硬了，掌权人物都不愿与他交往。因此，汤显祖被调赴南京。南京是一个悠闲的好地方，风好水好人更好。汤显祖官职卑微，平时闲着没事干，就写写文章。

这个时候，汤显祖的笔已经磨得非常锋利了。他又有感于时政弊端，下笔就能写出抨击社会的大好文章。万历十九年（1591年）正月二十日傍晚，划过西北天际的一颗明晃晃的彗星为汤显祖带来了写文章抨击时政的东风。

两天之后，神宗诏告天下，令六科十三道言官上疏奏陈朝廷的功过。汤显祖操起浓墨大笔，一口气写下火药味十足的《论辅臣科臣疏》。在奏疏中，汤显祖直斥申时行滥用权力，营私舞弊。例如，万历十七年（1589年）太湖一带大旱，朝廷一共发放白银50万两赈济。可是官吏层层贪污，等到发送到受灾群众手中时，已经所剩无几了。朝廷听说此事后，派遣户科右给事中杨文举前往督察。然而，到任后的杨文举不但不认真履行职责，反而利用他是申时行的门生这一关系，沿途大肆搜刮，连驿站里当差的都不放过。汤显祖指出这类奸人依靠掌权人物撑腰，贪赃枉法不但不受处分，官还做得越来越大。

最后，汤显祖只用一句话，就指出了神宗即位以来的时政弊端。他写道："前十年之政，张居正刚而有欲，以群私人嚣然坏之；后十年之政，时行柔而有欲，又以群私人靡然坏之。"（《汤显祖诗文集》）这篇奏疏的攻击力太猛了，甚至连神宗都骂了。神宗一怒之下，贬汤显祖到广东徐闻当典史。

因为《论辅臣科臣疏》一文，汤显祖遭到了仕途上最严重的打击，时年42岁。自从被贬到广东起，汤显祖就没有能力爬起来。作为神宗时代的官吏，汤显祖是失败的，因为他不肯同流合污。但是，作为中国历代官吏中的一员，汤显祖是成功的，因为他坚持自我，一心为民谋福利。作为一个成功的戏曲家，汤显祖是伟大的，因为他的玉茗堂四梦（《紫钗记》、《牡丹亭》、《邯郸记》、《南柯记》）已经成为绝唱。

《明史》对汤显祖的评价是其人"意气慷慨"，一生"蹭蹬穷老"，这是非常中肯的。当然了，如果给他机会，汤显祖也是一个能够大有作为的好官吏。在遂昌任职期间，汤显祖力求减轻百姓所遭遇的刑罚。不仅如此，如果有时间、有能力，他还建立射堂，修葺书院，为百姓提供良好的学习环境。

尽管汤显祖被贬到广东，他抨击时政的声音还是像一个幽灵，在北京城游荡。两个月后，福建佥事李琯以汤显祖为榜样，上疏攻击申时行。被汤显祖抨击后，申时行害怕得连门都不敢出。如果不是神宗及时贬汤显祖到广东，申时行早就撒腿跑人了。李琯的文笔没有汤显祖的锋利，可是他细数了申时行的十大条罪状，并且每一条都言之凿凿。为了保护被吓破胆的申时行，神宗再次惩罚谏官，罢了李绾的职。

神宗之所以如此优待申时行，除了明朝体制和皇帝的个人原因外，还因为他需要申时行配合办理一件最令他感到棘手的问题，解决册立太子的矛盾。与汤显祖和李绾等人相比，申时行比较圆滑。如果神宗罢免申时行，接替申时行的将会是一个刚正不阿的人。如此一来，神宗就不能实现废长立幼的夙愿了。

果不出神宗所料，紧接着，工部主事张有德又竖起抨击的大旗。但是，张有德纯属借题发挥，因为他关注的是册立太子一事。看了张有德的奏疏后，神宗大怒，给了他一个小小的惩罚。

儿子终于可以读书了

纵观神宗的一生，他躺在床上的日子比坐在椅子上的日子多，是一个名副其实的懒鬼。然而，自从宠幸的郑贵妃生了朱常洵起，神宗就大变了。他使尽各种法子，做出种种动作，目的只有一个，那就是立朱常洵为太子。可是，神宗只是一个人，而他的对手却是无数不怕死的士大夫。为了册立太子一事，神宗与士大夫们开展了一场艰苦卓绝的、长达15年的战争。

万历十八年（1590年），沉寂了四年多的士大夫再次敲响册立太子的战鼓，第一个向神宗下挑战书的是首辅申时行。申时行代表他身后无数的士大夫告诉神宗，皇长子已经9岁了，到懂事的年纪了，应该及早册立他为太子，好让他开始熟悉管理国家的大事。

这时的皇三子朱常洵才有5岁，年纪小得很，神宗不方便在册立太子一事上提到他。为了敷衍申时行，神宗说他没有嫡长子，因此册立长子朱常洛为太子是早晚的事，他还劝申时行等不要听信皇帝将要废长立幼的谣言，神宗保证无论如何决不废长立幼。

每次提到册立长子朱常洛为太子的事，神宗不是推说长子年幼，就是以长子身体孱弱，不适宜在年幼的时候被册立为由拒绝。士大夫们苦苦想了几年，终于找到一个破解神宗这个幌子的法宝。申时行此次提议，就是以这项法宝为撒手锏。

看着神宗一脸冷漠的表情，申时行接着说，皇长子已经9岁了，到出阁读书的年龄了。听到这句话，神宗就像在大旱天听到响雷，不由得一惊。在明朝，如果送皇子出阁读书，就等于变相承认他是太子。朱常洛已经9岁了，如果拒绝送他出阁读书，于情理上说不过去；可是，如果送朱常洛出阁读书，等于承认他是太子，神宗无论如何都不干。

看着申时行得意的表情，神宗突然想到一个拒绝的好理由。他对申时行说，如果一个人天生聪明，即使没有老师教育，最终还是一个聪明的人。神宗的言外之意是，朱常洛不太聪明，无论多么好的老师都教不好，何必浪费大家的精力。神宗的这句话，傻子都听得出来他是在影射朱常洵聪明伶俐，乖巧可爱。

申时行听了后，不甘示弱，狠狠地还了一击。他义正词严地说，人的天赋有差异，但环境因素也不可忽略。无论多么聪明的一个人，如果不跟随老师学习，最终还是不能成才。这话的言外之意是，既然朱常洛天赋差，就更应该及早跟随老师学习。只有通过勤学苦练，朱常洛才能赶得上那些天赋较好的人。

这一对君臣你来我往，针锋相对，彼此都不示弱。争论到最后，神宗倦怠了，只得告诉申时行早些回家休息。这一次争论，申时行明显占了上风。在申时行就要退出的那一刹那，一个小太监急忙跑出来。他对申时行说，皇帝召见朱常洛和朱常洵，既然申时行来了，就顺便看看这两兄弟一眼。神宗的意图很明显，他让申时行见朱常洛和朱常洵，只是想告诉申时行，朱常洵确实比朱常洛优秀。

不一会儿，一高一矮的两个小孩子并排着走来。高的那个一脸矜持，似乎很害怕见到神宗；小的那个蹦蹦跳跳，一见到神宗就伸手要抱。神宗指着高的那个，说他就是朱常洛。申时行看着神宗无比怜惜地抚摩着小的孩子的头，一眼就猜到他就是朱常洵。两个孩子，一高一矮，高的木讷，矮的活跃，这更加突显了朱常洛的劣势。

当此情境，申时行也开始沉默了。他似乎在暗问自己，让一个呆呆木木的孩子领导大明的未来，行得通吗。如果行不通，整个大明也许会败坏在他手上。可是，不管怎么说，朱常洛都是神宗的长子。如果他的太子之位被废除，后世可能会有无数皇帝效仿神宗废长立幼的坏规矩。在官场混了多年的申时行深知，如果皇位的继承规矩被破坏，遗留的后患将无穷。

在沉默的这一小段时间，神宗的一双眼静静地凝视着申时行的脸色。申时行的脸色从怀疑变为忧虑，紧接着又变得非常坚定。他知道，无论如何，申时行都不会同意废长立幼。一小会儿后，神宗以略带伤感的口吻告诉申时行，他已经安排内侍教朱常洛读书了。

让内侍教长子读书，这明摆着就是说，不到最后一刻，神宗绝不屈服。既然神宗玩硬的，申时行也豁出去了，陪皇帝玩一把。他对神宗说，神宗在东宫的时候，6岁就开始读书。朱常洛已经9岁了，读书都还被关在家里，这对朱常洛很不公平。申时行所说的公平，不仅指读书，更指册立太子一事。

事情很简单，如果神宗早些册立朱常洛为太子，他就不会受到那么大的煎熬。一个孩子从年幼就受到权力的煎熬，即使是天才，也会变成傻子。当然了，遭受册立太子一事煎熬的不仅只是朱常洛一人，还有神宗、郑贵妃和士大夫们。

申时行怔怔地走到朱常洛面前，转过头，由衷地对神宗说，皇长子气宇非凡，长大了一定会干大事，成大器。神宗能够生出这样的一个儿子，是上天赐予的福分。如果神宗能够早些册立长子为太子，这不仅是他个人的幸事，更是朝廷和国家的幸事。面对倚老卖老的申时行，神宗除了答应立朱常洛为太子外，就没有其他办法了。

可是，神宗又一次施展拖延战术。到了月底，朱常洛还没有被派遣出阁读书。申时行越等越不耐烦，越等火气越大。神宗过了大半个月的安静日子，他认为士大夫们放弃了。但是，他错了，士大夫们不但不放弃，进攻的火力反而越发凶猛。

第二个奏请让朱常洛出阁读书的是王锡爵，为了打动神宗，他竟然连朱常洵一起拉上。王锡爵的意思很简单，如果让朱常洵和朱常洛一起出阁读书，神宗同意的可能性会更大。神宗似乎看出了王锡爵的阴谋，迟迟不给答复。神宗不给答复，士大夫们不知道他是同意还是不同意，只能干等。

到了四月份，士大夫们实在等不住了，申时行、王锡爵、许国和王家屏先后上奏，以各种不同的理由乞求告老还乡。看着这几个重要人物的辞职信，神宗感到不能再拖延册立太子的事了。如果再拖延下去，可能其他朝臣会跟着这四个大人物闹罢工。如果满朝上下一起罢工，全国政务将会陷入瘫痪。

这一次，神宗让一步，与士大夫们妥协。他召集起士大夫们，表示让朱常洛出阁读书，并答应在近期内册立太子。听了这个激动人心的消息后，士大夫们高兴得都疯了，就像死后重生一样。但是，他们高兴得过早了。后来的事实证明，神宗不仅忽悠了他们，还又一次采用了拖延战术。

册立太子：总算熬到头了

神宗皇帝没有大谋略，也没有大气魄，可是他的小聪明很多。他嘴上答应送朱常洛出阁读书，也履行诺言了，可是他的一切安排却大出众人的意料。面对这个专门耍小聪明的皇帝，士大夫们只能感到哭笑不得。

朱常洛出阁读书的时候，年纪已经十五岁了。这十五年来，他们母子一直生活在神宗的阴影里。如果神宗不笑，他们母子绝不敢笑；如果神宗哭泣，他们母子不得不跟着哭泣。更令人气愤的是，神宗竟然对他们母子玩冷暴力。心情好的时候神宗不理睬他们母子，心情差的时候神宗就拿他们母子当出气筒。

与朱常洛母子相比，朱常洵母子简直是在天堂里生活。首先，神宗对郑贵妃百般疼爱，总是待在郑贵妃的住处，有什么好处都先给郑贵妃母子。其次，朱常洵养尊处优，不仅衣来伸手，饭来张口，甚至是想要什么就能得到什么。可以想象，如果朱常洵想要天上的星星，就算花费九牛二虎之力，神宗也会尽力给他摘下来。

士大夫们看着神宗厚此薄彼，无不义愤填膺，争着抢着为朱常洛母子打抱不平。从人类的怜悯情感的角度分析，士大夫们拼了老命为朱常洛争夺太子之位，除了深受正统道德观念的影响外，对他们母子遭遇的怜惜也是一个重要原因。

这些年来，朱常洛母子所过的生活，简直不是正常人过的。如果没有士大夫们拼死力争，他们母子可能早就已经到阎王爷那儿报到去了。以朱常洛出阁读书为例，神宗胡乱为他请了一个老师。更令人感到好笑的是，为了让这个老师消极怠工，神宗竟然不给他提供饭菜。然而，上天总是眷顾善良的。这个老师有一身铮铮铁骨，神宗不给他提供伙食，他就自带伙食。这个老师也许没有教给朱常洛很多知识，但是朱常洛至少从他身上学到什么是“自食其力”。

在册立太子一事上，神宗死拖，硬生生使这场斗争持续了15年。这15年来，一共有四个首辅因为争国本一事被逼退。其他人都走了后，沈一贯在万历二十九年（1601年）成功登上首辅的宝座。沈一贯曾与张居正、申时行和王锡爵等人共事，但他的才能和为人都没有这些人好。《明史》对沈一贯的评价是圆滑融通，知道权变，这就不难理解他能够坚持到最后的原因。

刚刚当上首辅，同前几任一样，沈一贯马上上书，奏请神宗册立朱常洛为太子。他的理由是，朱常洛已经不小了，到成婚的年龄了。如果神宗册立朱常洛为太子，他就能马上结婚。只要太子成婚，神宗就有孙子抱了。

这封奏疏看似简单，含义却很深。首先，这个时候的神宗已经有一大把年纪了，他不能指望再让皇后生一个嫡子。明朝的祖训是立嫡不立长，可是神宗没有嫡子，只能册立长子。神宗也曾想过将朱常洵变为嫡子，可前提条件是郑贵妃被封为皇后。如果郑贵妃想被封为皇后，除非皇后死了或者被废黜。但是，皇后的身体健康得很，再活几十年都不会死。再说，皇后一生规规矩矩，堪称是天下的典范，神宗根本找不到废黜她的理由。

其次，因为争国本一事，神宗已经弄得众叛亲离，成了一个名副其实的孤家寡人。这十多年来，除了四位首辅被逼退外，还有十多位尚书级别的官员主动告老还乡，中央和地方的官员加起来一共有300多人受到牵连，其中被罢免、解职、发配的就有100多位。为了立一个太子，这么多人受到牵连，可以说争国本是万历年间最大的政治运动。更令人想不通的是，争国本这么一件纯粹的皇权争夺事件，竟然引发了深受历史诟病的党争。

促使神宗在万历十九年立朱常洛为太子的另一个原因是，他得罪了了一个绝不能得罪的人，身份尊贵的李太后。由于李太后的出身也是宫女，她也是在穆宗的一次偶然临幸才生下神宗。生活的相似性决定了李太后对朱常洛母子十分偏爱，如果没有李太后撑腰，神宗又怎么会承认朱常洛是他的孩子。

等了十几年，神宗还不册立太子，李太后也加入战斗的行列。为了给朱常洛争取太子的身份，有事没事，李太后都要去会会神宗。起初，母子相见，自然有许多话说。随着相见次数的增加，李太后母子的话就越来越少。他们的话很少，可谈的都很关键，日子一长，神宗就发现，他母亲也赞同立朱常洛为太子。

一天，李太后问神宗，为什么不立朱常洛为太子。不知道神宗在想什么，他竟然脱口说出，因为朱常洛是宫女的儿子。神宗还没反应过来，李太后已经勃然大怒。她铁青着脸，厉声对神宗说，他也是宫女的儿子。

俗语言，儿不嫌母丑。神宗说这话的时候也许是无心的，但李太后听了后却十分不舒服。神宗这句话明摆着嫌弃他母亲的出身。母亲辛辛苦苦养大一个孩子多么不容易，听到孩子嫌弃自己的话又多么伤心。看见李太后勃然大怒，神宗才发觉自己犯了一个不可饶恕的错误。

尽管神宗连忙赔不是，可他对李太后的伤害已经是事实。行动是最好的道歉，如果神宗立朱常洛为太子，表明他不嫌弃母亲是宫女的出身。相反，如果神宗不顾众人的反对，坚决立朱常洵为太子，表明他嫌弃母亲的出身。如果他真的立朱常洵为太子，李太后可能到死都不同他说一句话。

从上述因素分析，神宗之所以答应沈一贯立朱常洛为太子，完全是局势所逼，而非沈一贯一个人的功劳。经过15年的斗争，神宗终于发现，如果要立朱常洵为太子，他必须击败士大夫集团和说服他的老母亲。但是，神宗脆弱得很，他根本没有足够的毅力和足够强大的能力击败这些对手。

“这一连串事件揭示了万历皇帝无力满足晚明存在的君主政体的需要。可是，这些事件也揭示了强加于君主的无法忍受的状况，这种状况是由情势而不是由阴谋偶然形成的。尽管是专制君主，万历皇帝却没有立法的权力。尽管是最后的裁决者，他却不得不在合法的迷雾中行事。而当他要朝廷承认他的人性需要时，他发现他什么也不能得到。在处理继任问题中，万历皇帝处境孤立。1601年，在来自他的顾问们的难以承受的压力下，他才同意立他的长子朱常洛为太子。过了13年之后，如王朝的则例所要求的，他打发他的第三子就藩。在其间的年代里，他变得完全和他的官员们疏远了。”（费正清《剑桥中国史·明史》）在争国本这件事上，不是万历输了，也不是士大夫们赢了；而是人性输了，制度赢了。

被册立为太子后，朱常洛第一个想见的人是他的生母王宫女。这15年来，不近人情的神宗将朱常洛母子分离，王宫女完全被幽禁起来，她没有要求见任何人一面的权力。即使朱常洛想见生母一面，也要先获得神宗的同意。

宫门打开的一刹那，朱常洛发现，他母亲已经病入膏肓了。多年以来，他一直想好好地对待自己的母亲，可是他连见她一面的自由都没有。等到他有见母亲的自由后，他母亲却没福享受。儿子看着病入膏肓的母亲，母亲看着长大成人的孩子，四目相对，久久默然。

在王宫女生命的最后一刻，她的脸上泛起莲花般的笑容。她翕动了一下嘴角，望着长大了的孩子，深情无限地说：“儿长大如此，我死何恨。”（张廷玉《明史》）

多年来，王宫女一直过着孤寂而凄凉的日子。她之所以甘愿忍受煎熬，只想看到自己的孩子长大的这一天。

鬼神莫测妖书案

万历年间是一个非常混乱的年代。神宗当了几年的皇帝后，索性闭门不出，不仅不管朝政，甚至连大臣们都懒得见，这就是最典型的例证。细想神宗的一生，他活着并不容易。他的一生有很多理想，可大多数都被明朝这个僵死的封建政体给扼杀了。面对一个屡屡失败的人生，即使是铜筋铁骨的强人，也不能承受，何况是神宗这种心智脆弱的人。

诚如费正清所言，对万历的分析应该全面，不应该仅仅责怪他不理朝政。继位之初，神宗也曾想大展神威，为后世子孙谋幸福。可是，失败太多了，使得他都不相信自己是一个能够改变时局的人。“尽管他从未明白说明，但他似乎了解，他不能改革作为制度的帝国官僚机构。他无力革新，和对皇帝一样，这对王朝也是不幸的。他不得不实行并治理的统治达48年，闭居宫中，像是他的官僚们的事实上的囚徒。”（费正清《剑桥中国史·明史》）

神宗的无力，在万历年间的三大奇案（妖书案、红丸案和梃击案）上表现最充分，因为没有任何一案被破解，其中尤以妖书案最能表现皇帝的无力和整个官僚系统的混乱。在万历年间，一共出现两次妖书案。第一次妖书案中的妖书指《忧危竑议》，第二次妖书案中的妖书指《续忧危竑议》。

万历十八年（1590年），著名大儒生吕坤担任山西按察使时，编辑了历史上著名的贤妇烈女的事迹，编撰成《闺范图说》一书。郑贵妃听说后，命人增补了12个人，其中一个就是她，她还为本书写了一篇序文。郑贵妃的目的很明了，借吕坤的这本书提升自己的形象。

8年后，即万历二十六年（1598年），吕坤发扬谏臣的良好风尚，上了一道《忧危疏》，奏请朝廷节省开支，停止横征暴敛。那个时候明朝遍地是贪官，别人一看吕坤的文章就知道是在说自己。第一个向吕坤发难的是吏科给事中戴士衡，他利用《闺范图说》大做文章，诬告吕坤逢迎郑贵妃，居心叵测。发展到后来，甚至有人告吕坤私下进宫，企图结纳宫闱。吕坤知道后，大叫冤屈。神宗没有闲心理睬这些口水仗，装聋作哑，置若罔闻。

眼见一切就要结束了，谁知突然冒出一篇《忧危竑议》。这篇文章的大概意思是，吕坤编撰的书以汉明德马皇后始，以郑贵妃终，旨在讨好郑贵妃，影射他的儿子福王朱常洵将会被改立为太子。《忧危竑议》虽然自称是《闺范图说》的跋文，却以传单的形式在北京的大街小巷广为流传，这分明就是栽赃陷害吕坤。

因为册立太子一事，神宗苦战了15年，结果以失败告终。听说吕坤旧事重提，渴望再次扰乱朝廷，神宗再也不能等闲视之了，下令查办相关人员。戴士衡和樊玉衡受到牵连，被以“结党造书、妄指宫禁，干扰大典，惑世诬人”（《明史》）的罪名分别被贬到广东雷州和廉州。

因为神宗的不作为，第一次妖书案并没有查到真正的罪人，只是抓了几个替罪羊。第二次妖书案发生在万历三十一年（1603年），情况比第一次更为奇特。一大清早，内阁大学士朱赓就在家门口发现了一篇题为《续忧危竑议》的揭帖。这篇帖子以问答形式写成，直指郑贵妃意图不轨，她将废除朱常洛，扶自己的儿子为太子。联系朱常洛刚刚被立为太子两年的实际情况，这次妖书案是争国本的余波。

因为这篇文章“词极诡妄”（《明史纪事本末》），很快就被传播开来。一时之间，北京城都在谈论太子的废立问题，弄得人心惶惶。事态非常严峻，朝廷不能等闲视之，神宗下令东厂和锦衣卫立刻查办。

由于《续忧危竑议》一文直接指责朱赓和首辅沈一贯是郑贵妃的帮凶，这两个人都很害怕。朱赓没有官场斗争经验，除了上书为自己的清白辩护外，就只会呆呆地坐在家等待朝廷查办。相比而言，沈一贯的城府和计谋就多了。他利用权力，指使给事中钱梦皋上书，诬陷礼部右侍郎郭正域和与他有仇隙的内阁大学士沈鲤，说这两个人与妖书案有莫大的关系。

当时的内阁只有三个人，分别是沈一贯、朱赓和沈鲤。沈一贯和朱赓都被牵扯进妖书案中了，如果沈鲤单独清白在外，即使将来真相大白，他在内阁的位置也会比沈一贯和朱赓高。沈一贯熬了那么多年，好不容易当上首辅，无论如何都不会轻易放弃权力。只要将沈鲤拉下水，将来真相大白后，沈一贯仍旧能够保持他的位置。与沈鲤相比，郭正域就是单纯的替罪羊。沈一贯等人认为，郭正域是沈鲤的得意门生，如果不连郭正域一起扳倒，将来的事可能不好处理。

巡城御史康丕扬负责抄查沈鲤的家，他发现沈鲤和著名僧人达观以及著名的医生沈令誉的关系不错。为了发掘沈鲤等人的犯罪证据，达观和沈令誉先后被抓进大牢。他们两个忠贞不屈，达观被活活打死。东厂、锦衣卫和三法司为了诬陷沈令誉，竟然找来一个只有10岁的小女孩作证。当被问到印刷妖书的印版有几块时，小女孩什么都不知道，说有满满一屋子。如果要印刷《续忧危竑议》一书，印版最多不过两三块。这个作证的小女孩说有满满的一屋子，明摆着她什么都不知道。

发展到后来，只要是互相有仇隙的人，纷纷诬告对方与妖书有关。朝廷费尽九牛二虎之力，最后查出来大部分纯属诬告。朱常洛听说郭正域被捕后，问近侍："何为欲杀我好讲官？"（谷应泰《明史纪事本末》）为了营救这位昔日的老师，朱常洛特意嘱咐东厂提督陈矩对郭正域手下留情。

东厂、锦衣卫和三法司联合行动，抓捕行动进行了五天仍旧没有结果，神宗十分气愤。皇帝发怒了，为了保住乌纱帽，相关负责人员不得不找一只替罪羊。几天后，东厂声称抓住了真凶，即皦生彩和皦生光。刚刚被抓住，皦生彩就说这一切都是他哥哥皦生光干的。

尽管遭遇种种酷刑，皦生光仍旧十分坚强，誓死不将任何人拉下水。刑部没有其他办法，只得说一切都是皦生光一个人干的。可是，连急于结案的沈一贯都认为，皦生光是被冤屈的。然而，为了给神宗皇帝一个交代，他们不得不将错就错。

妖书案之所以能够波及那么多的人，因为朝廷内部派系林立，各大官员间彼此都有仇隙，谁都想置对方于死地。从本质上分析，妖书案只是引爆官员之间矛盾的导火索。在妖书案的进程中，大明朝廷只是扮演了互有仇隙的官员互相陷害的打手。如果没有神宗的大肆干预，妖书案不会影响到那么多的人。

泰昌的大限到了

万历四十八年（1620年）七月二十一日夜，乾清宫中突然爆发出一阵哀痛的恸哭声，划破了夏夜的宁静，"皇帝驾崩"的消息犹如一声惊雷，在宫中炸开，皇城瞬间被死亡的气息笼罩，各宫如同炸了锅般的，皇宫顿时哭声一片，王子皇孙、妃嫔媵嫱们纷纷面朝乾清宫跪下，各宫道也都跪满了婢女和奴才。

万历皇帝就这么去了！

无论是帝王将相、英雄豪杰，都摆脱不了被时间终结的命运。不管之前万历皇帝有何功过是非，神宗的时代就这么结束了。

消息很快传遍了京城，一夜间满城披上了白色，喧闹多时的京师陷入了令人窒息的寂静中。神宗驾崩，震惊了朝野，震惊了世人。人们为万历皇帝哀悼的同时，更多的是对新帝的期待。官员们更是把这个看做是王朝从头开始的一个机会。许多人把希望寄托在太子朱常洛身上，希望他能迅速地完全改变他父亲的一些不得人心的政策，进行必要的改革。

八月初一，太子朱常洛衣冠华贵，面带喜色，玉履安和，在万众瞩目中登上了皇位，接受来自全国人民的膜拜和崇敬，并宣布次年改元泰昌。泰昌帝一上台即展开新政，他在万历四十八年（1620年）七月二十二日和二十四日，各发银100万两犒劳辽东等处边防将士，同时，命令撤回万历末年引起官怨民愤的矿监和税监，召回在万历一朝因为上疏言事而遭处罚的大臣，增补阁臣，运转中枢，使得整个朝野都感动不已。

然而天有不测风云，登极大典后仅十天，也就是八月初十日，泰昌帝就突患重病。第二天的万寿节，也取消了庆典。万历四十八年（1620年）九月初一的黎明，噩耗再次从宫中传出，泰昌帝驾崩了！消息迅速传遍大街小巷，人们再次被震惊了。仅一个月的时间，新帝就驾崩了，京城几乎立即充满了关于暗杀、阴谋、篡位的谣言。

朱常洛患病的原因，正史中有记载。“光庙御体羸弱，虽正位东宫，未尝得志。登极后，日亲万机，精神劳瘁。郑贵妃欲邀欢心，复饰美女已进。一日退朝内宴，以女乐承应。是夜，一生二旦，俱御幸焉。病体由是大剧。”（文秉《先拨志始》）“上体素弱，虽正位东宫，供奉淡薄。登极后，日亲万机，精神劳瘁。郑贵妃复饰美女已进。一日退朝，升座内宴，以女乐承应。是夜，连幸数人，圣容顿减。”（李逊之《泰昌朝记事》）

就是说朱常洛本来身体就已经很羸弱了，这与其一直以来生活压抑有关。朱常洛不是一个一出生就享尽父母宠爱的皇子，他虽然贵为长子，却是他的父王偶然临幸宫女而生的，因此万历帝认为这是他人生的一个污点，打从心底里不喜欢朱常洛，自小朱常洛的内心就是孤苦与不甘的。但是他作为长子，有传统封建的官僚士大夫们的拥护，在他们的支持下，他坐稳了太子的位子。朱常洛自从做了太子之后，由于父亲朱翊钧对自己十分冷淡，生活失意，精神苦闷。所以大部分的时间，他都是纵情于酒色，因此身体慢慢变得虚弱了。

后来他终于苦尽甘来，登上了皇位，但又因为登基之初，许多政事骤然压来，他必然手忙脚乱、焦头烂额。但是为了证明自己的能力，为了不辜负众人的希望，也为了堵住反对者的口，稳定朝政，他每天都费尽心力地处理政务。繁忙的政务压得他喘不过气来，当时已年届39岁的朱常洛，身体也在这一天天中被累垮了。本来身体状况就已经存在很大隐患的朱常洛，又是个贪恋美色之人。郑贵妃“进侍姬八人，上疾始惫”（明·谈迁·《国榷》）。本就喜爱女色的朱常洛，面对郑贵妃进献的八名美丽女子，自然每夜沉醉在温柔乡中，最终因为纵欲过度而患病。

八月初十日，朱常洛病重后，召医官诊视。十四日，掌管御药房的司礼监秉笔太监崔文升，向朱常洛进“通利药”，即大黄。大黄的药性是攻积导滞，泻火解毒，相当于泻药。这使得朱常洛在接下来的一昼夜，连泻三四十次，身体更加虚脱。他的病态更严重，已经处于衰竭状态了。

这件事情表面上看只是朱常洛被不幸地用错了药，可实际上却没那么简单。崔文生这个人，其实是郑贵妃宫中的亲信太监，这次进药也是郑贵妃指使的。于是不难发现，朱常洛从最初病倒到病情加重，在这过程中都有一个人一直出现，就是郑贵妃。朱常洛的生母王氏外家、原皇太子妃郭氏外家两家外戚也都发现了这一点，认为其中必有阴谋，遍谒朝中大臣，哭诉宫禁凶危之状。

真相讲究证据，郑贵妃是否有谋害朱常洛的动机呢？据正史中记载，他们确实有很深的过节。郑贵妃曾经是先帝神宗最宠爱的妃子，她所生的皇三子朱常洵也最为神宗喜爱，因此郑贵妃就一心想让自己的儿子被立为太子。于是她一方面给神宗压力，一方面采取多种阴谋手段来迫害朱常洛。不过最终，她还是没有胜利，因为她不仅是和朱常洛以及那些官僚士大夫斗，更是与传统封建宗法制度（嫡长子继承制）斗，明显根本没有胜算，不过她与朱常洛的梁子是越结越深，后来她设计害朱常洛就也是在情理之中了。

朱常洛病重，使得朝野舆论哗然，群情激愤，都在寻找幕后的策划人，不管这件事是不是真的是郑贵妃所为，她嫌疑最大，必然难脱干系。朱常洛病入膏肓成为了事实，虽然他的病体是因为多种原因造成的，但不得不承认的是，贪恋女色、纵欲过度确实是他患病的直接导火线。俗话说得好："英雄难过美人关。"尤其又是对于这样一个本来就喜好女色的人来说，他肯定就不会顾虑到自身的现实状况，最终使之变成了一个对他的致命的伤害。

权力、财富、美女同时有了，如此让常人羡慕的事情，朱常洛却无福消受，这实在是个悲剧，同时也很戏剧。然而可怜的朱常洛，他的不幸还没结束。

智斗郑贵妃

万历四十八年（1620年）八月末，皇宫被阴霾的气息笼罩着，每个急匆匆行走的宫人的脸上都带着惶恐，人人自危，仿佛宫中有着风雨欲来之势。

在这将近一个月的时间里，宫里发生了很多变故，先是皇帝朱常洛因为贪恋美色纵欲过度，接着又被崔文生的泻药弄得奄奄一息命不久矣，现在宫中谣言四起，所有人都把矛头指向了郑贵妃。此时郑贵妃还霸占着乾清宫，借着与泰昌帝爱妃李选侍一同"照管"朱常洛的长子朱由校之名，不肯离去，她的阴谋似乎已显而易见，大臣们无不忧心忡忡，担心皇帝一旦驾崩，郑贵妃会和李选侍控制皇长子，实现垂帘听政的阴谋。而且乾清宫是皇帝的寝宫，可以监视皇帝的一举一动，因此朱常洛就处在了一个相当危险的境地。

俗话说"时势造英雄"，在这种危难的时刻，一定会有清流来对抗浑水，他就是兵科给事中——杨涟。

杨涟对朱常洛可谓是忠心耿耿。当年万历皇帝已多年不见朝臣，郑贵妃倚仗着万历皇帝的宠爱，垄断后宫，离间万历皇帝与太子朱常洛的骨肉之情，居心叵测。杨涟识破了郑贵妃的阴谋，深深为太子的前途和命运担忧，在他看来，太子是一国之本，"国本"动则天下乱。因此他把稳定太子的地位与爱国忠君联系在一起，坚决支持太子朱常洛。后来万历皇帝病危时，他力主太子进宫服侍皇帝，避免了郑贵妃从中作乱。最终朱常洛能顺利登上皇帝之位，杨涟立下了汗马功劳。

现在朱常洛登基仅一个月就一病不起，宫中又到处流传着"崔文生进药是受郑贵妃指使，有加害皇上的异谋"的说法，杨涟听到这些传言，觉得情况危急，已经不能再等了，因此他决定要清除郑贵妃对皇上的威胁。他首先要做的就是把郑贵妃赶出乾清宫，避免她留在朱常洛身边谋害他。

然而逼郑贵妃搬家谈何容易。郑贵妃在宫里几十年了，根基极深，而且她还一手拉着李选侍，一手抓着皇长子，势力已非常强大。杨涟的同盟者们虽然数量多，但是因为很多都是刚被朱常洛提拔起来的，势力还很弱小。与郑贵妃斗，犹如以卵击石，现实太残酷！但是杨涟没有灰心，他知道硬碰硬毫无胜算，只能用智取，那就是想办法让郑贵妃自己主动离开乾清宫。打蛇打三寸，要想打败一个人，就要去抓他的弱点，杨涟决定利用郑贵妃的弱点来击败她。

郑贵妃的弱点，就是她的哥哥郑国泰的儿子郑养性。郑国泰死后，郑养性就成为了郑贵妃在朝廷中的联系人，平日因为与郑贵妃的亲戚关系，行事十分嚣张。但是杨涟通过对他的仔细调查观察，发现他是一个外强中干、性格软弱的人，平时就倚仗着郑贵妃，自己毫无主心骨。杨涟就决定从他入手，利用他来实现打击郑贵妃的目的。

这一天，万历四十八年（1620年）八月十六日，杨涟和吏部尚书周嘉谟等同盟者，浩浩荡荡地往郑养性的住处去了，架势骇人。进门以后也不客套，直奔主题。先是给了郑养性一个下马威，严厉地批评了郑贵妃的所作所为，说她把持后宫多年，之前争国本十几年，把宫里弄得乌烟瘴气的，全都是因为她，现在竟然还要封皇太后，赖在乾清宫不走，还给皇上奉送美女，一定心怀鬼胎，有阴谋有企图。一开始就把郑贵妃搬出来训，意思很明显，就是郑贵妃我们都不怕，你也就没什么好倚仗的了，我们都不吃那套，你就老老实实听着认错吧。

郑养性被这架势吓蒙了，偶尔回几句嘴，没有丝毫的底气可言，虽然他平时骄纵跋扈，但面对这帮气势汹汹、天不怕地不怕的人，郑养性有点儿扛不住。接着，杨涟等人又开始来软的，表示理解郑贵妃，也就是想图个富贵，并向郑养性保证说只要听他们的，这件事就包在他们身上。看郑养性有点儿动摇，他们又发出最后一击，威胁他说如果郑贵妃还是只想着太后之位，就不要怪他们不客气了，你郑养性即使说自己没做什么，也没人帮你，要是真没这想法，就早点避嫌，否则到时候也得当做同谋、共犯一同治罪，别说是富贵了，就是身家性命都难保！

郑养性彻底崩溃了。或许他以前根本就没想过这么深，被杨涟等大臣们一吓，他那软弱的性格就暴露出来了，乱了阵脚，只想着赶紧脱身。杨涟等人一看目的已经达成，心满意足地离开了，接下来就等着看郑贵妃的反应了。

郑养性越想这事情越严重，越想越害怕，于是急匆匆地来找他的姑母郑贵妃商量对策。郑贵妃听完整个事件以后，也慌乱了，朝中大臣们那暴风雨欲来之势确实吓坏了她，以前有万历皇帝，有她的儿子为她撑腰，可现在，先帝已逝去，儿子又远在京城之外，现在满朝文武都直指向她，朱常洛心里肯定也不待见她。

她第一次感到了绝望，就像浮萍没有依靠。她也老了，心有余而力不足，已没有办法再去和皇帝和大臣们斗智斗勇，能够保住身家性命在她看来才是最重要的事情。郑贵妃权衡再三，终于决定搬出乾清宫，也再也不提当皇太后的事儿了。

郑贵妃费尽心机地折腾了三十多年，却最终也没得到她想要的。其实就当时的时局而言，郑贵妃还是有实力进行一番对抗的，因为她还有同党，有帮手，如果赖着不走，谁也拿她没办法。可是她最终还是退缩了，或许是她愚蠢，被一吓就乱了思维，也或许是她看不到希望，不想再争斗下去了。不管是什么原因，反正曾经叱咤风云的郑贵妃，正式退出了历史舞台。

一颗丸子要了命

万历四十八年（1620年）八月二十九日，晨光熹微，乾清宫。

朱常洛倚坐在龙椅上，面容枯槁，有气无力。内阁首辅方从哲、给事中杨涟、英国公张惟贤等13名大臣陈列其下，每个人都静默着，但是心中都惴惴不安，因为皇上不仅叫来了他们，还命皇长子出见，看皇上的架势，就好像要临危托孤一般。

朱常洛的眼光缓慢地扫过了全部人员，最后定格在皇长子身上，然后开口道："朕难了，国家事卿等为朕尽心分忧，与朕辅助皇长子要紧，辅助他为尧舜之君，卿等都用心。"（《明实录·光宗贞皇帝实录》卷八）朱常洛的眼中充满了对皇长子的希冀以及对众大臣深深的信任，众人都不禁点头应允，承担下这厚重的责任，朱常洛的脸上不禁露出欣慰的表情。朱常洛突然话锋一转，向大臣们问起"寿宫"的事情，辅臣们都惊异了一下，以为朱常洛忽然想起了先帝的安葬事宜，于是告知他：皇考的陵寝工程正在修建中。但是朱常洛马上纠正说是他自己的寿宫，众人不胜惶恐，于是纷纷劝说道："圣寿无疆，何遽及此？"（《明实录·光宗贞皇帝实录》卷八）朱常洛仍再三强调此事要紧，众人听了都伤心不已，纷纷哽咽起来，不敢仰视。

安排好了这一切后，朱常洛似突然想起某件事，于是问道："有鸿胪寺官进药，何在？"（《明实录·光宗贞皇帝实录》卷八）众人听了不禁面面相觑，不知皇帝这话从何说起。这时内阁首辅方从哲站了出来，回答说："鸿胪寺寺丞李可灼自云仙丹，臣等未敢轻信。"（《明实录·光宗贞皇帝实录》卷八）原来这个叫做李可灼的鸿胪寺官员八月二十三日就来到内阁，说有仙丹要进献给皇上。但是有了崔文生的先例摆在那里，方从哲实在不敢轻易就允许给皇帝进药，为了谨慎起见，他便命李可灼离去。李可灼没有就此罢休，二十九日一早，又来送药。

太监不敢自作主张，就把这事向内阁报告了，方从哲还是没有答应。但不知怎么回事，朱常洛竟得知了此事，于是才问起来。他知道方从哲是小心行事，所以也没有怪罪。朱常洛自知已命不久矣，于是就抱着死马当活马医的态度，命李可灼入宫献药。

李可灼奉命急忙赶来，朱常洛屏退了众人，让李可灼为他诊视。经过了一番诊断后，李可灼竟然很自信地说找到了病源，并且知道治法。朱常洛听了不禁大喜，再一次激发起了他对生的渴望，于是他急不可耐地命李可灼速速进药。

到了这个时候，方从哲还是不放心，令李可灼与御医各官商榷以后再决定。这时，在场的一个阁臣刘一璟说："吾乡两人同用此，凡一损一益，非万全药礼。"（《明实录·光宗贞皇帝实录》卷八）众人听了都犹豫不决，谁都无法下这个保证，也谁都不敢担这个责任，因此都不敢明说该不该用这个药。

到了中午，李可灼调制好了红色的药丸，送到了皇帝的御榻前，诸臣也都一起进来了。朱常洛拿着李可灼的红色药丸，犹如抓住了一棵救命稻草，眼中都重新焕发了光彩。虽然他已经交代了后事，但毕竟心有不甘，还是希望能出现奇迹。他迫不及待地吃了下去，先饮汤，还气直喘。待药人，即不喘了，于是不断高兴地对李可灼说："忠臣，忠臣。"看得出来，朱常洛对李可灼的红丸寄予了厚望。

朱常洛吃了红丸后，最初感觉良好，还让内侍给等候在宫门外不安的大臣们传话说："圣体用药后，暖润舒畅，思进饮膳。"（《明实录·光宗贞皇帝实录》卷八）众大臣听了都感到很欣慰，不觉放下心来。然而到了日晡之时，李可灼出宫找到方从哲说："上恐药力歇，欲再进一丸。"（《明实录·光宗贞皇帝实录》卷八）在旁的御医都认为不宜再服，然而皇上催促得紧，众御医没有办法，只好遵命让朱常洛又服了一丸。见到李可灼，大臣们都关切地询问皇帝状况如何。李可灼仍然自信地说皇上安适如前，没什么问题。

然而次日，即九月初一的凌晨，情况急转直下。朱常洛服用了两个红色丸药后，五更时分病情突然恶化，大臣们听到太监的紧急召见，都连忙赶往宫中，但是还没能见到皇帝的最后一面，他就与世长辞了！

此消息一出，朝野哗然，人们开始质疑起这个"红丸"来。"红丸"是何物？原来它又称红铅丸，是宫廷中特制的一种春药，是用妇人经水、秋石、人乳、辰砂调制而成，性热，因其红色，故称"红丸"。红铅是阴中之阳，纯火之精，并且正好与当初崔文升所进的大黄药性相反，朱常洛纵欲过度的身体，在最后的岁月连遭性能相反而且猛烈的两味药物的折腾，岂能不暴毙而亡！

假如没有郑贵妃送来的8名美人，假如没有崔文升进奉的大黄，假如病急乱求医的朱常洛没有食用不具备御医资格的李可灼进奉的红丸，那么朱常洛虽然身体虚弱，但还不至于这么快就一命呜呼了。因此众臣都认为崔文升、李可灼罪责难逃，郑贵妃别有用心，而方从哲因为予以回护，难免有同党合谋之嫌疑。一时之间，流言四起，此事闹得沸沸扬扬，弄得方从哲百口莫辩，气愤异常。还好后来内阁次辅韩爌给朱常洛的继承人朱由校上了一个奏疏，里面详细地说明了红丸进呈的全部经过，又有其他当时在场的大臣为方从哲作证，他才洗清了嫌疑，摆脱了困境。但是郑贵妃在这一系列事件中所扮演的角色，仍然在人们的怀疑中。

从万历四十八年（1620年）八月初一日正式即位，到九月初一日驾崩，朱常洛为帝仅一月。"上久在东宫，周知民间疾苦，及奉遗诏，德音迅发。既登祚，锐意图政，惟日不足，中外忻忻更始，而又笃爱臣工，不时召见，如家人父子。疾自夙婴，兼误医药，至今称为一月天子、万年圣人云。"（《明实录·光宗贞皇帝实录》）意思是说朱常洛虽然久居在东宫，但仍深知民间疾苦，奉先帝遗诏之时，很快地发布了仁德的政策。登基后，励精图治，国泰民安，并且还爱戴臣子，经常召见，处得像一家人一样。后来因为疾病缠身，又误食医药，不幸驾崩。但至今仍应称其为一个月的天子，万年的圣人。可见对朱常洛的评价之高。《明实录》是当朝人所写，不免对其有美化夸大的嫌疑，溢美之词难以避免，不过朱常洛为了成为一个明君，他的努力还是有目共睹的。虽然当皇帝时间不长，但能得到如此高的评价，可以说他是幸运的。然而朱常洛去世后，使得党派之争的混沌局面更加恶劣，又是其的不幸了。

朱常洛39年的生命历程中，前20年是备受冷落的皇子，在委屈、不甘以及每日的担惊受怕中度过，后19年是战战兢兢的皇太子，始终行走在儒家士大夫的正义感与万历皇帝的私情之间的钢丝绳上，终于登上梦寐已久的皇帝位后，又仅一个月便一命呜呼了，还遗留下疑云重重"红丸案"，可以说朱常洛的一生是坎坷的，其情可悯。

俗话说："可悲之人必有可恨之处。"如果朱常洛不是那么软弱，如果他敢为自己的命运而斗争，如果他面对一直有心谋害他的人没有妇人之仁，如果他没有贪恋美色……或许他的命运就会改变。然而历史没有假设，他的一生，就陷在这宫廷阴谋旋涡之中了，注定只能是场悲剧。

结　语

日月无光，天黑黑

孔尚任《桃花扇》中有一段唱词这样写道：

高皇帝在九京，不管亡家破鼎，那知他圣子神孙，反不如漂篷断梗。十七年忧国如病，呼不应天灵祖灵，调不来亲兵救兵；白练无情，送君王一命。伤心煞煤山私幸，独殉了社稷苍生。

这是驻扎武昌的左良玉闻听京师陷落、朱由检殉国后的一番感慨。崇祯帝比其他的亡国之君幸运的是后人对他的宽容。

史学家孟森曾说：“思宗而在万历以前，非亡国之君；在天启之后，则必亡而已矣！”明朝历经万历、天启两朝后，已经是奄奄一息，到朱由检时要想振兴已是非常困难了。当时各种社会矛盾非常突出：国内朝廷里结党营私，农民起义连续暴发；关外是后金入侵。不断的天灾，对这个摇摇欲坠的王朝来说更是雪上加霜。朱由检面对如此复杂、风云难测的形势，已是有心救国也无力回天了。加上他自身性情复杂，不能知人善任，没有治国之才，清醒与昏庸集于一身，明朝灭亡已是必然。史学家蒙森就指出朱由检“苛察自用，无知人之明”、“不知恤民”。

所以这样一个立志有为的皇帝最终成为一个亡国之君，我们不得不承认这和他自身缺陷有关系。

翻开明朝的历史，闹剧不断，真是怪事朝朝有，此朝特别多。除了朱元璋、朱棣、朱瞻基、朱祐樘等少数几个明主之外，明朝的许多皇帝都仿佛荒诞剧中的主人公。有几十年不上朝的，有死于红丸的，有热心木工事业的，有微服出行游龙戏凤的，实在是热闹非凡。内有奸宦王振、曹吉祥、刘瑾、谷大用、魏忠贤、王承恩，相继把持朝政，党争不断；外有边患，蒙古、瓦剌、女真相继而起，战事频仍。

等到朱由检即位时，明朝已然日薄西山，妙手亦难回春，但这位新皇帝依然怀有希望，当他雷厉风行地清除了魏忠贤和客氏的势力，肃清阉党之祸后，朝野上下也曾有所期盼。无奈，大明已经病入膏肓，加之崇祯帝虽着力做个英明之主，但又难以避开个性上的种种缺陷。

柏杨在《中国人史纲》中调侃：“明王朝最后一任皇帝朱由检并不是不想把国家治理好，但他没有治理国家的能力，犹如小学生没有写出博士论文的能力一样。他精力充沛，沾沾自喜于自己明智的措施，发脾气的时候不可理喻，而且几乎是一天二十四小时都在发脾气。他对自己的错误永远有动听的掩饰，绝不寻求更正，却喜欢他的部下歌颂他英明。”

或许是自幼生活环境的复杂与提心吊胆，直到即位之初朱由检也一直小心翼翼，也由此决定了他多疑、刚愎自用、驭下苛刻而寡恩的性格。他在位十七年中，频繁更迭阁部臣僚，自从杀了袁崇焕后，他越发不信任大臣，多次诛杀督抚大吏。

果真是性格决定人生，虽然他勤于政事，不贪女色，呕心沥血，但他的性格缺陷却又给明朝的统治危机推波助澜。汤纲、南炳文在《明史》中陈述了崇祯的三大短板：一是急于求成，导致了“功令太严，吏苦束湿”；二是虚荣而刚愎自用，给奸佞之徒钻了空子；三是不信任百官，寄希望于宦官，加重了政治的混乱。

因此，对于朱由检，我们只能说他“心有余而力不足”，想做个力挽狂澜的有为君主，但却亡于煤山的清风明月下。同样作为亡国君，比起软弱无能的汉献帝，荒淫无道的陈叔宝，暴虐无常的隋炀帝，人们对于崇祯还是比较宽容的。连他的竞争对手都为他说了不少好话，李自成在《登极诏》中写道：“君非甚暗，孤立而炀灶恒多；臣尽行私，比党而公忠绝少。”

孟森先生说：“熹宗，亡国之君也，而不遽亡，祖泽犹未尽也。思宗，自以为非亡国之君也，及其将亡，乃曰有君无臣。”的确，比起朱由检，朱由校恐怕更像亡国之君，可他运气好了一点点，早早死掉，把上吊的滋味、亡国的苦痛留与弟弟朱由检品尝。而朱由检也只能在“君非亡国之君，臣皆亡国之臣”的辩护中欷栖一番。

崇祯皇帝自缢时，在衣襟上留下了遗言，一行是：朕自登基十七年，逆贼直逼京师，虽朕薄德貌恭，上干天咎，然皆诸臣之误朕也。朕死无面目见祖宗于地下，去朕冠冕，以发覆面，任贼分裂朕尸，勿伤朕百姓一人。另一行是：百官俱赴东宫行在。

“巍巍万岁山，密密接烟树。中有望帝魂，悲啼不知处。”三百多年的光阴流转，究竟是海棠树，还是古槐背负着罪名，后人已不得而知，但大明王朝已随末代君主的魂飞魄散而走到了尽头。